Marketing

마케팅

제3판

박종오 권오영

북넷

3판 머리말

마케팅 제3판을 개정하면서…

'마케팅'이라는 전문용어가 이제는 경영학을 전공하거나 산업체에 종사자들은 물론이고, 심지어는 대다수 일반인들 조차도 흔히 알고 있을 정도로 일반용어가 되었다. 하지만 마케팅이란 무엇인가? 라고 질문을 던진다면, 제대로 답하고 설명한다는 것은 결코 쉬운 일은 아니다. 그래서 이 책은 마케팅에 대한 기본개념이나 전략에 관한 이론적인 관점을 이해하고 실무적인 사고를 하는데 도움을 줄 수 있는 지침서가 될 것이다.

기업의 마케팅환경은 기존의 아날로그 환경에서 디지털환경으로 급속하게 전환되고 있음에 따라, 기업 간의 경쟁은 더욱 치열해지고 있다. 아날로그 환경에서는 소비자들의 욕구를 분석하고, 제품이나 서비스의 품질이나 생산성 향상을 통해서 소비자만족을 통한 수익극대화가 마케팅의 주요 과제였다. 하지만 디지털환경에서 기업은 업종 간의 컨버전스(convergence) 현상으로 전통기업과 온라인 기업 간의 결합 및 온 · 오프라인 기업 간의 결합뿐만 아니라 화장품산업과 식품산업, 오락산업과 통신산업, 영화와 음반 · 게임산업과 패션산업 등 이종산업 간의 결합 등의 융합현상이 가속화되고 있다. 따라서 마케팅이 기존에는 주로 일반기업이나 특정 산업에 국한되어 적용되던 것이, 더욱 확대되어 관광, 외식산업, 스포츠, 문화예술, 종교, 정치 및 행정 등의 다양한 분야에 이르기까지 마케팅개념이 폭넓게 도입되고 있다. 그래서 대학에서도 경영학 전공은 물론이고, 문화예술 디자인 및 스포츠 분야 등 다양한 전공의 학생들에게도 마케팅 관련 교과목이 개설되고 선호도도 점차 높아지고 있다. 이러한 환경변화에 맞추어 이 책의 초판은 마케팅을 공부해야 할 경영학 전공학생들은 물론이고, 마케팅에 입문하려는 다양한 분야의 학생들이나 직장인들에게 마케팅지식을 체계적으로 전달하려는 의도에서 집필했었다.

초판 이후에 지난 몇 년 동안 디지털시대에 기술적인 진보가 더욱더 가속화됨에 따라 나타나고 있는 컨버전스의 총체적 현상은 마케팅콘셉트나 관행에도 큰 영향을 주었다. 그리고 디지털경제 상황하에서 주요 이슈가 되고 있는 공유경제(sharing economy), 나우경제(now economy), 옴니채널(omnichannel), 콘텐츠마케팅(content marketing), 사회적 CRM(social CRM) 등의 새로운 경향들이 나타남에 따라, 이에 맞는 마케팅 패러다임의 변화를 제시할 필요성이 있어서 마케팅 2판을 개정했었다.

제2판 이후에 최근 디지털기술의 발전으로 인해 AI, NLP, 로봇공학, 센서, 증강현실, 가상현실, IoT, 블록체인 등의 차세대 첨단기술은 혁신의 진보속도가 더욱 빨라지고 있으며, 이들로 인해 사회 속에서 세대차이, 부의 양극화, 디지털격차를 더욱 심화시키고 있다. 더욱이 코로나19 팬데믹으로 인해 디지털화가 더욱 가속화되면서 소비자들이 원하는 소비경험과 기업을 바라보는 관점도 변하고 있다. 이러한 차세대 첨단기술의 급속한 진보를 통해 나타나고 있는 총체적 현상은 기업의 생태계와 마케팅관행에도 큰 영향을 미치고 있다. 그래서 기업들은 디지털경제 환경에서 차세대 기술을 효율적으로 적용하고, 궁극적으로 인간의 삶의 질을 개선하는 방향으로 마케팅전략을 모색해야 하며, 휴머니티를 접목한 기술을 통해 소비자들을 더 가까이 이해하고, 그들이 원하는 소비경험을 만들어 가치를 제공해야 할 필요가 있다. 이런 디지털경제 환경변화에 맞는 새로운 마케팅패러다임의 변화와 전략을 소개할 필요가 있어서 마케팅 3판을 개정하게 되었다.

이번 제3판에서 수정 · 보완된 주요 내용의 특징을 살펴보면, 우선 기존의 제1장 마케팅패러다임의 변화내용을 제1장과 제2장으로 구분하였고, 제14장 소셜미디어 마케팅부분이 삭제된 것이 가장 크게 변화를 준 부분이며, 세부내용은 다음과 같다.

첫째, 제1장에서는 기존의 마케팅개념에 대한 발전단계를 중심으로, 각 단계별 특징과 뉴 마케팅패러다임의 변화를 체계적으로 살펴보았다.

둘째, 제2장에서는 최근에 더욱더 가속화되고 있는 디지털경제에 맞는 뉴 마케팅믹스 전략과 기존의 마케팅 3.0 시장과 현재의 마케팅 4.0시장, 그리고 미래의 마케팅 5.0시장 등의 마케팅패러다임 전략의 변화를 중심으로 쉽게 이해할 수 있도록 다양한 사례를 중심으로 소개했다.

셋째, 제4장 마케팅환경과 마케팅윤리 부분은 인구통계적인 특성과 관련된 최신 데이터와 그래프를 중심으로 수정했다.

넷째, 제11장 유통경로의 개발과 관리, 제12장 유통기관과 유통경로의 혁신 관련 부분은 최신 데이터와 사례를 중심으로 수정했다.

다섯째, 각 장의 도입사례를 중심으로 그 장에서 설명하고 있는 주요 개념이나 이론들을 이해하는데, 도움이 될 수 있는 것들로 새롭게 교체를 했다.

이외에도 각 장의 다양한 마케팅사례나 관련 광고사진, 그림, 표 등은 최근의 새로운 것으로 추가하고, 수정 및 교체를 하였으며, 이는 마케팅 주요 이론적인 내용을 이해하는데 많은 도움을 줄 것으로 보인다. 그리고 본서의 내용을 더 잘 이해하고 도움이 될 수 있도록 전반적으로 문장이나 문체를 다듬는데, 많은 노력을 기울였다.

마케팅 제3판을 개정하면서 저자들에게 마케팅 인사이트를 주고 배움으로 이끈 선배 은사님들께 다시 한번 감사드리며, 집필과정에서 많은 성원을 해 주신 도서출판 북넷의 류재식 사장님과 임직원, 그리고 초판에 이어 3판에 이르기까지 편집과정에 세심하게 도움을 많이 주신 (주)척척미디어의 김미애 대표님께도 깊은 감사의 말씀을 드리고자 한다. 그리고 멋진 표지디자인으로 창의적인 마케팅영감을 불러일으켜 주신 한욱현 교수님께도 진심으로 큰 고마움을 전하고 싶다.

마지막으로, 본서가 앞으로 다양한 영역에서 마케팅을 이해하고 활용하고자 하는 많은 독자들에게 큰 도움이 되길 바란다.

2022년 2월

저자일동

머리말

현대인들은 마케팅을 호흡하며 살아간다. 코로 공기를 들이마시듯이 언제 어디서나 마케팅을 경험할 수 있는 시대가 된 것이다. 우리 모두는 아침에 일어나는 순간부터 잠들어 있는 시간까지 마케팅의 컨셉과 전략이 깃들어 있는 제품과 서비스 속에서 살아가기 때문이다. 우리들이 무엇을 입거나 먹든지, 무엇을 보거나 사용하든지, 모든 제품과 서비스에는 마케팅의 시각에서 소비자들이 더 아름답고 맛있게, 또 재미있고 편리하게 느낄 수 있도록 혁신하려는 노력이 포함되어 있는 것이다.

특히, 최근에는 생산성과 제품의 품질수준이 평준화 되어 기업들의 경쟁이 더욱 치열해지고 있고, 소비자들의 정보수집 능력이 높아져서 기업들이 시장의 요구에 전략적으로 대응하는 마케팅관리능력이 어느 때보다도 중요해지고 있다.

기업들은 과거처럼 시장에서의 지위와 브랜드이미지에만 안주할 수 없는 현실을 직시하고 소비자들과 더욱 가깝게 다가가기 위해 부단히 노력하고 있다. 이러한 추세는 소비자들의 욕구에 대한 이해로부터 시작해서 효과적인 시장세분화를 통한 차별적인 전략을 수립하고 실천하는 마케팅관리가 확산되고 있음을 의미한다. 아울러 IT 기술의 발달과 소비자 욕구의 다양화, 급속한 경쟁 환경의 변화 등은 더욱 신속하고 적극적인 마케팅컨셉의 적용을 요구하고 있는 것이다.

마케팅이 주로 일반기업에 적용되던 것이 더욱 확대되어 관광, 외식산업, 스포츠, 문화예술, 종교, 정치와 행정 등의 분야에 이르기까지 마케팅개념이 도입되면서, 대학에서도 전공을 불문하고 다양한 학생들에게 마케팅 관련 교과목이 인기강좌가 되고 있다. 이에 따라, 이 책은 최근의 환경변화에 맞추어 마케팅을 공부해야 할 경영학 전공학생들은 물론이고 마케팅에 입문하려는 다양한 분야의 학생들이나 직장인들에게 마케팅지식을 체계적으로 전달하려는 의도에서 집필되었다. 집필과정에서 저자들은 다음과 같은 점에 유의하면서 차별성을 지닐 수 있도록 노력하였다.

첫째, 체계적이고 깊이 있게 마케팅의 원리를 이해하고 실제 현실에 적용할 수 있도록 마케팅 전략수립 구성요소 간의 논리적 체계를 설명하도록 노력하였다.

둘째, 마케팅입문자의 수준에서 이해하기 쉽도록 쉬운 문장체를 사용하였으며, 각 장별로 다양한 사례들을 제시하여, 이론과 현실에 대한 입체적인 이해가 가능하도록 하였다.

셋째, 독자의 이해를 돕고 흥미를 끌 수 있는 다양한 광고사진, 그림, 표 등 시각적 자료를 적절하게 배치하여 학습효과를 높이고자 하였다.

넷째, 각 장별 요약정리를 통해 다루어진 내용을 정리해볼 수 있도록 했으며, 참고문헌을 제시하여 보다 깊이 있는 학습에 도움이 될 수 있도록 하였다.

이 책은 총 14장으로 구성되어 있다. 전반부에서는 마케팅패러다임의 변화와 시장 환경변화에 적합한 마케팅컨셉의 발전단계를 전반적으로 이해할 수 있도록 설명하였다. 또한, 전략적 마케팅 계획, 마케팅환경과 윤리를 소개하고 소비자들의 구매의사결정과정과 소비자행동에 대해 심도 있게 다루었다. 중반부에서는 마케팅정보시스템과 시장세분화 전략 및 마케팅믹스의 구성요소별 전략을 소개하였다. 마지막으로, 최근에 새롭게 관심을 끌고 있는 소셜 미디어 마케팅을 추가로 다루었다.

이 책을 완성하면서 저자들에게 미게팅을 소개해주신 은사님들께 머리 숙여 감사드리며, 저자들의 까다로운 요구를 기꺼이 수락하고 집필과정에서 성원을 아끼지 않으신 도서출판 북넷의 임직원과 편집부 김미애 실장님께도 감사의 마음을 표한다.

아무쪼록 이 책이 다양한 영역에서 마케팅을 도입하고 적용하려는 독자들에게 조그마한 도움을 줄 수 있기를 바란다.

2012년 8월

저자일동

차 례

제 1 장 마케팅패러다임의 변화

제 2 장 마케팅패러다임 전략의 변화

제 5 장 소비자행동

제 6 장 마케팅정보시스템과 마케팅조사

제 7 장 시장세분화, 표적시장 선택, 포지셔닝

제 8 장 제품관리

제 10 장 가격관리

제 13 장 마케팅커뮤니케이션 관리 I

제 14 장 마케팅커뮤니케이션 관리 II

부록 색 인

part 01

마케팅패러다임의 변화

01 마케팅의 개념

02 마케팅개념의 발전

03 뉴 마케팅패러다임의 변화

04 요 약

패션 · 뷰티업계, '범' 마케팅 활발, 차별된 '호랑이' 디자인제품 출시

'검은 호랑이의 해'로 알려진 임인년(壬寅年)을 맞아 패션 · 뷰티업계가 호랑이를 주제로 다양한 디자인의 신제품을 출시하고 있다.

▸ '구찌 타이거' 컬렉션

구찌는 2022년 호랑이해를 기념해 패션소품에 호랑이를 다양한 방식으로 표현한 '구찌 타이거' 컬렉션을 선보였다.

타이거 모티브와 'Gucci Tiger' 레터 프린트는 맥시 멀티컬러 모노그램, 인터로킹 G 또는 승마로부터 영감을 받은 웹 스트라이프와 함께 재킷, 청바지, 니트웨어에 패치장식으로 사용된다. 여러 가지 스웨트셔츠와 티셔츠에는 타이거 모티브와 로고요소가 다양한 방식으로 반복해 등장한다. 일부 제품은 손으로 그리거나 크로쉐 패치로 적용된 타이거 모티브가 적용되어 하나뿐인 스타일을 선보인다.

구찌 타이거 컬렉션은 아이웨어, 실크 액세서리, 모자로 완성된다. 워치는 최초로 친환경적인 디자인을 적용했다. 재활용스틸로 만든 케이스는 물론 다이얼과 스트랩도 지속가능하고 재생 가능한 바이오성분을 주원료로 하여 동물성 원료를 사용하지 않은 데메트라 소재로 만들었다.

▸ MCM '뉴 이어 타이거 컬렉션'

MCM이 2022년 호랑이 해를 맞아 호랑이 일러스트를 담은 특별한 컬렉션을 출시했다. '뉴 이어 타이거 컬렉션'은 용맹함을 상징하는 호랑이의 눈에 독일 바이에른 다이아몬드를 그려 넣어 새해의 힘찬 기운과 기대감을 익살스럽게 표현했다.

MCM의 상징인 꼬냑 비세토스 모노그램 디자인의 백과 액세서리, 화이트 티셔츠의 전면에 호랑이 일러스트가 입체적으로 프린팅된 제품으로 구성됐다. 클래식한 쇼퍼백 실루엣의 '뉴 이어 타이거 비세토스 토니 쇼퍼'와 '뉴 이어 타이거 비세토스 클라식 크로스바디', '뉴 이어 타이거 비세토스 카드 케이스', 남성용과 여성용으로 구성된 '뉴 이어 타이거 프린트 오가닉 코튼 티셔츠' 2종도 함께 선보인다.

▶ 마크 제이콥스 '더 타이거 스냅샷'

코오롱인더스트리FnC부문이 전개하는 브랜드들에서 출시한 다양한 호랑이 아이템을 선보였다. 럭키슈에뜨는 호랑이 해를 위해 탄생한 '럭키 타이거' 그래픽을 럭키슈에뜨만의 감성으로 디자인을 입혔다.

'럭키 타이거' 그래픽은 제품의 뒷판 또는 왼쪽 가슴부분에 포인트로 적용, 니트집업을 비롯한 하프넥 티셔츠 등으로 선보인다. 럭키마르쉐는 자기 삶의 주인이 되는 뚱랑이 캐릭터가 만나 시너지가 극대화했다. 일상에서 매일 착용 가능한 뚱랑이 캐릭터가 그려진 티셔츠, 셔츠, 가벼운 데님과 스웨트 아우터 등을 선보일 예정이다. 마크 제이콥스도 호랑이 패턴을 담은 '더 타이거 스냅샷'을 선보인다. 스냅샷은 매 시즌 새로운 컬러, 소재, 스트랩, 그리고 패턴과 기법으로 다양한 셀렉션을 제공하는 마크 제이콥스의 아이코닉백이다.

▶ 샬롯 틸버리 '타이거 에디션'

뷰티업계도 호랑이 이미지를 활용한 여러가지 제품을 선보였다.

샬롯 틸버리는 배우 한소희를 뮤즈로 강렬한 레드컬러의 호피패턴의 한정판 '타이거 에디션'을 출시했다. 이번 에디션은 브랜드 대표 스킨케어 제품인 '샬롯츠 매직 크림'과 실크처럼 부드러운 피부를 완성해주는 '에어브러쉬 플로리스 피니쉬 파우더' 외에도 샬롯 틸버리의 시그니처 립스틱 '매트 레볼루션'의 한정판 신규 컬러 3종으로 구성돼 선보일 예정이다.

▶ 에뛰드 '무직타이거 컬렉션'

에뛰드 '무직타이거 컬렉션'은 무직타이거 뚱랑이 캐릭터와 콜라보 한 한정판 컬렉션을 출시했다. 신나는 뚱랑이는 생기있는 웜톤계열의 오렌지 컬러, 나른한 뚱랑이는 차분한 쿨톤계열의 핑크컬러 2종으로 구성해 자신의 톤에 맞춰 사용할 수 있고, 귀여운 디자인으로 더욱 눈길을 끌고 있다.

SK-II '2022 피테라 에센스 뉴이어 리미티드 에디션'은

호랑이를 상징하는 대담한 그래픽 디자인과 함께 SK-II의 브랜드 철학을 담은 '운명은 우연이 아닌, 당신의 선택에 달렸다'라는 문구가 눈길을 사로잡는다.

▶ **센텔리안24 '해피 타이거 이어 에디션'**

동국제약의 더마코스메틱 브랜드 센텔리안24는 한정판 '해피 타이거 이어 에디션'은 병풀 유래 스페셜 성분을 시즌 최다로 함유한 '더 마데카 크림'(마데카 크림 시즌6) 본품 3개입으로 구성되며, '호랑이풀'로 불리는 병풀에 대한 스토리를 패키지에 녹여 특별함을 더했다.

한정판으로 선보이는 이번 패키지는 민화속 호랑이의 모습을 현대적으로 재해석한 것이 특징이다. 검은 호랑이와 병풀 일러스트가 기하학적 디자인 요소들과 함께 전통적인 멋을 자아내며, 센텔리안24 브랜드 컬러인 버건디 색상과 네이비 색상이 조화를 이루며 역동적이고 희망찬 느낌을 담아냈다.

● 자료원 : 디지털조선일보, 김경희, 2022. 01. 10

최근 마케팅의 개념은 기업과 같은 영리조직뿐만 아니라 정부조직이나 시민단체, 자선단체 등과 같은 비영리조직에 이르기까지 다양하게 적용되고 있다. 마케팅의 논리와 기법들이 적극적으로 적용되고 있는 분야는 디자인, 게임, 스포츠, 문화예술 등으로 점차 확대되고 있는 것이다. 이와 같이 마케팅은 현대 사회전반에 걸쳐 중요한 핵심활동으로 인식되고 있다.

오늘날의 시장은 인터넷, 무선통신산업 등의 발달로 디지털 정보시대의 기업경영환경으로 급속하게 변화하고 있다. 그래서 기존의 시장환경과 달리 새로운 유통경로와 커뮤니케이션 채널, 새로운 경쟁업체의 등장, 탈규제화, 국제화 등 시장환경이 디지털시대로 변모하고 있음에 따라, 마케팅개념에 대한 패러다임도 크게 변화되고 있다. 본 장에서는 마케팅개념의 발전단계를 살펴보고, 각 단계별 특징과 뉴마케팅패러다임의 변화 등을 고찰하려고 한다.

01 마케팅의 개념

마케팅은 기본적으로 기업과 소비자 간의 교환과정이라고 할 수 있다. 이런 교환과정에서 기업은 자사의 목적을 달성하기 위해서 제품이나 서비스를 제공하고, 소비자는 자신의 욕구를 충족시키기 위해 그 대가를 지불하게 된다. 그리고 교환과정은 시장에서 이루어진다. 따라서 본 절에서는 마케팅교환과정의 핵심요소인 제품이나 서비스, 욕구, 교환, 시장 등의 개념에 대해서 먼저 살펴보고자 한다.

1.1 마케팅의 핵심개념

마케팅이란 무엇인가? 일반적으로 생각하기에 따라서는 인적판매와 같은 단순한 판매활동으로 생각하는 사람도 있을 것이고, 어떤 경우에는 광고, 판매촉진 등의 촉진활동과 같은 의미로 받아들이는 사람도 있을 것이다. 또 어떤 경우에는 상점에서 판매가능한 제품을 만들어서 진열시키고, 앞으로 판매할 재고품을 유지하는 일과 관련된 것으로 생각할 수도 있다. 실제로 마케팅은 이러한 모든 활동을 포함하는 훨씬 더 넓고 광범위한 활동을 나타낸다. 즉 마케팅은 생산자가 원재료를 구입해서 제품이나 서비스를 생산하여 최종 소비자

그림 1-1 마케팅의 기본개념

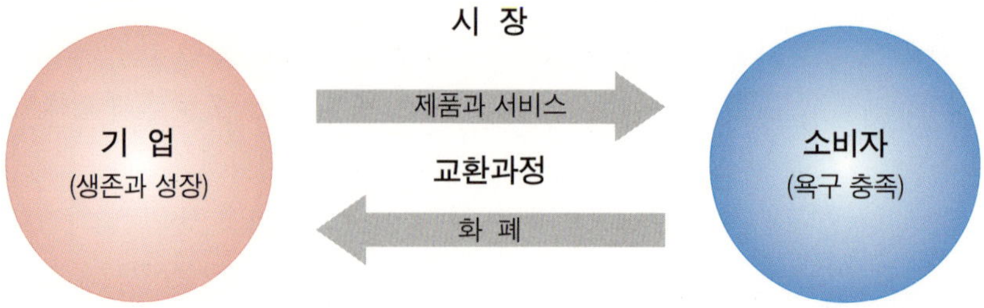

에게 이전시키는데 필요한 모든 활동을 포함한다. 이러한 점에서 볼 때 마케팅은 제품이나 서비스를 고객에게 단순히 이동시키는 판매라는 개념보다도 더 넓은 영역을 포함하고 있다고 할 수 있다.

오늘날 많은 기업들이 고객지향적인 경영철학을 갖고 운영하고 있으며, 그들은 고객들이 무엇을 원하는지를 찾아내어 교환과정을 거쳐서 자사의 고객들이 원하는 제품이나 서비스를 제공하며 적절한 가격을 결정하고, 유통 및 촉진활동을 하길 원한다. 이러한 경영철학이 곧 마케팅개념이고 활동인 것이다. 마케팅개념에서 핵심적인 용어는 교환이며, 마케팅은 기본적으로 기업과 소비자 간의 교환과정이라고 할 수 있다. [그림 1-1]과 같이, 기업은 자사의 목표를 달성하기 위해 제품이나 서비스를 생산하여 시장에서 판매하면, 소비자는 자신의 욕구를 충족시키기 위해 일정한 대가(화폐)를 지불하고 구매할 것이다. 이와 같이 시장에서 이루어지는 기업과 소비자 간에 이루어지는 일련의 과정이 교환과정이다. 이러한 마케팅개념을 구성하고 있는 핵심요소는 욕구, 제품과 서비스, 교환, 그리고 시장이다. 이들 핵심요소를 자세히 살펴보면 다음과 같다.

1. 욕 구

마케팅의 기본개념 중에서 욕구는 일반적으로 본원적 욕구(generic needs)와 구체적 욕구(specific wants)로 구분할 수 있다. 본원적 욕구는 인간이 가지고 있는 어떤 기본적인 욕구의 만족이 결핍된 상태를 말한다. 인간은 의식주와 같은 생리적 욕구와 안전, 소속감 · 애정과 같은 사회적 욕구, 존경의 욕구, 자아실현 욕구 등을 가지고 있는데, 이런 기본적인 욕구가 결핍된 것을 느낄 때 본원적 욕구가 발생한다. 만일 소비자가 배가 고프다거나 갈증을 느낄 때 무엇인가를 먹고 싶다든지, 피곤할 때 휴식을 취하고 싶다든지 하는 기본적인 욕구나 욕망이 결핍되었을 때 주로 발달될 것이다.

구체적 욕구는 인간의 본원적 욕구를 만족시켜주는 구체적인 수단에 대해 필요(wants)로 하는 것을 말한다. 이는 인간의 지식, 문화, 개성에 의해서 형성되는 욕구이다. 소비자가 배고픔을 느낄 때 배고픔을 채워줄 수 있는 음식은 무엇이든지 본원적 욕구에 해당된다. 만일 배가 고파서 식사를 하기 위해 식당을 찾는 경우에 소비자들은 우선 한식당, 중식당, 일식당 등을 선택해야 할 것이고, 일단 식당이 선정되면 그 다음에는 된장찌개, 불고기, 자장면, 짬뽕, 회초밥 등 식당의 주요 메뉴 중에서 선택함으로써 구체화될 수 있는데, 이와 같이 소비자의 본원적 욕구를 만족시켜 주는 수단들을 구체적 욕구라고 할 수 있다.

욕구와 관련된 다른 개념으로 수요(demands)가 있는데, 수요는 구매의지나 구매력에 의해 뒤받침되고 있는 욕구를 말한다. 따라서 소비자가 제품에 대한 욕구가 있다고 하더라도 반드시 구매로 이어질 수 있는 것이 아니다. 소비자의 욕구는 구매의지와 구매력이 있어야 구매로 나타날 수 있기 때문에, 마케터는 자사의 제품을 판매하기 위해서는 소비자의 욕구를 구체적인 수요로 전환시키는 노력을 기울여야 할 것이다.

2. 제품과 서비스

사람들은 그들의 욕구가 결핍되었다고 느낄 때, 제품이나 서비스를 구매해서 소비하고 사용함으로써 만족을 느낄 수 있을 것이다. 제품은 소비자의 욕구를 충족시켜 주기 위해서 시장에서 제공될 수 있는 것은 어떤 것이든지 제품으로 볼 수 있다. 예를 들어, 제품이라 함은 자동차, 옷, 비누, 관광, 교육 등 유 · 무형의 대상물은 모두 포함된다.

흔히 마케터들은 유형의 제품은 상품이라고 하고 무형의 제품은 서비스라고 하는데, 사실은 이들 두 가지 결합체가 제품을 의미한다. 제품과 서비스의 범위는 [그림 1-2]와 같이 상품과 서비스의 비중에 따라 연속선 상에 특정 지점의 위치로 표현할 수 있다. 예를 들면, 가정에서 사용하는 수도나 전기가 고장이 나서 관련업체에 수리서비스를 요청한 경우에는 유형제품없이 순수서비스(pure service)이기 때문에 그 범위를 나타내는 연속선 상에서 오

그림 1-2 제품과 서비스의 범위

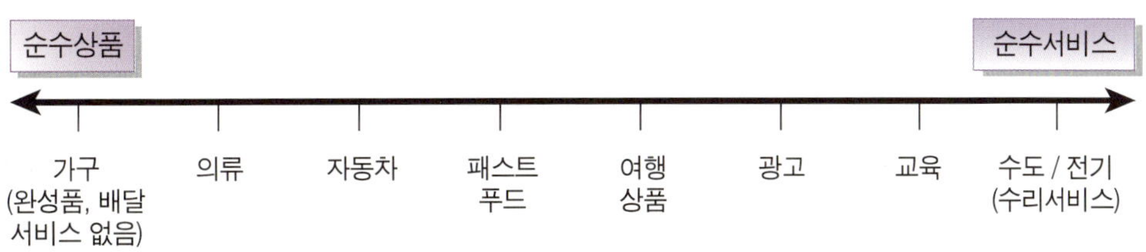

른쪽의 맨 끝지점에 위치할 것이다. 그리고 반대로 조립품이 아닌 완성품이며 배달서비스가 없는 식탁의자와 같은 가구제품을 구입하는 경우에는 연속선 상의 왼쪽 맨 끝지점인 순수상품(pure good)에 위치할 것이다. 물론 여기에는 서비스가 전혀 제공되지 않는 상태에서 구매하는 것이다.

이와 같이 고객들이 일상생활에서 구매하거나 사용하는 제품이나 서비스는 연속선 상에 어딘가에 위치해 있을 것이다. 그러나 대부분의 기업들은 상품이나 서비스의 결합체를 제공한다. 예를 들어, 레스토랑은 고객이 식사를 하는 경우에 상품(음식과 음료)과 서비스(준비와 배달) 두 가지 모두를 제공한다.

3. 교 환

교환의 의미는 단순하게 생각하면 사람이 가지고 싶은 것을 얻기 위해서 그 대신에 다른 것을 제공하는 행위를 의미한다. 교환은 사람들이 원하는 대상물을 얻을 수 있는 많은 방법 중에서 단지 한 가지 방법에 지나지 않는다. 이런 교환에는 보통 화폐라는 매개수단이 이용되며, 우리가 일상적으로 원하는 제품이나 서비스를 얻기 위해 화폐를 지불하는 행위가 나타난다. 그러나 제품이나 서비스의 교환수단으로는 반드시 화폐만이 이용되는 것은 아니며, 또 다른 제품이나 서비스가 제공될 수도 있다. 이와 같이 기업은 제품과 서비스를 제공하고 화폐와 같은 교환수단을 통해 생존 및 성장을 달성할 수 있고, 소비자는 욕구를 충족할 수 있다.

4. 시 장

기업과 소비자가 각각의 목적을 달성하기 위해 교환이 이루어지는데 그 장소가 시장이다. 시장은 소비자의 욕구를 충족시켜 줄 제품의 집합이며, 제품교환을 광범위하게 수행하는 사람들과 조직체의 집합으로 볼 수 있다. 이와 같이 시장은 교환의 장소, 제품의 집합, 그리고 사람들의 집합 등 매우 다차원적인 개념을 포함하고 있지만, 마케팅에서는 시장을 어떤 제품에 대한 실제적이고 잠재적인 제품구매자들의 집합으로 보는 것이 일반적이다.

1.2 마케팅의 개념정의

마케팅은 핵심 개념인 교환과정을 통해 산업화된 세계에서 물질적인 인류복지를 개선하기 위하여 생성되고 발전되었다. 20세기 초에 마케팅이라는 용어가 미국에서 처음 등장한 것으로 알려지고 있는데, 1960년대에 접어들어 학자들 간에 마케팅의 성격과 범위에 대한 논쟁이 심화되었다. 즉 마케팅의 주체를 기업으로 보느냐, 그렇지 않으면 비영리조직까지 확대하느냐 또는 마케팅활동을 단순히 기업목적달성을 위한 상거래(business transaction)로 보느냐, 그렇지 않으면 그 범위를 확대해서 교환(exchange)으로 보느냐가 그 논쟁의 주된 요인이 되었다. 그 당시에는 주로 마케팅의 주체를 기업으로 보고, 그 활동은 기업의 목적달성을 위한 상거래로 보았다. 즉 경제적 관점에서 기업이 목적달성을 위해 수행하는 생산, 분배, 소비 등의 세 가지 요소 중에서 분배활동만을 마케팅으로 보았다. 그 이후에는 마케팅의 주체를 영리조직인 기업뿐만 아니라 비영리조직까지 확대하고, 마케팅활동의 범위도 단순한 상거래에서 보다 광범위한 교환까지로 확대하여야 한다는 주장이 제기되어 많은 공감을 얻게 되었다.

이러한 마케팅개념의 확장론을 기초로 하여 1980년대에 접어들어 비로소 오늘날의 마케팅개념을 구체적으로 확립하였다. 1985년에 AMA(American Marketing Association)는 마케팅을 "개인 및 조직의 목적을 충족시키기 위한 교환을 창출하기 위해 제품이나 서비스 및 아이디어, 가격, 유통, 촉진 등을 계획하고 실행하는 과정"으로 정의하였다. 다시 말해서 기업과 소비자는 시장에서 각자의 욕구를 충족시킬 목적으로 행하는 교환활동이며, 기업측면에서는 기업의 생존과 성장을 위해서 고객을 만족시킬 수 있는 제품과 서비스, 가격, 유통, 촉진활동을 계획하고 실행하는 관리과정이라고 할 수 있다. 일반적으로 경영관리라고 하는 것은 조직의 목적을 달성하기 위해서 기업이 처해 있는 상황을 분석하고, 과업을 수행하기 위해 계획을 수립하고 실행하며 통제하는 일련의 과정을 말한다.

또한 2008년에 AMA는 기업의 대내 · 외적인 사회적 · 경제적 · 환경적 변화에 따라 마케팅의 개념정의를 개정하여 "마케팅은 소비자와 의뢰인, 파트너 그리고 사회전반에 가치가 있는 제공물(제품, 서비스, 아이디어 등)을 창출하거나 커뮤니케이션하고 제공하며, 교환하는 일련의 활동, 제도 및 프로세스를 의미한다"고 하였다. 이 새로운 정의는 '사회'를 추가하여 마케팅이 개인과 기업 간의 사적인 거래에서 발생하는 사안들에 한정하지 않고 대규모의 영향력을 지닌다는 점을 인식하고 있다.

02 마케팅개념의 발전

마케팅관리는 표적시장과의 바람직한 교환을 창출하기 위한 과업을 말하는데, 이러한 과업을 수행하기 위해서 마케터는 마케팅활동이나 관리에 필요한 지침이 될 수 있는 이념이나 철학이 필요하다. 마케팅관리 철학은 [그림 1-3]과 같이 생산개념, 제품개념, 판매개념, 마케팅개념, 사회적 마케팅개념 등 다섯 단계를 거쳐서 발전되어 왔다.

2.1 생산개념

생산개념(production concept)은 시장의 욕구보다는 기업의 내적인 능력에 초점을 맞추고 있는 관리철학을 말한다. 이 개념은 산업혁명이 발생되면서 시작되어 19세기 말까지 거의 모든 제품들이 수공업을 통해 생산되는 시기에 지배적인 기업경영의 이념이었다. 이 시기에는 대부분의 제품들이 수공으로 생산되다보니 표준화된 제품품목들은 거의 없었으며, 가격은 상대적으로 비쌌다. 그리고 제품의 수요가 공급을 초과하였기 때문에 소비자입장에서는 제품의 정확한 용도나 장점보다는 제품획득이 우선이므로 기업은 생산량 증대에 최대한으로 노력해야 했다. 생산과정에 일부기계가 도입되면서부터는 제조원가가 크게 떨어지면서 이로 인해 인하된 제품가격으로 시장에서 급속하게 판매될 수 있었다.

그래서 수공으로 생산한 제품가격보다 훨씬 싼 제품가격 때문에 소비자들은 자신들의 욕구를 정확하게 제대로 충족시켜 줄 수 없는 제품이라도 수용할 준비가 되어 있었다. 또한 제품의 유통시스템은 소규모 제조업자들과 소규모 상점들에 의해 주로 이루어졌다. 따라서 기업이 성공하기 위한 핵심 성공요인은 대량 생산능력을 갖추고 생산성을 향상시키는 것이었다.

그림 1-3 마케팅개념의 발전단계

2.2 제품개념

제품개념(product concept)은 소비자들이 우수한 품질이나 효용을 가진 제품을 선호한다는 개념이다. 제품개념에 충실한 기업은 무엇보다도 우수한 품질의 제품을 생산하고 개선하는데 초점을 두고 있다.

제품개념이 기업경영에 주요 경영철학이던 시기에는 경쟁업체 수가 점차 늘어남에 따라 시장에는 유사제품들이 많이 쏟아져 나왔기 때문에, 소비자들은 특정 제품이나 브랜드가 경쟁업체의 제품과 비교해서 어떤 특성이 있는지를 알게 되었다. 그래서 소비자들은 제품지식을 갖고 여러 경쟁업체 제품 중에서 비교 · 평가해서 품질이 가장 높은 제품을 선택하였다. 따라서 제품개념에 충실한 기업의 핵심 성공요인은 제품의 품질을 향상시키는 것이었다.

2.3 판매개념

판매개념(sales concept)은 기업이 소비자로 하여금 경쟁사 제품보다 자사제품을 더 많이 구매하도록 설득해야 하며, 이를 위해서 효과적인 판매활동과 촉진수단을 활용해야 한다고 보는 개념이다. 기업이 생존하기 위해서는 마케터들이 시장에서 제품을 판매하는 일에 더 주의를 기울이지 않으면 안 되었다. 이런 경향은 경영사고의 주요 초점이 제품에서 판매로 이동되었다는 것을 의미한다. 생산개념이나 제품개념의 시기와 달리, 제조업체들은 소비자들이 자사의 제품들을 구매할 수 있도록 판매노력을 하였다. 판매개념은 기업이 중심이 되는 판매자 위주의 개념이므로 생산해 놓은 제품을 어떻게 하면 판매량을 증가해서 이익을 많이 얻을 수 있을까 하는데 목적을 두고 있을 뿐 고객의 욕구를 충족시키고 구매 후 만족을 주는 데는 관심이 거의 없었다.

판매개념은 고객들이 반드시 필요하지 않은 제품이나 서비스는 구매를 억제할 것이고, 인적판매나 광고는 고객들에게 구매를 설득시킬 것이라고 가정하고 있다. 이 시기에는 많은 마케터들이 판매관리자라는 직함을 가지고 있었다. 따라서 판매개념에 충실한 기업의 핵심 성공요인은 강력한 판매지향적인 사고를 갖고 적극적인 판매원교육과 판매기법을 도입해서 판매활동을 위해 노력을 집중하는 것이었다.

2.4 마케팅개념

마케팅개념(marketing concept)은 고객중심적인 마케팅관리 이념으로, 판매개념이 판매자의 욕구에 초점을 두는 판매자중심의 시장(seller's market)이었던 것과 달리, 구매자의 욕구에 초점을 둔 구매자중심의 시장(buyer's market)을 전제로 하고 있다. 이는 기업들이 단지 제품이나 서비스를 생산하고 판매하는 것을 의미하는 것이 아니라, 고객의 욕구를 파악하고 이를 충족시켜 주어야 한다는 것이다. 앞서 살펴본 판매개념은 생산한 제품을 판매와 촉진수단을 통해 기업의 이익을 추구하는데 초점을 둔 반면, 마케팅개념은 제품을 생산하기 전에 먼저 고객의 욕구를 파악하고 이에 부합되는 제품을 생산하여 고객의 욕구를 충족시키는데 초점을 두고 있다. 판매개념과 마케팅개념 간의 이런 개념적 차이를 살펴보면 [그림 1-4]와 같다.

따라서 마케팅개념에 충실한 기업의 핵심 성공요인은 기업이 장기적으로 성장하기 위해서는 기업전반에 걸쳐서 고객지향적이어야 한다는 것이다. 그리고 조직의 모든 기능은 최우선적으로 고객의 욕구를 확인하고 충족시켜야 하며, 이를 위해서 마케팅기능은 다른 기능들을 반드시 통합조정해야 한다. 또한 기업활동의 궁극적인 목적은 수익창출이지만, 단지 대량판매를 통한 수익이 아니라, 고객만족을 통한 수익이 되어야 한다는 것이다. 이러한 관점에서 볼 때 마케팅개념은 다음과 같은 세 가지의 함축적인 전제를 포함하고 있다.

그림 1-4 판매개념과 마케팅개념

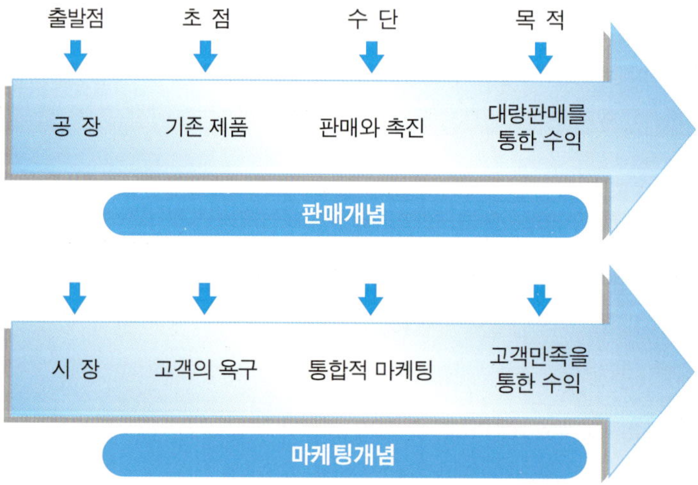

· 고객지향성(customer orientation)
· 통합적 마케팅(integrated marketing)
· 고객만족을 통한 수익(profit through customer satisfaction)

2.5 사회적 마케팅개념

사회적 마케팅개념(societal marketing concept)은 1980년대 이후 기업의 급격한 대·내외적인 환경변화로 인해 새로운 차원으로 출현한 마케팅개념이다. 기업의 사회·문화적 환경, 정치·경제적 환경변화뿐만 아니라, 지구의 이상기후변화, 환경오염, 자원부족, 오존층파괴, 해양오염 등의 환경문제가 주요 관심사로 부각되었다. 특히 환경문제는 기업의 생산, 유통, 판매 등에 많은 영향을 주고 있으며, 지구환경문제가 야기됨에 따라 환경보존의 필요성이 더욱 중요해졌다. 그리고 국제간의 무역거래에 있어서도 환경문제가 거래장벽으로 작용하는 경우도 있어 기업의 경영활동에도 최대변수로 등장하고 있다. 이러한 환경보호에 대한 관심을 고려할 때, 기업은 사회적 마케팅개념에 입각해서 '인간과 환경'을 동일선 상에 놓는 새로운 가치기준인 '그린마케팅(green marketing)'을 수행해야 할 의무가 점차 증대되고 있다.

이러한 기업상황에서 고객의 욕구를 충족시키는 것을 최우선시 하는 마케팅개념이 과연 타당한지에 대한 의문이 제기되기 시작했다. 즉 기업이 소비자의 단기적인 욕구를 충족시켜주는 것이 장기적으로 소비자와 사회전체에 반드시 이익이 되는 것은 아니라는 것이다. 예를 들어, 합성세제제품을 생산하는 기업이 의복을 깨끗이 세척하려는 소비자의 욕구는 충족시켜 주지만 장기적으로는 수질오염을 시키기 때문에 사회전반에 걸쳐 피해를 주게되므로 기존의 마케팅개념은 한계가 있다는 것이다.

사회적 마케팅개념을 통해서 성공적으로 기업활동을 하고 있는 기업의 사례들은 많이 있다. 예를 들어, ㈜스타벅스커피 코리아는 서울숲공원에 '시민참여형 숲 조성캠페인' 활동을 통해 참여고객 10명당 1평씩 면적을 늘려 최대 220평의 숲 조성목표로 전개된 환경 캠페인 'Cup a Yree(나무 품은 컵)' 캠페인을 전개했다. 이 캠페인 기간 동안에 약 4,700명의 시민들이 참여해 총 300평의 조성면적을 확장했다. 또한 스타벅스는 금년 '1월 10일' 일(1)회용컵 없는(0) 날 친환경 캠페인을 전개하면서, 개인컵 이용한 리워드회원 중 추첨으로 230명에게 음료쿠폰 2매를 제공하는 행사를 전개하는 등 꾸준히 사회적 마케팅을 실천하고 있다.

사 례 스타벅스, "서울숲공원의 스타벅스 숲길을 걸어보세요"

서울숲공원에 녹지와 쉼터를 조성하는 '시민 참여형 숲 조성캠페인' 활동 진행
'Cup a Tree' 환경 캠페인 통해 4,700명 고객 참여로 지난 10월 약 300평 숲 조성

㈜스타벅스커피 코리아(대표이사 송호섭)와 서울시, 서울그린트러스트가 서울숲공원 내 약 300평의 숲의 단장을 마치고 시민들의 휴식터가 되길 바라는 마음을 담은 서울숲공원 쉼터인 '쉬었다가 길'을 공개했다.

'쉬었다가길'은 올해 4월부터 스타벅스의 개점 22주년을 기념해 참여고객 10명당 1평씩 면적을 늘려 최대 220평의 숲 조성을 목표로 전개된 환경 캠페인 'Cup a Tree(나무 품은 컵)' 캠페인을 통해 조성됐다.

캠페인에 참여한 고객들은 지난 4월 다회용 컵을 활용해 식물을 심거나 다회용 컵과 주변 식물이 어우러진 모습을 SNS에 인증하고 친환경 메시지를 전달하는 등 비대면 방식으로 친환경 활동에 참여했다.

실제 캠페인 기간 동안 약 4,700명의 시민들이 참여해 목표보다 두 배가 넘는 시민들의 성원이 모여 조성 면적을 총 300평으로 확장했다.

이번에 공개된 서울숲공원 '쉬었다가길'에서는 10월 5일부터 약 100명의 스타벅스 파트너들이 릴레이 봉사활동에 참여해 지금까지 초화류 11,913본 및 관목 647주를 식재했다.

또한, '쉬었다가길' 공개를 기념해 11월23일에는 스타벅스 파트너 30여명이 참여해 다가올 봄에 꽃 피울 은방울수선화 구근 400개를 심고, 낙엽을 정리하는 등 숲 환경개선 봉사활동을 전개했다.

스타벅스는 지난 2010년부터 파트너들과 함께 꾸준히 서울숲공원 자원봉사를 진행하고 있다.

2013년에는 서울숲공원과 '공원돌보미(Adopt-a-Park)' 업무협약을 맺었으며, 친환경 커피찌꺼기 퇴비지원 등 서울숲공원을 찾는 시민들이 쾌적하고 깨끗한 환경을 누릴 수 있도록 지속적인 환경개선 활동을 이어 나가고 있다.

아울러, 지난 2019년에는 개점 20주년을 기념해 2만 그루의 나무심기를 후원하는 환경기금 2억원을 서울그린트러스트에 기부한 바 있다. 이 기금은 전국 20개의 숲과 공원에 전달돼 총 2만 8천 그루의 나무를 심는 데 사용됐다.스타벅스 김지영 사회공헌팀장은 "고객과 파트너가 함께 조성한 '쉬었다가길'이 서울숲 공원의 명소가 되기를 바라며 시민들의 편안한 휴식처가 되기를 희망한다"고 전했다. 'Cup a Tree(나무 품은 컵)' 캠페인'의 숲 조성 스토리는 온라인 캠페인 페이지에서 확인 가능하며, '쉬었다가길'에 설치된 현판 QR코드로도 안내된다.

● 자료원 : 박영배, 더드라이브(TheDrive), 2021. 11. 26

광고 1-1 GS리테일의 어린이 환경 교육키트

한편, GS리테일은 '친구' 환경캠페인으로 친환경으로 지구를 구한다는 의미를 담고 있으며, '헌옷을 환경 교육키트'로 업사이클링하는 캠페인이었다. 이 캠페인은 시민 1,000명이 헌옷 6,000점 이상 기부하고, 아름다운 가게 업사이클링 전문브랜드인 '에코파티에아리'가 새로운 제품으로 재탄생시키는 방식으로 진행되었다. 이는 소나무 8,454그루를 심고 탄소 20톤(t)을 절감하는 효과를 낸다고 한다. 특히 기부된 옷중 4,000여점은 업사이클링한 후 교육과 돌봄의 공백을 겪고 있는 지역아동센터 아동 1,000명에게 환경교육용 키트로 전달하였다.

따라서 사회적 마케팅개념을 추구하는 기업은 소비자의 욕구충족, 기업의 이윤추구, 사회복지향상 등을 통해서 기업의 목적을 달성해야 할 것이다. 즉, 조직의 모든 기능은 고객의 욕구를 충족시키고, 기업의 이윤을 극대화하는데 초점을 두어야 하지만, 그뿐만 아니라 사회전체의 복지를 함께 고려하기 위해서 마케팅기능이 주축이 되어 다른 기능들을 통합조정해야 한다는 것이다.

앞에서 살펴본 내용들을 요약해 보면, [그림 1-5]와 같이 마케팅개념은 기업의 이윤추구뿐만 아니라, 소비자의 욕구를 파악하고 이를 충족시켜 소비자의 만족을 통한 이윤추구

그림 1-5 마케팅개념과 사회적 마케팅개념의 추구목표

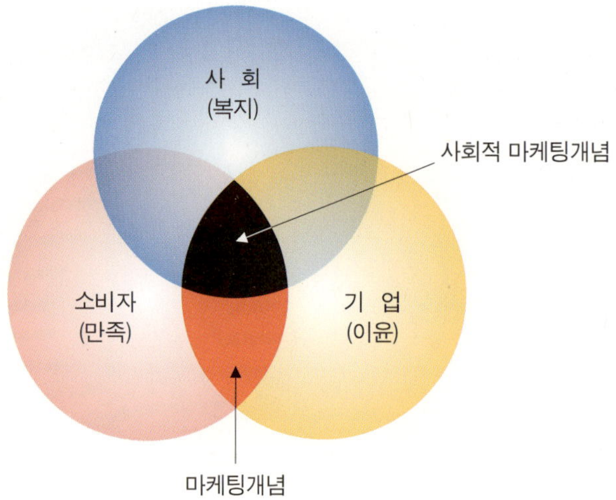

가 궁극적인 목적이었다. 그리고 사회적 마케팅개념은 기업의 이윤과 소비자의 만족뿐만 아니라 기업과 소비자가 속한 사회전체의 복지를 함께 고려했다는 점이 중요하다.

03 뉴 마케팅패러다임의 변화

고객이 기업의 경영활동 중심에 있다는 사실은 전통적인 마케팅개념 하에서는 일반적으로 받아들여지고 있는 경영철학이다. 그러나 최근 기업의 경영환경은 급속하게 디지털 정보화로 변화되고 있기 때문에, 많은 기업들이 현재의 마케팅조직에 변화가 필요하다고 느끼고 있다. 실제로 많은 조직에서 마케팅이 달라진 경영환경에서 요구되는 역할을 제대로 수행하지 못하고 있으며, 높아진 고객의 기대수준에 맞는 적절한 대응전략도 이끌어내지 못하고 있는 것이 현실이다. 그래서 최근에 변화된 마케팅환경변화를 살펴보고, 디지털정보시대의 뉴 마케팅패러다임의 변화를 검토하려고 한다.

3.1 마케팅환경변화

1. 디지털시장의 특징

디지털시장에서의 마케팅활동은 과거 전통적인 마케팅활동과는 차이가 있다. 디지털 경영환경에서 가장 큰 특징 중 하나는 기업과 고객 간에 더 한층 밀접한 상호작용이 이루어지고 있다는 것이다.

이런 상호작용을 통해 변화되고 있는 디지털시장의 특징은 교환의 대상인 제품이나 서비스, 자사와 경쟁하는 경쟁자, 제품을 구매하는 소비자 등의 측면에서 그 변화를 살펴봄으로써 파악할 수 있다.

첫째, 디지털시대의 고객은 대량생산된 표준화된 제품 중에서 최소한의 선택을 행하는 수준에서 만족하지 않고, 기업이 자신들의 욕구에 맞춘 제품이나 서비스를 생산할 것을 요구하고 있다. 그래서 기업은 고객과의 긴밀한 상호작용을 통하여 고객으로부터 얻을 수 있는 훨씬 풍부한 정보를 바탕으로 개별고객에게 각각 다른 맞춤제품과 맞춤서비스를 제공해야 될 것이다.

둘째, 디지털 경쟁자들로 인해서 디지털경제의 특징이라고 할 수 있는 산업융합(convergence)현상이 발생하고 있다. 예를 들면, 화장품산업과 식품산업, 오락산업과 통신산업, 영화와 음반 · 게임산업과 패션디자인 산업 등에서 이러한 변화가 많이 일어나고 있는데, 이러한 변화가 바로 디지털 경쟁자들 때문에 나타난 결과이다.

셋째, 디지털고객이라는 개념은 끊임없이 변화하고, 기업의 입장에서 그에 대한 정보를 계속해서 업데이트해야 하는 고객이다. 인구통계학적 속성과 구매패턴이 과거에 비해 더 자주 변화하는 디지털고객의 수가 계속 증가함에 따라, 기업으로서는 이들 고객의 구매행동과 패턴, 욕구와 속성의 변화에 대해 정확히 파악해야 할 것이다. 고객의 욕구도 점차 복합화되어 이에 대응하기 위한 각종 포털, 원스톱 서비스 및 기타 퓨전화추세가 가속화되고 있다.

2. 디지털환경에서 기업과 고객의 특성 변화

정보화시대의 디지털혁명은 기업의 환경변화에 많은 영향을 주었지만, 이에 못지않게 기업의 특성에도 많은 변화를 가져 왔다.

첫째, 기업은 인터넷을 통해 과거보다도 지리적으로 훨씬 더 넓은 영역에 있는 고객들에게 자사의 새로운 정보나 판매자료원을 제공하고 제품이나 서비스를 촉진할 수 있다. 기업은 자사의 웹사이트를 통해서 뷰어(viewer)에게 회사의 연혁이나 경영철학을 설명하고, 취업기회를 나열하며, 기타 관심있는 정보를 제공할 수 있다.

둘째, 회사는 신속한 거래뿐만 아니라, 그들의 고객이나 잠재고객들과의 쌍방향 커뮤니케이션을 촉진할 수 있다. 인터넷을 통해 기업은 고객의 불평불만 사항을 실시간으로 받을 수 있고, 각 개별고객들에게 처리사항을 이메일로 보냄으로써 쌍방향 커뮤니케이션을 실행하기가 쉬워졌다. 고객패널과 포커스 그룹을 구성하여 1차 자료수집을 통해 고객정보를 수월하게 수집하여 마케팅의사결정에 반영하기도 용의해졌으며, 필요한 경우에는 고객에게 쿠폰이나 샘플을 제공하기도 하고, 이메일을 통한 제안을 할 수도 있다.

셋째, 기업은 자사의 홈페이지 사이트를 방문한 고객들의 정보를 데이터베이스해서 자사의 정보와 제품 및 서비스정보를 개별고객들에게 맞춤식으로 제공할 수 있다. 자사의 고객이나 잠재고객들의 욕구를 파악해서 그들에게 맞춘 포지셔닝 전략을 수행할 수 있다.

넷째, 대부분의 기업들은 판매자인 동시에 구매자이다. 기업은 인터넷시장에서 자사의 조건을 제시하고 판매자의 제품이나 서비스가격을 비교해서 합리적인 의사결정을 통해 실질적인 비용절감효과를 거둘 수 있다.

또한 정보화시대에 고객 측면에서 주요 특성 변화를 살펴보면 다음과 같다.

첫째, 고객이 이용 가능한 제품과 서비스가 과거보다 비교되지 않을 만큼 다양해졌다는 것이다. 인터넷을 통해 치약, 음료수, 세제 등의 편의품은 물론이고 옷, 가구, 세탁기, 컴퓨터, 경영컨설팅, 의학적 조언 등에 이르기까지 고객은 제품 및 서비스를 세계 어디서나 주문할 수 있으며 구매할 수 있다.

둘째, 고객은 세계 어디서든지 원하는 정보를 얻을 수 있다. 온라인을 통해서 제품이나 서비스정보는 물론이고 신문, 의학정보, 영화, 컨슈머리포트 등 셀 수 없이 엄청난 정보에 접근하고 수집할 수 있다. 이러한 정보를 바탕으로 구매의사결정을 하는 고객의 능력은 과거보다도 크게 신장되었다고 할 수 있다.

셋째, 구매자의 파워가 실질적으로 증가해서 인터넷을 이용하는 고객은 G마켓과 같은 전문유통 사이트에서 몇 초안에 가격과 제품속성을 비교하고 사라진다. 또한 옥션과 경매전문 사이트에서는 고객이 원하는 가격에 기업이 가격조정을 하거나 고객을 붙잡기 위해서 판매업체들 간에 서로 가격인하경쟁을 할 수도 있다.

넷째, 과거에는 제품구매를 위해서 고객이 직접 먼 거리를 이동해서 쇼핑하는데, 때론 많은 시간과 노력을 기울여야 하는 불편함이 있었다. 디지털환경에서 고객들은 인터넷을 통해 제품이나 서비스를 사무실이나 가정에서 판매업체에 주문할 수도 있고, 주문한 제품이나 서비스가 배달되는 과정에 서로 상호 교류증대로 인해 실시간으로 배달과정을 확인할 수도 있다.

따라서 앞서 살펴본 디지털시장 환경에서 판매자와 구매자가 갖고 있는 여러 가지 새로운 특성들로 인해 가상공간에서 디지털시장의 효율성과 성과를 더 크게 활성화할 잠재성은 매우 크다고 할 수 있다.

3. 디지털시장의 마케팅믹스 변화

디지털시장에서는 기존의 전통적인 시장과 달리 제품이나 서비스, 경쟁자, 고객 측면에서 변화하고 있기 때문에 마케팅믹스 요소에도 다음과 같이 영향을 미칠 수 있다.

(1) 제품측면

고객 개인별로 선호도나 취향을 파악하고 유연한 생산시스템을 통해 고객 개개인의 욕구에 꼭 맞는 맞춤제품이나 서비스를 제공하는 것이 필요하다. 이와 같이 각각의 고객정보를 바탕으로 개별제품 및 서비스를 만드는 것도 가능하지만 소비자의 취향이나 반응을 바탕으로 제품개발과 개선 또한 즉각적으로 이루어질 수 있다는 것이다.

(2) 가격측면

디지털환경에서의 가격은 과거보다도 더 경쟁이 심화되고 있다. 소비자가 인터넷을 통해 가격검색과 비교는 물론이고 제품별로 가장 싸게 파는 장소 등을 쉽게 검색해서 선택할 수 있기 때문에 탐색비용을 줄일 수 있다. 뿐만 아니라 역경매 등 다양한 방식을 통해 소비자가 실질적으로 가격을 정하는 경우도 있기 때문에 기업은 치열한 가격경쟁에 대응하기 위해서는 유연한 가격설정이 필요하다. 이러한 방법 중에 대표적인 것은 경매, 렌탈, 가격변동제 등을 들 수 있다.

(3) 촉진측면

고객별로 각기 다른 제품과 서비스를 제공하는 것이 필요한 것처럼 고객별로 각기 다른 차별화된 커뮤니케이션을 제공할 수 있어야 한다. 고객의 평상시 웹서핑이나 제품구매정보를 바탕으로 고객별로 선택적으로 노출되는 광고나 판촉을 다르게 할 필요가 있다. 유명한 인터넷서점인 아마존의 경우에 일단 사이트에 접속하면 과거의 구매를 근거로 추천도서를 제공하며, 특정한 책을 구입하는 경우 관련된 도서목록을 제공하여 고객별로 맞춤 커뮤니케이션을 제공하고 있다.

(4) 유통측면

온라인이라는 새로운 유통경로가 생겨나서 소비자는 지역적, 사회적 한계를 넘어 전 세계의 공급자로부터 개인의 기호에 맞는 제품을 선택하여 직접 구매행위를 하게 되므로 제품 간의 비교를 통한 선택의 폭이 크다고 할 수 있다. 그래서 기업에서는 기존의 오프라인 유통경로와 함께 온라인 유통경로를 적절하게 혼합하여 적절하게 사용하는 것이 필요하다.

앞에서 살펴보았듯이 디지털시대의 기업경영은 단지 마케팅채널 또는 커뮤니케이션 채널이 변화하는 것 이상의 의미를 가진다. 최고경영자는 기업의 비전과 미션, 사업전략을 전사적 차원에서 재조명해야 하며, 아울러 기업문화, 프로세스, 조직체계 등도 디지털환경에 맞게 변혁을 시켜야 한다. 한 마디로 전사적 변혁을 시켜야 한다는 것이다.

3.2 뉴 마케팅패러다임의 변화

1. 디지털시장의 핵심요인

디지털경제에서는 일반적으로 대부분의 사업이 기존의 시장인 유형시장(physical market)과 가상시장(virtual market)으로 구성된다. 인터넷 및 디지털기술로 인해 은행, 보험 및 여행사와 같은 대부분의 산업은 현존하는 기존 시장과 더불어 가상시장으로 빠르게 확산되고 있다. 오늘날 신시장을 구성하는 주요 핵심요인들을 살펴보면, 크게 고객가치, 핵심역량, 협력네트워크를 들 수 있다.

첫째, 디지털 기업환경에서 중요한 동인이 되는 요인은 고객가치(customer value)이다. 고객가치란 고객가치와 만족에 초점을 두고 기업을 운영하며, 고객선호에 맞춘 유통채널을 개발하고 고객의 생애가치를 통해서 이익을 산출하는 것을 말한다. 예전에 기업은 제품, 설비나 장비 등을 소유하는 것이 보다 중요한 요인이었는데, 디지털 경영환경에서 기업은 얼마나 많은 고객들을 소유하고 유지하는냐 하는 것이 더 가치있는 것으로 인식하고 있다. 기업이 고압적인 판매활동과 과잉판매 약속으로 단기적으로 판매량을 늘려 수익을 높이려는 기업들도 많지만, 이런 방법은 결국 실망한 고객들이 많이 이탈해 가기 때문에 새로운 고객을 발굴하는데 더 많은 비용이 들 수 있다. 따라서 기업은 새로운 고객가치를 창출하고 고객만족을 증대시킴으로써 장기적으로 고객을 유지시키는 것이 고객의 생애가치(lifetime value)를 생각한다면 더 많은 판매량과 수익을 가져다 줄 수 있는 현명한 방법일 것이다.

둘째, 디지털 기업환경에서 중요한 동인이 될 수 있는 요인은 핵심역량(core competency)이다. 어떤 기업도 모든 활동영역에서 경쟁적인 우위를 확보하고 기업활동을 수행할 수는 없다. 그래서 기업이 수행하는 여러 과업중에서 자사가 가장 잘 할 수 있는 과업, 즉 핵심역량을 제외하고 나머지 비핵심부분은 자사보다 더 잘 할 수 있는 외주회사에 과감하게 아웃소싱하는 것이 기업의 경쟁력을 극대화하는데 매우 중요하다고 할 수 있다.

셋째, 디지털환경에서 고객가치, 핵심역량과 더불어 중요한 요인은 협력네트워크(collaborative network)이다. 기존 대부분의 거대한 제조업체들은 거래비용에 따라 수직적 통합을 통해 안정적인 공급라인을 구축하는 것이 더 효과적이라고 판단했다. 즉 공급업체로부터 부품이나 반제품 등을 구매하는 것보다 공급업체를 통합해서 직접 제조하는 것이 더 낫다고 생각했다. 그러나 디지털 환경에서는 수직적 통합을 가상적 통합(virtual integration)으로 대체하기가 점점 더 쉬워졌다. 인터넷을 통한 가상정보교환은 기업 간의 활동을 조정하고 거래를 완성시키는데 필요한 인적자원의 규모와 시간을 줄이는데 도움을 주고 있다. 협력네트워크는 이해관계자들 간의 이익을 균형있게 함으로써, 기업의 파트너(협력상대자)에게 관대하게 보상하고 더 적은 수의 공급자와 거래하여 그들을 파트너로 바꾸는 것이다.

따라서 디지털 경영환경에서 고객가치, 핵심역량, 협력네트워크 등은 새로운 마케팅패러다임을 선도하고 있다. 이런 패러다임의 변화는 기존의 판매개념, 마케팅개념, 사회적 마케팅개념 등이 주로 아날로그 환경에 맞추어 적용되고 진개되있다면, 이세는 디지털환경에 맞는 새로운 마케팅패러다임의 필요성이 강하게 대두되고 있다.

2. 총체적 마케팅개념

마케팅개념은 20세기 초에 '교환'이라는 핵심 개념에 기반을 두고, 그동안 마케팅패러다임 변화과정에서 교환의 개념적 의미를 사후적으로 수용 확장하면서 변화를 가져왔다. 그래서 마케팅의 개념적 해석도 초기 단순한 경제적 교환에서 사회적 교환 그리고 관계적 교환 순으로 패러다임의 변화가 있었다.

21세기 정보화시대에 디지털혁명은 기존의 마케팅패러다임에서도 새로운 변화가 필요하게 되었다. 그런 변화는 관계적 교환관점에 초점을 둔 총체적 마케팅개념(holistic marketing concept)이라는 뉴 마케팅패러다임으로 나타났으며, 이는 마케팅개념이나 사회적 마케팅개념의 확장을 의미하며, 마케팅환경의 혁신적인 변화에 따른 개별고객에 초점을 둔 마케팅개념으로 새로운 마케팅방향과 가능성을 제시해주고 있다.

총체적 마케팅개념은 기업, 고객과 협력업체 간의 인터넷 상에서 상호통신능력과 상호작용성 등의 관계적 교환관점에서 나온 역동적인 개념이다. 이 개념은 기업, 고객과 협력업체 간에 관계성과 공동번영을 상호충족시키면서 장기적인 목적을 위해서 가치탐색, 가치창출과 가치전달활동 등을 통합한 것이다. 또한 총체적 마케팅개념 하에서 기업은 고객관계관리, 내부자원관리, 비즈니스 파트너십 관리 등 세 가지 경영관리유형을 통합해서 수행한다.

(1) 고객관계관리(customer relationship management)

기업은 고객이 누구인지, 고객이 어떻게 행동하고, 고객이 필요로 하고 원하는 것이 무엇인지 등을 발견해야 한다. 또한 기업은 상이한 고객의 기회요인에 대해 적절하고 분명하며, 신속하게 반응하도록 관리해야 한다.

(2) 내부자원관리(internal resource management)

기업은 고객에게 효율적으로 반응할 수 있도록 비즈니스 프로세스들을 하나의 소프트웨어 모듈체제 내에서 계열내의 주요 사업과정(예를 들어 주문처리, 총계정 원장, 급여, 생산 등)을 통합하는 전사적 자원관리가 필요하다.

(3) 비즈니스 파트너십 관리(business partnership management)

기업은 원재료, 부품, 반제품 등의 자원을 조달해서 생산공정을 통해 처리과정을 거치며, 제품을 생산하고 배달하는데 관련된 거래 파트너와의 복잡한 관계를 잘 다룰 수 있도록 하는 공급망을 관리해야 한다.

그림 1-6 총체적 마케팅개념

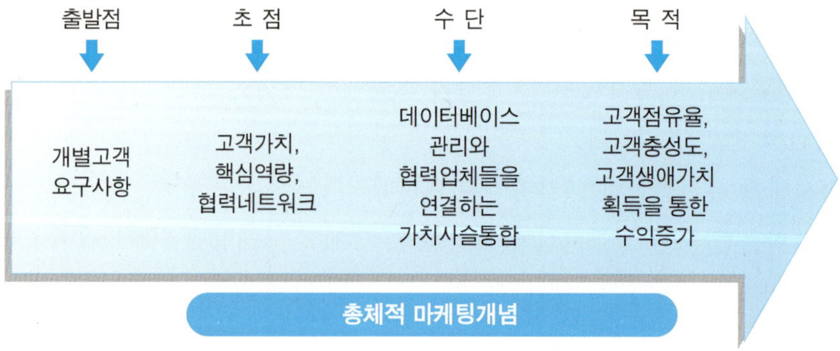

총체적 마케팅개념 하에서 출발점은 [그림 1-6]과 같이 개별고객의 요구사항을 파악하는 것에서 시작된다. 마케팅과업은 개별적인 고객의 요구사항에 맞는 제품, 서비스, 그리고 경험 등의 상황적 제공물을 개발하는 것이다. 매우 역동적이고 경쟁적인 환경에서 개별고객의 가치를 탐색하고 창출하며 전달하기 위해서, 마케터는 고객, 협력업체, 종업원, 그리고 커뮤니티 등의 모든 이해관계자들을 포함해서 이들 상호 간의 신뢰라는 기업의 관계적 자본(relational capital)에 투자할 필요가 있다. 따라서 기업은 총체적 관계관리개념을 위해서 고객관계관리의 사업개념을 넘어서야 한다. 마케터는 가치네트워크 상에 함께 연결되어 있는 협력업체들의 도움으로 데이터베이스를 구축하고 관리하며 가치를 전달함으로써 시장을 끊임없이 새롭게 해야 한다. 총체적 마케터는 고객점유율 확장, 고객충성도 구축, 고객생애가치 획득 등으로 수익증가를 달성할 수 있다.

사 례 고객의 터치포인트를 찾아라 – 홀리스틱 마케팅

현대인들이 하루동안 마주치는 기업의 마케팅활동은 상상을 초월할 만큼 많다. 미국의 경우 시민들이 신문, 방송, 인터넷, 길거리에서 하루 평균 3000건 가량의 마케팅에 노출된다고 할 정도다. 물론 우리의 경우도 크게 다르지 않다. 이 때문에 소비자들은 제품을 선택하는 과정에서, 그리고 기업들은 보다 효과적인 마케팅방법을 찾아내는데 골머리를 앓고 있다.

'홀리스틱 마케팅'은 이처럼 복잡한 정보화시대를 헤쳐나갈 묘안 중 하나가 될 수 있을 것이다.

◆ 터치포인트 파악이 우선

'홀리스틱 마케팅'은 마케팅의 대가인 필립 코틀러(Philip Kotler)가 제시한 개념이다. 홀리스틱(holistic)이라는 말은 그리스어 홀로스(holos)에서 유래했다. 홀로스는 전체(whole), 건강(health), 치유(heal) 그리고 신선함(holy)의 의미를 담고 있다. 홀리스틱 마케팅은 개별고객의 요구사항을 출발점으로 해서 다양한 '터치포인트'를 통해서 고객의 개별적 니즈를 충족시킬 수 있는 제품, 서비스, 경험 등을 전달하는 것을 말한다. '터치포인트'란 고객과 접촉하는 모든 접점을 말하는 것으로 전통적인 광고를 비롯해서 PR, 프로모션활동, 다이렉트 마케팅, 스폰서십, 제품패키지, 이벤트, 전시회, POS(Point of Sale), 전략적 제휴에 의한 공동마케팅, 게릴라 마케팅 등 다양한 활동들이 포함된다. 더 나아가 고객이 공장을 방문하거나 영업사원과 접촉함으로써 기업과 직접적인 커뮤니케이션을 하는것이나 기업의 로고를 부착하고 거리를 달리는 차량도 고객에게 간접적으로 브랜드를 경험시키고 있는 터치포인트라고 할 수 있다. 각각의 다양한 터치포인트를 통해 기업은 고객에게 메시지를 전달하고 있으며, 이러한 메시지는 고객에게 좋은 인상을 줄 수도, 나쁜 인상을 줄 수도 있다. 또 어떤 메시지는 소비자가 전혀 관심없어 하기도 한다. 효과적이고 효율적인 마케팅활동을 지향하는 기업입장에서는 모든 터치포인트에서의 메시지를 일관성 있게 유지하고 고객에게 긍정적인 인상을 줄 수 있도록 최선을 다해야 한다.

미국에서 고양이 사료를 생산하는 '미아우 믹스(Meow Mix)'는 효과적인 마케팅 방법에 대해 고민하던 중 소비자조사를 실시했는데 아주 재미있는 결과가 나왔다. 고양이가 TV를 즐겨본다는 사실이었다. 그래서 고양이들을 위한 TV 프로그램을 개발해 방영했다. 고양이가 좋아하는 소리를 들려주고 고양이의 관심을 끌 수 있는 새, 쥐, 공 등을 담은 30분짜리 프로그램을 제작, 방영한 것이다. 또한 고양이 주인을 위해서도 고양이에 관한 재미있고 다양한 정보를 제공했다. 동시에 소비자와의 쌍방향 활동의 일환으로 미아우 징글을 가장 잘 따라하는 고객을 찾는 이벤트 '미아우TV투어'를 전개하여 큰 호응을 얻었다. 이러한 일련의 활동을 통해 그동안 빛을 못 보고 있던, 35년도 넘은 미아우 징글이 다시 새롭게 런칭하는 데 성공했고 이 징글이 TV광고에도 그대로 사용되었으며 미국에서 97%의 높은 인지도를 자랑하고 있다.

고양이 울음소리를 광고에 활용해 이 회사가 성공할 수 있었던 것은 고객이 구매결정을 할 때 가장 큰 영향을 미치는 요소가 '애완동물이 잘 먹는 제품'이라는 사실, 그리고 '고양이도 시각적, 청각적 효과에 대해 반응한다'는 사실 등을 정확히 파악하고, 이를 소비자와의 터치포인트에 적절히 활용했다는데 있다.

타겟고객에게 어필하기 위한 방법으로 전통적인 광고방식을 벗어나 TV프로그램이나 그들이 선호하는 이벤트를 통해 쌍방향 커뮤니케이션을 유도한 것이다. 이렇듯 홀리스틱 마케팅은 다수대중을 상대로 한 융단폭격식 홍보와 마케팅에서 벗어나, 마케팅의 초점을 '개별고객'에 맞춘 후 그들과의 다양한 접점을 통해 홍보활동을 벌이는 새로운 마케팅방식이다.

이러한 방식의 마케팅이 가능해진 것은 2000년대 이후 급격한 정보화와 IT산업의 발달 덕분이다. 정보의 취합과 분석이 손쉬워졌고 그에 들어가는 비용도 저렴해졌기 때문에 표적시장의 구성원들이 지닌 각

기 다른 욕구들까지 배려할 수 있게 된 것이다.

◆ 쌍방향 커뮤니케이션 유도

'미아우 믹스'의 홀리스틱 마케팅을 담당한 대행사 KBP는 신선하고 혁신적인 홀리스틱 마케팅을 위한 필수조건으로 다섯 가지 항목을 들고 있다.

첫째, 브랜드와 제품에 대한 가치를 명확히 찾아야 하며, 둘째, 그 가치가 가장 효과적으로 수용될 수 있는 소비자집단을 찾아야 한다. 셋째, 고객중심에서 생각하여 광고를 넘어선 새로운 터치포인트를 찾아야 하며, 넷째, 파급효과를 창출해낼 수 있는 큰 아이디어를 발명한다. 마지막으로, 다양한 전달수단을 통해서 아이디어를 확산시켜야 한다.

당신은 자사가 생산하고 있는 제품이나 서비스에 대해 잠들어 있는 고객을 깨울 수 있을 만큼 효과적인 마케팅 수단을 활용하고 있는가? 아무리 우수한 제품이라도 고객들에게 알려지지 않는다면 그것을 살 사람은 아무도 없다. 홀리스틱 마케팅을 활용해서 소비자들에게 좀 더 가까이 다가가자. 그리하여 잠들어 있는 고객을 깨워보자.

◆ 고객의 생애가치에서 수익성 추구

기업은 고객관계 마케팅을 통해 자사의 고객은 누구인지, 그들이 어떻게 행동하는지, 그들이 무엇을 원하는지를 발견해 다양한 고객기회들에 적절하고 신속하게 반응할 수 있다. 이렇게 효과적으로 반응하기 위해 기업은 비즈니스 프로세스들을 하나의 소프트웨어 모듈체제 내에서 통합할 수 있는 내부자원관리를 필요로 한다.

비즈니스 파트너십 관리는 기업이 부품조달과 생산, 제품전달 등을 수행하기 위해 파트너들과의 복잡한 관계를 잘 다룰 수 있게 한다. 그래서 효과적인 홀리스틱 마케팅을 수행하기 위해서 금호타이어의 경우는 고객차원(타이어마스터 판매원, 제품설명시, P.O.P, poster 등), 기업차원,(광고, 금호타이어MU 코리아투어 등 스폰서십 및 프로모션 활동, 금호타이어 웹사이트, 사외보 등), 그리고 협력업자 차원(모터사이클 및 자동차동호회 , 자동차제조회사, 정비업소 등)간 상호연계 및 상호작용을 바탕으로 개별고객의 요구사항에 부응하는 고객화된 제품을 제공함으로써 일시적인 매출증대보다는 고객의 생애가치에 근거한 수익성 증대에 주안점을 두어야 한다.

● 자료원 : SERI 경영전략실 백창석, 타이어저널(내용일부 수정)

04 요 약

마케팅이란 무엇인가? 마케팅개념은 기업이 시장에서 소비자들의 욕구를 파악하고 이를 충족시키기 위해서 제품, 가격, 유통, 촉진활동을 계획하고 실천함으로써 자사의 목적을 달성하는 과정이라고 할 수 있다.

마케팅의 개념은 19세기 초에 핵심개념을 '교환'이라는 개념에 기반을 두고, 그동안 마케팅패러다임 변화과정에서 교환의 개념적 의미를 사후적으로 수용확장하면서 변화를 가져왔다. 그래서 마케팅의 개념적 해석도 초기 단순한 경제적 교환에서 사회적 교환 그리고 관계적 교환순으로 패러다임의 변화가 있었다. 마케팅관리는 표적시장과의 바람직한 교환을 창출하기 위해서 과업을 수행하는 과정을 말하는데, 이러한 과업을 수행하기 위해서 마케터는 마케팅활동이나 관리에 필요한 지침이 될 수 있는 어떤 이념이나 철학이 필요하다. 이러한 마케팅관리 철학은 생산개념, 제품개념, 판매개념, 마케팅개념, 사회적 마케팅개념 등 다섯 가지 단계를 거쳐서 발전되어 왔다. 생산개념은 제품의 수요에 비해 공급이 부족하기 때문에 저렴한 가격으로 많은 제품을 생산하여 고객에게 공급하는 것이 기업이 해야 할 가장 중요한 과제라고 보는 관점이다. 제품개념은 고객들은 가장 우수한 품질의 제품을 선호하기 때문에 기업은 제품의 품질개선에 최대의 노력을 기울이는 것이 가장 중요한 과제라고 보는 관점이다.

판매개념 하에서 기업의 과제는 공장에서 우수한 기술을 바탕으로 가능한 많은 제품을 생산하여 다양한 판매기법과 촉진활동을 통해 판매량을 증가시킴으로써 이익을 극대화시키겠다는 개념이다. 마케팅개념은 판매개념과 달리 주요 관심사가 공장에서 시장의 고객욕구에 초점을 두고 이를 충족시킬 수 있는 적절한 마케팅믹스를 개발하는 것이었다. 사회적인 마케팅개념은 기업활동을 통해서 필연적으로 파생되는 대기오염과 수질오염 등의 환경문제로 인해서, 기존의 마케팅개념에서 고려하지 않았던 사회복지부분까지도 고려해야 한다는 개념이다.

21세기 정보화시대에 디지털혁명은 기존의 마케팅패러다임에서도 새로운 변화가 필요하게 되었다. 그런 변화는 관계적 교환관점에 초점을 둔 총체적 마케팅개념이라는 뉴 마케팅패러다임으로 나타났으며, 이는 마케팅개념이나 사회적 마케팅개념의 확장을 의미한다. 총체적 마케팅개념은 기업, 고객과 협력업체 간의 인터넷 상에서 상호통신능력과 상호작용성 등의 관계적 교환관점에서 나온 역동적인 개념이다.

참 · 고 · 문 · 헌

- 김승화(2000), 디지털시장의 성공열쇠, 개인 맞춤 마케팅, LG 주간경제, 3, pp.41~46
- 김희진(2016), 인게이지먼트, 북넷.
- 구자룡(2007), 브랜드 2.0시대의 마케팅믹스, 4E, LG Ad, 7/8, pp.14~17.
- 송용섭 외2(2004), 현대마케팅, 문영사.
- 이학식 · 안광호 · 하영원(2015), 소비자행동, 집현재, 제6판.
- 유필화 외2(2012), 현대마케팅론, 박영사.
- 채서일(2015), 마케팅, 옥당.
- 홍정석(2007), 4C관점으로 접근하는 B2B마케팅, LG Business Insight, 10, pp.41~47
- Bearden, William O., Thomas N. Ingraw and Raymond W. LaForge(2001), *Marketing-Principle and Perspectives*, 3rd ed., McGraw-Hill, Irwin.
- Blythe, J.(2006), *Principles & Practice of Marketing*, Thomson Learning.
- Boone, Louis E. and David L. Kurtz(2001), *Contemporary Marketing*, 10th ed.,Harcourt, Inc.
- Lamb, Charles W., Hair, Joseph F. and C. McDaniel(2000), *Marketing*, 5th ed., South-Western College Publishing.
- Kelin, Roger A., Hartley, Steven W., Berkowitz Eric N. and William Rudelius(2006), *Marketing*, 8th ed., McGraw-Hill Irwin.
- Kotler, P.(1994), *Marketing Management*, 8th ed., Prentice-Hall Inc.
- Kotler, P. and G. Amstrong(1998), *Principles of Marketing*, 6th ed., Prentice-Hall Inc.
- Kotler, P., Dipak C. Jain and Suvit Maesincee(2002), *Marketing Moves*, HBS Press.
- Sampson, Stephen J.(2011), *Leaders Without Titles*, HRD Press, Inc.
- Solomon, Michael R. and Elnora W. Stuart(1997), *Marketing,* International ed., Prentice-Hall Inc.
- Zikmund, William G. and Michael d'Amico(2001), *Marketing*, 7th ed., South-Western College Publishing.

part 02

마케팅패러다임 전략의 변화

[2022 빅블러시대] 국내서도 '아마존고'처럼… 온오프 연계 활용법 '주목'

빅블러(Big Blur)는 변화의 속도가 빨라지면서 존재하던 것들의 경계가 뒤섞이는 현상을 뜻한다. 코로나19 팬데믹확산과 디지털전환 가속화로 전세계에서 산업 간 경계가 허물어지는 빅블러 현상이 두드러지고 있다. 유통업계도 업종, 업태 간 경계가 희미해지는 빅블러 현상이 갈수록 확대되면서 전통적으로 유지했던 백화점 중심의 조직 운영, 경직된 의사결정 방식으로는 도전이 무의미해진다는 판단에서다. 게임룰이 바뀌고, 산업을 주도하는 기업이 달라지고, 비즈니스 영역구분이 모호해졌다.

한국도 이에 빠르게 대응해 빅블러시대 글로벌 주도권을 선점해야 한다는 목소리가 커지고 있다. 이와 관련 〈디지털데일리〉는 2022년 임인년을 새해를 맞아 IT 기업들의 합종연횡 · 신시장 개척 등 위기 대응 전략을 살펴보고 변화에 대응하는 모습을 조명한다. 〈편집자주〉

▸ 온라인 쇼핑 대세 속 오프라인 매장출점으로 기존 사업약점 보완

[디지털데일리 이안나 기자] 지난해 11월 온라인쇼핑 거래액이 17조원을 돌파하며 사상 최고치를 기록했다. 이중 모바일 쇼핑비중은 약 12조원으로 전년동기대비 22.9% 증가했다. 주요 유통업체 매출을 살펴보면 온라인 비중이 51.4%로 처음 오프라인을 넘어섰다. 오프라인 중심 유통업체들이 온라인에 비중을 싣는 건 예정된 수순이다.

그런데 주목할 점은 소위 '잘나가는' 온라인 플랫폼들이 굳이 높은 비용을 지불하고 오프라인 매장을 내기 시작한 것. 오프라인 업체들의 온라인 진출과 온라인 업체들의 오프라인 진출이 혼재하는 게 현 유통업계 모습이다. 점차 온오프라인 경계가 무너지는 '파괴적 커머스' 시대가 도래하고 있다.

10일 관련 업계에 따르면 온라인 플랫폼 업체들이 온라인을 넘어 오프라인 공간으로 진출하고 있다. 비즈니스 전략 중 하나로 'O4O(Online for Offlice)'가 떠오르고 있기 때문이다. 기존 O2O(Online to Offline)가 단순히 온라인과 오프라인을 연결하는 중개 서비스에 그쳤다. 반면 O4O는 온라인을 통해 얻은 데이터와 노하우로 오프라인 영역까지 확대해 시장혁신을 주도한다는 차이가 있다.

O4O 서비스 대표 사례로는 글로벌 최대 전자상거래 기업 미국 아마존 무인 식료품점 '아마존고(Go)'가 있다. 소비자 개별로 담은 물건을 자동결제하는 시스템 '저스트워크아웃' 기술이 특징이다. 아마존 포스타(4-star)에선 온라인 아마존에서 평점 4점 이상 받은 제품만 모아 오프라인에서 판매 중이다. 최근 월스트리트저널(WSJ) 등 외신에 따르면 아마존은 미국 오하이오주에 백화점 형태 대형 소매점도 낼 계획이다.

무신사

온라인 플랫폼기업들이 오프라인 시장에 눈독을 들이는 현상은 국내에서도 나타나고 있다. 무신사는 서울 마포구 홍대상권에서 '무신사 스탠다드 플래그십 스토어'와 '무신사 테라스' 매장을 운영하고 있다. 단순 의류 판매에서 나아가 온라인 주문 후 '픽업'과 체험공간으로 활용하며 일 평균 3000명 고객이 방문한

머스트잇 쇼룸 스니커즈존

번개장터 '브그즈트 컬렉션' 입구

다. 지난해 12월 오프라인 매장에서 아우터를 고른 후 온라인으로 주문하는 '테라스 QR상회'를 열어 주목받기도 했다.

국내 명품 플랫폼 머스트잇도 지난해 12월 서울 압구정에 182㎡(약 60평) 규모 쇼룸형 매장을 출점했다. 온라인 쇼핑 시 명품을 직접 눈으로 확인하고 구매하고 싶은 소비자 수요를 반영해, 기존 온라인몰 강점에 오프라인 강점을 더한다는 목적이다. 중고거래 플랫폼 번개장터 역시 스니커즈 · 명품매장 '브그즈트 랩(BGZT LAB)'과 '브그즈트 컬렉션' 등 오프라인 매장을 3호점까지 만들었다. 매장에선 쇼핑 외 희소성 있는 신발과 명품을 직접 확인할 수 있다.

온라인 쇼핑으로 존재감을 키워온 플랫폼 업체들이 오프라인 시장에 투자하는 이유는 무엇일까. 전문가들은 여전히 소비자들이 눈으로 직접 확인하고 만져보는 경험을 중시하기 때문이라고 분석한다. 구매 전 체험할 수 없다는 온라인몰 물리적 한계를 넘어서기 위해 온오프라인을 결합하는 O4O 전략에 주목하고 있다는 의미다.

또한 대형마트들은 오프라인 매장을 온라인 쇼핑거점으로도 활용하기도 한다. 전국 110여개 이마트 매장에 대형 PP(Picking&Packing)센터를 만들어 SSG닷컴 온라인 장보기 주문수요를 대폭 늘리고 있다. 홈플러스와 롯데마트도 오프라인 점포를 온라인주문 상품배송기지로 활용하기 위해 기존 점포를 리뉴얼하는데 속도를 내고 있다.

정연승 한국유통학회장은 "유통산업 경계가 사라지는 '파괴적 커머스' 시대가 왔다"며 "각자 활동하던 곳에서 새로운 영역으로 확장하는 건 새로운 사업기회를 찾는다기보다는 기존에 갖고 있던 약점을 보완하는 측면이 더 강하다"고 말했다. 이어 "자기 영역을 더 견고하게 지키기 위해 다른 영역에 들어가는 공격이자 수비를 하게 되는 셈인데, 이때 이미 잘해오던 영역을 잘 지키는게 중요하다"고 강조했다.

● 자료원 : 디지털데일리, 이안나, 2022. 01. 10.

01 뉴 마케팅믹스 전략

경영환경변화에 따라 마케팅개념에 있어서도 생산, 제품, 판매, 마케팅, 사회적 마케팅 개념에서 정보디지털 환경에 맞는 총체적인 마케팅개념에 이르기까지 많은 패러다임의 변화가 있었다. 이러한 마케팅패러다임의 변화와 더불어 마케팅믹스 전략부분에서도 기존의 생산자인 기업중심의 4P's, 고객중심의 4C's에서 감성중심의 4E's로 점차 변화되고 있다.

또한 마케팅중심 개념에서도 시장환경변화에 따라 기존의 전통적인 경제상황에서 제품중심이나 고객중심의 마케팅에서 가치주도의 마케팅개념으로 변화하였다. 그 이후에 디지털 경제상황에서 현재의 마케팅중심 개념인 인간중심의 마케팅개념과 미래의 휴머니티중심의 마케팅개념으로 변화되어 가고 있다.

따라서 본 장에서는 뉴 마케팅믹스 전략과 기존의 마케팅 3.0 시장, 현재의 마케팅 4.0 시장, 그리고 미래의 마케팅 5.0시장 등의 전략을 중심으로 살펴보려고 한다.

1.1 뉴 마케팅믹스 요소

1. 고객중심의 마케팅믹스(4C's) 요소

제품이나 서비스가 마케팅활동에 중요한 부분을 차지하고 있다고는 하지만, 급변하는 마케팅환경에서 성공하기 위해서는 무엇보다도 효과적인 마케팅전략을 어떻게 수립하고 실행하느냐에 달려있다고 할 수 있다. 마케팅전략은 우선 시장세분화 전략을 통해 표적시장을 선정하고, 표적시장에 맞는 효과적인 마케팅믹스 전략을 수립하고 실행하는 것이다. 마케팅믹스 전략의 가장 기본적인 요소는 표적시장의 욕구를 충족시켜 줄 수 있는 제품, 가격, 유통, 촉진 등이 마케팅믹스 요소들이다. 기업이 시장활동을 하는 과정에 환경변화가 끊임없이 지속되고 있고, 자사의 목표를 달성하기 위해서는 수많은 변수들을 고려해야 하지만, 마케터의 주요 의사결정은 기본적으로 마케팅믹스 전략을 중심으로 이루어진다. 마케팅믹스 전략은 특정 표적시장의 소비자욕구와 선호에 맞는 제품(product), 가격(price), 유통(place), 촉진(promotion) 등의 네 가지 마케팅믹스(4P's) 요소를 결합시키는 것이다.

따라서 마케팅전략의 성공여부는 마케팅믹스 요소를 어떻게 효과적으로 결합시키느냐에 달려있기 때문에, 전통적으로 마케터들은 마케팅믹스 전략의 중요성을 꾸준히 강조해 왔다. 그러나 최근 기업들이 빠른 속도로 품질과 서비스를 향상시키고 가격과 유통에 대한 차별성도 점차 사라지면서, 이러한 요소들은 기업이 당연히 충족시켜야 하는 것으로 여기고 있다. 이에 따라 기존의 마케팅관점으로는 성공적으로 기업가치를 향상시키고 이윤을 창출하기 어렵기 때문에, 마케팅관리를 이제는 고객중심의 4C's, 즉 고객편익(customer benefits), 고객의 기회비용(cost to customer), 편의성(convenience), 커뮤니케이션(communication) 관점으로 보아야 한다는 주장도 있다.

(1) 고객편익

제품의 범용화 현상에 직면한 기업들이 새로운 제품이나 서비스의 기술적인 차별화에 주력하는 것이 아니라, 고객의 욕구에 맞는 제품이나 서비스, 즉 고객의 편익묶음을 제공하는 관점으로 접근하는 것이 필요하다. 이를 위해서는 무엇보다 시장조사와 R&D단계가 중요한 역할을 해야 한다. 기업이 고객중심의 시장조사를 통해서 고객을 더 잘 이해하고 그에 따라 R&D단계부터 고객의 만족도를 높일 수 있도록 하는 것이 결국 고객의 구매를 유도하고 고객의 충성도를 높일 수 있도록 해 준다.

(2) 고객의 기회비용

최근에 기업들은 사업환경의 변화로 인한 범용화에 대해서 가격차별화를 통한 경쟁우위를 확보하려는 경향을 보이고 있다. 이런 관점에서 기존의 제품에 단순히 가격을 책정하기보다는 경쟁사 제품보다 추가적인 제품의 사용가치를 더해 줌으로써 차별화시켜 부가가치를 향상시킬 수 있다. 따라서 범용화에 연연하지 말고 부가된 제품이나 서비스의 가치를 향상시켜 차별화 가치를 극대화하여 고객의 총비용을 최소화해 주는 가격전략이 필요하다. 이를 통해서 고객은 더 큰 만족을 얻을 수 있고 기업은 더 많은 이윤을 확보할 수 있다.

(3) 편의성

기업들은 유통관리를 통해 내부의 재고 및 금융부담을 줄이고 기능을 효율화시키는데 주력하고 있다. 그러나 경쟁이 심화되고 고객의 욕구가 점차 다양해지고 복잡해지면서 과거 생산자나 시장적인 관점에서의 유통으로는 더 이상 경쟁력을 확보하기가 어려워지고 있다. 최근에는 고객에게 얼마나 편리한 유통채널을 제공할 수 있는가라는 고객입장의 유통관점에서 세분시장을 발견하고 새로운 가치를 제공해주거나 비용면에서 좀 더 효율적인 비즈니스 유통모델을 제시해야 한다.

(4) 커뮤니케이션

기업들이 불특정다수의 일반대중들을 대상으로 한 광고나 PR과 같은 촉진전략을 주로 강조해 왔지만, 최근 인터넷의 발달로 인해 정보의 비대칭성이 해소되면서 고객들이 제품이나 서비스에 대해 보다 전문적인 정보와 지식을 요구하게 되었다. 그리고 고객의 욕구가 다양하고 급변하기 때문에 이러한 고객을 만족시키고 지속적인 관계를 유지하기 위해서는 보다 전문적이고 적극적인 고객 커뮤니케이션 관점에서 마케팅활동이 요구된다.

2. 감성중심의 마케팅믹스(4E's) 요소

마케팅믹스 요소는 생산자중심의 산업사회에서는 마케팅 4P's로 충분한 설명이 가능했지만, 소비자 중심주의 운동을 거쳐 정보화사회가 도래하면서 4C's관점에서 마케팅관리를 하려고 노력해 왔다. 그러나 이제는 감성을 중시하는 사회로 전개됨에 따라 마케팅믹스 전략에도 변화가 필요하게 되었다. 감성중심의 마케팅믹스 요소에는 기업성장의 원동력이 되는 고객전도사(evangelist), 소비자를 감동시키려는 기업의 노력이 담긴 열광(enthusiasm), 범람하는 광고의 홍수 속에서 더욱 중요해진 체험(experience), 소비자와 소비자 간의 경험을 유발하는 지지형식의 교환(exchange) 등 4E's로 구성된다.

(1) 고객전도사

지금까지 통합적 마케팅커뮤니케이션(IMC) 차원에서 고려한 고객평가기준이던 RFM (recency · frequency · monetary), 즉 최근 언제 구매를 했는지, 얼마나 자주 방문했는지, 돈은 얼마나 지출했는지 등을 평가하던 것이, 이제는 충성지수로 고객전도사들을 평가해야 한다. 그 평가기준은 남들에게 제품을 권하는 추천율과 제품에 대한 충성도 등을 체크하는 심리적 · 행동적 충성지수이다. 충성지수가 높은 고객전도사들은 제품구매를 통해 회사에 기여하며, 자신의 네트워크에서는 '월급없는 영업사원'을 자처하기도 한다. 이처럼 고객전도사들이야 말로 기업성장의 주요한 원동력이다.

(2) 열 광

가격에서 기회비용을 넘어 감성시대의 브랜드가치를 매기는 척도가 열광이다. 열광은 크게 두 가지로 나뉘는데, '소비자를 감동하게 만드는 상황적 열광포인트'와 '제품자체에

광고 2-1 할리데이비슨 모터사이클 광고 : 제품과 감성적 열광포인트 충족

포함되어 있는 열광포인트'이다. 일상적으로 제품자체의 매력 때문에 같은 제품을 사용하는 사람들끼리 모이는 동호인모임들을 흔히 볼 수 있다. 예를 들어, 할리데이비슨(Harley Davidson) 모터사이클 동호인들의 최대 규모의 모터사이클 라이더들의 축제인 '호그 랠리'가 1984년부터 국내외에서 매년 개최되는데, 국내에서도 1999년부터 이 행사에 참여한 마니아들이 자유롭게 즐기고 만남을 갖기도 한다. 이 행사는 할리데이비슨 마니아와 가족 등 약 1천여명 이상 모터사이클이 참가해 '웰컴 나이트(Welcome Night)'와 리그 오브 호그(League of HOG) 페스티벌과 그랜드 투어, 모터사이클 게임, 클럽대항전, 불꽃놀이 등을 진행하며, 할리데이비슨 라이더로서의 우정과 자부심 등을 함께 나눈다. 이들 마니아에게는 할리데이비슨 제품이 가져다주는 제품의 열광적 포인트와 감성적 포인트를 충족시켜 주기 때문이다. 하지만 제품자체에서 열광적인 요소를 찾을 수 없는 경우에는 기업이 브랜드를 열광포인트로 만들기 위해서 제품연관 콘서트, 전시회, 박물관오픈 등의 프로그램을 통해 감성적인 노력을 기울여야 한다.

(3) 체 험

기업들은 독특한 광고홍보전략을 통해 소비자들에게 제품이나 서비스의 정보를 제공하고 브랜드이미지를 형성하려고 노력하더라도 시각적 터치만으로 브랜드의 진정성을 표현하기에는 한계가 있다. 고객의 입장에서 본다면 브랜드는 유통과 편의성을 넘어 체험영역 안에 놓여야 한다. 여기서 체험은 단순한 경험만을 의미하는 것이 아니라, 고객의 체험설계라고 보아야 한다. 그래서 최근 기업들은 이미지정립과 브랜드파워 강화를 위해 플래그십 스토어 확보에 힘을 쏟고 있는 것으로 나타나 주목된다. 플래그십 스토어(flagship store)

광고 2-2 아이더의 플래그십 스토어

란 브랜드 특유의 콘셉트에 부합하는 목표이미지를 구현할 수 있는 차별화된 독립매장이자 거점으로, 고객에게 직접 체험하고 느낄 수 있도록 하는 체험의 장을 제공해주며, 전체 유통망에서의 해당 브랜드의 경쟁력을 제고하고 궁극적으로는 매출확대를 이루는 것을 목표로 하는 매장형태를 말한다. 예를 들면, 최근 패션업계가 핵심상권에 대형 플래그십 스토어를 열고, 소비자트렌드에 맞춰 오프라인 매장을 체험과 경험공간으로 탈바꿈해가고 있다. 브랜드 아이더는 브랜드 아이덴티티 '샤모니 정신(Chamonix Esprit)'을 담은 첫 플래그십 스토어를 서울 명동에 오픈하였으며, LF는 신명품을 강화하기 위해 컨템포러리 패션 편집숍 '라움(RAUM)'의 플래그십 스토어를 새단장했는데, 인큐베이팅 기능 강화와 고객취향에 맞는 오프라인 쇼핑경험을 제공하기 위해 '럭셔리&하이앤드'와 '컬쳐&팝' 두 섹션으로 나누어 2030세대를 타깃으로 하고 있다.

광고 2-3 LF의 라움 플래그십 스토어

(4) 교 환

소비자의 소중한 체험이 소비자 안에서만 머무는 것은 매우 비효율적이다. 감성사회의 정보전달은 산업사회시대 당시에 기업의 일방적 제품홍보에서 정보화시대의 '관계'에 바탕을 둔 커뮤니케이션을 넘어 소비자 간의 '체험교환'이 가능해야 한다. 소비자의 체험은 동일한 경험을 가지고 있는 다른 소비자와의 교환속에서 한층 더 넓어지고 강해지는 특징을 지니고 있다. 최근 '오페라의 유령'과 같이 장기간 흥행하는 작품들을 보면 관람한 관객들끼리 모이는 커뮤니티에서 개인적인 경험이나 정보를 교환하고, 이런 것을 통해 더 많은 관객들이 모여들어 곧 사회적인 확산이 이루어지면서 그게 성공하는 경우를 흔히 볼 수 있다. 이처럼 기업의 효과적인 마케팅을 위해서는 기존의 일방적인 커뮤니케이션 방식을 벗어나 고객들이 서로의 경험을 유발할 수 있는 상호 커뮤니케이션이 반드시 필요하다.

광고 2-4 오페라의 유령 : 체험을 통한 관객과의 커뮤니케이션 교환

사 례 '체험 마케팅의 진화'… 화장품·패션업계, 메타버스 탑승 대세

코로나확산세에 가상 체험 · 공간 마케팅주목. 메타버스 플랫폼 제페토 활용 기업 확대.
토니모리 이어 헤라까지 메타버스 플랫폼 도입. 나스, 메타버스 플랫폼과 콜라보 제품 출시
MCM · 커버낫 등 패션 업계도 메타버스 활용눈길. 로레알, 라이브 쇼핑 페스티벌 등 온라인 강화

최근 아모레퍼시픽 대표 화장품 브랜드 헤라는 제페토와 손잡고 브랜드 공식 팝업 공간의 문을 연다고 발표했다.

코로나가 지속적으로 확산되면서 접촉하지 않는 비대면 소비 시장이 대세가 되고 있다. 화장품과 패션 업계에서도 사회적 분위기에 부응해 가상체험과 공간에 투자를 확대하는 추세다. 이미 미국과 일본 등 화장품 선진국들은 3차원 가상공간을 의미하는 메타버스(Metaverse)를 활용한 마케팅을 적극 이용하고 있다. 이에 국내기업들도 잇달아 메타버스를 활용하는 사례들이 늘고 있다.

특히 네이버제트(Z)가 운영하는 메타버스 플랫폼인 제페토(ZEPETO)와 협업을 진행하는 기업들이 늘고 있다. 최근 아모레퍼시픽 대표 화장품 브랜드 헤라는 제페토와 손잡고 브랜드 공식 팝업 공간의 문을 연다고 발표했다.

헤라와 제페토의 파트너십으로 오픈한 팝업스토어는 헤라의 한정판 '위시로켓 컬렉션'의 가상세계관으로 구성했다. 제페토 한강공원에 불시착한 희망행성의 위시로켓 내부는 일러스트 아티스트 방상호 작가의 시선으로 담아낸 서울의 모습에 희망과 관련된 오브제로 가득 채웠다.

위시로켓 컬렉션만의 독특한 아이덴티티를 담은 메이크업존, 포토존, 무중력 서재공간 등 세 개의 디지털 인터랙티브 공간에서는 이번 컬렉션 제품을 가상으로 얻을 수 있는 다양한 체험이 가능하다.

제페토 헤라 팝업스토어는 제페토 한강공원에서 이용할 수 있으며, 3D 아바타로 다른 사용자들과 함께 소통하며 즐길 수 있다. 또한 제페토 헤라 팝업스토어는 1월 20일까지 'Wish You Good Luck Challenge' 이벤트를 통해 2022년 나의 소원을 올리면 추첨을 통해 경품을 준다.

이에 앞서 지난해 말 토니모리는 제페토에 '홍대 토니모리 월드'를 론칭했다. 홍대 토니모리 월드는 볼거리, 즐길 거리가 많고 특히 인증샷 찍기에 특화돼 있다. 토니스트리트 존, 점프맵 존, 버스킹 존, 드라이빙 존, 그래피티 존 등 다양한 콘셉트로 이뤄진 가상의 홍대거리 곳곳을 자동차를 타고 누빌 수 있다. 또한 토니모리가 새롭게 선보이는 가상 인플루언서 캐릭터 '토니(TONI)'와 함께 주력 제품 등도 다양하게

만나볼 수 있다.

1층 매장에는 업계 최초 무라벨 비건 토너인 '원더 비건라벨 세라마이드 모찌 진정 토너'와 2021 FW 메이크업 컬렉션인 '더 쇼킹 스핀오프 팔레트' 등이 진열돼 있다. 또한, 개성있고 나다운 것에 관심이 많은 미-크러시(me-crush) 걸 '토니' 캐릭터와 그녀의 반려동물 캐릭터 '모리(MOLY)'까지 만날 수 있다. 토니모리는 제페토에 구축한 홍대 토니모리 월드가 좋은 반응을 얻음에 따라 다양한 메타버스 채널을 확장한다는 계획이다.

지난해 10월, 아티스트 브랜드 나스는 제페토와 협업을 통해 제페토만을 위해 고안된 아이코닉한 메이크업 룩과 한정판 액세서리를 경험해볼 수 있는 캡슐 컬렉션을 공개했다.

사용자들은 제페토 앱 내에서 나스의 에어 매트 라인으로 연출된 아이코닉한 8가지 메이크업 룩을 시험해 볼 수 있다. 또한, 제페토에서만 경험할 수 있는 나스 크롭 탑, 크로스바디 백과 롤러 스케이트를 아바타에 함께 매치해 자신만의 개성 넘치는 룩으로 다양하게 연출할 수 있게 구성했다.

자신만의 룩을 완성한 후에는 제페토의 비디오 및 포토 부스기능을 통해 또 다른 에어 매트 립 컬러의 경험도 할 수 있다. 'Dare to Air'를 테마로 한 나스의 비디오, 포토 부스는 화려한 롤러 스케이트장 배경에서 커스텀된 포즈로 나만의 매력을 담은 나스 룩의 아바타를 사진과 영상으로 제작할 수 있다.

지난해 12월, MCM은 제페토에 3D 'MCM 큐빅 맵'을 공개하고 가상 패션아이템 15종을 출시했다.

패션업계도 제페토와의 협업을 통해 메타버스에 잇달아 탑승 중이다. MCM 큐빅맵은 현실과 환상이 공존하는 유토피아 세계로 표현됐다. 또한 MZ세대가 MCM의 메타버스 공간에서 자유분방한 시간을 보낼 수 있도록 성별과 나이 등 규제, 경계로부터 구속받지 않는 MCM의 스타일을 담았다.

이곳에서는 2021년 MCM이 창립 45주년을 기념해 발표한 '큐빅 모노그램' 테마의 룸 네 곳을 둘러볼 수 있다. 캐릭터가 점프해서 위태로운 큐빅계단을 올라가는 '점핑 큐빅게임 존', MCM 인형과 풍선이 가득한 '멜팅 팝 존', MCM 2021 F/W 캠페인을 촬영한 '메타버스 스튜디오', 화려한 디스코 파티를 즐길 수 있는 'MCM 디스코 스테이지'로 구성됐으며, 자신의 3D 캐릭터를 통해 포토존에서 인증샷 찍기 및 점핑게임 등의 콘텐츠를 즐길 수 있도록 설계됐다.

이와 함께 MZ세대의 라이프 스타일을 대변하는 활동성 높고 트렌디한 가상 패션아이템 15종도 정식출시했다. 'MCM X 제페토 컬렉션'은 MCM 큐빅 모노그램 컬렉션 대표상품을 구현한 의류와 가방, 모자 등 액세서리로 구성됐다. 이외에 오랜 시간 MCM의 상징으로 활약한 비세토스 모노그램 백팩과 페이스 액세서리 등도 포함됐다.

MCM은 제페토 콜라보레이션 오픈을 기념해 1월 20일까지 포스팅 및 인증샷 이벤트도 진행한다. 'MCM X 제페토 컬렉션' 아이템을 착용하거나 위시리스트에 추가한 후 MCM 큐빅맵에서 찍은 사진을 필수 해시태그와 함께 자신의 제페토 피드에 포스팅한 유저에게 추첨을 통해 'MCM X 제페토 컬렉션' 아이템을 증정할 예정이다.

또한 MCM 큐빅맵 내 점핑 큐빅게임 존에서 게임 퀘스트를 완료한 후 정상의 포토 스팟에서 찍은 캐릭터의 인증샷을 인스타그램에 공유하면 추첨을 통해 MCM 제품을 제공한다.

● 자료원 : 박영배, 더드라이브(TheDrive), 2021. 11. 26

3. 인간중심의 연결된 마케팅믹스(4C's) 요소

디지털경제의 연결된 세계에서 마케팅믹스의 개념은 더 많은 고객참여를 수용하기 위해 진화하고 있다. 기존의 전통적인 시장에서의 고객과 달리 가까운 시일내에 대다수를 차지할 디지털경제에서의 고객은 강력한 연결성과 이동성을 갖춘 새로운 유형의 고객이라고 할 수 있다. 연결성은 소셜미디어를 통해 이용자 상호 간의 정보를 생산, 공유, 확산을 촉진시키고, 네트워크 연결을 통해 정보 및 이슈를 확대 재생산시키는데 크게 영향을 미치고 있다.

그리고 이동성은 기존의 시장에서보다 더 빠른 속도로 일상적인 삶을 살아가고 있기 때문에 모든 것이 즉각적이고 시간 효율적이어야 한다. 그래서 고객의 구매의사결정과정에서도 온라인과 오프라인을 넘나들면서 매장, 인터넷, 모바일 등의 기기를 활용해서 정보탐색이 이루어지고, 언제 어디서나 구매결정을 내릴 수 있다.

이와 같이 디지털시대의 연결된 고객(connected customer)의 특성들을 고려한다면, 전통적인 마케팅믹스(4P's) 요소인 제품(product), 가격(price), 유통(place), 촉진(promotion) 등의 전략도 변화되어야 할 것이다. 그래서 Kotler et al.(2017)는 기존의 마케팅믹스(4P's)는 디지털경제에서 더 많은 고객참여를 수용하기에 적합한 연결된 마케팅믹스(connected marketing mix), 즉 공동창조(co-creation), 통화(currency), 공동체 활성화(communal activation) 및 대화(conversation) 등의 4C's로 재정의되어야 한다고 주장하고 있다.

(1) 공동창조

전통적인 마케팅에서 제품이라는 개념은 기업이 연구개발 부서에서 우수한 기술개발을 하고, 아이디어 창출을 통해 소비자의 욕구와 필요를 충족시켜 줄 수 있는 경쟁력 있고 차별화된 신제품을 개발하는데 초점을 두고 있다. 하지만 디지털경제에서는 제품개발단계에서 공동창조(co-creation)라는 개념을 도입하고 있다. 공동창조란 고객이 인터넷을 통해 다양한 정보를 습득하고 새로운 정보를 창출하며, 기업과 제품에 대해 평가하며, 이를 공유하는 경영기법을 말한다. 기업이 경쟁우위에 있기 위해서는 제품의 생산 프로세스에 소비자의 의견을 수용해서 제품개발에 적극 활용할 수 있어야 한다는 것이다.

그래서 공동창조는 디지털경제에서 새로운 신제품개발전략이라고 할 수 있다. 공동창조는 아이디어 창출단계부터 제품개발과정에 고객을 참여시킴으로써, 기업은 신제품개발에 대한 성공가능성을 크게 개선할 수 있다. 또한 공동창조는 고객이 제품과 서비스를 맞춤화하고 개인화함으로써 탁월한 가치제안(value proposition)을 창출할 수 있다.

공동창조에는 2가지 유형이 있는데, ① 소비자가 아이디어를 내놓는 방식, ② 소비자가 콘텐츠를 만드는 방식 등이 있다.

첫째로, 소비자가 아이디어를 내놓는 방식이다. 이런 방식은 소비자들이 온라인을 통해 플랫폼 내에서 혁신적인 아이디어를 개진하고 어떤 점이 개선될 수 있을지에 대한 아이디어에 투표, 토론하고, 최종적으로 많은 지지를 받은 의견을 실제로 적용하는 것이다. 고객이 불편한 점을 개신할 수 있는 계기가 되었으며, 그에 따른 반응이나 효과도 좋게 나타날 수 있다.

둘째로, 소비자가 콘텐츠를 만드는 방식이 있다. 대표적인 예로 유투브나 아프리카 TV처럼, 기업은 크리에이터로 불리는 소비자들이 자신의 영상콘텐츠를 올릴 플랫폼을 구축해주는 것이다. 이런 기업들은 소비자들이 꾸준히 동기부여 받으며 콘텐츠를 업로드할 수 있도록 좋은 콘텐츠를 올리는 소비자들에게 꽤나 합리적인 보상(금전적인 보상/사회 인정 보상 모두)을 제공해 준다. 사실 소비자가 콘텐츠를 만드는 방식의 공동창조는 보상이라는 개념보다는 파트너십 개념으로 보는 것이 맞다. 서로 수익을 약속된 비율로 가져가기 때문이고, 본인이 노력한 만큼(콘텐츠가 뜬 만큼) 가져갈 수 있는 보상이 크기 때문이다.

(2) 통 화

가격의 개념은 전통적 마케팅에서 표준화된 가격이었는데, 디지털시대에서는 동태적 가격(dynamic pricing)으로 전개되고 있다. 시장수요와 설비가동률을 기반으로 유연가격

(flexible prices)설정을 하는 동태적 가격은 접객업(호텔업, 식당업 등) 및 항공사 등과 같은 일부 산업에서는 새로운 것이 아니지만, 기술의 진보는 다른 산업에도 점차 적용되고 있다. 예를 들어, 온라인 소매업체는 거대한 양의 데이터를 수집하여 빅 데이터분석을 수행하고, 각 고객에 대해 유일한 가격(unique pricing)을 제공할 수 있다. 동태적 가격책정을 통해 기업은 과거 구매패턴, 매장위치의 접근성 및 기타 고객프로파일 측면을 바탕으로 서로 다른 고객에게 다르게 가격을 청구함으로써 수익성을 극대화할 수 있다. 따라서 디지털 경제에서 가격은 시장수요에 따라 변동하는 통화(currency)와 유사하다고 할 수 있다.

(3) 공동체 활성화

유통의 개념 역시 디지털시대에서는 변화하고 있는데, 가장 큰 특징 중의 하나는 온라인과 오프라인의 구분이 없이 넘나들 수 있는 옴니채널(omnichannel)과 P2P(peer-to-peer) 유통환경의 변화일 것이다.

옴니채널의 경우는 고객이 옴니채널을 통해 자유롭게 정보를 얻고, 제품이나 서비스를 무조건 구입하는 것이 아니라, 온라인 커뮤니티를 통해 평가하고, 사이트별로 장단점을 파악해서 별점이나 후기작성 등 의견을 공유하기도 하고, 스마트픽(smart pick) 서비스를 통해 인터넷이나 모바일을 통해 주문하고 원하는 매장에서 픽업해서 구매하기도 한다.

또한 공유경제(sharing economic)에서 가장 강력한 유통개념은 개인 간의 연결을 통해 직접 서비스를 이용하는 P2P유통이라고 할 수 있다. 현재 공유경제 서비스를 제공하는 업체로 가장 널리 알려진 곳은 차량공유업체 우버(Uber)와 숙박공유업체 에어비앤비(Airbnb)이다. 우버와 에어비앤비는 모두 소셜네트워크 리뷰를 통해 사용자들에게 신뢰를 제공한다.

우버는 처음에 승차공유 서비스를 제공하는 플랫폼기업으로 출발하였으나, 이제는 승차공유 서비스를 뛰어 넘어 화주와 화물차 운전자를 연결해주는 우버 프라이트(Freights)와 공유기업 점프바이크(Jump BiKes) 서비스를 제공하고 있다.그리고 최근에는 항공택시인 우버 에어(Uber Air) 서비스를 시범서비스를 실시하고 있으며, 2023년부터 상용화될 예정이다. 이처럼 우버는 차량뿐만 아니라 자전거, 헬리콥터, 항공 등 모든 교통수단을 하나의 플랫폼에서 이용할 수 있는 종합운송플랫폼 기업으로 발전하고 있으며, 그리고 운송플랫폼을 넘어서 광고플랫폼 사업까지 확대하고 있다. 에어비앤비의 경우, 게스트하우스, 또는 아파트, 집 등을 개인이 직접공유하는 플랫폼을 제공하고 있는 공유업체이다. 'Welcome to Airbnb' 캠페인영상을 제작하였는데, CG없이 30명이 5주동안 직접 손으로 제작하고 만든 미니어처 세트와 실제 여행에 참여한 사람들을 관광객 미니어처로 제작해 설치하는 등 곳곳에 세심함과 디테일이 살아 있어 화제가 되고 있다. 이런 업체들은 그들이 소유하

광고 2-5 Uber의 종합운송플랫폼 사업과 광고플랫폼 사업 광고

고 있지 않지만, 다른 고객이 소유한 제품 및 서비스에 쉽게 접근할 수 있게 해준다. 그리고 3D인쇄의 등장은 가까운 미래에 P2P유통을 훨씬 더 촉진시킬 것이다. 고객이 제품을 원하고, 불과 몇 분 안에 인쇄된 제품을 받는다는 것을 생각해보라. 연결된 세계에서 고객은 아주 가까이에 있는 동료들에게 단지 제공할 수 있는 제품과 서비스에 거의 동시에 접근하기를 원할 것이다. 이것이 공동체 활성화(communal activation)의 본질이다.

광고 2-6 Airbnb(에어비엔비)의 'Welcome to Airbnb' 캠페인광고

(4) 대 화

촉진의 개념도 최근 몇 년 동안 진전되고 있다. 전통적으로 촉진은 기업이 청중으로서 고객에게 메시지를 보내는 언제나 일방적인 커뮤니케이션 개념이었다. 오늘날 소셜미디어의 확산으로 고객은 이러한 메시지에 응답할 수도 있고, 다른 고객과 메시지에 대해 대화(conversation)를 할 수 있게 되었다. 세계 최대의 여행정보사이트인 트립어드바이저(Tripadvisor)와 미국 최대맛집 리뷰앱인 옐프(Yelp) 등과 같은 웹사이트에 고객등급시스템의 등장은 고객이 상호작용한 브랜드에 대해 대화를 나누고 평가를 할 수 있는 플랫폼을 제공하고 있다.

더욱이 최근에 마케팅커뮤니케이션의 방향은 기존의 브랜드중심의 푸시(push) 커뮤니케이션이 아니라, 고객의 자발적 참여를 유도하는 풀(pull) 커뮤니케이션을 거쳐, 현재는 표적청중(target audience)의 몰입을 극대화하여 스스로 참여하도록 만드는 형태로 변해왔다. 즉 고객과의 대화를 통해서 진정성(authenticity) 있고 재미있는 경험(experience)을 제공함으로써, 고객들이 자발적으로 메시지에 관심을 기울이도록 하는 전략이 마케팅커뮤니케이션의 핵심이라고 할 수 있다.

광고 2-7 트립어드바이저(Tripadvisor)와 옐프(Yelp) 광고

02 미래 마케팅 5.0시장의 전략

2.1 마케팅 중심개념의 변화

마케팅개념의 발전단계에서도 살펴보았듯이, 기업의 상황적인 변화에 따라 생산개념, 제품개념, 판매개념, 마케팅개념, 사회적 마케팅개념 그리고 총체적 마케팅개념에 이르기까지 많은 발전을 해왔다. 이러한 마케팅개념의 발전단계를 시장의 환경변화에 따라, 즉 전통적인 시장경제 상황하에서는 크게 제품중심의 마케팅 1.0(product-centric marketing 1.0), 고객중심의 마케팅 2.0(customer-oriented marketing 2.0), 가치주도의 마케팅 3.0(value-driven marketing 3.0) 등으로 구분이 되며, 디지털경제 상황하에서는 인간중심의 마케팅 4.0, 휴머니티를 향한 기술(technology for humanity)중심의 마케팅 5.0 등으로 구분할 수 있다.

(1) 제품중심의 마케팅 1.0

산업화시대의 초기 마케팅시기로 생산비용을 최소화하고 제품을 표준화해서 어떻게 하면 생산량을 증대시킬 수 있을까 하는 것이 최대의 관심사였다. 그리고 이 시기는 우수한 제품을 만들고 판매노력을 기울여서 판매량을 늘리고 최대의 수익을 얻을 수 있을까 하는 것이 주요 마케팅개념이었다.

(2) 고객중심의 마케팅 2.0

오늘날과 같이 정보화시대에서는 제품중심의 마케팅시기보다도 경쟁이 더욱 치열해지고, 또한 고객의 욕구와 필요가 다양해지고 세분화됨에 따라 기업이 종전처럼 우수한 제품을 저렴하게 생산해서 시장에 내놓는 것만이 능사가 아닌 것이다. 다시 말해서 기업은 고객이 무엇을 원하는지 욕구와 필요를 파악해서, 이를 효과적으로 충족시켜 줄 수 있는 제품이나 서비스를 제공해 주지 않으면 안 되는 시기로 마케팅 중심개념이 판매자에서 구매자로 전환된 것이다. 이 시기는 기업이 주로 고객들의 이성과 감성을 자극하여 만족시키고, 더 나아가 감동시키기 위해 노력하는 것이 중요한 과제인 것이다.

(3) 가치주도의 마케팅 3.0

뉴 웨이브기술의 등장으로 기업의 환경은 더 급변하고 그 변화와 더불어 소셜미디어를 통해 대부분의 사람이 시장에 참여할 기회를 가질 수 있는 소비자참여의 시대가 된 것이다. 참여시대의 마케팅 3.0시장에서는 소비자들도 과거처럼 단순한 소비자로 머무는 것이 아니라, 더 스마트하고 인류의 공존에 관심을 가지고 정신적으로나 영적으로 성숙한 소비자로 변화되어 갈 것이다. 그래서 이러한 소비자들의 심원한 요구를 충족시켜 줄 기업의 미션, 비전, 가치를 실현하고자 역점을 두는 기업을 찾게 되는 가치주도의 마케팅 3.0 시기라고 할 수 있다. 이러한 가치주도의 시기에 소비자들은 자신이 선택하는 제품이나 서비스가 기능이나 정서적 만족감을 충족시켜줄 뿐만 아니라 영적가치까지 담아내기를 원한다는 것이다. 이 시기는 고객중심의 시기와 마찬가지로 고객만족을 마케팅목표로 하고 있지만, 기업들은 단순한 고객만족과 이익실현을 넘어서 좀 더 원대한 미션과 비전, 가치를 통해 세상에 기여하고자 하는 점에서 차이가 있다고 할 수 있다. 즉 마케팅의 개념이 인간의 열망, 가치, 영적인 분야에까지 이동하는 것이다. 기존의 기업들이 제품이나 서비스를 통해 빈곤이나 환경문제를 해결하고 앞장서며, 기업이미지를 위해 내거는 사회환원이나 사회적 기업의 개념과 달리, 가치주도의 기업들은 자사가 실현하고 만들어내는 모든 것을 인간의 열망과 가치, 영적인 요구까지 충족시켜야 한다는 것이다. 따라서 마케팅 3.0시장은 소비자가 단순히 제품을 구매하는 대상이 아니라, 이성이나 감성, 영혼을 지닌 전인적인 존재로 믿고, 그들의 표출된 요구뿐만 아니라 영적인 요구까지 염두에 두고 이성이나 감성

표 2-1 마케팅 중심개념의 비교

구 분	제품중심의 마케팅 1.0	고객중심의 마케팅 2.0	가치주도의 마케팅 3.0
목 표	제품판매	고객중심의 만족 및 보유	더 나은 세상만들기
동 인	산업혁명	정보화 기술	뉴웨이브기술
기업이 고객을 보는 시각	물질적인 욕구를 지닌 대중구매자들	이성과 감성을 지닌 스마트한 고객	이성과 감성, 영혼을 지닌 전인적인 존재
핵심적인 마케팅개념	제품개발	차별화	가 치
기업의 마케팅지침	제품명세	기업과 제품포지셔닝	기업의 미션과 비전, 가치
가치제안	기 능	기능과 감성	기능, 감성과 영성
소비자와 상호작용	일대다 거래	일대일 관계	다대다 협력

자료원 : Kotler, P., H. Kartajaya, I. Setiawan(2010), marketing 3.0, John Wiley & Sons, Inc.

을 충족시키는 마케팅의 영역을 넘어서 영적인 부분까지도 충족시키고 감동을 줄 수 있어야 한다는 것이다.

이상에서 살펴본 제품중심의 마케팅 1.0, 고객중심의 마케팅 2.0, 가치주도의 마케팅 3.0 등 마케팅 중심개념의 변화과정을 요약하면 〈표 2-1〉과 같다.

(4) 인간중심의 마케팅 4.0

인간중심의 마케팅개념이 이미 시작되었다고 볼 수 있는 가치주도의 마케팅 3.0에서, 마케터는 소비자가 단순히 제품이나 서비스를 구매하는 대상이 아니라, 이성과 감성, 영혼을 지닌 전인적인 존재로 보고 접근해야 한다는 것이다. 그래서 마케터는 소비자의 기능적 및 정서적 요구를 충족시켜야 할 뿐만 아니라 영적인 잠재적 욕구와 불안까지도 해결해야 한다는 것이다.

디지털세계가 점차 더 진화함에 따라, 기존의 전통적인 시장경제하에서 보다도 현재는 인간중심의 중요성이 훨씬 더 커진 마케팅 4.0 시기라고 할 수 있다. 예를 들면, 인공지능과 로봇공학이 자동화된 공장, 무인자동차, 음성제어 가사로봇 등에서부터 로봇의사와 변호사에 이르기까지 스마트폰처럼 소비자들의 일상생활에 통합되는 디지털세계를 예상해 볼 수 있다. 이런 디지털세계에서 소비자들은 인간이 존재하는 의미가 무엇인지를 묻고, 무의식적으로 자신의 정체성을 탐색하면서 그 어느 때보다도 불안해 할 것이다. 따라서 마케터는 마케팅전략에 인간중심의 마케팅 영향력을 더 많이 수용할 필요가 있다.

마케팅 4.0은 디지털경제에서 디지털 상호작용만으로는 충분하지 않기 때문에, 기업과 고객 간의 온라인과 오프라인 상호작용을 결합한 마케팅접근방식이다. 예를 들면, 소비자가 온라인, 오프라인, 모바일 등 다양한 경로를 넘나들며, 제품을 검색하고 구매할 수 있는 옴니채널(omnichannel)처럼, 실제로 점차 더 증가하고 있는 온라인 세계에서, 오프라인접촉은 강력한 차별화효과를 나타낼 수 있다. 또한 마케팅 4.0은 본질적인 것과 스타일적인 것을 조화시키는 것이다. 급속한 기술변화로 인해 브랜드들은 보다 유연하고 적응력을 갖추는 것이 필수적이지만, 브랜드들의 진정성 있는 캐릭터는 그 어느 때보다도 중요해지고 있다. 점점 투명한 세상에서 진정성은 가장 소중한 자산이다.

따라서 마케팅 4.0은 인간과 인간(human-to-human)의 연결성을 활용하여 고객 인게이지먼트(customer engagement)를 강화하는 동시에, 사물통신(machine-to-machine)간 연결성과 인공지능을 활용하여 마케팅 생산성을 향상시키는 것이다.

(5) 휴머니티중심의 마케팅 5.0

마케팅 4.0에서 도입된 인간중심의 마케팅개념에서는 소셜미디어를 통한 연결성과 이동성이 높은 디지털경제 상황하에서 연결된 고객의 특성을 잘 반영할 수 있는 것이라고 할 수 있다. 하지만 최근에 AI(인공지능: artificial intelligence), NLP(자연어 처리: natural language processing), 로봇공학, 센서, 증강현실, 가상현실, IoT(사물인터넷: internet of things), 블록체인 등의 차세대 첨단기술은 혁신에 혁신을 거듭하고 있으며, 이들로 인해 사회 속에서 세대차이, 부의 양극화, 디지털격차를 더욱 심화시키고 있다.

더욱이 코로나19 팬데믹으로 인해 디지털화가 더욱 가속화되면서 소비자들이 원하는 소비경험과 기업을 바라보는 관점도 변하고 있다. 그래서 기업들은 디지털경제 환경에서 차세대기술을 효율적으로 적용하고, 궁극적으로 인간의 삶의 질을 개선하는 방향으로 마케팅전략을 모색해야 하며, 휴머니티를 접목한 기술을 통해 소비자들을 더 가까이 이해하고, 그들이 원하는 소비경험을 만들어 가치를 제공해야 할 필요성이 대두되고 있다.

따라서 디지털경제 환경에서 미래의 휴머니티를 향한 기술중심의 마케팅 5.0은 고객의 구매여정(customer journey) 내에서 가치를 창출하고, 전달하며, 제공하고, 강화하기 위해 인간을 모방한 기술을 적용하는 것이라고 할 수 있다. 예를 들면, 기업은 AI를 통해 고객프로필을 분석을 통해 쇼핑패턴을 파악하고, 온라인 소매업체들이 적절한 제품이나 콘텐츠를 추천해 주고, 추천엔진은 아마존, 넷플릭스, 유튜브 등과 같은 전자상거래 업체들이 다른 디지털기업들과 차별화를 할 수 있는 중요한 수단이 될 수 있다. 또한 AI는 NLP, 센서, 로봇공학 등과 결합해서 마케터가 고객대면활동을 수행하는데 도움을 줄 수 있다. 예를 들면, 커피전문점에 AI로봇을 통해 서빙을 한다든지, 소매업체에서 센서와 IoT를 이용해 오프라인 공간에서 안면인식 스크린을 통해 고객의 인구통계적 특성을 추정하여 적절한 판촉활동을 수행하는데 도움을 줄 수도 있다. 그리고 증간현실 앱을 통해 고객이 구매전에 제품을 미리 써 보고 체험할 수 있도록 할 수 있으며, 매장 내에서 길안내와 특정 고객을 겨냥한 판촉활동을 위해 센서 기술을 활용할 수도 있다.

이러한 차세대기술이 적용되는 마케팅 5.0 시장에서 마케터는 휴머니티가 중심이 되어 원활하고 매력적인 새로운 고객경험을 창조해야 한다는 것이다. 이를 위해서 기업은 인간과 인공지능 간의 균형잡힌 공생관계를 최대한도로 활용해야 한다는 것이다.

2.2 기존 마케팅 3.0시장의 전략

기존의 마케팅 3.0시장은 새로운 여러 가지 변화들이 나타나고 있었는데, 그 중에서 가장 큰 두드러진 특징은 뉴 웨이브기술의 등장으로 모든 사람들이 시장에 참여할 기회를 가질 수 있게 되었다는 것이다. 소셜미디어를 통해 다양한 구성원들 간의 참여와 협력은 시장에서 거스를 수 없는 대세가 되었다. 그래서 Kotler et al.(2010)은 참여시대의 협력마케팅, 세계화 패러독스의 문화마케팅, 창의적 사회의 영성마케팅 등으로 크게 세 가지로 표현하고 있다.

(1) 협력마케팅

뉴 웨이브기술은 개인이나 집단 간의 연결성과 상호작용성을 용이하게 해주는 기술을 말하는 것으로, 개인들이 스스로를 표현하고 서로 협력하도록 도울 수 있기 때문이다. 뉴 웨이브기술로 인해 소셜미디어가 활성화되어 소비자가 단지 제품이나 서비스를 구매하고 사용하는 단순한 소비자가 아니라, 뉴스 · 아이디어 · 오락 등을 소비할 뿐만 아니라 제품을 설계하고 생산하는데 적극적으로 참여해서 의견을 반영시키는 프로슈머(prosumer, 소비자인 동시에 생산자)로 변화될 수 있게 된 것이다.

최근에 활성화되고 있는 소셜미디어(social media)는 사회적 관계개념을 인터넷공간으로 확대한 것으로, 사람들이 자신의 의견, 생각, 경험 등을 서로 공유하기 위해 사용하는 쌍방향 온라인도구 및 플랫폼을 말한다. 소셜미디어는 흔히 표현형 소셜미디어와 협력형 소셜미디어로 구분할 수 있다.

표현형 소셜미디어는 자신의 의견 및 아이디어를 게재하거나 논하고 표현하며 공유하는 도구로 각종 블로그(Blog), 트위터(Twitter), 유튜브(YouTube), 플리커(Flickr), 페이스북(Facebook), 소셜네트워크 사이트(Social networking sites) 등을 통해 비디오, 텍스트, 이미지, 음악, 오디오 및 경험, 리뷰, 피드백에 대한 것을 공유대상으로 하고 있다.

이러한 소셜미디어를 통해 기업은 관심있는 소비자들에게 참여와 피드백을 촉진하고 미디어와 이용자 개념의 경계를 소멸시키며, 피드백, 코멘트, 정보공유를 촉진시키기도 한다. 그리고 소셜미디어는 이용자 상호 간이나 이용자와 미디어 간의 다방향적인 대화를 중요시하고, 커뮤니티를 통해 이용자들은 상호 간에 정보를 생산, 공유, 확산, 다양한 미디어 조합이나 링크 등 네트워크 연결을 통해 정보 및 이슈를 확대 재생산하는 특징을 갖고 있다.

소셜미디어는 갈수록 많은 표현과 많은 의미를 담게 될 것이고, 소비자들은 자신의 경험과 견해를 통해 다른 소비자들에게 더 많은 영향력을 미칠 수 있게 될 것이다. 소셜미디어는 비용이 저렴한데다 편견으로부터 자유롭기 때문에 기업의 마케팅커뮤니케이션의 주류가 될 것이다.

협력형 소셜미디어는 최근에 인터넷, 컴퓨터나 휴대폰을 저렴하게 사용하게 되면서, 오픈소스(open source) 방식으로 새로운 형태의 상품개발방식이 활용되고 있으며, 또 다른 혁신의 원천이 되고 있다. 예를 들면, 위키피디아같은 백과사전의 콘텐츠는 아무나 수정하고 편집해 올릴 수 있으며, 자발적으로 시간을 내어 무수히 많은 주제의 등재항목을 창출하는 방대한 수의 사람들이 만들어 낸 것이다.

하버드대학의 헨리 체스브로(Henry chesbrough) 교수는 자신의 책〈오픈 비즈니스 모델(Open Business Model)〉에서 기업들이 어떻게 크라우드소싱(crowdsourcing: 아웃소싱의 확장개념으로 생산과 서비스과정에서 소비자나 대중이 참여할 수 있도록 개방해 효율성을 높이고, 거기서 생긴 수익을 참여자와 공유하는 방법)을 활용해 새로운 아이디어와 해결책을 찾을 수 있는지를 설명해주고 있다. 소비자들의 '협력'트렌드는 당연히 비즈니스에서 지대한 영향을 미칠 것이다. 따라서 가치주도의 마케팅 3.0시장은 회사의 제품이나 서비스 혹은 커뮤니케이션 개발에 소비자들의 참여를 이끌어내는 협력마케팅 방향으로 전환되어야 한다.

(2) 문화마케팅

정보기술의 진보는 세계가 하나의 문화공동체로서 전 세계에 걸쳐 국가와 기업, 개인들간의 정보교환이 빠르고 수월해졌으며, 운송기술의 발달로 글로벌 가치사슬에서의 무역이나 물리적 교환이 촉진되고 있다. 가치주도의 마케팅 3.0에서는 소비자의 필요와 욕구를 넘어서 소비자들의 영혼을 울릴 수 있어야 하는 시대이기 때문에 문화가 가진 힘과 가치를 활용하여 제품, 서비스 및 기업을 차별화하는 것이 중요한 요소라고 할 수 있다.

더욱이 정보기술의 발달로 인해 사회문화적인 환경변화는 국가와 기업뿐만 아니라 개인에게도 지대한 영향을 미치고 있다. 개인이 이제는 '지역사회시민'은 물론이고 '글로벌시민'까지 되어야 한다는 압박감을 느끼기 시작해서 대외적인 글로벌금융위기 같은 원인도 세계화의 탓으로 돌리고 있다.

최근 많은 기업들이 해외시장에 진출하고 있고 온라인시장을 통해 다국적 소비자들을 대상으로 시장활동을 하고 있기 때문에, 그 나라의 문화적인 측면을 이해하고 마케팅에 활용할 수 있어야 한다. 기업의 문화에 대한 패러다임은 단순히 자선적인 관점에서 벗어나 마케팅적 관점(스폰서십)으로 이미 바뀌고 있으며, 더 나아가 문화투자적인 관점(파트너십)으로 발전하고 있다. 이는 기업과 문화예술이 서로 상생하고 함께 발전하기를 도모하는 것이며, 기업과 제품에 대한 긍정적인 이미지형성 뿐만 아니라 실질적인 마케팅성과에도 영향을 크게 미치고 있다.

따라서 기업은 세계화 속에서 접하게 되는 문화의 다양성을 이해할 필요가 있다. 기업은 문화가 매우 광범위하고 폭넓은 개념이기 때문에 문화를 제대로 이해하고 문화마케팅을 수행해야 하며, 가치주도의 마케팅 3.0시장에서는 세계화의 문화적인 측면을 진지하게 다룰 수 있어야 한다.

(3) 영성마케팅

기업은 소비자에게 완성된 가치를 제공하기 위해 다양한 구성원들과 협력을 추구하면서 소비자의 영성에 호소하는 마케팅활동을 지향해야 한다. 가치주도의 마케팅 3.0시장에서는 창의적 사회의 부상인데, 창의적 사회구성원들은 과학, 예술, 전문서비스 등과 같은 창의적인 부문에서 일하는 우뇌형 인간들이다. 이런 창의적인 인간들은 그 구성비가 일반 블루칼라의 노동자나 좌뇌에 의존하는 화이트칼라 경영자들에 비해 수적으로 훨씬 더 적지만, 그들이 맡고 있는 사회적 역할은 갈수록 커지고 있다는 것이다. 이런 창의적인 인간들은 뉴 웨이브기술의 영향을 받은 협력중심의 세계에서 소비자들을 연결해주는 허브역할을 수행하게 된다. 이들이야말로 소셜미디어를 최대한 활용하는 가장 표현에 능숙하고 협력적인 소비자들이기 때문이다. 그리고 과학자나 예술가와 같은 창의적인 사람들은 종종 물질적인 충족보다는 자기실현의 충족을 더 가치있는 것으로 여기며 중시한다. 그들은 돈으로 살 수 없는 어떤 의미, 행복, 영적 깨달음 등과 같은 것을 추구한다. 따라서 이러한 창의적인 인간의 부상은 영성을 더욱 강력하게 촉발시켜서, 이 시기에 소비자들은 자신들의 욕구를 충족시켜주는 제품이나 서비스뿐만 아니라, 자신들의 영적측면까지 감동시키는 경험과 비즈니스 모델을 찾고 있다. 즉 인간의 영적인 측면에 초점을 맞춘 것이 영성마케팅(human spirit marketing)이라고 할 수 있다.

가치주도의 마케팅 3.0시장에서는 심리영성적(psychospiritual) 혜택이 가장 기본적인 욕구가 되기 때문에 기업이 창출할 수 있는 최후의 차별화 요소이다. 그래서 영성마케팅은 기업도 인간과 닮은 수준의 영성에 도달할 수 있어야 한다고 생각하고, 기업이 창의적인 사람처럼 물질적 목적을 넘어서는 자기실현을 추구해야 한다. 그리고 이를 기업의 미션, 비전, 가치 등에 담아야 하며, 소비자들이 이점을 인정해 줄 때 수익이 저절로 따라온다는 것이다.

이상에서 살펴본 내용을 요약하면, [그림 2-1]과 같이, 가치주도의 마케팅 3.0시장에서 기업은 다양한 소셜미디어를 통해 이해관계자들과의 협력적이어야 하고, 제품이나 서비스를 개발하고 마케팅커뮤니케이션 전략을 개발하는데 소비자를 참여시키는데 주안점을 두

그림 2-1 마케팅3.0시장의 전략

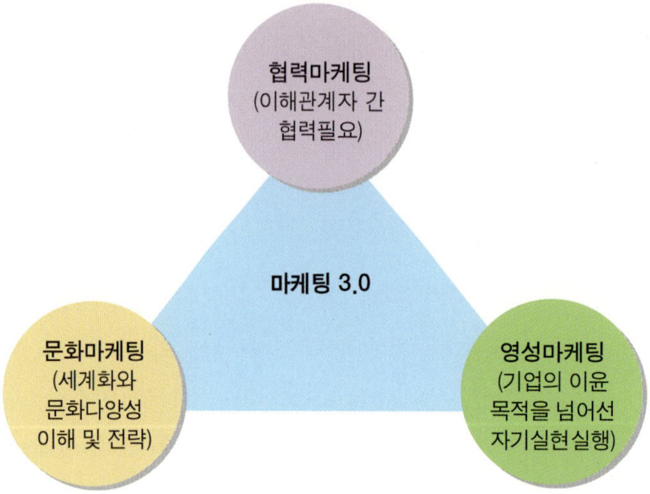

고 있다. 그리고 뉴 웨이브기술의 진보는 정치, 경제, 문화적인 지형의 변화로 세계화와 문화적 패러독스를 창출하고 창의적인 시장의 성장을 유도하였으며, 기업은 창의적인 인간처럼 기업의 이윤을 넘어 자기실현을 추구해야 한다는 것이다. 다시 말해서 협력마케팅, 문화마케팅, 영성마케팅 등 세 가지 기본적인 전략을 제시하고 있다.

2.3 현재 마케팅 4.0시장의 전략

최근 몇 년 동안 디지털시대에 기술적인 급속한 진보를 통해 나타나고 있는 컨버전스(convergence)의 총체적 현상은 마케팅관행에도 큰 영향을 미치고 있다. 그리고 공유경제(sharing economy), 나우경제(now economy), 옴니채널(omnichannel), 콘텐츠마케팅(content marketing), 사회적 CRM(social CRM) 등의 새로운 경향들이 나타남에 따라, 이에 맞는 새로운 마케팅접근방식이 필요하게 되었다. 이러한 디지털세계의 진보속도가 가속화됨에 따라 마케팅 4.0은 인간의 가치중심적인 마케팅 3.0보다도 훨씬 더 인간중심적인 마케팅개념으로서, 소셜미디어를 통한 연결성과 이동성이 높은 디지털세계에서 연결된 고객의 특성을 반영할 수 있는 것이라고 할 수 있다. 그래서 Kotler et al.(2017)는 마케팅 4.0 시장상황에 적절한 마케팅전략으로 브랜드 의인화를 위한 인간중심의 마케팅(human-centric marketing), 브랜드 호기심을 위한 콘텐츠마케팅(content marketing), 브랜드몰입을 위한 옴니채널 마케팅(omnichannel marketing), 브랜드 친밀감을 위한 인게이지먼트 마케팅(engagement marketing) 등을 제시하고 있다.

(1) 인간중심의 마케팅

기존의 마케팅 3.0에서는 마케터가 고객을 이성과 감성, 영혼을 지닌 전인적인 존재로 보고, 고객의 기능적, 정서적 욕구뿐만 아니라 잠재적인 불안과 걱정 등의 영성적 욕구를 충족시켜야 한다고 했다. 점차 디지털경제환경 상황이 가속화되고 있는 현재의 마케팅 4.0 시장에서는 스마트폰처럼 인공지능과 로봇공학이 고객들의 일상생활에 자연스럽게 스며들어 통합되기 때문에, 고객들은 의식적으로 혹은 무의식적으로 자신들의 정체성에 대한 불안과 걱정이 커질 것이다. 그래서 고객들은 불안감을 해소하고 부족하다고 느끼는 그들의 입장을 강화하기 위해서 공동체를 구축하기도 한다. 마케터는 이런 새로운 현실에 적응할 필요가 있으며, 가까이 하기 쉽고 호감이 가며, 취약한 인간처럼 행동하는 브랜드를 구축할 필요가 있다. 브랜드는 위협적이지 않고, 진정성(authentic)있고 정직하며, 약점을 인정하고 완벽한 것처럼 보이려고 하지 않아야 한다. 인간중심의 브랜드는 핵심적인 가치에 의해 고객을 친구로 여기고 라이프스타일의 중요한 일부가 되어야 한다.

따라서 인간중심의 마케팅 4.0시장은 인간의 특성을 지닌 브랜드가 가장 차별화될 것임으로 디지털시대에 브랜드매력을 구축하는 것이 핵심이라고 할 수 있다. 그래서 브랜드들은 인간과 인간 간의 연결성을 구축하고 고객들을 끌어들일 수 있는 인간의 특성(human attributes)을 설명할 필요가 있다.

마케팅 4.0에서는 인간중심의 마케팅을 통해 브랜드를 인간과 같은 속성을 지닌 것으로 의인화시켜야 한다고 한다. 의인화된 브랜드는 인간중심의 마케팅 4.0시장에서는 가장 차별화시킬 수 있는 요소가 될 수 있으며, 이러한 것은 디지털시대에 브랜드매력을 구축하는데 핵심적인 것이 된다. 그래서 디지털인류학(digital anthropology) 연구를 통해서 고객의 인간측면을 이해하는 것이 인간중심의 마케팅을 하는 중요한 시작점이 될 수 있다. Sampson(2011)은 권위가 없더라도 다른 사람들을 끌어들일 수 있는 수평적 리더들의 특성으로 육체성(physicality), 지성(intellectuality), 사회성(sociability), 감성(emotionality), 인격성(personability), 도덕성(morality) 등 6가지 인간특성을 제시하고 있다. 이러한 6가지 속성들은 전형적으로 역할모델이 될 수 있는 완전한 인간으로 만들 수 있다. 따라서 브랜드가 고객들을 압도하지 않고 친구처럼 영향을 미치기를 원할 때, 브랜드는 6가지 속성들을 지녀야 한다고 한다.

① **육체성** : 육체적으로 매력적으로 보이는 사람은 대개는 다른 사람들에게 강한 영향력을 미칠 수 있다. 따라서 고객들에게 영향력을 미치려고 하는 브랜드는 완벽하지는 않지만, 독특한 물리적인 매력들을 지녀야 한다. 브랜드의 경우에 물리적인 매력은 잘 디자인된 로고 또는 잘 만들어진 슬로건 등과 같은 브랜드 아이덴티티에서 나올 수 있다. 예를 들면, 브랜드 아이덴티티 형성을 위해서 Google처럼 기념일이나 행사, 인물이나 그밖에 특별한 순간 등을 기념하기 위해서 홈페이지에 구글두들(Google Doodle)을 통해 로고를 계속 변경하기도 하고, 애플처럼 혁신적인 제품디자인이나 인터페이스 디자인 혹은 상점디자인 등으로 심플하면서 뛰어난 아이덴티티를 형성하고 있다.

② **지성** : 지성은 지식을 갖고 사고하며 아이디어를 창출하는 인간의 능력을 말하는데, 이는 보이지 않는 것을 넘어서서 생각하고, 혁신할 수 있는 능력과 밀접하게 관련되어 있다. 강한 지성을 갖고 있는 브랜드는 혁신적이고, 예전에 다른 상대자나 고객들이 생각하지 못했던 제품이나 서비스를 출시할 수 있는 능력을 갖고 있다. 그래서 고객의 문제점들을 효과적으로 해결할 능력을 갖고 있다. 예를 들면, Uber나 Airbnb 같은 업체는 파괴적인 혁신을 통해 고객과 서비스 제공업체를 연결하는 서비스를 제공해 줌으로써, 고객들에게 강한 지성을 갖춘 스마트한 브랜드로 의인화하고 있다.

③ **사회성** : 강한 사회성을 갖고 있는 사람은 좋은 언어적 · 비언어적 커뮤니케이션 기술

광고 2-8 구글의 두들 사례

을 보이면서, 다른 사람과 관계를 맺는데 자신감을 가진다. 마찬가지로 강한 사회성을 갖고 있는 브랜드는 고객과의 대화에서 두려워하지 않고, 고객간의 대화뿐만 아니라 고객에게 귀를 기울이고, 질의응답을 하며, 불평을 적절하게 해결하기도 한다. 또한 브랜드는 여러 커뮤니케이션 매체를 통해 정기적으로 소통하고 고객을 끌어드리는 소셜미디어에 흥미있는 콘텐츠를 공유하기도 한다.

④ **감성** : 다른 사람의 행동을 유도하기 위해 감정적으로 그들과 연결할 수 있는 사람은 매우 강한 영향력을 행사할 수 있는 사람이다. 감정을 불러일으키는 브랜드는 호의적으로 고객행동을 유도할 수 있으며, 감동적인 메시지를 통해 감성적인 수준으로 고객들과 연결될 수 있다. 또한 브랜드는 유머스러운 면을 과도하게 표현해서 고객들과 연결될 수도 있다.

⑤ **인격성** : 강한 자의식을 가진 사람들은 자기의식(self-awareness)을 가지고 있다. 그들은 아직 알지 못하는 것에 대해서는 인정하지만, 잘하는 것에는 의식적이다. 그래서 그들 스스로 향상시키기 위해서 자신감과 자발성을 나타낸다. 마찬가지로 강한 인격성을 가진 브랜드는 그들이 나타내는 존재의미를 정확하게 알고 있다. 그러나 이들 브랜드들은 자신들의 결점을 드러내고 그들의 행동에 대해 전적으로 책임지는 것을 두려워하지 않는다.

⑥ **도덕성** : 도덕성은 윤리적이며 강한 진실성을 나타낸다. 강한 도덕적 특성을 가진 사람은 옳고그름 간의 차이를 아는 능력이 있으며, 가장 중요한 것은 옳은 일을 하는데 용기를 가지고 있다. 마찬가지로 강한 도덕성을 가진 브랜드는 가치주도적이다. 이런 브랜드는 적절한 윤리적 고려사항이 모든 사업의 경영의사결정에 핵심요소가 되도록 보장한다. 사실 일부 브랜드들 중에는 윤리적 비즈니스 모델을 핵심적인 차별화요인으로 두고 있다.

이와 같이 디지털시대의 마케팅 4.0시장에서는 고객의 잠재적인 불안과 욕구를 해소시키고, 고객을 더 많이 끌어들이기 위해서는 브랜드를 의인화시켜서 인간중심적 마케팅으로 차별화시킬 필요가 있다.

(2) 콘텐츠마케팅

콘텐츠마케팅은 연관성과 지속성을 가진 가치있는 콘텐츠를 만들고 유통해서, 명확히 구분된 지지자를 만들어 소비자행동을 통해 수익을 창출하도록 하는 마케팅접근법이라고 할 수 있다. 다시 말해서 TV, 라디오, 신문, 잡지 등과 같이 전통적인 매체를 통해 불특정 다수에게 광고를 하는 것이 아니라, 특정 고객들에게 가치있고 일관성 있게 연관성과 지속성이 높은 콘텐츠를 만들어 확산시키는 마케팅을 말한다. 이는 기존의 매체를 활용하는 것보다 유튜브, 블로그, 페이스북, 트위터 등의 소셜미디어를 통해 기업이 만든 콘텐츠를 공유하고 확산시킬 수 있기 때문에, 상대적으로 매우 저렴한 비용으로 자유로운 형식과 내용으로 고객과 소통할 수 있는 장점이 있다.

최근 미국 전문기업 Hubspot에서 발행한 2021 마케팅 현황보고서, 콘텐츠마케팅과 소셜미디어 마케팅트렌드에 따르면, 전세계 1,500명의 마케터들을 대상으로 조사한 결과에서 글로벌 마케터들의 82%가 콘텐츠마케팅에 투자하고 있다고 한다. [그림 2-2]에서 보는 바와 같이, 콘텐츠마케팅을 위해 가장 선호하는 미디어형식은 비디오, 블로그, 인포그래픽 순으로 나타났다. 소셜미디어 마케팅에서는 2021년에 80%의 기업들이 소셜미디어 마케팅에 투자하고 있는 것으로 나타났으며, 62%의 마케터들이 소셜미디어 마케팅에서 가장 주요한 전략으로 소셜리스닝을 꼽았으며, 그 다음으로 해시태그, 라이브비디오 순으로 나타났다. 소셜리스닝이란 소셜미디어를 통해 고객들의 관심사와 니즈를 파악하는 방법을 의미하는데, 자사나 경쟁사의 제품, 업계, 관련된 주제 등에 대해서 소셜미디어에서 일어나고 있는 대화들을 분석하고 이해하기 위한 것입니다. 현재 이용하고 있는 소셜미디어에서는 인스타그램이, 페이스북, 트위터, 유튜브 등의 순이며, 인스타그램과 페이스북은 1위와 2위를 차지하고 있으며, 둘다 80% 이상으로 그 차이는 크지 않는 것으로 나타났다. 소셜미디어 채널 중에서 가장 투자수익률(ROI)이 높은 것으로 페이스북이 독보적 1위를 나타내고 있다.

디지털시대의 마케팅 4.0에서는 인터넷 연결성을 통해 고객들은 브랜드에 대한 진실은 서로 이야기할 수 있고 발견할 수도 있다. 브랜드에 관한 정직한 의견을 친구나 가족들에게 묻는 것을 선호하며, 브랜드의 주장을 커뮤니티의 신뢰할 수 있는 친구들에게 이야기해서 그 주장을 분명하게 하기도 한다. 이러한 변화에는 소셜미디어가 중요한 역할을 한다고 할 수 있다. 이제 고객들은 기존의 전통적인 매체보다도 훨씬 더 신뢰할 수 있고 의미있으며, 매력적이고 풍부한 사용자 생성콘텐츠(UGC, user-generated content)를 사용할 수 있다. 소셜미디어 콘텐츠가 매력적이라는 것은 필요에 따라 자발적으로 액세스할 수 있다는 것이며, 이는 고객이 원하는 때에 언제 어디서나 콘텐츠를 소비할 수 있다는 것을 의미하는 것이다.

우수한 콘텐츠마케팅을 이행하는 브랜드들은 고객들이 고품질의 원본콘텐츠(original content)에 접근하게 하며, 그 과정에서 그들의 브랜드들에 관해 흥미있는 스토리를 전하게 된다. 이런 과정에 브랜드의 광고효과가 나타나기 때문에 디지털시대에 새로운 광고라고 볼 수도 있다. 일대다로 커뮤니케이션하는 전통적인 미디어와 달리, 콘텐츠마케팅의 소셜

그림 2-2 콘텐츠마케팅과 소셜미디어 마케팅트렌드 현황

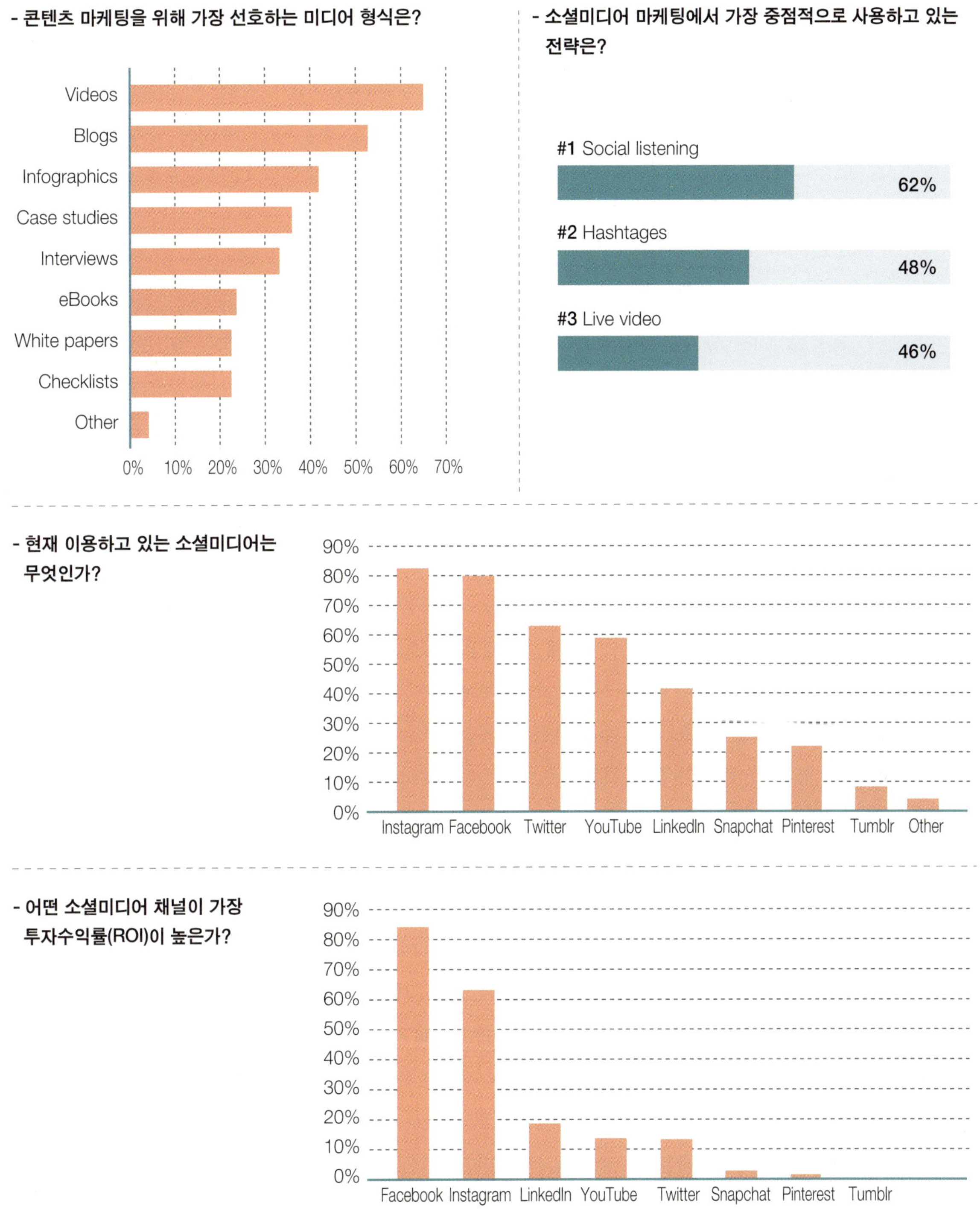

자료원 : https://marketer-jin.tistory.com/68

미디어는 대화형 커뮤니케이션을 더 많이 허용하기 때문에 고객과의 양방향 직접대화는 비용효율이 높을 뿐만 아니라 효과적일 수 있다. 예를 들면, 소셜미디어를 통해 콘텐츠배포에 사용되는 인스타그램의 해시태그(#hashtags)가 전통적인 슬로건의 역할과 동일하다고 할 수 있다. 그러나 광고는 브랜드가 제품 및 서비스 판매를 돕기 위해 전달하고자 하는 정보를 포함하지만, 콘텐츠에는 고객이 자신의 개인적이고 전문적인 목적을 달성하기 위해 사용하고자 하는 정보를 포함하고 있다는 점에서 기존의 광고와는 다르다고 할 수 있다.

(3) 옴니채널 마케팅

디지털시대에 고객들은 흔히 유명백화점이나 브랜드숍에 들러 마음에 드는 제품이 있으면, 꼼꼼히 살핀 뒤 주문은 온라인 쇼핑몰에서 하는 경우가 많다. 이는 오프라인 매장은 직접 만져보고 제품의 품질과 색상, 크기 등을 확인할 수 있고, 의류제품같은 경우에는 직접 입어볼 수도 있기 때문에 똑같은 제품을 비싸게 구입할 필요가 없다고 생각한다. 게다가 온라인 쇼핑몰에서는 할인쿠폰 등을 적용하면 최대한 저렴하게 구매할 수도 있다. 이처럼 오프라인 매장에서 상품을 보고 온라인을 통해 최저 가격상품을 찾는 경우를 '쇼루밍(showrooming)'현상이라 한다. 이럴 경우에 말 그대로 오프라인 매장은 단지 전시실(showroom) 역할만 한다는 의미에서 나온 용어다.

물론 이와 반대로 온라인에서 제품정보와 가격을 확인한 후에, 오프라인 매장에서 구매하는 소비형태를 웹루밍(Webrooming) 혹은 역 쇼루밍(Reverse-Showrooming) 현상이라고 한다. 그리고 오프라인 매장에서 제품을 보고 그 자리에서 스마트폰 등으로 구매하는 경우는 쇼루밍에 모바일을 결합한 '모루밍(Morooming)'이라 부른다. 이러한 여러 가지 현상들은 디지털시대에는 일반적인 구매현상이라고 할 수 있다.

최근 쇼루밍과 웹루밍을 넘나들며 소비하는 이른바 '크로스오버 쇼핑(Cross-over shopping)' 현상이 늘어나면서, 모바일, 온라인과 오프라인을 결합하는 유통융합현상이 기업에도 늘고 있다. 다시 말해서 온 · 오프라인의 다양한 유통채널을 결합하여 관리하는 옴니채널과 온라인과 오프라인을 결합한 서비스방식인 O2O(Online to Offline) 역시 증가하고 있다. 모바일을 통한 배달주문서비스나 택시호출서비스 등이 대표적인 O2O서비스이다.

옴니채널(omnichannel)은 고객이 온라인, 오프라인, 모바일 등 다양한 경로를 통해 상품을 검색하고, 구매할 수 있도록 한 유통서비스인데, 각 유통채널의 특성을 결합해 어떤 채널에서든 같은 매장을 이용하는 것처럼 느낄 수 있도록 하는 쇼핑환경을 말한다. 옴니채널의 가장 큰 특징은 백화점, 온라인쇼핑몰, 대형몰, 홈쇼핑 등 온 · 오프라인 매장의 차이를 없앴다는 것인데, 온라인에서 확인한 제품을 동일한 가격과 프로모션으로 바로 오프라인 매장에서 구입할 수 있다는 것이다. 그리고 방문한 오프라인 매장에 소비자가 원하는 물건이 없을 때는 가장 가까운 다른 오프라인 매장에서 구입할 수 있도록 소비자를 유도하는 것이 가능하다. 또한 오프라인 매장에서 원하는 제품을 구매했을 때, 직접 들고 갈 수도 있지만, 집에서 가장 가까운 매장에서 집으로 해당 제품을 배송해 줄 수 있다. 그리고 온라인에서 제품을 구입했을 때도 본사매장에서 제품을 배송하지 않고, 소비자와 가장 가까운 지역의 매장에서 제품을 배송하여 운송시간을 절약하는 것도 옴니채널이 갖고 있는 장점이라고 할 수 있다.

기업이 옴니채널을 구축하기 위해서는 우선, 다양한 채널에서 유통되는 상황을 실시간으로 체크하고 분석해야 한다. 어떤 매장에 어떤 제품이 있고, 구입하고자 하는 소비자의 위치는 어디이며, 각 매장의 재고상태는 어떤지 등을 실시간으로 파악할 수 있어야 한다. 이를 위해서는 '빅 데이터수집 및 분석기술'이 필요한데, 각 유통업체에서 실시간으로 제공하는 다양한 형식의 데이터들을 수집 및 분석하고, 소비자의 위치 및 성향 등도 같이 분석해야 하기 때문이다. 대표적인 예로 IBM은 옴니채널을 위해 자사의 빅 데이터 분석기술을 유통업체에 적용하고 있다.

옴니채널의 주요 사례로, 롯데는 소비자가 다양한 유통채널을 하나로 느낄 수 있도록 온라인과 오프라인을 유기적으로 연결하는 옴니채널을 구축하고 있다. 온라인으로 구매한 상품을 백화점전용코너에서 찾는 '스마트픽' 서비스를 시작으로, 최근에는 스마트픽에서 한 걸음 더 나아가 '크로스픽' 체계를 갖추고 있다. 크로스픽은 롯데계열사끼리 연계해 소비자가 주문한 상품을 슈퍼나 편의점 등 가까운 롯데오프라인 매장(세븐일레븐, 하이마트, 롯데슈퍼, 롯데리아)에서 찾을 수 있는 서비스다. 롯데온(LotteOn)에서 구매한 상품을 근처

광고 2-9 롯데 스마트픽 옴니채널 서비스 : 크로스픽과 리버스픽 서비스

롯데ON에서 상품구매
→원하는 지점에서 상품구매 수령

세븐일레븐 편의점에서 반품
→롯데ON 온라인몰 환불

자료원 : 롯데ON 스마트픽 서비스 소개

롯데슈퍼에서 찾아가는 방식이다.

롯데는 계열사의 모든 유통을 연계한 크로스픽 서비스인 '리버스픽' 시스템을 전 계열사 매장으로 확대할 예정이다. 온라인몰에서 구매한 상품을 롯데편의점, 마트, 커피숍에서도 받고 반품할 수 있는데, 현재 세븐일레븐 편의점에서 반품하고 롯데온에서 환불하는 '리버스픽' 서비스도 운영하고 있다. 이와 같이 온/오프라인의 다양한 유통채널을 연계한 옴니채널을 통해 마치 한 매장에서 쇼핑하듯 편리함을 제공하고 있다.

(4) 인게이지먼트 마케팅

디지털시대에 모바일 연결성과 소셜미디어 커뮤니티의 전례없는 확산으로 인해, 고객이 구매의사결정 이후에 충성고객으로서 브랜드를 옹호하는 영향력은 훨씬 더 크게 증대되었다. 처음 구매자를 충성도가 높은 옹호자로 전환시키려면, 일련의 고객 인게이지먼트 활동이 필요하다. 고객 인게이지먼트(customer engagement)란 고객참여라는 의미의 확대된 개념으로, 고객의 관심과 관여를 이끌어내는 과정, 상호작용과 경험 등 고객이 적극적으로 마케팅활동에 직접 참여하는 과정, 그리고 그 결과로 고객과의 관계를 구축하는 과정 등을 포함하는 개념을 말한다. 이 개념은 고객과의 상호작용을 통한 경험과 이를 통한 고객과 함께 가치를 창출하는 과정에 기반을 두고 있다. 그래서 디지털환경에서 고객과 브랜드 간의 관계에서 중요한 개념으로 받아들여지고 있다.

디지털시대에 고객 인게이지먼트를 증가시키기 위해서 입증된 세 가지 보편적인 기법들이 있다.

첫째는 모바일 앱을 이용해서 디지털고객의 경험을 향상시키는 것이다. 디지털시대에 거의 대부분의 고객들은 스마트폰을 사용하고 있기 때문에 스마트폰은 고객을 참여시킬 수 있는 최고의 채널이 될 수 있다. 따라서 마케터는 스마트폰이 앱을 통해 고객에게 다가가고 참여시키는데 필수가 되고 있다. 대부분의 기업들이 모바일 앱을 사용하여 고객을 참여시켜 소통하고 있다. 예를 들면, 나이앤틱(Niantic, Inc.)의 증강현실(AR: Augmented Reality) 모바일게임인 포켓몬 고(Pokémon Go) 앱은 사람들이 다른 장소로 이동할 때, 사람들이 더 많이 여행해서 포켓몬을 수집할 수 있도록 다른 포켓몬(일종의 가상생물)이 앱화면에 가상으로 나타나게 되어 있다. AR은 가상사물을 현실 세계와 합성해 원래 환경에 존재하는 사물처럼 보이도록 하는 기술인데, 포켓몬 고 게임이 열풍을 일으킴에 따라 AR시장의 대중화가 기대되고 있다. 시장조사전문업체 스트래티지 애널리틱스는 전 세계 VR/AR시장이 2021년부터 급성장해 2025년에는 약 333조원 규모로 성장할 것으로 전망하고 있다.

광고 2-10 증강현실을 이용한 포켓몬 고

둘째는 고객들을 대화에 참여시키고 솔루션을 제공하기 위해 사회적 CRM(social CRM)을 적용하는 것이다. 최근 몇 년 동안에 소셜미디어 사용자가 크게 늘어나고 있기 때문에, 브랜드들은 고객들과 연결을 통해 소통하려면 소셜미디어를 이용하는 것이 필수적이다. NM Incite 연구조사에 따르면, 고객이 소셜미디어를 통해 특정 브랜드와 상호작용하고 긍정적인 고객서비스를 경험한 경우에는 약 90%의 고객이 그 브랜드를 추천하고 옹호자가 될 수 있는 가능성이 거의 3배 정도 높다고 한다. 그래서 고객과의 브랜드 상호작용을 관리하고 장기적인 관계를 형성하기 위해서 소셜미디어를 사용하는 사회적 CRM은 고객 인게이지먼트를 위해서는 필수적인 도구가 될 것이다.

전통적인 CRM(customer relationship management)은 일반적으로 회사주도형으로 기업이 기업활동의 전반에서 발생하는 고객과의 접점들, 예를 들면, 직영소매점, 고객만족센터, 사후 서비스센터, 웹사이트, 이메일, 콜센터 등과 같은 아웃바운드 채널을 통해서 고객과의 커뮤니케이션을 한다. 사회적 CRM은 고객주도형으로 고객이 소셜미디어를 통해서 질의사항들을 인바운드로 커뮤니케이션을 시작한다. 그래서 전통적 CRM은 주기적으로 일방적인 커뮤니케이션이 이루어지지만, 사회적 CRM은 소셜미디어 특성상 대화식으로 주로 이루어지며, 대화는 고객들이 속해 있는 커뮤니티에서 고객들 간에 이루어질 뿐만 아니라 브랜드와 고객들 간에 이루어진다.

따라서 이런 사회적 CRM을 통해서 기업은 고객의 목소리를 청취할 수 있고, 소셜미디어에서 발생하는 대화 속에서 통찰력을 얻을 수 있다. 그리고 기업은 일반적인 대화에 브랜드를 개입하여 자사에 유리한 결과를 얻을 수 있도록 의견을 말하거나 영향을 미칠 수도 있다. 또한 기업은 잠재적으로 브랜드에 부정적인 영향을 미칠 수 있는 특정 문제에 대한 불만사항을 처리하고, 그런 문제들이 바이러스성으로 퍼지기 전에 해결할 수 있는 솔루션을 제공하도록 기대해야 한다.

마지막으로 게이미피케이션(gamification)은 고객들의 참여를 유도하기 위해 게임과 연관된 개념을 활용하는 소통전략으로, 게임이 아닌 맥락(non-game contexts)에 게임원칙을 사용해서, 고객의 재미를 유발하고 문제를 해결하는 과정을 통해서 고객 인게이지먼트를 높이는 강력한 방법이다. 게이미피케이션이란 '원래는 게임이 아닌 것을 게임화한다'는 의미로 직역될 수 있는데, 즉 '게임같은', '게임처럼 재미있는', 또는 '게임과 관련있는' 등으로 해석 될 수 있다. 게이미피케이션은 스마트폰이나 태블릿피시 등 모바일 애플리케이션 비즈니스에 게임요소를 사용해 적절한 고객행동을 불러일으킴으로써 인게이지먼트를 개선하는데 도움을 줄 수 있다.

더욱이 최근에 마케팅커뮤니케이션이나 이에 따른 캠페인의 전략방향은 고객들의 참여를 유도하고, 진정성 있고 재미있는 경험을 제공함으로써, 메시지에 관심을 기울이도록 하는 전략이 마케팅커뮤니케이션의 핵심이라고 할 수 있다. 그래서 마케팅커뮤니케이션에 게이미피케이션을 적용하는 경우에 특정한 마케팅목표를 실현하는 목적으로 하고 있기 때문에, 사람들의 자발적인 참여를 유도하기 위한 전술로서의 활용가능성은 점점 높아져가고 있다.

사실은 이러한 게이미피케이션은 이미 오래전부터 우리들의 일상생활 속에서 직 · 간접적으로 적용되어 왔다. 예를 들면, 커피숍에서 적립쿠폰을 발급하고 10회 혹은 정해진 횟수를 채우면 무료로 음료를 제공하거나 사은품을 제공하는 것이나, 멤버십 프로그램으로 구매할때마다 포인트를 지급하거나 일정등급을 부여하고, 고객의 레벨을 상향조정하고 무료음료쿠폰 등의 혜택을 부여하는 것 등이다. 또한 소매유통업 및 주유소에서 쿠폰이나 스탬프를 찍어주든지, 항공사의 마일리지 프로그램제도와 신용카드 및 이동통신사 등이 고객의 실적에 따라 포인트를 제공하고 나중에 현금화시켜 사용할 수 있도록 하는 것도 일종의 게이미피케이션이 적용된 사례라고 할 수 있다. 그래서 게이미피케이션은 로열티 프로그램이나 고객커뮤니티 등에서 인게이지먼트를 구축하는데 다양하게 이용되고 있다.

예를 들면, 호주 아트시리즈 호텔(Art Series Hotels)은 홍보를 위해 예술작품을 훔치는 절도게임을 기획했는데, 호텔 내에 전시해둔 뱅크시(Banksy)의 작품을 훔치는 "스틸뱅크시(Steal Banksy)" 게임으로 이 도둑질에 성공한 투숙고객에게 작품을 주는 이벤트게임을

사 례 게이미피케이션 마케팅! 호주 아트시리즈 호텔, 절도게임 “스틸 뱅크시(StealBanksy)”

사진 : 아트시리즈 호텔 홈페이지

호주의 유명호텔인 아트시리즈 호텔이 홍보를 위해 기획한 ‘절도게임’을 소개한다.

호텔 내에 전시해둔 뱅크시(Banksy)의 작품을 훔치는 “스틸뱅크시(Steal Banksy)” 게임으로 이 도둑질에 성공한 투숙고객에게 작품을 주는 이벤트였다.

아트시리즈 호텔은 이러한 예술작품을 소장하고 있는 곳으로 예술과 관련된 각종 체험을 제공하고 있

사진 : Pixabay

다. 호텔은 투숙객들이 샴푸, 슬리퍼를 넘어 각종 비품을 가져가는 절도행위로 몸살을 앓는 경우가 많다. 아트시리즈 호텔은 이 행위를 역이용해 독특한 이벤트를 진행했다.사람들이 관심을 가질만한 예술작품으로, 영국의 거리예술가 뱅크시의 작품을 선택했다.

뱅크시는 영국의 거리예술가로 가명을 쓰고있는 그래피티 화가이다. 정치적이고 도발적인 작품으로 전 세계의 주목을 받고 있는데, 가장 유명한 작품 중 하나인 하트모양 풍선을 날리는 소녀 그림은 영국의 예술 편집자와 작가가 가장 좋아하는 작품으로 선정되기도 했다.

"스틸뱅크시(Steal Banksy)" 게임에는 뱅크시의 작품중 당시 한화로 약 1,600만원에 달했던 'No Ball Games'이 선택됐다. 게임규칙은 이 작품을 들키지 않고 훔쳐서 한 달 동안 보관하는 것인데, 성공하면 고가의 예술작품을 가질 수 있는 것이었다.

아트시리즈 호텔의 투숙객만 참여할 수 있었는데, 트위터를 이용해 힌트를 제공했고, 입소문을 타면서 수많은 사람들이 호텔로 몰려들었고 4주만에 1,500개의 방이 모두 예약됐다고 한다. 그리고 아트시리즈 호텔은 투자대비 300%의 수익률을 달성했고, 트위터에서는 700만명이 리트윗하기도 했다. 그래서 이 스틸마케팅으로 아트시리즈 호텔은 인지도를 높였을 뿐 아니라, 매출 증대에도 큰 효과를 봤다고 할 수 있다.

▸ 그럼 누가, 어떻게 훔치는데에 성공했을까요?

합법적 도둑의 주인공은 매건 애니(Megan Aney)와 모라 투이(Maura Tuohy)라는 두 여성이었다. 소셜미디어를 이용해 아트시리즈 호텔의 직원 이름을 알아내 직원행세를 하고, '문제의 작품을 다른 지점을 옮기기로 했다'는 거짓말로 진짜 직원을 속여 그림을 빼돌렸다고 한다.

● 자료원 : 게이미피케이션 마케팅! 호주 아트시리즈 호텔, 절도게임 "스틸 뱅크시(StealBanksy)" | 작성자 퀘스트스쿨, (내용 일부 수정함)

실시했다. 이러한 이벤트로 아트시리즈 호텔은 입소문을 통해 수많은 사람들이 호텔로 몰려들어서 4주만에 1,500개의 방이 모두 예약되었고, 아트시리즈 호텔은 투자대비 300%의 수익률을 달성했으며, 트위터에 700만명이 리트윗하기도 하면서 큰 성공을 거두었다.

이와 같이 게이미피케이션은 게임이 지니고 있는 여러 가지 재미있는 요소를 활용하여 사람들의 자발적인 참여가 가능하도록 만들어져야 하고 그에 따른 보상이 따라줘야 한다. 다시 말해서 게이미피케이션은 고객들로 하여금 스스로 게임화된 대상물(gamified objects)에 참여하도록 동기를 부여하는 것은 물론이고, 주어진 과제에 도전하고 다른 참여자들과 경쟁하여 거둔 성과에 대해 적절한 보상을 부여함으로써 다시 프로그램에 참여하고 싶도록 만드는 전략이 실행되어야 성공할 수 있다.

최근에는 디지털기술의 진보속도가 가속화됨에 따라 소비자들에게 증강현실과 가상현실 등을 활용한 몰입의 경험을 제공하거나, 마케팅커뮤니케이션에 다양한 게임기법이 접목될 수 있도록 해줌으로써 소비자들 일상생활에서의 모든 활동에 감성적인 재미와 즐거움을 제공할 수 있는 플렛폼의 도입이 가능해 졌다고 할 수 있다. 그래서 광고커뮤니케이션 분야에서도 실제로 가상현실이 많이 다루어지고 있는 소재가 되었고, 다양한 분야에서 획기적인 경험을 만들어내는 크리에이티브로 구현되었다. 테크놀로지가 기회를 만들어냈다면 크리에이티브는 가치를 창출하고 있으며, 가상현실은 광고분야에서 지금까지 보여주지 못했던 새로운 크리에이티브를 만들어낼 것이라는 점에서 주목해야 한다.

따라서 게이미피케이션은 표적고객들에게 인게이지먼트를 강화하기 위해 고객들의 행동에 변화를 주려는 목적으로 게임매커닉스, 즉 포인트와 레벨, 리더보드, 뱃지, 게임아이템 등의 보상을 부여하는 과정을 의미하며, 이를 비게임적인 분야에 응용을 하는 것이라고 할 수 있다. 그리고 게임의 다양한 미션에 참여하고 도전과제를 완수한 사용자들에게 제공되는 즉각적인 리뷰와 피드백, 또는 보상 등을 통해 그들이 느끼는 심리적 만족감(예, 자신의 능력에 대한 만족감 및 성취감, 자존감, 놀라움, 기쁨 등)과 행동변화(예, 더 적극적으로 미션에 참여하거나, 게임화된 제품 및 서비스에 대한 인게이지먼트의 강화 등)를 이끌 수 있다.

2.4 미래 마케팅 5.0 시장의 전략

최근 디지털기술의 발전으로 인해 AI, NLP, 로봇공학, 센서, 증강현실, 가상현실, IoT, 블록체인 등의 차세대 첨단기술은 혁신의 진보속도가 더욱 빨라지고 있으며, 이들로 인해 사회 속에서 세대차이, 부의 양극화, 디지털격차를 더욱 심화시키고 있다.

더욱이 코로나19 팬데믹으로 인해 디지털화가 더욱 가속화되면서 소비자들이 원하는 소비경험과 기업을 바라보는 관점도 변하고 있다. 이러한 차세대 첨단기술의 급속한 진보를 통해 나타나고 있는 총체적 현상은 기업의 생태계와 마케팅관행에도 큰 영향을 미치고 있다.

현재의 인간중심의 마케팅 4.0 시장에서는 디지털기술의 사용은 매우 기본적이지만, 고객이 어떤 제품이나 서비스를 이용하는 동안에 경험하는 전반적인 과정인 고객여정(customer journey) 내내에 걸쳐서 온라인과 오프라인을 망라한 다양한 접점에서 고객을 상대하는데 필요한 마케팅개념이라고 했다. 하지만 마테크(MarTech), 즉 마케팅과 기술을 적용한다는 것은 단순히 소셜미디어에서 콘텐츠를 배포하거나 옴니채널을 구축하는 것 그 이상의 문제라는 것이다. 더욱이 AI, NLP, 로봇공학, 센서 등의 차세대 첨단기술은 기존의 마케팅관행을 완전히 전환시킬 수 있는 엄청난 잠재력을 가지고 있다는 것이다.

따라서 미래의 휴머니티를 향한 기술중심의 마케팅 5.0 시장에서 기업들은 디지털경제 환경에서 차세대 기술을 효율적으로 적용하고, 궁극적으로 인간의 삶의 질을 개선하는 방향으로 마케팅전략을 모색해야 하며, 휴머니티를 접목한 기술을 통해 소비자들을 더 가까이 이해하고, 그들이 원하는 소비경험을 만들어 가치를 제공해야 할 필요가 있다는 것이다. 그래서 Kotler et al.(2021)는 [그림 2-3]과 같이, 마케팅 5.0 시장상황에 적절한 마케팅전략의 5가지 요소를 제시하였는데, 우선 데이터기반 마케팅(data-driven marketing), 애자일마케팅(agile marketing)이라는 두 가지 원칙을 기반으로 예측마케팅(predictive marketing), 맥락마케팅(contextual marketing), 증강마케팅(augmented marketing) 등 세 가지 적용방법을 제시하고 있다.

그림 2-3 마케팅 5.0의 5가지 마케팅 요소들

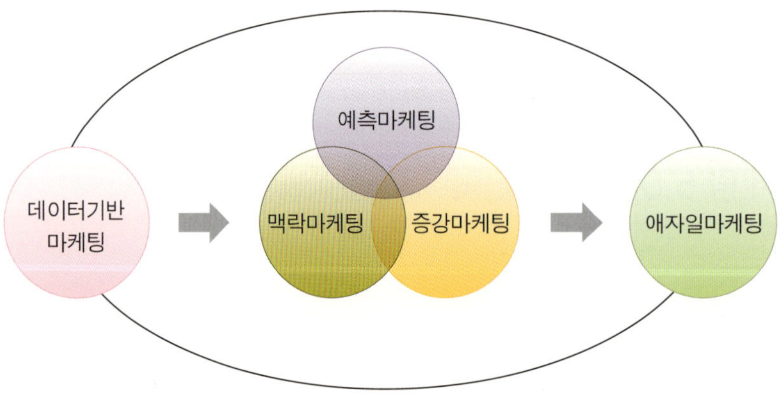

(1) 데이터기반 마케팅

데이터기반 마케팅(data-driven marketing)은 마케팅의사결정을 주도하고 최적화하기 위해 데이터 생태계를 구축하는 것뿐만 아니라, 여러 가지 내 · 외적 자료원에서 빅 데이터를 수집하고 분석하는 활동을 말한다. 마케팅 5.0의 첫 번째 원칙은 어떠한 의사결정이든지 충분한 데이터를 갖고 해야 한다는 것이다.

최근에 빅 데이터 분석기술의 발달로 인해서, 마케터에겐 새로운 유형의 시장데이터를 수집하고 시장세분화를 1:1 마이크로 세분화를 수행하는 것이 가능해졌다고 할 수 있다. 기존에 전통적 시장세분화 방식은 고객의 인구통계적 특성, 심리적 특성, 행동적 특성, 지리적 특성 등을 토대로 한 시장조사와 고객데이터베이스만으로 고객정보를 분석한 한정된 자료원으로 수행했다고 할 수 있다.

하지만 데이터기반 마케팅을 하기 위해서 기업은 [그림 2-4]와 같이, 우선 AI, NLP, 센서, IoT 등 차세대기술을 활용한 빅 데이터 분석기술로 미디어데이터, 소셜데이터, 웹데이터, POS(point-of-sale)데이터, IoT데이터, 고객참여데이터 등으로 훨씬 더 광범위하고 풍부한 데이터수집을 통해서 분석하고 가공처리해서 고객의 프로파일을 만들 수 있고, 이런 모든 데이터를 통합하는 데이터 생태계(data ecosystem)를 구축해야 한다. 이러한 데이터 생태계가 빅 데이터를 통해 구축되면, 이를 기반으로 정교한 데이터 분석과정을 통해서 나온 결과를 토대로 마케터는 마케팅지식과 경험으로 마케팅인사이트(marketing insight)를 추출하고, 데이터 애널리틱스(빅 데이터를 분석하는 기술전반을 가리킴)를 통해 다양한 고객들의 행동을 분석하고 예측하게 된다. 이러한 과정을 통해서 마케터는 기본적으로 고객

그림 2-4 데이터기반 마케팅 프로세스

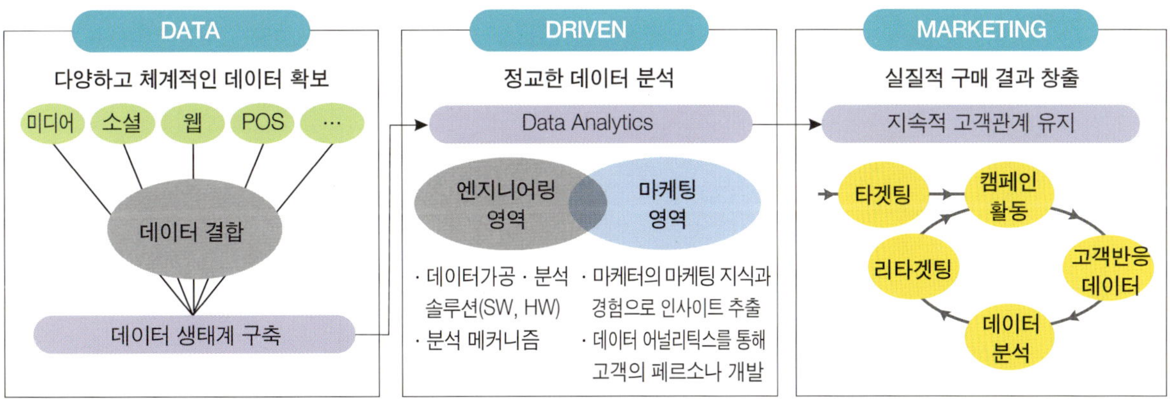

자료원 : https://www.mk.co.kr/news/business/view/2016/07/471613/ 일부 내용수정

별로 실제 페르소나를 개발할 수 있다. 페르소나(persona)라고 하는 것은 인구통계적 특성(연령, 성별, 직업, 소득 등), 심리적 특성(관심, 동기, 가치, 태도 등), 행동적 특성(구매경로, 이용미디어, 제품과 서비스 용도 등), 지리적 특성(거주지, 관심영역 등) 등의 변수들이 반영된 고객의 세분시장에 대한 간략한 가상적인 묘사를 말한다. 사람들은 흔히 하나의 페르소나를 넘어 다양하게 분리된 정체성의 '멀티 페르소나(multi persona)'를 갖는다고 한다. 즉, 직장에서, 집에서, 일상에서, SNS에서 모두 다른 페르소나를 가지며, 자신의 역할을 바꾸고, 주변세계와 다양한 소통한다는 것이다. 예를 들면, 집에서는 다정다감한 아빠인 사람이 회사동료들에게는 엄하고 회의시간에는 매섭게 부하직원을 몰아붙이는 상사가 되기도 한다. 이렇게 서로 다른 모습으로 타인들에게 비춰지는 외적성격을 페로소나라고 한다.

따라서 기업이 개별고객의 페르소나를 개발한다면, 시장세분화와 타겟팅을 통해 제품이나 캠페인활동을 전개하고, 그에 따른 고객반응데이터를 수집하고 분석하여 리타겟팅을 하는 등 고객별 맞춤식으로 1:1 마케팅을 실행할 수 있다. 그리고 다양한 상황에 맞춰 특정 세분시장에서 다른 세분시장으로 고객이 이동하는 것을 실시간으로 추적하여 상황변화

그림 2-5 1:1 마케팅을 위한 고객 프로파일링

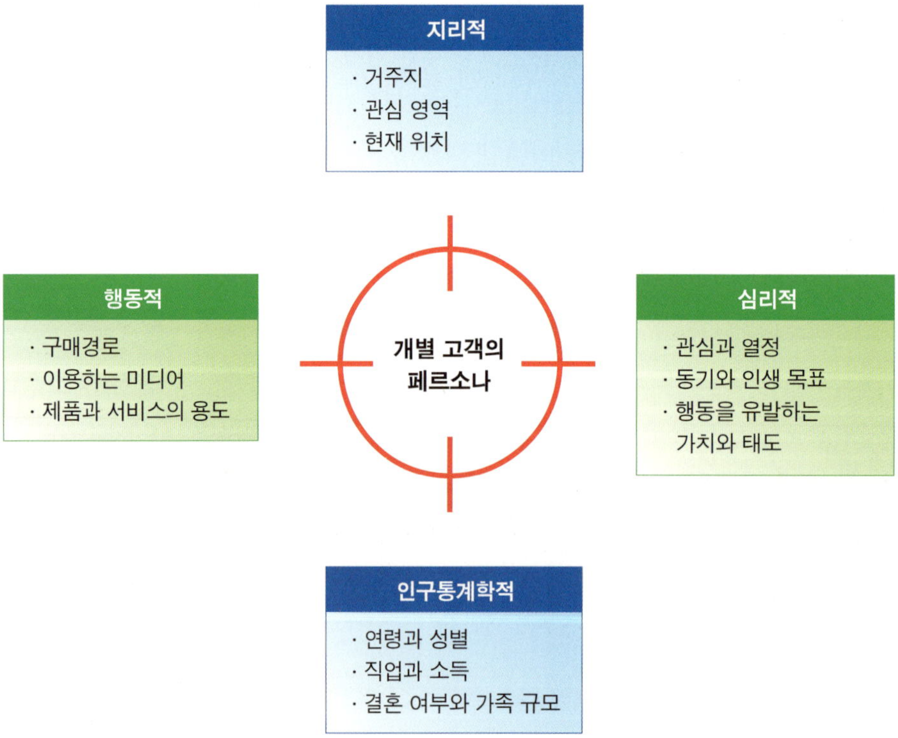

에 맞게 개인화된 마케팅전략을 수행할 수 있다.

또한 데이터기반 마케팅은 고객정보를 기반으로 광고 및 브랜드 커뮤니케이션을 최적화하는데도 활용될 수 있다. 데이터기반 마케터는 고객데이터를 사용하여 고객의 요구사항, 의사결정 및 미래의 행동을 예측할 수 있다. 데이터에서 얻은 통찰력은 광고 및 마케팅활동에 투자한 것에 대해 최대한의 수익을 창출하기 위해서 개인화된 마케팅전략을 수립하는데 도움이 될 수 있다. 그리고 빅 데이터 분석기술을 통해 고객데이터를 수집하고 분석하여 추세와 패턴을 발견할 수도 있으며, 새로운 데이터정보를 사용하여 미래 잠재고객에게 광고, 홍보 및 판매하는 최적화된 마케팅의사결정을 할 수도 있다.

(2) 예측마케팅

예측마케팅(predictive marketing)은 제품출시 전에 마케팅활동의 결과를 예측하기 위해서 기계학습을 통해 예측분석방법을 구축하고 활용하는 것을 말한다. 예측분석은 고객의 과거행동을 조사하여, 이와 유사하거나 관련이 있는 행동을 미래에 보여줄 가능성을 평가하는 것이다. 이런 예측마케팅을 통해 기업은 시장이 어떻게 반응할지를 예측해서 시장에 능동적으로 대응할 수 있다.

전통적으로 마케터는 앞으로 일어날 가능성이 있는 일을 더 정확하게 예측하기 위해 과거의 고객행동에 관한 누적데이터를 기술통계(descriptive statistics)방식으로 분석한 결과를 바탕으로 직관을 발휘해 왔다. 그리고 몇 년에 걸쳐 저장된 누적데이터 안에서 통계적 규칙이나 패턴을 찾아내는 회귀분석이나 시계열분석, 상관관계분석 등 다양한 통계기법을 활용해 예측분석을 하였다. 하지만, 이러한 과정을 데이터를 기반으로 한 예측마케팅에서는 AI가 수행하기 때문에 데이터를 수집하고 가공하며, 처리해서 마케팅의사결정에 활용하는데, 기존 예측분석방법과는 비교가 되지 않을 정도로 그 범위가 넓고 광범위하며 예측력이 높다고 할 수 있다. 기계학습엔진에 입력된 과거 데이터는 특정한 패턴을 나타내는데, 이를 예측모델(predictive model)이라고 한다. 이런 예측모델이 구축되면, 마케터는 예측분석에 필요한 새로운 데이터를 이 예측모델에 입력함으로써, 구매확률이 높은 고객이나 판매확률이 높은 제품, 마케팅캠페인 효과 등과 같은 결과를 예측할 수 있다.

예측마케팅에서 예측모델을 구축하는데 마케터가 가장 일반적으로 사용하는 모델에는 단순예측을 위한 회귀분석모델(regression analysis model), 추천시스템 구축을 위한 협업필터링(collaborative filtering), 복잡한 예측을 위한 신경망(neural network) 등 세 가지 유형이 있다.

① 회귀분석모델은 예측분석에서 가장 기본적이면서도 유용한 분석도구로 독립변수와 종속변수 간의 통계적 규칙이나 패턴을 찾아내는 인과관계분석을 통해 미래를 예측하는 방식이다. 예를 들면, 클릭 수나 판매데이터처럼 마케터가 달성하고자 하는 실적이나 결과를 종속변수에 두고, 캠페인 타이밍이나 광고카피 또는 고객의 인구통계적 특성처럼 독립변수들이 결과에 어떤 영향을 미치는 지를 인과관계 분석하는 것을 말한다.

② 협업필터링은 추천시스템(recommendation system)을 구축할 때 가장 일반적으로 사용하는 기술로, 고객의 사용형태와 소비기록 등의 정보를 분석하여 고객이 선호하는 제품을 예측하는 방법을 말한다. 협업필터링의 핵심가정은 일반적으로 고객들은 자신이 구매했던 제품이나 서비스와 유사한 것을 좋아하거나, 기호가 같은 고객들이 구매하는 제품이나 서비스를 선호할 것이라는 추론을 전제로 하고 있다. 제대로 예측하기 위해서는 고객이 협업해서 제품이나 서비스를 평가해 주어야 하기 때문에 협업필터링이라고 한다. 그리고 협업필터링에는 사용자를 기반으로 하는 사용자기반 필터링과 아이템을 기반으로 하는 아이템기반 필터링방식으로 구분된다. 예를 들면, 넷플릭스의 경우는 최근에 팬데믹으로 인해 전세계 스트리밍의 수요증가로 미국시장 점유율 60%를 넘길 정도로 성장세가 매우 높은 기업이다. AI기반 추천시스템을 통한

그림 2-6 협업필터링

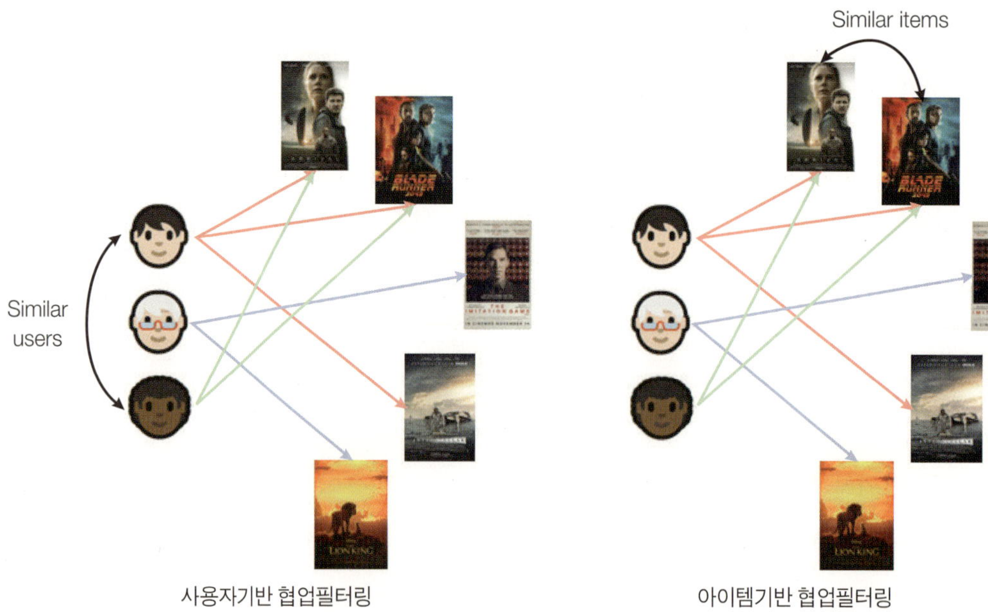

자료원 : https://deeppago.tistory.com/23

고객분석력이 고객의 관심을 이끌어 낸 성과라고 할 수 있다. 넷플리스가 사용하고 있는 AI기반 추천시스템을 살펴보면, 협업필터링과 콘텐츠기반 필터링 등 두 가지 필터링을 사용하고 있다.

협업필터링은 고객의 데이터를 활용해 데이터베이스화하고, 이전에 수집한 데이터가 많이 확보되어 있을 수록 더 정확하고 신뢰도가 높은 데이터를 창출해 낼 수 있다. 이런 협업필터링 방식은 신규 고객에게 적중률이 높은 정보를 제공해 주기에는 부적합할 수도 있다. 고객이 선호하는 취향이나 장르가 비슷한 고객들을 그룹화하고, 비슷한 고객들에게 유사제품이나 서비스를 추천하는 방식이다. 넷플릭스는 동일한 영상을 본 고객들끼리 유사한 패턴을 묶어서 하나의 그룹으로 만들고, 그 그룹의 특성을 분류하고, 장르나 콘텐츠를 고르는 속도, 그리고 재신청비율, 데이터의 환경, 주요 시청시간대나 요일 등의 여러 가지 항목들에 대해 필터링분석을 통해서 개인화된 화면을 배경에 띄워주는 필터링방식을 사용하고 있다.

넷플릭스가 사용하고 있는 또 다른 필터링방식은 콘텐츠기반 필터링(Contents-Based Filtering)이다. 이런 콘텐츠기반 필터링은 콘텐츠자체를 먼저 분석한 후에 이미 확보되어 있는 고객의 취향이나 장르와 유사성을 비교분석해서 사용한 고객의 콘텐츠를 기준으로 다양한 콘텐츠를 추천해주는 방식이다. 이 방식은 초기에 신규 고객에게도 콘텐츠를 추천하는 방식을 통해서 추천해 줄 데이터를 확보할 수 있다는 장점이 있다.

또한 콘텐츠기반 필터링은 [그림 2-7]에 표현된 것과 같이, 사용자가 소비한 아이템에 대해 아이템의 내용이 비슷하거나 특별한 관계가 있는 다른 아이템을 추천하는

그림 2-7 콘텐츠기반 필터링

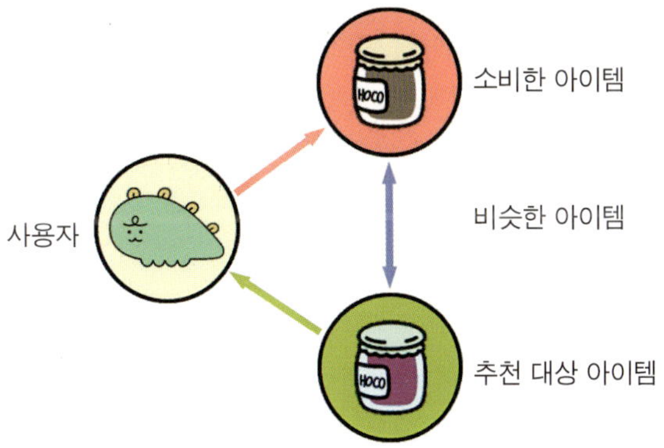

자료원 : https://tech.kakao.com/2021/12/27/content-based-filtering-in-kakao/

방법을 말한다. 아이템의 내용은 아이템을 표현할 수 있는 데이터를 지칭하는데, 아이템 카테고리, 아이템 이름과 같은 텍스트데이터, 이미지데이터가 주로 사용된다. 반면에 다른 사용자의 아이템 소비이력을 활용하는 협업필터링(Collaborative filtering)과는 주로 사용하는 데이터가 다르다는 차이점이 있다.

③ 신경망은 인간의 뇌 안에서 생물학적 신경망이 작동하는 방식으로 모델링 한 것이다. 즉, [그림 2-8]과 같이, 뉴런은 가지돌기에서 신호를 받아들이고, 이 신호가 일정치 이상의 크기를 가지면, 축삭돌기를 통해서 신호를 전달하게 되는데, 이런 방식으로 신경망에서는 신경세포 뉴런의 입력신호와 출력신호가 퍼셉트론(인공뉴런: perceptron)에서 각각의 입력값과 출력값에 해당하는 것이다. 퍼셉트론은 실제 뇌를 구성하는 신경세포 뉴런의 동작과 유사하다. 퍼셉트론은 직접 가중치 매개변수의 적절한 값을 설정해 논리회로들에 맞는 값을 출력할 수 있도록 했지만, 신경망은 이 가중치 매개변수의 적절한 값을 데이터로부터 자동으로 학습하는 능력이 있다.

신경망은 기업이 정교한 예측모델을 구축하는데, 유용한 가장 인기있는 기계학습 도구에 속하는 것으로 신경망모델은 많은 숫자와 다양한 과거 사례들을 처리하면서 다양한 경험을 통해서 학습한다. 신경망모델은 입력층(input layer)과 출력층(output layer), 그리고 그들 사이에 은닉층(hidden layer)으로 구성되어 있다. 이런 신경망은 인간의 뇌가 평생학습한 내용을 바탕으로 여러 점들을 서로 연결하듯이, 신경망은 상관성, 연관성, 종속성, 인과성 등 각종 데이터세트 간에 존재하는 온갖 종류의 패턴과 관계를 찾아내고, 은닉층에서 나온 모델을 이용해서 결과를 예측할 수 있다.

그림2-8 뉴런의 구조

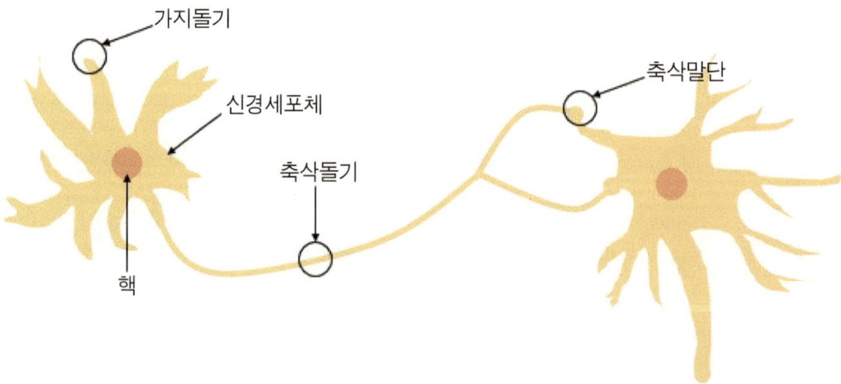

자료원 : https://wikidocs.net/150781

그림 2-9 단층 퍼셉트론과 다중 퍼셉트론

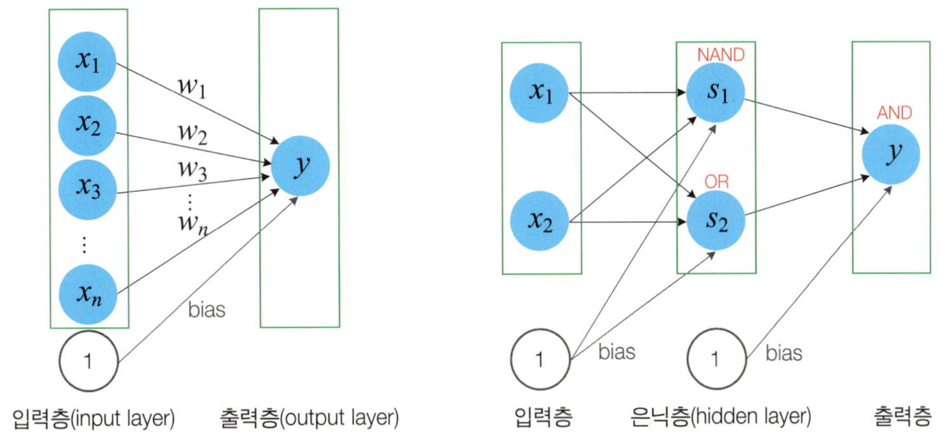

자료원 : https://wikidocs.net/150781

그림 2-10 순방향 신경망과 순환 신경망

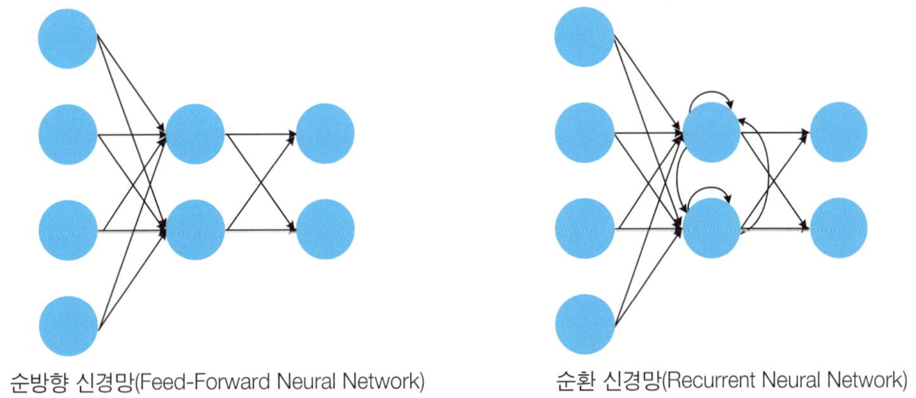

자료원 : https://wikidocs.net/150781

(3) 맥락마케팅

맥락마케팅(contextual marketing)은 물리적인 공간에서 센서와 디지털 인터페이스를 활용하여 고객과 개인화된 맞춤식 상호작용을 할 뿐만 아니라, 식별하고 프로파일링 하는 활동을 말하는데, 이는 마케터가 고객이 처해 있는 상황에 따라 실시간으로 1:1 마케팅을 수행할 수 있게 해주는 근간이 된다.

맥락마케팅을 수행하려면, 우선 맥락적으로 유관한 환경에서 이용자에게 보여지고, 마케터는 지극히 유관한 환경 속에서 이들이 바라는 청중에게 도달할 수 있어야 한다. 그리고 맥락마케팅은 온라인 및 모바일마케팅을 융합하고, 검색어와 브라우징 활동에 기반한 표적광고를 이용해 유망고객을 유인할 수 있다. 그렇게 하려면, 이들과 교류할 수 있도록 적절한 고객 페르소나를 개발하고 적절한 어조, 콘텐츠경로를 개발해야 한다.

온라인이나 모바일 상에서 페르소나(persona)란 개인의 실제 성격과는 다른 특정한 어떤 외적성격을 나타내는 것으로, SNS 등 가상공간에서 가상인물로써 타인과의 상호작용을 위해서 만들어낸 성격이나 이미지를 말한다. 그래서 퍼스널브랜딩에서 정의하는 정체성, 또한 페르소나의 일종이라고 할 수 있다.

따라서 잘 구축된 페르소나는 표적집단에게 효과를 발휘할 수 있기 때문에 맥락마케팅을 효과적으로 수행하기 위해서는, 기업이 브랜드 페르소나를 잘 정의하는 것이 중요하다.

브랜드 페르소나(brand persona)를 설정할 때, 브랜드의 핵심적인 성격, 표적집단의 성격(성별, 연령대, 취향, 갖고 있는 고민 등 구체적인 고객을 설정해야 함), 전달하고자 하는 메시지와 적합한 톤이나 매너, 라이프스타일 등을 고려해야 한다. 브랜드 페르소나가 잘 구축되어 있으면, 일관된 목소리로 스토리를 전달할 수 있고, 일정하게 구축된 정체성에 의해 기업이 전달하고자 하는 메시지를 보다 효과적으로 전달할 수 있다. 고객은 겉으로 드러나는 페르소나를 통해 제품과 서비스를 인지하고 평가하기 때문에 브랜드 페르소나는 기업과 밀접하게 관련돼야 하고, 자주 변경하는 것은 피해야 한다.

한편, AI기반 맥락마케팅을 하기 위해서 무엇보다 POS에 센서와 장치들을 연결한 생태계를 먼저 구축해야 한다. 판매시점에서 맥락별로 대응하기 위한 근접센서를 사용해서 모든 오프라인 시설에 저전력 블루투스 트랜스미터인 비콘(beacon, 위치정보를 전달하기 위해 어떤 신호를 주기적으로 전송하는 기기)을 여러 개 설치해 놓으면, 고객의 위치를 정확하게 찾아내 움직임을 파악할 수 있고 푸시 알람과 같은 방식으로 개인화된 콘텐츠를 전송할 수 있다. 예를 들면, 연령이나 성별 등 특정 세분시장의 표적고객이 소매점 근처로 다가온다면, 할인 등 판촉활동을 위한 정보를 앱 알림형태로 고객에게 맞춤형 메시지를 제공할 수 있다. 만약에 비콘이 소매점, 테마파크, 쇼핑몰, 호텔, 공항, 기타 주요장소의 모든 통로에 설치되어 있다고 가정해 보면, 기업은 고객의 스마트폰을 네비게이션 도구로 활용해 고객이 이 장소들을 통과해서 걸을 때 판촉정보를 제공할 수 있다. 즉, 고객의 상황에 정확히 맞는 맥락마케팅을 수행할 수 있다는 것이다.

또한 맥락마케팅을 유도하는 다른 요인으로 스마트폰과 같은 개인용기기 없이 안면인식기술로 위치기반작업을 유도할 수 있다. 안면인식기술의 발달로 기업이 고객의 인구통계적 프로필을 추정하는 것은 물론이고, 데이터베이스에 기록된 개인을 식별할 수도 있다. 이를 통해서 마케터는 적절한 고객을 대상으로 맥락에 맞는 마케팅대응을 할 수도 있다.

따라서 AI, IoT 등 차세대 기술을 통해 인프라를 구축해 놓으면, 기업은 사람들이 지나치게 개입하지 않아도 물리적 상황에 맞춰 맞춤형 개인화된 마케팅활동을 할 수 있는 디지털역량을 구현할 수 있다. 맞춤형 개인화된 맥락마케팅은 다음과 같은 3단계로 구현할 수 있다.

1단계는 마케터가 위치기반시스템을 통해 소매점, 테마파크, 쇼핑몰 등 특정 관심지점에 가상의 경계를 설정하여 경계내에 있는 고객에게 마케팅커뮤니케이션 메시지나 제품선정, 가격홍보 등과 관련된 개인화된 정보를 제시하는 정보제공형 마케팅(informative marketing)이다.

2단계는 마케터는 쌍방향 커뮤니케이션 인터페이스 채널을 만들어 고객과 맞춤형 상호작용으로 소통하는 인터랙티브 마케팅(interactive marketing)이다. 이러한 상호작용과정에서 기업은 고객에게 적절한 보상이나 제안사항을 제공함으로써, 인지에서 행동으로 이어지는 고객여정(customer journey)과정의 다음 단계로 나아가도록 유도할 수 있다. 그리고 고객이 포괄적인 구매여정과정에서 여러 가지 상호작용을 거친 이상 제품을 추가로 구매하지 않고는 안되는 상황이 되는 것이다.

마지막 3단계는 마케터가 고객을 감각적으로 체험할 수 있는 경험에 깊숙이 참여시키는 몰입형 마케팅(immersive marketing)이다. 개인화의 최종단계로서 마케터가 센서, 증강현실, 로봇공학 등 차세대기술을 통해 물리적 공간에서 고객에게 완전한 몰입감을 줄 수 있다. 예를 들면, 증간현실기술을 통해 몰입형 매장탐색기능을 제공하고, 모바일 앱으로 쇼핑목록을 만들고, 구매하려는 제품목록을 추가할 수도 있다. 그리고 최근에 패션브랜드들이 스마트탈의실을 통해 고객에게 오프라인 세계에서 몰입감 있는 디지털경험을 하게 한다. 예를 들면, 패션아이템이나 색상, 사이즈 등을 선택해서 스마트미러를 통해 디지털경험을 맛볼 수도 있다.

(4) 증강마케팅

증강현실(AR: augumented reality)은 현실 세계의 환경이미지나 배경에 컴퓨터가 생성한 3차원의 가상사물이나 정보를 합성하여 보여주는 기술로, 현실과 가상의 결합, 상호작용, 3D증강 등의 기능적인 특징을 갖고 있다. 다시 말해서 증강현실은 현실과 동떨어진 가상세계를 기반으로 하는 가상현실(VR: virtual reality)과는 달리, 실시간으로 현실 세계와 가상세계를 합쳐 하나의 영상으로 구현하여 사물이나 영상정보를 증강시키는 기술로, 일상 속에서 가상과의 상호작용이 가능하다.

이러한 증강현실기술을 적용한 증강마케팅(augumented marketing)은 챗봇(chatbots)이나 가상비서(virtual assistants)처럼 인간을 모방한 디지털기술을 활용해 고객과 대면하는 마케터의 생산성을 높이는 활동을 말한다. 증강마케팅은 생산성을 향상시키는 한 가지 방법으로 등급별 인터페이스 시스템을 만들어 퍼널(깔때기, funnel)모양의 구조 안에서 디지털 인터페이스와 인간 인터페이스를 혼합해 놓으면, 기업은 가치있는 일을 하도록 인력을 배치해 생산성을 향상시킬 수 있다. 판매과정에 가장 일반적인 고객 인터페이스 등급은 고객 라이프사이클을 바탕으로 정해진다. 일반적인 판매과정을 나타내는 [그림 2-11]과 같이, 판매퍼널(sales funnel) 과정을 통해 기업의 영업팀은 다수의 잠재고객집단을 단계적으로 소수의 고객집단으로 전환시킬 수 있다. 우선 퍼널상단에서 챗봇을 이용하여 인지도구축, 잠재고객 생성과 구매가능성 예측, 잠재고객 관련 데이터포착 등을 하게 된다. 퍼널중간에서는 대개 잠재고객을 영향력이 큰 고객으로 만들기 위해 챗봇을 사용해서 교육콘텐츠를 보내 잠재고객을 육성한다. 마지막으로 퍼널하단에서는 영업사원이 잠재고객을 만나고 설득하고, 협상하고, 판매를 마감하는 업무를 한다.

이러한 판매과정 내에서 상단이나 중간단계의 간단한 응대나 잠재고객생성 및 예측, 잠재고객육성 등에서는 디지털 인터페이스를 활용하고, 하단의 업무는 영업사원이 담당하게 하는 것으로 디지털 인터페이스와 인간 인터페이스가 함께 한다면 최상의 업무성과를 낳을 수 있다고 한다.

또한, 소매업체는 옴니채널을 통해 등급별로 구분한 판매 인터페이스를 활용할 수 있다. 디지털채널은 인지도를 쌓고, 관심을 이끌어 시험삼아 사용해보게 하는 데 이용될 수 있다. 고객은 웹사이트나 모바일 앱에서 제품 카탈로그를 뒤져보고 원하는 제품을 선택할 수 있다.

증강마케팅은 마케터에게 디지털 인터페이스의 속도와 편리성을 고객과 근접하여 제품

그림 2-11 등급별 판매 인터페이스 내 증강마케팅 사례

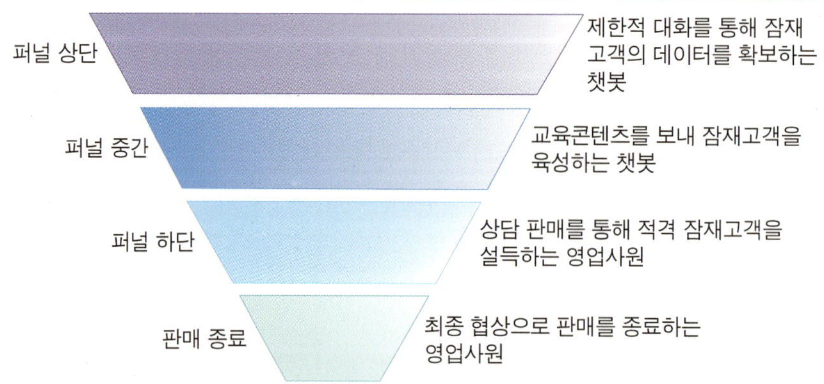

자료원 : https://wikidocs.net/150781

정보를 제공하면서 휴머니티적 접점의 따뜻함이나 공감과 결합하게 해주며, 고객의 구매의사결정과정에도 적극적으로 영향을 미칠 수 있다. 한편으로 고객에게는 공간적 제약을 받았던 고객이라면 언제 어디서나 제품을 경험해 볼 수 있으며, 제품이 직접 그 자리에서 적용해 볼 수 없는 제품이라도 어디에서나 제품의 시현을 적용해 볼 수 있다. 예를 들면, 이케아(IKEA)는 증강현실(AR)을 이용해서 잠재고객에게 제품을 디지털방식으로 시험삼아 사용해보게 하고 있다. 이런 방식을 통해 고객이 오프라인 매장을 방문했을 때, 더 많은 관심을 나타내기 때문에 매장점원이 응대하기 편하고 판매가 훨씬 더 용이하다는 것이다.

(5) 애자일마케팅

애자일마케팅(agile marketing)은 시장의 기술적인 변화에 빠르고 민첩하게 반응하고, 고객의 요구와 트렌드변화에 유연하게 대처함으로써 전통적인 마케팅방식보다도 더 빠르게 반응하는 마케팅전략을 말한다. 끊임없이 변화하는 시장에 대처할 수 있도록 실시간으로 센싱하고, 현시점에서 취할 수 있는 다양한 옵션들을 재빨리 탐색하며, 최적의 옵션을 결정하여 실행에 옮기는 역량이 필요하다.

급변하는 디지털경제 상황하에서 민첩하고 유연하게 대처하기 위해서는 조직도 애자일조직으로 구성되어야 한다. 애자일조직은 부서간 경계를 허물고, 필요에 맞게 소규모팀을 구성해 업무를 수행하는 조직을 의미한다. 실무진으로 이루어진 팀이 모든 결정을 할 수

그림 2-12 애자일마케팅 개발

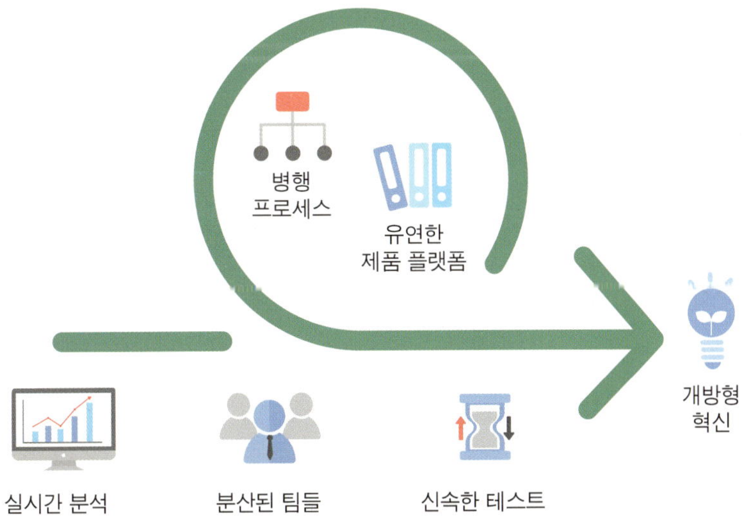

있도록 권한을 부여받아야 하고, 불필요한 보고를 위한 보고서작성이 없어야 한다. 애자일 조직은 시제품을 만들고 반응을 본 후에 그 반응을 반영하여 수정하면 되니까, 최종상품이 나오기까지 시간을 단축하고, 고객의견이 곳곳에 반영되어 민첩하게 움직이는 것이 핵심이라고 할 수 있다. 이러한 민첩성을 갖춘 조직하에서, 애자일마케팅은 분산된 교차기능팀(cross-functional teams)들을 활용하여 제품이나 마케팅캠페인을 신속하게 개념화하고, 설계하며, 개발하고, 검증하는 것이며, 이는 마케팅 5.0을 성공적으로 구현하는데 매우 중요한 원칙이라고 할 수 있다.

애자일마케팅을 추구하는 조직은 몇가지 핵심 구성요소들이 있어야 한다. 첫째, 기업은 실시간 분석준비를 할 필요가 있다. 둘째, 분석을 통해 얻은 통찰력을 활용하는 분산된 애자일팀들을 구성하는 것이다. 셋째, 팀들은 유연한 플랫폼을 기반으로 여러 가지 제품이나 캠페인구성을 해야 한다. 이 팀들은 아이디어 구상에서부터 시제품개발에 이르기까지 병행프로세스(concurrent process)로 신속한 실험테스트를 하게 된다. 그리고 실제 시장수용도 분석을 통해 각 제품과 캠페인을 테스트한 뒤에 무엇이 가장 긍정적인 결과를 가져올지를 결정할 것이다. 전체 애자일프로세스 수행할 때, 기업은 내외부 자원들을 모두 활용하는 개방형 혁신적인 사고를 수용해야 한다.

03 요 약

마케팅개념의 발전단계에서도 살펴보았듯이, 기업의 상황적인 변화에 따라 생산개념, 제품개념, 판매개념, 마케팅개념, 사회적 마케팅개념 그리고 총체적 마케팅개념에 이르기까지 많은 발전을 해왔다. 이러한 마케팅개념의 발전단계를 시장의 환경변화에 따라, 즉 전통적인 시장경제 상황하에서는 크게 제품중심의 마케팅 1.0(product-centric marketing 1.0), 고객중심의 마케팅 2.0(customer-oriented marketing 2.0), 가치주도의 마케팅 3.0(value-driven marketing 3.0) 등으로 구분이 되며, 디지털경제 상황 하에서는 인간중심의 마케팅 4.0, 휴머니티를 향한 기술(technology for humanity)중심의 마케팅 5.0 등으로 구분할 수 있다.

기존의 마케팅 3.0시장에서 뉴 웨이브기술은 기업, 제품이나 서비스에 관한 정보와 아이디어 등이 소셜미디어를 통해 빠르게 확산되고, 소비자들은 단순한 소비자가 아니라 제품생산에 참여하기도 하고 더 적극적인 프로슈머로 역할을 수행하게 된다. 그래서 마케팅

3.0시장에서 기업은 다양한 소셜미디어를 통해 이해관계자들과 협력적이어야 하며, 회사의 제품이나 서비스 혹은 커뮤니케이션 개발에 소비자의 참여를 이끌어내는 방향으로 변화되어야 한다. 뉴 웨이브기술의 빠른 진보는 정치와 법률, 경제, 사회문화적 지형의 세계화를 주도하고, 세계화는 해당 사회에 문화적 패러독스를 창출한다. 이런 변화의 시기에 기업은 세계화와 문화의 다양성을 이해하고, 문화적인 측면을 진지하게 다룰 수 있어야 한다.

현재의 마케팅 4.0시장에서는 스마트폰처럼 인공지능과 로봇공학이 고객들의 일상생활에 자연스럽게 스며들어 통합되기 때문에 고객들은 의식적으로 혹은 무의식적으로 자신들의 정체성에 대한 불안과 걱정이 커질 것이다. 따라서 인간중심의 마케팅 4.0시장은 인간의 특성을 지닌 브랜드가 가장 차별화될 것임으로 디지털시대에 브랜드매력을 구축하는 것이 핵심이라고 할 수 있다. 그리고 마케팅 4.0시장 상황에 적절한 마케팅전략으로 브랜드의인화를 위한 인간중심의 마케팅(human-centric marketing), 브랜드 호기심을 위한 콘텐츠마케팅(content marketing), 브랜드몰입을 위한 옴니채널 마케팅(omnichannel marketing), 브랜드 친밀감을 위한 인게이지먼트 마케팅(engagement marketing) 등을 제시하고 있다. 마케팅 4.0에서 도입된 인간중심의 마케팅개념에서는 소셜미디어를 통한 연결성과 이동성이 높은 디지털경제 상황하에서 연결된 고객의 특성을 잘 반영할 수 있는 것이라고 할 수 있다. 하지만 최근에 AI, NLP, 로봇공학, 센서, 증강현실, 가상현실, IoT, 블록체인 등의 차세대 첨단기술은 혁신에 혁신을 거듭하고 있으며, 이들로 인해 사회 속에서 세대차이, 부의 양극화, 디지털격차를 더욱 심화시키고 있다.

디지털경제 환경에서 미래의 마케팅 5.0은 고객의 구매여정 내에서 가치를 창출하고, 전달하며, 제공하고, 강화하기 위해 인간을 모방한 기술을 적용하는 것이라고 할 수 있다. 예를 들면, 기업은 AI를 통해 고객프로필을 분석을 통해 쇼핑패턴을 파악하고, 온라인 소매업체들이 적절한 제품이나 콘텐츠를 추천해 주고, 추천엔진은 아마존, 넷플릭스, 유튜브 등과 같은 전자상거래 업체들이 다른 디지털기업들과 차별화를 할 수 있는 중요한 수단이 될 수 있다. 또한 AI는 NLP, 센서, 로봇공학 등과 결합해서 마케터가 고객대면활동을 수행하는데 도움을 줄 수 있다. 이러한 차세대기술이 적용되는 마케팅 5.0 시장에서, 마케터는 휴머니티가 중심이 되어 원활하고 매력적인 새로운 고객경험을 창조해야 한다는 것이다. 이를 위해서 기업은 인간과 인공지능 간의 균형잡힌 공생관계를 최대한도로 활용해야 한다는 것이다. 그리고 마케팅 5.0시장 상황에 적절한 마케팅전략으로 데이터기반 마케팅(data-driven marketing), 애자일마케팅(agile marketing)이라는 두 가지 원칙을 기반으로 예측마케팅(predictive marketing), 맥락마케팅(contextual marketing), 증강마케팅(augmented marketing) 등 세 가지 적용방법을 제시하고 있다.

참 · 고 · 문 · 헌

- 김승화(2000), 디지털시장의 성공열쇠, 개인 맞춤 마케팅, LG 주간경제, 3, pp.41~46
- 김재성(2016), 구글처럼 생각하라, 디지털시대의 마케팅전략 : 공동창조전략.
- 김희진(2016), 인게이지먼트, 북넷.
- 구자룡(2007), 브랜드 2.0시대의 마케팅믹스, 4E, LG Ad, 7/8, pp.14~17.
- 송용섭 외2(2004), 현대마케팅, 문영사.
- 이진원(2021), 필립코틀러 마켓5.0, (주)도서출판 길벗.
- 이학식 · 안광호 · 하영원(2015), 소비자행동, 집현재, 제6판.
- 유필화 외2(2012), 현대마케팅론, 박영사.
- 채서일(2015), 마케팅, 옥당.
- 홍정석(2007), 4C관점으로 접근하는 B2B마케팅, LG Business Insight, 10, pp.41~47
- Bearden, William O., Thomas N. Ingraw and Raymond W. LaForge(2001), *Marketing-Principle and Perspectives*, 3rd ed., McGraw-Hill, Irwin.
- Blythe, J.(2006), *Principles & Practice of Marketing*, Thomson Learning.
- Boone, Louis E. and David L. Kurtz(2001), *Contemporary Marketing*, 10th ed.,Harcourt, Inc.
- Lamb, Charles W., Hair, Joseph F. and C. McDaniel(2000), *Marketing*, 5th ed., South-Western College Publishing.
- Kelin, Roger A., Hartley, Steven W., Berkowitz Eric N. and William Rudelius(2006), *Marketing*, 8th ed., McGraw-Hill Irwin.
- Kotler, P.(1994), *Marketing Management*, 8th ed., Prentice-Hall Inc.
- Kotler, P. and G. Amstrong(1998), *Principles of Marketing*, 6th ed., Prentice-Hall Inc.
- Kotler, P., Dipak C. Jain and Suvit Maesincee(2002), *Marketing Moves*, HBS Press.
- Kotler, P., H. Kartajaya, I. Setiawan(2010), *Marketing 3.0*, John Wiley & Sons, Inc.
- Kotler, P., H. Kartajaya, I. Setiawan(2017), *Marketing 4.0*, John Wiley & Sons, Inc.
- Kotler, P., H. Kartajaya, I. Setiawan(2021), Marketing 5.0, John Wiley & Sons, Inc.
- Sampson, Stephen J.(2011), *Leaders Without Titles*, HRD Press, Inc.
- Solomon, Michael R. and Elnora W. Stuart(1997), *Marketing,* International ed., Prentice-Hall Inc.
- Zikmund, William G. and Michael d'Amico(2001), *Marketing*, 7th ed., South-Western College Publishing.
- https://www.youtube.com/watch?v=SnOKkieOLnA
- https://blog.naver.com/yyssw_/222311215297, 페르소나의 뜻, 페르소나란 무엇인가요?

- https://post.naver.com/viewer/postView.nhn?volumeNo=7019896&memberNo=9048182
- https://blog.naver.com/thetenant/222602632848
- https://blog.naver.com/27dew/90173082401, https://view.asiae.co.kr/article/2021120209372075921
- https://www.koreabizreview.com/
- https://www.koreabizreview.com/
- https://www.tripadvisor.co.kr/
- https://business.yelp.com/
- https://www.google.com/doodles/summer-2021-northern-hemisphere
- https://blog.naver.com/dldlsghks008/222423680388

part 03

전략적 마케팅계획

"2.5억명 홀린 K메타버스 플랫폼" 수익 다각화 전략으로 기업가치 10배 뛴 '제페토'의 비결

네이버가 만든 아시아 최대 메타버스 플랫폼 '제페토'의 진격… 거침없는 글로벌확장

▶ 2.5억명 올라탄 '제페토'… 올해 기업가치 3조 넘는다

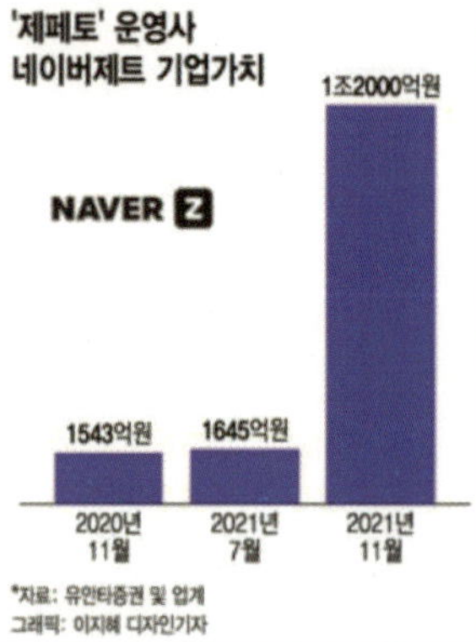

지난해 네이버 메타버스 플랫폼 '제페토'의 글로벌 가입자가 2억5000만명을 돌파했다. 넷플릭스 유료가입자(2억1360만명)보다 많은 수치다. 이 중 90%가 해외 이용자이며, 80%는 미래 핵심 소비층인 Z세대(1990년대 중반~2000년대 초반 출생)다. 해외에서 먼저 입소문을 탄 제페토는 메타버스 열풍을 타고 1년 만에 기업가치가 10배 가까이 뛰었다. 최근 K-콘텐츠 열풍이 지속되는 가운데 올해 제페토는 투자유치를 통해 생태계를 확장하고 본격적인 글로벌 메타버스 플랫폼으로 자리매김할 전망이다.

8일 관련업계에 따르면 제페토 운영사 네이버제트는 지난 연말 소프트뱅크 비전펀드(SVF)와 하이브 · YG · JYP 등으로부터 2235억원을 투자받으며 1조2000억원의 기업가치를 인정받았다. 2020년까지만 해도 기업가치가 1500억원 대였던 점을 고려하면 1년 만에 기업가치가 8배 급증한 것이다. 최근 글로벌 메타버스 열풍을 타고 눈부시게 성장했다. 증권가에선 올해 네이버제트 기업가치가 3~4조원으로 뛸 것이란 전망도 나온다.

지난 2018년 8월 출시된 제페토는 3차원(3D) 아바타로 가상현실을 체험하는 메타버스 플랫폼이다. 세계 200개국에서 14개 언어로 서비스되며 한국판 '로블록스'로 불린다.

▶ 미국이어 홍콩법인 설립…게임으로 제페토 생태계 넓힌다

네이버제트는 최근 홍콩법인(NAVER Z Limited)을 설립했다.지난해 설립한 네이버Z USA에 이은 두번째 해외법인이다. 제페토 가입자 중 중국 · 한국 · 일본 등 아시아인 비중이 가장 높은 만큼, 홍콩법인은 아시아 기업과 협업해 제페토 내 콘텐츠를 늘리고, 이용자 확대에 나설 전망이다.

사진=제페토 홈페이지

▶ 아바타를 이용한 SNS에 그쳤던 제페토는 게임 · 쇼핑 등 생태계도 본격 확대

실제 네이버제트는 로블록스처럼 제페토 내 게임 기능을 강화하기 위해 '바람의 나라: 연'으로 유명한 모바일게임 개발사 슈퍼캣과 합작법인 '젭'(ZEP)을 설립한 데 이어, 루노소프트와도 합작법인 '피노키오'를 세웠다. 제페토 안에서 쓰이는 가상화폐 '젬'과 아이템 등을 월 4900원에 정기구독하는 프리미엄 서비스도 출시하며 수익모델을 다각화했다.

네이버제트 실적에도 청신호가 켜졌다. 2020년 스노우에서 독립법인으로 분사한 첫 해 네이버제트는 86억4646만원 매출과 188억9706만원 영업손실을 기록했다. 그러나 지난해 매출은 400억원 대로 4배 이상 성장한 것으로 보인다. 김동희 메리츠증권 연구원은 "올해 네이버제트 매출이 전년 동기 대비 192% 증가한 1110억원, 영업이익은 269억원으로 흑자 전환할 것"으로 내다봤다.

네이버제트 관계자는 "제페토는 글로벌 Z세대가 모인 아시아 최대 메타버스 플랫폼"이라며 "다양한 브랜드 및 IP(지식재산권)과 협업해 Z세대 놀이문화가 제페토 내에서 확산할 수 있도록 해 플랫폼 경쟁력을 높이겠다"고 말했다.

▶ 제페토, 한복 대신 K팝 앞세웠더니… 글로벌 MZ세대 '심쿵'

제페토는 2018년 8월 출시 석달만에 전세계서 다운로드 1200만건을 돌파하며 15개국에서 다운로드 1위를 기록했다. 당시 중국에선 제페토를 따라한 유사 앱이 만들어질 정도였다. 나와 닮았지만 조금 더 예쁘고 귀여운 아바타를 만들 수 있다는 점이 각광 받으며, 7개월 만에 글로벌 가입자 1억명을 확보했다.

한국 메타버스의 자존심인 제페토의 글로벌 흥행 비결은 아이러니하게도 한국적 색채를 뺀 데 있다. 한복이나 한국명소 등의 콘텐츠는 있지만, 전면에 내세우지는 않은 것이다. 글로벌을 겨냥해 기획된 서비스인 만큼, 지역 · 인종 · 언어 · 종교의 다양성을 고려한 조처다.

대신 새로운 문화 트렌드로 떠오른 K팝을 앞세워 경쟁력을 강화했다. K팝 아티스트를 아바타로 만들거나 관련 공간(맵)을 선보인 게 대표적이다. 실제 제페토에서 진행된 블랙핑크 팬사인회와 잇지 팬미팅엔 각각 4600만명, 680만명의 글로벌 팬이 몰렸다.

▶ MZ세대 중심의 빠른 실행력… "Z세대 마음 읽었다"

MZ세대(1980년대 초반~2000년대 초반 출생) 중심의 빠른 실행력도 제페토의 성공요소다. 네이버제트는 1988년생인 김대욱 대표를 비롯해 약 300명에 달하는 임직원 대다수가 20~30대의 젊은 직원들이다. 그러다 보니 '신인류'로 불리는 Z세대의 수요를 빠르게

그래픽=김지영 디자인기자

MZ세대 놀이터 '제페토' 뭐길래

개요	-3D 아바타 기반 메타버스 플랫폼 -AI · VR · AR 기술을 활용해 이용자의 얼굴을 커스터마이징한 3D 아바타를 제작
출시일	2018년 8월
이용층	전세계 2억5000만명 가입(90%가 해외 이용자, 80%가 Z세대)
MAU	1200만명
창작경제 시스템	-누적 70만명의 크리에이터가 총 200만개 아이템 만들어 판매 -이용자는 플랫폼 내 가상화폐인 '젬'(Zem)으로 아이템 구매
주요투자자	스노우, 소프트뱅크비전펀드, 하이브, YG, JYP, 네이버웹툰 등

그래픽: 김지영 디자인기자

읽어냈다. 독립법인으로 분사하기 전 스노우 시절부터 이용자 반응에 기민하게 대처해왔던 업무 문화도 큰 도움이 됐다.

제페토 초창기 서비스. /사진=네이버

▸ 나는 오늘 제페토로 출근한다… “일상 · 가상 경계 없앨 것”

제페토는 SNS를 넘어 창작 플랫폼으로 거듭나면서 비약적으로 성장했다. 이용자가 제페토의 콘텐츠를 즐기는 것을 넘어 직접 의상 등 아이템을 만들어 판매할 수 있게 하자, 전세계 ‘금손’들이 모이기 시작한 것이다. 2020년 4월 창작 플랫폼 ‘제페토 스튜디오’ 오픈 후 현재까지 70만명의 창작자가 약 200만개 아이템을 제출했다. 실제 판매된 수량만 2500만개 이상이다. 어느덧 제페토가 자체적으로 제공하는 아이템 수량을 넘어설 정도로 창작자 경제가 개화한 것이다.

향후 제페토 생태계가 게임 · 엔터테인먼트 등으로 확대되면 창작자 경제도 그만큼 더 커질 전망이다. 네이버제트 관계자는 “SNS에 창작 요소가 더해져 내가 만든 아이템이 다른 이용자에게 많이 보이고 판매도 된다는 선순환 구조가 제페토의 차별화 포인트”라고 설명했다.

네이버제트가 꿈꾸는 건 일상생활을 제페토로 옮긴 진정한 의미의 메타버스다. 예컨대 제페토에서 공연하고 번 돈으로 월드 내 식음료 매장에서 결제하면 해당 음식이 오프라인으로 배달되는 식이다.

이런 점에서 가상경제 핵심으로 떠오른 NFT(대체불가능토큰) 및 암호화폐 사업과의 연동도 기대된다. 이미 라인은 일본에서 제페토 NFT를 발행했다. 네이버제트 역시 더샌드박스와 NFT 사업 관련 양해각서(MOU)를 체결했으며, 블록체인 기업 ‘슈퍼블록’, ‘하데레크’ 등에 잇따라 투자했다. 다만 네이버제트 관계자는 “아직 (암호화폐 사업은) 구체적으로 정해진 바 없다”고 답했다.

● 자료원 :머니투데이, 윤지혜, 2022. 01.09.

01 전략적 마케팅계획

대부분의 기업들은 대내 · 외적으로 지속적인 환경변화 요인들 속에서 운영되고 있다. 기업의 규모가 크고 작든지 간에 상관없이 미래를 위한 계획은 기업이 성공하고 발전하기 위해서는 필수적인 핵심사항이다. 그래서 기업은 치열한 경쟁상황에서 생존하고 성장하기 위해 효과적인 계획을 수립해야 한다. 기업이 계획을 수립하는 것은 기업이 추구하는 목표를 구체적으로 제시하고, 이를 어떻게 달성할 것인가를 나타내는 것으로 수행해야 할 여러 가지 과업들을 결정하는 것이다.

1.1 전략적 계획의 개념

계획수립(planning)이란 미래에 조직이 달성해야 할 목적을 위해 앞으로 일어날 일을 사전에 예측하고 효과적인 전략을 결정하는 과정을 말한다. 일반적으로 기업의 계획수립은 현재 기업이 처해 있는 대내 · 외적인 상황과 미래에 달성해야 할 목표를 고려해야 한다. 그리고 계획수립은 급변하는 환경변화 상황에서 기업의 강점과 약점요인들을 확인하고 분석해서, 경영의사결정에 직면해 있는 관리자에게 도움을 줄 수 있어야 한다.

1. 전략적 계획

전략(strategy)이라 함은 장기적인 목표를 달성하기 위하여 개발된 광범위하고 일반적인 계획을 말한다. 흔히 기업의 계획은 조직 내에서 세 가지 주요 수준에서 의사결정이 이루어지는데, 우선 기업의 미래 청사진을 수립하는 것으로 최고경영층에 의한 전략적 계획이 있다. 그리고 이를 현실로 전환시키는 중간관리자에 의한 전술적 계획과 하위관리자에 의한 운영적 계획이 있다.

전략적 계획(strategic planning)은 기업이 전사적 차원에서 수행하고 있는 현재의 사업중에서 어떠한 사업을 지속적으로 계속하고 포기해야 하는지, 아니면 어떠한 사업을 신규로 추구할 것인지를 결정하는 장기적인 계획이다. 이는 장기적인 성장과 생존을 위해 시장기회에 자사의 자원과 능력을 잘 맞추어 대응시키는 경영의사결정 과정이라고 할 수 있다. 이런 의사결정은 기업이 환경변화에 대응할 수 있는 기업의 능력에 초점을 두고, 미래에 예측되는 기회요인을 이용하기 위해서 갖고 있거나 취득하려고 하는 자원을 바탕으로 이루어져야 한다. 전략적 계획의 궁극적인 목적은 기업의 장기적인 수익성 증대와 성장에 있기 때문에 전략적인 의사결정도 장기적인 측면에서 자원의 효과적이고 효율적인 투자와 배분에서 이루어져야 한다. 따라서 전사적 수준에서 전략적 계획을 개발하려고 하는 경우에는 일반적으로 최고경영층은 우선 기업의 미션을 정의하고 구체적으로 달성하려고 하는 주요 목표를 결정해야 한다. 그리고 사업이나 제품 포트폴리오를 어떻게 결정할 것인지와 어떤 주요 마케팅전략을 사용할 것인지에 대해 결정해야 한다.

전술적 계획(tactical planning)은 중간관리자에 의해 이루어지며, 기업의 장기적인 전략적 계획을 지원해주는 단기간 동안의 특정 전략이나 전술에 집중되어 있는 계획을 말한다. 일반적으로 전술적 계획은 3년간 계획과 다가오는 차년도의 상세한 연간계획이 포함된다. 연간계획에는 현재의 마케팅상황, 당해 연도의 기업목표와 마케팅목표, 마케팅전략, 실행계획, 예산, 그리고 통제방법 등을 기술하는 계획이다. 주로 연간계획은 마케팅활동과 생산, 재무, 기타 기업활동을 상호조정하기 위한 계획을 나타낸다.

운영적 계획(operational planning)은 하위관리자가 책임을 지고 있는 계획으로 전술적 계획을 실행하는 일일활동에 대한 상세한 내역에 초점을 두고 작성하는 계획을 말한다. 이 계획은 다가오는 차년도의 활동들을 개략적으로 기술하는 것이며, 분기별이나 반년단위의 활동계획을 나타내는 것이다. 예를 들면, 기업의 전략적 계획의 목표가 신규 시장진출을 통한 성장이라면, 마케터인 중간관리자는 마케팅목표를 설정하고 신규 세분시장을 표적으로 도달할 수 있는 전술적 계획을 수립해야 한다. 그리고 제품관리자, 판매관리자, 촉진관리자, 유통관리자 등의 하위관리자들은 전술적인 계획을 현실로 전환시키기 위한 특정한 활동들을 계획해야 한다.

2. 전략적 마케팅계획

마케팅계획은 마케팅목표와 변화하는 마케팅환경과 관련된 활동들을 내포하고 있으며, 기업이 마케팅환경을 분석하고 고객의 욕구나 필요를 이해하려고 시도하는 과정이라고 할 수 있다. 이는 기업이 고객에게 제품이나 서비스를 제공하기 위해서 기업의 강점과 약점을 인식하고 모든 마케팅전략과 의사결정을 수립하고 실행하기 때문에 마케팅계획이 기본바탕이 된다는 것을 의미한다.

대부분의 기업들이 상황분석을 통해서 그들의 약점을 극복하고 강점을 구축하기 위해 전략을 개발하려고 시도할 것이다. 그래서 마케팅계획을 수립할 때에 제품계열, 유통채널, 마케팅커뮤니케이션, 가격 등과 관련된 전략이나 의사결정문제들은 모두 기술되어야 한다. 그리고 마케팅계획은 마케터가 수행해야 할 마케팅활동들의 지침서 역할을 하는 문서화된 서류로 작성되어야 한다. 왜냐하면, 마케팅계획은 마케터가 달성해야 할 목표를 설정하고 마케팅활동을 정의함으로써, 사전에 기대했던 성과와 마케팅활동을 통해서 실제로 달성한 성과를 비교할 수 있는 기준을 제공해 주기 때문이다. 그리고 종업원들에게는 공동목표를 향해 열심히 수행해야 할 과업활동들을 이해시키는데 도움을 준다.

기업의 마케팅계획은 일반적으로 전사적 수준에서 이루어지는 전략적 마케팅계획과 각 제품을 책임지고 있는 마케터에 의해 작성되는 제품수준에서의 마케팅계획으로 구분된다. 전략적 마케팅계획(strategic marketing planning)은 전사적인 수준에서 끊임없이 변화하는 환경분석을 통해서 기회요인과 위협요인을 파악하고, 기업이 달성하려는 목표와 자원을 잘 대응시켜서 기업을 지속적으로 발전시키기 위한 관리과정을 말한다. 그래서 마케터는 기업수준이나 사업부수준에서 수립된 전반적인 전략적 마케팅계획을 제품수준에서 수립하는 전술적인 마케팅계획에 반드시 반영해야 한다.

기업들은 전략적 마케팅계획을 수립할 때 그 작성방법과 범위가 다양하고 복잡하기 때문에 마케팅과업과 활동에 대해서 자세하게 작성해야 한다. 예를 들면, 전략적 마케팅계획에는 기업의 미션과 목표, 기존의 제품시장평가, 시장상황 검토, 관련자료수집과 분석, 적절한 마케팅목표개발, 마케팅전략실행을 위한 일련의 기간별 혹은 시간별 마케팅활동, 상세한 운영적 마케팅계획의 준비와 통제 등의 요소들을 포함해서 여러 단계로 구성될 수 있다.

1.2 전략적 마케팅계획 과정

기업이 전략적 계획을 수립하는 것은 사업 및 제품이 목표달성을 충족시킬 수 있는 수익과 성장을 창출할 수 있도록 그 범위와 유형을 결정하는 것이다. 잘 수립된 전략적 계획은 항상 마케팅변수들을 고려하고 있기 때문에 기업이 전사적 차원에서 하는 전략적 계획과 전략적 마케팅계획을 사실상 구분하기는 어렵다. 그래서 기업차원의 전략적 계획을 전략적 마케팅계획이라고 하기도 한다.

전략적 마케팅계획은 기업이 추구하는 궁극적인 목적을 달성하기 위해 운영하고 있는 여러 사업들을 효과적으로 분석하고 자원의 효율적인 배분을 통해서 수익창출과 매출액 성장을 실현하는 것이 주요 목적이라고 할 수 있다. 이러한 목적을 달성하기 위해서 기업의 특성이나 규모에 따라 달라질 수 있지만, 전략적 마케팅계획수립에는 기업의 사명과 비전, 목표설정, 상황분석, 기업전략의 개발, 마케팅목표설정, 마케팅전략수립(표적시장의 마케팅전략과 마케팅믹스 전략개발), 마케팅계획의 실행프로그램과 통제 등으로 구분할 수 있다. 이 중에서 기업의 사명과 비전, 목표설정, 상황분석, 기업전략의 개발 등의 단계는 마케팅전략수립과 개발뿐만 아니라 최고경영자가 기업이 나아가야 할 전반적인 방향을 설정하고, 다른 기능부서인 생산, 인사, 재무 등의 모든 업무분야에 대한 지침을 제공하는데 도움을 준다.

이러한 전략적 마케팅계획을 간단하게 요약하면, [그림 3-1]과 같이 기업의 사명과 비전, 목표설정, 상황분석, 표적시장의 마케팅전략과 마케팅믹스 전략개발, 마케팅전략의 실행과 통제 등의 다섯 단계로 구분할 수 있다.

전략적 마케팅계획을 수립하기 위해서 마케터는 우선 전사적 수준에서 기업의 사명과 비전을 결정해야 한다. 그리고 이러한 사명과 비전을 달성하기 위해 구체적으로 어떤 목표를 향해 나아가야 하는지를 결정해야 한다. 목표는 전사적인 차원의 기업목표를 먼저 설정하고 난 후에 하위차원의 마케팅목표를 결정해야 한다. 그 다음은 기업이 처해 있는 상황분석을 하는 것으로 대내·외적인 환경분석을 통해 기업의 강점과 약점, 기회요인과 위협요인들을 분석하고, 기업의 목표달성이 가능하도록 최적의 사업포트폴리오를 결정해야 한다. 사업포트폴리오 결정은 핵심 사업부를 구성해서 기업의 목표를 달성하는데 어떤 사업부를 육성하고 더 많은 자원을 배분하고 지원해야 하는지를 파악하고 결정하는 것이다. 그리고 사업포트폴리오 전략의 일환으로 핵심사업을 중심으로 신규사업을 찾거나 각 사업단위의 경쟁우위를 확보하는 방안을 모색해야 한다.

상황분석이 이루어진 후에 다음 단계는 목표를 달성하기 위한 마케팅전략을 개발하는 것이다. 마케팅전략은 표적시장의 마케팅전략과 마케팅믹스 전략으로 구분할 수 있다. 표적

그림 3-1 전략적 마케팅계획 수립과정

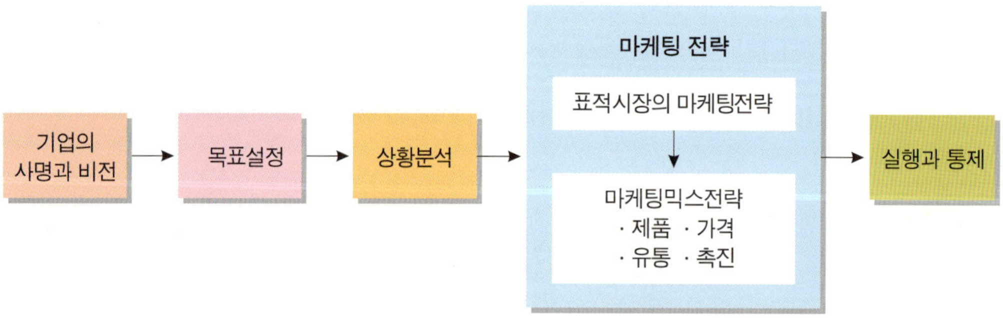

시장의 마케팅전략은 전체시장을 주요 세분시장으로 구분하고, 각 세분시장의 매력도를 평가해서 표적시장을 선정하며, 소비자의 지각속에 경쟁우위를 차지할 수 있는 표적시장 내에서 제품의 위치를 찾는 것이다. 그리고 마케팅믹스전략은 선정된 표적시장에서 소비자의 지각속에 경쟁우위를 가질 수 있는 위치를 구축하기 위해서 제품, 가격, 유통, 촉진 등과 관련된 구체적인 마케팅프로그램을 수립하는 것이다.

전략적 마케팅계획의 마지막 단계로 마케팅계획을 실천하는 실행프로그램과 당초 계획대로 잘 실행되었는지를 평가하고 문제점이 있으면 원인분석을 통해 시정조치를 하는 통제과정이 있다.

1. 기업의 사명과 비전

전략적 계획을 수립하는데 있어서 첫 단계는 최고경영자의 경영철학이 반영된 기업사명(business mission)을 정의하는 것으로, 이는 조직전체가 나아가야 할 방향을 제시해주며 모든 다른 마케팅전략을 수립하는데 영향을 미치는 전략적 의사결정이다. 기업의 사명은 조직이 존재하는 목적이나 이유, 존재근거, 임무 등을 말하며, 생산할 제품이나 창출할 서비스의 유형, 고객에 대한 태도, 어떻게 하는 것이 가치있는 것인지 등을 반영하여 나타낸다.

따라서 기업의 사명은 기업에 정체성을 부여해주고, 기업의 성장과 발전방향, 근본목적과 전략 등을 개괄적으로 표현하며, 사업의 유형이나 시장에서 원하는 위치 등에 관한 기업의 장기적인 방침을 나타내는 것이다. 그리고 모든 전략적 의사결정은 사명으로부터 출발하며, 사명은 전략의 수립과 실행에 근본적인 지침이 된다.

일반적으로 훌륭한 기업의 사명은 회사의 사업내용, 주요 고객, 제공가치, 미래지향적 목표, 조직의 범위와 전략적 초점 등을 명확히 설명해주고, 전체 조직구성원들의 활동방향

그림 3-2 기업의 사명선언서 사례

에어비앤비(airbnb)
당신이 어디서든 소속될 수 있는 세상을 만듭니다.

아마존(amazon)
세상에서 제일가는 고객중심의 회사가 되자.

월트디즈니(Walt Disney)
사람들을 행복하게 만드는 것입니다.

을 분명하게 제시해 주며, 사기를 높이고 동기부여가 될 수 있도록 해야 한다. 또한 기업의 사명은 현실성없이 너무 동떨어지게 설정하면 안 되고, 시장지향적이며 실현가능해야 한다. 그래서 기업의 모든 직무활동과 관련된 종업원들은 특정 과업이나 활동들을 수행할 때 독립적으로 일하지만, 개별구성원들의 노력에 대한 공유가치는 기업의 사명에 의해 설정될 수 있어야 한다.

사명을 작성한 사명선언서(mission statement)는 회사의 목적을 폭넓게 포괄적으로 기술하며, 조직이 왜 존재하는 지, 무엇을 성취하기를 원하는 지, 실제적으로 취해야 할 임무가 무엇인지 등을 설명한다. 그리고 무엇보다도 사업을 하는 이유를 이상적으로 표현한 것이라고 할 수 있다.

비전(vision)은 기업의 사명을 달성하기 위한 중장기의 전략목표로 이루고자 하는 미래상을 말한다. 기업이 전략을 통해 장기적으로 구현하고자 하는 바람직한 모습을 담으며, 사명보다는 가시적으로 설정한다. 즉, 비전은 기업이 미래에 달성하고자 하는 기업의 모습이며, 사회 속에서 기업의 위상과 미래를 향한 기업의 꿈을 실현시키기 위해 기업이 갖추어야 할 역할과 발전의 기본방향을 구체화시킨 것을 의미한다. 비전은 기업이 추구해야 할 바를 제시해줄 뿐만 아니라 이를 통해서 조직에 활력을 불어 넣고 업무에 의미를 부여한다. 그러나 때론 비전이 기업의 이념 및 사명과 비슷한 개념이며, [그림 3-3] CJ(주)의 사

그림 3-3 CJ(주)의 사명과 비전

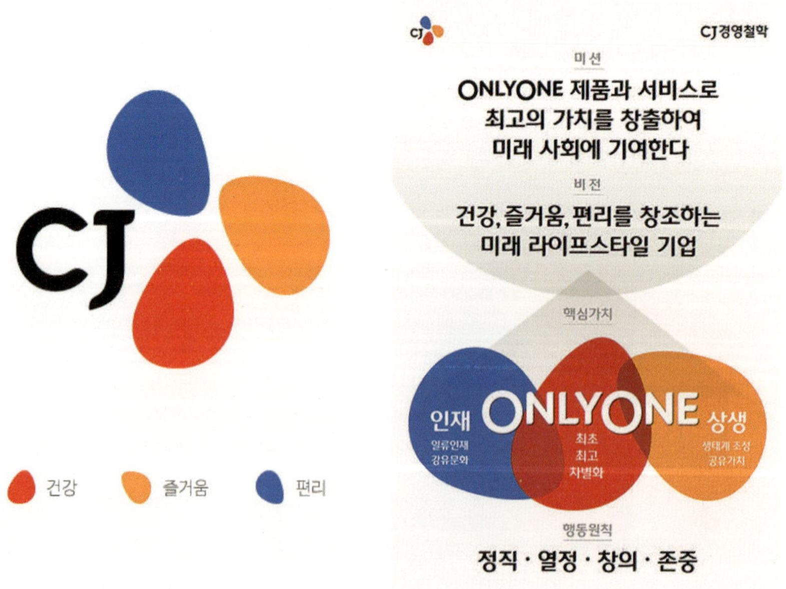

명과 비전처럼 표현되고 사용되기도 한다.

2. 기업의 목표설정

전략적 계획과정의 두 번째 단계는 최고경영층이 기업의 사명과 비전을 수립한 후에, 그 달성과정에서 추구하여야 할 구체적인 내용인 기업의 목표로 전환하는 것이다. 기업의 목표는 전략적 의사결정이 이루어지는 환경을 설정하고, 이를 통해 전략적 의사결정에 대한 방향을 제공하는 역할을 한다. 기업의 사명과 비전이 구체적인 기간에 상관없이 기업이 근본적이고 장기적으로 추구하는 가치의 표현이라고 한다면, 기업의 목표는 구체적인 시기가 설정되어 있고 그 기간 동안에 달성하고자 하는 것을 표현한 것이다. 따라서 기업의 목표는 기업의 사명과 비전에 영향을 받으며, 이를 이루기 위해 목표를 수립하는 것이기 때문에 서로 간의 일관성을 유지하는 작업이 필요하다.

(1) 목표의 유형

기업이 목표를 설정하지 않고서는 전략적인 마케팅계획의 성공여부를 측정할 수 있는 기준이 없다. 그래서 기업이 목표를 설정할 때에는 어떤 특정 기간 동안에 기업의 성공과 밀접한 관련이 있고 달성하고자 하는 핵심성과 유형을 나타내야 하며, 그 유형에 대한 성과지표수준이 포함되어야 한다. 기업의 목표유형에 대해 살펴보면 다음과 같다.

첫째, 목표의 유형에는 설정기간에 따라 장기목표와 단기목표로 나눌 수 있다. 일반적으로 단기목표는 1년 이하의 목표를 말하며, 장기목표는 3년 이상의 목표를 수립하는 것을 나타낸다. 하지만 이러한 기간설정은 절대적인 것은 아니며, 기업이 속한 산업특성이나 환경의 불확실성을 고려해서 설정되어야 한다. 예를 들면, 첨단 IT산업과 같은 경우에는 환경이 급변하기 때문에 목표를 설정하는 기간이 훨씬 짧아져야 할 것이며, 전통적으로 기술변화가 안정적인 제조업분야의 산업에서는 목표기간을 더욱 길게 설정할 수도 있을 것이다.

둘째, 흔히 기업에서 널리 사용되고 있는 핵심성과 유형으로는 전략적 성과와 재무적 성과로 나눌 수 있으며, 핵심성과 지표로는 수익성, 성장성, 시장점유율, R&D, 인적자원 등을 들 수 있다. 전략적 성과는 기업이 시장내의 지위를 강화하며 장기적으로는 기업의 위상을 제고하고 유지하는데 필요한 요소인데 반해 재무적 성과는 기업의 수익성과 관련된 목표로서 조직의 생존을 위한 기본적인 요소를 말한다. 때론 이들 두 가지의 성과목표가 서로 상반되는 경우가 발생할 수도 있다. 예를 들면, 기업의 역량을 강화하기 위해 장기적으로 대규모설비와 연구개발에 투자를 하는 전략적 성과는 단기적인 성과에 부정적인 영향을 미칠 수도 있다. 이런 경우에 기업의 성장과 발전을 위해서는 장기적인 측면에서 기업의 경쟁력을 향상시키려는 전략적인 목표를 달성하는데 중점을 두는 것이 더 바람직할 것이다. 반면에 장기적인 시장지위를 향상시키기 위해 전략적 목표에 중점을 두는 경우에 단기적으로 재무적인 위기에 처할 위험도 있다. 저가격 및 저마진정책 등으로 성장을 이끌어내어 시장에서 우월한 시장점유율을 이끌어낸다고 해도 그러한 시장지위가 수익성 증대로 직접 연결되지 않는다면 기업의 장기적인 성장성에는 도움이 되지 않을 수도 있다.

(2) 목표설정기준

바람직한 기업의 목표를 설정하기 위해서는 다음과 같은 몇 가지 기준이 충족되어야 한다.

첫째, 기업의 목표는 조직내에 서로 다른 목표계층들이 존재하는데, 최고 경영층 수준에서는 우선 조직자체의 존재목적을 설정하는 미션이나 비전을 창출할 것이다. 이러한 기업의 사명이나 비전을 달성하기 위하여 기업은 시장점유율, 고객만족, 종업원 동기부여 등과 같은 운영적인 측면과 관련된 일련의 목표들을 수행해야 한다. 기업의 목표는 일반적으로 [그림 3-4]와 같이, 하위에 여러 개의 목표계층(hierarchy of objectives)이 있다. 즉 전체 기업차원의 기업목표, 회사내의 부서나 특정 부문에 초점을 둔 부문별목표(예, 마케팅목표, 재무목표, 인사목표, 생산목표 등), 각 기능에 초점을 둔 마케팅믹스 목표(예, 제품목표, 가격목표, 유통목표, 촉진목표 등), 그리고 마지막으로 촉진의 경우에 광고목표, 인적판매목표, SP목표, PR목표 등으로 수립되어야 한다.

그림 3-4 목표계층별 사례

목표계층	목표계층별 사례
기업 목표	• 시장지위확대 : 총 매출 혹은 시장점유율 증가 • 경영혁신 : 제품 · 서비스 개발, 비용절감, 운영성과 • 수익성 증대 : 주당순이익 혹은 자기자본수익률 증가
↓ 마케팅 목표	• 시장점유율 10% 증가 • 1년 내로 고객유지율 50%에서 75%로 증가 • 수익률 5% 개선
↓ 촉진 목표	• 매출액 10% 증가 • 표적시장 내에서 고객의 브랜드인지율 75% 달성 • 신규고객 10% 증대
↓ SP 목표	• 샘플제공을 통한 브랜드전환율 5% 증가 • DM 반응율 10% 증가

둘째, 목표계층에서 상위에 위치한 기업목표의 경우는 계량화하기가 어렵겠지만, 가능하면 계량적으로 서술해서 전략적 마케팅계획을 수행한 성과평가를 측정할 수 있어야 한다. 예를 들면, '시장점유율 증가,' '마케팅비용절감' 등으로 표현하는 것 보다는 '시장점유율 20%증가,' '마케팅비용 10%절감'과 같이 반드시 양적인 목표치를 서술하는 것이 더 바람직하다. 왜냐하면 목표를 추상적으로 표현하면 조직구성원들이 목표를 달성하려면 시장점유율이 몇 % 증가해야 하는지, 혹은 마케팅비용이 몇 % 감소해야 하는지를 판단할 수도 없지만, 연말에 성과평가를 하기도 어렵기 때문이다.

셋째, 기업의 목표는 객관적인 상황분석을 토대로 실현가능해야 한다. 목표치가 도저히 실현할 수 없을 정도로 터무니없이 너무 높거나 혹은 너무 낮게 설정하면 조직구성원들이 사전에 포기하거나 동기부여가 낮아서 사기를 떨어뜨리는 결과를 초래할 수 있다.

넷째, 목표는 서로 상치되지 않고 일관성을 유지할 수 있어야 한다. 예를 들면, 매출액 증대를 위해서 최소의 비용으로 최선의 서비스를 제공하는 목표를 설정했다고 하면, 이들 목표들이 서로 상치되어 일관성이 결여될 수 있다. 그리고 목표는 목표계층에서 하위목표를 달성하면 반드시 상위목표를 실현할 수 있도록 설정하여야 한다.

3. 상황분석

마케터는 특정한 마케팅활동이 규정되기 전에 제품이나 서비스가 거래될 현재 및 잠재적인 환경을 이해해야 한다. 기업이 처해 있는 환경을 파악하고 이해하기 위해서 주로 상황분석을 하는데, 상황분석(situation analysis)은 조직의 능력에 비추어 잠재적인 위협요인은 피하고, 기회요인을 잡을 수 있도록 환경적인 상황이나 변화를 해석하는 진단과정이다.

상황분석은 조직이 내 · 외적인 변화를 이해할 수 있도록 환경탐색과 환경모니터링을 필요로 하고 있다. 환경탐색과 모니터링은 마케터에게 어떤 변화의 시기나 의미를 결정하고, 환경적인 상황을 해석하도록 정보를 제공해준다. 이런 과정을 통해 상황분석은 마케터에게 어떤 위협적인 환경요인은 경계하게 하는 경고시스템으로서, 그리고 기회적인 환경요인은 연관된 이점을 인식하게 하는 평가시스템으로서 둘다 도움이 된다.

이와 같이 상황분석에서 기업이 조직의 내 · 외부환경을 탐색하고 평가하는 것은 마케팅기회와 위협요인들을 확인하는 것이다. 내부환경은 조직이 운영상에서 영향을 미칠 수 있는 통제가능한 요소들을 의미하는 것이며, 외부환경은 긍정적이든 부정적이든 조직의 성과에 영향을 미칠 수 있는 통제불가능한 조직의 외적인 요소들을 말한다.

(1) SWOT분석

기업의 환경을 평가하는 상황분석은 조직의 내부환경 요인으로 강점(strengths), 약점(weaknesses), 외부환경 요인으로 기회(opportunities), 위협(threats) 요소들을 파악하고 평가하기 때문에 때론 SWOT분석이라고도 한다. SWOT분석은 상황분석에서 전략적인 대안을 창출하기 위한 간단한 분석도구라고 할 수 있다. SWOT분석은 본래 경영전략에서 산업분석의 한 부분으로서 유사한 경쟁방식과 전략적 포지션에 따라 그룹화된 경쟁기업군을 분석하기 위해서 개발된 분석도구인데, 그 유용성이 마케팅분야에서 경쟁을 설명할 때에도 인정받아 널리 활용되고 있다. SWOT분석을 하기 전에 다음과 같은 네 가지 질문에 대해 먼저 생각해 볼 필요가 있다.

첫째, 우리는 무엇을 할 수 있는가(기업의 역량에 대한 질문, 즉 강점과 약점)?
둘째, 우리는 무엇을 하고자 하는가(조직 및 사업의 가치)?
셋째, 우리는 무엇을 하게 될 것인가(외부의 기회와 위협)?
넷째, 다른 사람은 우리가 무엇을 하기를 기대하는가(이해관계자의 기대)?

이러한 전략적 선택에 대한 답변을 통해 전략경영을 위한 주요 이슈를 파악할 수 있게 된다. SWOT분석은 외부환경의 변화속에서 그 기회와 위협요인을 찾아내고, 기업의 내부역량이라는 측면에서 강점과 약점요인을 조합하여, 기업이 기회를 활용하기 위하여 강점을 이용하고 위협에 대항하여 약점을 방어할 수 있는 전략적 대안을 찾는 전략적 사고를 촉진하는 프레임워크를 제공한다고 할 수 있다.

SWOT분석은 [그림 3-5]와 같이 내부환경과 외부환경분석을 통해 강점, 약점, 기회, 위협 요인들을 파악하고 전략적인 상황분석에서 얼마나 적합한지를 나타내준다.

1) 내적분석

내적분석(internal analysis)은 기업의 내부환경의 잠재적인 강점과 약점들에 대한 포괄적인 평가라고 할 수 있다. 기업의 강점과 약점에 관한 분석은 기업이 추구하는 전략적인 기업의 목표와 관련된 분야에서 분석을 해야 하며, 어디까지나 경쟁기업과 비교해서 상대적인 분석이 이루어져야 한다. 예를 들어 자사가 갖고 있는 폭넓은 유통망이 전략적인 기업의 목표를 달성하는데 관련성이 떨어진다거나, 다른 경쟁업체들도 광범위한 유통망을 확충하고 있다면 더 이상 강점이 될 수 없다는 것이다. 일반적으로 기업의 내적분석을 통해 평가할 때 마케터는 마케팅측면뿐만 아니라, 생산, 재무, 인사, 구매 등의 기업전반의 기능부서의 강점과 약점을 분석해야 한다. 그리고 기업문화와 이미지, 조직구조, 운영효율성과

그림 3-5 SWOT분석

능력, 브랜드인지와 이미지, 경영자의 리더십, 종업원능력, 기술력, 정보수집능력, 시장점유율, 재무자원, 독점계약, 특허와 영업비밀(trade secrets) 등과 같은 조직의 전반적인 자원분야에 초점을 두고 평가해야 한다.

2) 외적분석

기업의 강점과 약점에 대한 내부환경분석이 이루어진 다음에는 기업의 외부환경을 분석하여 변화하는 환경 속에서 기업에 영향을 미치고 있는 기회요소와 위협요소를 식별하여야 한다. 외적분석(external analysis)을 통해 기회요인은 최고의 수익을 창출할 수 있는 신제품 혹은 서비스를 도입할 수 있는 기회이며, 외적환경에서 변화가 일어날 때 높아질 수 있다. 이런 변화들 중에서 대부분은 기존 제품들의 시장위치에 위협요인으로 지각될 수 있으며, 기업이 경쟁력을 유지하기 위해서 신제품개발이나 혹은 제품명세서에 변화가 필요할 수 있다. 외적환경에서 변화를 통한 기회와 위협요소는 정치, 경제, 법률, 사회, 문화, 경쟁, 기술 등의 거시적인 마케팅환경뿐만 아니라, 기업의 핵심적인 마케팅시스템을 구성하고 있는 고객, 공급업체, 경쟁업체, 유통기관, 표적시장 등의 미시적인 마케팅환경 측면을 분석해야 한다.

이러한 내 · 외적 환경분석은 조직전체, 사업단위, 제품계열, 혹은 특정 제품 등의 수준에서 이루어질 수 있다. 물론 조직전체 차원에서부터 특정 제품수준에 이르기까지 분석함으로써 훨씬 더 자세하게 분석이 이루어질 수도 있다. 그러나 내 · 외적 상황분석은 마케팅 전략수립에 크게 관련이 없을 수도 있는 많은 양의 정보를 양산할 수 있기 때문에, SWOT 분석은 많은 정보들 중에서 핵심적인 문제들을 처리하고 다룰만한 양으로 줄이기 위해 여과장치로서 도움이 될 수 있다. SWOT분석은 기업의 내부적인 측면을 강점과 약점으로 분류하고, 외부적인 상황요인들은 기회와 위협으로 분류한다. 강점은 경쟁적인 이점을 구축하기 위한 토대로 도움이 되지만, 약점은 오히려 방해가 될 수 있다. 기업은 상황분석을 통해 네 가지 측면을 이해함으로써 강점은 더 나은 지렛대로 삼으며 약점을 수정보완하고,

그림 3-6 스타벅스의 SWOT분석 사례

STARBUCKS®

강점(strength)	약점(weakness)
S · 카페 시장을 이끌어가는 선도 기업이라는 이미지 · 다른 프렌차이즈 카페보다 좋은 원두 · 모든 매장을 직영화 함으로써 받을 수 있는 훌륭한 고객응대 · 방문하기 용이한 접근성 · 음료를 구매하지 않아도 휴식공간 및 화장실 제공하는 제도	W · 종이 빨대 사용 · 혼잡한 매장 · 타 매장에 비해 가격이 높다는 인식
O · 동일한 메뉴를 판매하는 경쟁점포가 없음 · 시즌마다 나오는 다양한 굿즈를 판매하는 경쟁점포가 없음 · 브랜드 인지도가 높음	T · 코로나 바이러스로 인한 인원 제한 · 최근 저렴한 가격을 기반으로 급증하고 있는 경쟁 점포 · 커피 전문점 간의 경쟁 심화
기회(opportunity)	위협(threat)

자료원 : https://blog.naver.com/du0470/222614948777

황금같은 기회는 붙잡고 잠재적으로 황폐하게 하는 위협은 제거할 수 있다. 예를 들면, 롯데백화점의 SWOT분석은 [그림 3-6]에서 보는 바와 같이, 내부환경분석을 통해 강점과 약점을 파악하고, 외부환경분석을 통해 기회요인과 위협요인을 파악하여 전략적 마케팅계획수립에 활용할 수 있다.

3) SWOT 분석절차와 전략

SWOT분석을 위해 우선 시장환경의 변화에 따른 위협요인과 기회요인들을 찾고, 경쟁업체와 대비해서 상대적으로 자사의 핵심역량의 강점요인과 약점요인들을 확인해야 한다. 그리고 이러한 요인들을 SWOT도표 상에 작성을 해서, 자사의 현재 위치를 제대로 파악해야 한다. 이런 분석을 토대로 강점과 기회요인을 활용하고 약점과 위협요인을 보완할 수 있는 전략방안을 도출해야 한다. 다시 말해서 〈표 3-1〉과 같이 강점과 기회요인을 활용하는 SO전략은 강점을 살리고 기회를 적극적으로 활용해서 시장점유율을 확장하는 전략에 해당하며, 약점과 기회요인을 활용하는 WO전략은 외부기회를 활용해서 약점을 보강하는 전략이다. 그리고 강점과 위협요인을 활용하는 ST전략은 강점을 살리고 외부위협요인을 극복하거나 기회로 전환하는 차별화전략에 해당하며, 약점과 위협요인을 활용하는 WT전략은 약점을 보강하고 위협을 극복할 수 있는 방어전략이다.

따라서 SWOT분석을 활용하면, 마케터는 내부환경의 강점을 최대한 살리고 약점은 최소화하면서, 외부환경에서 새로운 마케팅기회를 포착하여 최대한 이용하고 위협요인에 대해서는 적절하게 대처할 수 있도록 전략적인 방법을 모색할 수 있다.

표 3-1 SWOT분석전략

내적요인 / 외적요인	강 점(S)	약 점(W)
기 회(O)	**SO전략** · 공격전략 · 강점요인을 활용함 · 기회요인을 활용함	**WO전략** · 약점요인을 보강함 · 기회요인을 활용함
위 협(T)	**ST전략** · 강점요인을 활용함 · 위험요인을 극복함	**WT전략** · 방어전략 · 약점요인을 보강함 · 위험요인을 극복함

(2) 사업포트폴리오 분석

일단 조직의 사명과 전략적인 기업목표가 설정되고 상황분석에서 SWOT분석을 통한 여건분석이 이루어지고 나면, 전략적 마케팅계획의 다음 단계는 외부환경변화와 자사의 내부환경을 대응시켜 현재 운영하고 있는 자사의 기존 사업들의 매력도를 평가하여 최적의 사업포트폴리오를 설계해야 된다. 사업포트폴리오(business portfolio)란 기업이 취급하고 있는 전략적 사업단위의 집합체를 의미한다. 사업포트폴리오를 분석하기 위해 최고경영자는 현재 조직구조를 분석하고, 기업의 사명과 목표에 맞는 성장을 위한 전략과 기회요인들을 평가해야 한다. 물론 이러한 전략적 의사결정에는 장 · 단기 수익목표뿐만 아니라 기업의 내부자원에 의해서도 영향을 받는다. 기업의 조직구조는 단일제품이나 서비스를 시장에 내놓는 경우에는 비교적 간단하지만, 대부분의 조직들은 다양한 사업군들을 운영하고 있다. 다양한 사업들을 운영하고 있는 대기업이나 중견기업들이 전략적 사업단위를 구성한다는 것은 또 다른 측면의 기업수준계획이라고 할 수 있다.

사업포트폴리오를 분석하기 위해서는 우선 전략적인 사업단위를 식별해야 한다. 전략적 사업단위(strategic business unit: SBU)는 흔히 전략적 마케팅계획을 수립할 때, 관련 사업들이나 제품들을 묶어 별개의 사업단위로 분류하는 것을 말한다. 전략적 사업단위라고 함은 하나의 독립적인 사업단위로서 독자적인 전략적 계획을 수립하고 생산과 관련된 모든 기능들을 관리할 수 있는 권한과 책임있는 관리자가 있어야 한다. 즉 하나의 전략적 사업단위는 다른 전략적 사업단위와 별개로 비용지출 및 마케팅전략이 수립되고 집행이 이루어질 수 있다. 이러한 전략적 사업단위는 독립채산제인 기업일 수도 있고, 제품계열이나 제품을 책임지고 있는 사업부일 수도 있다. 대기업의 경우에는 전략적 사업단위가 매우 많기 때문에 이를 식별한다는 것이 쉬운 일은 아니다. 즉 전략적 사업단위를 상표별 혹은 단위제품으로 정할 것인가, 제품계열로 정할 것인가, 또는 기업단위로 정할 것인가를 결정해야 한다.

광고 3-1 P&G : 뷰티&그루밍 부문과 가정용품 부문의 제품들

일반적으로 기업은 어느 수준에서 전략적 사업단위를 결정하는 것이 적절한 것일까? 예를 들면, P&G의 경우에 전략적 사업단위는 팬틴, 웰라, 비달사순, 오랄비, 크레스트, 브라운, SK-II 등 상표수준 혹은 단위제품수준에서 정해질 수도 있고, 이들 단위제품들을 포괄하는 헤어케어, 오랄케어, 그루밍, 패밀리케어, 베이비케어, 스킨케어 등으로 보다 확대된 제품범주수준(product category level)에서 정해질 수도 있다. 그리고 경우에 따라서는 제품범주들을 포함하는 뷰티&그루밍부문, 가정용품부문이라는 제품범주군(the set of product categories) 수준까지 확대해서 정해질 수도 있다. 이와 같이 전략사업단위의 수준은 개별사업들 간의 관련성을 통해 결정될 수 있는데, 대체로 보면 제품범주수준에서 정해지는 것이 일반적이다.

기존의 사업포트폴리오를 분석하는 두 번째 단계는 식별된 개별전략적 사업단위의 시장매력도와 시장 내 경쟁적 위치를 평가하여 어느 사업단위에 어느 정도의 자원을 배분할 것인가를 결정하는 단계이다. 이런 사업포트폴리오 분석을 통해 기업은 강점이 있는 전략적 사업단위를 선택하여 집중적으로 육성하며, 경쟁기업에 비해 강점을 보유하지 못한 사업단위는 투자를 축소하거나 철수하는 결정을 내릴 수 있다. 그리고 여기에 투자되었던 인적·물적자원들을 사업포트폴리오에 추가할 신규 사업단위나 강점이 있는 사업단위에 재배분하는 전략적 의사결정을 내릴 수도 있을 것이다. 전략적 사업단위의 시장매력도와 시장내 경쟁적 위치를 분석하는 방법에는 다양한 기법이 있으나 가장 널리 이용되는 기법은 BCG매트릭스의 시장성장률-상대적 시장점유율 분석, GE매트릭스의 산업매력도-사업강점 분석이 있다, 그리고 주요 성장전략에는 집중적 성장전략과 통합적 성장전략이 있다.

1) BCG매트릭스 분석

미국의 보스톤 경영자문회사(Boston Consulting Group; BCG)의 매트릭스 분석은 기업의 전략적 사업단위를 시장성장률과 상대적 시장점유율이라는 두 변수를 이용하여 각 전략적 사업단위(SBU)의 매력도를 평가하고 새로운 전략대안을 제시하게 해준다. BCG분석은 초기에 전략적 사업단위에 주로 사용되었지만, 그 이후에 제품계열이나 개별제품, 혹은 브랜드수준에서 분석하는데도 많이 적용되어 왔다.

BCG매트릭스 분석의 기본적인 특성은 시장성장률과 시장점유율이 기업의 현금흐름과 관련이 있다고 보고, 각 전략적 사업단위(SBU)가 기업전체에 현금을 공급할 능력이 있는지, 혹은 현금을 지원받아야 하는지를 평가하기 위한 것이다.

시장의 매력도를 측정하는 시장성장률(market growth rate)은 각 SBU가 속해서 경쟁하고 있는 산업이나 특정 시장의 연간 성장률로서 시장의 매력도를 나타내는 척도이다. 일반적으로 시장성장률이 높으면 이익기회가 많기 때문에 매력적인 시장으로 볼 수 있지만, 시설 및 운전자본에 대한 투자가 많이 필요하므로 자금의 유출도 늘어난다. 반면에 시장성장률이 낮으면 상대적으로 이익기회가 적기 때문에 시장의 매력도가 떨어진다고 보는 것이다.

기업의 경쟁적 강점을 나타내는 상대적 시장점유율(relative market share)은 자사의 전략적 사업단위의 시장점유율을 산업에서 가장 큰 경쟁사의 시장점유율로 나눈 것으로 당해 전략적 사업단위의 경쟁력을 반영하고 있다.

- **시장성장률** : 시장의 매력도를 나타내는 것으로, 일반적으로 0%~20%까지 표시하고 10%를 기준으로 그 이상을 고성장률, 그 이하를 저성장률로 구분함.
- **상대적 시장점유율** : $\frac{\text{자사 SBU의 시장점유율}}{\text{산업에서 최대 경쟁사의 시장점유율}}$ 을 구하고 로그(log)를 취한 값으로 상대적 시장점유율은 1.0×을 기준으로 10.0×는 SBU의 시장점유율이 동일산업에서 최대 경쟁사 시장점유율의 10배라는 의미이며, 0.1×는 당해 SBU의 시장점유율이 최대 경쟁사 시장점유율의 10%를 차지하고 있음을 의미함.

① 전략사업단위의 평가와 전략

기업에서 운영하고 있는 각 전략적 사업단위들은 [그림 3-7]과 같이, 시장성장률과 상대적 시장점유율의 두 가지 차원에서, 그 위치를 BCG매트릭스 상에 나타낼 수 있다. BCG매트릭스는 시장성장률의 높고 낮음과 상대적 시장점유율의 높고 낮음에 의해 물음표, 별, 자금젖소, 개 등으로 네 가지 유형별로 구분하여 나누어진다. 그리고 각 사업단위는 원으로 표시되며, 원의 크기는 해당 전략사업단위의 매출액 규모를 나타낸 것이다.

- **물음표**(question marks) : 문제아(problem children)라고도 하는데, 급속하게 성장을 하지만 이익마진은 매우 낮다. 해당 전략적 사업단위가 산업에서 높은 시장성장률과 낮은 상대적 시장점유율을 나타내는 경우로 현금지원이 없이는 '개'의 영역으로 떨어질 수도 있다. 제품수명주기 상으로 도입기에 해당되는 사업초기의 대부분 사업단위들로서, 전략적인 옵션은 더 나은 시장점유율을 얻기 위해 많은 자금이 소요된다. 때론 사업단위를 '별'의 영역으로 이동시키기 위해서 자금을 집중적으로 투입할 것인지, 아니면 시장에서 철수할 것인지를 결정해야 한다.
- **별**(stars) : 해당 전략적 사업단위가 시장선도자이며, 빠른 성장으로 시장성장률이 높고 상대적 시장점유율도 높은 영역에 속하는 것을 말한다. 제품수명주기 상으로는 주

그림 3-7 BCG매트릭스

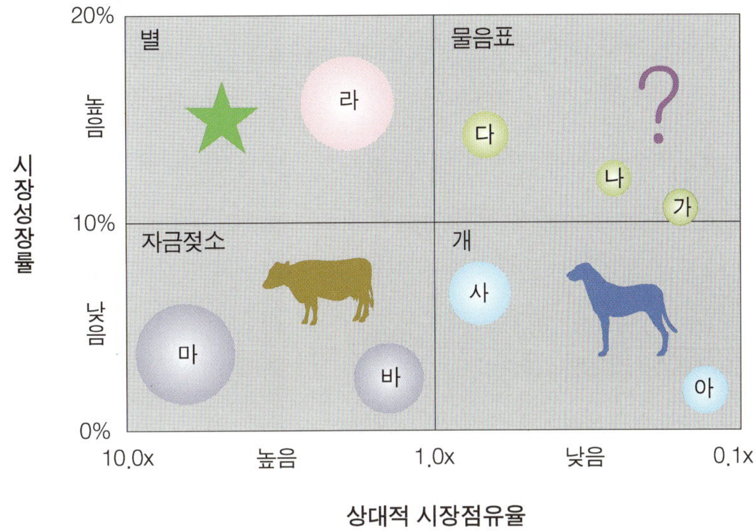

로 성장기에 있는 사업단위로서 수익을 많이 거두고 있지만, 제품개선, 더 나은 유통과 촉진, 생산효율성 증대, 시장확대 등을 통해 기존의 시장점유율을 방어하는데, 전략의 주안점을 두어야 하기 때문에 많은 투자를 필요로 한다. 이러한 전략적 사업단위는 급속한 미래성장을 위해 재정적으로 추가자금을 많이 필요로 할 수도 있으며, 시장성장률이 느릴 때는 '자금젖소' 영역으로 진입할 수 있다.

- **자금젖소**(cash cows) : 전략적 사업단위가 시장성장률은 낮지만 상대적 시장점유율이 높아서, 자신의 사업단위에 투자하는 것보다 훨씬 더 많은 현금을 창출할 수 있다. 제품수명주기 상으로는 성장기 후기에서 성숙기에 해당되는 전략적 사업단위들로서 시장에서 많은 이익을 창출하여 자신의 사업단위는 물론이고 기업내의 다른 전략적 사업단위에 자금을 공급해주는 역할을 담당하고 있다. 이런 사업단위는 상대적 시장점유율이 높기 때문에 규모의 경제, 경험곡선효과 등으로 인해 많은 수익을 얻고 있지만, 시장성장률이 낮아서 신규투자가 거의 필요없다. 따라서 기술개발이나 가격경쟁 상의 우위를 바탕으로 상대적 시장점유율을 유지하는데, 전략의 주안점을 두면서 여유자금으로 성장가능성이 높은 '별'이나 '물음표' 영역의 사업단위에 재투자하여야 한다.
- **개**(dogs) : 잠재적인 시장성장률도 낮고 상대적 시장점유율도 낮은 전략적 사업단위를 말한다. 제품수명주기 상에서 주로 쇠퇴기에 해당하는 전략적 사업단위로서, 이익

이 크지 않고 시장성장률이 낮아서 투자자금도 많이 필요로 하지 않는다. 비록 사업단위가 현상유지를 위해 충분한 자금을 창출할 수 있다고 하더라도, 시장성장률이나 시장점유율 측면에서 분석한 후에 기업이 실제로 성공할 가능성이 없다면 철수나 사업축소여부를 결정해야 한다.

[그림 3-7]의 BCG매트릭스 상에서 전략적 사업단위와 현금흐름을 살펴보면, 우선 '자금젖소'에 있는 사업단위에서 거두어들인 여유자금을 시장성장률이 높고, 전망이 밝은 '물음표'의 사업단위에 투자하여 시장점유율 확대를 통해 '별'의 위치로 이동시키든지, 아니면 '별'에 있는 사업단위에 집중적으로 더 투자를 확대해서 그 위치를 유지하면서 시장점유율을 넓히도록 해야 할 것이다. 그리고 '별'의 위치에 있는 전략적 사업단위는 향후에 시장성장률이 낮아지면 '자금젖소'의 위치로 이동하게 되어 많은 이익을 창출할 수 있을 것이며, '개'의 위치에 있는 사업단위는 사업을 축소를 해서 조속한 시일 내에 자금을 회수하고 사업을 철수하는 의사결정을 내릴 수도 있을 것이다.

BCG매트릭스 상에 기업의 전략적 사업단위들을 분류한 후에, 각 사업단위마다 어떤 전략을 실행하고 자원을 배분해야 할 것인지를 결정하기 위해 적용될 수 있는 네 가지 기본 전략은 다음과 같다.

- **확대**(build)**전략** : 성장가능성이 있는 전략적 사업단위는 시장점유율을 증가시키는 전략으로, 주로 '물음표'나 '별'에 속하는 '㉰'나 '㉱'의 전략적 사업단위에 자원을 더 많이 배분해서 '별'로 이동시키거나 시장점유율을 높일 수 있도록 하는데 적절한 전략이다.
- **유지**(hold)**전략** : 현재 시장점유율을 유지하려는 전략으로, 매우 성공적인 강한 '자금젖소' 영역에 있는 '㉲'의 전략적 사업단위에 적합하다. 매우 많은 현금흐름을 창출하여 시장점유율을 현재 수준으로 유지하는데 필요한 자원만 배분해 주는 것이 주요 전략이다.
- **수확**(harvest)**전략** : '별'로 분류되는 사업단위를 제외하고 모든 전략적 사업단위에 적절한 전략이라고 할 수 있다. 단기 현금흐름을 증가시키기 위한 전략으로 전략적 사업단위로부터 더 많은 현금을 거두어들이는 것을 의미한다. 낮은 시장성장률 때문에 장기적인 시장전망이 불투명한 '자금젖소,' '개,' '물음표' 등의 영역에 있는 '㉳,' '㉴,' '㉯'의 전략적 사업단위에 적합하며, 더 이상 투자를 하지 않고 이익만을 수확하는 것이다.
- **철수**(divest)**전략** : 낮은 시장성장률과 시장점유율로 인해 전략적 사업단위를 처분하

려는 전략으로 기업의 현금흐름을 방해하거나 이윤창출능력이 거의 없어 경쟁력이 전혀없는 것으로 판단되는 '물음표'나 '개'의 영역에 있는 '㉮'나 '㉵'의 전략적 사업단위에 적용될 수 있다.

이와 같이 BCG매트릭스 분석전략을 통해 알 수 있듯이, 일반적으로 신규 전략적 사업단위의 경우에 많은 자금을 필요로 하는 '물음표'에서 시작하여 자금투자가 잘 이루어져 시장점유율을 확대하는데 성공한 사업단위는 '별'의 영역에 이르게 된다. '별'의 영역에서도 지속적인 투자가 잘 이루어져 성장 · 발전하지만, 언젠가는 시장성장률이 둔화되어 '자금젖소'영역으로 접어들어 많은 수익으로 여유자금을 창출하게 된다. 그리고 결국은 자금젖소의 영역에 있는 사업단위는 쇠퇴기를 맞이하여 '개'의 영역에 포함되어 종국적으로 시장에서 철수하게 되는 과정을 거치게 된다. 이러한 과정에서 BCG분석은 기업이 효과적인 사업포트폴리오 관리를 위해서 자금젖소에서 벌어들인 수익자금을 전도유망한 '별'이나 성장가능성이 높은 '물음표'의 사업단위에 적절하게 배분하여 지원하는 것과 관련된 의사결정을 하는데 도움을 준다.

② BCG분석의 한계

BCG매트릭스 분석은 시장성장률과 상대적 시장점유율이라는 두 가지 변수만으로 기업이 운영하고 있는 전반적인 전략적 사업단위를 평가하고, 투자수익과 배분에 관한 의사결정을 내릴 수 있다는 장점이 있지만 다음과 같은 몇 가지 한계점을 갖고 있다.

첫째, 전략적 사업단위를 평가하는 변수가 시장성장률과 상대적 시장점유율로만 이용하다보니 복잡한 시장상황을 정확하게 평가하지 못하는 한계가 있다.

둘째, '별'영역에 포함된 고성장 전략적 사업단위의 경우 반드시 자금을 더 많이 필요로 하지 않을 수도 있다. 합리적 경영과 기술혁신 등으로 큰 자금유입없이도 고성장을 할 수 있다.

셋째, BCG모델은 현재의 사업단위 위치만을 나타내주기 때문에 미래의 환경변화와 전략실행의 효과는 예측하기 어렵다.

이러한 한계점을 파악하고 고려한다면, BCG매트릭스 분석을 통해서 기업의 전반적인 전략적 사업단위들의 현 상황을 분석하고 평가하여 여유자원들을 각 사업단위에 적절하게 배분하는데 도움을 줄 수 있을 것이다.

2) GE매트릭스 분석

GE(General Electric)와 Mckinsey는 BCG매트릭스 분석에서 사용한 시장성장률과 상대적 시장점유율에 의한 전략적 사업단위평가의 한계점을 보완하기 위해 산업의 매력도와 사업의 강점을 통한 GE매트릭스 분석모델을 제시하였다.

GE매트릭스 모델은 BCG모델에서 사용한 시장성장률과 상대적 시장점유율 이외의 여러 변수들을 종합적으로 고려하여 산업의 매력도와 사업의 강점이라는 두 가지 차원을 통해 전략적 사업단위를 분석하였다.

- 산업매력도 지표(industry attractiveness index) : 시장의 장래성을 포괄적으로 나타내는 것으로, 시장성장률, 시장규모, 산업수익률, 경쟁강도, 수요변동상황, 규모의 경제 등의 기업 외부요인들에 대해 종합적으로 평가함.
- 사업강점 지표(business strength index) : 기업의 수익성을 포괄적으로 나타내는 것으로, 상대적 시장점유율, 가격경쟁력, 제품품질, 유통과 촉진의 효율성, 고객 · 시장에 관한 정보, 혁신성 등의 기업 내부요인들에 대해 종합적으로 평가함.

① 전략사업단위의 평가와 전략

GE매트릭스 분석은 전략적 사업단위를 평가하는 산업매력도와 사업강점은 [그림 3–8]

그림 3-8 GE매트릭스

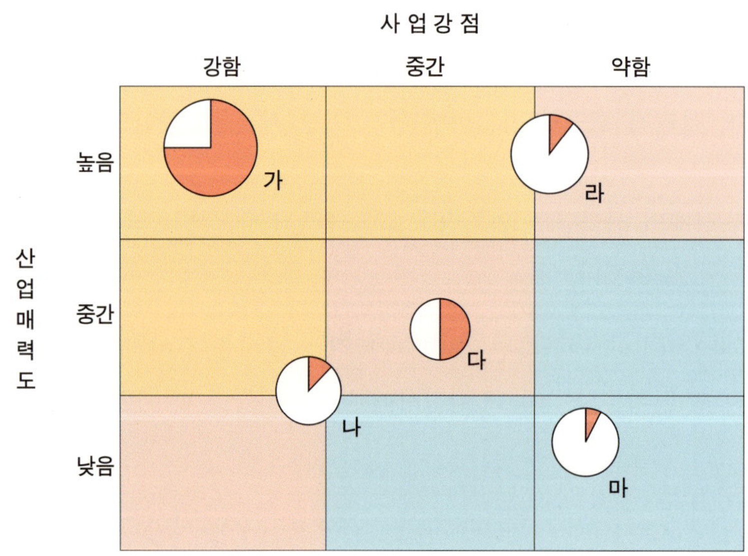

에서 보는 바와 같이, 각각 3단계로 분류하여 모두 9가지 형태로 구분하고 있다. 왼쪽상단의 세 칸에 위치한 전략적 사업단위는 산업매력도와 사업강점 측면에서 모두 경쟁력이 있는 사업단위로 지속적인 투자를 통해 계속 성장시켜야 한다. 예를 들면 '㉮'의 전략적 사업단위는 산업매력도가 높고 사업강점이 강하며 시장점유율도 75%정도로 상당히 크기 때문에 집중적인 투자로 발전을 시키는 전략을 수행해야 할 것이다. 대각선 상에 있는 세 칸에 위치한 전략적 사업단위들은 산업매력도와 사업강점에서 전반적으로 중간정도의 경쟁력을 가지는 사업단위들이기 때문에 경쟁력이 있을 것으로 판단되는 것만 선별적인 투자를 통해 현상유지를 시키는 전략을 구사하는 것이 일반적이다. 예를 들면, '㉯,' '㉱'의 전략적 사업단위는 시장점유율이 약간 낮은 반면에 산업매력도와 사업강점이 전반적으로 보통수준에 있고, '㉰'의 사업단위는 시장점유율이 50%정도로 높은데 반해 시장규모가 작고 산업매력도나 사업강점은 약간 낮은 정도이기 때문에 선별적인 투자를 필요로 한다. 오른쪽 하단의 세 칸에 위치한 전략적 사업단위는 경쟁력이 약하거나 시장전망이 불투명하기 때문에, 전략적 사업단위를 철수하거나 최소투자를 통해 현금흐름을 극대화하는 전략이 필요하다. 예를 들면, '㉲'의 전략적 사업단위는 산업매력도와 사업강점이 모두 가장 낮은 부분에 위치하고 있기 때문에 수확 · 처분하거나 규모를 축소하는 전략을 결정해야 할 것이다. 그리고 원의 크기는 각 전략적 사업단위가 속해있는 산업의 규모를 나타내는 것이며, 원 안에 빨간색 부분은 각 전략적 사업단위의 산업 내 시장점유율을 표시한 것이다.

GE매트릭스의 전략적 선택을 활용하기 위해 각 영역별 전략을 요약하면 〈표 3-2〉와 같다. 기업 내 자원의 효과적인 배분을 위해서는 왼쪽상단의 I영역의 사업단위들에게 우선적으로 자원을 배분해서 집중적인 투자확대를 통해 성장발전시키는 전략을 해야 할 것이다. 오른쪽 하단의 H영역의 사업단위들은 더 이상의 자원투입은 가급적 피하고 이미 투입된 자원으로 수확하거나 철수하는 전략을 고려해야 할 것이다. 그리고 S영역의 사업단위는 경쟁력이 있다고 판단되는 것만 선별적인 투자가 이루어져야 한다.

표 3-2 GE매트릭스의 전략

산업매력도				
산업매력도	높 음	I(투자/성장)	I	S
	중 간	I	S(선택관리)	H
	낮 음	S	H	H(수확/철수)
		강 함	중 간	약 함
		사업강점		

② GE분석의 한계

GE매트릭스 모델은 BCG매트릭스 모델의 단점을 보완해서 다양한 요인들을 고려할 수 있다는 장점을 갖고 있다. 그러나 실제로 운영상의 문제점도 아울러 내포하고 있다. 첫째, 각 사업단위들에 대한 전략적 의사결정에는 고려해야 할 요소들이 대내·외적인 환경요소들을 비롯해서 너무나 많이 있음에도 불구하고, 산업매력도와 사업강점이라는 두 가지 지표에 의해 평가되고 수확/철수, 선별적 투자, 투자/성장 등의 단순한 전략대안들로만 제안하는 것은 창의적인 전략적 사고를 키우는데 저해가 된다. 둘째, 산업의 매력도나 사업의 강점을 결정하는 지표에는 여러 가지 요소들이 있으므로 각 요소들에 대한 중요도를 고려해야 하는데 일정한 기준이 없다. 그래서 평가자의 주관적 판단에 의존해야 하므로 평가자에 따라 전략적 사업단위들의 위치가 달라질 수 있다. 그리고 GE매트릭스 상에 동일한 위치에 있다고 하더라도 고려한 요인들은 매우 다를 수도 있기 때문에 단지 GE매트릭스 상의 전략적 사업단위의 위치만 보고 단순히 투자할 것인지, 처분하고 철수할 것인지에 대한 의사결정을 내린다는 것은 큰 문제가 될 수 있다.

3) 성장전략수립

기업의 사업포트폴리오 설계는 조직전체의 성장목표를 지원하는 각 사업단위들의 성장전략을 개발하는 것과 관련되어 있다. 근본적인 마케팅전략의 방향도 각 전략적 사업단위가 주어진 마케팅환경 속에서 가장 최선의 성장기회를 제공할 수 있도록 전략적 의사결정이 이루어져야 한다. 이런 과정은 기업의 제품믹스에 초점을 두고 자원을 기존 제품에 두는 것이 더 나을지, 신제품을 개발하는 것이 나을지를 결정해야 한다. 이것은 기존 시장과 신시장의 성장잠재력 평가에 달려있으며, 주요 성장전략에는 집중적 성장전략과 통합적 성장전략으로 구분할 수 있다.

그림 3-9 제품-시장 매트릭스

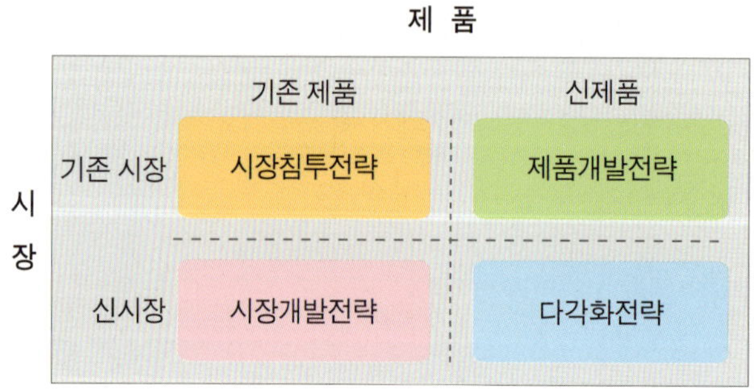

① 집중적 성장전략

집중적 성장전략은 기업의 기존 조직이나 기구를 통해 시장이나 제품을 중심으로 성과를 향상시킬 수 있는 전략방안을 모색하는 것을 말한다. 즉 기존의 제품이나 시장을 더 잘 활용하거나 신제품도입, 신시장개척 등을 통하여 성장기회를 추구하려는 성장전략이다. 이 전략에는 [그림 3-9]와 같이 제품-시장 매트릭스에서 시장침투전략, 제품개발전략, 시장개발전략, 다각화전략 등이 있다.

- **시장침투전략**(market penetration) : 기존 시장에 자사고객, 비사용자, 경쟁브랜드 사용자들에게 기존 제품의 판매량을 증대시키는 전략이다. 판매량을 증대시키는 방안으로 자사의 제품을 구매하던 기존 고객들에게 구매량이나 구매횟수를 증대시키거나, 자사의 제품을 구매한 경험이 없는 비사용자들이나 경쟁브랜드 사용자들에게는 신규구매를 자극하거나 자사 브랜드로 전환시키는 전략을 수행해야 한다. 예를 들면, ㈜스타벅스 코리아는 매년 연말연시를 맞이하여 플래너를 비롯해 다양한 이벤트행사를 통해 기존 고객뿐만 아니라 신규고객을 대상으로 구매량을 증대시키는 시장침투전략을 하고 있다.

광고 3-1 스타벅스 코리아의 이벤트행사광고

- **제품개발전략**(product development) : 기존 시장에 신제품을 개발해서 고객들에게 판매하는 전략이다. 이 전략은 기존 제품과 전혀 다른 혁신제품을 개발하는 것뿐만 아니라, 기존 제품의 성능을 개선하거나 제품계열을 확대하는 것을 의미한다. 예를 들면, 삼성전자는 QLED TV제품의 성능을 개선해 NEO QLED, MICRO QLED, QLED 라이프스타일 등 세 종류의 신제품을 출시했다. NEO QLED는 화질과 사운드, 스마트기능 등 TV의 핵심요소가 강화되었으며, 인 홈 액티비티(in–home activity)에 최적화한 기능이 우수하며, 특히 삼성의 독자적인 화질엔진인 '네오 퀀텀 프로세서'를 개선하고 영상의 입체감과 실제감을 극대화하는 기술을 도입했다고 한다. 또한 홈시네마를 완성하는 공간맞춤 사운드기술이 TV와 벽사이의 거리, 공간의 소리울림 정도를 분석해서 가장 이상적인 사운드환경을 구축해 준다. 마이크로 QLED는 최고의 화질외에 별도의 공사없이도 설치가 가능하고, 인테리어도 조화롭고, 대화면의 가치를 높여주는 아트모드, 멀티 뷰 기능이 있다. 그리고 QLED 라이프스타일 TV는 방송, 영화콘텐츠를 감상할 때는 TV로, 예술작품을 감상할 때는 아트모드로 변경해 나만의 갤러리를 만들어주는 프레임디자인 아트컬렉션으로 공간연출을 꾸밀 수 있다고

광고 3-2 삼성전자의 NEO QLED, MICRO QLED, QLED 라이프스타일 TV 광고

광고 3-3 **코스맥스 차이나의 립틴트 광고**

한다. 아트모드는 1,400점이 넘는 그림과 사진 등의 작품을 자유롭게 감상할 수 있는 아트스토어 프로그램을 통해 스마트서비스를 제공 받을 수 있다.

- **시장개발전략**(market development) : 새로운 시장에 진출하여 기존 제품을 도입해서 판매하는 전략을 말한다. 이 전략은 일반적으로 새로운 지리적 시장에 진출해서 신시장을 확대하거나 기존의 지리적 시장내에서 신규 세분시장에 도달하는 것을 의미한다. 예를 들면, 코스맥스는 K-뷰티 대표화장품 회사로 중국 현지법인 설립으로 코스맥스 차이나가 생산해 대박을 낸 대표제품은 '립틴트'다. 중국 MZ세대가 화장입문용으로 처음 사용하는 색조화장품 립틴트는 2021년 11월 말, 누적생산량 1억 5,000만개를 돌파했다.
- **다각화전략**(diversification) : 기존의 시장이나 제품과는 관련이 없는 신제품을 개발해서 신시장에 판매하는 성장전략을 말한다. 다각화전략에는 현재 사업과 직접적으로 관련이 있는 분야와 관련이 없는 전혀 다른 분야 등에서 각각 새로운 성장기회를 도모하려는 전략이다. 이 전략에는 집중적 다각화, 수평적 다각화, 복합적 다각화 등이 있다.

첫째, 집중적 다각화(concentric diversification)는 신제품개발과 관련해서 현재의 사업분야와 관련이 있는 기존의 기술, 제조, 마케팅활동 등을 이용하여 새로운 분야에 진출하려는 전략을 말한다. 이 전략은 기업이 가지고 있는 핵심역량의 이점을 여러 사업들에 활용함으로써 기업전체의 시너지 효과를 창출하고자 하는 전략이다. 예를 들면, (주)대상은 초기에 미원을 통한 조미료사업에서 출발하여 식품사업 통합브랜드인 청정원을 통해 식용유(참고운 옥수수류 · 올리브유 · 포도씨유 등), 장류(순창고추장 ·

광고 3-4 ㈜대상의 식품부문 집중적 다각화

된장 · 쌈장 등), 식초음료(마시는 홍초), 냉동식품, 햄, 소시지, 소스 · 드레싱 등의 식품 관련 사업분야로 다각화하면서 크게 성장하고 있다.

둘째, 수평적 다각화(horizontal diversification)는 기존의 제품계열이나 기술과는 관련이 없지만 기업이 확보하고 있는 현재의 고객들을 대상으로 신제품을 추가하는 전략을 말한다. 예를 들면, 소니(주)는 음악, 영화, 의료, 게임의 소프트웨어와 VAIO

광고 3-5 (주)소니의 수평적 다각화

그림 3-10 CJ(주)의 복합적 다각화

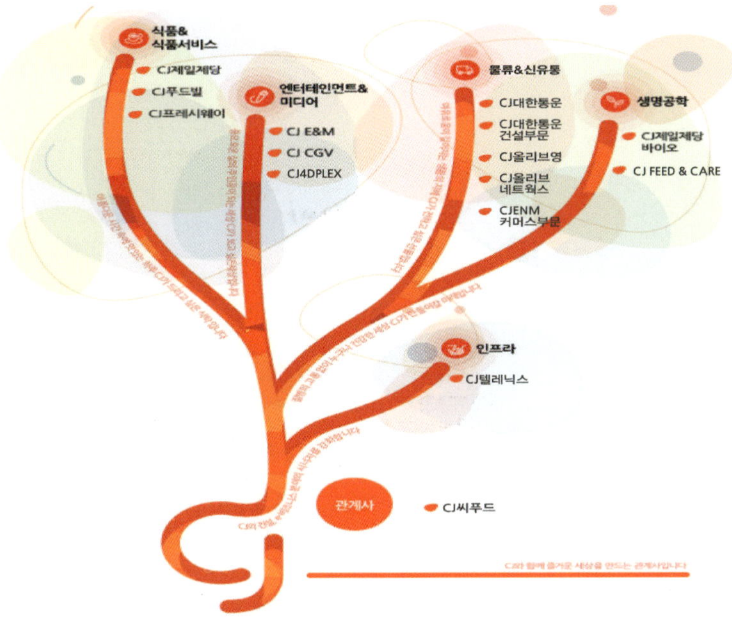

PC, PS Vita 등 하드웨어를 네트워크 사업으로 연결하는 디지털 컨버전스의 수평적 다각화전략을 수행하였다.

셋째, 복합식 다각화(conglomerate diversification)는 현재의 기술이나 제품 혹은 시장 등과 전혀 관련이 없는 새로운 사업분야에 진출하려는 전략을 말한다. 이 전략은 다각화구성에 있어 명확한 전략적 주제가 없는 것이 일반적이다. 예를 들면, CJ(주)은 식품&식품서비스, 엔터테인먼트&미디어, 물류&신유통, 생명공학 등 다양한 비관련 사업분야에 다각화전략을 통해 높은 성장성을 보이고 있다.

② 통합적 성장전략

통합적 성장전략은 마케팅경로(공급업체 → 제조업체 → 중간상 → 소비자) 상에 위치하고 있는 다른 조직이나 기구를 통합하여 원료와 제품의 흐름에 따라 성장기회를 추구하는 전략이다. 이런 성장전략은 기업이 진출하고 있는 산업의 성장전망이 좋거나 동일산업 내에서 수직적 통합과 수평적 통합을 통해서 매출액과 이익을 증대시킬 수 있을 때 사용하는 전략이라고 할 수 있다. 통합적 성장전략에는 [그림 3-11]과 같이 일반적으로 수직적 통합(vertical integration)과 수평적 통합(horizontal integration) 등이 있다. 수직적 통합이란 원재료의 획득에서 최종제품의 생산, 판매에 이르는 전체적인 공급과정에서 기업이 일정

그림 3-11 통합적 성장전략

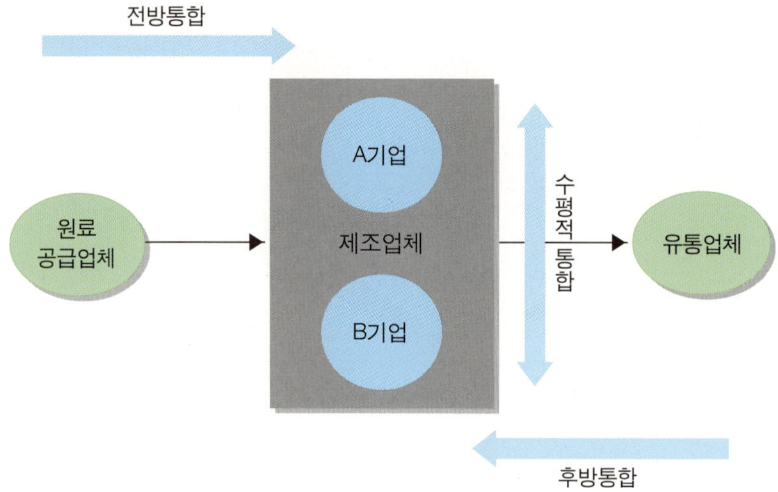

부분을 통제하는 전략으로 다각화의 한 방법이다. 동종업계의 다른 기업과 통합하는 수평적 통합과 대비된다. 수직적 통합은 전방통합과 후방통합의 두 가지로 구분할 수 있다. 예를 들면, 현대자동차그룹은 현대제철(철강) – 현대위아(부품) – 현대모비스(생산라인, 테스트) – 현대카드, 현대캐피탈(금융) – 현대글로비스(물류선적) – 현대자동차(자동차 제조 및 판매) 등의 수직적 통합구조를 가지고 있다.

- **전방통합** : 수직적 통합의 전방통합(forward integration)은 원료를 공급하는 업체가 제조업체를 통합하거나, 제품을 생산하는 제조업체가 유통채널을 가진 업체를 통합하는 것을 말하며, 이는 기업의 시장지배력을 강화시키기 위한 전략으로 사용된다. 예를 들면, CJ그룹은 CJ ENM에서 CJ CGV라는 멀티플렉스 극장체인을 보유하고, 지방극장의 임차를 통해 직접 통제할 수 있는 스크린 수를 확대해 시장지배력을 강화하는 전방통합을 하였다. 이런 통합을 통해 CJ그룹은 CJ CGV에서 극장체인을 보유하고, CJ ENM에서는 영화제작, 투자, 배급사업을 하면서 공연, 음악, Mnet 등 케이블 TV, 인터넷 TV, 위성방송, 게임 등 문화산업 전반에 걸쳐 영향력을 행사할 수 있는 종합미디어그룹으로 수직통합을 완성했다고 볼 수 있다.
- **후방통합** : 수직적 통합의 후방통합(backward integration)은 전방통합의 반대흐름으로 통합하는 것으로, 마케팅경로 상에서 자사보다 뒤쪽의 기업을 통합하는 경우를 말한다. 유통업체가 제조업체를 통합하거나 제조업체가 원료공급업체를 통합하는 것으

광고 3-6 현대자동차그룹의 수직적 통합계열사

광고 3-7 CJ ENM과 CJ CGV

로 기업이 공급자에 대한 영향력을 강화하기 위한 전략으로 사용된다. 예를 들면, CJ ENM는 드림웍스 제작영화에 대한 독점적 배급권의 소유와 한국영화제작사들과 투자를 통한 제휴관계를 확대하여 후방통합을 하였다.

- **수평적 통합** : 수평적 통합(horizontal integration)은 기업이 마케팅경로 상에서 자사와 동일한 수준에 있는 경쟁기업을 통합하는 경우를 말한다. 이는 제조업체나 유통업체가 다른 경쟁관계에 있는 제조업체나 유통업체를 통합하는 것이다. 예를 들면, 유통업체인 신세계그룹은 온라인쇼핑몰인 신세계몰과 이마트몰을 통합하여 신세계백화점 온라인몰, 트레이더스 등과 함께 SSG.COM으로 통합 온라인몰을 운영하고 있다.

02 마케팅전략개발

전략적 마케팅계획 수립단계에서 상황분석단계를 통해 환경분석과 사업포트폴리오 분석이 이루어지고 나면, 전략적 사업단위가 진출하려고 하는 표적시장의 마케팅전략을 수립하고, 마케팅믹스의 개발, 마케팅전략의 실행 및 통제과정을 거쳐야 한다. 기업이 어떤 시장을 표적시장으로 하고, 그 시장에 도달하기 위해 마케팅믹스 전략을 어떻게 개발할 것인지를 결정해야 한다.

2.1 표적시장의 마케팅전략

일반적으로 시장에는 여러 가지 다양한 욕구를 가진 수많은 유형의 소비자들이 존재하기 때문에 기업은 특정 시장의 모든 고객들에게 원하는 만족을 시킬 수는 없다. 그래서 기업은 전체시장을 대상으로 시장활동을 하기 보다는 여러 개의 세분시장으로 나누어서 그 중

그림 3-12 표적시장의 마케팅전략

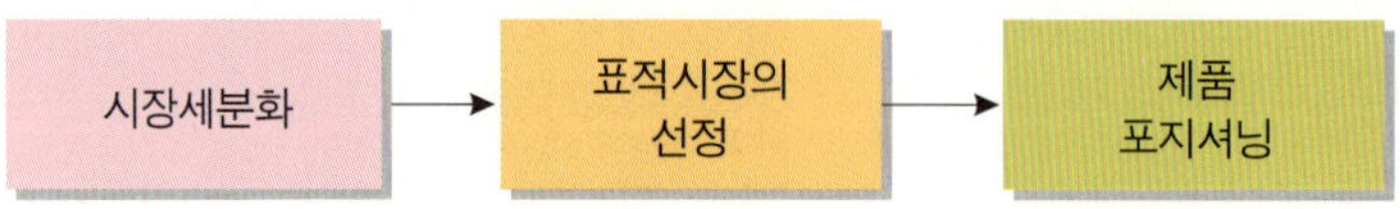

에서 자사가 충분히 효과적으로 감당할 수 있는 세분시장을 선택하고, 선택된 세분시장에서 상대 경쟁업체들 보다 더 나은 서비스를 제공할 수 있는 마케팅전략을 모색해야 할 것이다. 이러한 표적시장의 마케팅전략은 [그림 3-12]와 같이 시장세분화, 표적시장의 선정, 그리고 제품포지셔닝으로 구성된다.

1. 시장세분화

시장은 흔히 성별, 연령, 직업, 학력, 개성, 가치관, 라이프스타일, 구매량, 구매경험 등의 다양한 특성과 욕구를 지닌 고객유형들로 구성되어 있기 때문에 어떤 세분시장이 기업의 목표를 달성하는데 있어서 가장 적합한 시장인가를 결정해야 한다. 이때 고객유형별 세분시장을 주로 인구통계적 특성, 지리적 특성, 심리적 특성, 행동적 특성 등의 기준들을 사용하여 구분할 수 있다. 이런 과정은 전체시장을 고객의 욕구나 특성이 동질적인 몇 개의 세분시장으로 분할하는 것인데, 이를 시장세분화(market segmentation)라고 하고, 분할된 작은 시장을 세분시장(market segment)이라고 한다. 시장세분화를 통해서 세분화된 시장은 고객의 욕구를 명확하게 파악할 수 있고 마케팅기회를 보다 쉽게 파악할 수 있다. 그리고 세분시장에 적합한 마케팅믹스 전략을 개발함으로써 자사의 강점을 최대한 활용하여 경쟁우위를 확보할 수 있을 뿐만 아니라 고객의 욕구를 정확하게 파악하여 효과적으로 욕구를 충족시킬 수 있는 이점이 있다.

2. 표적시장의 선정

기업이 전체시장을 시장세분화 기준을 통해 여러 개의 세분시장으로 나눈 다음에 하나 혹은 몇 개의 세분시장에 진입할 수 있다. 세분시장에 진입할 경우에 기업은 각 세분시장들의 프로파일을 분석하고 여러 가지 기준으로 평가하여, 가장 바람직한 한 개 또는 그 이상의 세분시장을 찾아내는 작업을 수행해야 한다. 이를 표적시장의 선정(market targeting)이라고 하며, 표적시장은 기업이 공략하려고 결정한 공통적인 욕구와 특성을 지닌 고객집단을 말한다. 이러한 표적시장은 전체시장이 될 수도 있고, 그 가운데 단 하나 혹은 소수의 세분시장이 될 수도 있다. 그리고 세분시장을 평가할 때 주로 세분시장의 매력도, 시장내의 경쟁상황, 자사와의 적합성 등의 기준들을 활용할 수 있다. 세분시장의 매력도는 세분시장의 규모와 성장률, 기대수익률 등으로 평가할 수 있으며, 시장내의 경쟁상황은 경쟁업체의 분포와 구매자의 교섭력, 공급업체의 교섭력 등으로 분석할 수 있다. 자사와의 적합성은 각 세분시장이 자사의 기업문화, 목표와 자원 등에 적합한지를 평가하여 표적시장을 선정하는 기준으로 삼을 수 있다.

3. 제품포지셔닝

기업은 시장세분화를 통하여 진입할 표적시장이 선정되면, 자사의 제품을 어떻게 부각시켜서 소비자들의 마음속에 차별적으로 지각하게 할지를 생각해야 한다. 다시 말해서, 표적시장에서 자사의 제품이 소비자의 지각속에 차지할 위치를 선정하고, 경쟁사의 제품에 비해 차별적 우월성을 인식시키도록 해야 한다. 이와 같이 특정 세분시장에서 자사의 제품이 경쟁제품에 비해 특정 속성에 대해 소비자들의 마음속에서 차지하는 상대적 위치를 제품포지션(product position)이라고 한다. 제품포지셔닝(product positioning)은 마케터가 여러 개의 세분시장 중에서 표적시장을 선정하고, 그 시장내에서 자사제품이 경쟁제품과는 다른 차별적 특징을 보유하고 있어서 소비자들의 욕구를 보다 잘 충족시켜 줄 수 있다는 인식을 소비자에게 어떻게 심어 줄 것인가에 대한 전략을 말한다. 따라서 경쟁제품에 비해 차별적인 특징을 갖도록 제품개념을 명확하게 설정하고, 이에 따라 개발된 제품을 소비자들의 지각속에 경쟁우위를 갖는 포지션을 구축하기 위해 마케터는 제품, 가격, 유통, 촉진 등과 관련된 구체적인 마케팅믹스 전략을 개발하고, 이에 따라 마케팅활동을 수행해야 한다.

2.2 마케팅믹스 전략개발

표적시장의 마케팅전략을 수립한 후에는 마케팅믹스(marketing mix)를 계획하고 개발해야 한다. 기업의 마케팅믹스 전략은 표적시장 내에서 어떤 마케팅활동으로 목표를 달성할 것인지를 확인하는 것이다. 일반적으로 마케팅믹스 전략은 표적시장의 욕구를 충족하고 의도된 포지셔닝전략을 위하여 [그림 3-13]과 같이 제품(product), 가격(price), 유통(place), 촉진(promotion) 등의 마케팅믹스를 구성하고 개발하는 것이다. 기업의 성장목표에 좌우되는 이러한 전략은 표적시장의 확대나 혹은 신제품개발에 역점을 두고 시장점유율을 획득하기 위해 계획이 수립될 수도 있다. 마케팅믹스 전략을 개발하는 마케터는 마케팅믹스 요소 중에서 한 가지 요소가 다른 요소의 전략개발에 서로 영향을 미칠 수 있다는 것을 고려해야 한다.

그림 3-13 마케팅믹스의 구성요소

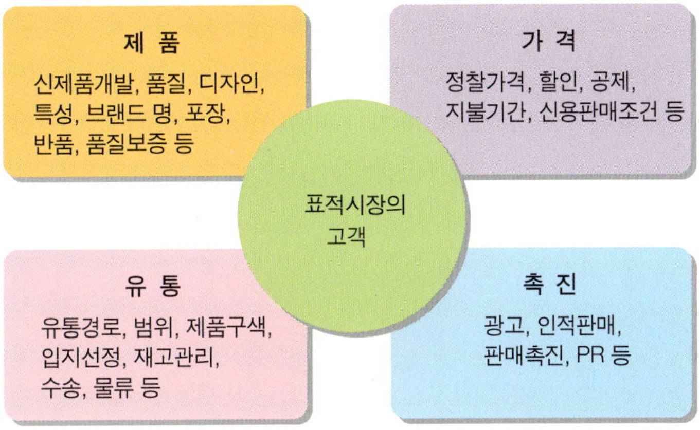

1. 제품전략

제품은 기업이 표적시장에 제공하는 제품과 서비스의 총체적인 편익의 집합이라고 할 수 있다. 제품전략(product strategy)을 개발하는 마케터는 표적으로 하는 세분시장에 어떤 제품을 내놓을 지, 표적시장의 고객들이 원하는 독특한 편익을 제공할 제품특성은 무엇인지를 결정해야 한다. 그래서 제품전략은 제품수요에 영향을 미치기 위해 기업이 제공할 수 있는 수단으로서, 제품범주에 포함시킬 수 있는 것은 신제품개발, 제품의 품질, 디자인, 특성, 포장, 품질보증, 브랜드명, 크기, 서비스, 반품 등이 있다. 이러한 제품의 구성요소들과 관련된 의사결정은 다른 마케팅믹스 요소인 가격이나 유통, 촉진 등에 어떻게 영향을 미치는 지를 반드시 평가해야 한다.

2. 가격전략

가격은 제품을 획득하기 위해 고객이 지불해야 하는 화폐량으로 교환가치를 의미한다. 가격전략(pricing strategy)은 가격목표와 제품을 위해 지불해야 하는 특정 가격을 정하는 것이다. 가격결정은 흔히 표적시장 내에서 다른 경쟁제품과 비교되기도 하기 때문에 경쟁제품의 가격에 의해서도 영향을 받을 수 있다. 그리고 제품수요에 영향을 미치기 위해 기업이 동원할 수 있는 수단으로서 가격의 범주에 포함되는 것은 정찰가격, 할인, 공제, 지불기간, 신용판매조건 등이 있다. 가격전략은 제품의 특성, 촉진, 유통경로 등이 얼마나 다양한가에 따라 초과비용을 반영해야 되기 때문에 달라질 수도 있다.

3. 유통전략

유통은 표적시장이 제품을 이용할 수 있도록 생산에서 소비에 이르기까지 제품과 서비스의 흐름을 관리해주는 기업의 모든 활동을 의미한다. 유통전략(place strategy)은 제품을 최종 소비자에게 직접 팔것인지, 유통경로상에 도매상과 소매상을 포함할 것인지를 결정해야 한다. 소매상이 선택될 지 여부는 제품, 가격, 촉진전략에 따라 달라질 수 있다. 예를 들면, 최고의 고품질제품을 생산한다고 하면, 할인점보다는 전문점을 통해 유통되어야 할 것이다. 제품수요에 영향을 미치기 위해 기업이 사용할 수 있는 수단으로서 유통범주에 속하는 것은 유통경로, 범위, 제품구색, 입지선정, 재고관리, 수송, 물류 등이 있다.

4. 촉진전략

촉진은 표적시장의 고객에게 제품의 장점을 알리고 호의적인 태도를 형성하여 제품을 구매하도록 설득하는 기업의 커뮤니케이션 활동을 의미한다. 촉진전략(promotion strategy)은 광고, 인적판매, 소비자 판촉, 중간상 판촉, 홍보, POP디스플레이 등에 관한 결정을 해야 한다. 이 전략은 표적시장에 제품의 효익과 특성을 전달하는 여러 가지 다른 커뮤니케이션 활동들을 포함한다. 촉진전략은 다른 마케팅믹스 전략과 통합되어야 한다. 예를 들면, 제품의 특성이 복잡하고 고품질의 고가격제품이라면, 촉진도 광고메시지도 복잡해지고, 고품질의 고급스러운 이미지를 표현해야 한다. 제품수요에 영향을 미치기 위하여 기업이 사용할 수 있는 수단으로서 광고, 인적판매, 판매촉진, PR 등이 있다.

2.3 마케팅전략의 실행과 통제

전략적 마케팅계획의 마지막 단계는 마케팅전략의 실행과 통제과정이라고 할 수 있다.

마케팅전략의 실행은 전략적 마케팅계획을 실천하기 위한 구체적인 실행프로그램으로 전환시키는 과정을 말한다. 그리고 마케팅전략의 실행과정은 마케팅전략이 당초에 계획한 대로 잘 진행이 되고 있는지를 평가하고, 반드시 통제과정을 거쳐야 한다. 따라서 마케팅전략의 실행과 통제에 관해서 살펴보려고 한다.

1. 마케팅전략의 실행

마케팅전략의 실행은 마케팅믹스 전략에 따라 그 마케팅활동을 누가, 언제, 어디서, 무엇을, 얼마의 예산으로 실행에 옮길 것인지 등에 대한 구체적인 계획을 명시해야 한다. 이러한 마케팅계획을 성공적으로 실행에 옮기려면 기업의 마케팅예산과 마케팅기능을 조직화해야 한다.

(1) 마케팅전략의 실행과정

마케팅전략을 성공적으로 실행하기 위해서는 [그림 3-14]와 같이 몇 가지 조건이 갖추어져야 한다.

첫째, 조직구성원들의 활동을 통합할 수 있는 행동프로그램이 있어야 한다. 이 행동프로그램에는 마케팅활동의 내용, 활동을 수행할 담당자, 의사결정과 행동에 관한 조정방법 등을 포함하고 있어야 한다.

둘째, 기업의 조직구조에는 마케팅전략을 수행하는데 중요하기 때문에 환경변화에 신속히 대응할 수 있도록 신축적으로 조직구조를 구성하여야 한다.

셋째, 기업의 계획수립, 예산편성, 보상, 기타 활동 등에 지침을 제공해주는 의사결정 및 보상시스템이 잘 갖추어져 있어야 한다. 이는 마케팅전략을 실행하는데 큰 영향을 줄 수도

그림 3-14 마케팅전략의 실행과정

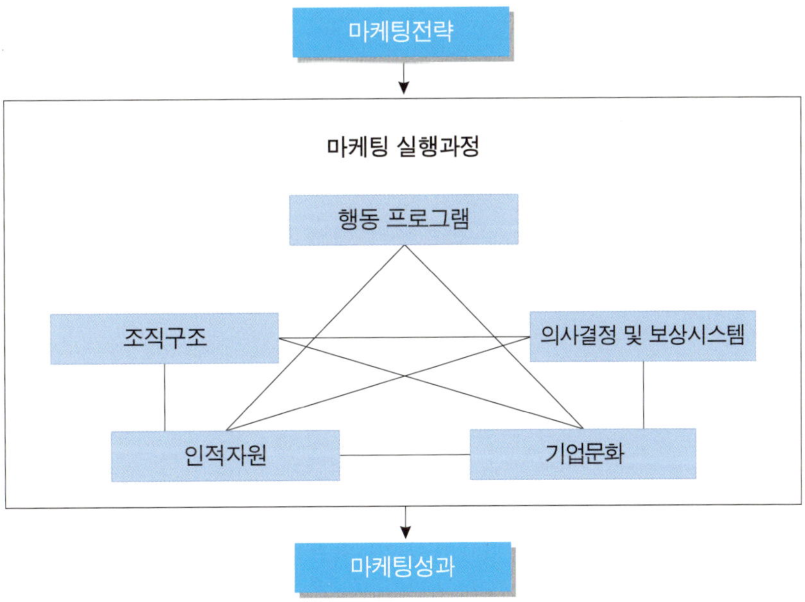

자료원 : Thomas J. Peters and Robert J. Waterman, Jr.(1982), In Search of Excellence; lessons from America's Best Run Company, New York : Harper & Row.

있다.

넷째, 효과적인 마케팅전략을 실행하려면 능률적이고 효율적인 인적자원계획이 필요하다. 조직구조나 시스템에서 필요로 하는 인적자원을 충원하고 관리하는 것은 경쟁력 우위를 확보하는데 매우 중요하다고 할 수 있다.

다섯째, 마케팅전략을 성공적으로 실행하기 위해서는 마케팅전략과 기업문화가 상호적합해야 한다. 기업문화는 조직구성원들이 공유하는 가치나 신념의 체계이기 때문에 마케팅전략이 기업문화에 적합하지 않으면 마케팅실행이 원활하게 행해질 수 없을 것이다.

이와 같이 마케팅전략을 성공적으로 실행하기 위해서는 행동프로그램, 조직구조, 의사결정 및 보상시스템, 인적자원, 기업문화 등을 잘 조합하여 마케팅전략을 지원할 수 있는 통합적인 프로그램을 구성할 수 있느냐에 달려 있다.

(2) 마케팅예산

표적시장에서 마케팅전략을 실천하기 위한 실행프로그램이 가동되기 위해서는 예산편성이 필요하다. 마케팅예산은 마케팅기능을 수행하는데 예상되는 금액을 할당하고, 예상 손익계산서 작성을 통해 매출액과 비용을 산출해서 작성해야 한다. 매출액은 판매량과 평균가격에 대한 예측치를 이용하고, 비용은 제조원가 및 판매, 일반관리비 등의 구체적인 항목들로 세분화해서 산출할 수 있다. 예산책정방법에는 매출액비율법, 경쟁사 대비 균형법, 목표과업법 등 여러 가지가 있다.

매출액비율법(percentage-of-sales method)은 가장 간단하고 실무에서 자주 사용하는 방법으로 지난해 매출액이나 금년도 예상매출액의 일정비율을 마케팅예산으로 책정하는 방법이다. 그러나 이 방법은 매출액이 증가하면 마케팅활동에 소비되는 예산도 증가하는 반면에 매출액이 감소하면 예산도 감소하는 단점을 갖고 있다.

경쟁사 대비 균형법(competitor parity method)은 기업이 진출한 동일산업 내에서 상대경쟁기업들이 투입하는 마케팅비용을 기준으로 비슷하게 책정하는 방법으로 지나친 경쟁은 피할 수 있지만, 예산의 논리적 근거가 부족한 단점이 있다.

목표과업법(objective-and-task method)은 마케팅목표를 설정하고 이를 달성하기 위한 마케팅활동을 도출하여 활동을 수행하는데 필요한 예산을 책정하는 방법으로 상당히 논리적으로 타당성이 높은 방법이다. 그러나 이 방법은 마케팅예산과 목표치 간의 관계를 규명하는데 어려움이 있다는 것이 단점이다.

그림 3-15 기능별 조직

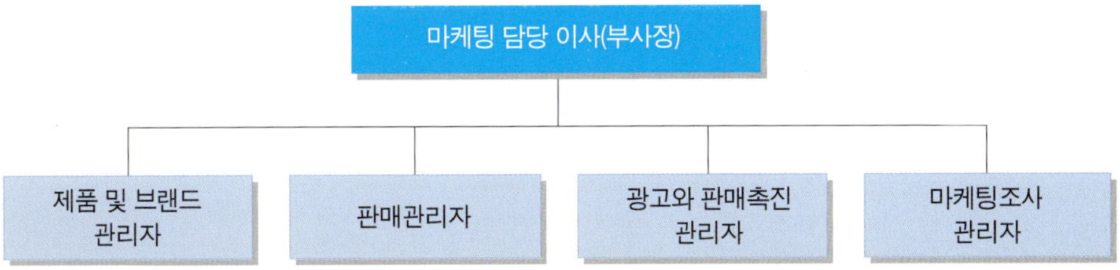

(3) 마케팅기능의 조직화

마케팅전략을 성공적으로 실행에 옮기려면 주요 마케팅기능을 조직화하는 것이다. 기업의 내 · 외부의 인적 · 물적자원을 조직화하고 마케팅업무를 담당할 부서를 별도로 운영하여야 한다. 조직화하기 위해서 마케터는 마케팅전략을 실행할 조직원을 구성해야 되는데, 우선 기업의 마케팅부서와 기타 주요 기능부서 간의 관계를 정립하고, 마케팅부서 내에서 마케팅계획을 실행할 조직을 설계해야 한다. 일반적으로 마케팅부서의 조직구조는 기능별 조직, 제품별 조직, 시장별 조직, 지역별 조직 등의 유형으로 구분된다.

① 기능별 조직

기능별 조직은 일반적인 조직구조 중에서 가장 보편적인 형태로 마케팅부서의 주요 기능별로 관리자를 두는 조직형태를 말한다. 마케팅조직을 [그림 3-15]와 같이 제품 및 브랜드, 판매, 광고와 판매촉진, 마케팅조사 등으로 분화하여 조직화하는 방법이다. 이런 조직은 조직관리 측면에서 볼 때, 한 가지 단일제품이나 소수의 제품만을 생산하는 중소기업에 적합하며, 조직관리와 통제가 용이한 장점이 있지만, 최고경영층의 업무가 과중되며 빠른 의사결정이 어렵고, 업무마찰 시에 조정이 어렵다.

② 제품별 조직

제품별 조직은 [그림 3-16]과 같이 제품의 수가 많거나 소수라도 상호 이질적인 특성이 강하여 각기 다른 마케팅활동이 요구될 때 바람직한 조직구조로 제품별로 관리자가 별도로 구성되어 마케팅관리를 하는 것을 말한다. 예를 들면, P&G의 경우 제품별로 관리하는 조직구조를 갖고 있다. 이 조직구조는 신속한 의사결정이 이루어지고 제품별로 성과를 쉽게 판별할 수 있는 장점이 있지만, 최고경영층의 통제가 약화되며 각 제품별로 별도 관리조직을 구성하고 있어 이중노력이 가중되고 비용이 과다하게 소요되는 단점이 있다.

그림 3-16 제품별 조직

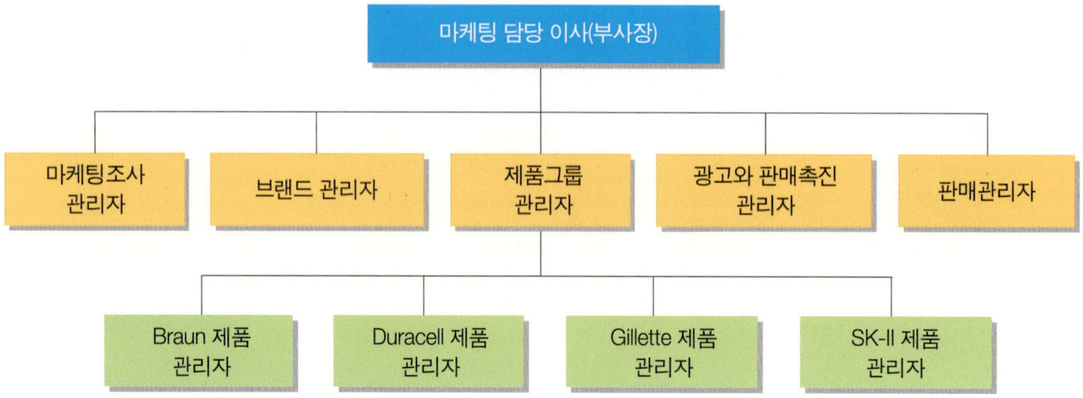

③ 시장별 조직

시장별 조직은 시장의 고객들이 매우 이질적이고 다양한 욕구와 고객특성들을 나타내기 때문에 세분시장별로 조직을 구성하는 것을 말한다. 이런 경우에 각 세분시장별로 관리자를 두고 그 특성에 맞게 장·단기계획을 수립하고 관리할 수 있게 하는 것이 더 효과적일 것이다. 예를 들면, 캐주얼 의류제품을 생산하는 기업의 경우 소비자시장을 조사한 결과 [그림 3-17]과 같이 세분시장이 남성시장, 여성시장, 청소년시장, 유아시장 등으로 조직이 구성될 수 있다. 시장별 조직은 고객의 욕구를 효과적으로 충족시켜 줄 수 있는 장점이 있지만, 제품별 조직과 마찬가지로 각 시장별 관리자 하위에 마케팅기능별 조직구조를 별도로 구성하고 있어 이중노력이 가중되고, 조직전체의 효율이 저하될 수 있는 단점이 있다.

④ 지역별 조직

지역별 조직은 넓은 지역을 상대로 제품을 판매하는 경우에 지역별 분할하여 지역에 따

그림 3-17 시장별 조직

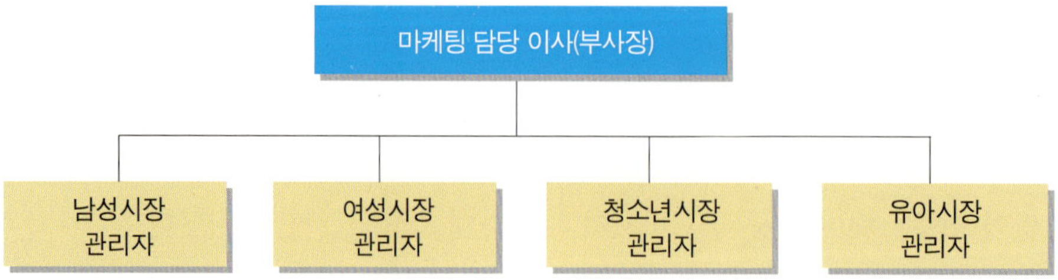

그림 3-18 지역별 조직

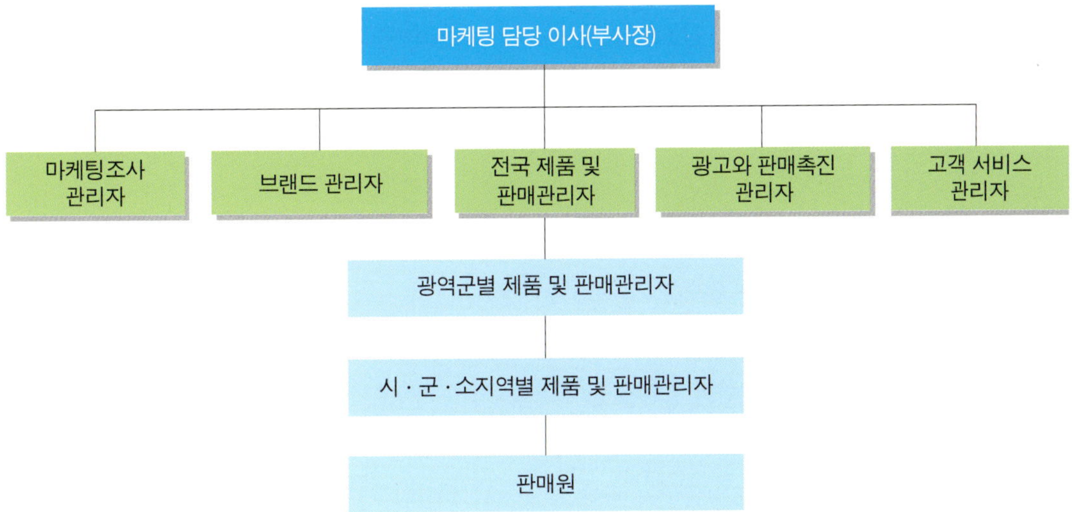

라 고객의 욕구와 추구하는 가치가 현저하게 차이가 있을 때 조직을 구성하는 것을 말한다. 지역별 조직은 제품별 조직이나 시장별 조직처럼 기능별 조직을 별도의 조직계층으로 만드는 것이 일반적이다. 예를 들면, [그림 3-18]에서 보는 바와 같이, 시 · 군 · 소지역별 제품 및 판매관리자는 광역군별 제품 및 판매관리자에게 보고하고, 전국제품 및 판매관리자를 통해 마케팅담당 이사(부사장)에게 보고하는 조직구조이다. 이 조직은 판매시점에 고객욕구충족이 용이하며, 전반경영자 양성이 쉽고 책임영역이 분명한 장점이 있지만, 사업부이익과 조직전체의 이해관계와 마찰이 생길 경우에 조정이 어려운 단점이 있다.

2. 마케팅전략의 통제

마케팅전략계획은 실제로 수행하는 과정에 여러 가지 예상하지 못한 상황이 발생할 수 있기 때문에 당초에 계획한 것과 실제성과 간에는 차이가 있을 수 있다. 그래서 마케팅계획과 성과를 측정한 결과를 비교 · 평가하여, 마케팅목표를 달성할 수 있도록 시정조치를 취하는 과정이 필요하다. 이런 과정을 마케팅통제(marketing control)라고 하며, [그림 3-19]와 같이 일반적으로 마케팅목표설정, 성과측정, 성과진단, 시정조치 등 네 단계로 구성되어 있다.

첫째는 구체적인 마케팅목표를 설정하는 것이고, 둘째는 시장에서 달성한 성과를 측정

그림 3-19 마케팅통제과정

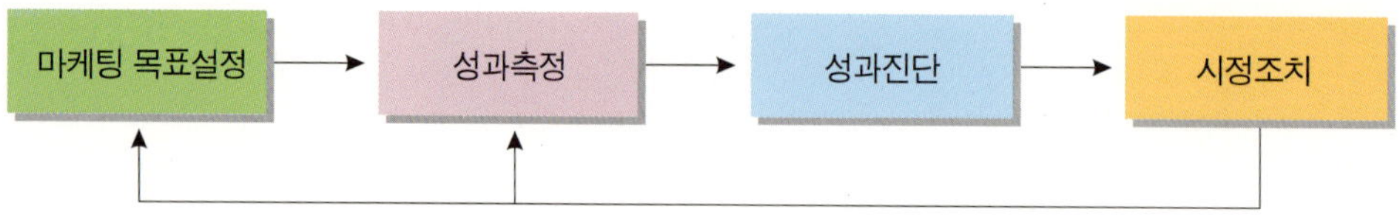

하는 것이다. 셋째는 성과진단을 통해 기대했던 성과와 측정된 실제성과 간의 비교 · 평가를 해서 차이가 발생한 원인을 분석하는 것이며, 마지막으로는 목표와 실제성과 간의 차이에 대한 원인분석에서 나타난 문제점을 수정하기 위한 시정조치를 취하는 것이다. 시정조치는 당초에 설정했던 마케팅목표를 수정하거나 행동프로그램을 변화시키는 것을 말한다.

이러한 마케팅통제 과정은 마케팅기능의 성과측정뿐만 아니라, 차후에 마케팅계획을 개발하는데 가치있는 피드백을 제공할 수 있을 것이다. 그리고 마케팅통제는 일반적으로 운영과정통제와 전략적 통제방법으로 구분할 수 있는데, 그 내용을 구체적으로 살펴보면 다음과 같다.

(1) 운영과정통제

운영과정통제(operating control)는 연간계획에서 월별 또는 분기별 중간목표로 규정된 목표와 성과가 제대로 달성되고 있는지 여부를 비교하여 필요한 경우에 시정조치를 취하는 것을 말한다. 이러한 통제의 목적은 기업이 표적시장에서 추구하고자 하는 연간계획에 의해 설정된 매출액목표, 이익목표, 그리고 기타 목표를 달성하는데 있다. 운영과정통제방법으로 매출액 분석, 수익성 분석, 시장점유율 분석, 마케팅비용 분석, 고객태도 분석 등이 있는데, 가장 일반적인 것은 매출액 분석과 수익성 분석이다.

① 매출액 분석

매출액 분석(sales analysis)은 특정 제품이나 시장의 실제 매출액을 측정하여 매출액 목표와 비교 · 평가하여 원인을 분석하는 것을 말한다. 이런 매출액 분석은 전반적인 매출액 분석과 더불어 제품별, 판매지역별, 고객집단별, 유통경로별로 매출액 분석을 통해 문제점을 파악할 수 있다.

② 수익성 분석

수익성 분석(profitability analysis)은 특정한 제품이나 시장에 대하여 어떠한 마케팅활동이 확대 · 축소 조정되어야 하는지를 결정하기 위하여 제품별, 시장별, 판매지역별, 고객집단별, 유통경로별로 수익을 측정하고 그 목표와 비교 · 평가하여 차이가 난 원인을 분석하는 것을 말한다.

(2) 전략적 통제

전략적 통제(strategic control)는 마케팅조직이 변화하는 환경 속에서 최선의 마케팅기회를 포착하고 그것을 효과적으로 활용하고 있는지 여부를 검토하고 문제점이 발견되면 시정조치를 취하는 과정이라고 할 수 있다. 즉 마케팅의 목적, 정책, 전략 및 프로그램 등은 상황에 따라 항상 변화하므로 상황변화를 정기적으로 점검하여 효율적인지 여부를 점검하여야 하며, 이러한 목적을 실현하기 위한 수단이 마케팅감사(marketing audit)이다.

마케팅감사는 회사의 마케팅활동에 대한 문제와 기회요인들을 발견하고 마케팅성과를 개선할 목적으로 회사의 마케팅환경, 전략적 계획, 실행프로그램 등을 체계적이며 정기적으로 조사하는 것이다. 마케팅감사는 포괄적 감사와 기능적 감사로 구분할 수 있다. 포괄적 감사는 회사의 마케팅환경, 목표, 전략, 조직, 시스템 등 전반에 걸쳐 수평적 감사를 말하며, 기능적 감사는 제품, 가격, 유통, 촉진, 판매원 등 마케팅의 각 기능에 대한 심층적 · 수직적 감사를 의미한다. 마케팅전반에 관한 문제의 근원을 규명하는 데는 무엇보다도 포괄적 감사가 효과적이다. 이러한 감사를 통하여 예상치 못한 의외의 마케팅문제와 기회요인들을 발견하고, 이를 통해서 마케터는 행동프로그램을 개발하고, 그 수행시기와 방법을 결정할 수 있다.

03 요 약

기업은 치열한 경쟁상황에서 생존하고 성장하기 위해서 효과적인 계획을 수립해야 한다. 기업이 계획을 수립하는 것은 기업이 추구하는 목표를 구체적으로 제시하고, 이를 어떻게 달성할 것인가를 나타내는 것으로 수행해야 할 과업들을 결정하는 것이다. 전략적 계획(strategic planning)은 기업이 전사적 차원에서 수행하고 있는 현재의 사업 중에서 어떠한 사업을 지속적으로 계속하고, 포기해야 하는지, 아니면 어떠한 사업을 신규로 추구할 것인지를 결정하는 장기적인 계획이다. 그리고 전략적 마케팅계획(strategic marketing planning)은 전사적인 수준에서 끊임없이 변화하는 환경분석을 통해서 기회요인과 위협요인을 파악하고, 기업이 달성하려는 목표와 자원을 잘 대응시켜서 기업을 지속적으로 발전시키기 위한 관리과정을 말한다. 전략적 마케팅계획은 기업의 사명과 목표설정, 상황분석, 표적시장의 마케팅전략과 마케팅믹스 전략개발, 마케팅전략의 실행과 통제 등의 다섯 단계로 구분할 수 있다. 기업의 사명이 구체적인 기간에 상관없이 기업이 근본적이고 장기적으로 추구하는 가치의 표현이라고 한다면, 기업의 목표는 구체적인 시기가 설정되어 있고 그 기간 동안에 달성하고자 하는 것을 표현한 것이다. 상황분석(situation analysis)은 조직의 능력에 비추어 잠재적인 위협요인은 피하고 기회요인을 잡을 수 있도록 환경적인 상황이나 변화를 해석하는 진단과정이다. 사업포트폴리오 분석은 우선 전략적인 사업단위를 식별해야하며, 전략적 사업단위(SBU)는 흔히 전략적 마케팅계획을 수립할 때 관련사업들이나 제품들을 묶어 별개의 사업단위로 분류하는 것을 말한다. 사업포트폴리오 분석방법에는 주로 BCG매트릭스 방법과, GE매트릭스 방법 등이 있으며, 성장과 관련된 주요 성장전략에는 집중적 성장전략, 통합적 성장전략 등이 있다. 마케팅전략에는 표적시장의 마케팅전략과 마케팅믹스의 개발이 있으며, 전략적 마케팅계획 수립과정의 마지막 단계로 마케팅전략의 실행과 통제과정이 있다.

참 · 고 · 문 · 헌

- 송용섭 외2(2004), 현대마케팅, 문영사.
- 이학식 · 안광호 · 하영원(2015), 소비자행동, 집현재, 제6판.
- Bearden, William O., Thomas N. Ingraw and Raymond W. LaForge(2001), *Marketing-Principle and Perspectives*, 3rd ed., McGraw-Hill, Irwin.
- Blythe, J.(2006), *Principles & Practice of Marketing*, Thomson Learning.
- Boone Louis E. and David L. Kurtz(2001), *Contemporary Marketing*, 10th eds. Harcourt College Publishers.
- Lamb, Charles W., Hair, Joseph F. and C. McDaniel(2000), *Marketing*, 5th ed., South-Western College Publishing.
- Kelin, Roger A., Hartley, Steven W., Berkowitz Eric N. and William Rudelius(2006), *Marketing*, 8th ed., McGraw-Hill Irwin.
- Kotler, P.(1994), *Marketing Management*, 8th ed., Prentice-Hall Inc.
- Kotler, P. and G. Amstrong(1998), *Principles of Marketing*, 6th ed., Prentice-Hall Inc.
- Kotler, P., Dipak C. Jain and Suvit Maesincee(2002), *Marketing Moves*, HBS Press.
- Kotler, P., H. Kartajaya, and I. Setiawan(2010), *marketing 3.0, John Wiley & Sons, Inc*.
- Solomon, Michael R. and Elnora W. Stuart(1997), *Marketing,* International ed., Prentice-Hall Inc.
- Zikmund, William G. and Michael d'Amico(2001), *Marketing*, 7th ed., South-Western College Publishing.
- stories.starbucks.ca
- https://blog.naver.com/skykso/222562096492,
- https://www.asiae.co.kr/article/2020100710130046371
- https://www.sony.co.kr/
- https://doraemone.tistory.com/109

part 04

마케팅환경과 마케팅 윤리

01 마케팅환경의 개념 및 구성요소
02 미시적 환경요인
03 거시적 환경요인
04 마케팅 윤리
05 요 약

2022년 패션산업 주요 환경변화,
유통 · 소비 트렌드 'MADE UP', 실시간 초개인화 시대 온다

가상세계(M)로 향하는 소비 트렌드… 홀로(A) 꾸미는 나만의 공간
취미(D)에 빠진 소비자… 기후위기 대응 위한 친환경(E) 소비 대두
이제 명품도 중고(U)시장서… 대면시대 대비한 개성(P) 만점 패션

2022년 유통 · 소비 주요 키워드는 메타버스(M), 홀로(A), 취미(D), 친환경(E), 중고(U), 개성(P) 등이 될 것으로 관측된다. 사진은 한 의류매장의 외부 풍경. ⓒ스카이데일리

2022년 유통 · 소비트렌드는 'MADE UP'이 될 것으로 관측된다. 코로나19 영향으로 올해도 비대면 소비가 주를 이룰 것으로 예상되는만큼 메타버스(M · Metaverse) 등 가상세계에서 이뤄지는 소비활동도 활기를 띨 가능성이 높다. 또 외부활동이 제한되는 만큼 집 안에서 보내는 시간이 길어지면서 인테리어를 중심으로 혼자(A · Alone)만의 시간과 공간을 위한 소비가 늘어날 것으로 보인다.

뿐만 아니라 키덜트 수집 등 취미활동(D · Digging)에 대한 수요가 늘어날 것으로 보이며 시대적 요구에 따른 친환경(E · Eco-friendly) 소비도 활기를 띨 것으로 관측된다. 중고(U · Used article) 거래 인기는 지속될 것으로 분석되며, 코로나19 사태가 마무리 된 후 일상회복 단계에 들어섰을 때 억눌린 욕구를 표출할 수 있는 화려하고 개성(P · Personality) 있는 패션 등에 대한 수요가 늘어날 가능성도 높다.

▸ M(Metaverse)–가상세계로 향하는 유통 · 패션업계

지난해와 마찬가지로 메타버스 열풍은 올해도 지속될 전망이다. 유통 · 패션업계가 메타버스를 접목해 사업을 전개하는 점도 눈여겨볼 부분이다. 메타버스란 현실 세계와 같은 사회 · 경제 · 문화 활동이 이뤄지는 3차원 가상세계를 일컫는 말이다.

먼저 편의점 업계를 살펴보면 CU는 업계 중 가장 먼저 메타버스에 진출했으며 가상현실 속 매장을 운영 중이다. 문을 연 메타버스 매장만 3곳에 달한다. 3개 매장은 각각 한강공원, 학교, 지하철역을 배경으로 구축됐다. GS25도 삼각김밥 캐릭터 '삼김이'의 성을 테마로 한 전용 메타버스 맵을 구축했다. 이용객들은 가상현실 속에서 실제처럼 구현된 제품을 둘러볼 수 있다.

롯데하이마트도 ‘하이마트 점프맵’을 오픈하며 메타버스에 뛰어들었고, 배스킨라빈스는 국내 식음료 업계 최초로 메타버스 플랫폼 제페토(ZEPETO)에 단독 공식 맵 ‘배라 팩토리’를 론칭했다. 스타벅스도 제페토 겨울한정 맵 ‘산타광장’에서 스타벅스 크리스마스 분위기를 담은 가상공간을 구축해 운영 중이다.

유통업계는 메타버스를 접목해 소비자들의 관심을 이끌어내고 있다. 사진은 배스킨라빈스 메타버스 1호점. [사진=SPC]

유통업계는 메타버스가 고객들에게 차별화된 체험을 제공하면서도 신규 마케팅 창구 역할을 수행할 것으로 보고 있다.

패션업계의 움직임도 주목받는다. 구찌, 발렌시아가 등 명품업계와 나이키 등 유명 하이엔드 브랜드가 마케팅에 메타버스를 접목한 것이다. 소비자로 하여금 메타버스 속 아바타로 패션아이템을 미리 체험토록 유도하는 게 대표적이다. 나이키는 메타버스 전용 홍보팀인 ‘디지털 프로덕트 크리에이션팀’을 꾸리기도 했다.

▸ A(Alone)–인테리어와 감성 아이템으로 꾸미는 나만의 공간

코로나19 확산 등으로 과거에 비해 소비자들이 집 안에서 보내는 시간이 많아졌다. 코로나19 영향이 여전한 상황은 올해도 비슷할 것으로 보이며, 취향에 맞는 인테리어와 아이템 등으로 자신만의 공간을 꾸미려는 욕구가 강화될 것으로 전망된다.

관련업계에 따르면 코로나19 확산과 동시에 ‘집 꾸미기’ 수요가 폭발적으로 증가했다. 일례로 인테리어 플랫폼 ‘오늘의 집’에 따르면 2019년 하반기 1510억원이었던 결제금액이 2020년 상반기 2892억원으로 급증했다. 지난해 상반기에는 4673억원까지 상승해 역대 최대치를 기록했다. 유럽풍, 카페풍 등 ‘테마별 방 꾸미기’가 트렌드로 자리잡으면서 인테리어 업계도 연이은 성장세를 기록하고 있다는 게 관련업계의 설명이다. 이 흐름은 올해에도 지속될 전망이다.

▸ D(Digging)–취미에 빠진 소비자들… ‘디깅 소비’가 대세

코로나19 이후 타인과 접촉하는 시간이 줄어들면서 본인의 욕구를 만족시키는 여가활동용 소비가 활성화됐다. 올해도 이 흐름은 이어질 가능성이 크다. 이에 자신이 좋아하는 영역을 깊게 파고드는 ‘디깅(Digging) 소비’ 인기도 확산될 것으로 보인다. 디깅 소비는 소비자가 선호하는 품목이나 영역에 깊게 파고드는 행위가 관련 제품의 소비로 이어지는 것을 의미하는 신조어다.

디깅 소비의 인기는 중고시장에서도 확인할 수 있다. 번개장터의 '2021년 상반기 중고거래 트렌드'에 따르면 소위 '큰손' 디깅 소비자들이 모이는 취미 · 키덜트 카테고리에서 지난해 상반기 34만건 이상이 거래된 것으로 나타났다. 거래 건수는 전년 동기 대비 85% 늘었고 거래액 47%은 이상 성장했다.

▸ E(Eco-friendly)-가치소비의 시대… 친환경이 뜬다

기후위기 등과 맞물려 친환경 소비는 올해도 중요성이 강조될 것으로 예상된다. 사진은 친환경 제품을 사용하는 소비자의 모습. [사진=게티이미지뱅크]

최근 대기오염과 기후변화 등 환경문제가 대두된 가운데 친환경 소비는 올해에도 그 중요성이 강조될 것으로 보인다. 소비자가 본인의 가치 판단을 토대로 제품을 구매하는 '가치 판단'이 주요 소비 트렌드로 자리잡은 점도 주목할 대목이다. 친환경 제품을 구매하는 것도 가치 소비의 일환이기 때문이다.

실제 KB금융그룹이 소비자의 친환경 소비 인식을 조사한 결과에 따르면 소비자의 33.6%는 기업의 친환경 활동을 고려해 제품이나 서비스를 선택한다고 응답했다. 소비자는 더 이상 제품을 구매할 때 제품만 보고 구매행위를 하는 것이 아닌 기업이 제시하는 가치나 환경적인 요소들까지 고려해 소비하는 것으로 풀이된다.

'제로웨이스트' 운동이 활성화된 점도 눈길을 끈다. 제로웨이스트는 일상생활에서 사용되는 모든 제품을 재활용할 수 있도록 디자인해 궁극적으로 그 어떤 쓰레기도 매립하거나 바다에 버리지 않는 데 초점을 맞추는 걸 말한다. 천연 수세미, 생분해 행주, 옥수수 · 대나무 칫솔 등이 제로웨이스트 관련 상품에 해당한다.

▶ **U(Used article)—대세로 떠오른 중고거래… 이제 명품도 중고시장서 산다**

한국개발연구원(KDI)이 분석한 중고거래 앱(당근마켓, 번개장터, 중고나라) 월별 이용자 현황에 따르면 2020년 1월 4377만명이던 앱 이용자 수는 지난해 1월 1억588만명까지 증가했다. 이용시간 또한 전년 대비 1706시간(2020년 1월 1194만시간→2021년 1월 2900만시간) 늘었다.

중고시장 성장세는 올해에도 이어질 가능성이 크다. 중고시장에 대기업들이 연이어 참전했기 때문이다. △롯데쇼핑-중고나라 △네이버-왈라팝 △GS리테일-당근마켓 △현대백화점-번개장터 등 대기업들이 중고시장에 투자하고 있다.

중고시장이 연일 확대되면서 거래 품목도 다양화되고 있다. 특히 '중고 명품' 거래가 활발해지는 모습이다. 디지털 미디어 마케팅 분석 업체 DMC리포트는 '2021 온라인 중고거래 플랫폼 이용 행태 조사'를 통해 중고거래 플랫폼 이용자 10명 중 4명꼴(38.7%)로 중고 명품 거래를 경험했다고 밝혔다.

이러한 온라인 플랫폼 기반 중고 명품 거래 경험은 2030세대 이용자(20대 43.3%, 30대 47.4%)에게서 현저히 많은 것으로 집계됐다. 중고 명품 거래 인기는 올해도 이어질 전망이다.

▶ **P(Personality)—대면시대 촉각… "개성만점 패션이 대세"**

삼성패션연구소는 올해 패션 키워드 중 하나로 '취향이 우선하는 소비'를 지목했다. 또 코로나19에 대한 보상 심리 등과 맞물려 어느 때보다 화려한 스타일이 유행할 것으로도 관측했다. 그간 재택 패션에 밀렸던 파티룩과 신체를 과감하게 드러내는 아이템 등이 주류 시장에 등장할 것이란 설명이다. 또 즐거운 기분을 이끄는 다채로운 컬러의 등장도 예고됐다.

소비자들의 '취향소비'가 이어진다는 점도 패션업계에 영향을 미칠 전망이다. 자신의 취향에 맞는 의류 등으로 옷장을 채우면서 각자의 개성이 부각될 가능성이 높다. 단 코로나19 종식이 늦어진다면 파격적이고 속도감 있는 변화는 기대하기 힘들 수 있다. 대면활동이 제한될 가능성이 높은 탓이다.

● 자료원 : 스카이데일리, 김기찬, 2022. 01. 03.

마케팅환경은 여러 가지 환경요인들에 의해 끊임없이 변화하고 있으며, 그런 환경요인들이 때로는 특정 산업이나 기업에게 기회요인인 동시에 위협요인이 될 수 있다. 마케터가 이러한 환경변화 요인들을 지속적으로 모니터링해서 마케팅 주요 의사결정에 얼마나 효과적으로 활용하고 대응하느냐에 따라 기업의 성공여부가 달려 있다.

마케팅환경은 크게 미시적 환경과 거시적 환경요인으로 크게 구분될 수 있다. 미시적 환경요인에는 기업이 마케팅활동을 하는데 직접적으로 영향을 미칠 수 있는 환경요인으로 기업내부, 공급업체, 마케팅 중개기관, 고객, 경쟁업체 그리고 공중 등을 말한다.

기업의 거시적 환경요인으로는 미시적 환경전체에 영향을 미치며, 보다 넓은 의미의 환경요인으로 사회 · 문화적, 경제적, 정치 · 법률적, 기술적, 경쟁적 환경요인 등을 말한다. 본 장에서는 우선 마케팅환경의 기본개념과 구성요소에 대해서 다루고, 기업활동에 직 · 간접적으로 영향을 미치는 미시적 환경요인과 거시적 환경요인, 그리고 마케팅윤리를 중심으로 살펴본다.

01 마케팅환경의 개념 및 구성요소

마케팅환경은 일반적으로 기업이 마케팅활동을 수행하는데 있어서, 직 · 간접적으로 영향을 줄 수 있는 기업의 내 · 외부적인 영향요인들로 구성된다. 이러한 내 · 외부적인 요인들 중에서는 마케터들이 일부 요인에 대해서 약간의 영향을 미칠 수도 있겠지만, 주로 통제 불가능한 요인들이다. 따라서 본 절에서는 마케팅환경의 개념 및 구성요소에 대해서 구체적으로 살펴보고자 한다.

1.1 마케팅환경의 개념

대부분의 마케터들은 기업이 직면한 중요한 마케팅환경 요인들을 식별하고, 이러한 요인들의 변화추세와 영향정도를 평가하고 예측하여 기업의 마케팅전략을 수립하고 있는데, 이는 대단히 어렵고 중요한 과업이라고 할 수 있다. 더욱이 이러한 과업은 최근 마케팅환경이 매우 복잡하고 불확실하며, 예측불가능하게 급속도로 변화하고 있기 때문에 점차 어려워지고 있다. 그래서 대내 · 외적인 환경변화에서도 기업이 생존과 지속적인 성장을 하기 위해서는 기업을 둘러싸고 있는 환경요인들에 대해 더욱더 민감하게 반응하고 적응하지 않으면 안 된다.

마케팅환경이란 항시 기업에게 기회요인과 위협요인을 동시에 제공하기도 한다. 기회요인이란 환경변화에 적절하게 대응할 경우 마케팅목표 달성에 긍정적인 영향을 미칠 가능성이 있는 사건이나 추세를 의미하며, 위협요인은 마케터가 적절하게 대응하지 못할 경우에는 마케팅목표 달성에 부정적인 영향을 미칠 가능성이 있는 사건이나 추세를 말한다. 예를 들어, 마케팅환경의 기회요인으로는 새로운 고객집단의 등장, 신기술등장, 소득수준 증대, 신시장의 진입장벽완화, 표적시장의 성장 등을 들 수 있다. 그리고 위협요인으로는 대체상품의 판매량 증대, 시장성장률 둔화, 각종 규제조치강화, 소비자욕구와 기호변화, 경쟁기업의 시장진입, 불리한 환율변화와 인구구조변화 등을 들 수 있다.

이러한 마케팅환경변화에 따른 기회요인이나 위협요인의 생성은 특정 마케팅활동에 직접적인 영향을 미치기도 한다. 예를 들어, 우리나라에서는 전통적으로 노동집약적인 산업으로 많은 어려움을 겪었던 섬유산업 분야에서 기능성 의류제품에 많이 사용되는 신소재개발을 통해 새로운 성장기회를 잡고 있다. 최근에 기존의 발열소재보다 발열효과가 뛰어난 나노소재 및 기술을 적용한 광발열소재, 적외선을 차단하여 그늘과 같은 시원한 효과를 제공하는 적외선 차단소재(Infrared Cut), 세탁후에 형태안정성과 뛰어난 신축성을 가진 표면개선가공(spring Washing), 낮에 받은 빛을 저장하여 밤에 빛을 발산하는 야광섬유(Night Dlow), 코코넛오일을 섬유에 포함하여 피부의 건조함을 막아주는 코코넛소재(Coconutism) 등의 신소재개발 및 연구는 섬유산업에서 새로운 기회요인으로 영향을 미칠 수 있다. 또한 대기오염이나 수질오염 등 환경분야와 관련된 각종 법적규제 강화는 관련된 산업분야에 위협요인으로 작용할 수도 있지만, 신재생에너지, 즉 수소, 연료전지, 석유액화가스 등의 신에너지와 태양열, 태양광, 바이오, 풍력, 수력, 해양, 폐기물 등의 재생에너지의 개발을 통해 에너지 산업분야에 새로운 기회를 제공해 줄 수도 있다.

이와 같이, 마케팅환경 요인들은 변화에 따라 기업의 마케팅활동에 위협요인으로 작용할 수도 있고, 때론 기회요인으로 영향을 미칠 수도 있다. 따라서 마케터는 급변하는 중요한 환경변화를 지속적으로 관찰하고 정보를 수집하여 분석해서 마케팅전략계획이나 실행에 영향을 미치게 되는 중요한 마케팅기회 요인 또는 위협요인을 찾아내어야 한다. 기회요인은 충분히 활용하고, 위협요인은 최소화할 수 있는 마케팅의사결정을 내리고 효과적인 마케팅전략수립에 적절하게 반영해야 한다.

1.2 마케팅환경의 탐색과 관리

마케터는 기업환경의 중요한 추세변화를 계속적으로 주의를 기울여서 모니터링해야 한다. 마케터가 만일 외부환경을 제대로 이해하고 파악할 수 없다면, 미래를 위한 전략적인 마케팅계획을 적절하게 수립할 수 없다. 더욱이 기업들은 잠재적인 외부환경변화와 관련된 정보를 계속적으로 확인하고 수집하며 평가하는 환경탐색(environmental scanning)과정을 통해서 주요 환경요인들의 끊임없는 변화 추세를 파악해야 한다. 환경탐색과정은 [그림 4-1]과 같이, 우선 기업의 마케팅활동에 영향을 미칠 수 있는 환경요인의 주요 현황과 추세를 파악하고, 이러한 환경변화 추세가 시장과 마케팅활동에 미치는 영향을 평가하는 것이다. 그리고 영향의 결과가 마케팅기회 요인을 창출하는지 아니면 위협요인으로 작용하는지를 파악하여, 기회요인은 최대한 활용방안을 모색하고 위협요인은 극소화할 수 있는 방안을 모색하고 결정하는 것이다.

이와 같이, 환경정보와 관련된 데이터를 수집하는 환경탐색과정의 목적은 미래의 마케팅 기회요인과 위협요인들을 식별하고, 환경변화에 최선의 마케팅 대응방안을 결정하는 효과적인 환경관리에 있다. 환경관리(environmental management)는 사회 · 문화적, 경제적, 정치 · 법률적, 기술적 환경과 경쟁적 환경변화들을 사전에 예측하고 영향을 미칠 수도 있기 때문에, 조직의 목적을 달성하려고 하는 마케터들의 노력과 관련이 있다. 이러한 영향은 기업경영의 수많은 활동의 결과로 나타날 수 있다. 예를 들어, 기업의 환경관리는 법률, 규제, 관세제한 등에서 원하는 수정안을 성취하기 위해 입법부나 행정부에 압력을 가

그림 4-1 환경탐색과정

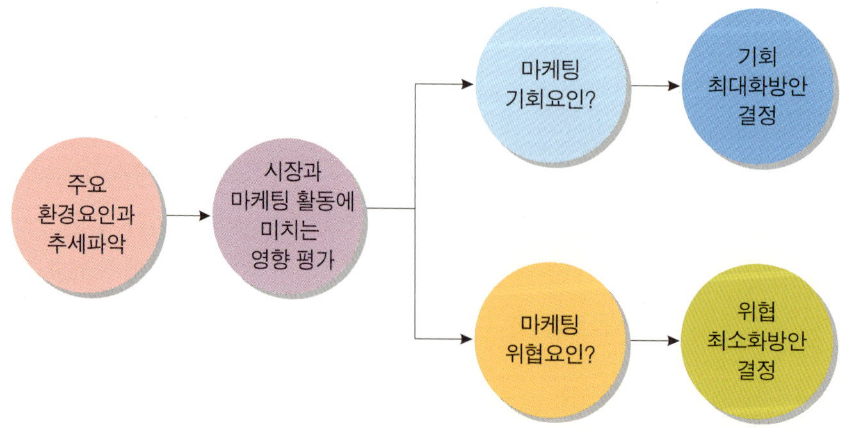

하는 시민단체활동에 참여하거나, 수정안에 호의적인 정치인들의 캠페인에 참여를 통해서 정치적인 힘을 발휘할 수도 있다. 또한 기업은 성공적인 연구개발노력을 통해서 기술적인 환경에 영향을 미칠 수도 있다. 성공적인 연구는 기술적으로 우월한 신제품을 생산하거나 생산단가를 낮출 수도 있다. 마케팅환경이 기업이나 그 기업의 마케팅믹스 요소들의 한계를 넘어설 수도 있지만, 유능한 마케터들은 환경요소들이 마케팅의사결정에 미치는 영향을 예측하고 가능한 그 효력을 수정하려고 계속적으로 노력할 것이다. 따라서 효과적인 마케팅의사결정을 위해 마케터는 현시점에 내린 마케팅의사결정에 대한 효과와 더불어, 마케팅환경이 역동적으로 변화하기 때문에 마케팅의사결정을 여러 가지 수준에서 계속적으로 재평가하고 수정 · 보완해야 한다.

1.3 마케팅환경의 구성요소

환경탐색과정을 거쳐서 탐색해야 할 마케팅환경 요소들은 기업활동에 영향을 미치는 모든 요소들의 집합체로서, 크게 미시적 환경과 거시적 환경으로 구분된다. 기업의 미시적 환경은 기업내부, 고객시장, 공급업체, 마케팅 중개기관, 경쟁업체, 공중 등을 나타내며, 거시적 환경은 사회 · 문화적, 경제적, 정치 · 법률적, 기술적, 경쟁적 환경 등을 말한다.

마케팅환경과 관련해서 [그림 4-2]에 나타나 있는 바와 같이, 미시적 환경과 거시적 환

그림 4-2 미시적 환경과 거시적 환경요인

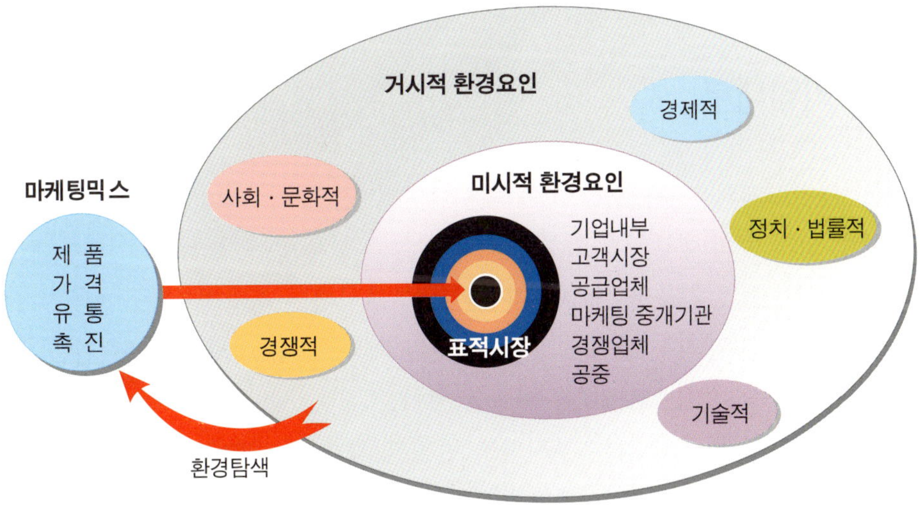

경요인들은 기업이 통제하기가 불가능한 요소들로서, 표적시장(target markets)의 새로운 변화를 계속적으로 창출하고 전개해 나갈 것이다. 이러한 표적시장의 변화와 시장이 성숙해감에 따라 일부 신규 소비자들이 표적시장의 일부가 되기도 하지만, 또 다른 일부는 다른 경쟁제품이나 다른 시장으로 이탈해 나갈 수도 있다. 기존에 남아 있는 소비자들이라고 해도 본래 표적시장의 소비자들보다도 다른 욕구, 수입, 라이프스타일, 구매습관 등을 가지고 있을 수도 있다. 그래서 마케터들은 표적시장에 영향을 미칠 수 있는 통제가능한 변수인 제품, 가격, 유통, 촉진 등의 독특한 결합으로 마케팅믹스 전략을 수립하고, 특정 잠재고객에게 소구할 수 있도록 계획되어져 있어야 한다. 그리고 상황변화에 따라 전략을 재수립하고 적절하게 대응해 나갈 수 있어야 한다.

02 미시적 환경요인

미시적 환경은 기업과 밀접한 관계를 가지면서 기업의 마케팅활동에 영향을 줄 수 있고, 고객과 상호작용을 하면서 교환관계를 구축하고 유지하며, 발전시키는데 직접적으로 영향을 미치는 조직 및 세력들로 구성되어 있다. 미시적 환경요인으로는 기업내부, 고객시장, 공급업체, 마케팅 중개기관, 경쟁업체, 공중 등의 환경요인들로 구성되어 있는데, 각 요인들이 마케팅전략의 계획과 실행에 어떠한 영향을 미치는지에 관해서 살펴본다.

2.1 기업내부

마케팅전략계획을 수립하는 마케터는 기업의 문화, 기업이미지, 인적자원, 재무자원, 생산설비, 입지 등의 내부환경 요인에 의해 영향을 받을 수 있으며, 기업내부에 있는 다른 부서의 영향을 받지 않을 수 없다. 기업의 내부부서에는 최고경영층, 인사부, 재무부, 생산부, 연구개발부, 경리부 등이 포함된다. 이런 내부부서는 마케팅전략계획을 수립하고 실행하는데, 영향을 미치는 기업내부 환경요인이다.

마케터는 기업내부의 다른 부서와도 긴밀한 상호 협조관계를 잘 유지해야 하는 경우가 많다. 예를 들어, 재무부는 마케팅계획을 실행하는데 필요한 자금을 조달하고 배분하기 위해 마케팅부서와 긴밀한 협조관계를 잘 유지해야 한다. 생산부는 마케팅부서가 원하는 제품의 기능, 디자인, 품질과 수량을 생산하기 위해서 협조해야 한다. 인사부는 마케팅부서가 시장에서 원활하게 활동할 수 있도록 필요한 인력을 채용하고, 교육 · 훈련해서 적재적소에 배치하는 것과 관련해서 협조관계를 잘 유지해야 한다. 연구개발부서는 마케팅부서가 시장의 소비자들의 필요와 욕구를 파악하고, 이를 충족시키기 위해 필요로 하는 제품을 연구하고 개발하기 위해서는 마케팅부서와 긴밀한 협조관계를 유지해야 한다.

이와 같이, 기업의 모든 내부부서들은 마케팅부서에서 수립하는 전략과 실행에 많은 영향을 미칠 수 있기 때문에, 마케터는 이들 내부부서와의 상호 협조관계를 잘 유지할 수 있도록 해야 한다.

2.2 고객시장

일반적으로 기업의 고객시장(customer markets)은 최종 소비자시장을 비롯해서 산업시장, 재판매업자시장, 정부시장, 국제시장 등 여러 시장들이 있다. 대부분의 기업들은 적절한 재화와 서비스로 한 개 혹은 그 이상의 고객시장의 욕구를 충족시키려고 노력하면서 기업활동을 수행한다. 이러한 고객시장들은 그 특성에 따라 서로 다른 시장의 욕구와 필요를 갖고 있기 때문에, 마케터들은 각 시장과 관련된 마케팅전략에 필요한 의사결정시에 주의를 기울여야 한다.

- 소비자시장(consumer markets) : 최종 소비를 목적으로 특정 제품이나 서비스를 구매하는 개인이나 가정들로 구성되어 있다.
- 산업시장(business markets) : 기업에서 가공이나 생산하는 제품이나 서비스에 투입하거나 이용하기 위해 구매하는 개인이나 조직들로 구성되어 있다.
- 재판매업자시장(reseller markets) : 구매한 제품을 이익을 남기고 재판매하거나 임대를 목적으로 제품이나 서비스를 구매하는 개인이나 기업들로 구성되어 있다.
- 정부시장(government markets) : 정부 혹은 공공기관이 주요 기능을 수행하기 위하여 제품이나 서비스를 구매하거나 임차하는 모든 정부기관 및 지방자치단체들로 구성되어 있다.
- 국제시장(international markets) : 해외에 있는 소비자, 산업, 재판매업자와 정부 등을 포함한 모든 시장의 구매자들로 구성되어 있다.

2.3 공급업체

공급업체는 기업이 제품이나 서비스를 생산하는데 필요한 원재료, 부품, 설비, 반제품, 완제품 및 기타 자원 등을 제공하는 개인이나 조직을 말한다. 대부분의 기업들은 다양한 공급업체들로부터 원재료, 부품 및 설비 등을 공급받아 제품이나 서비스를 생산하고 소비자들에게 판매한다. 그리고 공급업체들이 시장의 욕구를 조절하는 역할을 수행하기도 하며, 때로는 제한된 자원을 독점적으로 소유하고 있으며, 제품 및 서비스를 유지하고 보수하는 데에도 크게 영향을 주기도 한다. 따라서 기업이 공급업체를 효과적으로 선정하고 관리하는 것은 매우 중요하다.

일반적으로 기업이 공급업자를 선정할 때, 가장 중요하게 생각하는 항목들은 제품이나 서비스의 품질, 약속시간 내 배달, 기업의 도덕성, 경쟁적 가격 등이 있다. 그 외에 중요한 항목들로는 고장수리능력, 기술적 협조 및 조언, 지리적 위치, 회사의 경력, 명성, 제품의 유용성, 반품처리방법 등이 있으며, 이들 각 항목별 기준을 가지고 공급업체를 분석하고 선정한다.

이와 같이, 기업의 우수한 공급업체 선정은 마케팅전략에 매우 중요한 영향을 줄 뿐만 아니라, 이들과의 호의적인 관계를 유지하는 것은 기업경영에 필수적이다. 전 세계에서 최상의 제품은 그것을 만드는데 필요한 자원이나 부품을 이용하지 않고는 세계시장에서 판매할 수도 없다.것을 만드는데 필요한 자원이나 부품을 이용하지 않고는 세계시장에서 판매할 수도 없다.

2.4 마케팅 중개기관

마케팅 중개기관(marketing intermediaries)은 기업의 제품이나 서비스를 고객에게 판매, 촉진하거나 유통시키는 일을 하는 중간상, 물적유통회사, 마케팅 서비스기관 및 금융기관 등의 개인이나 기업들을 말한다.

유통경로 상에 있는 중간상은 제조업체로부터 제품을 구매하여 재판매하는 도매상과 소매상을 말한다. 제조업체가 유능한 중간상을 선정하고 그들과 우호적인 협조관계를 구축하는 것은 매우 중요한 일이며, 이는 기업의 매출액과 수익에 상당한 영향을 미칠 수 있다. 그리고 물적유통회사는 기업이 생산한 제품이나 서비스를 생산지에서 소비자로 이동시키는 데 필요한 저장이나 운송을 지원해준다. 물적유통회사에는 창고회사와 운송회사들이 있는데, 창고회사는 보관창고와 물류센터를 갖고, 제품이 목적지로 출발할 때까지 보관을 담당하고, 운송회사는 철도, 트럭, 상선, 화물수송기 및 파이프라인 등을 이용하여 제조업체를 지원한다. 그래서 기업은 비용과 배달속도 및 안전성 등을 종합적으로 고려하여 보관 및 수송방법을 결정해야 한다.

마케팅전략을 계획하고 실행하는데 계속 도움을 줄 수 있는 마케팅 서비스기관에는 마케팅조사회사, 광고대행사, 매체사, 경영컨설팅업체 등과 같은 서비스기관들이 있다. 이들은 주로 특정 기업의 표적시장선정과 촉진활동을 지원한다. 이러한 서비스기관은 창의성, 서비스내용이나 질적 수준, 가격 등 여러 가지 면에서 많은 차이가 있기 때문에, 기업이 마케팅 서비스기관의 도움을 받기 위해서는 매우 신중을 기해서 종합적으로 고려하여 선정하도록 해야 한다. 또한 대부분의 기업들은 신용이나 보험을 제공함으로써 기업활동에 재정적인 도움을 제공해주는 은행, 신용회사 혹은 보험회사 등과 같은 금융기관에도 많은 의존을 한다.

2.5 경쟁업체

기업들은 표적시장에서 서로 다른 형태의 경쟁에 직면하게 된다. 기업이 직면하게 되는 가장 명확한 경쟁형태는 브랜드경쟁(brand competition)이다. 브랜드경쟁은 유사한 제품이나 서비스를 제공하는 경쟁기업들이 브랜드의 평판이나 지각된 효익을 바탕으로 소비자들에게 경쟁하는 마케팅 상황을 말한다. 예를 들어, 최근에 원두기피에 대한 소비자들의 수요가 크게 늘어남에 따라 브랜드커피 전문점시장도 시장경쟁이 점차 치열해 지고 있는데, 소비자들은 스타벅스, 커피빈, 파스쿠치, 엔제리너스커피, 할리스커피, 탐앤탐스, 투썸플레이스, 이디야, 플래시커피 중에서 특정 브랜드커피를 선택할 수도 있을 것이다.

그러나 경쟁의 차원은 반드시 브랜드나 기업수준에서만 나타나는 것은 아니다. 즉 모든 제품은 잠재소비자들이 갖고 있는 기본적인 욕구를 충족시키기 위한 수단으로 여러 가지 형태를 취할 수 있을 것이다. 이와 같은 경쟁형태는 제품경쟁(product competition)이다. 제품경쟁은 매우 다른 제품을 제공하는 경쟁업체들이 동일한 소비자의 욕구나 필요를 충족시켜주기 위해 경쟁하는 마케팅상황을 말한다. 예를 들어, 운동에 관심이 있는 소비자가 휘트니스 클럽에 참가할 수도 있고, 그렇지 않으면 트레드밀(런닝머신)을 구매할 수도 있다. 또한 갈증을 느끼는 소비자의 경우는 갈증을 해소할 수 있는 여러 가지 대안들 중에는 콜라, 사이다 등의 청량음료와 맥주, 포도주 등 알코올 음료뿐만 아니라 생수, 우유, 주스 등도 포함될 수 있을 것이다. 이러한 제품들은 갈증해소라는 본원적 효익을 제공할 수 있

광고 4-1 **커피빈, 투썸플레이스, 플래시커피 등 브랜드커피 광고**

는 음료시장 전체를 나타내는 포괄적 경쟁자(generic competitors)라고 할 수 있다. 따라서 잠재소비자들은 어떤 관점에서 의사결정을 하느냐에 따라 이러한 제품들을 모두 고려할 것이며, 비록 형태는 다를지라도 각 제품은 잠재소비자들의 선택을 받기 위해 서로 경쟁하고 있다고 할 수 있다. 그래서 마케터는 브랜드나 기업수준에서만 경쟁을 인식하지 말고 기본적인 욕구수준에서도 경쟁을 인식함으로써 새로운 기회와 시장잠식의 가능성을 탐색하고 예의주시해서 대응할 수 있어야 할 것이다.

하지만, 최근에 경쟁업체를 보는 시각도 점차 달라지고 있다. 즉 소비자의 욕구나 필요에 따라 경쟁개념을 다시 생각해야 한다는 것이다. 결국 소비자의 욕구를 충족시켜줘야 한다면, 어떤 업종도 서로 경쟁자가 될 수 있다는 것이다. 이런 관점에서 라이프셰어(life share) 개념이 중요하게 인식되고 있다. 라이프셰어 측면에서는 소비자의 일상을 공유하는 모든 게 시장에서의 경쟁구조를 형성하기 때문에 동일업종의 제품 간 경쟁을 넘어 소비자가 같은 시간이나 상황에서 사용하는 모든 게 경쟁자라는 개념이다. 다시 말해서, 기존 시장 안에서 자사의 제품몫을 늘리는 시장점유율(market share)시대에서, 소비자마음에 자사

광고 4-2 **신세계 스타필드 광고**

브랜드를 인식시키는 마인드셰어(mind share)를 넘어, 이제는 점차 소비자의 일상을 점유하는 라이프셰어(life share)가 중요해지고 있다. 예컨대 주말오후를 보내기 위해 집에서 TV를 시청할지, 외식을 할지, 아니면 야외로 나가 캠핑을 할지, 아니면 테마파크에 갈지, 선택의 폭은 넓지만 소비자가 결국 선택할 수 있는 건 한 가지밖에 없다는 것이다. 그러니 TV나 외식업체 · 캠핑업체 · 테마파크 등이 모두 경쟁자인 셈이다. 이런 점에서 신세계그룹에서 신개념을 접목시킨 유통업체인 '스타필드'는 쇼핑과 식사, 레저, 영화, 공연 등 엔터테인먼트를 결합한 테마파크같은 복합쇼핑몰로서 기존의 복합쇼핑몰뿐만 아니라, 테마파크 · 야구장 등을 주 경쟁상대로 보고 있다. 그리고 캠핑업체 콜맨의 경우에 집밖에서 즐기는 모든 엔터테인먼트, 즉 영화관 · 테마파크 · 대형마트 · 야구장 등이 경쟁업체가 될 수 있으며, 메가박스 영화관은 캠핑업체와 함께 테마파크 · 야구장 등이 새로운 경쟁업체로 볼 수도 있다. 따라서 기업은 자사가 공급하는 제품이 무엇이냐 보다는 소비자가 뭘 원하느냐에 초점을 맞춰 경쟁자를 찾아야 하는 이유다.

2.6 공 중

기업의 마케팅환경은 다양한 공중을 포함하고 있는데, 공중(public)은 조직이나 조직의 목적에 현재 혹은 잠재적 이해관계를 갖고 있거나 영향을 미치는 모든 집단을 말한다. 이러한 집단에는 금융기관, 언론매체, 정부기관, 시민행동단체, 지역사회단체, 일반공중, 그리고 내부공중 등과 같은 집단들이 포함된다. 기업은 고객시장뿐만 아니라 중요한 공중에 대해서도 마케팅계획을 수립하여야 한다.

- **금융기관**: 기업의 자금조달능력에 영향을 미치는 집단으로 은행, 투자회사, 증권회사, 주주 등이 포함된다. 기업은 금융관련 단체에 기업의 재무상태에 대한 연간보고서를 발행하거나 정보를 제공함으로써 보다 우호적인 유대관계를 유지해야 한다.
- **언론매체**: 뉴스, 특집기사, 사설 등을 통해 의견이나 정보를 제공해 주는 공중을 말하며, 신문, 잡지, 라디오, TV 등이 포함된다. 기업은 기자회견이나 뉴스보도자료 등을 통해 정보를 제공하면서 언론매체가 기업의 목적달성에 긍정적인 영향을 미칠 수 있도록 노력하여야 한다.
- **정부기관**: 기업은 정부의 정책변화와 각종 법률규정의 제정은 기업의 마케팅전략계획과 활동에 크게 영향을 미칠 수 있기 때문에, 정부정책의 변화는 세밀히 분석하여 지속적으로 대응해야 한다.
- **시민행동단체**: 기업의 마케팅의사결정은 소비자단체, 환경운동단체, 기타 시민행동단체 등에 의해 영향을 받는다. 환경오염이나 제품의 안전성과 관련된 시민행동단체들의 활동은 마케팅의사결정에 크게 영향을 미치기 때문에 기업은 이들 단체들과의 긴밀한 유대관계를 맺으면서 기업활동을 전개해 나가야 한다.
- **지역사회단체**: 기업은 환경, 제품안전, 소수인종보호 등과 같은데 초점을 두고 있는 지역주민이나 여러 시민단체들의 관심사에 대해서도 민감해질 필요가 있다. 기업은 지역사회활동과 운동에 적극적으로 참여하면서 시민단체들과의 우호적인 관계를 개발하고 유지하는 것은 기업에 많은 이점을 제공한다. 첫째, 이들 집단의 관심사를 이해함으로써, 기업은 공동체사회에서 이들 집단의 호의를 얻을 수 있고, 사회적으로 책임있는 프로그램이나 업무들을 개발할 수 있다. 둘째, 기업이 이들 집단과 커뮤니케이션이 개선될 때, 그들은 어떤 문제가 발생되었을지라도 항의하기 보다는 변화를 추구하는 기업과 함께 일하려는 의욕이 더 커질 것이다.
- **일반공중**: 기업은 당해 기업의 활동과 제품에 대한 일반공중의 태도에 관심을 가져야

한다. 자사기업이나 제품에 대한 일반공중의 이미지는 그들의 구매행동에도 크게 영향을 미칠 수 있기 때문에, 호의적인 이미지를 형성할 수 있도록 적극적인 마케팅활동을 통해서 노력해야 한다.

- 내부공중:기업의 내부공중은 노동자, 관리자, 자원봉사자, 경영자, 이사 등이 포함된다. 기업은 내부공중의 태도나 감정이 외부공중에게 전파되기 때문에, 내부공중들이 만족하고 호의적인 감정을 가질 수 있도록 이들에게 정보를 제공하고 동기유발을 할 수 있도록 노력해야 한다.

03 거시적 환경요인

마케터에게 중요한 외부 거시적 환경요인들은 사회 · 문화적, 경제적, 정치 · 법률적, 기술적 그리고 경쟁적 환경요인 등과 같은 광범위한 환경들로 분류될 수 있다. 이러한 환경요인들을 분석함으로써, 마케터들은 환경으로부터 기회요인과 위협요인을 발견하여, 기회요인은 최대한 활용해서 마케팅의사결정에 반영하고, 위협요인은 최소화할 수 있는 방안을 모색하는데 그 목적을 두고 있다.

3.1 사회 · 문화적 환경

소비자시장 뿐만 아니라 산업시장에서도 사회 · 문화적 환경(socio-cultural environment)을 이해하는 것은 반드시 필요하다. 인구통계적 혹은 라이프스타일 추세변화에 대한 인식은 일반적으로 마케팅전략을 개발하는데 매우 중요한 일이다. 산업시장의 동인이 되는 것은 소비자시장이기 때문에 병원, 공항, 대학들에 제품이나 서비스를 판매하는 기업들에게는 마찬가지로 중요하다.

사회 · 문화적 요인은 연령, 인종, 종교, 성별, 관습, 가치관, 태도, 라이프스타일 등이 포함된다. 사회 · 문화적 요인들은 소비자들이 구매할 제품, 지불해야 할 가격, 특정한 프로모션의 효과 그리고 소비자들이 구매할 시기, 장소, 방법 등에 영향을 미친다. 마케터가 마케팅계획수립을 위해서 예측하고 영향을 파악하고 통합해야 하는 외부 환경요인들 중에서 가장 어려운 변수라고 할 수 있다. 따라서 기업의 마케팅활동에 영향을 주는 사회 · 문화적 환경요인에서는 인구통계적 요인과 문화적 요인을 중심으로 논의하려고 한다.

1. 인구통계적 요인

인구통계적 요인은 시장의 규모를 결정짓는 가장 기초적인 요인으로써, 인구성장률, 출생률, 연령, 성, 인구밀도, 소득, 종교, 관습, 가치관, 교육수준, 가족구성, 주거지역 등과 같은 측정가능한 인구특성 요인들을 포함한다. 인구통계적 연구에서 나타난 변화나 추세는 마케터들에게 가장 큰 관심사항이 되고 있다. 왜냐하면, 서로 다른 국가, 문화, 연령층, 가계패턴 등이 상이한 사람들은 서로 다른 구매행동을 나타내기 때문이다. 또한 이들과 관련된 자료들은 주택, 자동차, 가구 등 내구재에서부터 비누, 치약 등의 일상용품에 이르기까지 많은 제품들의 시장규모와 소비자의 특성을 예측하고 분석하는데 이용될 수 있기 때문이다.

총 인구수의 증감은 전체시장의 크기에 영향을 미치기 때문에, 기업의 경영활동에 기회요인과 위협요인을 동시에 제공하는 것이 된다. 우리나라의 총 인구추계치에 따르면, [그림 4-3]과 같이, 2020년의 총 인구수는 5,184만 명에서 완만히 감소하기 시작하여 2030년의 5,120만 명으로 감소한 후에 가속화되어 2070년 3,766만 명에 이를 전망이며, 인구성장률도 2020년도에 연평균 0.14% 증가에서 점차 감소추세를 보이면서 2030년에 0.03% 증가를 나타낸 후에 마이너스 성장을 예상하고 있다. 이러한 인구증가율의 둔화현상은 유아용품 관련 유아시장이나 나아가서 점차 어린이 시장이 위협을 받을 수도 있지만,

그림 4-3 총 인구 및 인구성장률 : 1960년 ~ 2070년

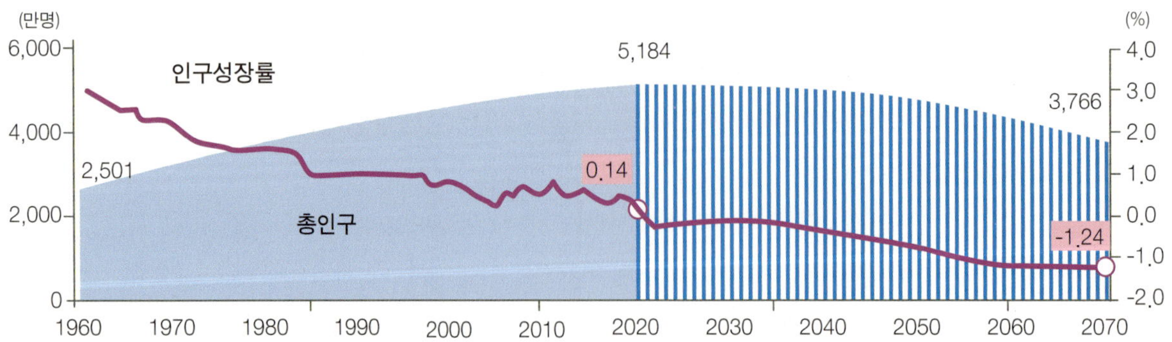

자료원 : 통계청, '21년 장래인구추계('20~'70년) 분석자료

그림 4-4 연령별 인구피라미드 구조 : 1960년, 2020년, 2070년

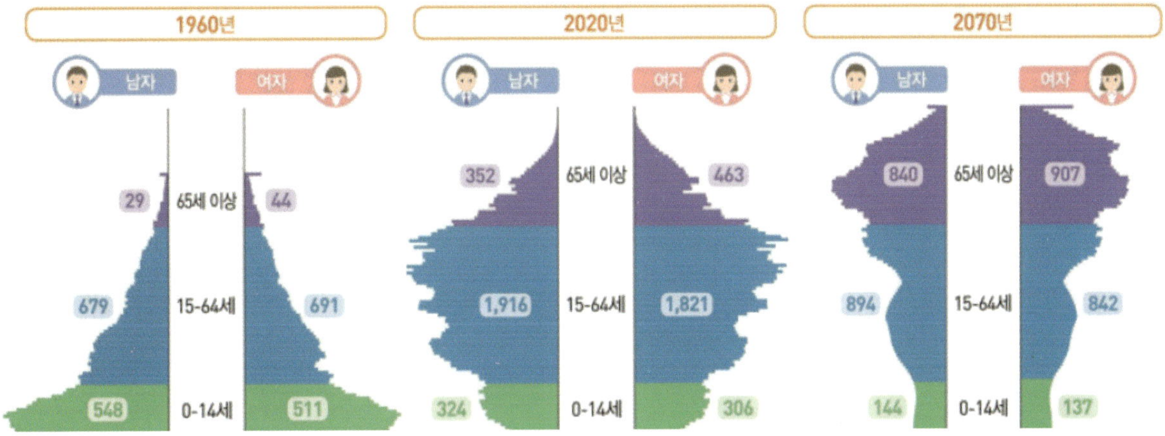

자료원 : https://blog.naver.com/kidari_papa/222591506590

반면에 젊은 부부들이 자녀의 수가 적기 때문에 여행, 외식, 레저 등 여가시간에 많은 시간을 할애할 수 있어 관련산업에 오히려 기회를 제공해 줄 수도 있다.

총 인구수나 인구증가율의 변화뿐만 아니라 각 연령별 인구구조의 변화도 기업의 마케팅 활동에 영향을 미칠 수 있다. 우리나라의 연령별 인구구조는 1960년대까지는 전형적인 피라미드 형태를 나타냈지만, 1980년대부터 다이아몬드형의 구조로 바뀌어 2000년도에 이르기까지 유지되었다. 2020년도의 인구구조는 [그림 4-4]에서 보는 바와 같이, 유아층의 비중이 줄어들고 경제활동층인 청년과 중년층의 비중이 늘어나는 항아리형 인구피라미드를 나타내고 있다. 그리고 2070년도 예상 인구구조를 보면 점차 노령인구가 두드러지게 많이 분포된 반면에, 유아나 청소년층은 물론이고 젊은층이 현격하게 줄어든 모습을 볼 수 있다. 이러한 현상은 소득수준의 증가와 의료기술의 향상으로 평균수명이 연장되어 고령인구가 증가하고 있으며, 관광산업이나 실버산업의 확대가 계속될 전망이다. 또한 출산율 감소로 인해 분유, 장난감, 기저귀 등 유아용품 시장이 줄어든다는 것을 의미하기 때문에, 기업의 마케팅전략은 제품의 양적인 확대보다는 질적인 개선을 통해 고급화전략을 수행하는 것이 더 바람직한 전략이 될 수 있다.

[그림 4-5]에서 보는 바와 같이, 14세 이하 유소년인구비중은 출산율둔화 등으로 2020년도 12.2%로 계속 낮아지고 있고 2040년에는 8.8%에 이를 것으로 예상하고 있다. 그리고 65세 이상 인구비중은 계속 높아져 이미 '고령화사회'에 진입하여 2020년에는 고령인구가 15.7%를 차지하고 있고, 2040년에는 34.4%에 다다를 것으로 추정하고 있다. 따라서

그림 4-5 연령별 인구구조와 인구구성비 : 1960년 ~ 2070년

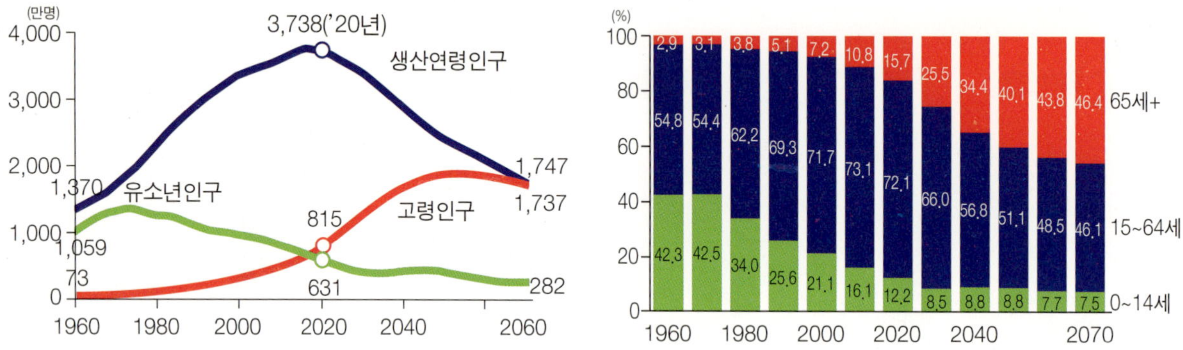

자료원 : 통계청, '21년 장래인구추계('20~'70년) 분석자료

건강식품, 효도관광상품, 실버타운, 노후보험 등 노인층을 대상으로 하는 시니어마켓(senior market)은 그 수요가 크게 증가할 것으로 예상된다.

또한 최근 우리나라의 미혼율과 이혼율의 증가는 독신가구의 증가와 같은 다양한 형태의 가족구조를 나타내는 요인으로 이러한 현상의 지속은 출산율의 감소, 가족에 의한 아동과 노인의 부양능력 감소 등 여러 가지 사회현상으로 나타날 수 있을 뿐만 아니라, 소비자의 소비패턴에도 영향을 미치는 중요한 인구통계적 요소이다. 미혼이나 이혼으로 인한 젊은 독신자들의 증가는 나름대로의 독특한 라이프스타일을 형성하고 있기 때문에, 인스턴트식품, 시간절약형 제품, 레저와 오락 등에 대한 구매를 증가시키고 있다. 그리고 그들의 여가 시간활용도 대부분 헬스클럽에서 운동을 하거나 영화 · 콘서트 · 연극을 관람하러 가거나, 술을 마시거나 할 것이다. 그러나 어린자녀를 둔 가족들은 건강에 좋은 음식이나 과일주스 등의 다량구매자가 될 것이지만, 노인부모를 모시고 있거나 자녀들이 다 성장한 가족들은 다이어트관련 음식들을 더 많이 구매할 것이다. 그리고 집수리나 보수와 관련된 서비스는 노부부나 독신가정에서 많이 이용될 것이다.

이밖에도 인구통계적인 변수들 중에서 중요한 몇 가지 변수들을 살펴보면, 사회계층과 소득, 인종과 민족 등이 있다. 사회계층이 같은 그룹에 속해 있는 사람들은 사회공동체에서 소득이나 사회적인 지위가 대체로 유사하다. 그들은 비슷한 직업을 가지고 있으며, 음악, 의류, 예술적인 취향이 유사한 경향을 나타내며, 그들의 생활양식에서 가치관이나 사고 등에서 많은 부분을 공유하면서 사회화경향을 나타내고 있다. 그리고 소득측면에서 볼 때, 이들 사회계층 간의 소득분배는 마케터들에게 중요한 관심사가 되고있는데, 이는 가장 큰 구매력과 시장잠재력을 가진 집단이 어떤 집단인지를 결정하는데 중요한 변수가 되기

때문이다.

인구통계적 요소로서 인종과 민족도 중요한 변수로 고려될 수 있다. 미국의 경우 다인종 다민족국가로서 특히 아프리카계, 히스패닉계, 아시아계 미국인들은 미국 내에서 가장 빠르게 성장하고 있는 민족이다. 그리고 우리나라의 경우에도 2020년도 인구통계조사에 따르면, 국내체류 외국인의 수가 약 214만 6천 명으로 총인구의 4.1%를 차지하고 있다. 이는 2007년 외국국적 동포에 대한 방문취업제 시행 이후에 중국계(한국계 중국인, 중국, 대만 포함) 외국인이 많이 늘어서 44.2%(약 74만 9천 명)을 차지하고 있으며, 이를 필두로 등록외국인 수가 빠르게 증가하고 있다. 그리고 다문화가구는 37만 가구로 일반가구 중에서 1.8%이며, 가구원은 109만 명으로 총인구의 2.1%를 차지하고 있다. 이는 한국사회가 점차 급속도로 다인종 · 다문화사회로 나아가고 있는 것으로 분석되었다. 따라서 중국(조선족 포함)을 비롯해 미국과 러시아, 베트남, 필리핀 그리고 태국 등 동남아시아 사람들이 국내에 많이 체류하고 있기 때문에 인종이나 민족과 같은 인구통계적 변수도 마케팅전략수립에 중요하다. 우리 사회가 점차 다양한 인종과 민족으로 구성되기 때문에 더욱 복잡한 문화적 특성을 나타내고 있으며, 이는 특정 인종과 민족에 맞는 특화된 제품과 서비스를 제공할 수 있는 마케팅기회로서 활용되기도 한다.

2. 문화적 요인

문화적 요인은 마케터들이 효과적인 마케팅계획과 전략을 수립하기 위해서 시행하는 여러 환경요인들을 예측하고, 어떠한 영향을 미치는 지에 대해 평가하고 통합하는데 가장 어려운 외부환경변수들 중에 하나라고 할 수 있다. 특정 사회에서 구성원들이 성장하며, 그 사회에서 형성되는 태도 및 신념, 풍속, 관습, 종교, 가치관, 라이프스타일 등이 문화적 환경요인에 포함된다. 이러한 문화적 환경요인들은 소비자들이 구매하는 제품이나 가격, 스타일을 비롯해서 촉진의 영향이나 소비자 구매행동에도 가장 크게 영향을 미칠 수 있다. 문화적 환경요인은 단기적으로는 비교적 안정적이지만 장기적으로 보면 다른 여러 가지 환경요인들과 마찬가지로 꾸준히 변화하는 모습을 나타내고 있다. 더욱이 최근의 문화적인 진보속도는 더욱 빨라지고 있기 때문에 마케터들은 보다 신속히 대응해야 할 것이다.

문화는 일반적으로 전체 문화속에 여러 개의 하위문화(subcultures)들이 구성되어 있는데, 구분에 따라 크게는 동 · 서양문화가 있으며, 각 국가별로 구분이 되는 하위문화가 있다. 예를 들면, 최근 한국이나 일본의 청년들 사이에서 나타나고 있는 하위문화로 오타쿠(덕후), 갸루, 클러버, 힙합퍼, 폭주족/라이너 등이 있다. 이들 하위문화들은 이미지, 실루

광고 4-3 일본의 청년하위문화 스타일 : 오타쿠, 갸루

엣, 대담한 색상과 컬러풀한 의상, 독특한 아이템, 장신구, 상징적인 스타일코드 등에서 자신들만의 독특한 문화를 표현하고 가치관, 습관, 정체성 등을 나타내고 있다. 이러한 문화적 환경은 국가와 같은 큰 집단사이에서 차이를 주로 보이지만 한 국가, 한 도시 내에서도 인종과 민족, 연령, 지역, 종교 등의 차이에 따라 비교적 이질적인 집단 간에 큰 차이를 보이는 경우가 많다. 미국의 경우 인종별, 소수민족별로 문화적인 차이가 두드러지게 나타나고 있으며, 우리나라의 경우도 연령별, 지역별, 사회계층별로 의식주 문화가 많은 차이를 보이는 경우가 있다. 특정 집단 내 하위문화가 다양하게 발달되어 사회전체의 문화를 형성하고 있기 때문에 각 하위문화별 구성원들의 문화적 특성을 이해하고 관심을 가지지 않고는 그 문화권에 속해 있는 소비자들의 구매행동과 특성을 이해하고 예측한다는 것은 매우 어렵다고 할 수 있다.

3.2 경제적 환경

사회 · 문화적 환경요인과 더불어 마케터들은 경제적 환경을 이해하고 대응해야 한다. 매력적인 시장이 되려면 소비자 수뿐만 아니라, 소비자의 욕구와 필요를 만족시켜줄 수 있는 충분한 구매력을 갖고 있어야 한다. 이러한 사실은 많은 개발도상국에서도 알 수 있듯이 인구가 많고 인구성장률이 높다는 것만으로는 매력적인 시장기회를 확보할 수 없다. 소비자들이 제품과 서비스를 구매할 수 있는 구매력이 중요한 요인인데, 경제적 환경은 소비자의 구매력과 소비패턴에 영향을 미치는 요소들로 구성되어 있다.

대부분의 마케터들이 관심을 가지는 주요 경제적인 관심분야는 경기순환, 소득수준, 인플레이션, 이자율, 환율 등이 있다.

1. 경기순환

기업이 경영활동을 하는 국가의 경제상태는 마케팅계획을 성공적으로 수행하는데 필수적이다. 경기순환은 일반적으로 호황기, 불황기, 회복기 등 경제의 변화패턴을 거치게 된다. 호황기에는 일반적으로 수요상황, 고용과 소득수준이 높기 때문에 기업은 적극적인 투자와 신제품개발을 통해서 신시장개척과 마케팅활동을 통해서 시장확대와 매출액 증대를 위해 노력하는 경향이 높다. 그리고 불황기에는 수요상황, 고용과 소득수준이 낮기 때문에, 기업은 적극적인 투자보다는 구조조정을 통해서 비용을 줄이고 안정적인 수익확보를 위해 노력할 것이고, 소비자들 역시 미래의 불확실성 때문에 소비지출감소와 구매욕구감소로 인해 전반적인 가계지출을 줄이게 될 것이다. 회복기는 경기침체에서 점차 회복되어 가는 시점이기 때문에 전반적으로 기업의 생산도 점차 개선되어 증가되고, 실업률은 낮아지며 소득도 증가해 가는 추세에 있다. 그리고 기업은 매출과 수익의 증대를 꾀하기 위해 점차 마케팅활동을 적극적으로 확대해 가는 노력을 꾀할 것이고, 개인은 가처분소득이 개선됨으로 해서 소비에 대한 지출을 늘려갈 것이다. 따라서 마케터로서는 이러한 경기순환지표를 마케팅계획과 전략수립에 어떻게 잘 활용하는가는 대단히 중요한 문제가 될 것이다.

2. 소득수준

소비자들의 소득수준의 변화와 그에 따른 소비구조의 변화 그리고 실업률은 기업의 마케팅활동에 큰 영향을 미치는 경제적인 환경요인이다. 우리나라 국민의 생활수준을 나타내는 1인당 국민총소득(GNI) 수준은 2020년 통계자료에 의하면, 3만 1,880달러를 기록하였으며, 2021년 말에는 3만 5,000달러를 돌파해 역대 최대치를 전망하고 있다. 이처럼 1인당 국민소득이 급증할 것으로 추정되는 것은 이를 구성하는 실질 경제성장률, 물가(GDP디플레이터), 원화 가치 등 세 가지 지표가 모두 지난해 대비 큰폭올라간 결과라고 할 수 있다. 국민경제 전체가 소비나 저축으로 자유롭게 처분할 수 있는 소득규모인 국민가처분 소득이 증가하기 때문에 대부분의 가정과 개별 소비자들이 높은 구매력과 구매의욕을 갖고 만족할만한 생활을 할 수 있는 여유를 가질 수 있다. 특히 고소득층은 경제적인 여건변화에 크게 민감하지 않아서 특별한 구매력을 가지지만, 소득이 증가하면 고급제품시장 뿐만 아니라 사치성 소비제품시장의 주류를 이루어 수요층이 증대된다. 하지만, 저소득층은 식료품이나 의류와 같은 기본적인 생활필수품에 대한 수요층이 증대되기 때문에 시장이 더욱 활성화된다. 반면에 이러한 국민소득이 감소하는 경우에는 소비자들이 수입에서 저축과 세금 등을 제외한 부분이 시장의 수요로 전환되기 때문에, 소득의 감소는 소비자의 구매력에 영향을 주고, 시장의 규모를 결정짓는데 중요한 요인이다.

3.3 정치 · 법률적 환경

정치 · 법률적 환경요인은 다른 환경요인과 마찬가지로 전반적인 마케팅믹스 활동과 마케팅전략을 수행할 때에도 많은 영향을 미친다. 이러한 정치 · 법률적인 환경요소에는 국제정치 환경뿐만 아니라 특정 사회의 조직이나 개인에게 영향을 미치거나 이들의 활동에 제한을 가하는 법률, 정부의 정책 및 규제, 각종 정부기관의 방침 그리고 기타 압력단체들이 모두 정치 · 법률적인 환경을 구성하는 요소들이다.

정부가 법률을 통해 기업의 활동을 규제하는 데는 몇 가지 목적을 두고 있다. 첫째는 자유시장경제에서 기업 간의 경쟁은 권장하지만, 불공정한 경쟁상황이 발생했을 경우 중립적인 입장에서 기업상호 간의 보호를 위한 것이다. 예를 들어, 우리나라의 경우는 기업의 시장지배적 지위남용과 부당한 공동행위 및 불공정거래행위를 규제하는 독점규제 및 공정거래에 관한 법률, 하도급 공정화에 관한 법, 부정경쟁방지법 등이 시행되고 있다. 둘째는 불량제품 생산, 과대 · 허위표시광고, 가격조작 등 비윤리적인 행위를 통한 불공정한 기업관행이나 태도로부터 소비자를 보호할 목적으로 하고 있다. 예를 들어, 물가안정 및 공정거래에 관한 법률, 식품위생법, 소비자보호법 등이 소비자보호와 소비자권익을 위해 시행되고 있다. 그리고 셋째는 기업이 수익창출을 위해 수행하는 자의적인 기업활동으로부터 파생되는 공해와 수질환경오염, 소비자건강 · 복지 등과 관련된 사회적 비용을 부담하지 않고 사회에 전가하는 경우가 많은데, 이런 부분에 대해 법률을 통해서 사회이익을 보호하는데 목적이 있다. 예를 들어, 환경정책법, 공해방지법, 수질오염방지법 등은 자연환경을 보호하고 장기적인 소비자복지를 향상시키기 위한 목적으로 시행되고 있다.

정치 · 법률적 환경은 기업의 활동을 규제하는데 대부분 목적을 두고 있지만, 중소기업 창업을 지원하기 위한 중소기업창업지원법, 특허나 기타 지적재산권을 보호하기 위한 법률, 벤처기업육성을 위한 특별조치법 등이 있다. 그리고 기업의 거시적인 환경변화에 따라 여러 가지 새로운 법적규제가 새로 제정되기도 하였다. 예를 들어, 기업의 유통관련 법률에는 가격규제에 관한 법률, 백화점과 대형유통점 등의 할인판매기간에 관한 법 등이 있으며, 수입농산물의 질적규제와 소비자보호를 목적으로 하는 원산지표기법, 본사 사옥이나 백화점과 대형유통점 등 교통혼잡을 야기시키는 경우에 교통유발 분담금을 지불해야 하는 법적규제를 받게 된다.

3.4 기술적 환경

제품이나 서비스를 생산하는데 필요한 산업기술의 발달은 소비자의 욕구를 충족시키기 위하여 새로운 기술을 사용하게 되는 모든 기업들에게 중요한 마케팅기회를 제공한다. 지난 수 년 동안 산업기술, 특히 컴퓨터기술과 디지털전자공학, 우주공학, 유전공학 등의 산업기술분야는 인류의 생활자체를 변화시킬 만큼 발전하고 있다. 그래서 기업들은 국내·외에서 발생하는 기술정보에 많은 관심을 갖고 이에 대응하여 연구개발부분에 많은 투자를 하고 있다.

최근 국내의 기술수준이나 기술개발에 대한 투자비중은 선진국과 비슷한 수준에 이르렀으며, 우리나라의 총 연구개발비(R&D) 규모는 93조 717억 원(2020년 말 기준)으로 전년대비 약 4조 246억원(4.5%) 증가한 것으로 나타났는데, 이는 OECD국가 중에서 5위 수준이다. 국내총생산(GDP) 대비 연구개발비(R&D) 비중은 전년대비 0.19%p 증가한 4.81%로 나타났는데, 이는 OECD국가 중에서 세계 2위 수준으로 여전히 높은 수준이라고 할 수 있다.

이러한 지속적인 연구개발부분의 투자로 인해 국·내외의 과학기술분야에 지속적인 성장과 기술진보를 했다. 또한 급속한 기술진보는 마케터에게 기술지향적인 사고를 가져야 함을 시사하고 있다. 예컨대 정보통신기술의 발달로 기업은 자사의 제품을 시장에 신속하고 편리하게 제공해주고, 소비자들이 가장 적합한 방식으로 구매할 수 있게 해 준다. 그리고 신기술의 발전은 산업 및 기업, 제품의 영역을 확장시켜 주기도 한다. 예를 들면, CES 2022에서 삼성은 AI 아바타와 삼성 봇을 통해 개인의 경험이 디지털과 현실 세계 간 경계없이 연결되는 '사용자맞춤형 미래 홈(Personalized & Intelligent Future Home)'을 제안하

광고 4-4 삼성의 '삼성 봇 아이'와 '삼성 봇 핸디', LG전자의 LG클로이 통합배송로봇 광고

고 있다. 이는 집을 하나의 메타버스와 같은 디지털세계로 형상화하고, AI 아바타가 현실세계에서의 고객위치를 초광대역통신(UWB) 위치인식기술로 파악해 가장 가까이에 있는 스마트 기기를 통해 고객과 상호 연결되도록 하는 개념이다. 그리고 인터랙션 로봇인 '삼성 봇 아이(Samsung Bot i)'와 가사 보조로봇인 '삼성 봇 핸디(Samsung Bot Handy)'를 전시해 사용자의 영상회의를 준비해주거나 저녁식사를 위한 테이블세팅을 해주는 등의 시나리오를 선보이고 있다. 삼성 봇 아이(Samsung Bot i)는 밸런싱 제어기술을 기반으로 한 인터랙션 로봇으로 동적이고 살아 있는 모션으로 생명체같은 움직임을 보여준다. 사용자 곁에 있을 땐 함께 이동하며 다양한 일을 서포트 해주고, 사용자와 떨어져 있을 땐 텔레프레전스(Telepresence) 기능을 통해 사용자를 대신해 다양한 일을 처리해 줄 수 있다. LG전자는 LG 클로이 가이드봇, LG 클로이 서브봇, 실내 · 외 통합배송로봇 등 5G와 인공지능을 접목한 로봇이 사람과 공존하며 삶을 더욱 안전하고 편리하게 만들어 주는 '미래의 더 나은 일상'을 소개했다.

또한, 두산로보틱스의 협동로봇은 스마트팜에서 자란 나무에서 사과를 수확하고 포장하는 모습을 선보였다.파종-관수-수확-포장-물류 등 식물의 탄생에서 배송까지 전 과정을 수행할 수 있는 로봇구현이 두산로보틱스의 최종목표다. 수소 드론 VTOL 기체는 최대 5시간 30분 비행이 가능하여 기존 배터리 드론의 다소 짧은 비행시간으로 불가능했던 넓은 지역의 점검, 장거리 물품배송 등의 임무들을 실행할 수 있게 되었다. 현대자동차의 로보틱스 비전은 사용자의 이동경험이 혁신적으로 확장되는 '메타모빌리티', 사물에 이동성이 부여된 'Mobility of Things(MoT)' 생태계, 인간을 위한 '지능형 로봇' 등으로 구체화된다. 특히 '메타모빌리티(Metamobility)'는 스마트 디바이스가 메타버스 플랫폼과 연결돼 인

광고 4-5 두산로보틱스의 협동로봇과 수소 드론 VTOL 광고

광고 4-6 현대자동차의 로보틱스, 메타모빌리티 광고

류의 이동범위가 가상공간으로 확장된다는 의미로, 이를 통해 사용자는 새로운 차원의 이동경험을 할 수 있다. 가상공간이 로봇을 매개로 현실과 연결되면 사용자는 마치 실제 현장에 있는 듯한 생생한 대리경험까지 가능하다고 한다.

따라서 특정 산업분야에서 신기술개발에 앞선 기업은 기업경쟁에서 항상 유리한 입장에 설 수 있다는 것이다. 그래서 마케터들은 기업경쟁상의 상대적 우위를 확보하고 잠재적인 기회를 찾기 위해서는 지속적인 기술적 환경을 탐색하여야 한다. 이와 같이 기술적인 환경변화는 신제품개발을 촉진시키고 신시장을 개척할 수 있는 새로운 마케팅기회를 제공하지만, 이에 대응하지 못하는 기업들에게는 기회라기보다는 오히려 위협요인으로 작용할 수도 있다. 즉 특정 산업에서 새로운 신기술이 개발되면 기존 기술은 낙후되어 급속하게 진부화과정을 거치게 되므로 시장에서 경쟁력을 잃게 된다. 이러한 현상은 경쟁이 치열하고 첨단하이테크 산업의 경우에 두드러지게 나타나는 현상이다. 그래서 신기술을 개발한 기업이나 개인은 독점력을 행사하려고 하기 때문에 관련 산업분야에서 자체 연구개발을 통해 새로운 기술개발을 위해 꾸준히 노력하지 못한다면 신기술을 도입하기 위해서는 그만큼 비싼로얄티를 대가로 지불해야 한다.

이러한 기술환경의 변화는 소비자의 라이프스타일, 가치관, 경제적 복지 등에 지대한 영향을 주지만, 반드시 긍정적인 측면만 가지고 있는 것은 아니다. 자연환경오염이나 문화적 공해, 기타 사회문제의 야기라는 부정적인 측면도 있다.

3.5 경쟁적 환경

경쟁적 환경은 자사기업과 유사한 고객들을 표적시장으로 하는 조직들로 구성되어 있으며, 경쟁적 환경의 영향은 기업이 직면해 있는 경쟁업체의 수, 경쟁업체의 상대적 규모, 산업 내에서의 상호의존의 정도 등에 따라 좌우된다고 할 수 있다. 기업은 경영활동을 통해서 기업이 처해 있는 경쟁적 환경을 거의 통제할 수 없지만, 격심한 경쟁적 환경에 직면해 있다고 할지라도, 혁신적인 기업은 생존하고 성공할 수도 있다.

경쟁적 환경은 경쟁의 형태에 따라 독점, 과점, 독점적 경쟁, 완전경쟁 등 네 가지 유형으로 구분된다.

첫째, 독점(monopoly)은 특정 욕구를 충족시켜주기 위해서 대체재를 제공하는 경쟁기업이 없이, 오직 한 개의 기업이 유일하게 시장을 통제할 때 존재한다. 따라서 독점기업은 품질좋은 서비스나 제품을 생산하거나 낮은 가격을 유지해야 하는 시장에서의 압박을 거의 받지 않는다. 이런 경우에 대개 기업의 활동은 정부의 규제를 받거나 통제하에 있기 때문에 마케팅노력은 일반기업들과 비교해볼 때 상대적으로 무의미할 정도로 낮다. 예를 들어, KT&G의 경우에는 담배 소비억제를 위해서 금연캠페인을 전개함으로써, 국민보건과 건강을 위해서 도리어 수요를 억제하는 방향으로 관리를 하고 있다.

둘째, 과점(oligopoly)은 실제적으로 상당한 시장점유율을 가진 소수의 판매자가 시장에서 경쟁을 하는 상태를 말한다. 전형적으로 이러한 기업들은 품질과 가격을 바탕으로 한 제품을 차별화시키는데 초점을 두고 있다. 예를 들어, 국내정유 산업의 경우에, GS칼텍스정유, SK이노베이션, S-Oil, 현대오일뱅크 등 정유 4사가 정유시장 전체를 지배하는 경향이 있다. 이들 기업들은 비록 시장점유율 확보를 위해 서로 간에 심하게 경쟁할지라도 때로는 그들 모두에게 이로운 판매환경을 위해서 종종 협력하는 경우도 있다.

셋째, 기업이 경영활동을 하고 있는 거시적 환경은 순수과점, 독점, 완전경쟁상태는 드물다. 대부분의 기업들은 시장에서 차별적인 마케팅믹스를 가지고 경쟁하고 있는데, 이를 독점적 경쟁(monopolistic competition) 상태라고 말하며, 가장 일반적인 경쟁형태라고 할 수 있다. 차별적인 마케팅믹스 요인으로는 제품뿐만 아니라 유통, 가격, 촉진 등 모든 마케팅믹스 요소들이 차별화수단이 될 수 있다. 예를 들어, 루이비통, 샤넬, 프라다, 에르메스, 구찌 등과 같은 유명 브랜드들은 시장에 경쟁자의 수가 상당히 많고, 그들 간의 치열한 경쟁을 이루고 있는 상황하에서도 시장에서 경쟁적 우위를 확보하기 위해서 차별화된 제품을 갖고 독특한 편익을 소비자들에게 제공하고 있다.

광고 4-7 **독점적 경쟁 : 루이비통, 샤넬, 프라다 광고**

마지막으로 완전경쟁(perfect competition)은 시장에 유사한 제품이나 서비스를 제공하는 수많은 기업들이 품질, 가격, 유통 등에서 크게 영향을 끼칠 수 없는 상태에서 경쟁을 하고 있는 상태를 말한다. 이런 상황하에서는 경쟁기업들의 수가 많아서 어떤 기업도 차별적인 우위를 누리기 어렵다. 따라서 시장에서 기업은 기본적으로 동일한 제품이나 서비스를 판매하고 소비자들은 어떤 제품이나 서비스가 별로 마음에 안 들면 쉽게 다른 것을 선택해서 구매할 수도 있다.

또한 기업의 경쟁적 환경은 경쟁형태뿐만 아니라 경쟁업체의 범위를 규정하는 것도 매우 중요한데, 경쟁은 반드시 동일한 상품군에서만 이루어지는 것이 아니기 때문에 경쟁업체의 범위는 대체재 및 유사제품까지 고려할 필요가 있다. 흔히 경쟁업체의 범위는 브랜드 경쟁업체와 제품 경쟁업체로 크게 두 가지를 들 수 있다. 우선 브랜드 경쟁업체들은 표적시장에 동일한 유형의 제품을 제공하는 경쟁업체로서 가장 직접적인 경쟁이다. 예를 들어, 잠뱅이 브랜드는 동일한 유형의 진 의류제품을 판매하는 Guess, Diesel, Wrangler, 뱅뱅, Levi's 등과 브랜드 경쟁업체들이다. 이런 기업들은 동일한 시장을 표적으로 하고 있으며, 표적시장의 동일한 소비자들을 대상으로 치열한 마케팅경쟁을 하려고 노력하고 있다.

제품 경쟁업체들은 동일한 일반적인 욕구를 만족시키기 위해 상이한 제품유형을 제공한다. 예를 들어, 도미노 피자의 경우 롯데리아, KFC, 맥도날드 등은 제품 경쟁업체들로서, 같은 유형의 패스트푸드로 소비자욕구를 충족시키려고 시도하지만, 다소 상이한 메뉴와 서비스를 제공한다. 도미노 피자의 브랜드 경쟁업체들은 피자헛, 시카고 피자, 미스터 피자 등이 될 수 있다.

대부분 기업의 경쟁적 환경은 격심하기 때문에 기업의 마케터들은 시장기회를 확인하고 효과적인 마케팅전략을 실행하기 위해서 자사제품이나 브랜드와 관련이 있는 제품경쟁업체와 브랜드 경쟁업체들을 명확하게 규명해야 한다.

04 마케팅 윤리

마케팅영역과 활동이 점차 확대되고 마케팅이 사회에 미치는 영향력이 커짐에 따라 이에 대한 사회적 비판이 높아지고 그 사회적 책임도 강조되고 있다. 마케팅에 대한 사회적 비판으로는 제품안전문제, 허위과장광고, 차별 및 기만가격, 마진과대, 기만, 강매 등 소비자에게 영향을 미치는 것, 물질만능주의 조장, 문화공해, 환경유해 등 사회에 영향을 미치는 것, 경쟁업체비방, 뇌물수수거래, 독점조장, 신규기업 참가방해 등 타 기업에 영향을 미치는 것 등을 들 수 있다.

이러한 비판들을 규제하기 위해 소비자운동, 환경보호운동 등 각종 시민단체의 활동이 활성화되고 있고, 정부의 각종 법적규제도 강화되고 있으며, 아울러 사회적으로 책임있는 마케팅활동이 요구되고 있다. 기업윤리, 특히 마케팅 윤리는 이제 글로벌시대를 맞아 새로운 경쟁력의 하나로 부상되고 있는 상황이다. 따라서 본 절에서는 윤리적 행동의 이해, 마케팅 윤리, 사회적 책임에 관해서 살펴보고자 한다.

4.1 윤리적 행동

뉴 마케팅시대에 기업들은 장기적인 이익 대신에 단기적인 이익추구를 목적으로 한 경영의사결정의 결과에 관해서 더 많은 관심을 갖고 있다는 것을 알 수 있다. 윤리는 본질적으로 한 문화에 속한 대부분의 사람들이 무엇이 옳고 그른지, 좋고 나쁜지를 판단하는 행동규범이고 표준이다. 즉 윤리는 개인이나 집단의 행동이나 의사결정을 지배하는 도덕적 원리와 가치관이다. 윤리는 사람들이 도덕적 딜레마에 직면했을 때, 어떻게 올바르고 정당하게 행동하는 지를 판단할 수 있는 지침서 역할을 한다. 기업윤리는 기업이 경영환경 내에 있는 대부분의 사람들에 의해 보편적으로 받아들여질 수 있는 기본적인 가치에 따라 행동하는 것을 의미한다. 이러한 보편적인 가치에는 정직성, 신뢰성, 공평성, 존경, 공정성, 청

사 례 "아이가 먹을까봐 끔찍"…우유팩 열다가 '화들짝' 놀란 이유

유통업계 '펀슈머 마케팅' 주의보
'이색 콜라보'라지만… 홈플러스, 우유팩 디자인 바디워시 출시
앞서 매직 음료 · 구두약 초콜릿 등도 '논란' "유아동 눈높이 맞춰 마케팅 기획해야" 지적

유통업계가 소비자들 관심을 끌기 위해 선보이는 각종 콜라보레이션(협업) 상품 중 유아나 아동이 자칫 식품과 유해물질을 혼동해 안전사고가 발생할 수 있다는 우려가 나오고 있다. '펀슈머(fun+consumer · 물건을 살 때 재미를 추구하는 소비자) 마케팅'의 일환이지만 일부 상품의 경우 오히려 소비자 거부감을 불러일으킬 것이란 지적도 제기된다.

▶ '우유팩' 닮은 바디워시… "아이가 먹을까봐 끔찍"

14일 업계에 따르면 홈플러스는 지난 12일 LG생활건강, 서울우유와 협업해 '서울우유 바디워시'를 출시했다.[사진=홈플러스 제공]

14일 업계에 따르면 홈플러스는 지난 12일 LG생활건강(974,000 -0.10%), 서울우유와 협업해 '서울우유 바디워시'를 출시했다. 서울우유 디자인을 본뜬 이 제품 패키지는 서울우유 고유의 서체와 색감을 살려 만들어졌다. 언뜻 보면 서울우유 제품으로 착각할 수 있을 정도다.

제품을 접한 소비자들은 인지능력이 성인에 비해 떨어지는 아이들이나 시각이 떨어지는 고령층이 제품을 우유와 혼동할 가능성이 있다고 걱정했다.

3살 아이를 키우는 이나영 씨(35 · 여)는 "다른 제품과 협업해 이색 디자인을 선보이는 제품이 꽤 보이는데 이런 제품은 아이들이 헷갈릴 수도 있으니 좀 더 세심하게 만들어줬으면 좋겠다"고 말했다. 그는 "아이가 혹시 우유로 착각해 먹을 수도 있겠다 싶다. 절대 사지 않을 것"이라고 덧붙였다.

어린이집 교사 신문정 씨(27 · 여)도 "아이들은 제품명이나 설명서 등을 꼼꼼히 읽지 않고 물건을 우선 만지고 먹는 경향이 있다. 이렇게 우유처럼 디자인해놓으면 아이들은 착각할 것"이라고 짚었다. 이어 "아이들이 이 제품을 우유로 착각하고 먹을 수도 있다고 생각하니 끔찍하다. 안전사고 가능성이 있는 제품들은 주의해야 하지 않나 싶다"고 했다.

홈플러스 측은 안전사고 방지를 위해 패키지에 제품에 대한 설명을 기재했다고 강조했다. 홈플러스 관계자는 "고객 혼동과 만일의 안전사고를 방지하기 위해 제품 개발 단계에서부터 패키지를 기존 우유갑이나 우유병과 달리 '펌핑 형태'로 개발했다"며 "제품 전면과 후면에 '바디워시' 명을 넣고 '음용할 수 없다'는 문구도 기재했다"고 설명했다.

▶ GS25는 '매직 음료', CU는 '구두약 초콜릿' 내놔

앞서 지난 2월 편의점 GS25는 문구 기업 모나미와 협업해 '유어스 모나미 매직 스파클링' 음료 2종을 출시했다.[사진=모나미 제공]

편슈머 마케팅의 일환으로 제작된 상품이 유아동에게 혼동을 일으켜 안전사고가 발생할 가능성이 있다는 비판은 처음이 아니다.

앞서 지난 2월 편의점 GS25는 문구 기업 모나미(4,640 +1.31%)와 협업해 '유어스 모나미 매직 스파클링' 음료 2종을 출시했다. 모나미 매직 상품의 외형을 음료병 디자인에 반영하고 음료내용물도 잉크색이 연상되도록 빨간색과 검은색으로 제조했다.

당시 온라인에서는 제품이 이색적이란 반응과 함께 "아이들이 실제 매직을 음료로 착각해 먹는 사례가 발생할까 걱정된다", "식품이 아닌 제품과 협업해 마케팅 하는 건 과도한 마케팅 아니냐" 등의 비판의견도 나왔다.

편의점 CU가 말표 구두약을 모티브로 패키지를 디자인해 선보인 제품. [사진=BGF리테일]

편의점 CU도 말표 구두약을 모티브로 패키지를 디자인한 '말표 초코빈', 구두약 통 모양 용기에 바둑알 모양 초콜릿을 담은 '최강 미니바둑 초콜릿' 등을 판매했다. 세븐일레븐 역시 시멘트 회사인 천마표와 손잡고 '천마표 시멘트 팝콘'을 선보이며 시멘트 포대 디자인을 상품 패키지에 그대로 활용했다. 아모스 문구사의 딱풀과 유사한 '딱붙캔디'도 판매했었다.

문제는 유아동이 작은 완구나 부품, 위험물품 등을 입이나 코 등에 넣어 발생하는 안전사고가 자주 발생한다는 점.

한국소비자원이 발표한 어린이 안전사고 동향분석에 따르면 2017~2019년 3년간 한국소비자원의 소비자위해감시시스템에 접수된 유아 장난감 관련 사고 분석 결과 '삼킴 사고'는 총 2073건에 달했다. 이 기간 접수된 전체 어린이 안전사고의 52.6%를 차지했다. 식품과 유해물질의 패키지 디자인이 유사하게 제작되면 이러한 사고가 더욱 늘어날 수 있다는 지적이다.

이은희 인하대 소비자학과 교수는 "소비자들이 새롭고 재밌는 것을 좋아하다 보니 업체들도 이러한 협업 상품을 계속해 선보이는 것"이라면서 "마케팅은 기업의 재량이지만 어린이가 해당 제품을 접할 가능성이 있는 만큼 어린이 눈높이에서 안전상 문제가 될 가능성이 없는지 판단해 상품을 기획해야 한다"고 꼬집었다.

● 자료원 : 한경닷컴, 이미경, 2021.05.14.

그림 4-6 윤리적 행동의 이해

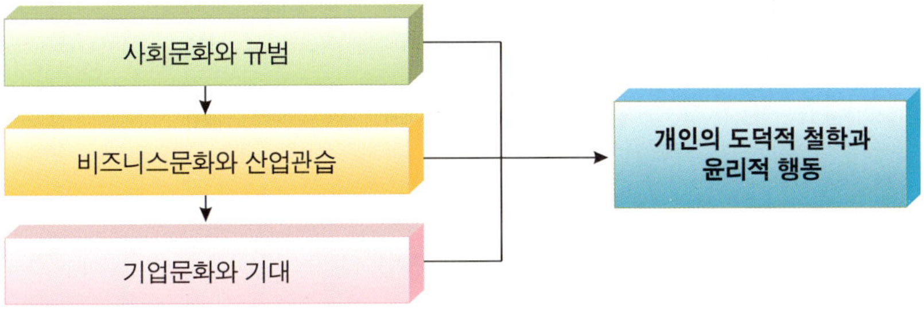

렴성, 타인에 대한 관심사, 책임성, 성실성 등이 포함된다. 윤리적 기업실무에서 새롭게 강조되고 있는 점은 기업이 활동하고 있는 커뮤니티에 도덕적으로 옹호할 수 있고 유용한 경영의사결정을 하고 실행할 필요가 있다. 때때로 이러한 의사결정이 기업손실을 초래할 때 단기적으로 비용부담이 될 수도 있다.

개인이 생각하고 판단하는 옳고 그르다는 개념은 사람, 조직, 문화 간에 차이가 있다. 예를 들어, 어떤 기업은 거짓정보를 고객들에게 주면서까지 그들에게 제품을 구매하도록 설득하는 것이 옳다고 생각하는 반면에, 다른 기업들은 고객에게 정직하지 못한 것은 모두 지극히 잘못된 것이라고 느끼는 경우도 있다. 각각의 문화는 각기 다른 일련의 가치관, 신념과 관습을 가지고 있기 때문에 윤리적 기업행동은 세계 각처마다 매우 다르게 정의내리고 있다. 예를 들어, 기업이 고객이나 공급업체로부터 사업상 받게 되는 선물은 많은 나라에서는 일상적인 생활양식이지만, 미국과 같은 나라에서는 뇌물이나 갈취행위로 판단될 수도 있다. 이와 같이 개인의 도덕적 철학과 윤리적인 행동은 문화, 조직, 사람에 따라 다르기 때문에 이들의 영향요인들에 대해 살펴보면 [그림 4-6]과 같다.

1. 사회문화와 규범

문화는 사회의 한 구성원으로서 인간이 습득한 지식, 믿음, 예술, 도덕, 법, 관습, 기타 능력과 습관들을 포함하는 복합체라고 할 수 있다. 문화는 또한 도덕적으로 무엇이 옳고 정당한지를 나타내주는 사회적인 힘이라고 할 수 있다. 이것은 도덕적 표준이 특정 사회에 따라 다르다는 것을 의미한다. 이러한 표준은 도덕적 딜레마를 낳을 수 있는 사회 · 경제적 행동에 영향을 미치는 법과 규제에 흔히 반영된다. 사회 · 문화적인 가치관이나 태도는 개인, 집단, 산업, 조직 간에 법적 · 윤리적 관계에 영향을 미친다. 최근에 빈번하게 일어나고 있는 특허, 상표권, 소프트웨어 복제 등과 관련된 지적재산권 문제 등에 관해서 미국, 중국, 한국 등 각기 다른 문화권에서 활동하고 있는 조직구성원이나 소비자들은 서로 다르게 법적 · 윤리적으로 적용받고 인식도 다르게 하고 있다.

2. 비즈니스 문화와 산업관습

사회문화는 사업활동에서 도덕적 행동을 이해하는데 토대를 제공해 준다. 비즈니스 문화는 상거래에서 행동강령, 효과적인 게임규칙, 경쟁적 행동과 비윤리적 행동 간의 경계 등을 포함한다. 소비자들은 중개업(내부거래), 보험(기만적 판매관행), 방위산업(뇌물)이 실패한 예를 많이 경험했을 것이다. 비즈니스 문화는 판매자들 간의 경쟁행동이나 판매자와 구매자 간에 이루어지는 교환행동에서 발생되는 윤리적 행동에 영향을 미칠 수 있다.

3. 기업문화와 기대

기업문화는 한 조직 내의 구성원들 간에 학습하고 공유한 가치관, 아이디어, 태도 등의 집합이라고 할 수 있다. 기업문화는 최고경영자와 종업원들의 윤리적 행동이나 윤리강령에 제시된 공식적인 윤리적 행동에 대한 기대로 나타난다. 윤리강령(code of ethics)은 윤리적 원리나 행동규칙을 제정한 공식적인 문서이다.

4. 개인의 도덕적 철학과 윤리적 행동

궁극적으로 윤리적 선택은 의사결정자의 개인적인 도덕적 철학에 달려있다. 도덕적 철학은 공식적인 교육이나 언론매체, 준거집단, 가족 등의 영향을 받아서 지속적인 사회화과정을 통해서 학습된다. 그리고 개인의 도덕적 철학과 윤리적 행동은 개인이 스스로 인식한 사회문화, 비즈니스 문화, 기업문화에 의해서 영향을 받는다.

4.2 마케팅 윤리

1. 마케팅의사결정에서 윤리적 연속체

윤리적 의사결정을 이해하는 한 가지 적극적인 접근법은 윤리관을 하나의 연속체로 보는 것이다. 그 연속체에는 다양한 입장이나 가치관이 나타날 수 있으며, 마케팅의사결정이 그 연속체에 의해 평가될 수 있다. 마케팅의사결정에서 윤리적 연속체는 [그림 4-7]에서와 같

그림 4-7 마케팅 윤리의 연속체

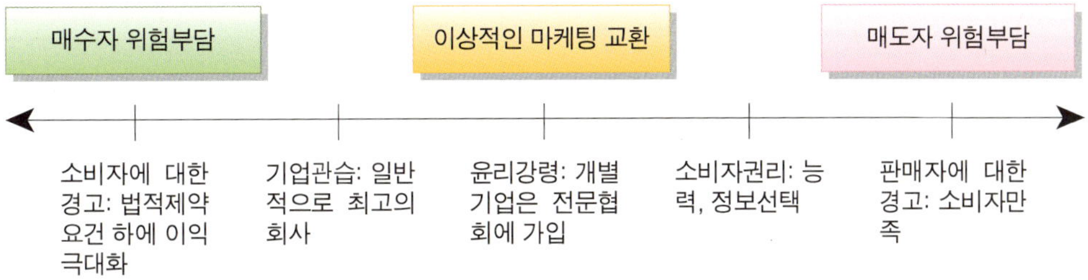

자료원 : Smith N. Craig and John A. Quelch(1993), Ethics in Marketing, Homewood, IL : Richard D. Irwin.

이, 판매자와 구매자 간의 각 상대방이 교환과정에서 선택할 수 있는 역할을 나타내고 있다. 이러한 역할의 범위는 가장 왼쪽의 매수자 위험부담(구매자는 주의하세요!)에서부터 가장 오른쪽의 매도자 위험부담(판매자는 주의하세요!)에 이르기까지 포함된다. 연속체의 매수자 위험부담(caveat emptor) 위치에서는 법적제약요건하에서 판매자의 이익극대화가 지배적인 원리이다. 이런 원리하에서는 어떤 행동이 합법적이고 사업의 목표를 따른다면, 그 행동은 윤리적인 것으로 간주된다. 그리고 가격협정, 허위광고, 뇌물수수 등과 같은 행동들은 합법적이지 못한 것으로 간주된다. 그러나 이러한 부정적 행위를 실행하는 조직도 있다. 그런 일에 관련된 사람들은 종종 법률과 윤리적 행동(법조문과 법의 정신) 간의 차이점에 초점을 맞추어 법이 너무 제한적이라고 주장한다. 매수자 위험부담은 예전에 떠돌이 약장사들이 인류의 모든 질병을 고칠 수 있다는 만병통치약을 판매하는 경우에 해당이 되는데, 이러한 경우에는 구매자가 매우 주의를 해야 할 필요가 있다. 반면에 매도자 위험부담(caveat venditor)은 소비자의 이익이 가장 중요시 되는 부분이며, 이 윤리관에 지배되어 마케터는 모든 의사결정의 평가기준으로서 소비자 만족도를 이용하고 있다.

이러한 원리하에서는 다른 여러 가지 중에서 높은 품질, 공정한 가격, 시기적절한 서비스 등을 제공하는 것이 중요하다. 예를 들어, 대부분의 소매상들은 고객만족을 위해서 고객이 선택한 어떤 품목을 반품하려고 한다면, 기꺼이 환불해주는 자유로운 반품정책을 시행하고 있다. 그리고 이들 소매상들 중에서 대부분은 일부 비양심적인 소비자들이 그런 정책을 악용할 것이라는 것도 알고 있다. 예를 들면, 많은 소매상들은 소비자가 파티용 의상이나 매우 비싼 신사복 같은 옷을 구입해서 특별한 행사를 위해 입고 나서, 마치 입지 않은 것처럼 다음날 반품하는 경우가 있는데, 이는 매도자가 상당히 위험부담을 안게 된다. 하지만, 이러한 상점들은 그들이 제공하고 있는 모범적인 서비스를 오용하지 않은 대다수의 고객들에게 더 가치있는 것을 제공하기 위해서, 몇몇 사람들의 이기적인 행동을 간과하는 계산된 의사결정을 해왔다.

이와 같이, 마케팅의사결정의 윤리적 연속체 상에서 소수의 기업이 연속체의 양극단에 존재할 수도 있지만, 대부분은 아마도 중간에 더 가까울 것이다. 기업관습은 기업규범을 나타내고, 이러한 규범들은 의사결정을 평가하는 토대로 사용된다. 그런 조직에 있어서, 법의 정신으로 마케팅의사결정을 할 때 중요한 것으로 받아들여진다.

연속체중간에는 이상적인 마케팅교환이 이루어지는 부분으로 윤리강령이 위치하고 있다. 많은 기업들이 행동표준을 정할 의도로 윤리강령을 정해 왔다. 그런 강령들은 윤리적 폐해가 있음을 인식하고 윤리적 갈등이 발생할 때, 마케터에게 지침을 제공해 주고 있다.

마지막으로 소비자권리가 있는데, 이것은 마케팅의사결정이 소비자의 능력, 정보에 대한 소비자권리, 소비자가 선택할 권리 등에 기초해야 한다는 개념에 근거를 두고 있다. 마케터는 마케팅교환이 윤리적인 행동으로 이루어졌다고 확신을 가진다고 해서, 모든 책임이 사라진 것은 아니다. 예를 들어, 마케터는 안전한 제품디자인, 포장과 표찰의 안전정보 제공 등에 대해 반드시 책임을 져야 한다. 다시 말해서 고객들이 제품경고나 지시사항을 읽기를 기대하고, 또한 구매전에 대안을 평가하기를 기대하며, 일단 구매를 했다면 의도하지 않은 방법으로 제품을 사용하지 않기를 기대하고 있다.

2. 마케팅 윤리

마케팅활동을 하면서 마케터가 직면하게 되는 여러 가지 다양한 사회적인 문제들이 있는데, 그 중에서 마케팅분야에서는 크게 마케팅 윤리와 사회적 책임 등에 관한 문제라고 할 수 있다. 이런 두 가지 문제에는 중복이 되는 점이 분명히 있지만, 마케팅관련된 문제의 체계적 연구를 위한 토대를 제공해준다. 최근 야기되고 있는 여러 가지 환경적인 문제들로 인해서 마케팅 윤리에 대한 관심은 점차 고조되고 있다. 마케팅 윤리(marketing ethics)는 일반적으로 마케터의 행동표준이나 도덕적 가치를 말한다. 그러나 마케팅 윤리에 대한 개념정의도 학자에 따라 여러 가지 견해를 나타내고 있다. 마케팅 윤리에 대한 개념정의에서, Singhapakdi & Vitell은 마케팅의사결정과 관련된 행동에 대해 도덕적 판단의 기준이나 규칙의 특성과 근거에 관한 연구 혹은 체계라고 정의하고 있다. Ford & Richardson은 윤리적인 신념과 행동에 영향을 미치는 요인으로 개인적인 요인과 상황적 요인으로 구분하고 있다. 그는 개인적인 요인들에는 국가(예, 문화), 종교, 성별, 나이, 교육, 고용, 개성 등이 있으며, 상황적인 요인들은 준거집단, 보상과 벌, 행동강령, 윤리적 갈등유형, 조직적 영향, 산업, 기업경쟁력 등이 있다고 했다.

그림 4-8 마케팅믹스와 마케팅조사 관련 윤리적 문제

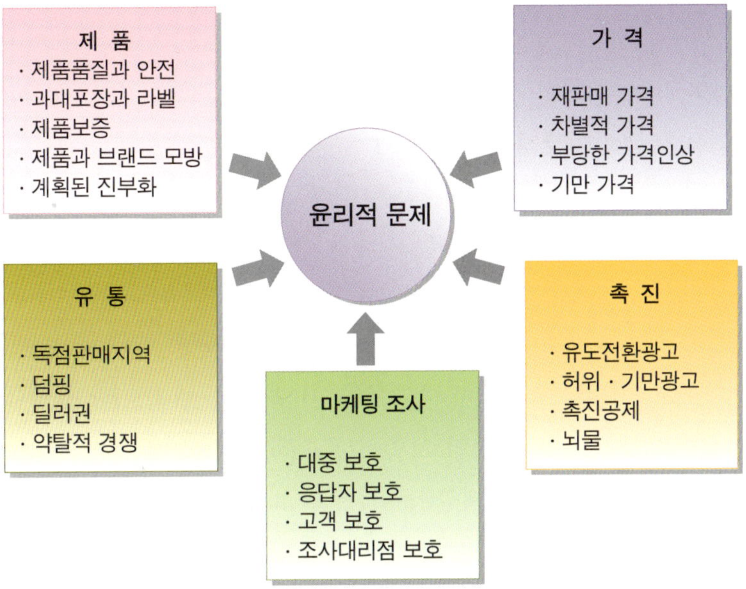

이와 같이 마케팅분야에서 윤리적 의사결정과정에 영향을 미치는 요인들이 많기 때문에, 마케터들이 어떤 윤리적 의사결정문제들에 부딪혔을 때, 그에 대한 해답을 구하기는 쉬운 일이 아니다. 그렇긴 하지만 마케터들에게는 마케팅윤리문제에 대한 올바른 해답을 구하고, 또한 윤리적 의사결정을 해야 하는 책무가 있다.

그리고 마케팅 윤리와 관련된 논의는 대부분이 마케터로서 역할을 수행할 때, 개인이 직면하게 되는 여러 가지 윤리적 · 도덕적인 문제에 초점을 두고 있다. 특히 마케터의 주요 임무 중에서 마케팅믹스 전략은 마케팅목적을 달성하고 성공하는데 매우 중요하다. 마케터는 시장점유율이나 수익목표에 도달하기 위해서 제품을 개발하고 가격, 포장, 촉진과 유통의 최적의 방법을 결정할 책임을 갖고 있다. 따라서 뉴 마케팅시대에서 마케터는 [그림 4-8]과 같이 제품, 가격, 유통, 촉진 등의 마케팅믹스 요소들 뿐만 아니라, 마케팅조사와 관련된 윤리적인 측면을 고려할 필요가 있다.

(1) 제품관련 윤리적 문제

제품과 관련된 윤리적 의사결정문제는 주로 제품품질과 안전, 보증, 제품이나 브랜드모방, 계획된 진부화 등에 관한 문제들이 주요 이슈가 되고 있다. 제품관리에 관한 문제 중에서 가장 윤리적으로 문제가 되는 것은 제품품질과 안전에 관한 문제이다. 특정 제품의 품질과 디자인은 그 제품이 기능적으로 제대로 작동하는지, 그리고 안전한지를 판가름하는 데 결정적인 영향을 미치는 경우가 많다. 그래서 기업들은 제품을 디자인할 때, 그 품질과 안전성을 책임지고 고려해야 한다. 그리고 마케터는 경쟁압박이 심할 때, 소비자를 호도하거나 기만하는 비윤리적인 행위를 하게 되는 경우가 많다.

일부기업들은 슈퍼마켓에서 고객에게 노출시키거나 진열대 공간을 확보하기 위해 필요한 것보다 더 큰 포장용기를 사용한다든지, 음료수나 술 등의 용량을 많게 보이기 위해서 밑면이 오목한 병 용기를 사용한다든지 하는 경우가 많다.

기업은 일반적으로 제품의 품질과 안전을 보장하기 위해 제품보증을 한다. 제품보증은 제품성능이나 안전을 보증한다는 문구를 제품에 쓰든지, 아니면 별도의 보증서에 명시하는 경우가 있다. 이는 제품보증을 문서화시켜 최소한 법적으로 안전보증을 말하지만, 실제로는 문서화되지 않은 묵시적인 보증이 윤리적으로 더 큰 문제가 될 수 있다. 또한 제품안전에서 중요한 것은 제조물 책임(product liability)문제인데, 이는 제품의 결함 또는 안전성에 문제가 있어서 사용자가 인적 · 물적 · 정신적 피해를 당했을 경우, 그 제품의 공급업자가 배상을 해야하는 제도를 말한다. 선진국에서는 제조물책임법의 중요한 특징 중의 하나는 제품에 하자가 있을 경우에, 제조판매사가 스스로 제품회수(product recall)하는 제도이다.

제품과 브랜드 모방행위에 대한 문제가 발생할 수 있는데, 제품과 브랜드 모방은 허가없이 제품, 발명품, 또는 브랜드를 모방하거나, 제품의 원산지를 허위로 표기하거나 혹은 상표등록권을 침해하는 행위를 말한다. 이런 행위는 비윤리적인 행위인 동시에 불법적이기도 하다.

소비자가 필요이상으로 짧은 시간내에 제품을 다시 구매하도록 제조업체가 의도적으로 제품수명을 단축시키는 행위를 말하는 계획된 진부화(planned obsolescence)는 과소비 조장과 자원의 낭비라는 관점에서 스타일 진부화가 문제된다. 생활수준의 향상에 따라 개성을 추구하는 것이 소비자의 욕구이고 생활의 질 향상이라는 점에서는 윤리적인 큰 문제가 없다고 할 수 있지만, 단지 자원의 낭비문제는 환경보호 차원에서 사회적인 논란의 대상이 된다.

(2) 가격관련 윤리적 문제

가격은 윤리적 평가가 가장 어려운 부분인데, 이는 가격결정에는 일정한 원칙이 없고 경영자가 사정에 따라 결정하는 것이 대부분이기 때문이다. 그러나 다음과 같은 경우에 가격의 윤리적인 문제가 발생할 수 있다. 윤리적 가격이란 다음 두 가지 조건을 만족시켜야 한다. 첫째, 비례의 원칙인데, 이는 제품이나 서비스의 가격수준이 제공해 주는 효익의 크기에 비례하는 수준이상이어서는 안 된다. 둘째, 공정의 원칙인데, 이는 고객에 따라서 가격이 달라서도 안 되고, 공급자에 따라서 대금지불조건이 달라서도 안 된다.

이러한 가격의 윤리성은 업계에서 공동으로 지켜져야 하고, 각 기업도 가격윤리를 지켜야 한다. 가격분야에서 마케터들에 의해 행해질 수 있는 여러 가지 의심스런 비윤리적인 관행들이 있는데, 이들 비윤리적인 관행에는 소비자가격책정 측면과 경쟁가격정책 측면에서 나누어 살펴볼 수 있다.

소비자가격책정 측면에서 살펴보면, 가장 중요한 윤리적인 문제는 소비자들을 오도하는 가격책정정책인 오도적 가격책정(misleading pricing)방법이다. 오도적 가격책정에는 세일즈가격책정, 비교가격사용, 제조업체가 제시하는 희망소매가격 등이 해당된다.

① 세일즈가격 책정방법 : 대부분의 유통업체들이 일시적으로 높게 가격을 매기고 나머지는 원래 정상가격을 할인한 가격인 것처럼 상품을 판매해서 소비자를 기만하는 가격정책으로 비윤리적인 문제가 된다.
② 비교가격사용 : 경쟁업체의 가격들과 비교해서 자사의 제품가격이 특별히 최저가격임을 주장하는 것으로 소비자를 오도하고 기만할 가능성이 많아서 비윤리적이라고 할 수 있다.
③ 제조업체들이 제시하는 희망소매가격 : 경쟁적인 광고에 많이 노출되어 온 대부분의 소비자들이 희망소비지 가격을 담은 광고에 대해 회의론적임에도 불구하고, 결과적으로는 영향을 받기 때문에 그런 가격책정정책은 윤리적으로 문제가 될 수 있다.

또한 가격측면에서의 윤리적인 문제를 경쟁가격정책 측면에서 살펴보면, 약탈적 가격정책, 수평적 가격담합정책, 차별적 가격정책, 기만가격 등이 있다.

① 약탈적 가격(predatory pricing)정책 : 상대 경쟁기업보다 턱없이 낮은 가격을 책정해서 시장에서 경쟁기업을 몰아내려고 하는 판매행위를 말한다. 이런 정책은 경쟁자들을 시장에서 몰아낸 다음에는 독점적인 지위를 활용하여 경쟁이 존재할 때보다 높은 장기이익을 달성하겠다는 것이다. 이런 행위는 독과점금지법에 의한 국가적인 차원에서 불공정 거래행위법으로 규제하고 있는 비윤리적인 행위이다.
② 수평적 가격담합(horizontal price fixing)정책 : 동일한 가격을 책정하기 위해 관련업체 간의 가격담합행위를 하는 것을 말한다. 이런 직접적인 경쟁자들 간의 담합행위는 독과점금지법 하에서는 일반적으로 불법적인 행위로 간주된다. 이러한 가격에 있어

서의 담합행위는 사실상 증명하기가 매우 어렵다.

③ **차별적 가격**(price discrimination)**정책** : 동일한 등급이나 품질의 제품을 서로 다른 가격으로 서로 다른 소비자에게 차별적으로 판매하는 행위를 말한다. 시장에서 그런 차별화 효과가 실제적으로 경쟁을 감소시키거나 또는 그 산업에서 독점을 창출하는 경향이 있기 때문에 불법적인 것으로 본다.

④ **기만 가격**(price deception)**정책** : 몇몇 제품에 대해 소비자에게 낮은 가격에 그 제품을 살 수 있다고 광고해서 소비자를 유인하고 나서 더 높은 가격에 다른 모델을 사도록 압력을 가하는 판매행위를 말한다. 이런 미끼상술에는 '하나사면 하나는 공짜이다'라고 약속하는 것, '정리세일' 등이 그 예이다.

이외에도 재판매가격을 재판매업체들이 마음대로 조정 못하게 한다든지, 부당하게 원재료 가격을 인상한다든지 하는 것도 윤리적인 문제를 발생시킬 수도 있다는 것이다.

(3) 유통관련 윤리적 문제

유통경로 상에서 나타날 수 있는 윤리적 문제는 대부분이 유통경로 상의 파워와 책임 간의 관계에서 나타난다. 이런 경우에 생기는 윤리적 문제는 대부분이 '우월적 지위의 남용' 형식으로 나타난다. 생산자는 대리점의 판매가격을 정해주고, 그 이하로는 낮추지 못하게 하기도 한다. 이런 가격을 재판매가격 유지계약이라고 하는데, 이것은 자유경쟁체제 하에서 경쟁을 제한하는 행위이기 때문에 법규에 의해 금지되고 있다. 또한 대리점의 판매지역을 제한하는 것도 규제하고 있다. 그리고 경로구성원들 간의 경로관계는 구성원들이 각기 보유하고 있는 상대적 경로파워에 의해 영향을 받게 된다. 경로파워의 의미는 다른 경로구성원들의 행동에 영향을 미칠 목적으로 그들에 대해 특정 경로구성원이 파워를 행사할 수 있는 능력을 말한다.

경로파워를 제조업체들이 보유하고 있을 경우에는 유통업체들의 가격정책, 점포의 입지와 시설 레이아웃, 최소 주문규모, 주문하는 제품믹스, 소비자들에게 신용공여, 다른 공급업체로부터 구매여부, 재판매가격 정책결정 등의 행동에 대해 제조업체들이 어느 정도 통제권을 행사하는 것을 말한다. 이런 경우에 제조업체들이 유통업체에 부당한 영향력을 행사하는 것은 윤리적 문제가 발생한다.

(4) 촉진관련 윤리적 문제

촉진분야는 윤리문제가 자주 일어나는 마케팅믹스의 한 부분이다. 촉진분야 중에서 인

그림 4-9 광고의 설득내용과 윤리성

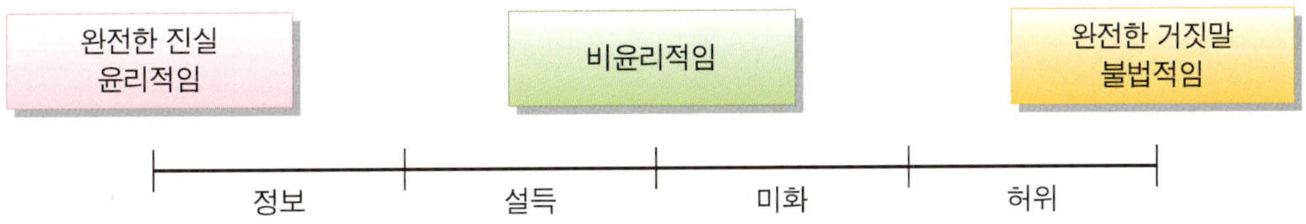

적판매는 윤리적인 비판의 주요 대상이 되고 있다. 초기에 상인, 보따리행상, 외판원 등과 더불어 최근에 중고차 판매원들은 대부분 제품의 장점을 과장하는 것부터 완전한 속임수에 이르기까지 마케팅에서 부정행위를 한다고 비난받아 왔다. 선물이나 뇌물수수 등은 흔한 윤리적 남용행위이다. 광고는 대중들에게 가장 가시적이면서 많은 비판을 받고 있는 마케팅 측면일 것이다. 사실상, 거의 대부분의 광고와 판매촉진에 관한 의사결정에는 윤리적인 문제가 함축되어 있다.

특히 광고의 윤리성에서 가장 문제가 되는 부문 중의 하나는 광고의 설득방법 또는 설득내용이다. 즉 광고내용이 신문기사처럼 정보만 전달해야 되는지, 아니면 설득하려는 내용을 미화시키거나 과장해도 되는지에 대한 문제이다. [그림 4-9]에서는 이런 설득과 관련된 문제들을 묘사하고 있다. 그림에서 오른쪽으로 갈수록 광고의 특성과 관련된 윤리적 문제들이 증가하는 것을 보여주고 있다. 맨 오른쪽에 있는 허위광고와 같은 것은 분명히 광고주들이 합법적인 경계를 넘어섰다는 것을 보여주고 있다.

맨 왼쪽에는 실질적으로 정보제공을 위한 광고를 나타내고 있다. 비록 그런 광고가 비윤리적이라고 할지라도 연속선 상에서 정보제공광고의 오른쪽에 있는 설득이나 미화, 허위 등의 다른 형태의 광고보다는 윤리적 문제가 덜한 것처럼 보인다. 그리고 광고대행사는 광고주를 위하여 광고를 기획하고 제작하여 매체를 통해서 소비자에게 전달하는 기관이므로 광고의 윤리문제가 나오면 광고대행사가 가장 먼저 논란의 대상이 된다. 논란의 대상이 되는 부문은 첫째, 광고하고자 하는 내용이 비윤리적인 경우로 허위비방, 불법, 인권침해, 성차별, 사회적으로 해로운 상품을 구매·권유하는 광고 등이 문제가 될 수 있다. 둘째, 광고주가 비윤리적인 경우로 인권침해단체, 범죄단체, 사기회사 등이 광고를 통하여 광고주의 생각을 주장하고 옹호해야 하느냐 하는 것이 문제가 될 수 있다. 광고대행사가 윤리성을 유지하려면, 광고대행사의 역할과 윤리성 평가문제 등 두 가지를 생각해야 한다.

표 4-1 소비자조사와 관련된 윤리적 문제들

윤리적 문제	권리침해	권리보상
응답자의 익명보장	사생활 침해 권리	
정신적인 스트레스	안전의 권리	청원권, 구제청구권
특수 기기와 기법사용	사생활 침해 권리, 안전의 권리, 선택의 권리	구제청구권
동의없이 조사에 개입시킴	알 권리, 사생활 침해 권리	청원권, 구제청구권
기만사용	알 권리	청원권, 구제청구권
위압의 사용	선택의 자유	
조사를 빙자한 판매행위	알 권리	
곤혹, 장애, 불쾌감 끼침	존중의 권리	구제청구권

(5) 마케팅조사 관련 윤리적 문제

마케팅조사는 소비자, 경쟁업체, 유통기관 등 해당 기업체의 마케팅활동에 대한 경영층의 이해를 돕는다. 마케팅조사와 관련된 윤리적 문제는 크게 대중보호와 관련된 문제, 응답자 보호문제, 고객보호문제, 조사대리점 보호에 관한 윤리 등이 포함된다. 또한 어떤 회사와 경쟁회사가 동시에 임하는 조사기관의 갈등 등의 문제가 윤리적으로 관련이 있다고 할 수 있다.

소비자조사와 관련된 주요 윤리적 문제는 〈표 4-1〉과 같은 사항들이 있을 수 있다. 그리고 마케팅조사과정에서 나타날 수 있는 윤리적인 문제는 조사과정에 참여자로서의 소비자에 관한 문제뿐만 아니라, 조사담당자들에게 피해를 주는 윤리적 문제들은 주로 조사의뢰 고객들과의 관계에서도 많이 비롯되는 것으로 조사된 바 있다.

4.3 사회적 책임

사회적 마케팅개념은 소비자의 욕구를 만족시키고, 기업의 이윤을 창출하며, 동시에 사회복지를 제공하는 마케팅의 사회적 책임을 강조하고 있다. 사회적 책임(social responsibility)은 기업들이 보다 큰 사회의 일부이며, 그 사회에서 경영활동을 하는 기업행동들로 인해 나타나는 여러 가지 문제에 대해서는 책임이 있다는 것을 의미한다. 다시 말해서 기업의

그림 4-10 기업의 사회적 책임 피라미드

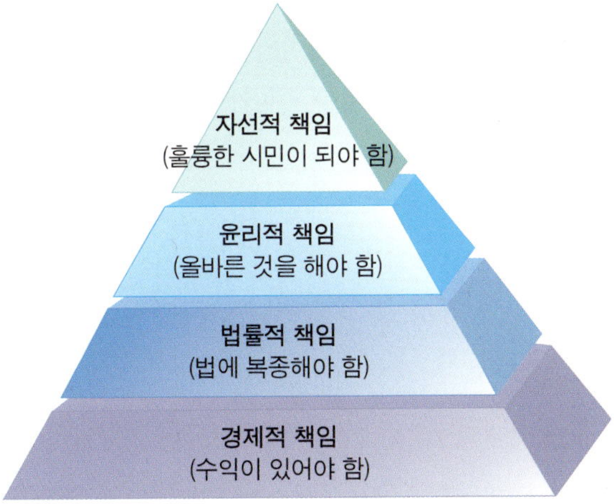

자료원 : Archie B. Carroll(1991), "The Pyramid of Corporate Social Responsibility : Toward the Moral Management of Organizational Stakeholders," *Business Horizons*, July-August, pp.39~48.

사회적인 책임은 마케터들에게 기업의 성과를 평가하는데 있어서 수익, 고객만족, 그리고 사회적인 복지에 동등한 비중을 두도록 하는 의무를 받아들일 것을 요구하고 있다. 마케터들은 전통적으로 기업의 마케팅성과로 측정되던 매출액, 수입, 그리고 수익 등의 정량적인 측정뿐만 아니라 상대적으로 정성적인 측정인 고객과 사회적인 혜택의 중요성을 인식해야 한다.

기업의 사회적 책임은 경제적 책임, 법률적 책임, 윤리적 책임, 자선적 책임 등 네 가지 구성요소로 이루어진다. 기업의 사회적 책임 피라미드는 [그림 4-10]과 같이, 다른 세 가지 책임을 위한 토대로 경제적 성과를 묘사하고 있다. 그러나 사회적 책임은 수익(경제적 책임)을 추구하는 동시에, 기업은 법(법률적 책임)에 복종하고, 올바르고 정당하게 그리고 공평하게(윤리적 책임)하도록 해야 하며, 그리고 훌륭한 기업시민(자선적 책임)이 될 것을 기대하고 있다. 하지만 기업이 수익을 낼 수 없다면, 그 다른 세 가지 책임에 대해서는 논쟁의 소지가 있다.

또한 윤리와 마찬가지로 사회적 책임의 특성과 범위에 대한 의견은 서로 다른 사회문화, 비즈니스 문화, 기업문화에서 나타나는 다양한 가치관에 따라 흔히 다르게 나타나는 경우가 많다. 기업이 사회의 부와 공적인 효용을 촉진하는 활동을 하는 사회적 책임에 높은 가치를 둘 때, 경제적 · 사회적 이익을 둘다 얻는다. 그러나 사회적 책임은 그것 이상이라고 할 수 있다. 사회적 책임은 실제로 조직으로 하여금 회사, 종업원, 커뮤니티, 그리고 전 세계에 기업의 장 · 단기효과 측면에서 모든 경영의사결정을 평가하게 하는 사고방식 혹은 가치체계이다.

경우에 따라서는 정부의 법률이 사회적인 책임행동을 요구할 수 있고, 소비자는 기업에 사회적 책임을 촉진할 수도 있다. 예를 들어, 정부에서는 법률로 기업에게 환경정책문제, 허위 · 기만하는 제품광고 등의 문제로 사회적으로 책임있는 행동을 할 것을 강요하고 있다. 그리고 소비자들은 그들의 반복구매나 혹은 구매를 철회하는 소비자 힘을 통해서 마케터들에게 정직하고 적절한 정보제공, 공정한 가격책정 등을 하도록 강요하고 있다.

기업이 비록 사회적 책임이 있는 의사결정을 내릴 경우에 효용이 있다고 할지라도, 이러한 기업행동들은 흔히 많은 비용을 유발시킬 수도 있다. 사회적 책임이 있는 의사결정은 특히 자연환경을 오용하거나 남용하는 기업활동들을 제거하는 일과 관련되어 있기 때문에 더 높은 생산운영비용을 유발할 수도 있다. 뉴 마케팅을 하는 기업은 천연자원의 이용, 수질, 대기, 땅 등의 환경오염과 낭비감소 등에 관해서 사회적으로 책임있는 의사결정을 할 때, 기업은 환경적 책무를 지는 것이라고 생각할 수 있다.

최근 많은 기업들은 경영활동을 할 때 자연환경을 보호하고 향상시키는 의사결정을 하고 있다. 일부 회사의 경우에는 낭비적인 포장을 줄이려는 노력을 하고 있으며, 환경친화적인 자원을 강조하는 의사결정은 기업의 사명이나 혹은 기업의 전반적인 목표와 목적을 개발하는 관리자와 최고 경영진에 의해 이루어져야 한다.

05 요 약

끊임없이 변화하고 있는 마케팅환경은 때론 기업에게 기회요인인 동시에 위협요인이 될 수 있기 때문에 마케터는 이러한 환경변화 요인을 지속적으로 모니터링해서 마케팅 주요 의사결정에 활용하고 대응하느냐에 따라 기업의 성공여부가 달려있다고 할 수 있다.

마케팅환경은 크게 미시적 환경과 거시적 환경요인으로 크게 구분될 수 있는데, 미시적 환경요인에는 기업이 마케팅활동을 하는데 직접적으로 영향을 미칠 수 있는 환경요인으로 기업내부, 공급업체, 마케팅 중개기관, 고객, 경쟁업체 그리고 공중 등을 말한다. 기업내부 요인에는 최고경영층, 재무부, 생산부, 인사부, 연구개발부, 회계부 등이 있으며, 이들 모든 부서들이 마케팅부서와 긴밀한 협조관계를 유지하느냐에 따라 마케팅부서가 시장에서 원활한 마케팅활동을 수행할 수 있기 때문에 중요한 영향요인이다. 공급업체는 기업이 제품이나 서비스를 생산하는데 필요한 원재료나 부품, 반제품 등의 자원을 조달해주는 역할을 하기 때문에 중요한 환경요인이다. 마케팅 중개기관은 기업이 최종 소비자에게 제품을 판매하고 촉진하며, 분배하는 데 도움을 주는 개인이나 기관으로서 중간상, 물류기업, 마케팅 서비스기관 그리고 금융기관 등을 들 수 있다. 고객은 기업의 성공여부를 직접적으로 결정하는 가장 중요한 환경요인으로서 소비자시장, 산업시장, 재판매업자시장, 정부시장 그리고 국제시장 등을 들 수 있다. 경쟁업체도 기업이 마케팅전략을 통해 시장에서 활동하는데 직접적으로 영향을 미칠 수 있는 요인으로 경쟁사의 마케팅전략을 예의주시하며 항상 모니터링해서 적절한 대응전략을 수행해야 한다. 공중은 기업의 목적달성에 실제적이고 잠재적으로 영향을 미치거나 관심을 가지고 있는 집단으로서 금융기관, 정부, 언론매체, 시민행동단체, 지역사회, 일반공중, 내부공중 등을 들 수 있다.

기업의 거시적 환경요인으로는 미시적 환경전체에 영향을 미치며, 보다 넓은 의미의 사회적 영향요인으로 인구통계적 요인, 경제적 요인, 기술적 요인, 정치 · 법률적 요인, 사회 · 문화적 요인 등을 말한다. 인구통계적 환경요인으로는 인구규모, 연령별 · 성별 · 인종별 · 직업별 구조, 기타 통계적 분포 등을 말한다. 이러한 인구통계적 요인의 변화는 산업이나 기업에 따라 기회요인과 위협요인이 될 수도 있다. 경제적 요인은 소비자의 구매력과 소비구조에 영향을 미치는 모든 요인을 말한다. 기술적 요인은 새로운 기술개발과 더불어 새로운 제품과 시장기회를 창출하는데 영향을 미치는 모든 영향요인이다. 정치 · 법률적 요인은 기업활동에 영향을 미치는 법률제정과 규제와 관련되어 있는 영향요인이다. 사회 · 문화적 요인은 특정 사회의 기본적인 가치관, 인식, 문화적 특성, 선호성 등에 영향을 미치는 요인들이다. 그리고 최근에 사회적으로 큰 이슈가 되고 있는 윤리적인 문제가 마케팅활동에 필요한 주요 의사결정에도 중요하기 때문에 마케팅 윤리와 사회적 책임은 마케팅 전략수립과 실행에 고려되어야 할 중요한 영향요인이다.

참 · 고 · 문 · 헌

- 송용섭 외2(2004), 현대마케팅, 문영사.
- 안광호 외2(2016), 마케팅원론, 학현사, 제6판.
- Bearden, William O., Thomas N. Ingram and Raymond W. LaForge(2001), *Marketing-Principle and Perspectives*, 3rd ed., McGraw-Hill, Irwin.
- Blythe, J.(2006), *Principles & Practice of Marketing*, Thomson Learning.
- Boone, Louis E. and David L. Kurtz(2001), *Contemporary Marketing*, 10th ed., Harcourt, Inc.
- Chonko, Lawrence B.(1995), *Ethical Decision Making in Marketing*, Stage Publishers, New York.
- Ford, Robert C. and Woodrow D. Richardson(1994), "*Ethical Decision Making*: A Review of the Empirical Literature," *Journal of Business Ethics*, 13, March.
- Lamb, Charles W., Hair, Joseph F. and C. McDaniel(2000), *Marketing*, 5th ed., South-Western College Publishing.
- Kelin, Roger A., Hartley, Steven W., Berkowitz, Eric N. and William Rudelius(2006), *Marketing*, 8th ed., McGraw-Hill Irwin.
- Kotler, P. and G. Amstrong(1996), *Principles of Marketing*, 7th ed., Prentice-Hall Inc.
- Kotler, P.(1994) *Marketing Management*, 8th ed., Prentice-Hall Inc.
- Singhapakdi, A. and Scott J. Vitell(1990), "Marketing Ethics: Factors Influencing Perceptions of Ethical Problems and Alternatives," *Journal of Macromarketing* 10, Spring.
- Solomon, Michael R. and Elnora W. Stuart(1997), *Marketing*, International ed., Prentice-Hall Inc.
- Zikmund, William G. and Michael d'Amico(2001), *Marketing*, 7th ed., South-Western College Publishing.
- https://lynn-kyu.tistory.com/545
- https://blog.naver.com/minji940305/222081244350
- https://news.v.daum.net/v/20211212090305765
- https://winterflower26.tistory.com/22
- https://news.v.daum.net/v/20220105145804750
- https://news.v.daum.net/v/20220106104703358
- https://blog.naver.com/appleblackcow/222615907419
- https://blog.naver.com/erica1004a/222476612601
- https://blog.naver.com/skaska70/222470529204
- https://post.naver.com/viewer/postView.nhn?memberNo=44840339&volumeNo=32878967

part 05

소비자행동

Z세대 소비 트렌드와 소비자 성향 분석

MZ세대는 팬데믹으로 잃었던 자유를 회복하고 싶다는 갈증을 '보복 소비'로 드러내고 있고, 이는 일부 명품 소비로 이어져 명품을 구입하는 '과시 소비'가 마치 MZ세대의 대표적 소비 트렌드인 것처럼 평가됐다.

하지만 이 같은 현상이 지나치게 부각된 것엔 SNS를 통해, 한 컷의 사진 또는 짧은 영상으로 자신의 모습을 드러내고자 하는 '콘텐츠'의 영향도 크다. SNS로 보여지는 콘텐츠는 대부분 일부만 편집돼 과장되게 표현되거나, 콘텐츠 자체가 '허세'인 경우가 많다.

이처럼 세상과 소통하는 방식의 차이 때문에, 플렉스(FLEX, 재력이나 귀중품 등을 과시하는 행위를 이르는 신조어)나 명품 등의 키워드가 MZ세대 중심의 연관 검색어로 부각되었다.

그동안 밀레니얼 세대와 Z세대를 한데 묶어 'MZ 세대'라는 말을 사용해 왔지만, 최근 Z세대의 사회생활이 시작되면서 흥미로운 양상이 펼쳐지고 있다.

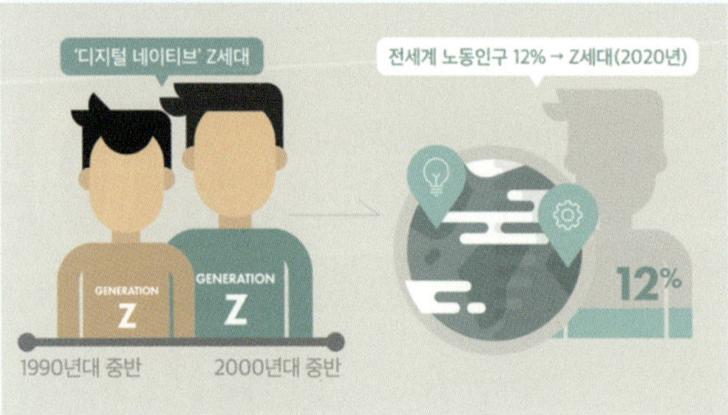

Z세대는 온라인 세계에서 태어난 첫 번째 세대로 최근 노동시장에 편입되고 있는데, 이는 앞으로 다양한 산업이나 사회 시스템에 큰 변화를 예측케 한다.

뱅크오브아메리카는 최근 보고서를 통해 Z세대는 역대 가장 혁신적 세대가 될 것이라고 예고하며, Z세대의 소득이 2031년이면 밀레니얼 세대를 능가해 자산의 대이동이 이뤄질 것이라고 한다.

이에 따라, 이커머스, 결제, 럭셔리, 미디어, ESG (환경 · 사회 · 지배구조) 관련 산업이 수혜를 입을 것이다.

테이크아웃과 음식 배달 서비스 사용의 증가는 물론, Z세대 절반 가까이가 술을 마시지 않고 육류 소비를 줄이고 있는 것도 두드러지는 특징이다.

이는 술, 육류 등 관련 산업의 수요 위축 가능성을 나타내고 있으며, 담배, 자동차, 쇼핑몰,올드미디어등도 Z세대의 외면으로 위축될 전망이다.

쇼핑과 관련해서 Z세대는 온라인과 오프라인 쇼핑을 모두 즐겨하기 때문에 이 둘을 결합한 옴니채널 전략이 더욱 중시될 것으로 보인다. 이들은 오프라인에서 체험을 하고 온라인에서 구매를 하는 식으로 온오프라인을 넘나드는 소비 성향을 보이며, 직접 보고 경험하는 데에 더 예민한 커뮤니케이터이다.

다른 세대에 비해 고품질을 선호하는 성향이 두드러지며, 브랜드의 지속 가능성이나 기업의 환경 보호 정책 등을 중시한다.

현재까지 신용카드 등 다양한 결제수단을 이용하고 있는 M세대와 달리, Z세대는 결제 수단으로 25% 이상이 스마트폰을 선택하며 신용카드를 밀어낸 것도 주목할만한 특징이다.

포스트 코로나가 시작되면 소비 주체인 MZ세대의 활발한 오프라인 활동이 예측되지만, 디지털 디바이스와의 연결고리 또한 더욱 탄탄해질 것이다.

Z세대는 또 인공지능(AI), 5세대(5G) 네트워크, 블록체인 등 미래 기술 환경에도 친숙하다.

전기자동차에 대해서도 가장 거부감이 없는 세대로, 미국에서 전기차를 가장 많이 보유한 그룹은 15~29세가 포함된 가구였다.

이들이 주도하고 있는 메타버스는 가상을 의미하는 '메타'(Meta)와 현실 세계를 의미하는 '유니버스'(Universe)의 합성어로, 아바타를 통해 이러한 가상세계로 들어간다.이들에겐 유튜브가 가장 좋은 검색 엔진이자 정보의 창고였는데, 최근엔 관심사가 메타버스 쪽으로 옮겨지고 있다.

이미 메타버스의 대표주자격인 미국 온라인 게임 플랫폼 '로블록스' 이용자의 하루 평균 사용시간이 유튜브나 틱톡을 넘어섰다는 통계도 있다.

국내에선 네이버 자회사 네이버제트가 개발한 '제페토'가 주목받는다.

2018년 8월 출시된 제페토는 이용자가 개인 아바타를 내세워 다른 이들과 소통하고 게임을 함께 할 수 있는 플랫폼으로, 출시 3년 만에 누적 가입자 수는 2억 명을 돌파했다. 특히, 10대 이용자 비율은 80% 를 넘는다.

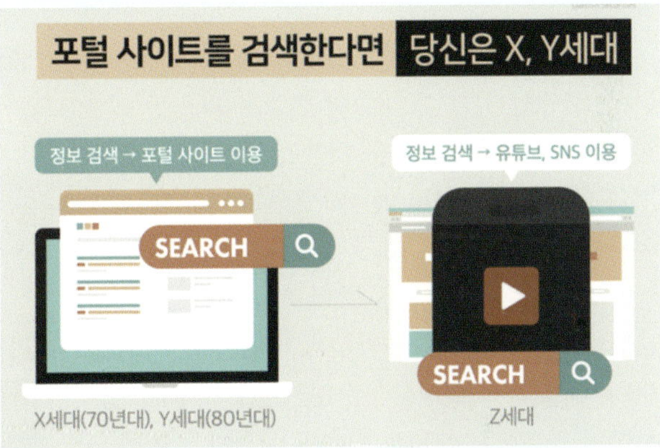

제페토에선 스스로 만들어낸 '사이 버 부캐'인 아바타를 활용해 다양한 공간을 돌아다니며 사람들과 만나 소통할 수 있다. 이 가상세계에서 낯신 친구와 친목을 도모하기도 하고, 자신의 내면의 가치를 실현하기도 한다.

▸ Z세대는 텍스트보다 이미지, 영상 콘텐츠를 선호한다.

1970년대에 태어난 X세대나 1980년대 태어난 Y세대가 얻고 싶은 정보를 포털 사이트에서 검색한다면, Z세대는 유튜브나 SNS에서 정보를 찾는다.

특히 유튜브는 Z세대의 가장 강력한채널로, Z세대의 약 70%가 유튜브를 즐겨 사용하고, 하루 평균 이용시간은 57분으로, 약 15분을 사용하는 다른 세대에 비해 4배가량 높았다.

영향을 받는 인물도 연예인, 셀럽보다는 크리에이터, SNS 인플루언서를 따르고, 일방적인 메시지보다 인플루언서의 추천과 연결을 믿는다. 최근 MBC에서 월드컵 해설위원을 인터넷 TV BJ가 맡고, 브랜드 광고에 SNS 스타를 쓰는 것은 이를 증명한다.

▸ Z세대는 소비를 단순구매가 아닌 삶, 경험, 취향으로여긴다.

공통 관심사와 취미를 공유하는 커뮤니티 플랫폼숍, 테라스가 있는 의류매장, 그 숍을 대표하는 시그니처 메뉴, 한강변의 러닝, 사이클 매장이 인기를 끄는 이유이다.

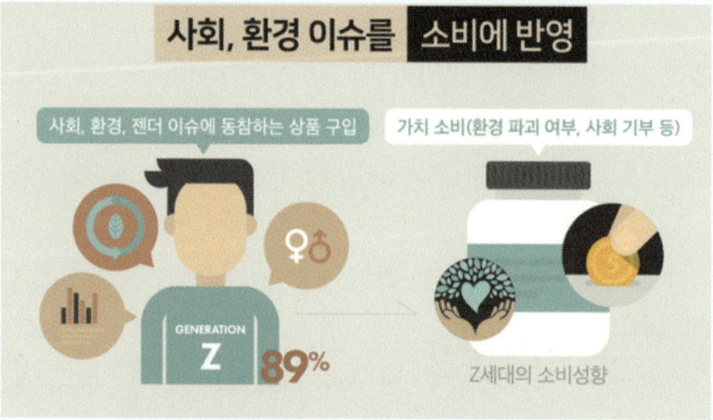

Z세대는 사회, 환경 이슈에 적극 동참한다. 물건을 고를 때 기업이 환경을 파괴하는지, 사회에 기부를 하는지, 어떤 기업 가치관을 가지고 있는지 꼼꼼히 확인하고 가치 소비를 한다.

가치관과 사회적 신념을 적극적으로 드러낸다고 해서, '미닝아웃(Meaning Out)'이라고도 한다. 이들의 '미닝아웃' 소비로 인해, 국내 기업도 다양한 부문에서 이러한 흐름에 대응하고 있다. 오뚜기, 롯데제과, 신세계푸드 등을 비롯한 식품 기업은 최근 비건 인구를 사로잡기 위해 올해 관련 신제품을 연달아 내놨다.

기후변화가 화두가 되면서, 플라스틱 제품을 줄인 친환경 패키징 제품도 업종을 가리지 않고 출시되는 추세다.

Z세대는 윤리적 소비를 함으로써 사회적인 현상에 기여하고 있다는 데서 다른 세대보다 큰 효용감을 느끼며, 학생이나 사회초년생 특성상 많은 금액을 소비에 쓰진 못하지만, 한정된 자원 안에서 사회를 바꿔가는데 기여하는 걸 선호한다.

기업들의 'Z세대 잡기'

롯데 · 현대 · 신세계 백화점	'라방(라이브방송)' 통해 명품 판매
구찌 · 샤넬	네이버 · 카카오 등 IT 플랫폼 통해 판매 개시
농심	'1일 1깡' 밈 주인공 가수 비를 '새우깡' 모델로 기용
켈로그	16년 전 네티즌과 한 약속을 지킨다는 콘셉트로 '파맛첵스' 출시
삼성전자	하반기 들어 온라인 신제품 출시회 '언팩' 3번 진행
SK하이닉스	반도체 의인화 기업광고 영상 제작
동원F&B	자사 제품 '양반김'서 플라스틱 제거한 에코패키지 출시

● 자료원 : https://blog-explorer.com/59

소비자들은 일상생활에서 발생되는 다양한 욕구와 필요를 해결하기 위해서 시장에 나와 제품이나 서비스를 선택하고 구매행동을 나타내게 된다. 이런 구매행동과정에서 어떤 반응을 나타내는지, 어떤 의사결정과정을 거치는지 등을 마케터가 사전에 어느 정도 예측을 할 수 있다면, 좀 더 효과적인 마케팅전략을 전개할 수 있을 것이다. 이런 관점에서 그동안 소비자행동과 관련된 연구들이 학자들에 의해 꾸준히 이루어져 왔는데, 이를 요약해서 설명하고 있는 것이 소비자행동모델이다. 소비자행동모델의 출발점은 자극-반응 모델로서, 외부 환경적인 자극, 마케팅자극이나 기타 자극요소 등이 소비자의 블랙박스에 영향을 미쳐서 정보처리과정이나 구매의사결정과정 등을 거친 후에 관찰가능한 일련의 반응, 즉 제품선택, 상표선택, 점포선택 그리고 구매시기와 구매량의 선택 등으로 변환되는 과정을 간단하게 설명하고 있다. 따라서 본 장에서는 소비자의 구매행동, 구매의사결정의 영향요인, 구매의사결정과정을 중심으로 설명한다.

01 소비자의 구매행동

소비자행동은 소비자들이 어떻게 구매의사결정을 하며, 구매한 제품이나 서비스를 사용하고 처분하는지에 대해 묘사하는 것이다. 소비자행동에 대한 연구는 구매의사결정과 제품사용에 영향을 미치는 요인들을 분석하는 것을 포함한다. 그리고 소비자의 구매의사결정과정은 소비자의사결정의 유형과 관여도에 따라 영향을 받을 수 있다. 따라서 본 절에서는 소비자의사결정의 유형, 관여도와 구매의사결정 모델에 대해 먼저 살펴본다.

1.1 소비자의사결정의 유형

소비자의사결정의 유형은 소비자의 관여도 수준, 고려한 대안의 수, 정보탐색의 정도, 제품이나 서비스의 비용, 의사결정에 투입할 수 있는 탐색시간의 길이 등에 따라 [그림 5-1]과 같이 일상적 의사결정, 제한적 의사결정, 포괄적 의사결정으로 구분할 수 있다. 소비자의 관여수준은 아마도 의사결정의 유형을 분류하는데, 가장 중요한 결정요인이 될 것이다. 관여도는 소비자가 대안을 탐색하고 평가하며, 구매의사결정과정에 들이는 시간과

그림 5-1 소비자의사결정 유형

저 ← 소비자 관여도 → 고

소비자 구매의사 결정과정의 특성	일상적 의사결정	제한적 의사결정	포괄적 의사결정
대안의 수	한개	소수 몇 개	많음
정보탐색	내적	주로 내적	내적, 외적
비 용	낮음	중간	높음
탐색시간	짧음	중간	높음

노력의 양을 나타낸다.

일상적 의사결정(routine decision making)은 일반적으로 구매빈도가 빈번하거나 저가격인 제품이나 서비스에 대한 구매의사결정이 이루어질 때 주로 관련이 있다. 이러한 제품이나 서비스는 구매하기 전에 대안을 탐색하거나 구매의사결정을 하는데 들이는 시간이 길지 않기 때문에 저관여 제품(low involvement product)이라고 한다. 소비자들은 제품범주에 있는 여러 개의 브랜드들에 친숙하지만, 보통 한 가지 선호 브랜드로 의사결정을 하며, 대안에 대한 평가도 거의 이루어지지 않는다. 소비자들은 우선 브랜드를 선택해서 구매하고,

광고 5-1 일상적 의사결정 유형 : 저관여 제품

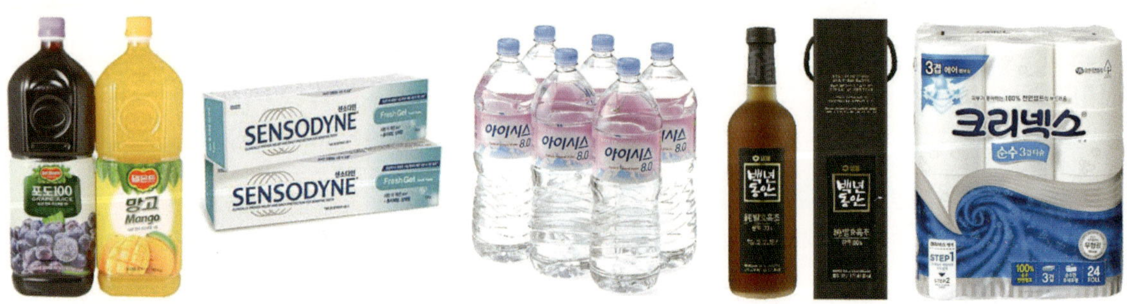

광고 5-2 제한적 의사결정 유형 : 어린이용 샴푸, 치즈, 비누, 린스

나중에 제품평가가 이루어지기는 하지만, 기대에 못 미쳤을 경우에만 평가가 이루어진다. 소비자들은 상점의 진열대에 진열된 제품을 보거나 광고에 노출되어서야 비로소 욕구를 인식하는 일상적인 반응행동을 나타낸다. 만약 구매한 브랜드제품이 기대했던 만큼 성능이 좋아서 만족한다면, 소비자들은 반복구매가 일어날 것이고, 차후에 브랜드충성도가 형성될 것이다. 예를 들면, 비누나 치약을 구매하려는 소비자가 슈퍼마켓에 가서 어떤 브랜드를 사야 하는지를 망설이며, 제품설명서를 꼼꼼히 읽어보면서 몇 분씩 서서 있지는 않을 것이다. 아마도 상점진열대에 가서 늘 가족들이 사용하던 기존 브랜드나 아니면 다른 어떤 브랜드라 할지라도 별로 고민하지 않고 쉽게 선택해서 구매할 것이다.

제한적 의사결정(limited decision making)은 소비자가 예전에 제품을 구매해 본 경험은 있으나, 이용가능한 브랜드와 친숙하지 않을 때 발생한다. 제한적 의사결정은 일상적인 의사결정유형보다는 관여도 수준이 높지만, 저관여 제품들과 관련이 많다. 왜냐하면, 소비자들은 여러 가지 대안들을 고려하거나 정보를 탐색하는데, 중간정도의 노력을 기울이기 때문이다. 예를 들어, 당신이 슈퍼마켓에 가서 어린자녀들에게 필요한 샴푸, 치즈, 비누, 린스 등을 구매하려고 할 때, 자주 사주던 브랜드가 상점진열대에 없을 경우, 만약에 다른 대안으로 구매해야 한다면, 어떤 다른 브랜드제품들을 대안으로 선택해야 할지를 고려해야 할 것이다. 최종 선택하기 전에 아마도 당신은 새로 선택할 샴푸나 비누, 린스 등의 제품인 경우는 어린자녀의 피부에 잘 맞을지를 신중히 고려해야 할 것이고, 치즈인 경우에는 제품의 영양가, 칼로리 등의 성분들을 비교하기 위해서 다른 유사제품의 브랜드들을 집어서 꼼꼼히 살펴봐야 할 것이다.

포괄적 의사결정(extended decision making)은 소비자들이 친숙하지 못한 제품, 고가제품, 빈번하게 구매하지 않는 제품 등을 구매할 때 주로 실행할 것이다. 이런 과정은 소비자 의사결정의 유형중에서 가장 복잡한 유형이며, 소비자 측면에서 주로 고관여 제품(high

광고 5-3 포괄적 의사결정 유형 : 고관여 제품광고

involvement product)들과 관련이 있다. 고관여 제품을 구매하려는 소비자들은 제품범주나 이용가능한 브랜드들에 관해서 가능한 한 많은 것을 알기 위해서 완전한 의사결정을 하길 원할 것이다. 그리고 소비자들은 저관여 제품을 구매할 때와 달리 고관여 제품을 구매할 때는 구매후에 인지부조화(cognitive dissonance)를 경험하게 된다. 그래서 고관여 제품을 구매하는 소비자들은 구매 이후에 겪게 되는 인지부조화를 줄이기 위해서 사전에 정보탐색을 위해 많은 시간을 소비하고 대안들을 평가하기 위해 여러 가지 기준들을 사용한다. 예를 들어, 카메라, 컴퓨터, 자동차, 주택, 해외여행 등의 구매의사결정을 하기 위해 포괄적 의사결정 유형을 요구할 것이다.

앞에서 살펴본 세 가지 의사결정 유형은 소비자들이 제품을 구매할 때마다 항상 동일한 것은 아니다. 예를 들어, 일상적으로 구매하는 제품이 이제는 더 이상 만족스럽지 못하다면, 소비자들은 또 다른 어떤 브랜드로 전환하기 위해서 제한적인 의사결정 혹은 포괄적인 의사결정 유형을 실행할 것이다. 그리고 처음에 포괄적인 의사결정을 이용한 사람은 다음 구매 시에는 일상적 혹은 제한적 의사결정 유형을 사용할지도 모른다. 예를 들어, 첫아이의 엄마는 기저귀를 구매하기 전에, 여러 브랜드를 포괄적으로 평가할지도 모른다. 그러나 그 후에 기저귀를 구매할 경우에는 일상적인 의사결정 유형을 취할 수도 있다.

1.2 관여도

소비자는 일반적으로 특정 제품에 대한 구매의사결정과정에서 제품의 가격이 비싸고 중요할수록 보다 신중하게 대안을 비교하고 평가한다. 그리고 평소에 사고싶은 제품이나 구매상황에 따라 소비자의 행동이 많이 달라질 수 있다. 이와 같이 소비자 구매행동과정에서 영향을 미칠 수 있는 중요한 변수가 관여도(involvement)인데, 관여도에 따라 소비자구매 행동이 많은 영향을 받는다. 소비자의 관여도는 특정 상황에서 자극에 의해 환기된 개인의 지각된 중요성 혹은 관심의 수준이라고 한다.

소비자 구매의사결정에 영향을 미치는 관여도의 수준은 사전경험, 관심, 지각된 위험, 구매상황, 사회적 가시성 등 다섯 가지 요인에 따라 달라질 수 있다.

① 사전경험

소비자가 제품이나 서비스에 대한 사전경험이 있을 때, 관여수준은 뚜렷하게 감소한다. 제품을 반복적으로 여러 차례 구매해 보았다면, 소비자들은 주저하지 않고 빨리 선택하게 된다. 소비자들은 제품과 친숙하고, 그 제품이 자신의 욕구를 얼마나 만족시킬지를 알기 때문에 그들의 구매에 대한 관여도 수준은 낮아진다.

② 관심의 정도

관여도는 직접적으로 자동차, 음악, 영화, 자전거, 전자제품 등과 같은 제품들에 대한 소비자들의 관심과 관련이 있다. 당연히 이러한 관심영역은 개인마다 다양하다. 예를 들어, 사람들이 평소에는 요양원에 대해서 관심이 거의 없을 수도 있지만, 건강이 좋지 않은 노부모님이 있는 경우에는 높은 관심을 가질 수도 있다.

③ 지각된 위험

제품구매 시에 지각된 위험이 증가할수록 소비자의 관여수준도 증가한다. 소비자들과 관련된 지각된 위험은 기능적 위험, 재무적 위험, 사회적 위험 그리고 심리적 위험 등이 포함된다.

첫째, 기능적 위험(functional risk)은 제품기능의 복잡성이나 기계적 결함가능성이 높을 때 발생하는 경향이 높다. 그래서 광고메시지를 전달할 경우에는 제품의 다양한 기능에 대한 유용성, 사용상의 편리성 등을 강조하고, 친절한 사용자매뉴얼을 제공해 주는 것이 좋다. 또한 기계적 결함가능성은 충분한 AS 등을 강조해 줌으로써 기능적 위험을 최소화시킬 수 있다.

둘째, 재무적 위험(financial risk)은 구매력의 손실에 노출되어 있는 경우에 높아지는 경향이 있다. 따라서 가격과 관여도는 항상 직접적으로 관련이 있다. 가격이 증가할 때, 관여도 수준도 증가한다. 예를 들어, 주택을 구입하려고 하는 사람은 보통 알맞은 집을 찾기 위해서 시간과 노력을 많이 기울일 것이다.

셋째, 사회적 위험(social risk)은 제품이나 서비스를 구매하고 소비하는데, 소비자 자신의 준거집단이나 다른 사회구성원들로부터 부정적으로 평가받을 것 같아서 느끼는 위험을 말한다. 예를 들어, 오래되어 낡은 차를 운전한다든지, 유행이 지난 옷을 입고 다닌다든지 할 경우에 사회적인 위험을 느낄 수도 있다.

넷째, 심리적 위험(psychological risk)은 어떤 제품이나 서비스가 소비자 자신의 정체성이나 자기이미지를 잘 표현하지 못하거나, 부정적인 영향을 미칠 수 있을 것 같아서 느끼는 위험을 말한다. 예를 들어, 맞벌이 부부가 어린이를 돌봐줄 수 있는 사람을 고용할 것인지, 혹은 하루종일 맡길 수 있는 유아원에 등록할 것인지 등에 관한 의사결정을 할 경우 심리적인 위험을 가질 수 있다.

④ 구매상황

제품이나 서비스를 구매할 때 시간적 압박, 기분, 동행자여부, 선물이나 접대 등 소비자 자신이 처한 특정 상황에 따라 구매행동이 달라 질 수 있다. 예를 들어, 평소에 저가격의 주류를 즐겨 마시던 소비자가 어느 날 귀한 손님이 방문했다고 가정하면, 이 소비자는 고관여 구매의사결정상황으로 바뀌어 고급스럽고 품위있는 양주나 포도주브랜드를 구매해서 대접을 할 수도 있다.

⑤ 사회적 상황

소비자가 제품이나 서비스를 구매하고 소비하는 상황이 다른 사람에 노출이 되는 가시성이 높을 때 관여도 수준이 높아진다. 사회적 가시성이 높은 제품에는 의류, 보석, 자동차, 가구 등과 같은 제품들이 포함된다. 이러한 제품들은 소비자들이 제품을 사용하고 소비하는 과정에서 사회적으로 노출이 되기 때문에, 소비자들의 인상이나 이미지에 상당한 영향을 주므로 사회적인 위험이 상당히 높아 질 수 있다.

마케터는 관여도 수준에 따라 효과적인 마케팅전략을 개발할 수 있다. 고관여 제품의 구매상황에서는 포괄적인 정보탐색이 이루어지며, 많은 제품속성이나 브랜드를 고려해서 태도가 형성되며, 구전커뮤니케이션에 참여하게 된다. 그래서 마케터는 우선 표적시장에 촉진할 때는 포괄적이고 정보제공적인 내용을 제시해야 할 것이다. 고관여 제품에 효과적인 좋은 광고는 소비자들이 제품을 구매함으로써 얻을 수 있는 여러 가지 효익이나 독특한 이점뿐만 아니라, 구매의사결정을 하는데 필요한 정보를 제공해 줄 수 있어야 할 것이다. 예를 들어, 컴퓨터나 스캐너, 프린터, 모뎀 등의 주변기기를 생산하는 제조업체는 성능, 스피드, 해상도와 같은 제품속성에 관한 기술적인 정보를 자세하게 설명하는 긴 광고카피내용을 제시하는 광고를 게재하는 것이 바람직 할 것이다.

저관여 제품을 구매하는 경우에는 대부분의 소비자들이 사전에 정보탐색이나 노력을 거의 기울이지 않고 상점에 방문해서야 특정 브랜드에 대한 욕구를 인식하고 필요한 제품을 구입하려고 할 것이다. 따라서 고관여 제품들과는 달리, 상점내 촉진은 저관여 제품을 촉진할 때 매우 중요한 수단이며 효과적일 것이다. 마케터는 제품이 진열대에서 쉽게 눈에 띄어 알아 볼 수 있고, 시선을 끌 수 있도록 포장 디자인에 초점을 두어야 한다. 예를 들어, 세제, 치약, 비누, 케첩 등이 이런 범주에 포함된다. 상점내 효과적인 디스플레이는 저관여 제품의 판매를 더욱 더 촉진시킬 것이며, 소비자들에게 제품의 특성을 신속하게 설명해주고 전달해 줄 수 있을 것이다.

1.3 구매의사결정 모델

소비자들은 일상생활에서 많은 구매의사결정을 하게 되는데, 소비자들의 구매의도와 구매행동을 이해한다면, 마케터들로서는 소비자들의 욕구를 효율적으로 충족시켜줄 뿐만 아니라, 소비자들의 만족을 극대화시킬 수 있을 것이다. 그러나 소비자구매행동을 이해한다는 것은 그렇게 쉬운 일은 아니다. 왜냐하면, 소비자행동은 정치, 경제, 사회, 문화, 기술 등 여러 가지 환경요인들 뿐만 아니라, 기업이 사용하는 마케팅활동을 통해 전달되는 다양한 자극과 소비자의 개인적 · 심리적 요인들에 의해 나타나는 소비자반응의 결과이기 때문이다. 그래서 소비자행동과 관련된 대부분의 연구들은 여러 가지 자극물에 대해 소비자의 반응이 어떠한 과정을 거쳐서 나타나며, 이러한 반응에 영향을 미치는 요소들이 무엇인가를 조사하는데 중점을 두고 있다. 또한 기업의 마케터들도 기업이 제공하는 제품, 가격, 유통 그리고 촉진활동과 같은 다양한 자극에 대해 소비자들이 어떻게 반응할 것인지를 제대로 이해한다면, 경쟁기업들 보다 큰 이점을 가지고 기업활동을 성공적으로 할 수 있을 것이다.

그림 5-2 자극-반응모델

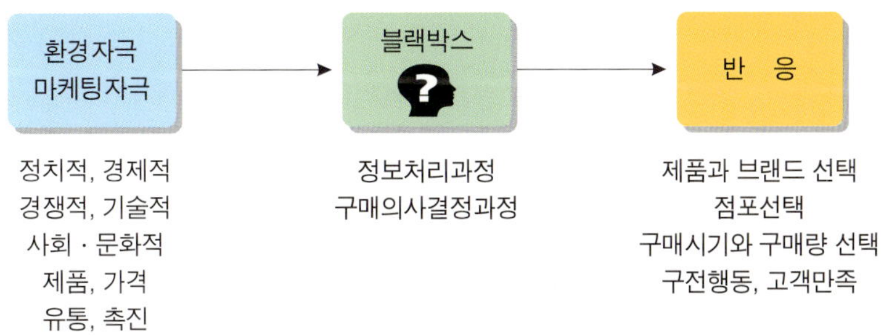

소비자 구매행동모델의 출발점은 [그림 5-2]의 자극-반응모델(stimulus-response model)에서 알 수 있는 바와 같이, 정치적, 경제적, 경쟁적, 기술적, 사회·문화적 등의 다른 여러 가지 환경적인 자극들과 제품, 가격, 유통, 촉진 등의 마케팅믹스를 통한 자극들이 소비자의 블랙박스에서 이루어지는 여러 가지 과정에 영향을 미친다는 것이다. 소비자의 블랙박스는 두 가지 부분으로 이루어져 있다. 첫째, 소비자들이 자극에 대하여 지각하고 반응하는 정보처리과정이고, 둘째, 소비자행동에 영향을 미치는 구매의사결정과정을 말한다.

이러한 과정 상에서 영향을 미치는 투입요소들은 소비자의 블랙박스에 들어가서 정보처리과정, 구매의사결정과정을 거친 후에 제품과 브랜드선택, 점포선택, 구매시기와 구매량선택, 구전행동, 고객만족 등의 관찰가능한 일련의 반응으로 변환된다.

따라서 마케터는 소비자의 반응을 관찰하고 이해하는 것도 중요하지만, 훨씬 더 중요한 것은 소비자의 블랙박스를 이해하고 파악할 수 있다면, 반응이 일어나기 이전에 한 단계 앞서서 소비자의 행동을 사전에 예측하고 적절한 마케팅전략을 실행할 수 있다는 것이다. 그래서 마케터들은 소비자의 블랙박스를 잘 알고 이해하는 것이 무엇보다 중요하다고 할 수 있다. 그렇게 하려면, 특정 소비자가 지금까지 어떤 환경자극과 마케팅자극에 노출되면서 영향을 받았는지를 알지 못하고는 소비자의 블랙박스를 제대로 알 수 없을 것이다. 그리고 자극요소들 중에서 환경자극은 기업이 통제불가능한 자극요소들이지만, 마케팅자극은 통제가능한 자극요소이기 때문에 기업이 제공하는 마케팅믹스 요소를 통해 어떤 마케팅자극을 가하느냐에 따라 기업이 원하는 소비자의 반응을 이끌어 낼 수도 있을 것이다.

02 구매의사결정에 영향을 미치는 요인

소비자행동과 구매의사결정에 관한 기존의 많은 이론들은 소비자가 제품을 구매할 것인지 안할 것인지를 선택하기 위해서 그들의 외적요인들에 비추어 내적으로 마케팅자극을 처리한다고 설명한다. 이런 관점에서 [그림 5-3]의 소비자 구매행동모델은 소비자가 구매여부를 결정하는데 영향을 미치는 요인들을 나타내고 있다. 소비자 구매의사결정과정에 영향을 미치는 요인들로는 소비자의 외적 영향요인과 내적 영향요인을 비롯해서 마케팅믹스 영향요인 등으로 구분될 수 있다. 외적 영향요인에는 사회·문화적, 개인적, 상황적 요인

그림 5-3 소비자 구매행동모델

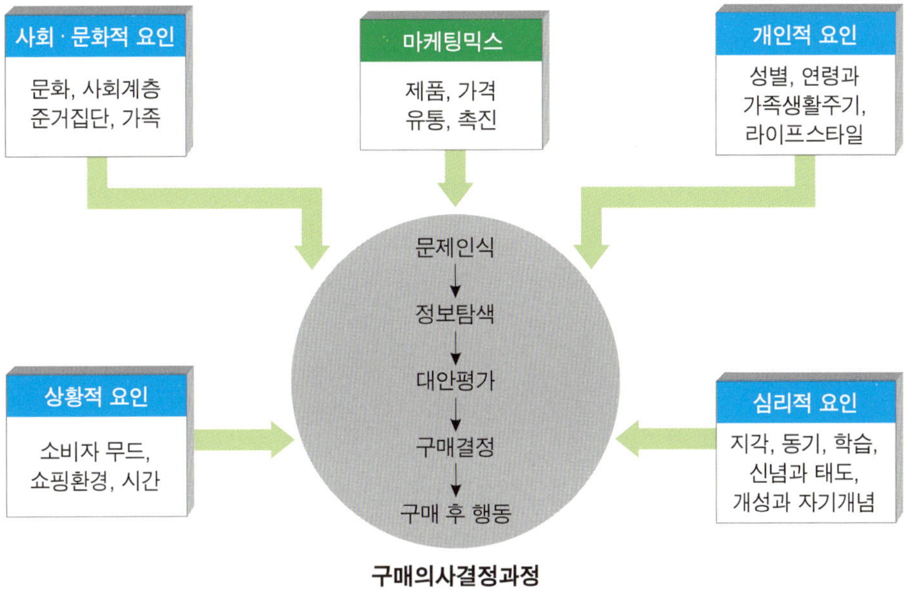

들이 있으며, 내적 영향요인에는 개인의 심리적 요인이 있다. 이들 영향요인들 중에서 외적요인으로 사회 · 문화적 요인은 문화, 사회계층, 준거집단, 가족 등을 포함하며, 소비자 구매의사결정과정에 가장 폭넓게 영향을 미친다. 그리고 성별, 연령과 가족생활주기, 라이프스타일 등을 포함하는 개인적 요인은 개인마다 독특하며, 소비자들이 원하는 제품이나 서비스의 유형을 선택하는데 주요 역할을 수행한다. 소비자무드, 쇼핑환경, 시간 등의 상황적 요인은 제품을 어떻게 평가하고 선택할 것인지에 많은 영향을 미친다. 마지막으로 심리적 요인에는 지각, 동기, 학습, 신념과 태도, 개성과 자기개념 등이 포함된다. 이러한 심리적 요인들은 소비자가 환경요인들을 어떻게 지각하고 상호작용하느냐에 영향을 미칠 뿐만 아니라, 최종 구매의사결정을 하는데도 크게 영향을 미친다. 그리고 마케팅믹스의 영향요인에 대해서는 8장부터 14장에 걸쳐서 자세하게 설명을 하기로 한다.

2.1 사회 · 문화적 요인

소비자 구매의사결정에 영향을 미치는 영향요인 중에서 사회 · 문화적 요인은 개별 소비자행동과 의사결정에 가장 넓고 깊게 영향을 미친다. 마케터는 개별 소비자들의 문화뿐만 아니라 사회계층, 준거집단, 가족 등의 사회 · 문화적 요인들이 개별 소비자의 구매의사결정에 크게 영향을 미치므로, 이들을 이해하고 마케팅전략수립에 활용한다는 것은 대단히 중요한 일일 것이다.

1. 문 화

(1) 문화의 개념

문화는 한 사회집단을 다른 집단과 구별할 수 있는 중요한 특성이다. 문화는 한 사회의 구성원들 간에 서로 공유하는 의미, 가치관, 신념, 언어, 신화, 관습, 상징, 의례의식, 법률, 전통 등을 포함하는 총체적인 의미이다. 문화는 자유나 독립과 같은 추상적인 아이디어와 개별집단에서 가치가 있는 자동차, 의류, 음식, 예술품, 스포츠와 같은 물질적인 대상물이나 서비스들을 모두 포함하고 있다. 또한 문화는 소비자의 태도, 신념과 지각에 영향을 미치며, 한 세대에서 다음 세대로 전승되어 넘어갈 때 문화뿐만 아니라 문화유산인 제품에 대한 소비자행동을 형성하는 데 영향을 준다. 따라서 문화는 소비자행동을 결정하는 가장 폭넓은 환경요소이기 때문에, 마케터는 국내 · 외의 소비자 구매의사결정에서 문화의 역할을 이해할 필요가 있다.

문화는 서서히 파급되어가며, 문화적 가치와 영향은 넓은 바다와 같으며, 대부분 완전히 알 수도 없다. 사람들이 먹고 입는 것, 마시고 느끼는 것, 말하는 것, 이 모든 것이 문화적 차원이다. 그래서 가치관, 관습, 의례의식 등은 소비자들의 일상적인 습관에 배어 있기 때문에, 문화에는 의식적인 선택없이 행하는 모든 것이 포함된다.

문화는 기능적이며, 인간의 상호작용을 통해서 각 문화에 대해 수용할 수 있는 행동을 규정하고 가치관을 만든다. 공통된 기대를 형성함으로써, 문화는 사회의 질서를 이루게 된다. 때로는 이러한 기대는 법률로 규정하고 있다. 예를 들어, 우리 문화권에서는 자동차운전자는 빨간 신호등에서는 멈추어야 한다. 어떤 경우에는 이러한 기대가 당연시 받아들여지기도 한다. 예를 들어, 편의점이나 병원은 24시간 운영하고 있고, 은행로비는 영업중에는 항상 열려 있다.

문화는 일상생활 속에서 자연적으로 학습된다. 어린이들은 부모, 선생님, 동료들로부터 그들의 행동을 좌우할 가치관을 배운다. 일반적으로 사회의 구성원들은 사회생활 속에서, 사람을 만나면 악수를 하고, 길에서 우측통행을 하고, 피자를 먹고 콜라를 마시는 것 등을 배운다.

문화는 역동적이며, 환경이 변화고 욕구가 변화되는 것을 수용하고 있다. 최근에 IT분야의 기술적인 빠른 성장은 문화적인 변화를 가속화시켰다. TV, 스마트폰, SNS 등은 오락패턴과 대인 커뮤니케이션을 변화시켰으며, 정치나 기타 사건에 대한 대중들의 관심을 증가시켰다. 자동차는 많은 시간을 레저생활을 즐길 수 있도록 영향을 주었다.

문화에서 가장 중요한 요소 중의 하나는 가치관인데, 인간의 가치체계는 그들의 소비행동에도 영향을 주고 있다. 가치체계가 유사한 소비자들은 가격이나 다른 마케팅자극에 비슷하게 반응을 한다. 환경을 보호하려는 소비자들은 환경을 해치지 않는 제품들만 구매하려고 한다. 가치관은 또한 소비자들의 TV시청습관이나 잡지구매에도 영향을 줄 수 있다.

표적소비자의 개인적인 가치관은 마케터에게 중요한 시사점을 준다. 소비자의 구매행태를 이루고 있는 태도의 기초가 되는 핵심 가치관과 이러한 가치관이 경험을 통해서 어떻게 형성되었는지를 마케터가 이해할 때, 표적시장의 소비자들에게 더 효과적인 메시지를 전달할 수 있다. 예를 들어, 최근에 건강과 다이어트에 대한 관심이 높아짐에 따라 헬스기구와 장비, 건강식품을 비롯해서 여가생활을 즐길 수 있는 다양한 레저스포츠 산업이 발달하게 되었다.

사 례 인터넷 Meme 현상, 밈 하위문화가 되고, 밈 마케팅이 되다

▸ 밈(Meme)

밈(meme)은 진화생물학자 리처드 도킨스가 1976년 출간한 저서 〈이기적인 유전자〉에서 처음 사용된 학술 용어로 모방을 뜻하는 그리스어 미메메(Mimeme)와 유전자(gene)의 합성어입니다. 이 책에서 리처드 도킨스는 밈을 '인간의 유전자처럼 자기복제적 특징을 지니며 번식해 대를 이어서 전해져 오는 사상이나 종교, 이념 같은 정신적 사유'라고 정의했습니다. 즉, 밈은 사람들 사이에서 구전을 통해 재생산되는 모든 문화적 현상을 총칭합니다.

고전 사회학 용어로 쓰였던 밈은 2010년대에 이르러 온라인상의 새로운 소통방식을 설명하는 용어로 부활하면서, 오늘날 밈(meme)은 '기존의 콘텐츠가 대중을 통해 유통되고 재생산되면서 생기는 문화적 요소'를 뜻합니다.

채팅이나 UCC 활동을 할 때 쓰이는 필수요소를 밈이라 부르곤 했는데, 아무래도 인터넷을 중심으로 생겨난 현상이기 때문에 '인터넷 밈(Internet Meme)'이라 부르기도 합니다. 다시말해서 오늘날 밈(Meme)문화는 인터넷, 온라인에서 유행하는 재미있는 사진이나 영상 문화요소, 콘텐츠를 뜻하는 말로, 밈이란 온라인상에서 공유되는 파급력을 가진 재미있는 짤(사진이나 그림), 영상, 유행어, 트렌드 등을 통칭하는 의미입니다.

▸ 밈(Meme) 특징

밈은 재미를 중요시하고 지나친 간섭과 복잡함을 싫어하는 MZ세대에게 더욱더 인기있는 일종의 놀이문화라고 할 수 있습니다. 흔히 밈을 단순히 웃기는 영상이나 유행어로 생각하기 쉬운데, 누군가가 열정과 에너지를 다해 이러한 콘텐츠를 만들었고, 이 결과물을 모두 함께 향유함으로써 얻을 수 있는 재미에 가깝습니다. 밈이 만들어지는 데 있어서 일정한 규칙이 있는 것은 아닙니다. 인터넷에 돌아다니는 수많은 패러디 콘텐츠와 짤 중 언제 어떤 것이 인기를 얻어 강력한 밈이 될지 아무도 예측할 수 없습니다. 하지만 분명한 것은 밈은 짧은 시간 동안 광범위하고 빠르게 퍼져서 유행을 만들어 냅니다. 특히 주목할 만한 점은 네티즌들의 자발적 공유와 확산을 통해 생겨나고 소멸하는 밈현상이 이제 단순한 유행을 넘어 우리 현실의 비즈니스 트렌드에도 큰 영향을 주고 있다는 점입니다. 이러한 밈현상은 수명이 짧지만 마케팅 측면에서 저비용으로 고효율을 낼 수 있다는 점에서 각광받고 있다고 있습니다. 다만 유행한다고해서 생각없이 활용했다가는 인기가 아닌 논란이 될 수 있으니 활용시 유의해야 합니다.

▸ 밈 마케팅

밈 마케팅(Meme marketing)이란 밈(Meme)과 마케팅(Marketing)의 합성어로 인터넷에서 유행하는 특정 문화요소를 모방 혹은 재가공한 콘텐츠를 의미하는 인터넷 밈을 활용한 마케팅을 밈 마케팅이라고 합니다.

▸ 밈 마케팅이 유행하는 이유

현재 소비자들은 광고를 정보습득목적이 아니라, 하나의 콘텐츠로서 소비하고 있기 때문입니다. 밈의 경우 인터넷에 익숙한 20~30대 소비자들이 익숙하고 친숙하게 느끼기 때문에 새로운 시도에 따른 부담도 적은 편입니다.

밈은 재미있을 경우 SNS와 같은 소셜미디어에서 다시 모방 및 재가공되어 확산되기 쉽다는 특징을 가지고 있습니다. 수차례 재생산되면서 내용이 더 발전해 파급력이 커지기도 하는데요. 기업들이 밈 마케팅을 하는 이유 역시 밈 자체가 확산한다는 특징을 가지고 있기 때문에 홍보비용이 감소합니다. 또한 밈 마케팅에 성공할 경우, 온라인을 통해 빠르게 퍼져 자연스러운 바이럴 효과를 누릴 수 있고 재미있는 콘텐츠로 브랜드 친밀도를 높일 수 있다는 점이 밈 마케팅의 장점입니다,

▶ **사례1 : 비의 '깡'**

비의 '깡'은 처음 음악이 발매되었을 때는 거의 사장되다시피 했었지만, 온라인에서 화제가 되어 새로운 방송 콘텐츠의 탄생으로 이어졌습니다.

– '1일 1깡'이 그 대표적 사례 –

2017년에 발표된 곡 '깡'은 가수 비에게 있어서 일종의 흑역사였습니다. 과장된 몸짓의 안무와 대담한 가사가 멋있기보다는 오글거림에 가까웠기 때문인데요. 2018년 하반기부터 소셜미디어(SNS)와 유튜브에서 유행하기 시작했다. 한 여고생이 유튜브에 5개월 전 '1일 1깡 여고생의 깡(Rain-Gang) cover'란 제목으로 올린 '1일 1깡'하는 영상이 폭발적인 조회수를 기록하였다. 깡 안무를 따라 하는 커버 영상과 패러디영상도 쏟아져 나왔다. 이처럼 유튜브 추천 알고리즘에 의해 우연히 밈으로 자리잡은 비의 깡 뮤직비디오는 네티즌들에 의해 각종 패러디 영상이 쏟아지며, 온라인 상에서 놀림거리가 되었습니다. 하지만 비가 MBC 예능 〈놀면 뭐하니?〉에 출연해 이에 대해 '1일 3깡' 정도는 해야 한다며, 유쾌하게 피드백하는 모습을 통해 안티 팬마저 포용하는 모습을 보이자, 허세 가득한 비의 이미지는 순식간에 호감으로 바뀌었고, 음악 활동의 새로운 진환기를 맞았습니다. 이제 깡을 따라 하는 것이 조롱이 아니라, 비에 대한 호감을 표시하는 하나의 유행(밈)으로 자리 잡은 것입니다.

이러한 밈현상으로 인해 뒤늦게 화제인 비의 '깡'은 유튜브에 올라온 공식 뮤직비디오는 조회 수가 무려 760만을 넘었으며, 깡 관련 패러디 영상도 100만~200만 뷰 이상을 올리고 있다.

이렇게 인터넷에서 확산된 밈 현상이 실제 상품의 높은 매출까지 이어지기도 해 놀라움을 안겼습니다.

– 바로 농심 '깡' 시리즈 스낵 –

농심은 가수 비로 시작된 깡 열풍과 함께 새우깡이 '밈' 대상으로 등극하자 비를 광고모델로 재빠르게 섭외했는데요. 이후 소비자의 관심은 다른 '깡'시리즈 스낵으로 번지면서 지난 7월 새우깡과 감자깡, 양파깡, 고구마깡 등 '깡 시리즈' 4종의 한달 매출액이 최초로 100억원을 돌파했습니다.

출처 : 소셜타임스(http://www.esocialtimes.com)

▶ 사례2 : 지코 '아무노래 챌린지'

출처 : 티브이데일리(http://tvdaily.co.kr/read.php3?aid=15790790441522115010)

지코가 노래를 발매하며 유명가수들과 함께 '아무노래'라는 노래의 리듬에 맞춰 단순한 안무를 따라 하는 챌린지 버전의 영상을 내놨는데, 이 영상은 순식간에 퍼져 일반인들이 친구, 가족, 지인들과 어울려만든 콘텐츠를 자신의 SNS에 올리는 밈현상을 만들어냈습니다. 이러한 밈문화의 결과 노래도 역시 큰 인기를 얻었습니다. 지코의 '아무노래' 챌린지는 댄스 챌린지의 대표적인 성공사례다. 쉽고 중독성 있는 안무로 국내외 많은 스타들의 자발적인 참여를 이끌어낸 것은 물론 SNS시대 비대면의 놀이문화를 보여줬다는 평가를 받고 있다. 지난해 발매된 '아무노래'는 멜론 일간차트에서 52회 1위를 기록했고, 방송출연 없이 음악방송 통산 10관왕에 올랐다. 연간 가온 디지털차트, 다운로드 차트, 스트리밍 차트에서 모두 1위를 거머쥐었다.

▶ 사례3 : 버거킹 광고 '사딸라'

2018년 하반기에는 페이스북을 중심으로 드라마 〈야인시대〉(2000)의 한 장면을 편집한 영상이 인기를 끌었습니다. 극 중 김두한 역할을 맡은 배우 김영철이 미군과의 협상 장면에서 막무가내로 "사딸라!(4 dollars)"를 외치는 장면이 네티즌 사이에 하나의 유머로 쓰이면서 밈으로 자리 잡았습니다. 당시 버거킹은 햄버거 세트 메뉴를 온종일 4,900원에 즐길 수 있는 '올데이킹(All DAY KING)'을 출시예정이었는데, 이러한 '사딸라' 밈 현상에 관심을 갖고 김두한역을 연기한 배우 김영철을 CF에 섭외함으로써 큰 인기를 끌었습니다. '사딸라(4,900원) 세트'로 마케팅을 펼친 올데이킹은 TV 광고의 인기에 힘입어 론칭 13개월 만에 누적 판매량 1,500만 개의 기록을 세웠습니다.

소비자들은 이제 만들어진 트렌드를 좇는 것이 아니라, 자신들이 즐기고 싶은 콘텐츠를 직접 만들면서 트렌드를 이끌고 새로운 현상과 문화를 만들어내고 있는데요.

그 중 하나가 바로 밈이었습니다.

● 자료원 : https://blog.naver.com/eunii00/222246464149, (내용 일부 수정)

(2) 하위문화

문화는 인구통계적 특성, 지리적 위치, 국가와 인종, 정치적 신념, 종교적 신념 등을 기준으로 하위문화를 구분할 수 있다. 그래서 문화는 어떤 기준으로 구분하느냐에 따라 여러 개의 하위문화로 구분될 수도 있다.

하위문화는 한 집단 내에서 비교적 유사하게 생각하고 행동하며, 타 집단에 비해 빈번하게 접촉하는 집단으로 문화적인 요소들을 공유하는 동질적인 집단이다. 하위문화 속에 있는 사람들의 태도, 가치관과 구매의사결정은 심지어 하위문화보다 더 넓은 문화권 속에 있는 사람들보다 훨씬 더 유사하다. 하위문화적 차이는 한 문화 속에 사람들이 제품이나 서비스를 구매하는 행동에서 상당한 차이를 나타낼 수도 있다.

미국의 경우, 수많은 하위문화들로 구성되어 있는데, 대부분은 지리적으로 집중되어 있다. 히스패닉 시장, 즉 쿠바, 중남미, 푸에르토리코 등 스페인계 소비자들은 멕시코 국경지역 근처에 많이 몰려 살고 있다. 그리고 중국, 일본, 한국 등 아시아계는 미국의 태평양 연안지역에 많이 거주하고 있다.

마케터가 하위문화 소비자들을 식별할 수 있다면, 그들의 욕구를 충족시켜줄 수 있는 특별한 마케팅프로그램을 설계할 수 있다. 미국의 경우 히스패닉 인구는 일반적인 인구성장률보다 7배나 높은 성장률을 보이며, 가장 빠르게 성장하고 규모면에서도 매우 큰 하위문화집단이다. 이들 시장은 마케터들에게는 매우 매력적인 시장으로 좋은 표적시장이 되고 있다. 그리고 히스패닉 시장과 더불어 미국에서 또 하나의 큰 하위문화는 흑인 소비자시장을 들 수가 있다. 미국내 아프리카계 흑인 소비자의 경우, 규모나 소득수준이 점차 증가해가면서 기업의 마케팅활동의 비중이 증가하고 있다. 이들은 백인시장보다 주로 의류, 가구, 개인용품 등에서 더 많은 구매력을 보이고 있으며, 식품, 교통, 레크레이션 등에서는 상대적으로 덜 소비하고 있다. 따라서 마케터들은 흑인시장을 대상으로 소비자의 특성과 기호를 분석하고 효과적인 마케팅전략을 수행해야 할 것이다.

2. 사회계층

대부분의 사회는 일부 계층사람들에게 다른 사람들보다 더 많은 부와 권력, 기회와 높은 지위를 부여하는 사회계층구조를 형성하고 있다. 사회계층은 사회계층적 시스템 속에서 같은 계층에 속하는 사람들이 유사한 가치관과 행동규범을 공유하고 있으며, 생활양식, 교육, 소득 측면에서도 거의 유사한 사람들의 집단이다. 이들은 같은 사회계층에 포함되어 있는 다른 사람들과 공식적 혹은 비공식적으로 그들 자신들 사이에서 사회화를 이루는 경

표 5-1 Warner의 지위특성 지표(ISC)의 점수

점 수	직 업	소득원	주택의 유형	주거지역
1	전문직 대기업소유주	상속받은 재산	초호화저택	대단히 양호
2	준 전문직 대기업 임원	본인이 번 재산 소득	고급주택	양호 : 고급아파트 교외의 고급주택지
3	사무직 근로자	이익과 상속재산	좋은집	평균이상 : 좋은 조건의 아파트
4	숙련 노동자	봉 급	평균의 집	평균 : 보통주거지역
5	소규모 자영업자	임 금	평균이하의 집	평균이하 : 주거환경 악화되기 시작한 지역
6	반숙련노동자	사적인 생계비보조	나쁜집	열악한 지역 : 주거환경이 상당히 악화된 지역
7	비숙련 노동자	정부의 생계비 보조	판자집	매우열악한 지역 : 빈민가

향이 있으며, 의류, 레저활동, 멋을 부리는 스타일 등에서 항상 비슷한 취미와 행동양식을 가지고 있다. 사회계층은 한 사회 내에서 거의 동일한 지위와 소득을 가진 사람들로 구성된 집단이라고 할 수 있으며, 지위는 사회시스템 안에서 타인에 의해 지각된 개인의 서열을 의미한다. 이때 지위를 결정하는 기준과 각 기준의 상대적 중요성은 그 사회의 지배적 가치에 따라 달라진다. 일반적으로 재산, 소득, 직업, 교육수준, 가문, 사회적 유대관계 등이 지위를 결정하는 중요한 요소로 고려된다. 이들 요소들을 기준으로 한 사회내의 구성원들을 몇 개의 사회계층으로 분류할 수 있다.

사회계층에 대한 종합지표로 가장 널리 이용되는 지표로는 〈표 5-1〉과 같이, 워너(W. Lloyd Warner)의 지위특성 지표(ISC : Index of Status Characteristics)로 직업, 소득원천, 주택의 유형, 주거지역 등을 이용하여 계층을 분류하고 있다. 그리고 Warner는 지위특성 지표점수를 통해 〈표 5-2〉와 같이 최상류층, 상류층, 중상층, 중하층, 하류층, 최하류층 등으로 구분하고 있다.

우리나라의 사회계층구조에 대한 분류는 통계청에서 행하는 주관적 계층의식구분법이 있다. 통계청의 사회계층분류는 가족단위로 가구주를 조사대상으로 하여 주관적 방법으로 조사하며, 일반적으로 사회계층을 상상, 상하, 중상, 중하, 하상, 하하 등으로 여섯 계층으로 구분하고 있다.

또한 마케터들이 사회계층에 관심을 가지는 주요 이유가 있다. 첫째는 사회계층은 광고

표 5-2 Warner의 사회계층분류와 인구분포

사회 계층	점수의 범위	인구분포
최상류층	12~17	1.4%
상류층	18~24	1.6%
중상층	25~37	10.2%
중하층	38~50	28.8%
하류층	51~82	33.0%
최하류층	63~84	25.0%

※ISC점수 = (직업×4)+(소득원×3)+(주택유형×3)+(주거지역×2)

를 할 때 어떤 매체를 이용해야 할 것인지를 나타내 준다. 각 계층마다 애용하는 매체와 프로그램도 다르기 때문에, 표적시장이 어느 계층이냐에 따라 매체와 프로그램 선택도 달라져야 한다. 예를 들어, 보험회사에서 하류층을 대상으로 보험상품을 판매하려고 광고를 할 경우를 생각해 보자. 하류층 가족들은 다른 계층사람들보다 더 많이 TV를 보는 경향이 있으며, 주로 연속극이나 오락프로그램을 많이 보기 때문에 그들을 상대로 제품광고를 할 경우에는 연속극이나 오락프로그램에 끼워서 광고를 내보내야 한다. 둘째는 무슨 제품이 어띤 사회계층에 소구될 수 있는지를 안다는 것은 마케터들이 제품을 어디에 유통시켜야 할 것인지를 결정하는데 도움을 줄 수 있다. 제품의 종류나 브랜드에 따라 많이 선호하는 사회계층이 다를 수도 있다. 제품이나 브랜드에 따라 소득, 지위, 직업, 교육수준 측면에서 주로 선호하는 계층을 안다면 마케터입장에서는 효과적인 마케팅전략을 수립하는데 도움을 줄 수 있다.

이와 같이 유사한 사회계층에 포함된 소비자들은 노출되는 매체, 구매하는 제품이나 서비스의 종류, 쇼핑형태나 쇼핑장소 등에서 유사하기 때문에 사회계층을 이해하는 것은 마케터에게는 매우 중요하다.

3. 준거집단

대부분의 소비자들은 특히 의사결정 시에 느끼는 지각된 위험이 증가할 때, 그들의 탐색과 평가노력 혹은 불확실성을 줄이기 위해 다른 사람의 의견을 구하고 싶어한다. 소비자들은 또한 신제품이나 서비스, 그리고 제품속성정보가 부족하거나 유익하지 못하기 때문에 개인의 이미지와 연관된 제품을 구매할 때에 다른 사람의 의견을 구할 수도 있다. 특히 소비자들은 제품정보와 구매의사결정에 동의를 구하기 위해서 준거집단(reference group), 의견선도자(opinion leader), 그리고 가족구성원들과 사회적인 상호작용을 한다.

소비자의 구매행동에 영향을 주는 공식적 · 비공식적인 모든 집단은 그 사람의 준거집단이다. 소비자들은 어떤 집단의 구성원임을 확인하거나 구성원이 되기 위해서 제품이나 브랜드를 사용할 수도 있다. 소비자들은 그들의 준거집단의 구성원들이 어떻게 소비하는지를 배우고 관찰함으로써, 그들 구성원들이 의사결정할 때 사용한 동일한 기준을 흔히 이용하는 경우가 많다.

준거집단은 [그림 5-4]와 같이 직 · 간접적으로 매우 폭넓게 범주화될 수 있다.

직접적인 준거집단은 사람들이 살아가면서 직접적으로 접촉하고 대면하는 회원집단(membership group)이다. 회원집단에는 일차적인 집단과 이차적인 집단으로 분류될 수 있다. 일차적 회원집단(primary membership group)은 가족, 친구, 직장동료 등과 같은 비공식적인 직접 대면방식으로 상호작용하는 모든 집단을 말한다. 이와 달리 일차적 회원집단보다는 더 공식적이며, 비정규적인 상호작용을 하는 이차적 회원집단(secondary membership group)은 친목회모임, 클럽, 종교집단, 동창모임 등과 같은 것이 포함될 수도 있다.

또한 소비자들은 그들이 속하지 않은 많은 간접적인 비회원 준거집단(nonmembership reference group)에 의해서도 영향을 받는다. 열망 준거집단(aspirational reference group)은 열망집단에 참여하고 싶어하는 사람들로서, 참여하길 원한다면 열망집단의 규범을 따

그림 5-4 준거집단의 분류

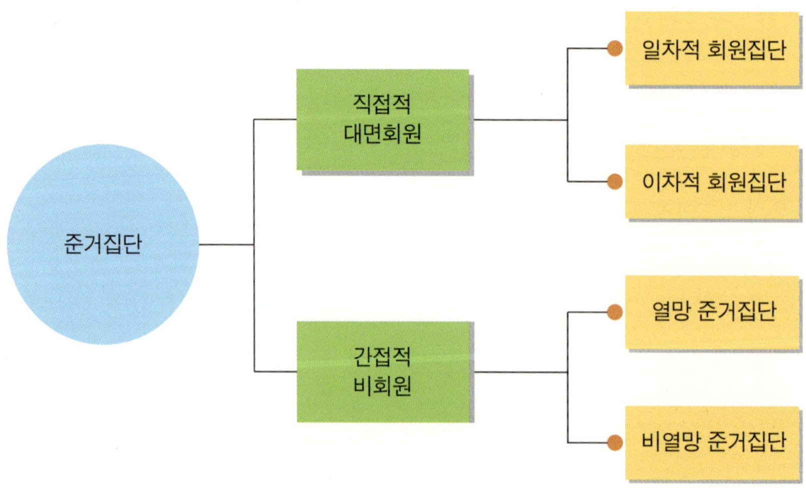

라야 한다. 공직에 선출되기를 원하는 사람은 정치인들처럼 더 보수적으로 옷차림새를 갖추어야 하고, 유권자나 다른 영향력이 있는 사람들이 수용할 수 있는 역할을 해야 하고 많은 공식적인 모임에도 참여할 수도 있다. 이와 유사하게 10대들의 경우는 연예인들처럼 열망집단에 속하기 위해서 머리에 염색도 하고, 그 집단에서 유행하는 힙합이나 댄스음악을 듣고 즐길 수도 있다. 비열망 준거집단(nonaspirational reference group)은 관련되기 싫어하는 집단으로서 특정 집단과 일정한 거리를 유지하려고 하는 사람들에게 영향을 미칠 수 있다. 어떤 소비자의 경우는 특정 집단과 관련되는 것이 싫어서, 옷이나 자동차를 구입하거나, 레스토랑이나 상점에 가는 것, 심지어 특정 지역근처에 주택을 구하는 것 등을 피할 수도 있다.

준거집단의 활동, 가치관, 목표 등이 직접적으로 소비자행동에 영향을 미칠 수 있다. 마케터들에게는 준거집단이 세 가지 중요한 시사점을 제공해 준다. 첫째, 준거집단이 소비자의 지각에 영향을 미치기 때문에 정보원으로 삼을 만하다. 둘째, 준거집단이 개인의 열망수준에 영향을 미친다. 셋째, 준거집단의 규범이 소비자행동을 억제할 수도 있고 자극할 수도 있다.

준거집단의 영향은 제품범주나 브랜드에 따라 다르다. 구매의사결정에 미치는 준거집단의 영향정도는 구매나 소비행위가 다른 사람에게 얼마나 사회적으로 의식하며 노출되느냐가 중요하다. [그림 5-5]와 같이 상표선택 시에 공적제품은 사적제품일 때 보다 구매의사

그림 5-5 준거집단의 상대적 영향

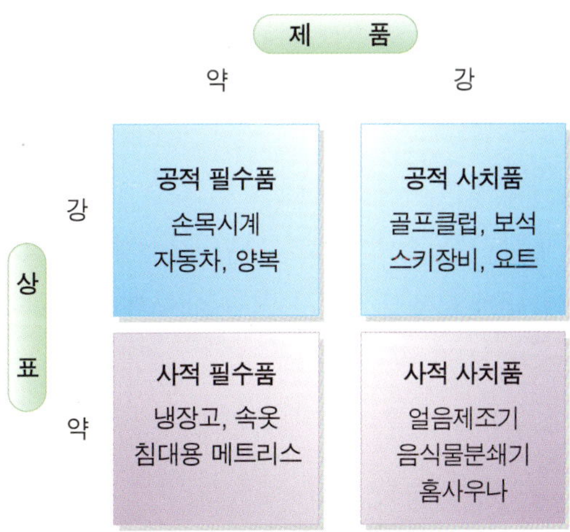

자료원 : William O. Bearden and Michael J. Etzel(1982), "Reference Group Influences on Product and Brand purchase Decisions," Journal of Consumer Research, Sept. p.185.(일부내용 수정)

결정에서 가시성이 높기 때문에 훨씬 더 준거집단의 영향을 받을 것이다. 그리고 제품구입 여부를 결정하는 의사결정을 할 경우에, 제품이 사치품이냐 필수품이냐에 따라 달라질 수 있다. 필수품인 경우는 모든 사람들이 그 제품을 보유하고 있기 때문에 준거집단의 영향이 약한 반면에, 사치품은 강한 준거집단의 영향을 받는다. 그리고 공적사치품은 제품구입 및 상표선택 시에 모두 준거집단의 영향을 강하게 받는 반면에, 사적필수품은 둘다 영향을 약하게 받는다.

준거집단은 다른 사람에게 영향을 미치는 집단의 리더들 즉, 의견선도자(opinion leader)들을 포함하고 있다. 마케터들은 자사의 제품이나 서비스를 구매하도록 의견선도자들을 설득하는 것이 중요하다. 일반적으로 시장에서 판매되고 있는 많은 제품이나 서비스들이 초기에는 이러한 의견선도자들의 영향을 상당히 많이 받는다고 할 수 있다.

의견선도자들은 흔히 순수한 호기심으로 새로운 제품이나 서비스를 시험삼아 사용해 보려 한다. 그들은 전형적으로 소속된 공동체, 직장, 시장 등에서 적극적으로 활동하며, 집단의 나머지 사람들보다 사회적인 지위가 약간 더 높고 흔히 다른 사람들의 태도나 행동에 영향을 미치는 사람들이다. 예를 들어, 패션의견선도자는 많은 패션잡지를 구독하고 싶어하고, 유행하고 있는 패션전문점에서 쇼핑하고, 최신 유행되는 제품을 우선적으로 구입해서 입으려 하는 사람이다. 이런 사람은 주로 의류선택에 영향을 미치지만, 화장품, 향수, 보석 등에 관한 조언을 얻기 위해서 다른 사람들에게 자주 자문을 구할 수도 있다.

4. 가 족

가족은 많은 소비자들에게 가치관, 태도, 자기개념(self-concept)과 구매행동 등에 강하게 영향을 미치는 가장 중요한 사회집단이다. 가족은 어린자녀들에게 문화적인 가치관이나 규범을 물려주는 사회화 과정(socialization process)을 책임지고 있다. 어린자녀들은 그들 부모들의 구매행동과 소비패턴을 관찰함으로써 학습하고, 차후에 자기자신이 소비주체가 되었을 때, 부모와 유사한 소비형태를 나타내는 경향이 있다.

가족구성원들 간의 구매의사결정에서 역할은 구매한 제품유형에 따라 구매제안자, 영향자, 의사결정자, 구매자, 사용자 등 다양하며, 구매과정에서도 서로 다른 역할을 맡을 수도 있다. 제안자는 구매과정에서 구매하자고 제안하거나 구매의향을 시사하는 사람이다. 제안자는 가족구성원 중에서 누구나 될 수 있다. 예를 들어, 막내동생의 생일선물을 위해서 산악자전거(MTB)가 필요하다고 형제나 부모님 중에서 누구나 제안자가 될 수 있다. 영향자는 가족구성원들 중에서 의견이 존중되어야 하는 사람이다. 그리고 엄마는 산악자전거

광고 5-4 가족 구매의사결정 : 산악자전거 광고

의 적정한 가격대에 대해 의사결정의 지침을 줄 수도 있고, 형은 브랜드에 대한 의사결정에 영향을 줄 수도 있다. 의사결정자는 실제로 구매를 할 것인지 여부에 대해 의사결정을 하는 가족구성원이다. 부모님 중에서 한 분이 의사결정자가 되어 형이나 누나에게서 색상과 디자인 등과 같은 외장에 관한 더 많은 정보를 추구하고, 내구성이나 안전성과 같은 부가적인 기준을 부여한 후에, 최종적으로 구매할 산악자전거의 브랜드나 모델을 선택할 것이다. 구매자는 실제로 제품을 돈으로 교환하는 사람이다. 마지막으로 소비자는 제품을 사용하는 사람으로, 산악자전거의 경우는 막내동생이 제품의 최종 소비자가 된다.

이와 같이 가족집단은 일반집단과 달리 구매의사결정과정에서 구성원들 간의 역할이 다양하기 때문에, 마케터들은 소비자와 의사결정자의 역할구분에 따라 가족구매 상황을 고려해야 한다. 원래 마케팅에서는 의사결정자와 소비자가 둘다 개인이라고 생각해야 하지만, 가족 구매의사결정에서는 여러 가지 다른 가능성들이 부가된다. 예를 들어, 의사결정과정에 가족구성원 중에 한 명 이상이거나 가족 모두가 개입될 수도 있고, 때로는 의사결정에 어린이가 개입될 수도 있다. 그리고 때로는 의사결정자와 소비자가 다른 사람일 수도 있다.

가정에서 소비되는 가정용품들 중에서, 가족 구매의사결정과정에서 남편과 부인의 상대

그림 5-6 남편과 아내의 상대적 영향력

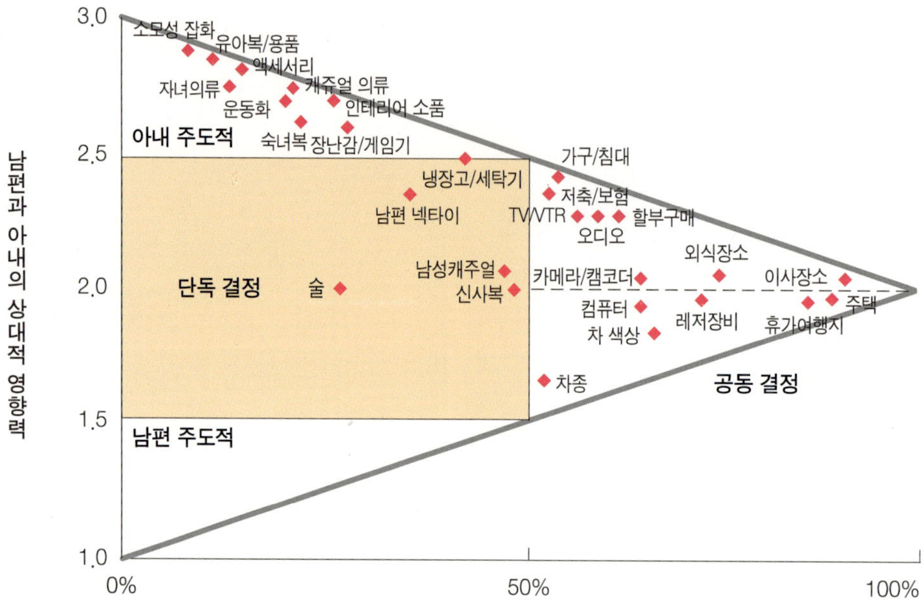

자료원 : 대홍기획 마케팅전략연구소, 한국인의 소비행동과 라이프스타일 변화

적인 의사결정의 영향력에 따라 구분하면 [그림 5-6]과 같이, 아내주도적 의사결정, 남편주도적 의사결정, 공동의사결정, 단독의사결정 등 네 가지 유형으로 나눌 수 있다. 우리나라 소비자의 경우에 소모성 잡화, 자녀의류나 운동화, 숙녀복 등은 아내주도적 영역이며, 가구와 침대, 외식장소, 휴가여행지, 주택 등은 공동결정 영역으로 나타났다. 그리고 술, 남편캐주얼 의류와 넥타이, 신사복 등은 단독의사결정 영역으로 나타났지만, 특이한 것은 남편주도적 의사결정 영역은 한 개의 제품도 없다는 것이다.

최근에는 가족 구매의사결정에서 자녀들의 의견이 의사결정에 상당히 많이 반영되고 있어서, 자녀들은 그들 부모의 의사결정에 큰 영향력을 미칠 수 있다. 많은 가정에서, 부모 둘다 일을 하거나 시간이 부족할 때, 자녀들이 구매의사결정에 참여하도록 권하고 있다. 더욱이, 편부모 자녀의 경우는 양부모 자녀보다 조기에 가족 구매의사결정에 더 많이 개입하길 권하고 있다. 소비하는 제품에 따라서 가족 구매의사결정과정에 부모와 자녀의 상대적인 의사결정의 영향력을 구분하면 [그림 5-7]과 같이, 부모주도적 의사결정, 자녀주도적 의사결정, 공동의사결정, 단독의사결정 등 네 가지 유형으로 나눌 수 있다. 대체적으로 소모성잡화, 차색상, 가구와 침대 등은 부모주도적 의사결정 영역이며, 학용품은 자녀주도적 의사결정 영역으로 나타났다. 그리고 컴퓨터, 외식장소, 휴가여행지 등은 공동의사결정

그림 5-7 부모와 자녀의 상대적 영향력

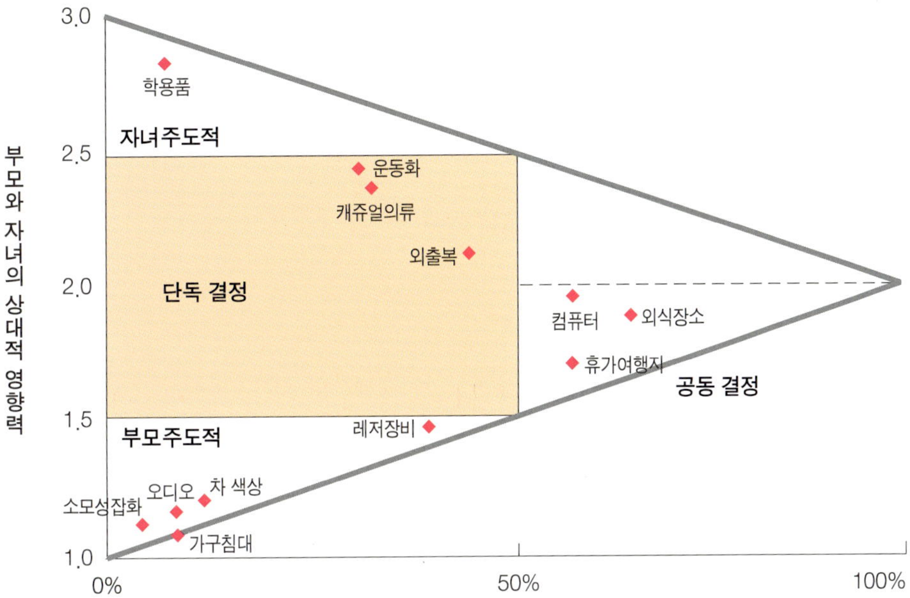

자료원 : 대홍기획 마케팅전략연구소, 한국인의 소비행동과 라이프스타일 변화

영역이며, 외출복, 캐주얼의류는 단독의사결정 영역으로 나타났다. 이와 같이 소비제품에 따라 가족 구매의사결정에서 부모와 자녀 간의 상대적 영향력 정도가 다르게 나타난 것을 알 수 있다.

2.2 개인적 요인

개인의 구매의사결정은 또한 성별, 연령과 가족생활주기, 라이프스타일 등과 같은 각 개인의 개인적 특성에 따라 영향을 받는다. 개인적인 특성은 일반적으로 일생동안 크게 변화하지 않고 안정적이다. 예를 들어, 그들의 성별은 변하지 않을 것이고, 개성이나 혹은 라이프스타일을 변화시키는 행동은 완전히 자기인생의 방향전환을 필요로 한다. 연령이나 생활주기 단계에서도 이러한 변화는 시간이 지나면서 점진적으로 일어난다.

1. 성 별

남성과 여성 간의 생리적인 차이는 건강과 미용제품 등에서처럼 서로 다른 욕구를 나타

광고 5-5 여성시장을 타겟으로 한 석류음료

낼 수 있다. 또한 성별에 따라 수행되는 문화적, 사회적, 경제적 역할차이는 중요하며, 이러한 것은 구매의사결정과정에서도 나타난다. 예를 들어, 음료시장에서도 여성을 타겟으로 하는 석류음료들이 출시되고 있는데, 대표적으로 갱년기 중년여성을 타겟으로 '여왕의 석류진,' '석류의 꿈,' '푸룬석류'등의 제품들이 시중에 판매되고 있다. 그리고 자동차의 경우는 구입할 때, 여성들은 남성보다 여러 가지 다른 특징을 찾는 경우가 많다. 어린자녀를 둔 여성운전자들은 대부분이 어린이를 키우는 활동을 생각해서, 학교나 스포츠 등 여가활동을 시키는데 적합할 만큼 충분히 넓고 다용도로 활용할 수 있는 것을 찾는다. 그래서 미니밴 자동차회사의 경우, 여성들의 작은 손으로도 쉽게 다룰 수 있게 자동차 문의 크기, 의자나 패달의 위치를 조정했다.

성별 간의 차이는 소비자들의 쇼핑행동에서도 차이가 있는데, 대부분의 여성들은 쇼핑을 즐기는데 반해, 남성들은 거의 대부분이 장시간의 쇼핑경험을 싫어하는 경향이 높다. 그래서 남성들은 대체로 다양한 상점에서 여기저기 기웃거리는 것보다는 단순히 몇 개의 상점만을 둘러보고 편리하게 단지 필요한 제품만을 쇼핑하고 구매하길 좋아 한다.

2. 연령과 가족생활주기

소비자의 연령과 가족생활주기(family life cycle) 단계는 소비자행동에 상당한 영향을 미칠 수 있다. 일반적으로 소비자의 연령은 어떤 제품이나 서비스를 구매하는데 관심이 있는지를 나타내 준다. 음식, 옷, 자동차, 가구, 레크레이션 등에 대한 소비자의 기호는 연령과 밀접한 관련이 있다. 다시 말해서 동일한 연령층에서는 가치관이나 생활태도 등이 유사하기 때문에 이러한 제품부류에 대한 기호가 비슷하다.

소비자의 연령은 가족생활주기 상에서의 위치를 나타내준다. 가족생활주기는 나이, 결혼상태, 자녀유무 등을 고려해서 구분한 일련의 단계들로 이루어져 있다. 즉 가족생활주기의 단계는 미혼생활부터 결혼한 이후에 자녀의 유무와 자녀의 성장과 독립, 노후생활 등에 따라 구분하고 있는데, 각 단계별 소비자의 제품이나 서비스의 구매행동이 달라질 수 있다. 예를 들어, 미혼일 경우는 주류, 교육, 오락 등에 더 많은 소비를 하는 반면에, 결혼한 부부의 가정은 초기에는 의류, 주택, 음식 등에 지출이 점차 증가하고, 나이든 자녀가 있는 가정은 음식, 오락, 교육, 자동차 등에 더 많이 소비한다. 자녀가 성장해서 독립한 노부부 가정은 여성용 의류, 건강식품 및 의료용품 등에 전형적으로 지출이 늘어난다.

[그림 5-8]은 전통적인 가족생활주기와 현대적 생활주기를 나타내 주고 있는데, 각 단계별로 흐름을 보여주고 있다. 수평적인 흐름은 전통적인 가족생활주기를 나타내고 있다. 그리고 그림의 하단부분은 전통적인 가족생활주기에서 각 단계별로 가족의 구매형태와 특성을 일부 나타낸 것이다. 최근에 결혼한 부부의 이혼율이 점차 높아지고 있다. 그래서 현대적 생활주기는 결혼한 부부가 이혼을 한 경우에 소비자의 구매패턴이 어떻게 되는지를 나타내 주고 있다. 결혼한 젊은 부부가 자녀없이 이혼한 부부의 소비패턴은 흔히 결혼전 독신기로 되돌아간다. 만약 중년나이에 재혼을 하는 경우에는 전통적인 가족생활주기로 되돌아가는데, 그림에서 재순환흐름으로 나타내고 있다. 전통적인 가족생활주기의 각 단

그림 5-8 현대적 가족생활주기

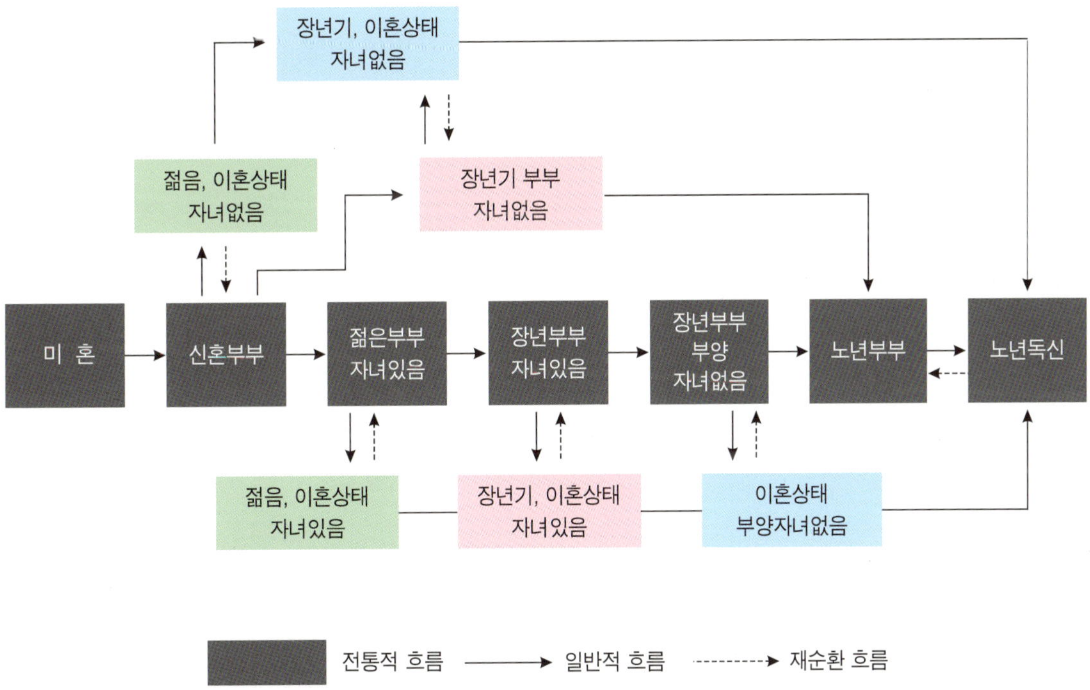

계별 특징을 살펴보면 다음과 같다.

- 미혼단계는 재정적 부담이 거의 없고, 패션의견선도자, 레크레이션 지향적이다. 주요 구매대상 품목은 기본적인 부엌살림도구, 식품, 간단한 가구, 자동차, 게임기, 휴가 등이다.
- 신혼부부단계는 맞벌이를 하면 재정적으로 점차 호전되고, 내구재구매비율이 가장 높다. 주요 구매대상 품목은 자동차, 냉장고, 스토브, 감각적이며 내구성 있는 가구, 휴가 등이다.
- 젊은부부(자녀있음)단계는 주택구입절정기이며, 유동자산비율이 낮고 저축금액과 재정적으로 불만족스럽다. 그리고 신제품에 대한 관심이 높고 광고된 제품을 좋아한다. 주요 구매대상 품목은 세탁기, 건조기, TV, 아기용품과 유아식품, 감기약, 비타민, 인형, 유아용썰매나 스케이트 등이다.
- 장년부부(자녀있음)단계는 재정사정이 호전되는 시기로, 많은 주부가 직장을 갖게 된다. 그리고 광고의 영향을 적게 받으며, 내구재 평균구입비율이 높다. 주요 구매대상 품목은 새롭고 더 품위있는 가구, 자동차여행, 불필요한 가정용장비, 보트, 치과의료서비스, 잡지 등이다.
- 장년부부(자녀독립)단계는 주택을 소유하는 비율이 가장 높고 저축금액과 재정적인 만족도가 가장 높다. 여행이나 레크레이션 등에 관심이 높고, 선물이나 기부행위에 적극적이지만 신제품에는 관심이 없다. 주요 구매대상 품목은 휴가, 사치품, 주택개량 등이다.
- 노년부부(근로중)단계는 급격하게 수입이 감소하며, 주택을 유지하는 시기이다. 주요 구매대상 품목은 의료장비, 의약품, 수면이나 소화와 건강보조제품 등이다.
- 노년독신(은퇴함)단계는 소득이 거의 없으며, 관심이나 애정과 주의가 특별히 필요한 시기이다. 주요 구매대상 품목은 다른 은퇴한 사람들이 필요로 하는 제품이나 의약품 등이다.

3. 라이프스타일

라이프스타일(lifestyle)은 사람들의 생활양식을 말한다. 다시 말하면, 라이프스타일은 한 개인의 생활패턴으로서 개인의 AIO, 즉 활동(activities), 관심(interests), 의견(opinions) 등을 표현하는 것으로 이해할 수 있다. 활동은 개인이 어떻게 시간을 활용하고 있는가를 나타내는 것으로, 직업, 취미생활, 쇼핑, 스포츠, 사회적 행사 등의 참여활동을 말한다. 관심은 주위환경에서 중요하게 생각하고 있는 것은 어떤 것인가를 나타내는 것으로, 음식, 패션, 가족, 레크레이션 등에 대한 관심을 말한다. 그리고 의견은 자신과 주위의 사회나 세계에 대해 어떻게 생각하고 있는가를 나타내는 것으로, 사회적인 이슈, 제품이나 서비스, 자기자신 등에 대한 의견을 말한다.

라이프스타일의 특성은 소비자의 구매행동과 밀접한 관련이 있기 때문에, 매우 중요한 개념이다. 또한 라이프스타일의 특성은 소비자의 가치변화를 이해하고, 소비자들을 범주화시켜 시장세분화 변수로도 활용할 수 있어서 마케터에게는 유용한 정보를 제공해 준다.

2.3 상황적 요인

구매상황은 흔히 구매의사결정과정에 중요한 영향을 미친다. 소비자 무드, 쇼핑환경, 시간 등의 구매상황 요인들은 제품을 어떻게 평가하고 선택할 것인지에 영향을 미치는 중요한 요인들이다. 이러한 상황적인 요인들은 비계획적인 구매를 하도록 하거나 혹은 계획된 구매를 연기하도록 자연스러운 의사결정을 유발할 수도 있다.

1. 소비자 무드

무드(mood)는 특정 상황이나 시간에 발생하는 일시적인 느낌상태이다. 무드는 일시적인 감정상태이지만, 개성(personality)은 좀 더 지속적인 상태이기 때문에 개성변수와도 다르며, 무드보다 더 강렬하고 주의를 끄는 감성(emotion)과도 다르다. 무드의 짧고 알맞은 긴장상태에도 불구하고 무드는 소비자가 정보를 회상하는데 영향을 미친다는 것이다. 특히 소비자들은 자신들의 무드상태와 같은 감정적인 정보를 회상할 때 더 잘할 수 있다. 이를 테면 사람들이 슬플 때 그들은 슬픈정보를 더 잘 회상하지만, 반대로 행복할 땐 행복한 정보를 더 잘 기억하는 것 같다. 그래서 좋은 무드상태에 있는 소비자가 의사결정할 때 좋은 무드상태에 있지 않은 소비자들보다 더 자발적으로 정보처리를 하며 더 많은 시간을 할애한다는 것이다.

또한 소비자들이 제품을 구매할 때, 자신들의 무드나 심리적 상태는 어떤 제품을 구매하고 브랜드를 어떻게 평가할 것인지에 크게 영향을 미칠 수 있다. 예를 들어, 한동안 먹지 않아서 배가 고픈 소비자는 식료품가게에서 다른 제품이나 브랜드보다 더 구미가 당기고 만족스럽게 보이는 것을 신중하게 선택하기 위해서 더 많은 시간과 돈을 소비할 것이다. 반면에 스트레스가 있고 피곤해서 지친 소비자는 쇼핑이 브랜드, 품질, 가격 등을 고려하지 않

광고 5-6 DB금융네트워크 : '한 사람편' 감성광고

고 필요한 제품을 간단히 선택함으로써 가능한 빨리 해치우는 따분한 일이 될 수도 있다.

2. 쇼핑환경

쇼핑환경은 흔히 소비자들의 구매의사결정에 많은 영향을 미치기 때문에 대부분의 마케터들은 쇼핑환경에 많은 관심을 갖고 있다. 백화점, 레스토랑, 편의점, 은행 등 거의 대다수의 소매점들은 가능한 최고의 쇼핑환경을 조성하려고 노력하고 있다. 외부상점 디자인, 상점 레이아웃, 상점설비, 색상, 조명, 향기, 음악, 기타 상점 환경요소들은 소비자들의 무드나 구매의사결정에 영향을 미칠 수 있다. 많은 소비자들은 붐비고 혼잡한 상점에서는 짜증이 나서 사고 싶은 마음이 있었던 제품조차도 사려고 우물쭈물하지 않을 수 없다. 그러나 흥미를 느끼게 하는 환한 색상과 화려한 디스플레이는 소비자들에게 새롭고 과감하게

광고 5-7 향기마케팅 : AK 플라자 광고

무엇인가를 구매하도록 자극을 줄 수도 있다. 예를 들어, 레스토랑에서 경쾌하고 빠른 음악을 들은 고객은 더 많이 먹는 경향이 있으며, 술집의 고객들은 오히려 음악이 부드럽고 느릴 때 술을 더 많이 마시기 쉽다. 그리고 최근에 라이프스타일 쇼핑몰 AK플라자 광명점은 시그니처 향을 활용해서, 고객의 후각을 자극하는 향기마케팅을 전개하고 있다. 도심속 작은 숲을 표현한 AK플라자 광명점의 '어반 그로브' 테마에 맞춰 쇼핑공간 곳곳에 '모닝 스플래시' 향기를 입혀서, 소비자의 감성을 자극하고 궁극적으로 소비까지 이어지도록 하는 것이다.

3. 시 간

시간은 소비자의 가장 한정된 자원 중의 하나이다. 시간은 소비자에게 정보처리활동이나, 구매의사결정 등 어떤 행동을 수행하는데 영향을 미칠 수도 있다. 소비자는 의사결정할 시간적인 압박 속에서는 제한된 정보처리활동을 할 것이다. 예를 들어, 식료품가게에서 15분 내에 30여개의 품목을 구매해야 하는 소비자의 경우에는 각 품목당 많은 정보를 처리할 시간이 없기 때문에 제한된 정보처리를 해서 구매의사결정을 해야 할 것이다. 광고내용에서도 마찬가지인데 소비자들은 광고메시지가 짧은 시간에 잠깐 노출될 경우에 정보처리 기회는 제한될 수 있다.

최근 정보화사회에서 살고 있는 대부분의 소비자들은 시간요소가 실제로 구매의사결정에 중요한 영향을 미치기 때문에 시간과 관련된 제품들이 시장에 많이 생산되어 판매되고 있다. 예를 들어, 전자렌지, 전기면도기 등은 바쁜 현대인들에게 편리성을 제공해주며 제품구매 의사결정에도 중요한 영향을 미친다. 또한 자동차수선이나 피자배달 등 서비스 전달속도가 소비자에게는 제품이나 서비스선택의 중요한 속성이 되고 있다.

2.4 심리적 요인

개인의 구매의사결정에는 지각, 동기, 학습, 신념과 태도, 개성과 자기개념 등의 심리적 요인에 의해서 영향을 받는다. 이러한 요인들은 소비자들이 그들의 세계와 상호작용하기 위해 이용하는 것들로서, 그들의 느낌을 인식하고, 정보를 수집하고 분석하며, 사고와 의견을 분명하게 나타내고, 행동을 취하기 위해 이용하는 도구들이다. 소비자행동에 영향을 미치는 다른 세 가지 요인들과는 달리, 심리적인 영향요인은 개인의 환경에 의해서 영향을 받을 수 있다. 소비자는 여러 가지 상황에서 끊임없이 자극들을 받으면서 생활하고 있는데, 예를 들어, 자극을 받은 환경이 수업시간 중에, 친구와 대화중에, 혹은 TV시청 중에 있느냐에 따라 자극을 다르게 지각하고, 이들 자극도 다른 방식으로 진행될 것이다.

1. 지 각

세상은 자극들로 가득차 있는데 이러한 자극들은 인간의 시각, 청각, 후각, 미각, 촉각 등의 오감에 영향을 미치는 투입요소이다. 우리가 이러한 자극들을 선택하고 체계화해서, 의미있고 논리정연한 심상으로 해석하는 과정을 지각(perception)이라고 한다. 사람들은 같은 상황에서 동일한 자극을 받았다고 할지라도 서로 상당히 다른 행동을 취하기도 하는데, 각자 상황을 다르게 지각하기 때문이다. 예를 들어, TV광고를 시청하고 있는 두 사람이 광고메시지를 다르게 해석할 수도 있다. 한 사람은 그 메시지에 의해 완전히 마음이 빼앗겨서 그 제품을 구매하기 위해 크게 동기부여가 되었는데, 다른 한 사람은 메시지 내용을 회상할 수도 없거나 혹은 광고된 제품조차 기억할 수도 없을 수 있다.

사람들은 일반적으로 자극에 대해서 선택적 노출, 선택적 왜곡, 선택적 보유 등 세 가지 지각과정을 거치기 때문에 같은 자극에 대하여 다르게 인식할 수도 있다.

(1) 선택적 노출(selective exposure)

사람들이 그들의 환경에서 모든 자극을 지각할 수 없기 때문에, 그들은 어떤 자극에 주의를 해야 하고 어떤 자극에는 무시해야 하는지를 결정하기 위해서 사용한다. 일반적으로 소비자는 하루에 수많은 광고메시지에 노출되지만, 단지 11~20개 사이의 광고메시지만 인식하고 주목한다.

제품의 친숙성, 대조, 동향, 강도, 냄새 등은 지각에 영향을 줄 수 있는 단서들이다. 소비자들은 이러한 단서들을 통해서 제품이나 브랜드를 확인하고 규정한다. 예를 들어, 코카콜라용기에 새겨져 있는 사인과 같은 제품포장의 형상은 지각에 영향을 미칠 수 있다. 색상은 또 다른 단서로써, 소비자의 지각에 핵심적인 역할을 수행한다. 소비자의 지각은 자극이 강렬하고 충격적인 가치관을 나타낼 때 더 강하게 영향을 미칠 수 있다.

(2) 선택적 왜곡(selective distortion)

소비자들이 자신들의 느낌이나 신념과 갈등이 있는 정보를 변화시키거나 왜곡시킬 때 발생한다. 예를 들어, 한 소비자가 현대자동차를 구입한 후에, 쌍용자동차나 기아자동차 등과 같은 선택대안으로 고려한 브랜드들에 대해 새로운 정보를 받는다고 할지라도, 그 소비자의 경우에는 현대자동차가 쌍용자동차나 기아자동차보다 더 낫다는 사전생각이나 신념과 일치시켜 더 확고한 신념으로 정보를 왜곡시킬 수 있다.

(3) 선택적 보유(selective retention)

소비자가 자신의 느낌이나 신념을 지지하는 정보만을 기억하고 불일치 될 수 있는 모든 정보는 잊어 버리는 것을 말한다. 예를 들어, 유권자가 자신의 정치적 신념과 모순되는 팜플렛을 읽고 난 후에, 자신의 신념과 벗어나는 여러 가지 팜플렛내용들을 잊어 버릴 수도 있다.

2. 동 기

소비자가 제품을 구매할 때, 소비자는 어떤 욕구를 충족시키기 위해 구매한다. 그러나 대부분의 욕구들은 사람들이 행동에 이르게 할 정도로 강력하지 못하다. 특정 욕구가 어떤 사람에게 행동을 유발할 정도로 강한 수준까지 환기될 때, 이러한 욕구는 동기(motivation)가 된다. 동기란 목표지향적인 인간이 충족시키려고 하는, 혹은 긴장을 완화시키려고 하는 자극된 욕구라고 할 수 있다. 다시 말해서 동기란 인간의 행동을 불러일으키는 개인의 내적 충동력이라 한다. 이러한 욕구유발의 원천은 매슬로우(A. Maslow)의 욕구단계에서 찾아볼 수 있다. 즉 인간의 욕구에는 배고픔이나 갈증 같은 생리적 욕구, 물리적 안전이나 경제적 안정과 같은 안전욕구, 소속감과 같은 사회적 욕구, 자존심, 사회적 인정과 같은 존경욕구, 자아개발과 같은 자아실현욕구 등 다섯 단계의 욕구계층들이 있는데, 이러한 욕구들이 동기유발의 원천이 될 수 있다는 것이다. 이러한 욕구를 소비자가 인식한 이후에 즉각적인 행동을 불러일으킬 정도로 충분히 강할 때 비로소 소비자는 그 욕구를 충족시키고자 하는 동기를 갖게 된다. 예를 들어, 어떤 소비자가 고급주택구입에 관심이 많다면, 단순히 생리적 욕구, 안전욕구, 사회적 욕구들 때문에 동기가 유발되었다 할 수 없을 것이다. 그의 고급주택 구입은 열심히 노력해서 사회적으로 인정받고 싶은 존경욕구나 한차원 높은 자아실현욕구로부터 동기유발이 되었다고 할 수도 있다.

3. 학 습

모든 소비자들의 행동은 경험이나 관행을 통해 행동을 변화시키는 과정인 학습에서 나온다. 직접적으로 학습을 관찰한다는 것은 불가능하지만, 사람의 행동으로 나타났을 때 추론할 수는 있다. 예를 들어, 신제품 스노보드 광고물을 보고난 후에, 바로 그날 백화점에 가서 그 제품을 구입했다면, 신제품 스노보드 광고물을 통해서 무엇인가를 학습했다고 추론할 수 있다.

학습에는 경험적 학습(experiential learning)과 개념적 학습(conceptual learning) 등 두 가지 학습유형이 있다. 경험적 학습은 어떤 경험이 행동을 변화시킬 때 일어난다. 예를 들어, 당신이 평소에 두통증세가 자주 있었는데, 우연히 새로운 두통약에 관한 광고를 보고 약국에서 사먹었지만 그 증세가 완화되지 않았다면, 당신은 그 브랜드의 약을 다시는 구입하지 않을 수도 있다. 그리고 직접적인 경험을 통해서 학습된 것이 아닌 개념적 학습은 이차적인 학습유형이다. 예를 들어, 당신이 청량음료를 구입하려고 자동판매기 앞에 서 있는데, 새로운 인공감미료를 첨가한 다이어트 음료를 발견했다. 그런데 누군가가 당신에게 그 청량음료는 뒷맛이 개운하지 않다고 말해서 다른 브랜드를 구입했다면, 이런 경우에 당신은 그 새로운 제품을 경험해 보지도 않고 그 제품이 좋지 않다는 것을 학습한 것이다.

강화와 반복은 학습을 증진시킨다. 강화(reinforcement)는 긍정적일 수도 있고 부정적일 수도 있다.

예를 들어, 만일 소비자가 냉장고에 한국야쿠르트의 윌(자극)을 넣어 판매하는 상점을 보고, 그것을 구입(반응)해서 요구르트가 매우 신선하다(보상)는 것을 알았다면, 그 행동이 긍정적으로 강화되었다고 볼 수 있다. 다른 한편으로, 만일 당신이 새로운 맛의 '헬리코박터 프로젝트 윌'을 구입해서 맛을 보니, 맛이 좋지 않았다(부정적 강화)면, 다시는 그런 맛의

광고 5-8 한국야쿠르트의 '헬리코박터 프로젝트 윌' 광고

요구르트를 구입하지 않을 것이다(반응). 이와 같이 사람들은 긍정적 강화나 부정적 강화없이는 반복구매행동 패턴이나 구입거부행동을 할 수 있는 동기부여가 일어나지 않을 것이다. 신규브랜드에 대해 이러한 중간적인 느낌을 야기한 경우에는 가격변화나 혹은 촉진활동의 증가 등 마케팅활동이 더 많은 소비를 유인하는데 필요할 수도 있다. 반복은 학습을 향상시킬 수 있기 때문에 촉진캠페인에서 핵심전략이다. 대부분의 마케터들은 그들의 독특한 이점이 경쟁자를 능가할 것이라는 것을 소비자들이 학습할 것이라고 생각하고 반복광고를 사용한다. 일반적으로 학습의 효과를 높이기 위해서는 광고메시지가 함께 몰려있는 것보다 오랜 시간 퍼져 있으면서 반복광고를 하는 것이 차라리 더 도움이 된다.

마케터에게 유용한 학습개념은 자극일반화와 자극차별화 이론이 있다. 자극일반화(stimulus generalization)는 한 가지 반응이 첫 번째 자극과 유사한 두번째 자극에 확대될 때 일어난다. 마케터가 공동브랜드(family brand)를 부착해서 제품계열을 확대하는 경우에 기존 브랜드의 친숙성과 제품지식이 신제품에 전이효과를 얻을 수 있을 때 자극 일반화효과가 일어난다. 그래서 공동브랜드 전략은 기존 제품의 배출을 촉진시킬 수 있고 신제품의 도입에 박차를 가할 수 있다. 예를 들어, 스타벅스 코리아의 경우, 스타벅스 커피에 대한 사랑이 금년에도 계속해서 나타나길 바라는 의미에서 스타벅스 '라벤더 베이지 오트 라떼'와 '돌체 블랙 밀크 티'를 신제품으로 시장에 시판하기 시작했다. 이와 같이 소비자는 첫 번째의 자극인 '스타벅스 커피'에 대한 긍정적인 태도가 강화되어, 두번째의 자극인 스타벅스 '라벤더 베이지 오트 라떼'와 '돌체 블랙 밀크 티'에 대한 반응을 일반화시켰다고 할 수 있다.

광고 5-9 **자극일반화 : 스타벅스 '라벤더 베이지 오트 라떼'와 '돌체 블랙 밀크 티'**

자료원 : 스타벅스의 2022년 첫 시즌음료 3종. [사진=스타벅스 코리아]

자극일반화의 반대개념으로 자극차별화(stimulus discrimination)는 소비자들이 유사제품들 사이에 차별화시키는 학습을 한다는 것이다. 즉, 소비자들은 항상 더 많은 보상과 자극을 주는 특정 제품을 더 선호한다는 것이다. 예를 들어, 한 소비자가 식초음료제품에 관한 정보와 구매경험을 통해서, 마시는 '홍초' 제품이 '쁘띠첼 미초,' '백년동안,' '사랑초,' '미초,' '바로마시는 석류초'등의 다른 식초음료 제품보다 맛과 향이 좋다고 판단한다면, 차별화효과가 일어난 것이다. 자극차별화란 제품품목 간의 차이를 인식하고 그에 따라 적절하게 반응할 수 있게 되는 것을 말한다.

마케터는 이러한 학습이론을 응용함으로써 자사제품을 강력한 구매충동으로 연결시키

광고 5-10 **자극차별화 : 홍초와 다른 식초음료들**

고, 제품구매를 자극할 수 있는 단서개발과 강화효과를 높일 수 있는 방안을 강구하는데 도움을 얻을 수 있을 것이다.

4. 신념과 태도

신념(beliefs)과 태도(attitudes)는 소비자의 학습과 행동을 통해서 형성되며, 구매의사결정에서 중요하게 영향을 미치는 요소이다. 신념은 한 개인이 어떤 대상물에 대해 가지게 되는 서술적인 생각을 말한다. 예를 들어, 어떤 소비자는 애플 iPad가 가격은 조금 비싼편이지만, 성능 · 디자인 · 기능적인 면에서 매우 우수하고 고장이 적으며, A/S가 친절하게 잘 이루어진다고 믿는다면, 속성별로 평가가 긍정적일 수도 있고 부정적일 수도 있다. 이것을 신념이라고 할 수 있는데, 이런 제품속성에 대한 신념은 애플 iPad 구매의사결정에 결정적인 영향을 미칠 것이다. 소비자들이 갖는 신념들은 사실에 근거한 지식, 견해 혹은 신뢰나 풍문에 기초할 수도 있으며, 감정적인 요소가 개입될 수도 있고 그렇지 않을 수도 있다. 소비자들은 제품의 속성들에 관한 일련의 신념세트(set of beliefs)를 개발하고, 이러한 신념들을 통해서 특정 제품에 대한 신념세트로 브랜드이미지를 형성하는 경향이 있다. 다시 말해서 브랜드이미지는 제품구매의사결정에 영향을 미치는 중요한 요소이며, 특정 제품이나 서비스에 대한 소비자의 태도를 형성한다.

광고 5-11 애플 iPad 광고

태도는 특정 사물이나 아이디어에 대하여 비교적 지속적으로 가지게 되는 호의적 혹은 비호의적인 평가, 감정 그리고 행동경향을 말한다. 따라서 태도는 선과 악, 옳고 그름에 대한 개인적 표준을 나타내는 개인의 가치체계에 근거를 두고 있으며, 신념보다 더 지속적이고 복잡한 경향이 있다. 만일 어떤 제품이나 서비스가 기업에서 추구하는 수익목표를 달성하고 있다면, 그 제품에 대한 긍정적인 태도가 강화될 필요가 있다. 그러나 만일 특정 브랜드가 성공하고 있지 못하다면, 마케터는 그 브랜드에 대한 표적소비자의 태도를 변화시키려 노력해야 할 것이다. 태도변화는 매우 어려운데 변화시키는 방법으로는 제품이나 서비스의 속성들에 관한 신념을 변화시키는 방법과 이러한 신념들에 대한 상대적 평가를 통해 신념을 변화시키는 방법, 그리고 새로운 신념을 부가하는 방법 등이 있다.

첫째, 제품이나 서비스의 속성들에 대한 부정적이거나 모호한 신념들을 긍정적인 신념들로 바꾸는 방법을 말한다. 예를 들어, 최근 다이어트에 관심이 높은 소비자들은 대부분이 커피메뉴에 우유첨가에 대한 부정적인 이미지가 많은데, 이러한 부정적인 신념을 긍정적인 신념으로 전환하기 위해, 세계 최대의 아몬드 전문기업 블루다이아몬드와 매일유업이 파트너십을 통해 아몬드브리즈 신제품을 출시하였다. 아몬드브리즈'는 최근 커피 및 음료제조 시 우유처럼 쓸 수 있는 제품인 '바리스타 블렌드'를 출시했다. 아몬드브리즈는 바리스타 블렌드를 앞세워 라떼나 카푸치노는 우유로 거품을 만든다는 고정관념에서 벗어나, 바리스타 블렌드를 우유대신 넣어 사용하도록 해 '우유없는 라떼'를 제안하고 있다.

둘째, 속성에 대한 상대적인 평가를 통해 신념을 변화시키는 방법을 말하다. 예를 들어, 동서식품의 맥심 T.O.P는 '그냥 커피는 머무르게 하고, 티오피는 움직이게 한다.' 즉 티오피는 그냥 일반커피와는 다르게 에너지를 주어 당신을 더욱 열정적일 수 있게 만든다고 소

광고 5-12 **아몬드브리즈의 바리스타 블렌드 광고**

광고 5-13 동서식품의 맥심 T.O.P 광고

구한다. 마치 에너지음료처럼 일반커피와는 다른 차별성을 상대적인 비교평가를 통해서 소비자에게 신념으로 심어주고 있다.

셋째, 소비자들이 별로 중요하게 생각하지 않았던 새로운 속성을 도입하여 새로운 신념을 부가하는 방법이다. 예를 들어, 프랑스에서 맥도날드는 매장 수가 1,400개에 이르며 1,000여개의 드라이브 스루(drive thru)매장을 보유하고 있지만, 버거킹은 45개의 매장에 드라이브 스루는 18개에 불과하다. 하지만 버거킹은 프랑스 내 매장 400개를 보유한 퀵을 인수하면서 본격적인 경쟁이 시작되었다. 그래서 맥도날드는 비교광고를 통해서 버거킹은 258km나 멀리 떨어져 있지만, 맥도날드는 5km만 가면 매장을 방문할 수 있다는 광고콘셉트로 옥외광고를 통해 거리라는 새로운 속성으로 매장을 편리하게 이용할 수 있다는 새로운 신념을 창출하는 방법으로 소비자의 태도를 변화시키려고 한다.

광고 5-14 맥도날드 옥외광고

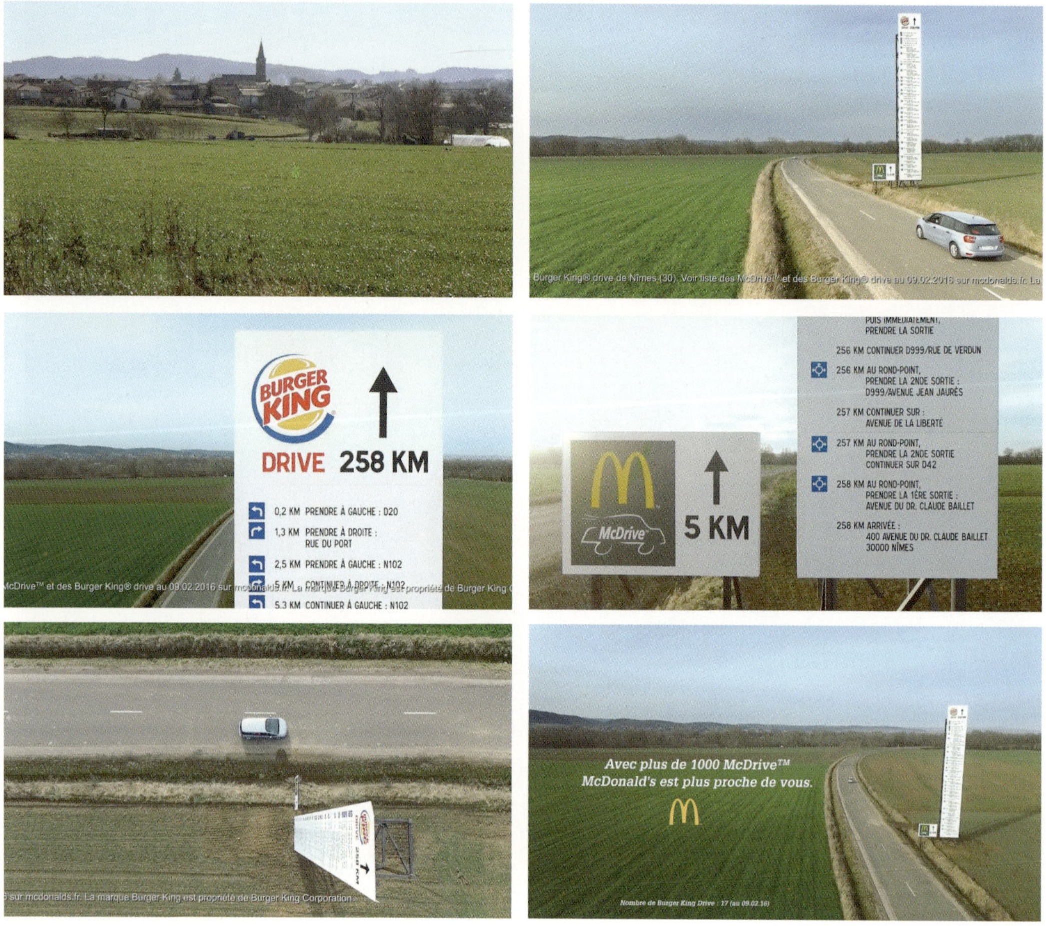

5. 개성과 자기개념

개별 소비자들은 독특한 개성을 가지고 있다. 개성(personality)은 자신의 환경에 대하여 비교적 일관성 있고 지속적인 반응을 보이게 하는 개인의 심리적인 특성이다. 이처럼 개성은 개인의 심리적인 성격과 환경적인 요인들에 의해 나타나는데, 특히 가장 지배적인 특성인 인간의 기질을 포함한다. 개성이 소비자행동을 연구하는데 최소한 유용한 개념들 중의 하나로 구매하는 제품의 유형이나 브랜드에 영향을 미친다고 할 수 있다. 예를 들어, 소비자가 구매한 자동차, 의류, 보석의 종류는 자신의 개성을 반영한 것이라고 볼 수 있다. 개성은 여러 가지 공통적인 특성으로 분류될 수 있는데, 일반적으로 소속감, 적응성, 공격성, 성취감, 우월성, 자율성, 방어성, 정서성, 사회성, 안전성, 자기과시성, 순종성, 복종성 등으로 구분할 수 있다. 그리고 개성은 특정 제품이나 브랜드를 선택하는 소비자행동을 분석하는데 유용하다. 예를 들어, 자율성이 강한 소비자의 경우는 소비생활과 관련하여 다른 사람을 의식하지 않기 때문에 독자적인 구매결정을 내리는 경향이 높을 것이고, 소속감이나 사회성이 강한 소비자는 친구나 직장동료 등 준거집단의 영향을 많이 받아서 남을 의식하는 구매나 모방구매가 많은 경향을 나타낼 것이다.

이와 같이 개성은 주어진 환경에 반응할 수 있는 인간의 내면에 존재하는 심리적 특성이기 때문에 소비자들의 개성을 파악할 수 있다면, 마케터측면에서는 사전에 소비자행동을 예측할 수 있고 자사의 마케팅전략을 효과적으로 수립하는데 도움을 줄 수 있을 것이다.

개성과 관련하여 또 하나의 중요한 개념은 자기개념(self-concept)이다. 자기개념은 소비자들이 어떻게 자기자신을 보는가를 말하거나, 또한 다른 사람들이 자기자신에 대해 가지고 있으리라고 생각되는 자아상을 말한다. 자기개념은 소비자가 태도, 지각, 신념, 그리고 인간으로서 자기에 대한 평가 등의 측면에서 자기자신을 어떻게 지각하느냐를 나타낸다. 비록 자기개념은 변할지 모르지만 변화과정은 흔히 점진적이다. 자기개념은 한 개인이 바라는 이상적인 자기모습을 나타내는 이상적 자기개념(ideal self-concept)과 한 개인이 현재 자기의 모습을 어떻게 지각하느냐를 나타내는 실제적 자기개념(real self-concept)을 결합시킨 것이다. 일반적으로 사람들은 실제적인 자기 이미지를 이상적인 자기 이미지로 높이려고 노력한다.

소비자행동은 주로 자기개념에 달려 있다. 왜냐하면, 소비자들이 자신들의 아이덴티티를 보호하길 원하고 그들이 구매한 제품, 단골상점, 사용하는 신용카드 등은 자신의 이미지를 유지시켜 주기 때문이다. 예를 들어, 화장품 회사인 SK-II의 '피테라 에센스 리미티드 에디션'은 여성들이 보다 주체적으로 자신의 운명을 아름답게 바꿔 나가길 바라는 '체

광고 5-15 SK-II의 피테라 에센스 앤디워홀 리미티드 에디션 광고

인지 데스티니(Change Destiny)' 메시지를 담고 있으며, 피테라 에센스로 맑고 투영한 피부로 다시금 새롭게 변화되길 바라는 의미를 통해 이상적인 여성의 피부임을 내세우는 제품이미지와 제품사용자의 자기 이미지를 잘 반영시켜주고 있다.

03 구매의사결정과정

제품을 구매할 때, 소비자들은 일반적으로 [그림 5-9]와 같이 ① 문제인식, ② 정보탐색, ③ 대안평가, ④ 구매결정, ⑤ 구매 후 행동 등 소비자 구매의사결정과정을 따른다. 이런 구매의사결정 과정의 다섯 단계는 제품이나 서비스에 대한 문제인식단계에서 구매 후 행동단계에 이르기까지 소비자가 거치는 일반적인 구매의사결정과정을 나타낸 것이다. 이런 과정은 소비자들이 어떻게 의사결정을 하는지를 연구하는데 지침이 된다. 중요한 것은 소비자들이 언제나 의사결정과정의 다섯 단계를 밟을 것이라고 가정해서는 안 된다는 것이다. 소비자는 일반적으로 가격이 높고 개인에게 중요한 제품인 고관여 제품의 경우에는 보다 많은 정보를 탐색하고 보다 신중하게 대안을 비교하고 평가한다. 그러나 가격이 낮고 별로 중요하지 않은 제품인 저관여 제품의 경우에는 정보탐색을 거의 하지 않거나 전혀 하지

그림 5-9 소비자 구매의사결정과정

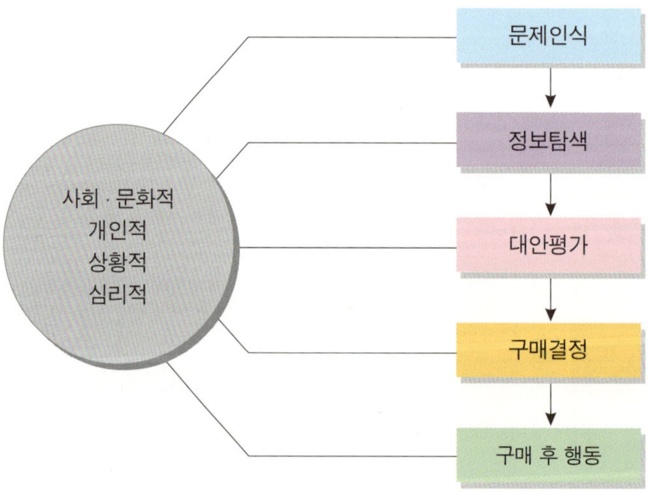

않거나, 때로는 대안을 비교하거나 평가과정을 생략하기도 한다. 또한 경우에 따라서는 의사결정단계를 거치다가 도중에 그만 둘 수도 있고, 심지어는 구매를 하지 않을 수도 있다.

3.1 문제인식

소비자 구매의사결정과정에서 첫 번째 단계인 문제인식(problem recognition)단계는 소비자들이 실제 상태와 바람직하거나 혹은 이상적인 상태 사이에 상당한 차이가 발생했을 때 일어난다. 이러한 차이의 정도가 크거나 그 문제의 중요성이 클 때, 동기유발이 강하게 일어난다. 충분한 동기유발이 있어야 문제인식단계에서 구매의사결정과정을 거쳐서 구매행동으로 이어질 수 있다. 동기유발은 내 · 외적 자극을 통해서 활성화된다. 문제인식은 소비자가 내 · 외적 자극을 통해 노출되고 환기될 때까지 그 욕구가 잠재되어 있을 수 있다. 내적 자극으로는 격렬한 운동을 한 후에 갈증을 느껴서 게토레이 음료를 마시고 싶어 하는 경우, 두통이 와서 아스피린을 찾는 경우 등의 예를 들 수 있다. 외적 자극으로는 새로운 스포츠카에 대한 TV광고를 보고 사고 싶어 하는 경우, 새로운 자동차에 대한 친구의 얘기를 듣고 갖고 싶어 하는 경우, 타인이 사용한 향수의 향을 맡고 나서 향수를 사고 싶어 하는 경우, 세일행사 광고를 보고 가죽잠바를 구입해야겠다고 생각하는 경우 등을 예로 들 수 있다. 이러한 자극들에 의해서 문제인식을 하지만 소비자가 제품을 다 사용했다든지, 현재 사용하고 있는 제품이 불만족스러운 경우에도 구메의사결정과정을 시작하게 된다.

3.2 정보탐색

소비자들은 문제를 인식하고 나면 인식한 문제를 해결하기 위해 정보탐색(information search)을 하게 된다. 정보탐색은 흔히 구매상황과 관련하여 소비자의 기억 속에 저장되어 있는 정보를 회상하고 인출하는 과정인 내적탐색과 광고나 친구, 판매원 등으로부터 정보를 수집하는 과정인 외적탐색으로 나눌 수 있다.

소비자의 장 · 단기기억 속에는 제품이나 서비스와 관련된 사전구매경험이나 기업의 광고나 타인으로부터 수집된 다양한 정보가 저장되어 있는 경우가 많다. 내적탐색(internal search)은 소비자가 문제를 인식하고 나면, 이를 효과적으로 해결해 줄 수 있는 관련 정보를 얻기 위해 기억 속에 있는 저장된 정보를 자연스럽게 회상하게 되는데, 이런 저장된 내부정보를 탐색하는 것을 말한다. 저장된 정보는 주로 제품이나 서비스와 관련된 사전구매

광고 5-16 오리온의 마켓오 리얼브라우니와 오징어 톡 제품광고

경험으로부터 나온다. 예를 들어, 당신이 슈퍼마켓에서 쇼핑하는 동안에 손님에게 접대하기 위해서, 얼마전에 구매했던 오리온의 마켓오 리얼브라우니나 오징어 톡 제품들을 보았다면, 당신의 기억 속에 저장되어 있는 정보를 탐색해서, 아마도 당신은 그 제품이 맛이 좋았다든지, 손님들이 맛이 좋아 칭찬했다든지, 혹은 손님들에게 대접하기가 쉬웠다든지 등의 기억을 할 수 있을 것이다.

외적탐색(external search)은 내적탐색과 다르게 소비자가 자신의 문제를 해결할 만큼 충분한 정보를 갖고 있지 못한 경우이거나, 보다 많은 정보를 찾기위해 자발적으로 시간과 노력을 기울여서 외부에 있는 정보원으로부터 정보를 탐색하는 것을 말한다. 소비자가 외적탐색을 어느 정도 하는 가는 욕구인식의 강도, 제품이나 서비스에 대한 관심의 정도, 지식, 사전경험, 지각된 위험 등에 달려 있다. 그리고 기억하고 있는 정보의 양, 추가적인 정보획득의 용이성과 가치, 시간과 노력의 정도, 정보탐색으로부터 얻는 만족감의 정도 등에 의해 결정된다. 일반적으로 외적 정보탐색은 구매제품에 대한 지각된 위험이 증가할 때, 정보탐색이 커지고 훨씬 더 많은 대안들을 고려할 것이다. 주로 개인적으로 중요한 제품이거나 고가제품인 경우에는 정보탐색의 양이나 시간과 노력이 증가한다. 예를 들어, 당신이 LG전자 무선청소기를 한 대 구매하는 것은 비누나 치약 등 일상용품을 구매하는 것보다 구매의사결정 시에 비용 때문에 상대적으로 지각된 위험이 높다고 할 수 있다. 그래서 무선청소기 모델, 전기료, 내구성, 디자인, 흡입력, 편리성 등에 관한 자세한 정보탐색과 더 많은 정보수집을 위해서 노력과 시간을 많이 기울일 것이다. 왜냐하면, 자료수집하는데 걸리는 시간이 무선청소기를 잘못 구매했을 때 지불하게 되는 대가보다 작기 때문이다.

외적탐색이 이루어지는 경우에 일반적으로 소비자들은 구매하려고 하는 제품이나 서비

광고 5-17 LG전자 무선청소기 '코드제로 A9S'와 거치대 '올인원 타워' 광고

스와 관련해서 인터넷을 검색해보거나, 신문이나 잡지를 읽어보거나, 판매원과 상담을 하는 등 다양한 정보원을 통해 외적탐색이 이루어진다. 외적탐색에는 다음과 같이 네 가지 유형이 있다.

- **개인적 원천**(personal sources) : 가족, 친구, 이웃, 직장동료, 기타 지인들을 통해 정보를 수집할 수 있다. 이런 준거집단이 제공해 주는 의견이나 정보는 비용이 적게 들고 비교적 신뢰성이 높다고 지각하는 경향이 있다.
- **상업석 원천**(commercial sources) : 기업이 마케팅커뮤니케이션 전략을 통해 제공하는 광고, 홍보, 포장, 판매원, POP디스플레이, 판촉물, 팜플렛 등에 의해서 정보를 수집하는 것을 말한다. 이런 정보는 소비자가 시간과 비용을 적게 들이고도 쉽게 정보를 얻을 수 있는 이점이 있지만, 정보의 신뢰성이 낮게 평가되는 경향이 있다.
- **중립적 원천**(neutral sources) :신문, 잡지기사, 정부기관 보고서, 방송뉴스, 소비자관련 보고서, 기타 비상업적 매체 등에서 제공하는 각종 정보를 말한다. 이런 정보는 소비자들이 신뢰성이 높고, 실제적으로 편견이 거의 없는 것으로 지각하는 편이다.
- **경험적 원천**(experiential sources) : 소비자가 자신이 제품이나 서비스를 직접 사용해보거나 시험조작을 직접 경험해보고 정보를 수집하는 것을 말한다.

이와 같이 소비자들이 이용가능한 원천은 여러 가지 있지만, 정보수집에 드는 시간과 비용, 그리고 신뢰성 정도에 따라 달라 질 수 있다. 일반적으로 대안의 종류가 많고, 여러 대안별 제품속성을 탐색할 경우에는 상업적 원천으로 기업에서 제공하는 정보원천을 바탕으로 정보수집이 이루어지겠지만, 위험을 높게 지각하는 경우라면 개인적 원천이나 중립적

원천을 통해 정보를 수집하려 할 것이다. 소비자가 자신이 과거에 구매경험이 있다면 직접 판매점을 방문해서 정보를 수집할 것이다. 따라서 마케터는 소비자가 의존하는 정보원천을 파악하고, 각 정보원천이 다음 단계의 구매의사결정과정에 어떤 영향을 미치는지 잘 파악해야 한다.

3.3 대안평가

대안평가는 소비자가 기억으로부터 회상하거나 외부 정보원으로부터 정보를 수집하는 도중이나 혹은 정보를 수집한 후에, 그간 정보탐색을 통하여 알게 된 내용을 토대로 구매대상이 되는 여러 가지 선택대안들을 비교평가하는 것이다. 이때 소비자는 평가기준과 평가방식을 결정하여 고려하고 있는 대안들을 비교하고 평가하게 된다. 여러 대안들을 평가할 때 소비자는 우선 제품속성들로 구성된 몇 개의 평가기준을 설정하고 선택대안들을 비교하고 평가한다. 예를 들어, 디지털카메라의 경우는 사진의 선명도, 디자인, LCD 액정모니터, 속성, 크기, 가격 등이 될 수 있고, 호텔의 경우는 위치, 청결함, 분위기, 가격 등이 될 수 있다. 그리고 구강청정제의 경우는 색깔, 효과, 살균력, 가격, 맛, 향기 등이 될 수 있고, 타이어의 경우는 안전성, 수명, 승차감, 가격 등이 평가기준이 될 수 있다.

이러한 평가기준들은 소비자의 내면적인 구매목적과 동기, 구매상황 등에 따라서 달라질 수 있으며, 그 기준이 객관적일 수도 있고 주관적일 수도 있다. 일단 평가기준이 설정되면, 소비자는 각 제품속성별 중요도를 정한다. 소비자에 따라 제품속성별로 중요도의 차이는 모두 다를 수 있다. 예를 들어, 자동차를 구매하려고 하는 소비자의 경우에 제품속성별 중요도에서 차이가 있을 수 있다. 소비자에 따라 자동차에 대한 구매의사결정과정에서 가격이 제일 중요한 속성으로 고려될 수도 있지만 소득이 비교적 높은 사람의 경우에는 가격보다 오히려 디자인이나 색상, 실내공간, 연비 등 다른 속성들이 더 중요한 속성으로 고려될 수도 있기 때문이다. 일반적으로 대안들의 평가방식은, 보상적 평가방식과 비보상적 평가방식으로 나누어진다.

1. 보상적 평가방식

소비자가 상표대안들에 대한 평가를 할 때, 평가기준에 따라 각 대안들이 갖고 있는 개별 속성들은 강점과 약점들을 갖고 있을 수 있다. 이때 소비자는 각 상표에 대해 어떤 평가기준의 약점을 다른 평가기준의 강점으로 보완하여 전반적인 평가를 할 수 있는데, 이런

표 5-3 디지털카메라 상표의 보상적 평가방식

상 표 \ 카메라 속성	가 격	디자인	선명도	크 기	배터리 수명
중요도	40%	20%	20%	10%	10%
A제품	10	8	9	10	8
B제품	8	10	9	5	8
C제품	8	7	8	8	9
D제품	8	8	6	9	7

A제품 = 10 (0.4) + 8 (0.2) + 9 (0.2) + 10 (0.1) + 8 (0.1) = 9.2
B제품 = 8 (0.4) + 10 (0.2) + 9 (0.2) + 5 (0.1) + 8 (0.1) = 8.3
C제품 = 8 (0.4) + 7 (0.2) + 8 (0.2) + 8 (0.1) + 9 (0.1) = 7.9
D제품 = 8 (0.4) + 8 (0.2) + 6 (0.2) + 9 (0.1) + 7 (0.1) = 7.6

평가방식을 보상적 평가방식이라고 한다. 보상적인 평가방식에서는 각 상표는 모든 차원 혹은 속성들에 대해 평가되며 전체적인 평가는 속성들의 중요도를 고려한 가중평점을 모두 더하면 종합점수가 되고 가장 높은 종합점수를 획득한 상표가 구매된다. 예를 들어, 어떤 소비자가 디지털카메라를 구입하려고 할 때, 중요시하는 제품의 속성과 각 제품의 속성별 평가점수가 〈표 5-3〉과 같다고 가정하자. 각 평가기준의 가중치는 가격에 40%, 디자인에 20%, 선명도에 20%, 크기에 10%, 배터리수명에 10%의 중요도를 각각 부여하고, 각 상표별로 속성별 평가점수가 1에서 10까지 점수를 부여한다고 하면, 그 결과는〈표 5-3〉의 하단과 같다. 이는 속성의 평가점수에 가중치를 곱하여 종합점수가 높은 상표일수록 호의적인 평가를 얻어서 가장 높은 점수를 획득한 상표가 선택되게 된다.

따라서 이 소비자는 디지털카메라에 대한 각 대안들을 평가한 결과 A상표가 가장 많은 평가점수를 받았기 때문에 선택할 가능성이 가장 높다. 비록 보상적 평가방식을 통해 소비자들이 선택대안들을 평가한다고 할지라도 소비자 개개인마다 속성별 가중치부여와 상표별 평가점수 부여가 주관적이기 때문에, 궁극적인 평가결과는 소비자마다 다르게 나올 수 있다.

2. 비보상적 평가방식

비보상적 평가방식은 보상적 평가방식과는 달리 상표대안들에 대한 평가기준들 상호간의 강점과 약점들이 서로 보완되지 않는 비교적 간단한 방법이다.

(1) 사전편집식 평가

사전편집식 평가(lexicographic rule)는 속성의 중요도에 따라 순위를 부여하고, 1순위의 속성에서 가장 뛰어난 대안에 대해 좋은 태도가 형성되어 선택하는 방식이다. 만약 1순위에서 가장 뛰어난 대안이 없이 모두 동일하다면, 2순위 속성으로 넘어갈 것이다. 예를 들어, 〈표 5-4〉에서 타이어 상표의 평가기준에서 안전성을 가장 중요시하고 수명을 두번째로 중요하게 여긴다면, 한국타이어 상표가 선택될 것이다.

(2) 순차제거식 평가

순차제거식 평가(elimination by aspect rule)는 가장 중요한 속성에서부터 허용할 수 있는 최소 수용기준(cutoffs)을 정해두고, 이 최소 수용기준을 충족시키지 못하는 대안부터 제거해 나가는 방식이다. 예를 들어, 〈표 5-4〉에서 타이어 상표의 평가기준에서 최소 수용기준을 각 속성에 대하여 4점 이상으로 한다면, 미쉐린타이어 상표가 선택대안으로 고려될 것이다.

(3) 분리식 평가

분리식 평가(disjunctive rule)는 소비자가 각 상표가 충족시켜야 할 최소한 허용할 수 있는 최소 수용기준(cutoffs)을 설정해 놓고 선택하는 방식이다. 특히 중요시 여기는 한 두 가지 기준에서 허용할 수 있는 최소 수용기준을 초과할 때 선택될 수 있는 방식이기 때문에,

표 5-4 타이어 상표의 비보상적 평가방식

평가기준	상 표			
	한국타이어	금호타이어	미쉐린	넥 센
안전성	5	5	4	4
수 명	4	3	4	2
승차감	2	3	4	6

광고 5-18 금호타이어 : '타이어 프로' 광고

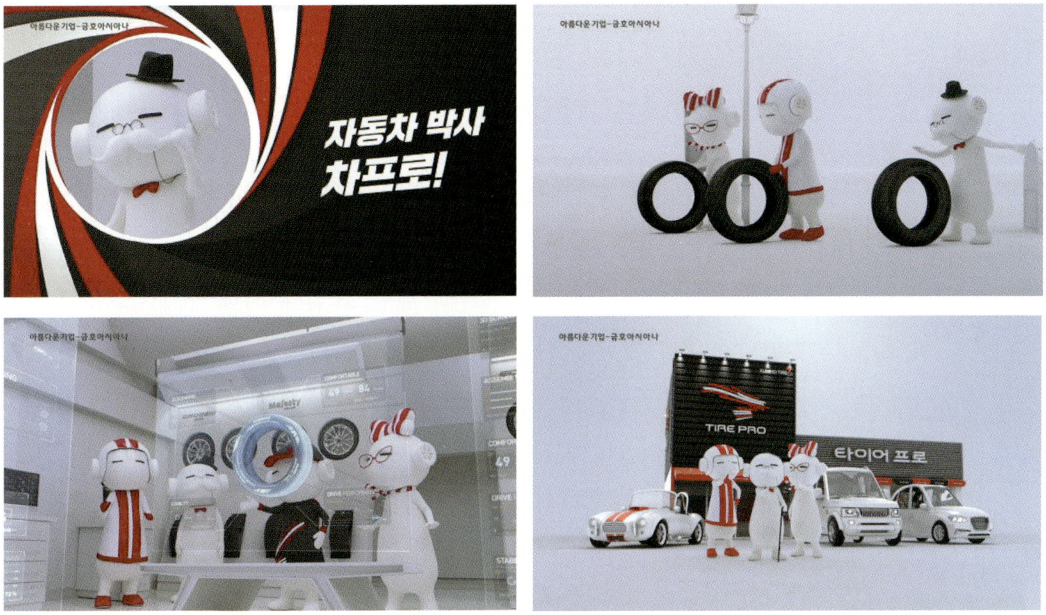

이런 경우에는 일반적으로 특정 기준의 최소 수용기준이 높게 설정될 것이다. 예를 들어, 〈표 5-4〉에서 타이어 상표의 평가기준에서 승차감속성을 특히 중요시하고 최소 수용기준을 5점으로 설정한 경우에 넥센타이이 상표가 선택될 수 있을 것이다.

(4) 결합식 평가

결합식 평가(conjunctive rule)는 분리식규칙과 달리, 모든 제품속성에서 모두 최소 수용기준을 초과할 때 선택하는 방식이기 때문에, 최소 수용기준이 비교적 낮게 설정될 것이다. 예를 들어, 〈표 5-4〉에서 타이어 상표의 평가기준에서 각 제품속성의 최소 수용기준을 3점으로 한다면, 금호타이어 상표와 미쉐린타이어 상표가 선택대안으로 고려될 수 있을 것이다.

3.4 구매결정

소비자가 대안의 평가가 이루어지고 제품이 결정된 후에는 여타 다른 요인들이 영향을 주지 않는다면, 그 다음 단계는 구매의사결정단계에서 구체적으로 구매가 일어나는 것이다. 소비자는 상표대안들을 비교 · 평가한 후에 가장 선호하는 상표를 구매하려는 구매의도가 형성되고 실제 구매의사결정과정으로 들어간다. 그러나 구매의도가 형성되고 실제 구매의사결정 사이에는 두 가지 요인이 발생될 수도 있다.

첫째, 구매의사결정에 영향을 미칠 수 있는 가족, 친지, 동료 등의 주변 사람들의 태도이다. 소비자가 선호하는 상표대안에 대한 부정적인 태도가 강하고, 소비자와 자신의 주변 사람과의 친분정도가 강할수록 구매의도를 수정할 가능성이 높다.

둘째, 구매의도는 예기치 못한 상황적 요인에 의해서 영향을 받는다. 소비자는 기대되는 가계소득, 제품에 대한 기대효익이나 가치 등과 같은 요인에 의해 구매의도가 형성이 되는데, 예상치 못한 상황적 요인이 발생하여 구매의도를 변화시킬 수도 있다. 예를 들어, 소비자가 직장을 잃거나 주택구입 등 더 긴급하게 다른 구매를 해야 하는 상황이 발생했다든지, 판매원이 부정적인 영향을 주었다든지 하는 경우가 발생하여 구매의도에 영향을 미칠 수도 있다. 이와 같이 선호하는 것과 구매의도 조차도 실제 구매행동에 대하여 완전하게 믿을 만한 예측치가 되지 못한다.

구매의도를 실천하기로 결정한 소비자는 실제 구매의사결정과정에서 부가적으로 결정해야 될 사항들이 있는데, 실제 구매과정에는 제품유형, 모델, 대금지불방법, 특정 상표결정, 제품수량, 구매시기뿐만 아니라, 취급하는 점포선택과 점포 내 쇼핑과정까지 포함된다.

3.5 구매 후 행동

제품을 구매할 때, 소비자는 구매행위를 통해 어떤 결과를 기대한다. 이러한 기대가 얼마나 잘 충족했느냐에 따라 소비자는 구매한 결과에 대해 만족을 하느냐 혹은 불만족을 하느냐가 결정된다. 실제 소비자만족과 불만족은 소비자가 구매한 제품에 대해 사전에 가지게 되는 전반적인 느낌이나 태도 등에 의해 영향을 받는다.

일반적으로 제품에 대한 만족은 사전기대를 충족시키거나 초과한 정도에 따라 이루어진다. 소비자의 사전기대는 광고와 판매원을 통한 마케팅커뮤니케이션, 친구나 가족과 같은 비공식적인 정보원, 개인적인 사용경험 등의 정보를 통해서 형성된다. 제품에 대한 사전기대와 실제로 제품을 구매한 후에 사용하면서 느끼는 지각된 성과 간의 차이에서 고객의 만족과 불만족이 나타난다. 예를 들어, 어떤 소비자가 실제 제품성능보다 약간 낮은 기대를 갖고 중고자동차를 한 대 샀는데, 놀랍게도 제품의 성능이 기대이상으로 너무 좋은 경우에 이 소비자는 지금까지 소유한 자동차들 중에서 가장 좋은 것이라고 생각할 수도 있다. 따라서 제품에 대한 기대치가 낮다고 생각하고 구매를 했는데, 막상 제품을 구매한 후에 실제 성과치는 기대치를 훨씬 초과했기 때문에 이 소비자의 만족은 매우 높을 것이다.

반대로 높은 기대를 하고 자동차를 한대 구입했는데, 막상 구매후에 성능은 기대치보다 훨씬 모자라는 경우에는, 제품성능이 소비자의 기대를 충족시켜 주지 못했기 때문에 불만족을 느낄 것이다. 따라서 마케터는 실제 제품성능에 비하여 비합리적으로 지나치게 높은 기대는 불만족을 초래하므로, 제품의 성능을 고려하여 현실적인 메시지를 전달해야 한다.

일반적으로 소비자들은 구매결정이 내려진 후에 흔히 인지부조화(cognitive dissonance)를 느끼는 경우가 많은데, 이는 구매전에 가진 사전 기대치와 구매후 느끼는 실제 성과치 간의 불일치가 발생하는 경우에 나타난다. 인지부조화는 소비자가 자신의 행동, 태도, 신념들 간의 불일치가 있음을 인식할 때 생기기 때문에, 불일치되면 행동, 태도, 또는 신념을 변경시켜 이들 간의 일관성을 회복하도록 노력하게 된다는 것이다. 다시 말해서, 신념과 행동이 불일치되면 인지상의 스트레스를 일으키는데, 그런 스트레스를 감소시키는 방향으로 행동을 수정하거나 신념을 수정하는 방향으로 간다는 것이다. 즉 자신의 마음과 행동이 일치하는 방향으로 맞추어 자기합리화를 시키는 쪽으로 인지적 스트레스를 없애는 것을 의미한다. 이런 경우에 일반적으로는 행동을 수정하기 보다 신념을 강화하는 쪽으로 가게 된다.

또한, 인지부조화의 강도는 구매결정이 심리적 혹은 금전적인 측면에서 매우 중요하거나, 이미 알고 있는 좋은 대안들이 많이 존재하고 쉽게 구할 수 있을 때 더욱 커진다. 예를 들어, 승용차, 주택, 가구 등과 같은 제품의 구매자들 사이에 흔히 인지적인 부조화가 나타난다. 심리적 긴장감인 인지부조화를 해소시키기 위해서 소비자는 자신이 선택한 제품에 대한 긍정적인 정보를 탐색하거나 혹은 선택하지 않은 제품에 대해서는 부정적인 정보를 수집하여 받아들임으로써 심리적으로 불편한 긴장감을 소멸시키려 노력한다.

따라서 마케터는 구매 후 행동단계에서 한 가지 중요한 임무는 소비자들이 구매결정 후에 가지게 되는 부조화를 축소시키고 구매결정에 대한 확신을 심어주는 일일 것이다. 그래서 판매 직후에 소비자들에게 효과적인 광고커뮤니케이션, 애프터서비스와 수선유지, 제품보증제도 실시, 서신이나 안내책자발송, 전화통화 등을 통해서 구매자의 선택이 현명했음을 확인시켜 줌으로써, 구매 후 인지부조화를 감소시키려는 소비자들의 의도를 도와 줄 수 있고 자사의 제품을 구매했을 때 느낄 수 있는 부조화의 원인을 제거시킬 수 있다.

04 요 약

소비자행동은 소비자들이 시장에 제공되는 다양한 마케팅믹스에 대해 어떠한 반응을 보이고 있는지와 소비자들이 어떠한 과정을 거쳐서 제품을 구매하고 있는지를 연구대상으로 하고 있으며, 이런 연구를 바탕으로 소비자행동모델을 제시하고 있다. 대부분의 소비자행동모델은 마케팅자극물이나 기타 자극물들이 소비자의 블랙박스에 들어가서 여러 가지 처리과정을 거친 후에 관찰가능한 일련의 반응, 즉 제품이나 서비스선택, 상표선택, 점포선택 그리고 구매시기나 구매량선택 등으로 변환되는 과정을 간단하게 설명하고 있다.

소비자행동에 영향을 미치는 요소로는 사회 · 문화적 요인과 개인적 요인, 상황적 요인 그리고, 심리적 요인 등으로 구분할 수 있다. 사회 · 문화적 요인에는 문화, 사회계층, 준거집단, 가족 등이 있으며, 개인적 요인으로는 성별, 연령과 가족생활주기, 라이프스타일 등이 있다. 그리고 상황적 요인은 소비자무드, 쇼핑환경, 시간 등이 있으며, 심리적 요인에는 지각, 동기, 학습, 신념과 태도 등이 있다. 이러한 요인들에 대한 이해는 소비자행동 모델에서 설명한 소비자의 블랙박스 내에서 어떠한 일들이 일어나고 있는가에 대한 보다 많은 정보를 제공해 주고 있다.

소비자들은 제품을 구매하는데 있어서 하나의 의사결정과정을 거치게 된다. 소비자의 구매의사결정과정은 문제인식, 정보탐색, 대안평가, 구매결정, 구매 후 행동 등의 다섯 단계를 거치게 된다. 마케터들은 이러한 구매의사결정과정의 각 단계를 잘 이해하고 있어야 각 단계에 영향을 미칠 수 있는 효과적인 마케팅전략 프로그램을 개발할 수 있다.

참 · 고 · 문 · 헌

- 송용섭 외2(2004), 현대마케팅, 문영사.
- 안광호 외2(2016), 마케팅원론, 학현사, 제6판.
- 이학식 · 안광호 · 하영원(2015), 소비자행동, 집현재, 제6판.
- 유필화 외2(2012), 현대마케팅론, 박영사.
- 채서일(2015), 마케팅, 옥당.
- Bearden, William O., Thomas N. Ingraw and Raymond W. LaForge(2001), *Marketing-Principle and Perspectives*, 3rd ed., McGraw-Hill, Irwin.
- Blythe, J.(2006), *Principles & Practice of marketing*, Thomson Learning.
- Boone, Louis E. and David L. Kurtz(2001), *Contemporary Marketing*, 10th ed., Harcourt, Inc.
- Lamb, Charles W., Hair, Joseph F. and C. McDaniel(2000), *Marketing*, 5th ed., South-Western College Publishing.
- Kelin, Roger A., Hartley, Steven W., Berkowitz, Eric N. and William Rudelius(2006), *Marketing*, 8th ed., McGraw-Hill Irwin.
- Kotler, P.(1994). *Marketing Management*, 8th ed., Prentice-Hall Inc.
- Kotler, P. and G. Amstrong(1998), *Principles of Marketing*, 6th ed., Prentice-Hall Inc.
- Solomon, Michael R. and Elnora W. Stuart(1997), *Marketing,* International ed., Prentice-Hall Inc.
- Zikmund, William G. and michael d'Amico(2001), *Marketing*, 7th ed., South-Western College Publishing.
- https://www.apple.com/kr/ipad-10.2/
- https://blog.naver.com/creazy4art/222524552797

part 06

마케팅정보시스템과 마케팅조사

01 마케팅정보시스템

02 마케팅조사

03 요 약

빅 데이터로 진화중인 패션 산업

패션업계에서 빅 데이터 활용에 주목하고 있다. 이미 많은 패션 브랜드들이 빅 데이터를 활용해 브랜드를 운영하며 소비자의 욕구를 충족하고 있다. '아마존(Amazon)'은 아이템이 스타일리시한지 기계가 자동으로 평가할 수 있는 머신러닝 프로그램을 개발 중이며 '구글(Google)'은 알고리즘을 사용해 새로운 아이템과 스타일을 디자인하는 사용자 주도 AI 패션디자인 프로그램을 테스트 중이다. 새로운 시스템으로 이러한 변화에 동참하고 있는 브랜드와 기업들을 살펴보면 다음과 같다. (자료제공 : PFIN _ www.firstviewkorea.com)

▶ 빅 데이터 패션하우스 '피네스(Finesse)'

올해 초 론칭한 패션 브랜드 '피네스(Finesse)'는 빅 데이터가 디자인, 트렌드, 물량 결정에 큰 영향을 미친다. 타깃 소비자는 Z세대로 Z세대가 좋아하는 스타일, 사용 언어, 팔로(Follow)하는 인플루언서에 대한 데이터를 분석해 디자인한다.

빅 데이터 사용을 통해 디자이너의 주관적인 스타일 경향과 바이어들의 과도한 주문량을 배제해, 통상 5개월이 소요되던 리드타임을 25일로 단축한다.또한 적절한 시기에 타깃 소비자가 원하는 옷의 공급량을 측정해 과잉 생산을 줄인다.

이때 빅 데이터는 Z세대들이 어떻게 시간을 보내고 무엇을 입으며, 인플루언서한테 무엇을 원하는지 파악해 주관적 필터링 없이 그대로 브랜드에 전달한다. 그 결과 피네스의 많은 스타일은 새로운 방법으로 재탄생된 빈티지 피스가 많다. 소비자들이 메인스트림에 반항하며 그들만의 방식으로 핏이나 실루엣을 변형해 입기 때문이다. 또한 3D 버추얼 샘플링을 통해 기존의 하이스트리트 브랜드에서는 디자인하지 않았을 복잡한 디자인도 소화한다.

▶ '잘란도'의 지속가능패션 캠페인

독일 최대 온라인 리테일러 '잘란도(Zalando)'는 소비자에게 자연친화적이고 윤리적인 쇼핑을 장려하기 위해 지속가능패션 캠페인 '더 스몰 스텝스, 빅 임팩트(The Small Steps Big Impact)'를 선보였다.

총 7개 브랜드가 참여해 각자 지속가능한 캡슐 컬렉션을 선보였는데, 캠페인 반응이 좋아 올봄에는 여성복뿐 아니라 남성복으로 복종을 확대했다.특히 잘란도는 지속가능패션 관련 빅 데이터를 이용해, 이 분야의 도전과제를 명시하고 패션 브랜드 파트너들과 해결점을 찾고자 한다.

예를 들어 지속가능성에 대한 평가 기준에 맞는 공장과 시설들을 전 세계적으로 분석해 만든 지도와 각 시설에 부여한 고유 ID 정보를 브랜드 파트너들과 공유한다. 이러한 데이터를 통해 장기적으로 지속가능한 분야의 새로운 트렌드를 발견하고 문제해결 방안을 찾는다. 또 소비자들과 정보를 공유하며 지속가능한 소비를 유도한다.

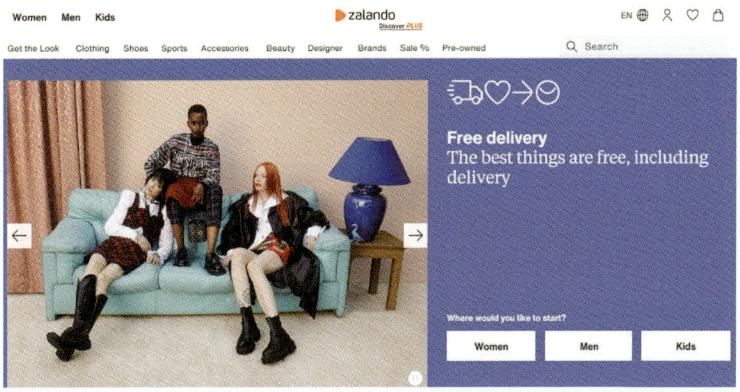

▶ 성격으로 아이템 추천하는 '프시케(Psykhe)'

지난 10월 론칭한 새로운 패션 플랫폼 '프시케(Psykhe)'는 소비자의 취향과 성격을 바탕으로 개인화된 맞춤 에디션을 추천한다. 예를 들어, 나를 잘 아는 친한 친구가 나에게 어울리는 옷을 추천하는 콘셉트다. 프시케를 이용하기 위해서는 성격 테스트를 거쳐야 한다.

패션 성향과 연관성이 있는 대담함, 내성적, 외향적, 성실함, 유연함 등의 성격에 대해 레벨을 테스트한다.프시케를 더 많이 이용할수록 사용자 취향에 대한 데이터가 더 많이 쌓여 개인화된 추천 리스트를 제공하게 된다.

이미 '모다 오페란디(Moda Operandi)' '마이테레사(MyTheresa)' '루이자비아로마(LuisaViaRoma)' 등 잘 알려진 온라인 리테일러들이 파트너십을 맺고 있다. 즉 프시케의 최고 장점은 소비자에게 더욱 빠르고 편리한 쇼핑을 제공한다는 점이다. 모든 온라인 리테일러 웹사이트의 아이템을 검색하고 한눈에 보여줘 온라인 쇼핑의 장점을 더욱 업그레이드했다.

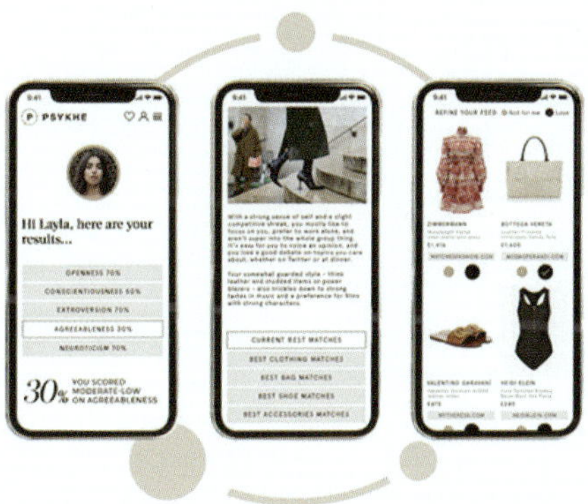

개인 기반 추천을 제공하는 패션 플랫폼 프시케

▶ **소비자가 직접 디자인하는 '메이드포유(Made for you)'**

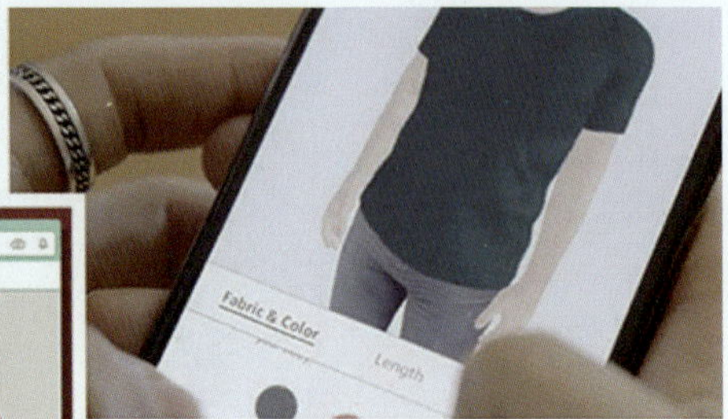

아마존의 메이드포유 서비스

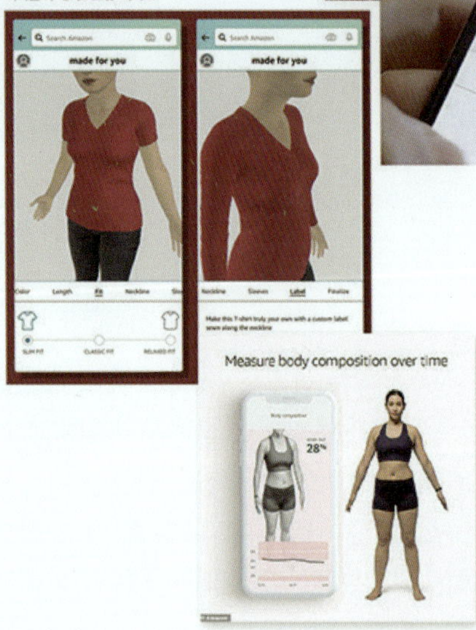

'아마존'은 지난 12월 '메이드포유(Made for you)'라는 맞춤 티셔츠 제작 서비스를 출시했다. 소비자의 키, 체중, 체형과 두 장의 사진만 제공하면 가상의 몸을 만들어 티셔츠를 모델링한다.

소재종류, 색상, 길이, 네크라인, 소매길이 등 모든 세부요소를 직접 원하는 대로 지정할 수 있으며 비용은 단돈 25달러다. 이미 만들어진 옷에 그림과 텍스트만 추가할 수 있었던 기존 맞춤방식에서 한 걸음 더 나아가 3D 모델링으로 샘플을 확인할 수 있는 3D 모델링과 체형 관련 빅 데이터를 결합한 성과다. 3D 모델링과 데이터를 통해 소비자는 360도로 정확한 착용 모습을 확인할 수 있다.

● 자료원 : https://www.fashionbiz.co.kr/article/view.asp?idx=184617

마케팅관리에서는 의사결정을 내릴 때, 기업경영의 다른 주요 기능들과 마찬가지로 정보에 많이 의존하고 있다. 이런 정보를 통해서 마케터는 항상 당면한 문제해결뿐만 아니라 미래에 발생할지도 모르는 문제들을 미리 예측하고 대비해야 한다. 어떤 문제가 발생했을 때, 당황하지 않고 최선의 의사결정을 하기 위해서는 올바르고 충분한 정보를 갖고 있어야 하며, 그렇게 해야 효과적인 해결책을 내놓을 수가 있다.

마케팅의사결정에 필요한 정보중의 일부는 기업의 보고서 속에 묻혀 이미 존재하고 있거나, 아니면 외부정보원들로부터 수집해야 하는 것도 있다. 이러한 외부정보원들은 시장정보를 일상적으로 수집하는 조직이나 공공기관의 보고서가 될 수도 있고, 그렇지 않으면, 고객들로부터 데이터를 직접 수집해야 하는 자료가 될 수도 있다.

마케팅의사결정에 필요한 정보는 마케팅정보시스템과 마케팅조사에 의해 효율적으로 제공될 수 있다. 마케팅정보시스템은 기업의 내 · 외부에 산재되어 있는 2차자료들을 수집하고, 수집된 자료를 가공처리해서 의사결정에 필요한 정보를 의사결정자에게 제공한다. 마케팅정보시스템에 의해 제공된 2차자료가 만약에 의사결정을 내리는 데 직접적인 관련성이 낮을 경우에, 마케터는 1차자료인 마케팅조사를 통해 관련정보를 직접 수집할 필요가 있다.

따라서 본 장에서는 마케팅정보시스템에 대해 개략적으로 설명하고, 주로 당면한 마케팅문제를 해결하기 위해서 수행하는 마케팅조사 내용을 중심으로 다루기로 한다.

01 마케팅정보시스템

대부분의 기업들이 과거에는 규모가 작고, 시장의 활동영역이 좁아 수집해야 하는 정보의 양도 적고 그 영향력도 그다지 크지 않았다. 그러나 오늘날은 기업의 규모도 커지고 수집할 정보의 양도 엄청나게 많아졌기 때문에 마케터는 효과적으로 정보를 수집하고 관리할 필요성이 증대되었다. 그래서 마케터는 마케팅의사결정에 필요한 일상적인 정보뿐만 아니라 시장에서 기업이 직면한 주요 문제를 해결하는 데 도움을 줄 정보를 수집하고 효과적으로 관리할 필요가 있다.

특히 디지털정보시대에서 기업의 정보를 신속하게 수집하고 분석할 수 있는 능력은 시장경쟁에서 실제적으로 전략적인 이점을 창출할 수 있다. 그래서 마케터는 의사결정에 필요한 내 · 외부에 산재하고 있는 수많은 정보들을 효율적으로 관리하고, 이용할 수 있는 마케팅정보시스템을 개발하여 기업의 경쟁적 수단으로 사용할 필요성이 증대되었다.

1.1 마케팅정보시스템의 의의

기업의 마케터들은 급변하는 대내 · 외적인 기업환경 속에서 기업이 생존하기 위해서는 거시적인 환경뿐만 아니라 표적시장의 고객, 경쟁업체, 유통업체, 공급업체 등에 대한 다양한 정보를 바탕으로 의사결정을 해 나가게 된다. 그리고 최근 시장경쟁이 과거보다 훨씬 격심해지고, 고객들의 욕구가 점점 다양화됨에 따라 기업들은 이런 변화에 빠르게 대응해야 경쟁우위를 창출할 수 있게 되었다. 이러한 마케팅환경변화에 효과적으로 대응하기 위해서 많은 기업들이 마케팅정보시스템을 구축하고 있다.

마케팅정보시스템(marketing information system)이란 "마케팅의사결정자가 마케팅활동과 관련한 의사결정을 내리는 데 필요한 정보를 수집, 획득, 평가, 분류하여 분석한 후 적시에 분배하기 위한 인적 · 물적시스템"을 의미한다. 이런 마케팅정보시스템은 최근 컴퓨터기술의 발달과 정보수집능력이 급격하게 발전함에 따라 그 운영과 활용도가 훨씬 더 높아졌다.

마케팅정보시스템은 [그림 6-1]에서 보는 바와 같이, 각각의 구성요소가 하나의 시스템으로서 마케팅정보시스템을 구성하는 하위시스템으로 구성되어 있으며, 마케터의 의사결정 및 관리활동을 지원한다. 따라서 마케팅정보시스템은 마케터가 필요로 하는 정보가 무

그림 6-1 마케팅정보시스템의 구성요소

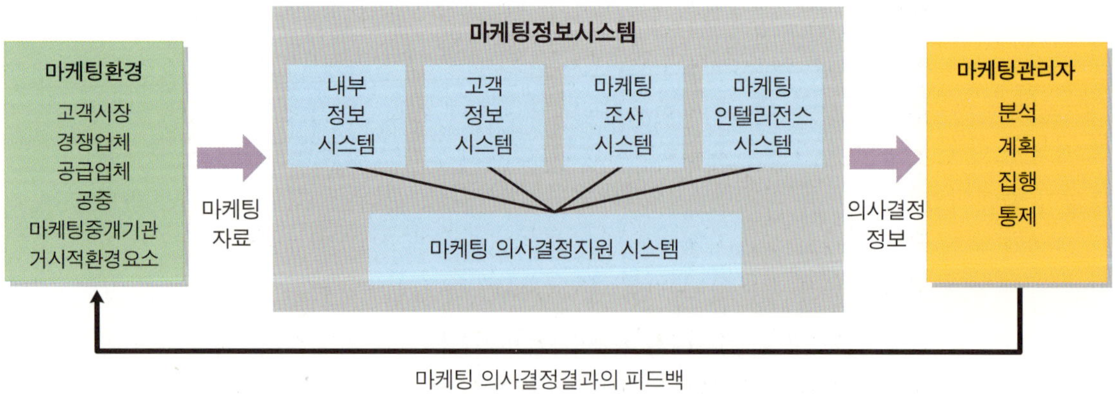

엇인지를 파악하는 것에서부터 시작하여, 기업 내 · 외부환경에 산재되어 있는 다양한 관련정보를 체계적으로 수집하고, 가공 · 처리하여 마케팅의사결정에 필요한 가치있는 정보들을 얻기 위하여 시스템을 구축해야 한다.

1.2 마케팅정보시스템의 구성

마케터는 효율적인 마케팅관리활동을 수행하기 위해 고객시장, 경쟁업체, 공급업체, 공중, 마케팅 중개기관, 거시적 환경요소 등 마케팅환경으로부터 다양한 정보를 필요로 한다. 그래서 마케터가 필요로 하는 정보를 신속하게 수집하고, 가공 · 처리해서 제공하기 위해 마케팅정보시스템이 고안된 것이기 때문에, 마케터를 중심으로 시스템이 구축되어야 한다. 이러한 마케팅정보시스템은 내부정보시스템, 고객정보시스템, 마케팅인텔리전스 시스템, 마케팅조사시스템, 마케팅의사결정 지원시스템 등 다섯 가지 하위시스템으로 구성되어, 마케터가 원하는 정보를 지원하게 된다. 이와 같이, 각각의 하위시스템들을 통해 지원받은 의사결정정보를 토대로, 마케터는 분석, 계획, 집행, 통제 등 마케팅관리과정을 수행하게 되고, 그 수행과정에 추가적으로 필요한 정보가 있으면, 마케팅의사결정 결과의 피드백과정을 통해 일련의 순환과정을 거치게 된다.

1. 내부정보시스템

내부정보란 기업의 통상적인 경영활동과 관련되거나 마케팅업적을 평가하고 마케팅문제와 기회요인들을 탐색하기 위하여 기업내부의 정보원으로부터 수집된 정보를 의미한다. 예를 들어, 기업내부의 회계부서는 대차대조표나 손익계산서를 작성하고 매출액, 외상매출액, 지역별 실적, 비용, 현금흐름과 손익분석 등에 대한 정보를 기록하고 유지하며, 생산부서는 생산성 향상과 재고관리를 위해 생산량, 출하량, 재고량, 불량률 등에 관한 정보를 기록하고 유지한다. 또한 마케팅부서는 효율적인 마케팅관리를 위해서 시장상황이나 경쟁업체분석뿐만 아니라 고객들의 인구통계적 특성, 심리적 특성, 구매행동특성, 신제품에 관한 정보 등을 기록하며 유지하고 있다. 그리고 재무부서는 자금조달과 배분과 관련된 각종 재무자료들을 보유하고 있다. 이와 같이 기업의 회계, 생산, 마케팅, 재무부서 등 주요 부서들이 일상적인 경영활동과정에서 제공되는 보고서들은 마케터에게 유용한 정보원이 될 수 있다.

따라서 기업의 내부정보시스템(internal information system)이란 마케터가 가장 기본적으로 사용하는 시스템으로서, 주로 주문 및 판매보고서, 가격 · 재고 · 받을 어음이나 지급 어음에 관한 보고서, 재무제표, 영업보고서, 업무보고서 등과 같이 기업내부에 있는 자료를 수집하는 시스템이다. 내부정보는 신속하고 저렴하게 수집할 수 있는 장점이 있는 반면, 다른 목적으로 수집되었기 때문에 마케팅의사결정 상황에 적합하지 않을 수도 있다. 또한 대기업의 경우는 내부기록 정보의 양이 너무 많아서 일일이 추적하기도 어렵다. 그래서 마케터가 이러한 정보를 쉽고 신속하게 찾을 수 있도록 하기 위해 마케팅정보시스템을 이용하여 정보를 체계적으로 수집하고 가공 · 처리하는 제도를 유지할 필요가 있다.

2. 고객정보시스템

고객정보시스템(customer information system)은 고객에 대한 인구통계학적 특성, 라이프스타일, 고객이 추구하는 가치와 혜택, 구매습관, 구매정보 등 고객과 관련한 다양한 정보를 수집하여, 이를 체계적으로 관리하기 위해서 데이터베이스화하여 고객관계관리(CRM : customer relationship management)와 같은 대고객 마케팅활동을 수행하게 된다.

고객관계관리는 "고객에 대한 정확한 이해를 바탕으로 고객이 원하는 제품과 서비스를 지속적으로 제공함으로써 고객을 오래 유지시키고 결과적으로 고객생애가치(customer lifetime value)를 극대화시키고, 수익성을 높일 수 있는 통합된 고객관계관리 프로세스"로 정의할 수 있다. 이와 같은 고객관계관리 프로세스는 고객선별, 고객획득, 고객개발, 고객유지의 단계를 거치게 된다.

① **고객선별의 단계** : 현재의 시장환경에서는 모든 사람을 기업의 고객으로 획득하고 유지할 수가 없다. 자사기업에 도움을 주는 고객을 유지하는 것이 기업의 입장에서는 훨씬 이득이 되는 것이다. 따라서 기업은 고객을 세밀히 분류해 내야하며, 이때 다음의 세 가지 질문을 던지지 않을 수 없다. 자사의 제품과 서비스를 통해 최고의 수익성을 얻을 수 있는 고객은? 자사기업과 지속적인 관계를 원하는 고객은? 기업에 최고의 생애가치를 제공할 수 있는 고객은? 이와 같은 질문에 대한 해답을 통해서 가치있는 고객정보를 획득한다.

② **고객획득의 단계** : 고객관계에서 최고의 잠재적인 수익성과 영향력을 지닌 고객 군에 기업자원을 할당한다. 예를 들어, 판매 및 서비스에 대한 정확한 채널을 설정한다. 또 신규고객유치, 고객재유치, 교차판매(cross selling), 고객유지 등을 위한 캠페인을 창출한다.

③ **고객개발의 단계** : 기업은 고객이 원하는 것을, 원하는 방법으로, 원하는 때에 제공할

수 있어야 한다. 이를 위해서는 고객의 요구사항 및 기대수준에 대해 정확히 알고 있어야 한다. 또한 자신의 제품, 서비스, 기업에 대한 고객의 접촉경험에 대해서도 정확히 이해해야 한다.

④ 고객유지의 단계 : 고객은 자신이 원하는 제품과 서비스를 지속적으로 제공받을 수 있어야 그 기업의 고객으로 계속 남아있게 된다. 이를 위해서는 고객에 대한 피드백관리(feedback management)가 필수적이다. 기업은 매일 고객과 다양한 채널을 통해 계속적으로 대화를 해야 하며, 최신의 고객 및 시장정보를 획득하여야 한다. 고객의 기호, 가치, 요구사항, 문제점에 적절하고도 차별화된 서비스를 지속적으로 제공받은 고객은 고객만족(customer satisfaction)을 넘어 기업의 충성고객(loyal customer)이 되고, 이 고객은 시간이 지남에 따라 더 많은 이익을 기업에 제공한다.

최근 고객관계관리의 중요성이 크게 부각되면서 마케팅정보시스템의 역할도 매우 중요하게 되었으며, 마케터가 고객관계관리를 잘 수행하기 위해서는 고객정보를 수집해서 정리하고 분석하여, 더욱 만족도가 높은 가치를 제공하고 고객과의 관계를 지속적으로 유지할 수 있는 고객정보시스템이 필요하다. 고객정보시스템이 마케팅정보시스템의 하나의 하위시스템으로서 다른 구성요소들과 유기적인 관계를 유지하면서 활용될 때 성공적인 고객관계관리가 가능할 수 있다.

요즈음 주유소, 항공사를 비롯해 백화점, 대형마트 등의 유통업체를 중심으로 많은 기업들이 마일리지 카드와 같은 고객ID카드를 발급하여 고객의 개인정보뿐만 아니라 계속되는 구매정보를 수집하여 이를 고객관리에 활용하고 있다.

3. 마케팅조사시스템

마케팅조사는 마케터가 성공적인 마케팅관련 의사결정을 하도록 정보수집을 통해 시장과 연결시키는 역할을 한다. 마케팅조사는 마케터에게 필요로 하는 정보를 수집하기 위하여 객관적이며 체계적인 방법을 설계하고 통제하며 이를 분석하여 마케팅전략에 적절히 반영토록 하는 과정이다.

마케팅정보시스템의 구성요소들 중에서 내부정보시스템, 고객정보시스템, 마케팅인텔리전스시스템은 각기 다른 목적으로 수집된 2차자료이기 때문에, 당면한 마케팅문제를 해결하는 데는 직접적으로 관련성이 낮을 수도 있다. 그래서 마케팅조사시스템(marketing research system)은 기업이 현재 당면한 마케팅문제를 해결하기 위해 직접적으로 관련된 1차자료를 수집할 필요성이 있을 때 도입될 수 있으며, 관련 문제해결이나 의사결정을 위해 구체적인 자료나 사실들을 체계적으로 수집 · 분석하고 해석하여 보고하는 시스템을 말한다.

마케팅조사는 기업내부의 마케팅조사 부서에서 직접 실행하거나 외부전문조사기관을 통해 수행될 수도 있다. 마케팅조사를 외부전문기관에 맡길 것인지 여부는 자체 조사능력에 달려있으며, 어느 곳에서 조사를 하든지 중요한 것은 마케팅의사결정에 유용한 정보를 체계적이고 객관적으로 수집할 수 있어야 한다. 그리고 수집된 정보는 당면한 마케팅문제를 해결하는데 도움을 줄 수 있어야 한다. 그리고 마케팅조사과정에 대한 내용은 본 장의 후반부에서 자세하게 설명할 것이다.

4. 마케팅인텔리전스 시스템

마케팅인텔리전스 시스템(marketing intelligence system)은 마케팅첩보시스템이라고도 하며, 첩보라는 말의 의미에서 알 수 있듯이, 기업을 둘러싸고 있는 외부환경요소들 거시환경, 시장, 경쟁자, 일반대중 등에 대한 정보를 체계화시켜 활용하는 시스템을 의미한다. 이는 기업이 당면한 마케팅문제를 해결하기 위해 활용되는 마케팅조사시스템과 달리 외부환경변화를 감지하여 필요한 경우 신속하게 대응해 나가기 위한 차원에서 구축되는 시스템이다.

기업이 마케팅인텔리전스 시스템에 활용할 정보수집원은 매우 다양하다. 가장 중요한 정보수집원은 기업내부의 임직원이나 판매원 등을 들 수 있다. 그러나 일반적으로 내부직원들은 일상적인 업무 때문에 중요한 정보를 간과하기 쉽다. 그래서 기업은 내부직원들에게 외부정보수집자로서의 역할이 매우 중요하다는 사실을 주지시키고, 외부정보에 대한 관심을 갖고 정기적으로 수집하고 보고하도록 하는 시스템을 구축하는 것이 필요하다.

최근에 마케팅인텔리전스 시스템은 인터넷의 도움을 받아 다양한 정보들을 광범위하게 수집하고 가공처리함으로써 정보생산시스템의 역할을 다하고 있다. 마케팅인텔리전스 시스템의 정보원천은 경쟁기업의 연간활동 보고서나 홍보용자료, 공급업체나 재판매업자들을 통해 수집된 정보, 고객과의 접점에서 수집된 판매원정보, 업계출판물이나 박람회 등에서 수집된 정보, 대중매체정보, 정부나 지방자치단체에서 제공하는 공공보고서나 산업동향분석자료, 정부의 규제 및 정책에 관한 자료, 미스터리 쇼퍼(mystery shopper)를 통해 수집한 자료 등이 있다.

사 례　손님을 가장한 소비자 암행어사, 미스터리 쇼퍼(Mystery Shopper)

고객으로 가장한 후 매장을 방문하여 점원의 친절도, 외모, 판매기술, 사업장의 분위기 등을 평가하여 개선점을 제안하는 일을 하는 사람을 일컫는다. 판매하는 상품의 질과 더불어 서비스까지 평가대상이 되면서 제품과 서비스에 대한 고객만족도 높일 수 있어서 많은 외식업체에서 미스터리 쇼퍼를 운영하고 있다.

미스터리 쇼퍼가 매장을 방문하기 전, 해당 매장의 위치, 환경, 직원 수, 판매제품 등에 대한 정보를 파악한 후, 직접 매장에 방문하여 전화응대방식, 상품에 대한 질문, 직접구매, 또는 환불과 교환까지 행함으로써 매장 직원들의 서비스와 응대수준, 상품에 대한 지식, 청결상태 및 발생한 상황의 전말이나 분위기까지 소비자의 눈으로 보고 듣고 느낀 점을 평가하는 것이다. 특히 외식업체에서는 고객들에 대한 평가나 건의를 간접적으로나 경험해 볼 수 있고 고객의 니즈를 파악하는데 많은 도움이 되고 있다.

미스터리 쇼퍼들은 대체로 마케팅이나 여론조사 전문회사에 지원해 면접을 받고 활동실습 등의 절차를 거쳐 정식 미스터리 쇼퍼로 채용되는 경우가 많지만 최근에는 전문적인 쇼퍼단을 모집해 직접 관리하는 외식업체들도 생겼다. 최근에 활동하는 미스터리 쇼퍼들은 전문적인 지식을 갖춘 사람들이 많아 이들은 상품 및 서비스에 대한 내용과, 응대태도에 관해 세밀한 사항을 구체적으로 기입하는 추세이다.

물론 미스터리 쇼퍼가 제출한 내용만으로 매장직원과 서비스에 대해 100% 확신한다는 것은 큰 잘못일수도 있다. 이러한 활동으로 인해 직원들의 사기가 저하된다거나 본사와 매장 간의 불신이 생긴다면 큰 문제가 될 수도 있다. 이런 활동역시 고객만족을 위한 하나의 단계이나 과정이기에 고객에게 소리를 더욱 빠르게 듣고 반영을 하겠다는 의지인 것이지 직원에 대한 평가나 점수매기기로 생각해선 안 될 것이다. 기업의 입장에선 미스터리 쇼퍼활동으로 내부에서 알수 없는 매장의 상태나 개선점을 빠른 시일 내에 알 수 있다.

미스터리 쇼퍼가 수집해온 정보를 바탕으로 브랜드이지제고는 물론이고 더욱 다양한 서비스의 개선사항을 파악할 수 있는 좋은 마케팅 툴이 될 수 있음 분명하다.

또한 프랑스의 '기드 미슐랭(Guide Michelin)'은 미스터리 쇼퍼를 활용해 세계 각국 레스토랑들의 랭킹을 매기는 것으로 유명합니다. 이처럼 최근 기업을 대신하여 보다 객관적인 입장에서 소비자의 반응과 평가를 하는 미스터리 쇼퍼는 외식업체를 비롯하여 금융회사, 백화점, 병원, 공항, 관공서 등 여러 분야로 서서히 확산되고 있습니다. 하지만 미스터리 쇼퍼가 감정노동을 부추기고 있다는 지적도 있

미스터리 쇼퍼 주요 평가 항목

업 종	평가 항목
공 통	· 인사말 · 직원의 표정과 자세, 명찰 착용 여부, 상담 태도 · 직원간 협조 · 고객 대기 시간, 주차 안내 여부 · 불만 사항에 대한 대처 능력 · 매장 정돈, 인테리어의 적절
백화점 의류매장	· 반품시 대처법 · 탈의실 청결 · 제품 다림질 · 가격표 유무
음식점	· 음식 취급 태도 · 음식 불만에 대한 대처 방안 · 메뉴판디자인
은 행	· 투자 상담 처리 능력 · 잡지 비치 여부

습니다. 미스터리 쇼퍼가 진상손님으로 위장하는 경우도 있는데, 어떤 명품 브랜드에서는 미스터리 쇼퍼를 대상으로 최대한 집요하게 진상처럼 굴어봐라, 매장에 없는 물건을 보여 달라고 요구해라, 물건에 대해 트집을 잡아봐라, 그래도 직원이 불쾌한 내색을 않고 흐트러짐 없이 응대를 하는지 알아봐라 등의 내용으로 교육을 진행했다고 합니다. 이러한 이유로 미스터리 쇼퍼가 감정노동자들에게는 '암행 감시단'으로 통한다고 합니다.

● 자료원 : 소비자 암행어사 - 미스터리 쇼퍼(mystery shopper)이야기, 푸디스트, 미스터리 쇼퍼, 숍, 내용일부 수정함.

5. 마케팅의사결정 지원시스템

정확하고 시기적절한 정보는 마케팅의사결정의 원동력이다. 좋은 정보는 조직의 매출액을 극대화시키는데 도움을 주고 부족한 기업자원을 효율적으로 이용할 수 있게 한다. 마케터는 일상적으로 마케팅정보를 수집하기 위해서 내부정보시스템, 고객정보시스템, 마케팅 인텔리전스 시스템, 마케팅조사시스템 등을 이용하지만 이러한 자료들은 기술적인 자료이기 때문에 마케팅의사결정의 결과를 예측하는데 큰 도움이 되지 못한다. 이런 문제 때문에 요즈음 가장 많이 이용되고 있는 것이 마케팅의사결정 지원시스템이다.

마케팅의사결정 지원시스템(marketing decision support system)은 마케팅의사결정을 지원해 주는 방법으로 정보를 신속하게 얻어서 적용하는데 도움을 줄 수 있는 컴퓨터소프트웨어로 구성된다. 마케팅의사결정 지원시스템은 마케터에게 시장상태, 소비자행동, 판매예측, 경쟁자들의 활동 등과 같은 다양한 정보와 환경변화를 탐색하고 연결해줌으로써 마케팅정보시스템을 한 단계 더 진전시킨 것이다. 마케팅의사결정 지원시스템은 마케팅전략이나 혹은 시장상황의 변화에 대한 결과를 설명하고 예측하기 위해서 시뮬레이션이나 모형을 만들어 이용할 수 있다.

일반적으로 마케팅정보시스템은 원자료(raw data)를 제공하는 반면에, 마케팅의사결정 지원시스템은 이러한 데이터를 다양한 통계기법이나 모델, 최적화기법 등을 통해 마케팅의사결정에 유용한 정보로 가공처리시킨다. 예를 들어, 마케팅정보시스템은 전날의 제품매출액 자료목록을 제공할 것이다. 그러나 마케터는 원자료를 매출액 추세를 설명하는 그래프나 혹은 가격인상이나 새로운 지역으로 확대와 같은 특정 의사결정의 영향을 추정하는 보고서로 변형하기 위해서 마케팅의사결정 지원시스템을 이용할 수도 있다.

02 마케팅조사

급속하게 변화되는 마케팅환경 속에서 고객의 욕구를 효과적으로 충족시키는 제품이나 서비스를 개발하고 제공하는 일은 마케터에게 매우 어려운 일이라 할 수 있다. 하지만 기업이 마케팅활동을 성공적으로 이끌고자 소비자들의 욕구를 파악하고, 이를 개발하고 적절한 제품이나 서비스를 공급하기 위하여 마케터들은 상당히 많은 노력을 하고 있다. 이러한 고객중심의 마케팅활동이 가능하도록 하기 위해 마케터는 마케팅조사를 통해 고객이 가진 욕구를 정확하게 분석하고 파악해 나가는 것이 중요하다. 이와 같이 점차적으로 중요해지는 마케팅조사에 관하여 살펴보고자 한다.

2.1 마케팅조사의 의의

제품과 서비스가 지속적으로 변화하는 소비자들의 욕구를 충족시키지 못하면 매출액이 감소하고 기업의 생존이 위협받기도 한다. 이와 같이 변화되는 소비자들의 욕구뿐만 아니라 기업을 둘러싸고 있는 외부환경의 변화로 인해 마케터가 주요 의사결정을 내리는 과정에는 언제나 불확실성이 존재할 수밖에 없다.

마케팅조사는 기업을 둘러싸고 있는 환경의 급속한 변화로 인해 발생되는 불확실성을 감소시키기 위해 필요한 정보제공을 목적으로 자료를 체계적으로 수집 · 분석 · 해석하는 과정으로 이해할 수 있다.

마케팅조사는 기업의 자체 조사능력과 조사자원의 보유여부에 따라 자체적으로 마케팅조사를 수행할 수도 있고, 외부전문조사기관에 의뢰해서 수행할 수도 있다. 외부의 전문조사기관의 도움을 받아 마케팅조사를 수행할 때는 마케팅조사자와 조사를 의뢰한 마케터 간에 정확하고 긴밀한 의사소통이 매우 중요하다.

2.2 마케팅조사의 필요성

마케터의 가장 중요한 역할은 기업의 이해관계자들을 만족시키고 극심한 경쟁환경에서 생존하는데 적합한 의사결정을 내리는 것이다. 마케팅조사는 당면한 의사결정문제와 연관된 자료들을 수집하고 분석하여 문제를 해결하는데 필요한 정보를 제공함으로써 마케터의 의사결정을 돕는 역할을 한다. 이러한 마케팅조사의 역할은 상황에 따라 타당성과 신뢰성이 높은 정보제공을 통해서, 여러 가지 해결방안을 제시하여, 의사결정과 관련된 불확실성을 감소시키고, 시기적절한 의사결정을 내리는데 도움을 주기 때문에 매우 중요하다. 그렇지만 아직까지도 마케터들 중에는 때론 많은 시간과 비용을 필요로 하는 마케팅조사보다는 보다 신속하게 대응하기 위하여 자신의 경험을 통해 얻어진 직감과 통찰력에 의해 의사결정을 내리는 경우도 많다. 그러나 이러한 직감이나 통찰력에 의한 의사결정보다는 과학적인 방법으로 수행된 마케팅조사에 의해 얻어진 정확한 정보를 근거로 한 의사결정이 더욱 합리적이라고 할 수 있다.

2.3 마케팅조사의 내용

마케팅조사는 의사가 환자를 치료하는 과정으로 비유될 수 있는데, 의사는 환자를 치료할 때 정확한 병명과 원인을 규명하기 위하여 다양한 진단방법을 도입한 다음에 적절한 처방을 내리게 된다. 이와 같이 마케팅조사는 기업이 직면한 문제를 해결하기 위하여 조사를 실시하게 되는데, 우선 마케팅조사와 관련된 문제를 올바르게 정의하는 것이 무엇보다 중요하다. 그리고 마케팅조사의 내용은 기업의 마케팅활동 가운데 어떤 분야와 관련이 있는가에 따라 시장분석을 위한 조사, 제품 · 촉진 · 가격 · 유통 등의 마케팅믹스와 관련된 조사 등으로 나누어 볼 수 있다.

1. 시장분석과 마케팅조사

마케팅전략을 수립하기 위해서 우선 시장분석을 수행해야 하는데, 첫 단계가 마케팅환경분석이다. 환경분석에는 마케팅의사결정에 영향을 미칠 수 있는 사회 · 문화적, 정치적, 경제적, 기술적, 경쟁적 환경 등이 있다. 이러한 환경과 관련된 조사는 인구통계적인 추세변화, 입법예고된 법률적인 영향, 신기술의 도입으로 인한 업계와 자사의 영향 등이 포함될 수 있다. 이러한 환경요인들 중에서 어떤 요인들이 기업이나 마케팅활동에 영향을 미치는 지를 파악한다는 것은 매우 중요하다.

또한 마케팅조사에서 자주 언급되는데, 소비자조사는 고객의 동기와 행동, 고객의 지리적 혹은 인구통계적 변화, 고객의 수나 구매력, 고객의 신용가치 등이 포함된다. 그리고 소비자조사는 마케터에게 시장이나 세분시장의 규모, 시장의 추세, 브랜드점유율, 고객특성과 동기, 경쟁업체의 브랜드점유율, 브랜드포지셔닝 등과 관련된 정보를 제공해준다. 그리고 판매원의 성과와 관련된 매출액 조사는 기업의 생존에 직접적으로 영향을 미칠 수 있는 핵심요소이다. 매출액조사는 개별판매원이나 판매 및 판매관리기법에 따른 효과를 분석하고, 문제점을 해결하는데 도움을 줄뿐만 아니라, 가장 적절한 판매지역할당이나 판매원 교육프로그램 등에도 활용할 수 있다.

2. 제품과 마케팅조사

소비자욕구를 효과적으로 충족시킬 수 있는 신제품을 개발하는 것은 마케팅전략의 핵심이기 때문에, 기업은 제품의사결정 과정에서 마케팅조사를 활용한다. 흔히 신제품과 관련된 조사에서는 시제품이 나오기 전 단계인 제품개념을 개발하는 단계에서부터 수행될 수도 있다. 제품관련조사는 기업이 시장성이 없는 제품을 위해 비경제적인 연구개발프로그램에 투자하는 것을 피할 수 있게 해 준다. 그리고 제품조사는 경쟁사 제품에 비해 자사제품의 강점과 약점이 무엇인지에 대한 평가를 제공해 줄 수 있다.

신제품개발단계에서 시제품이 완성된다면, 그 제품은 시장에 출시하기 전에 해결할 수 있는 최종적인 흠이 있는지를 발견하기 위해서 어떤 잠재소비자 집단에게 시험판매를 할 수도 있다. 이런 최종적인 마케팅조사는 개념단계에서 나타나지 않았던 문제점들을 찾아낼 수 있기 때문에 매우 유용할 수 있다.

또한 제품의 포장과 관련된 조사에서는 포장이 소비자들에게 소구력이 있는지, 환경으로부터 제품을 보호할 수 있는지, 중간상인들에게 받아들여지는지 등과 관련된 조사들이 포함될 수 있다.

이와 같이 제품관련 조사를 통해서 마케터는 소비자의 욕구를 파악하고 표적소비자가 제품으로부터 기대하는 편익이 무엇인지를 확인할 수 있고, 기존 제품에 대한 속성이나 기능을 변경해야 되는 부분에 대한 조사도 가능하다.

3. 촉진과 마케팅조사

촉진과 관련된 마케팅조사는 광고캠페인이나 다른 촉진활동의 성과측정에 관한 것이다. 광고조사는 마케터에게 이용할 수 있는 가장 적절하고 효과적인 매체, 캠페인 유형, 광고디자인 등에 관한 정보를 제공해 준다. 그래서 마케터는 광고전략수립단계인 광고목표의 결정, 일러스트레이션 정보와 광고카피의 개발, 광고크리에티브 결정, 광고매체의 결정, 광고시점결정, 광고효과측정 등에 마케팅조사를 활용할 수 있다.

또한 인적판매와 판매촉진활동과 관련된 조사에서도 판매원의 동기와 매출실적조사, 판매촉진프로그램의 효과와 문제점조사 등을 통해 효과적인 촉진전략프로그램을 수행하는데 도움을 줄 수 있다.

4. 가격과 마케팅조사

가격은 소비자의 구매의사결정에 중요한 영향을 미치기 때문에 마케터는 가격변화에 대한 소비자반응과 적정 판매가격을 얼마로 책정할 것인지를 알기 위하여 마케팅조사가 활용된다. 가격조사는 마케터에게 효과적인 가격전략을 수립하는데 도움을 줄 수 있다. 예를 들어, 신제품인 경우에는 시제품이 완성되면 시험마케팅을 통해 잠재소비자들에게 예상가격대별 반응을 체크해서 적정가격을 찾아서 책정할 수도 있고, 기존 제품인 경우에는 상대경쟁기업의 제품가격에 대비해서 자사제품 가격의 변화에 대한 반응을 조사하여 책정할 수도 있다.

가격조사는 제품특성이나 시장의 상황에 따라 가격에 대한 소비자의 반응을 조사할 수 있기 때문에 자사의 제품가격이 얼마가 적정 가격인지를 산정하는데 마케팅조사가 매우 중요하다고 할 수 있다.

5. 유통과 마케팅조사

소비자들이 마케팅조사를 통해서 어디서 제품을 구매하는지를 이해할 수 있고, 유통채널의 유형을 결정하는데 활용할 수 있다. 가장 효과적인 유통경로를 찾는 확실한 연습방법은 결코 없기 때문에 유통관련 조사는 마케터에게 어떤 유통업자가 최종 소비자에게 가장 잘 연결될 수 있으며, 제품을 위해서 적절한 설비를 갖추고 있고, 가장 잘 지원해줄 수 있는지를 파악하는데 도움을 줄 수 있다.

2.4 마케팅조사과정

마케팅개념을 도입하고 있는 거의 대부분의 기업들은 마케터에게 자사의 현재와 미래의 활동에 관한 효과적인 의사결정을 하는데 도움을 주기 위해서 사실상 마케팅조사를 시행하고 있다. 성공적인 의사결정은 의사결정과정에 시기적절하게 정확한 정보가 제공되었을 때 가능한 것이다. 이런 목적을 달성하기 위해서 마케팅조사자들은 흔히 [그림 6-2]와 같은 조사과정을 따른다. 마케팅조사과정은 일반적으로 조사문제의 정의와 목적결정, 마케팅조사 설계, 자료의 수집과 분석 그리고 조사결과에 대한 보고서작성 등의 네 단계로 나눌 수 있다.

1. 조사문제의 정의와 목적결정

마케팅조사에서 첫 번째 단계는 조사문제를 정의하고 목적을 명확하게 파악하는 것이다. 조사문제를 정의하고 조사목적을 파악하는 것은 전반적인 마케팅조사 방향을 설정하고 당면한 문제해결과 더불어 기회요인과 위협요인들을 찾아내기 위해 가장 중요한 단계이다. 예를 들어, 전년도에 비해서 매출액이 떨어졌다면 문제의 원인이 어디에 있는지를 파악해야 한다. 먼저, 대내 · 외적인 마케팅환경변화, 영업사원의 사기저하, 제품수명주기상의 변화, 소비자의 기호나 트랜드변화, 비효과적인 마케팅믹스 전략 등 여러 가지 가능한 원인들을 살펴보고, 어디에서 어떤 문제점 때문에 비롯되었는지를 조사해 봐야 한다. 그리

그림 6-2 마케팅조사과정

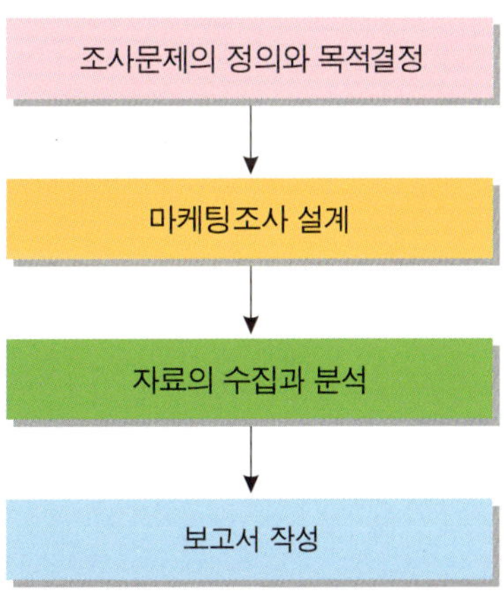

고 마케터와 조사자 간에 긴밀한 의사소통을 통해서 조사자는 마케팅조사의 방향을 정확하게 파악해야 한다.

마케팅조사의 문제가 정의되면 조사목적을 결정해야 되는데, 조사목적은 일반적으로 다음과 같은 세 가지 유형의 조사방법으로 구분될 수 있다.

(1) 탐색적 조사

탐색적 조사(exploratory research)는 비교적 애매모호한 문제에 관해서 아이디어를 제공해 주기 때문에 문제를 정의하고 가설을 설정하는데 필요한 예비정보를 수집하는데 목적을 둔 조사이다. 이런 조사는 기업의 내 · 외부의 정보원과 문제를 논의하거나, 아니면 다른 정보원으로부터 데이터를 조사함으로써 특정 문제의 원인을 찾기 위해서 한다. 예를 들어, 콜라회사가 시장점유율이나 수익이 저조할 경우에 도매상이나 소매상, 고객들과 대화를 통해 문제점을 찾아내려고 할 수도 있지만, 각 매장이나 판매원들과 관련된 자료를 검토해 볼 수도 있고, 전체시장에서 실마리를 찾을 수도 있을 것이다. 이와 같이 기업은 중간상인이나 종업원들과 대화를 통해 문제의 원인을 찾을 수도 있지만, 이와 더불어 탐색적인 조사는 매출액과 수익분석, 경쟁업체 제품의 매출액이나 수익에 관한 데이터 등과 같은 회사자료를 평가하는 것도 포함된다.

또한, 탐색조사에는 2차자료를 이용하는 방법으로 각종 기업내부보고서, 학술지, 잡지, 협회지, 통계자료집 등을 이용하는 문헌조사(literature research)가 있으며, 조사문제에 대한 전문적 지식과 경험을 가지고 있을 것으로 판단되는 전문기술인, 교수, 컨설팅전문가, 회사임원 등 전문가들의 의견을 청취하는 전문가 의견조사(key informant survey)가 있다. 그리고 마케터들이 현재 당면한 상황과 유사한 사례를 찾아내어 분석하는 방법을 찾는 사례조사(case study)를 통해서 자료를 수집할 수도 있다.

(2) 기술적 조사

기술적 조사(descriptive research)는 일반적으로 두 가지 이상의 마케팅변수들 간의 관련성 정도나 발생빈도, 혹은 어떤 마케팅현상을 객관적으로 파악하고 이해하는데 목적을 둔 조사이다. 예를 들면, 금년도 기업의 성장률이나 매출액 목표를 설정하려고 한다면, 영향을 미칠 수 있는 수많은 변수들이 있기 때문에 결코 쉬운 일이 아닐 것이다. 그러나 가장 일반적으로 고려할 수 있는 방법으로는 과거 5년이나 혹은 7~8년 동안의 기업성장률이나 매출액 변화추세를 시계열분석해 보고, 여러 가지 대내 · 외적인 큰 환경변화 요소들을 고려한다면 어느 정도 정확하게 예측할 수 있을 것이다.

표 6-1 조사유형별 마케팅조사기법

탐색조사	기술조사	인과조사
2차자료조사 관찰조사 FGI조사 심층면접조사	서베이조사 패널조사 CLT조사 HUT조사	실험조사

기술적 조사는 마케팅의사결정을 내리는 데 필요한 기본적인 시장지표 또는 제품에 대한 소비자들의 지식, 태도, 선호도, 반응, 구매행동 등에 대한 자료를 설문지 형태의 정형화된 응답방식을 이용하여 수집하고, 통계적인 분석을 통해 전략과 프로그램의 대안을 제시하는 것이다. 그리고 기술적 조사는 특정 조사대상자인 패널(panel)을 이용하여 일정한 시간 간격을 두고 반복적으로 정보를 수집하여 측정시점 사이의 변화를 분석해 나가는 종단조사(longitudinal analysis)와 특정 시점에 모집단으로부터 추출된 표본을 이용하여 필요한 정보를 단발적으로 수집하는 방법으로, 마케팅조사에서 일반적으로 가장 널리 이용되는 횡단조사(cross sectional analysis)로 나눌 수 있다.

(3) 인과조사

인과조사(causal research)는 조사방법이 가장 복잡하며, 마케팅변수들 간의 관계규명을 통해 원인과 결과변수들의 관련성을 파악하여 마케팅현상에 대한 이해와 예측을 하고자 하는데 목적을 둔 조사이다. 예를 들어, 제품의 가격을 10% 인상(원인변수)하였을 경우에 매출액감소를 상쇄할 만큼의 수익증가(결과변수)를 실현할 수 있을 것인가를 규명하는 조사를 할 수 있다.

탐색적 조사방법으로는 〈표 6-1〉과 같이 대부분의 2차자료 조사를 비롯해 관찰조사, FGI조사, 심층면접조사 등이 있으며, 기술적 조사에는 서베이조사, 패널조사, CLT(central location test)조사, HUT(home user test)조사 등이 있다. 그리고 인과조사에는 실험조사 방법이 있다.

2. 마케팅조사 설계

마케팅조사 문제와 조사목적이 결정되면, 마케팅조사과정의 두번째 단계는 마케팅조사자가 마케팅조사 문제를 해결하는데 필요한 자료를 파악하고, 그 자료를 효율적으로 수집

표 6-2 1차자료 수집과 2차자료 수집의 비교

구 분	1차자료	2차자료
수집목적	당면한 문제	다른 목적
수집과정	상당한 노력 필요	신속하고 쉬움
수집비용	높 음	낮 음
수집시간	오랜 시간	짧은 시간

하고 분석하기 위한 조사계획을 수립해야 한다. 그래서 마케팅조사 설계는 조사의 방향을 제시하는 역할을 한다.

마케팅조사 설계과정에서는 우선 마케팅조사 활동의 제한요건들을 명기해야 한다. 제한요건은 잠재적인 문제해결책에 근거를 둔 제약사항들이다. 마케팅문제에서 일반적인 제한요건은 문제해결을 위해 이용가능한 시간과 비용의 한계이다. 그 다음은 마케팅활동에 필요한 데이터를 확인해야 한다. 흔히 마케팅조사 연구는 마케팅활동으로 귀착되는 마케팅 의사결정에 흥미는 있지만 부적절한 많은 데이터를 수집하는 것으로 마무리되는 경우가 많다. 그래서 마케터가 문제해결을 위해 도움이 될 수 있는 데이터를 수집하는데 초점을 두어야 한다. 마지막으로 수집해야 할 자료의 유형을 결정해야 한다. 자료의 유형은 〈표 6-2〉와 [그림 6-3]과 같이, 1차자료와 2차자료로 나누어진다. 1차자료는 당면한 조사목적을 위하여 조사자가 직접 수집한 자료를 말하며, 2차자료는 다른 목적을 위해 이미 수집된 자료를 말한다.

마케팅조사자는 비용이 저렴하고 신속하게 수집할 수 있다는 장점 때문에 2차자료를 더 선호하는데, 2차자료의 효과적인 이용여부가 마케팅조사의 성공여부를 결정짓는데 매우 중요한 변수로 작용한다. 또한 2차자료는 당면한 조사문제를 해결하기 위해 조사자가 직접 수집한 자료가 아니기 때문에, 2차자료를 사용할 때 조사자는 그 자료가 조사목적에 적합한지, 시의적절한지, 정확한지 등을 평가해야 한다. 2차자료는 〈표 6-3〉과 같이, 기업내부의 매출액, 대차대조표, 손익계산서, 각종 보고자료 등에서 얻을 수 있는 내부 2차자료와 정부 및 정부기관의 보고서 및 정기간행물, 각종 연구소나 언론기관에서 제공하는 자료, 경제단체에서 발행한 간행물, 마케팅전문 조사회사에서 판매하는 자료 등에서 얻을 수 있는 외부 2차자료로 나누어진다.

탐색연구에 있어 첫 번째 단계는 문헌조사로 2차자료를 이용한 참고문헌조사에 있다. 이는 조사자가 문제해결을 하기 위해 만들어진 자료가 아니고, 기업이나 공공기관 혹은 연구

그림 6-3 마케팅 조사자료의 유형

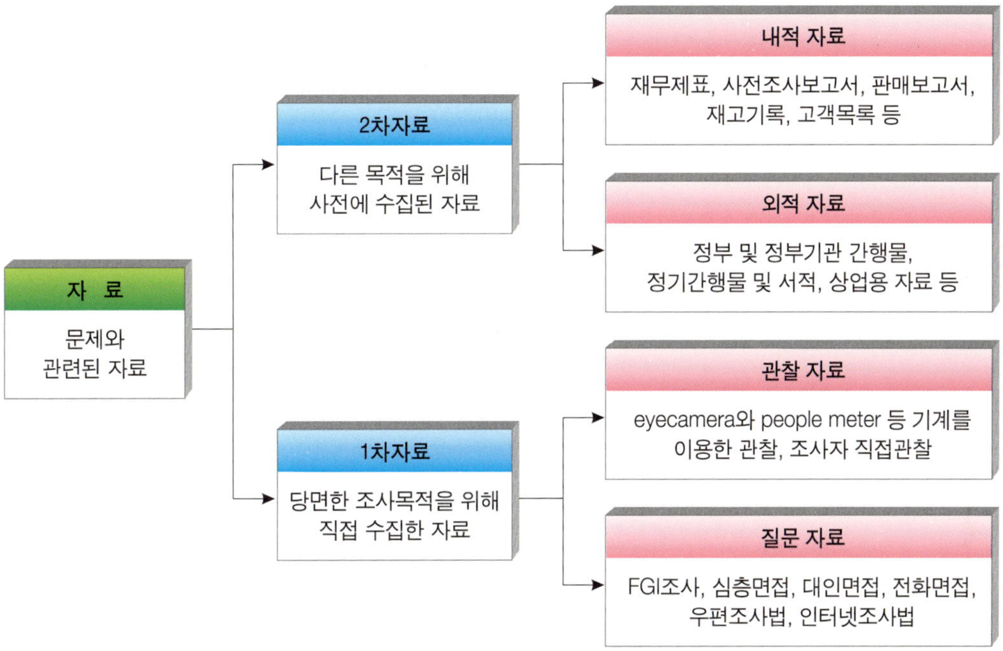

표 6-3 마케팅조사에 이용할 수 있는 2차자료

1. 내부 자료

- 대차대조표, 손익계산서, 매출액 보고서, 재고자산기록, 사전조사보고서 등

2. 정부기관 자료

- 기획재정부 : 최근 경제동향
- 통계청 : 경기동향, 한국경제지표, 산업생산통계, 가구소비실태 조사, 가계금융조사 등
- 상공회의소 : 경제연구총서, 경제정책정보, 해외경제동향, 상의발간자료 등
- 한국은행 : 주간 경제동향, 경제동향 주요지표, 조사통계월보 등

3. 주요 연구기관 및 언론기관 자료

- 대외경제정책연구원, 삼성경제연구소(SERI), 포스코경제연구소 등의 자료
- 경제신문 : 매일경제, 한국경제, 헤럴드경제, 조선일보, 중앙일보 등
- Daum, naver, 야후 등의 인터넷 검색 사이트

4. 정기간행물 및 서적

- 협회지 : 유통저널(한국백화점협회), 체인스토어(한국슈퍼체인협회), 해외경제(한국무역협회, 상품정보(한국물가협회) 등
- 마케팅 관련 학회 논문집 : 경영학연구(경영학회), 마케팅연구(한국마케팅학회), 광고연구(한국방송광고공사)
  광고학연구(한국광고학회) 등
- 마케팅 조사회사 판매자료 : A. C. Nielsen의 소비자패널 조사자료, 시청률조사자료, TNS 미디어코리아의 시청률조사자료 등
- 기업관련 서적이나 잡지 : 회사연감(매일경제신문사), 이코노미스트(중앙이코노미스트), Cheil(제일기획), HS Ad(HS애드) 등

자들이 다른 연구목적으로 만들어진 자료들이 2차자료를 대표하며, 학술연구지, 상업용자료, 통계자료 등이 이에 속한다.

2차자료는 조사를 수행하는데 있어서 출발점이 되며, 문제를 정의하고 조사목적을 설정하는데 도움이 되는 경우가 많다. 그리고 2차자료는 1차자료 및 실증분석을 하기 위하여 무엇이 필요한지를 결정하는데 도움이 되는 자료원이 될 수 있다. 특별한 목적으로 제작된 카탈로그, 안내서 그리고 전자색인 목록들은 이런 조사에 도움을 주며 대부분의 도서관에서 이용할 수 있다.

최근에 인터넷을 활용하여 2차자료 조사를 할 수 있다. 문헌조사를 실시하지 않고 마케팅조사를 수행할 경우 커다란 실패를 할 수 있으므로 문헌조사는 매우 중요하며, 마케팅조사에서 2차자료의 활용도는 매우 높다. 그러나 2차자료만으로는 조사목적상 필요로 하는 모든 자료를 제공할 수 없기 때문에 1차자료를 수집하여야 한다. 1차자료는 당면한 문제를 해결하기 위해 마케팅조사자가 조사목적에 맞게 직접 조사한 자료이기 때문에, 2차자료보다 자료의 정확성, 시의 적절성, 적합성 등에서 우수하다. 또한 마케팅조사자가 자료수집방법을 탄력적으로 통제하고 조사결과에 대해 비밀을 유지할 수 있다는 이점은 있지만, 자료수집에 많은 비용과 시간이 투입되어야 하는 단점도 가지고 있다.

1차자료를 수집하기 위한 조사설계를 중심으로 서술하고자 하는데, 1차자료를 수집하기 위한 조사계획에는 크게 조사방법, 자료수집방법, 표본추출계획, 조사수단 등이 포함된다.

(1) 조사방법

1차자료를 수집하기 위한 조사방법에는 가장 많이 사용되는 방법으로 관찰조사, 질문조사, 실험조사 등 세 가지 방법이 있다. 관찰조사는 조사에 관련된 사람, 장소, 상황을 관찰하여 1차자료를 수집하는 방법을 말한다. 질문조사는 표적집단면접법(FGI), 심층면접법, 서베이조사방법 등에 주로 이용이 되며, 기술적 정보(descriptive information)를 수집하는데 가장 적합한 방법이다. 그리고 실험조사는 인과관계조사에서 많이 활용되는 자료수집방법이다.

① 관찰조사

관찰조사는 서베이조사나 면접조사와 같이 정보를 갖고 있는 대상자들과 직접적인 의사소통을 통한 조사방법과 달리, 조사대상자가 하는 행동이나 그 사람의 주변상황을 관찰하고 이를 체계적으로 정리하여 자료화하는 조사방법이다. 관찰조사는 사람들이 정보를 제공하려고 하지 않거나 정보를 제공할 능력이 없는 상황에서 정보를 수집할 수 있는 방법이다. 상황에 따라 관찰조사만이 필요한 정보를 수집할 수 있는 유일한 방법일 수도 있지만 고객의 감정, 동기, 태도나 개인적 행동 등과 같이 때론 관찰만으로는 정보를 입수할 수 없는 경우도 있다. 그래서 마케팅조사자들은 보다 충분한 정보를 입수하기 위해서 질문조사나 실험조사와 관찰조사를 함께 사용하고 있다.

관찰조사는 현재 시점의 행동과 상황이 자료수집의 범위이고, 실제행동이나 사건이 일어나는 현장에서의 구매 · 사용행동, 표정, 대화내용, 주변 상황 등이 조사자료의 내용이다. 관찰조사는 마케팅조사자가 직접 수행할 수 있지만, 카메라, people meter, eyecamera 등 기계를 통해서 자료를 수집할 수도 있다.

② FGI조사와 심층면접법

FGI(focus group interview) 조사는 조사자가 소수의 응답자집단을 대상으로 특정 장소에 모여서 신제품이나 제품컨셉 등 조사하고자 하는 주제들을 가지고 자유롭게 토론을 통하여 정보를 획득하고자 하는 탐색조사방법 중의 하나이다. FGI조사는 조사분위기와 조사진행자의 역할에 의해 결과가 크게 좌우되므로 자유로운 분위기의 연출과 유능한 진행자의 확보가 중요한 과제이다.

FGI조사는 계량적 방법을 이용한 가설의 검증, 설문지구성에 필요한 아이디어나 정보획득, 신제품에 대한 의견 등을 얻기 위해 이용된다. FGI조사는 8~10명 정도의 응답자에 대해 2시간 정도에 걸쳐 면접을 통해서 진행이 된다.

광고 6-1 FGI조사장면

심층면접법(in-depth interview)은 한 명의 응답자와 조사자 간의 집중적인 면담을 통해 개별적으로 질문하여 자료를 수집하는 방법으로, 신축성이 매우 높은 조사방법이다. 즉, 숙련된 면접자의 경우에는 장시간 동안 응답자의 주의를 끌어 어려운 질문이나 상황에 따라 새로운 질문을 한다든지, 특정 주제에 대해 심도있는 내용을 조사하려고 할 때 주로 사용된다.

③ 서베이조사

서베이조사(survey research)는 표본으로 선정된 조사대상자에게 질문지를 이용하여 다수의 조사대상자들로부터 자료를 수집하는 방법이다. 예를 들어, 전반적인 시장상황, 자사와 경쟁기업에 대한 이미지 또는 선호도, 자사제품에 대한 구매행동과 관련된 질문들을 소비자들에게 함으로써 수집된 자료를 분석하여 마케팅의사결정에 활용하게 된다. 이러한 서베이조사는 1차자료를 수집하는데 가장 널리 이용되는 방법이다. 이러한 서베이조사의 가장 큰 장점은 상대적으로 저렴한 비용으로 다수의 조사대상자들로부터 많은 양의 자료를 용이하게 수집할 수 있다는 것이다. 이는 다수의 조사대상자들로부터 얻어진 자료 특성상 분석결과를 일반화하여 해석할 수 있게 해 준다. 하지만, 설문지의 개발이 쉽지 않고, 조사자의 오류가능성이 존재하며, 응답자가 부정확하고 성의없이 응답을 하는 경우에 얻어진 자료가 무용지물이 될 수도 있다. 그리고 서베이조사는 응답자와의 접촉하는 방법에 따라 대인면접, 전화면접, 우편조사법, 인터넷조사법 등으로 구분된다.

④ 실험조사

실험조사(experimental research)는 인과관계를 규명하는 인과정보를 수집하는데 가장 적합한 방법이다. 다시 말해서 실험조사는 원인변수와 결과변수와의 관계를 파악하여 현상에 대한 설명 및 미래에 대한 예측을 목적으로 실시되는 조사이다.

실험조사를 통하여 인과관계를 명확하게 밝히기 위해서는 원인변수와 결과변수에 영향을 미칠 수 있는 다른 변수, 즉 외생변수들의 영향을 배제한 상태에서 원인변수와 결과변수 간의 변화를 살펴보아야 한다. 따라서 결과변수에 영향을 미칠 수 있는 외생변수들의 배제가 어려운 경우에, 조사자는 다른 영향변수들을 완전히 제거하기 위하여 실험이라는 엄격하고 통제 가능한 조사방법을 실시하게 된다.

(2) 자료수집방법

서베이조사에서는 〈표 6-4〉와 같이, 자료수집방법에 따라 대인면접법, 전화면접법, 우편조사법으로 나눌 수 있고, 최근에는 인터넷을 이용한 조사방법도 사용되고 있다.

표 6-4 자료수집방법의 비교

	대인면접	전화면접	우편조사	인터넷조사
조사의 유연성	높음	보통	낮음	낮음
자료수집량	많음	적음	보통	적음
면접자의 편견개입	높음	보통	낮음	낮음
복잡한 질문 취급정도	높음	보통	낮음	보통
자료수집 소요시간	느림	빠름	느림	빠름
응답률	높음	보통	낮음	보통
표본의 대표성	보통	높음	보통	낮음
조사비용	높음	보통	낮음	낮음

① 대인면접법(personal interview)

교육을 받은 숙련된 조사원이 직접 응답자와의 대면접촉을 통해 자료를 수집하는 방법이다. 대인면접법은 전화면접법이나 우편조사법 등에 비해 숙련된 면접자의 경우에 응답자의 반응에 따라 유연성 있게 추가질문을 통해 장시간에 걸쳐서 보다 상세하고 다양한 정보를 수집할 수 있다는 장점을 갖고 있다. 그러나 많은 조사비용과 시간이 소요되며, 면접도중에 면접자의 편견이 개입될 소지가 매우 높은 단점을 갖고 있다.

② 전화면접법(telephone interview)

조사원이 응답자를 직접 만나는 대신에 전화를 통해 응답자로부터 정보를 신속하게 수집하는데 가장 좋은 방법이다. 이 방법은 응답자 1인당 조사비용이 적고 조사시간이 짧으며, 응답자의 반응에 따라 대인면접과 마찬가지로 유연성 있게 조사를 할 수 있다. 전화면접은 우편질문에 비하여 응답률이 높을 뿐만 아니라, 전화보급률이 높아서 표본의 대표성을 확보할 수 있고 표본의 통제도 보다 용이한 장점을 갖고 있다. 그러나 전화면접의 단점으로는 면접자와 개인적인 신상문제를 말하길 싫어하는 경향이 있고, 면접자의 편견이 개입될 수 있으며, 전화면접거절이나 면접도중에 전화를 끊어 버리는 경우도 발생할 수 있다.

③ 우편조사법(mail survey)

응답자에게 설문지를 우편으로 발송하여 응답하도록 한 후, 이를 반송용봉투를 이용하여 회수하여 자료를 수집하는 것이다. 이 조사법은 저렴한 비용으로 많은 정보를 수집할 때 이용하는 방법으로 직접면담을 하지 않기 때문에 면접자의 편견을 배제할 수 있으며, 개인면접보다 훨씬 광범위한 지역을 조사하는데 유리하다. 그러나 수신인 명단작성이 어렵고 응답자의 반송된 질문지가 무기명으로 되어 있는 경우에 통계적 타당성에 문제가 발생할 수도 있으며, 반송시간이 오래 걸린다는 단점이 있다.

④ 인터넷조사법(internet survey)

최근에 인터넷의 발달과 인터넷사용자 수가 증가함에 따라 새로 도입된 조사기법으로, 인터넷사용자에게 조사내용을 파일이나 조사지를 e-mail로 보내거나 혹은 웹 상에서 보여주고 방문자들에게 응답을 직접 받거나 파일로 전송받아 자료를 수집하는 방법이다. 인터넷조사법은 전화조사보다도 더 낮은 비용으로 신속하게 조사를 할 수 있다는 장점이 있지만, 표본의 대표성 문제로 특정 계층을 대상으로 한 조사에 한정된다.

(3) 표본추출계획

자료수집을 위한 조사방법이 결정되면, 마케팅조사자는 조사대상자를 선정해야 한다. 자료를 수집하기 위한 방법은 조사대상자들이 속해 있는 모집단 전체를 조사하는 전수조사와 그 중에서 일부만 표본으로 선정해서 조사하여 표본의 특성으로부터 모집단 전체의 특성을 추정하는 표본조사가 있다. 마케팅조사에서는 흔히 시간과 비용이 많이 드는 전수조사보다 표본조사를 많이 시행하며, 표본조사는 조사과정을 엄격히 통제하여 조사의 신뢰성을 높일 수 있는 장점을 갖고 있다. 표본조사의 경우에는 모집단의 특성을 잘 반영할 수 있는 대표성 있는 표본을 추출하는 것이 무엇보다 중요하다고 할 수 있다. 따라서 대표성 있는

그림 6-4 표본추출계획 절차

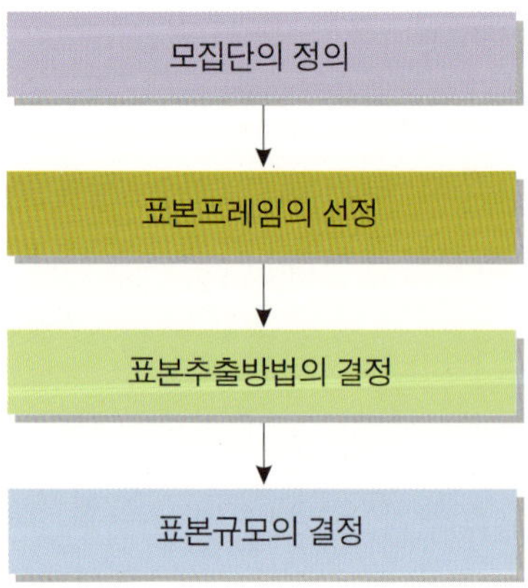

표본을 선정하기 위한 표본추출계획 절차는 [그림 6-4]와 같이, 모집단의 정의, 표본프레임의 선정, 표본추출방법의 결정, 표본규모의 결정단계를 거치면서 표본추출을 하면 된다.

① 모집단의 정의

모집단(population)은 조사대상이 되는 집단 전체를 말하는데, 모집단 전체를 조사하는 전수조사의 경우에는 비용과 시간이 많이 들기 때문에 일반적인 마케팅조사에서 모집단 전체를 조사하는 경우는 매우 드물다. 예를 들면, 우리나라의 경우에 5년마다 실시하는 인구주택총조사(인구센서스)가 이에 해당된다. 그리고 대다수의 일반조사는 전체 모집단에서 일부분 추출된 표본(sample)을 조사해서 모집단의 특성을 추정하는 방법을 사용한다. 모집단으로부터 표본을 추출하기 위해서는 우선 모집단을 정확하게 규정하여야 하는데, 이를 위해서는 연구대상, 표본단위, 범위, 시간 등의 요소가 명확히 확정되어야 한다. 예를 들어, 미국산 쇠고기수입과 관련된 국민여론조사를 한다고 하면, 모집단은 대한민국의 모든 국민을 의미한다.

② 표본프레임의 선정

모집단이 규정되면 표본을 추출하는데 사용될 표본프레임(sample frame)을 선정해야 한다. 표본프레임은 모집단 내에 포함된 조사대상자들의 명단이 수록된 목록을 말하는데, 마케팅조사자가 흔히 사용하는 표본프레임은 전화번호부나, 고객명단이 수록된 목록 등을 많이 이용한다. 예를 들어, 롯데백화점의 롯데카드 사용고객들을 대상으로 고객만족도를 조사한다고 한다면, 롯데카드를 갖고 있는 고객목록을 이용할 수 있다.

③ 표본추출방법의 결정

모집단에 대한 정의와 표본프레임의 선정이 이루어지면, 조사자는 표본추출방법을 결정해야 한다. 표본추출방법은 크게 확률표본추출방법과 비확률표본추출방법이 있다. 확률표본추출방법(probability sampling)은 조사대상자들이 표본으로 추출될 확률이 알려져 있고, 무작위적인 추출이 가능하여 조사자의 주관성을 배제할 수 있는 객관적인 방법이다. 확률표본추출방법에는 단순무작위 표본추출, 층화표본추출, 군집표본추출이 있다.

- **단순무작위 표본추출법**(simple random sampling) : 모집단 내의 모든 조사대상자들이 표본으로 추출될 확률이 동일하게 하여 표본을 무작위로 추출하는 방법
- **층화표본추출법**(stratified random sampling) : 표본을 선정하기 전에 특정 지표에 의해 모집단을 몇 개의 소집단으로 분류하고, 분류된 각 소집단으로부터 표본을 추출하는 방법

- **군집표본추출법**(cluster sampling):우선 표본들을 군집으로 묶어 이들 집단을 선택하고 다시 선택된 집단 내에서 표본을 추출하는 방법

반면에 비확률표본추출방법(nonprobility sampling)은 조사대상자들이 표본으로 추출될 확률을 모르는 상태에서 마케팅조사자가 의도적으로 조사대상자를 표본에 포함시키거나 표본에서 제외시킬 수 있는 매우 주관적인 방법이다. 비확률표본추출방법에는 편의표본추출법, 판단표본추출법, 할당표본추출법이 있다.

- **편의표본추출법**(convenience sampling):마케팅조사자가 표본선정의 편리성에 중점을 두고 임의로 표본을 선정하는 방법으로 가장 시간과 비용을 절약할 수 있는 방법
- **판단표본추출법**(judgement sampling):마케팅조사자가 조사목적에 가장 부합된다고 판단되는 대상만을 주관적으로 표본에 포함시키는 방법
- **할당표본추출법**(quota sampling):모집단의 특성을 기준으로해서 사전에 정해진 비율에 따라 표본을 선정하는 방법

④ 표본규모의 결정

마케팅조사자는 모집단 중에서 얼마나 많은 대상을 표본으로 선정해야 할 것인지를 결정해야 한다. 표본규모(sample size)가 크면 조사결과의 신뢰성은 높아지겠지만 조사에 소요되는 비용과 시간은 증가하게 된다. 그러나 신뢰성 있는 정보를 얻기 위하여 반드시 전수조사를 하거나 표본규모를 크게 할 필요는 없다. 대표성 있는 표본을 선정하는 경우에 모집단의 1% 미만의 표본규모로도 신뢰성 있는 결과를 얻을 수 있다. 따라서 표본규모의 결정은 조사비용과 신뢰성 등에 깊이 관련되므로 표본추출방법을 결정할 때 함께 고려되는 것이 보다 효과적이다.

(4) 조사수단

자료수집방법과 표본추출계획이 결정되면 조사수단을 선정해야 하는데, 1차자료를 수집하는데 있어 조사수단은 기계장치와 설문지, 두 가지 중 하나를 선택할 수 있다. 기계장치는 소비자행동에 관한 직접 관찰해서 자료를 수집하는 방식으로 people meter, 비디오카메라, eyecamera, 레이다시스템 등을 사용할 수 있다. 그리고 설문지는 마케팅조사에서 가장 보편적으로 사용되는 조사수단으로써, 질문방법을 여러 가지로 할 수 있어서 신축성이 높다는 장점이 있다. 설문지는 응답자들이 적절히 응답할 수 있는 문항들로 구성하되, 신중하게 개발하고 본 조사를 실시하기 전에 예비조사를 통해 설문지 문항구성이나 내용검토가 충분히 이루어져야 한다. 그렇지 않으면, 응답자들로부터 부정확한 답변을 얻기 쉽다. 설

문지를 작성하는데 있어 다음과 같은 사항들을 고려해야 한다.

첫째, 질문할 내용을 결정해야 한다. 설문지를 작성하다 보면, 조사문제와 관련하여 반드시 포함되어야 할 문항은 생략하고, 답변하기 어렵거나 불필요한 문항들이 포함되는 경우가 많다. 따라서 각각의 질문문항들이 조사목적에 반드시 필요한 문항인지를 확인하는 절차를 거쳐야 한다.

둘째, 적절한 질문형식을 결정해야 한다. 질문형식에는 응답방식에 따라 선택형 질문(closed-end question)과 개방형 질문(open-end question)으로 나누어진다. 선택형 질문

표 6-5 선택형 질문사례

구 분	설 명	예
양자택일형	선택대안이 2개인 경우	귀하는 향후 6개월 이내에 스마트폰을 구입할 예정이십니까? (1) 예__________ (2) 아니오__________
선다형	선택 대안이 셋 이상인 경우	귀하는 현재 어떤 회사의 스마트폰 브랜드를 보유하고 계십니까? (1) 애플 (2) 삼성전자 (3) 샤오미 (4) 화웨이 (5) 기타
리커트 척도	응답자의 동의 정도를 묻는 질문	귀하는 경험해 본 스마트폰 브랜드의 만족 정도를 평가하여 주십시오. 매우불만 불만족 보통 만족 매우만족 (1) 애플 iPhone 13 ① ② ③ ④ ⑤ (2) 삼성전자 갤럭시 S22 ① ② ③ ④ ⑤ (3) 샤오미 홍미10 ① ② ③ ④ ⑤ (4) 화웨이 P50 ① ② ③ ④ ⑤
어의차이형	양쪽 끝에 상이한 형용사를 표시한 질문	애플 iPhone 13은 가격이 싸다 ① ② ③ ④ ⑤ 가격이 비싸다 화질이 좋다 ① ② ③ ④ ⑤ 화질이 나쁘다
중요성 척도	속성의 중요도를 나타낸 질문	애플 iPhone 13 구매시 가격은 전혀 중요치 않음 ① / 중요치 않음 ② / 보통 ③ / 중요함 ④ / 매우 중요함 ⑤
구매의도 척도	구매의도를 평가하기 위한 질문	애플 iPhone 13 가격이 10% 상승한다면 구입하시겠습니까? 반드시 구입함 ① / 아마 구입함 ② / 확실치 않음 ③ / 아마 구입안함 ④ / 절대 구입안함 ⑤
서열척도	속성별로 개별상표를 평가하기 위한 질문	귀하의 선호하시는 스마트폰 브랜드를 평가하여 주십시오 애플 iPhone 13 ( )위 삼성전자 갤럭시 S22 ( )위 샤오미 홍미10 ( )위

표 6-6 개방형 질문사례

구 분	설 명	예
완전비체계형	형식에 상관없이 답하도록 하는 질문	애플 iPhone 13 브랜드에 대한 귀하의 의견은? ____________________
단어연상형	응답자에게 단어를 제시하고 연상되는 생각을 묻는 질문	다음 단어를 들었을 때 가장 먼저 떠오르는 생각은 무엇입니까? (1) 애플 ____________________ (2) 애플 iPhone 13 ____________________
문장완성형	미완성 문장을 완성하도록 하는 질문	애플 iPhone 13의 개선사항은 ____________________

은 〈표 6-5〉와 같이 응답자가 답변할 내용을 사전에 정해놓고, 그 중에서 선택하도록 만든 질문이며, 답변이 사전에 정해져 있기 때문에 답변을 해석하고 집계하기가 용이하다는 장점이 있다. 반면에 개방형 질문은 〈표 6-6〉과 같이 응답자가 응답내용을 자유롭게 결정하여 답변할 수 있도록 만든 질문을 말하며, 응답자들이 답변에 제한을 두지 않기 때문에 선택형 질문보다 많은 정보를 얻을 수 있다. 따라서 개방형 질문은 조사대상자들이 무슨 생각을 하고 있는지 알려고 할 때 주로 사용하는 탐색조사에 유용한 질문형식이다.

셋째, 질문에 사용되는 단어의 선택과 질문항목들의 순서에 대해 신중해야 한다. 질문지를 작성할 때는 내용이 간단하고 조사목적과 직접 관련성이 있어야 하며, 응답자의 편견이 개입될 수 있는 단어는 사용하지 말아야 한다. 질문의 순서를 결정할 때 응답자들에게 흥미를 끌 수 있고, 쉽게 응답할 수 있는 질문들은 설문지의 앞부분에 배치하고, 답변하기 어렵거나 개인적인 질문은 응답자가 방어적인 자세를 취하지 않게 하기 위하여 설문지의 뒷부분에 두는 것이 효과적이다.

3. 자료의 수집과 분석

마케팅조사자는 자료수집방법과 표본추출계획, 조사수단 등이 결정되면, 자료를 수집하는 단계로 들어간다. 이 단계에서는 조사원을 선발하여 교육을 시키고, 설문지를 이용하여 표본추출계획에 맞는 응답자를 찾아 자료를 수집한 다음, 수집된 자료에 적용할 분석기법을 결정해야 한다.

조사자료는 컴퓨터 입력과정을 거쳐서 분석가능한 파일로 전환한 후에 분석을 실시한다. 조사에서 발생하는 대부분의 오류가 실사과정과 컴퓨터 입력과정에서 발생을 한다. 조사의 목적과 수집된 자료의 특성에 맞는 분석기법에 의하여 분석해야 하는데, 마케팅조사에서 자주 이용되는 몇 가지 분석기법을 소개하고자 한다.

- **Chi-spuare 분석**: 독립변수가 명목척도(범주형 변수)이고 종속변수가 범주별 응답자의 수(빈도수)인 경우(예를 들어, 자사상표 구매자 수의 지역별 차이나 휴대폰 소유자 수의 연령별 차이를 조사하는 경우)에 사용되는 통계기법이다.
- **상관관계분석**(correlation analysis): 제품가격의 변화에 따른 매출액의 변화와 같이 두 변수들 간의 연관성을 측정하는 분석기법으로, 두 변수가 같은 방향으로 변화하면 정(+)의 상관관계가 있다고 하고, 다른 방향으로 변화하면 부(−)의 상관관계라고 한다. 일반적으로 제품가격을 인상하면 매출액이 줄어들게 되고 제품가격을 인하하면 매출액이 늘어나기 때문에 제품가격과 매출액은 부(−)의 상관관계가 있다고 할 수 있다.
- **분산분석**(analysis of variance : ANOVA): 독립변수가 명목척도이고 종속변수는 등간 또는 비율척도로 측정된 경우(예를 들어, 서울시의 거주구별 백화점 방문빈도, 또는 연령집단별 구매한 휴대전화의 가격차이를 조사하는 경우)에 사용되는 통계기법이다.
- **판별분석**(discriminant analysis) **또는 로짓분석**(logit analysis): 독립변수가 등간 또는 비율척도이고, 종속변수가 명목척도인 경우(예를 들어, 소비자의 소득 및 가족 수와 중형자동차 소유여부와의 관계를 파악하거나, 또는 소비자의 연령 및 가처분소득과 유통업태 선택 간의 관계를 조사하는 경우)에 사용되는 통계기법이다.
- **회귀분석**(regression analysis): 독립변수와 종속변수가 모두 등간 또는 비율척도로 측정된 경우(예를 들어, 촉진비의 변화에 따른 매출액의 변화를 파악하려는 경우)에 사용되는 통계기법이다.
- **요인분석**(factor analysis): 다수의 변수들 간의 상관관계를 분석하여 이 변수들의 토대가 되는 공통차원들인 소수의 요인으로 줄이는 통계기법이다.
- **군집분석**(cluster analysis): 다수의 대상들(가령, 브랜드 혹은 소비자)을 그들이 공유하는 특성을 토대로 유사한 특성을 가진 대상들끼리 동일집단으로 묶는 데 사용되는 통계기법으로, 시장세분화에 유용하게 활용할 수 있다.
- **컨조인트 분석**(conjoint analysis): 고려할 수 있는 모든 변수들을 결합하여 분석하는 방법이다. 예를 들어, 소비자가 제품을 구매하는 경우 여러 제품속성들 중에서 가장 큰 효용을 주는 제품을 선택한다고 가정하면, 소비자들이 중요시하는 제품의 속성과

각 속성수준에 대하여 소비자들이 부여하는 효용치를 파악하여 경쟁우위의 신제품을 개발하는데 이용된다.

4. 보고서 작성

마케팅조사과정의 마지막 단계는 조사결과를 해석하여 결론을 내리고 이를 마케터에게 보고하는 단계이다. 이 단계에서는 마케팅조사자가 숫자의 나열이나 복잡한 통계기법으로 마케터를 혼란스럽게 하기 보다는 당면한 주요 의사결정에 필요한 중요한 조사결과를 간단하고 명확하게 제시하여야 한다. 조사보고서가 바람직하게 작성되기 위해서 다음과 같은 조건을 갖추고 있는 것이 좋다.

첫째, 보고서는 명확하면서도 간결해야 한다. 마케터는 의사결정을 하고자 보고서를 이용하는 경우, 세부적인 사항까지 꼼꼼히 읽어보지 않기 때문에 의사결정자가 쉽고 빠르게 보고서를 이해할 수 있도록 생략할 부분과 포함시킬 부분을 적절하게 구분하여 작성되어야 한다.

둘째, 보고서는 주관적이 아니라 객관적이어야 한다. 보고서를 작성할 때, 조사자는 자신의 주관적인 판단보다는 논리적인 근거와 객관적인 자료를 가지고 작성해야 한다.

셋째, 보고서의 내용은 이해하기 쉽게 표현되어야 한다. 조사자가 자신이 알고 있는 전문용어를 사용하여 표현하게 되면, 보고서를 활용하는 의사결정자가 이해하는데 어려움을 겪을 수가 있기 때문에 조사전문용어나 통계전문용어를 사용하는 것보다는 이해하기 쉽게 그림이나 도표를 사용하여 표현하는 것이 바람직하다.

마지막으로 조사보고서를 작성하고 난 후에 조사자는 의사결정자에게 조사결과를 발표

표 6-7 조사보고서 내용

1. 표지 : 보고서 제목, 조사의뢰 회사, 조사회사, 제출일자
2. 목차 : 장, 절별, 제목과 페이지번호, 표번호, 그림번호
3. 요약 : 조사의 목적, 조사수집 및 분석방향, 제안
4. 서론 : 조사의 배경, 조사목적, 조사범위, 조사기간, 연구자
5. 조사설계와 자료수집방법 : 조사설계, 자료수집방법, 표본특성, 추출방법
6. 자료 분석방법과 제안점 : 자료 분석방법, 발견점
7. 결론 : 조사내용 요약 제안, 한계점
8. 부록 : 설문지, 참고문헌, 분석결과물

(프리젠테이션)하게 되면 조사과정이 마무리 된다. 그리고 〈표 6-7〉은 조사보고서에 포함되어야 할 내용을 나타내고 있다.

03 요 약

최근 기업환경이 급변하고 기업의 활동범위가 크게 확대됨에 따라 기업이 성장발전하기 위해서는 수많은 정보를 신속정확하게 수집하고 분석하여 마케팅의사결정에 적절하게 활용할 수 있어야 한다. 이런 경우에 효과적으로 활용할 수 있는 것이 마케팅정보시스템이다. 마케팅정보시스템은 마케팅환경에서 필요한 정보가 무엇인지를 평가하고, 정보를 개발하여 이를 의사결정자에게 분배하는 과정을 거치게 된다. 마케팅정보시스템은 내부정보시스템, 고객정보시스템, 마케팅조사시스템, 마케팅인텔리전스 시스템, 마케팅의사결정지원시스템으로 구성되어 있으며, 이러한 마케팅정보시스템을 통해 기업의 대내 · 외 환경요소에서 수집된 많은 정보를 가공처리해서 효과적인 마케팅의사결정에 반영하는데 있다.

내부정보시스템은 기업의 각 기능부서가 일상적인 업무활동과정에서 나타날 수 있는 정보로서 회계부서의 매출액, 현금흐름, 대차대조표, 손익계산서 등이 있으며, 생산부서의 생산량, 재고량, 출하량 등이 있고, 재무부서의 자금흐름표 등 각종 재무정보자료가 모두 내부정보시스템의 정보원이 되는 것이다.

고객정보시스템은 고객의 인구통계적 변수, 구매행동변수, 개성 및 특성에 관한 정보들이 정보원이며, 마케팅인텔리전스 시스템은 마케팅환경에서 일어나고 있는 여러 가지 변화와 추세에 관하여 체계적으로 수집하는 일상적인 정보로서 기업내부의 직원이나 외부의 공급업체, 중간상, 그리고 고객 등의 정보원으로부터 정보를 수집한다.

마케팅조사시스템은 기업이 당면한 문제를 해결하기 위해 마케터가 공식적인 조사를 통해 총체적인 정보를 수집하는 활동이다. 마케팅의사결정 지원시스템은 마케팅의사결정을 지원해주는 방법으로 정보를 신속하게 얻어서 적용하는데 도움을 줄 수 있는 컴퓨터 소프트웨어로 구성된다.

마케팅정보시스템의 중요한 하위시스템인 마케팅조사는 여러 가지 마케팅상황 하에서 이용된다. 마케팅조사는 마케팅의사결정을 위한 정보의 제공을 목적으로 자료를 체계적으로 획득, 분석, 해석하는 객관적인 과정으로 정의된다. 마케팅조사과정은 우선 조사할 문제정의와 목적을 결정하고 조사계획을 수립하여야 한다. 조사계획수립 때는 2차자료를 활용할 수 있는지를 판단하고 1차자료 조사계획을 수립하여야 한다. 1차자료 조사계획은 관찰조사 · 질문조사 · 실험조사 등의 조사접근법, 우편면접 · 전화면접 · 개인면접 · 인터넷조사 등의 자료수집방법, 확률표본추출방법 · 비확률표본추출방법 등의 표본추출방법, 설문지 · 기계조사 등의 조사수단 등을 포함한다. 조사계획을 수립한 후에 조사계획을 실행하고 조사가 완료되면 조사결과를 해석하고 보고서를 작성해야 한다.

참 · 고 · 문 · 헌

- 김소영 외 5(2007), 사례중심 마케팅의 이해, 형설출판사.
- 박찬수(2014), 마케팅 원리, 법문사.
- 송용섭 외 2(2004), 현대마케팅, 문영사.
- 안광호 · 하영원 · 박흥수(2016), 마케팅원론, 학현사.
- 채서일(2015), 마케팅, 옥당.
- Bearden, William O., Thomas N. Ingram and Raymond W. LaForge(2001), *Marketing-Principle and Perspectives*, 3rd ed., McGraw-Hill, Irwin.
- Blythe, J.(2006), *Principles & Practice of Marketing*, Thomson Learning.
- Boone, Louis E. and David L. Kurtz(2001), *Contemporary Marketing*, 10th ed., Harcourt, Inc.
- Lamb, Charles W., Hair, Joseph F. and C. McDaniel(2000), *Marketing*, 5th ed., South-Western College Publishing.
- Kelin, Roger A., Hartley, Steven W., Berkowitz and William Rudelius (2006), *Marketing*, 8th ed., McGraw-Hill Irwin.
- Kotler, P. and G. Amstrong(1996), *Principles of Marketing*, 7th ed., Prentice- Hall Inc.
- Kotler, P.(1994), *Marketing Management*, 8th ed., Prentice-Hall Inc.
- Solomon, Michael R. and Elnora W. Stuart, *Marketing*, International ed., Prentice-Hall Inc.
- Zikmund, William G. and Michael d'Amico(2001), *Marketing*, 7th ed., South-Western College Publishing.
- https://blog.naver.com/neoinwoo/221332899569

part 07

시장세분화, 표적시장 선택, 포지셔닝

면 간편식 제품 전성시대… 다양화 · 세분화 추세

▸ 칼국수, 냉면, 파스타, 일본식 라멘, 타이 누들 등 소비 증가

한국인의 면 사랑이 식을 줄 모른다. 한국인들의 소울푸드라고 할 수 있는 칼국수, 냉면을 비롯해 파스타, 일본식 라멘, 우동, 소바, 타이식 누들, 대만식 우육면에 이르기까지 국가별 메뉴도 다양해 1인당 면 소비량 세계 1위인 한국인들의 면 사랑을 엿볼 수 있다.

우리는 밥 먹었냐고 묻거나 밥 한번 먹자는 말을 자주 한다. 의례적 인사말에 기승전 '밥'으로 통하는 이유는 보릿고개 시절에 하루 중 끼니를 챙겨 먹는 것만큼 중요한 게 없었기 때문이다. 그만큼 '식사'를 챙기는 것이 중요한 문화였다. 하지만 바쁜 일상과 개인화된 생활로 제대로 된 한 끼를 챙겨 먹기가 어려워지며 쌀 소비량은 해마다 감소하고 있다.

통계청 자료에 따르면 국민 1인당 연간 쌀 소비량은 1979년 135.6kg으로 정점을 찍은 뒤 지난해에는 57.7kg으로 40년 넘게 꾸준히 하향곡선을 그리고 있다. 반면 면 소비량은 즉석면, 생면, 건면, 냉장면 등 종류에 상관없이 꾸준히 증가하고 있다. '면치기', '면식수행' '면지순례' 등 면과 관련된 해시태그를 달며 면식 사진과 동영상을 SNS와 온라인 커뮤니티에 공유하는 등 MZ세대를 중심으로 간편식을 놀이처럼 즐기는 현상까지 생겼다.

국가별 1인당 면 소비량, Statista 2019

코로나19의 영향과 개인주의 확산으로 혼밥과 혼술을 즐기는 '홀로만찬' 트렌드가 확산되며 2017년만 해도 20억원에 불과했던 밀키트 시장 규모가 3년 만에 100배 가량 커지는 등 쌀을 대체할 가공식품에 대한 수요 증가가 더욱 가속화되고 있다. 특히 1인 가구의 비율이 계속 증가하면서 2045년에는 전체 가구 중 36%가 1인 가구일 것으로 예상되는 만큼 식품외식업계에서는 밀키트나 간편식에 대한 수요가 변함없이 이어질 것으로 기대하고 있다.

예산과 장소가 마땅치 않은 1인 가구에게는 '밥'을 해 먹는 데 많은 제약이 존재한다. 아무리 간단한 밥과 반찬을 준비한다고 하더라도 직접 요리를 하는 것은 만만치 않은 준비가 필요한 게 사실이다. 면류 시장은 이러한 1인 가구의 니즈를 정확하게 파악했다. 1인분 냉장 컵면이 출시되는가 하면 세계 여러 나라의 면 요리 제품을 출시하며 소비자의 마음을 움직이고 있다. 유통 전문가들은 1인 가구의 라이프스타일에 맞춰 발 빠르게 대처한 면식(麵食)이 쌀의 자리를 대체하는 것은 예견된 수순이라는 평이다.

▶ 고급화, 세분화되는 면 간편식 시장

독일의 조사기관 스타티스타의 국가별 면 소비량을 살펴보면 우리나라의 국민 1인당 면 소비량이 76.5그릇으로 세계 1위를 차지할 정도로 한국인들의 면 사랑은 가히 세계적이다. 이 유별난 면 사랑에 면 요리는 식탁에서도 많은 부분을 차지하고 있는데, 이 때문에 식재료인 면 자체의 맛과 간편함까지 동시에 챙기려는 소비자들 또한 늘고 있다. 특히 간단 조리를 통해 셰프 수준의 면 요리까지 다양하게 즐길 수 있는 초간편식이 소개되면서 최근 면시장을 주도하고 있다.

신세계조선호텔의 면 밀키트 '조선호텔 유니짜장'과 '조선호텔 삼선짬뽕'은 출시 100여일만에 판매량 10만개를 넘어설 정도로 인기를 끌고 있다. 27년 경력의 호텔 셰프가 직접 개발에 나서 신세계조선호텔이 운영하는 중식당 '호경전'의 대표메뉴를 재현한 제품이다.

면 장인기업 면사랑이 새롭게 출시한 HMR 냉동면도 시장의 반응이 뜨겁다. '새우 튀김우동', '차슈 돈코츠라멘', '베트남 양지 쌀국수' 등 세계의 면요리를 가정에서 간편하게 즐길 수 있게 만든 '초간편식' 제품으로, 미식여행을 좋아하는 MZ세대를 비롯해 남녀노소 누구에게나 인기를 끌고 있다. 1인분 형태의 냉동팩면으로 라면을 넘어서는 프리미엄 간편식으로 평가받고 있다.

일반 라면 가격의 두배인 하림의 더 미식 장인라면은 20시간 이상 끓여 만든 국물로 감칠맛과 식감을 극대화하며 초당 1개씩 팔릴 정도로 출시 초반 돌풍을 일으키고 있다. '신제품 효과'일 수 있지만 '비싸도 맛있으면 사먹는다'는 소비자가 많음을 방증한 것으로 풀이된다.

이마트의 밀키트 브랜드 피코크 또한 2013년부터 유명 맛집과의 협업을 통해 밀키트 '고수의 맛집' 시리즈를 꾸준히 선보이고 있으며, 미슐랭 선정 맛집 메뉴를 그대로 재현한 밀키트 제품도 판매 중이다. 1961년 개업해 3대째 이어오고 있는 서울 3대 메밀면 전문점 '유림면 냄비우동'을 비롯해 이준 셰프의 생면 파스타 레스토랑의 이름을 딴 '도우룸 까르보나라 파스타' 등을 온·오프라인 매장에서 동시에 판매 중이다.

서울대학교 푸드비즈니스랩 문정훈 교수는 "초 개인화된 일상에서 입맛에 맞는 제품을 찾아 여러 가지를 시도하고, 입맛에 맞으면 프리미엄 가격도 기꺼이 지불하는 트렌드가 확산되는 추세'라며 "코로나19의 여파로 많은 사람들이 집에서 밥을 먹게 되면서 '집밥 2.0시대'가 열렸고, 그로 인해 기존의 HMR보다 신선하고 간편하면서도 제대로 된 한 끼를 원하는 소비자들이 늘었기 때문에 HMR 시장에서도 차별화된 특장점을 보유한 제품과 브랜드가 우위를 선점해 나가게 될 것"이라고 말했다.

● 자료원 : 보건뉴스, 이원식, 2021.12.13. 내용일부 수정함

지금까지 마케팅의 정의와 더불어 기업이 마케팅활동을 수행하면서 시장의 내 · 외부 환경과 소비자행동을 이해하는 것이 중요하다는 것을 살펴보았다. 기업은 자사의 마케팅목표를 효과적으로 달성하기 위하여 적합한 마케팅전략을 수립하고 실행해야 한다. 물론 마케팅전략은 기업이 처한 시장상황, 제품의 유형, 경쟁정도 등에 따라 다양하게 존재하며, 그 적용 또한 매우 달라질 수 있다. 본 장에서는 마케팅전략에서 가장 기본적인 요소인 시장을 의미있는 소비자집단으로 나누는 시장세분화(segmentation), 나누어진 시장에서 특정 소비자집단을 선택하는 표적시장선택(targeting), 그리고 선택한 표적시장 내 소비자의 마음 속에 제품의 차별적인 특징을 자리잡게 하는 포지셔닝(positioning)에 대하여 살펴보기로 한다.

01 표적마케팅 전략

1.1 표적마케팅 전략의 발전과정

시장에 존재하는 모든 소비자들의 구매욕구는 동일하지 않으며 매우 다양하다. 더구나 교육수준이 높아지고, 개성이 뚜렷해지며 삶의 다양성이 더해가는 현대 사회에서 모든 소비자들이 만족하는 제품이나 서비스를 제공한다는 것은 거의 불가능하다. 또한 급변하는 시장환경과 심화되는 경쟁여건, 빠른 기술발전상황에서 마케터들이 시장에서 경쟁우위를 차지하기 위한 마케팅활동을 효율적으로 수행하고 수익을 창출하기는 더욱 어려워질 수밖에 없다. 그리하여 오늘날의 기업들은 소비자들의 욕구, 즉 그들이 원하는 바가 무엇인지를 파악하고 구분하며, 거기에 초점을 맞추어 다양한 마케팅활동을 수행하고 있다. 이러한 기업의 행위는 제한된 자원의 효율적 배분과 활용을 통해 마케팅목표를 달성하기 위한 실천적 과정이라 할 수 있다.

그리고 이 과정은 소비자욕구의 동질성(homogeneity)과 이질성(heterogeneity)에 대해 분석을 실시하여 시장을 세분화(segmentation)하고, 세분된 여러 시장의 매력도를 평가하고 이 중에서 자사의 노력을 집중하고자 하는 표적시장을 선택(targeting)하며, 그 표적시장 내에서 경쟁사들보다 우월한 차별점을 개발하거나 발굴하여 소비자나 고객의 마음속에 전달하고 일정자리를 차지하려는 포지셔닝(positioning)을 수행하는 단계로 구성되어 있다. 이런 전략단계를 영문표기의 머리글자를 따서 STP전략이라 부르기도 하며, 세분된 시장을 표적으로 마케팅전략을 구사한다는 의미에서 표적마케팅(target marketing)이라고도 한다. 이러한 표적마케팅 전략은 앞서 살펴본 마케팅개념의 발전과정과 더불어 매스마케팅에서부터 개별마케팅에 이르기까지 여러 과정을 거쳐 변화되어 왔다.

1. 매스마케팅

표적마케팅 전략이 본격화되기 이전에는 시장내 소비자욕구의 다양성을 고려하지 않고 적당한 품질에 가격이 저렴한 제품을 추구할 것이라는 전제하에 규모의 경제효과를 바탕으로 하여 대량생산, 대량유통, 대량촉진 등의 마케팅프로그램을 제공하는 것이 기업들이 활용하던 마케팅전략의 일반적 특징이었다. 이러한 마케팅을 매스마케팅(mass marketing)이라 부른다.

과거에 동일한 디자인과 색상으로 만든 속옷을 전 국민에게 사이즈만 달리한 채 시장에 제공했던 경우나, 청량음료의 원조이며 전세계적으로 보급된 히트상품인 코카콜라가 획일화된 맛으로 모든 소비자들을 상대했던 것이 여기에 해당한다. 그러나 매스마케팅이 효과적이었다 할지라도 최근의 경쟁적 상황과 고객욕구의 다양한 변화는 기업의 마케팅전략에 대한 새로운 인식을 요구하고 있다. 이제는 고객과 시장에 대한 차별화된 마케팅프로그램, 즉 제품다양화와 차별적인 유통경로설계 및 마케팅커뮤니케이션 전략 등이 필요하게 되었다.

2. 세분시장 마케팅

고객특성의 다양화와 기술진보, 다양한 매체의 등장 등 변화하는 환경적 특성에 따라 기업들은 마케팅의 실행에 있어 시장을 구별해서 접근하고 있다. 이때 시장구분의 방법은 어떠한 동질적인 특성을 기준으로 서로 다른 시장을 발견해 내는 것이다. 이는 고객들의 욕구, 나이와 성별, 소득 등과 같은 인구통계적 특성, 구매습관, 라이프스타일 등 다양한 기준에 의해서 시장이 구분되고 새로운 시장이 발견된다는 점과 동시에 각각의 개별 소비자들을 대상으로 제품 및 커뮤니케이션 전략을 실행하는 데 느끼는 어려움을 동시에 해결하려는 것으로 이해할 수 있다. 예를 들면, 위에 좋은 요거트, 장에 좋은 요거트, 간에 좋은 요거트 등 유산균제품의 다양한 기능을 강조하거나 마시는 요거트, 떠먹는 요거트 등 다양한 음용형태 등을 생각하면 쉽게 이해할 수 있다.

결국, 비슷한 욕구를 지닌 고객들을 묶어서 하나 또는 몇 개의 작은 시장으로 구분하는 것이 세분시장을 나누는 것이며, 각 세분시장의 욕구에 적합한 제품을 개발하고 마케팅을 실행하는 것이 세분시장 마케팅(segment marketing)이다.

3. 개별마케팅

세분시장은 일반적으로 동질적인 특성을 가진 고객들의 집합이라 할 수 있으며, 이는 다시 특정 세분변수에 의해 소규모의 하위집단으로 구분될 수 있다. 이러한 하위집단 세분화는 최종적으로 한 사람을 구성원으로 하는 시장으로 나눌 수 있으며, 이들을 대상으로 하는 마케팅전략을 개별마케팅(individual marketing) 또는 일대일 마케팅(one-to-one marketing)이라 부른다.

정보기술(IT)의 획기적인 발달에 따른 인터넷의 발전과 대중화는 고객정보획득을 용이하게 하고, 수집된 고객정보를 활용할 수 있는 시스템을 제대로 구축할 수 있도록 하였다. 이에 따라 고객특성에 부합되는 마케팅활동을 쉽게 할 수 있게 되었다.

예를 들어, 소득수준과 취미, 자동차 소유여부 등에 따라 개별고객에게 적합한 자동차정보에 대한 이메일이 전송되거나, 고객특성과 욕구에 부합된 여행지를 선택할 수 있는 정보가 제공되는 것이 이에 해당된다. 결국, 개별마케팅은 최종 소비자인 고객개개인 및 최종 시장단위의 욕구에 부합하도록 마케팅하는 것으로, 개별고객을 위한 맞춤상품을 개별적인 방법으로 공급하는 것이다.

1.2 표적마케팅 전략수립의 단계

시장을 선택하고 공략하는 방식에 따라 마케팅유형을 달리할 수 있으나, 최근의 마케팅 환경의 변화는 과거의 매스마케팅에서 세분시장 마케팅과 개별마케팅의 추세로 나타나고 있다. 이는 시장을 세분화하고 표적시장을 선택하며, 경쟁사와 차별화된 포지셔닝 전략에 따라 제품, 가격, 유통, 마케팅커뮤니케이션 등 마케팅의 여러 기능을 활용하는 과정을 거치게 된다. [그림 7-1]은 표적마케팅 전략수립의 단계를 나타낸 것이다.

그림 7-1 표적마케팅전략 수립단계

단 계	정 의
시장세분화	잠재고객들로 이루어진 전체시장을 비슷한 특성을 가진 동질적인 여러 개의 하위집단으로 나누는 작업
표적시장 선택	각 세분시장의 매력을 평가하고, 진입할 하나 또는 다수의 세분시장 선정
포지셔닝	제품의 경쟁적 위치정립과 구체적인 마케팅믹스 창출

통칭 STP 전략(Segmentation, Targeting, Positioning Strategy)이라 함

그리고 표적마케팅전략의 수립단계는 [그림 7-2]와 같은 과정으로 구체화되어 이루어진다.

① **시장세분화**(세분화기준 변수설정, 프로파일작성): 시장세분화를 위한 여러 가지 기준들을 복합하여 적용하며, 각 세분시장에 대한 프로파일(profile)을 작성한다.

② **표적시장선택**(세분시장 매력도 평가, 표적시장선택): 각 세분시장의 매력도를 평가하고, 사사의 제품 및 능력과의 적합도를 고려하여 최적의 표적시장을 선택한다.

그림 7-2 표적마케팅 전략수립의 구체적 과정

③ **포지셔닝**(표적시장별 포지셔닝 파악, 마케팅믹스개발) : 선택한 표적시장을 상대로 제품의 주요 특징적 이점을 개발하고 차별화 방향에 따라 마케팅믹스를 구사한다.

02 시장세분화

2.1 시장세분화의 개념과 효과

시장세분화(market segmentation)는 하나의 전체시장을 특정한 기준에 의하여 여러 개의 작은 세분시장(segment market)으로 구분하는 것을 말한다. 이와 같이 세분시장은 마케팅믹스에 대한 반응이 세분시장 내는 동질적이고(homogeneous), 세분시장 간에는 이질적으로(heterogeneous) 나타날 수 있는 기준으로 구분해야 한다. [그림 7-3]은 시장세분화의 개념을 나타내고 있다. 시장세분화를 통해 기업들은 크고 여러 다른 종류들로 이루어진 시장을 구매자들의 특이한 요구에 일치하는 제품과 서비스를 더 효율적이고 효과적으로 제공할 수 있는 작은 세분시장들로 나눌 수 있다.

시장세분화는 기업의 마케팅전략수립에 매우 필수적인 요소로서 다음과 같이 세 가지 측면의 효과를 창출하고 있다.

그림 7-3 시장세분화의 개념

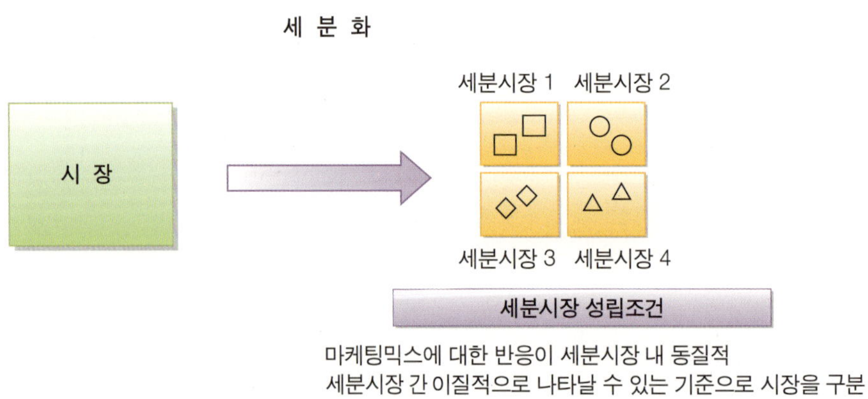

(1) 시장구조의 파악과 시장기회의 발견

시장세분화를 통하여 고객의 욕구를 상세하게 파악하고 구조화할 수 있기 때문에, 시장세분화를 하지 않았을 경우에 발견할 수 없었던 시장기회를 포착할 수 있게 된다. 다시 말해서, 시장을 세분화함으로써 시장의 전체적인 구조를 파악하게 되고, 기존의 제품과 서비스가 어떤 욕구를 충족시키고 있는지와 미충족된 욕구가 무엇인지를 파악할 수 있다.

(2) 차별화를 통한 가격경쟁의 완화와 브랜드충성도 제고

동일한 욕구를 가진 시장을 상대로 경쟁하는 기업들은 점차 가격경쟁을 하게 된다. 하지만 시장세분화를 통하여 구분된 세분시장에 적합한 제품이나 서비스를 제공하는 경우, 소비자들의 상이한 욕구를 충족시킴으로써 직접적인 가격경쟁을 피할 수 있으며, 높은 수익을 얻을 수 있게 된다. 또한 소비자들의 욕구를 정확히 충족시킴으로써 자사의 브랜드에 대한 충성도를 높일 수 있다.

(3) 고객중심의 사고방식을 통한 기업의 경쟁력 확보

기업은 시장세분화 과정을 통하여 고객의 욕구를 파악하게 되고, 자사가 가지고 있는 강점을 최대로 활용할 수 있는 세분시장에 자사의 마케팅노력을 집중 · 투입할 수 있다. 이를 통하여 경쟁자보다 고객의 욕구를 효과적으로 충족하여 기업의 경쟁력이 확보되고, 지속가능한 경쟁우위를 창출하게 된다.

2.2 효과적인 시장세분화 요건

시장세분화가 마케팅전략수립의 핵심개념이라 할지라도 항상 이점만을 제공하지는 않는다. 지나친 시장세분화와 세분화변수 적용의 오류 등은 마케팅비용의 낭비를 가져오고, 시장에 대한 인식을 왜곡시킴으로써 전략적 오류를 유발시킨다. 따라서 시장세분화는 세분화에 따른 문제점과 이점에 대해 충분히 검토한 후에 행하는 것이 바람직하다. 따라서 기업의 관점에서 효과적인 시장세분화를 하기 위해서는 [그림 7-4]와 같은 요건을 갖추어야 한다.

그림 7-4 효과적인 시장세분화 요건

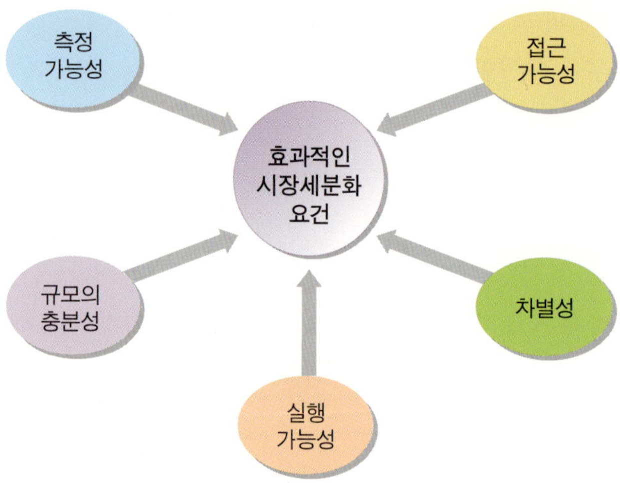

1. 측정가능성(measurability)

세분시장은 확인가능해야 하며, 세분시장의 규모는 측정가능해야 한다. 특정한 지역 내에 거주하는 인구에 대한 자료, 다양한 연령대의 인원수, 기타 사회적 혹은 인구통계적 특성은 획득하기가 쉬우며, 세분시장의 크기를 측정할 수 있는 구체적인 근거를 제공하게 된다. 이와 같이 세분시장은 세분시장으로서 식별가능해야 하며 그 특성에 대한 구체적인 측정이 가능해야 한다.

2. 접근가능성(accessibility)

기업은 표적세분시장의 구성원들에게 해당시장에 맞는 마케팅믹스 프로그램을 통해 접근할 수 있어야 한다. 어떤 세분시장은 도달하기 어렵기도 하다. 예를 들어, 듣거나 보는 것이 어려운 노년층은 구체적인 마케팅믹스 프로그램이 실행되어도 해당 프로그램의 내용을 이해할 수 없다. 또는 산간이나 도서지역과 같이 유통경로구축 및 마케팅커뮤니케이션 활동이 어려운 시장이 현실적으로 상당히 많이 존재한다.

3. 규모의 충분성(substantiality)

세분시장은 세분시장에 맞는 마케팅믹스를 개발하고 유지해야 할 정도로 규모가 충분히 커야 한다. 세분시장이 반드시 많은 수의 잠재고객을 보유해야 함을 의미하지는 않으나,

대부분의 경우에 세분시장은 수익성을 보장할 수 있을 정도로 많은 수의 잠재고객을 필요로 한다.

4. 차별성(differentiability)

시장은 논리적으로 합당하게 여겨지는 기준으로 세분화될 수 있다. 만약 특정 세분시장이 다른 세분시장에 적용되는 마케팅믹스에 다른 반응을 나타내지 않는다면 상이한 세분시장이라고 할 수 없다. 예를 들어, 모든 고객이 가격에 민감하다면 세분시장마다 고가, 중가, 저가의 제품을 제공할 필요가 없다.

5. 실행가능성(actionability)

세분시장에 효과적으로 마케팅프로그램이 적용되고 실행될 수 있는 정도를 말한다. 예를 들어, 소규모기업은 고객에 따라 시장을 구분할 수 있지만, 조직이 너무 소규모이거나 마케팅프로그램 개발능력의 한계로 실행가능성이 낮을 수 있다.

2.3 시장세분화의 기준

시장세분화를 효과적으로 하기 위해서는 일정한 기준을 근거로 시상을 나누어야 하고 이러한 기준을 세분화변수(segmentation variable)라고 한다. 그러나 시장을 세분화하는 데 항상 최적의 기준과 방법이 존재하는 것은 아니다. 왜냐하면 세분화의 기준이 되는 변수가 매우 다양하고 변화할 수 있기 때문이다. 어느 변수를 기준으로 시장을 세분화하든지 앞에서 설명한 세분화의 요건인 측정가능성, 접근가능성, 규모의 충분성, 차별성, 실행가능성

표 7-1 시장세분화 변수의 종류

기준 변수	구체적 변수
지리적 특성	국가, 거주지역, 도시규모, 인구밀도, 기후, 지형적 특성
인구통계적 특성	나이, 성별, 가족규모, 가족생활주기, 소득, 직업, 종교, 교육수준
심리분석적 특성	라이프스타일, 개성, 사회계층
행동분석적 특성	구매계기, 추구하는 편익, 사용경험여부, 제품사용량, 브랜드충성도, 제품구매단계, 가격민감도, 제품태도

등을 충족시킬 수 있어야 한다.

시장을 세분화하는 데 있어 대표적 세분화기준 변수로는 〈표 7-1〉과 같이 국가, 지역 등 지리적 특성과 나이, 성별, 직업, 학력 등 구분이 쉬운 인구통계적 기준에서부터 개성, 가치관, 라이프스타일 등의 심리분석적 특성 그리고 구매경험유무, 구매량, 제품에 대한 태도 등의 행동분석적 특성 등 다양한 구분기준을 사용하고 있다.

1. 지리적 기준

세분시장의 특성을 파악하기 위하여 소비자들이 거주하는 지리적인 위치를 기준으로 선택할 수 있다. 소비자는 자신이 거주하고 활동하는 지리적 특성에 따라 다른 행동을 나타내기도 한다. 국가별, 도별, 시 · 군별 등의 행정구역에 따라 역사와 기후가 다르기도 하고, 정치 · 경제 · 사회 · 문화 등의 제반환경 특성이 다르기 때문에 시장에서 소비자의 구매행동도 다르게 나타난다. 지리적 기준은 시장의 특성을 구분하는 기본적인 세분화변수로 활용된다.

기업은 하나 혹은 몇 개의 지리적인 영역에서 운영하거나, 모든 영역에서 운영하면서 필요와 요구에 있어서 지리적인 차이에 집중할 수 있다. 오늘날 많은 기업들은 그들의 제품, 서비스, 광고, 홍보와 판매노력을 개별적인 지역, 도시 그리고 이웃들에 맞추기 위해, 특정 지역에 국한시키는 경우도 있다. 예를 들어, 피자배달체인은 지역적 기반에서 체인점별로 배달이 가능한 지역의 소비자에만 집중하는 마케팅형태를 보인다. 다국적기업의 경우 세분시장의 특성을 파악하는데 지리적 기준이 유용하게 활용될 수 있다.

2. 인구통계적 기준

인구통계적 기준은 나이, 성별, 소득수준, 직업, 교육수준, 가족생활주기(family life cycle), 결혼유무, 종교 등이 포함된다. 인구통계적 기준은 자료수집이 쉽고 객관성이 높아서 가장 널리 이용되고 그 유용성이 높다. 때로는 인구통계적 기준이 지리적 기준을 포함하는 경우가 많다.

(1) 나이와 가족생활주기

인간의 가치관이나 행동들이 나이에 따라 변화하는 경우가 많기 때문에 시장에서 소비자의 욕구, 선호, 행동, 구매능력 등도 나이에 따라서 다르게 나타나고 있다. 청소년들은 어른들과는 다른 제품을 필요로 하며, 결혼유무, 자녀유무에 따라 소비행태가 달라지며, 시간의 흐름에 따른 가족생활주기의 변화에 따라 제품선택도 변화하게 된다.

(2) 성 별

성별에 따라 행동이나 생각이 크게 다른 경우가 많다. 주로 의복, 헤어스타일, 화장품, 건강 등의 산업에서 큰 차이를 보이고 있다. 최근 들어 젊은층을 중심으로 성별의 차이가 희미해지는 경향도 나타나고 있어 성별에 따른 시장세분화 시에는 나이, 세대 등의 변수와 함께 고려해야 한다. 전통적으로 여성이 주요 소비층이었던 화장품시장에서 남성소비가 폭발적으로 늘어나면서 많은 화장품 브랜드의 남성제품 라인들이 성공적으로 팔리고 있으며, 여성을 주요 타깃으로 하는 제품들도 기존의 화장품, 의류, 일용품, 장식품 등에서 벗어나서 신용카드, 휴대폰, 이동통신, 자동차보험 등으로 확대되고 있다.

사 례 **"'명품 큰손' 남성 잡아라"… 男心 공략하는 백화점업계**

▸ 현대 · 롯데백화점 남성 명품 매출↑

백화점업계가 남성 맞춤형 서비스 강화에 주력하고 있다. 패션과 미용을 위해 지갑을 여는 남성들이 늘면서 이들을 일컫는 '그루밍족'이라는 신조어도 나왔다.

현대백화점 압구정본점 루이비통 남성 전문 매장. [사진 출처 = 현대백화점]

15일 백화점업계에 따르면 현대 · 롯데 · 신세계 · 갤러리아백화점 등은 최근 남성 명품관 확대에 나섰다. 백화점 내 남성 명품 매출이 증가하고 있어서다.

현대백화점은 지난 14일 무역센터점 7층에 프랑스 명품 브랜드 루이비통의 남성 전문 매장을 개점했다. 지난 6월 압구정본점에 이어 두번째다. 현대백화점의 남성 명품 매출은 올해 1~11월 기준 전년 동기 대비 133% 늘었다.

이번 매장 오픈은 무역센터점 7층을 국내 최고 수준의 럭셔리 남성 브랜드 전문관으로 탈바꿈하려는 리뉴얼의 일환이다. 무역센터점은 내년 상반기까지 해외 럭셔리 남성 브랜드 2~3개를 더 선보일 계획이다.

앞서 롯데백화점은 본점 5층 전체를 남성 명품관으로 만들고 루이비통, 톰포드 등 30여개 매장을 선보였다. 롯데백화점의 올해 1~11월 기준 남성 명품 매출은 지난해 같은 기간보다 43.6% 증가했다.

신세계백화점은 지난 2011년 국내 백화점 최초로 남성 전문관을 열었다. 남성 명품관 멘즈 살롱에 루이비통, 구찌, 벨루티, 펜디, 톰포드, 돌체앤가바나 등 남성 럭셔리 브랜드를 오픈했다. 신세계백화점의 올해 1~11월 남성 패션 신장률은 전년 대비 18.4% 늘었다.

갤러리아백화점은 지난 2019년부터 올해까지 웨스트(WEST) 4층을 루이비통, 디올, 프라다 등 남성 전용 매장으로 꾸몄다.

업계 관계자는 "최근 MZ세대를 중심으로 늘어나고 있는 명품 수요에 재택근무 · 복장 자율화 등으로 명품에 대한 남성들의 관심까지 높아지면서 2030 남성 고객들이 큰 손으로 떠오르고 있다"며 "앞으로도 남성 고객들의 발길을 끌기 위해 글로벌 럭셔리 남성 브랜드 강화뿐만 아니라 다양한 프로모션도 전개해 나가겠다"고 말했다.

● 자료원 : 매일경제, 최아영, 2021.12.15.

(3) 소 득

소득에 따른 시장세분화는 세분시장 간의 구매력의 차이를 반영하는 것으로 제품의 품질적 특성과 가격 간의 관계에 크게 작용하고 있다. 주로 주택, 자동차, 전자제품, 의류, 화장품, 스포츠, 여가활동 등의 제품 및 서비스범주에 주로 적용되고 있다.

3. 심리분석적 기준

소비자들의 개성, 가치관, 라이프스타일(life style), 사회계층 등이 제품의 구입에 영향을 미친다는 사실을 반영하는 방법이 심리분석적 기준이다. 이러한 기준들은 앞에서 살펴본 지리적 기준이나 인구통계적 기준보다 소비자에 대해 더 깊이있는 정보를 제공해 주는 장점이 있다. 인구통계적 기준만으로 시장을 구분할 경우, 같은 세분시장에 속한 고객들이라도 매우 다른 심리분석적 특성을 보이는 경우가 많다. 이런 경우에는 심리분석적 기준들을 통해 추가적으로 세분화하는 것이 효과적이다.

개성은 환경에 지속적이고 일관된 반응을 나타내는 심리적 특성을 의미한다. 또한 가치관은 우리가 가져야 할 태도는 무엇인지 그리고 원하는 것은 무엇인지 혹은 어떻게 행동해야 하는지에 대해서 우리에게 말해주는 기준 또는 규범을 의미한다. 이와 같은 개성과 가치관은 실무적으로 비용과 적용의 문제점이 발생가능하기 때문에, 라이프스타일을 중심으로 분석하는 경우가 많다. 라이프스타일은 사람들이 살아가는 방식, 즉 생활양식을 말하는

표 7-2 AIO 분석의 측정항목

활 동	관 심	의 견
일	가 족	자기자신에 대한 의견
취 미	가 정	사회적 이슈
사회 활동	직 업	정 치
휴 가	지역사회	사 업
오 락	여가활동	경 제
클럽회원활동	유 행	교 육
지역사회활동	음 식	상 품
쇼 핑	대중매체	미 래
스포츠	업 적	문 화

자료원 : J. T. Plummer(1974), "The Concept and Application of Life Style Segmentation," Journal of Marketing, 38(Jan.), p.34.

데, 이는 사람들이 살아가는 방식에 따라 필요한 상품이나 서비스에 대한 태도나 구매특성이 다르고, 소매점의 선택과 촉진에 대한 반응 등도 달라지기 때문이다. 라이프스타일을 분석하는 방법은 AIO(activity, interest, opinion)를 중심으로 분석하는 방법이 있다. 플러머(J. T. Plummer)는 AIO분석에 대하여 "사람들이 그들의 활동(activities), 관심(interests), 의견(opinions)에 관한 질문에 응답하도록 고안된 것으로 그들의 활동은 그들이 작업시간과 여가시간을 어떻게 보내는 가로 측정되며, 그들의 관심은 그들이 당면한 환경에서 무엇을 중요하게 여기는 가로 측정되고, 그들의 의견은 사회적 문제, 제도 및 그들 자신에 대한 자세의 관점으로 측정된다. 끝으로 나이, 수입, 거주지 등과 같은 기본적 사실을 조사하는 것이다."라고 하였다. 이에 대한 주요 측정항목은 〈표 7-2〉와 같다.

그리고 사회계층(social class)은 한 사회내에서 거의 동일한 지위에 있는 집단으로 직업, 소득, 교육수준, 권한, 명예 등 여러 요소들이 결합되어 형성되는 것으로 동일계층에 속한 소비자들은 자동차, 의복, 가정용 가구, 여가활동, 점포선택 등에 대한 구매행동에 상호간 강한 영향을 미친다. 기업들은 특별한 사회계층을 위한 제품이나 서비스를 전략적으로 개발하고 있다.

4. 행동분석적 기준

기업의 입장에서 볼 때, 고객이 구매와 관련해 어떻게 행동하는가에 관련된 행동분석적 기준은 시장세분화에 있어서 가장 중요한 변수가 된다. 제품으로부터 추구하는 편익, 제품사용량, 브랜드충성도, 제품구매단계 등이 다르게 나타난다는 점을 고려하여 시장을 세분화하는 방법이다.

(1) 추구하는 편익

소비자들이 제품사용을 통해서 얻고자 하는 특정한 편익을 기준으로 시장을 세분화하는 것이다. 이러한 편익에 의한 세분화의 기본적인 가정은 한 가지 품목의 제품에 대해서도 고객이 얻고자 하는 편익은 다양하다는 것이다. 편익에 따른 세분화의 대표적인 예는 치약시장을 대상으로 한 헤일리(Russell Haley)의 연구를 들 수 있다. 그는 〈표 7-3〉과 같이 소비자들이 치약을 선택할 때 사용하는 기준은 가격(경제성), 충치예방, 하얀 이, 산뜻한 향기 등이었으며, 이러한 각기 다른 추구편익에 따라 소비자 특성이 다르다는 것이다.

개인용 컴퓨터의 경우도 사용자가 추구하는 편익에 따라 컴퓨터가 제공하는 특성을 차별화할 수 있다. 어떤 사람들은 게임을 주로 하기 위해서, 어떤 사람들은 문서작업 때문에, 어떤 사람들은 복잡한 그래픽제작을 위해서 컴퓨터를 구매할 것이다. 결국 효과적인 세분화방법으로써 비슷한 편익을 추구하는 집단에 따라 시장을 나누는 것이다.

(2) 제품사용량

제품을 얼마나 많이 사용하는지에 따라 시장을 세분화하는 것이다. 사용량(usage rate)에 따라서 비사용자, 소량사용자, 다량사용자로 구분할 수 있다. 제품군에 따라서 소수의 다량사용자가 전체 소비량의 상당부분을 차지하기도 한다. 이러한 현상을 80/20 법칙(80/20 rule-전체고객 중 핵심고객 20%가 전체매출의 80% 이상을 소비하는 현상, 파레토법칙('Pareto law'이라고도 함)이라 한다. 즉 사용량에 따른 세분화를 통해 기업에 이익이 되는 세분시장에 마케팅노력을 집중할 수 있는 여건을 갖출 수 있다.

표 7-3 치약시장의 세분화

추구하는 편익	인구통계적 특성	행동적 특성	개 성	라이프스타일
저가격	남 성	대량사용	자립심이 강함	가치지향적
충치예방	대가족	대량사용	우울한 성격	보수적
하얀 이	청소년들	흡연자	사교적	활동적
산뜻한 향	어린이들	향기로운 치약 사용	높은 자기관여	쾌락적

(3) 브랜드충성도

브랜드충성도(brand loyalty)란 소비자가 어떤 특정 브랜드를 일관성 있게 선호하는 정도를 말하는 것으로 그 브랜드를 계속적으로 구매하려는 경향을 나타내고 있다. 이러한 충성도는 브랜드뿐만 아니라 특정 점포나 회사에 대한 애호심으로 나타나기도 한다. 자사제품에 대하여 충성도가 높은 고객들이 있는가 하면, 충성도가 낮은 고객들이 있다. 자사제품에 대한 충성도에 따라서 소구할 수 있는 마케팅믹스 프로그램이 상이할 수 있기 때문에 브랜드충성도는 시장세분화의 중요한 기준이 될 수 있다.

(4) 제품구매단계

시장은 특정 제품을 구입할 준비상태가 서로 상이한 소비자들로 구성되어 있다. 소비자가 브랜드에 대해서 알고 있는 정도와 관심의 정도, 구매의욕의 정도에 따라 시장을 세분화하는 것이 제품구매단계에 의한 세분화이다.

제품에 대해 모르고 있는 세분시장에 대해서는 제품의 존재를 알리는 내용의 광고를 많이 해야 할 것이고, 구매단계에 있는 소비자에 대해서는 매혹적인 판매촉진을 통해 적극적인 구매를 유도할 필요도 있을 것이다. 이와 같이 특정 제품에 대한 제품구매단계가 달라짐에 따라 그에 대응할 수 있도록 마케팅프로그램이 수립되어야 할 것이다.

(5) 기타 중요 마케팅변수

시장세분화의 기타 중요한 변수로서 제품의 사용상황, 소비자들의 가격에 대한 민감도 그리고 고객생애가치 등에 따라서도 세분화할 수 있다.

소비자들이 제품을 사용하는 상황이나 시기에 따라서 시장을 세분화할 수 있다. 동일한 스포츠음료라고 할지라도 어떤 브랜드는 일상생활에서 마시는 상황을 부각시키고, 다른 브랜드는 격렬한 운동후에 마시는 상황과 연결시킨다. 이와 같이 제품을 제품이 사용되는 특정한 상황과 연결시킴으로써 시장을 구분하는 것이다.

가격에 대한 민감도는 고객이 가격의 변화에 얼마나 민감하게 반응하는 가를 나타낸 것으로 시장세분화의 중요한 변수로 활용되고 있다. 특히 기업의 제품 · 가격정책에 있어서 소비자들의 가격민감도에 따라 저가격정책이 요구될 수도 있고, 그렇지 않은 경우에 고가격정책이 타당하게 적용될 수 있다. 단지 이러한 가격정책에 있어서는 소비자의 가격민감도 뿐만 아니라 제품특성, 경쟁상황, 장 · 단기적 기업의 수익성 등을 충분히 고려해야 할 것이다.

고객생애가치(customer lifetime value)는 기업이 특정한 고객으로부터 평생동안 얻을 수 있는 이익흐름의 현재가치를 의미한다. 제품에 대한 충성도가 높다고 해서 반드시 고객의 생애가치가 높다고 단정지을 수는 없다. 따라서 기업은 생애가치를 기준으로 고객을 구분하여 생애가치가 높은 고객과 생애가치가 낮은 고객에 맞는 상이한 마케팅믹스 프로그램을 제공할 필요가 있다.

03 표적시장 선택

3.1 세분시장 평가

1. 표적시장 선택의 개념

시장을 여러 개의 세분시장으로 구분하는 시장세분화 과정을 거친후에는 표적시장 선택 과정을 진행하게 된다. 표적시장 선택(market targeting)은 시장세분화 과정을 통하여 구분된 세분시장들 중에서 기업이 마케팅활동을 집중적으로 수행하여 마케팅성과를 창출하고자 하는, 하나 혹은 여러 개의 세분시장을 선택하는 과정을 의미한다.

기업이 세분시장을 평가하기 위해서 여러 가지 고려요인을 생각해 볼 수 있다. 왜냐하면 세분시장이 매력적으로 보여도 경쟁자가 많거나 자사의 자원과 역량이 제한적이라면 표적시장으로 선택하고 진출하기 어려울 수 있다. 또한 경쟁자도 적고 자사의 능력도 있다고 판단되어도 세분시장의 규모가 지속적으로 성장하지 못한다면, 바람직한 표적시장으로 보기에는 한계가 있다. 따라서 표적시장을 선택하기 위하여 다양한 요인을 종합적으로 고려하여 세분시장을 평가해야 한다.

2. 표적시장 선택 평가기준

기업은 진출할 표적시장을 선택하기 위하여 여러 가지 요인을 고려할 필요가 있는데, 가장 중점적으로 살펴보아야 할 부분은 고객(customer), 경쟁사(competitor), 자사(company) 측면 등이다. [그림 7-5]는 표적시장 선택 평가기준을 나타내고 있다.

그림 7-5 표적시장 선택 평가기준

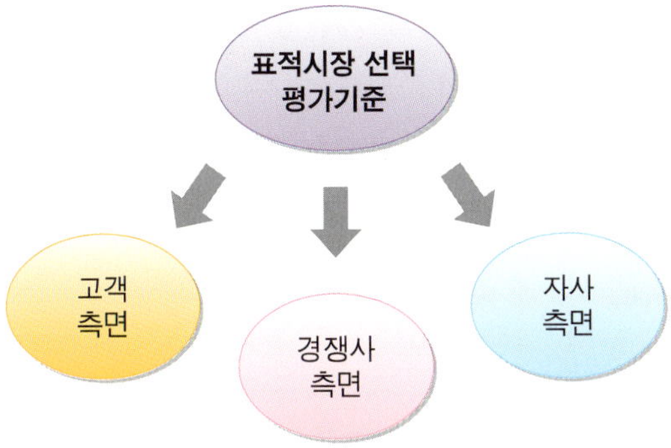

(1) 고객 측면

세분시장을 평가하기 위한 우선적인 기준은 고객 측면이다. 고객 측면에는 세분시장의 규모, 성장성, 수익성 등이 포함된다. 우선 진출하고자 하는 세분시장의 현재 규모가 충분히 큰지를 판단해야 한다. 하지만 현재의 시장규모가 아무리 커도 지속적으로 시장이 성장하지 않는다면 매력적인 시장이라고 할 수는 없다. 이러한 이유가 현재의 시장규모만이 아니라 장래의 시장규모인 시장성장성을 중요하게 판단하는 근거이다. 그리고 마지막으로 수익성을 고려해야 하는데, 세분시장의 현재 규모와 성장성이 충분히 확보되어도 수익성이 확보되지 않는다면 매력적인 시장으로 보기에는 한계가 있다.

(2) 경쟁사 측면

세분시장을 평가하기 위한 또 다른 평가기준은 경쟁사 측면이다. 세분시장 자체의 규모, 성장성, 수익성이 충분히 보장된다고 할지라도 많은 수의 경쟁사가 진출해 있거나 진출가능성이 높은 시장이라면 표적시장으로서의 선택을 고민해보아야 한다. 특히 해당시장에서 지속적으로 경쟁우위를 갖춘 경쟁사가 존재해왔다면 해당시장에 진출하는 것에 대해서 충분한 준비가 필요할 것이다.

특정 세분시장의 경쟁상황을 파악하는 방법으로써 기존 경쟁기업과의 경쟁정도, 신규진입기업의 위협, 대체재의 위협, 공급자와 구매자의 교섭력 등 마이클 포터(Michael E. Porter)의 산업구조분석 모델의 다섯 가지 구성요소(five forces model)를 활용하여 분석할 수 있으며, 이런 면에서 상대적 우위점을 갖고 있는 시장이라고 판단되는 경우에 표적시장으로 선택할 수 있을 것이다.

(3) 자사 측면

세분시장을 평가하기 위한 마지막 기준은 자사 측면이다. 진출할 표적시장을 선택하기 위하여 기업은 자사의 목표, 문화, 전략, 자원, 이미지, 기술과의 적합성을 고려해야 한다. 만약 자사가 진출하고자 하는 세분시장이 추구하는 이미지와 자사의 이미지가 차이가 있다면 진출에 어려움이 있을 수 있다. 예를 들어, 고급 이미지를 추구하는 기업이 대중적인 이미지를 추구하는 세분시장에 진출할 때는 다양한 요인을 종합적으로 고려하여 판단할 필요가 있다.

3.2 표적시장의 선택

1. 표적시장 선택의 전략

세부닛장에 대한 평가가 끝난 후 기업은 표적시장을 선택하게 된다. 표적시장(target market)이란, 기업이 공략하기로 결정한 공통적인 욕구와 특성을 지닌 소비자집단을 말한다. 이러한 표적시장은 전체시장 모두가 될 수도 있고 두 · 세 개의 세분시장이 될 수도 있으며, 그렇지 않으면 전체시장 가운데 단 하나의 세분시장만이 표적시장이 될 수도 있다.

몇 개의 세분시장에 진출할 것이냐 하는 문제에 대해 기업이 택할 수 있는 전략으로는 비차별적 마케팅(undifferentiated marketing), 차별적 마케팅(differentiated marketing), 집중적 마케팅(concentrated marketing), 일대일 마케팅 등이 있다. [그림 7-6]은 표적시장 선택전략의 유형을 나타내고 있다.

그림 7-6 표적시장 선택전략의 유형

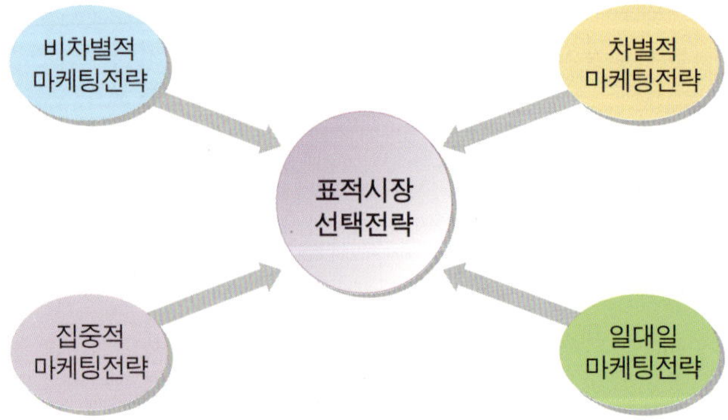

(1) 비차별적 마케팅전략

비차별적 마케팅전략(undifferentiated marketing strategy)이란 기업이 세분시장 간의 차이를 무시하고 전체시장을 대상으로 한 가지 제품을 가지고 표준화된 마케팅믹스를 개발하여 마케팅활동을 하는 것을 의미하는 것으로, 소비자들의 욕구와 필요가 모두 동일하다고 보고 단일 마케팅믹스 전략을 구사하는 것이다. 즉 소비자들 사이의 차이점보다는 공통점에 초점을 맞추는 것으로서 제품이나 가격, 촉진, 유통 등의 전략을 소수의 선택된 소비자 계층보다는 일반대중의 마음에 들도록 하는 데 주안점을 둔다. 이 전략은 앞서 설명한 매스마케팅과 유사한 개념이다.

비차별적 마케팅전략의 장점은 비용절감에 있다. 그러나 소비자들의 욕구가 점점 다양해지고, 그들이 자신들의 욕구를 적극적으로 충족시키려고 하는 시장상황에서 소비자의 선호를 이끌 가능성도 적고, 다른 경쟁기업들에 의해 시장을 잠식당할 가능성이 많다. 그러므로 이 전략은 소비자들 사이의 욕구차이가 그다지 크지 않고, 단일 마케팅믹스의 사용으로 인한 비용절감효과가 큰 시장환경일 때 적당한 대안이라 하겠다.

(2) 차별적 마케팅전략

차별적 마케팅전략(differentiated marketing strategy)은 여러 세분시장 각각에 서로 다른 마케팅믹스 프로그램을 적용하는 것을 의미한다. 기업은 차별적 마케팅전략을 통하여 다양한 제품을 해당 세분시장에 제공함으로써 전체적인 매출과 시장점유율을 증가시킬 수 있다. 예를 들어, 의류를 생산하는 기업은 아동, 청소년, 젊은층, 중장년층 등 다양한 세분시장에 각기 다른 제품을 제공할 수 있다.

또한 차별적 마케팅전략은 다양한 세분시장에 여러 종류의 제품과 서비스를 공급함으로써 기업의 전반적인 위험을 낮출 수 있게 된다. 예를 들어, 특정한 세분시장에 공급되는 제품의 성과가 저조한 반면, 다른 세분시장에 공급되는 제품의 성과가 우수할 경우 수익이 보전되기도 한다.

하지만 차별적 마케팅전략은 비용이 많이 든다. 기업은 각기 다른 세분시장에 공급하는 다양한 제품을 개발, 생산, 수송, 저장, 판매하는데 막대한 비용이 지불되기 때문이다. 따라서 기업은 차별적 마케팅전략을 수행하기 전에 발생가능한 수익과 비용을 종합적으로 충분히 고려해야 한다.

사 례 "늘어가는 카페 창업"… 대형 프랜차이즈 커피 전문점이 살아나는 방법

▸ SNS인증샷 무기로 '젊은 감성' 자극하는 소규모 카페 늘어 성장 돌파구 마련 '속도'… 공간 인테리어로 차별화, 배달 확대 전략도

최근 대형 프랜차이즈 커피 전문점이 늘어나는 골목 카페와 견주어 차별화된 서비스를 내놓기 위해 노력하고 있다. SNS 인증샷을 무기로 '젊은 감성'을 자극하는 소규모 예쁜 카페가 대거 들어서면서 나름의 전략을 통해 생존책 마련에 나선 것이다.

스타벅스 '별다방' 사이렌오더 전용 픽업공간 및 외부 전경. ©스타벅스

23일 데일리안이 국세청 사업자 통계를 통해 업종별 외식사업체 현황을 전수 분석한 결과, 올 1월 기준 전국 커피음료점은 7만1906곳으로 작년 같은 기간 대비 15.5% 불어났다. 국내에서 코로나19 확산이 시작된 후 먹거리와 관련한 19개 업종 가운데 사업체의 늘어나는 속도가 가장 빨랐다.

갈수록 커피소비가 늘고 있는 것이 배경이 됐다. 코로나19 사태 속 테이크아웃 제품 수요가 폭발하며 카페 창업이 급증했다.

현대경제연구원은 한국 성인 1인당 커피 소비량이 연간 353잔(2018년 기준)으로 세계 평균(132잔)보다 3배가량 많은 것으로 분석했다.

특히 골목 카페가 크게 늘었다. 과거에는 커피를 판매하는 상권과 입지선정, 수요의 특성 등을 면밀히 분석하는 것이 매출의 성패를 좌우했지만 현재는 상황이 반전됐다. 젊은 여성을 중심으로 '감성샷', '인증샷'이 새로운 트렌드로 떠오르면서 작지만 예쁜 개인 카페가 급부상하기 시작했다.

배달이 주 소비처로 자리 잡으면서 비싼 임대료를 지불해가며 운영할 필요성이 적어진 데다, SNS를 통해 확산되는 빠른 유행 변화로 상권 역시 민감하게 반응하게 된 것이 영향을 미쳤다. 이제는 더 이상 특정 위치에 자리를 잡는 것이 중요해지지 않게 된 것이다.

대형 프랜차이즈 커피 전문점업계는 감성과 경험을 파는 공간으로 탈바꿈하거나, 아예 집까지 커피를 배달해 주는 전략 등을 통해 성장 돌파구를 마련하는 중이다.

최근 스타벅스는 별칭을 전면에 앞세운 별다방을 오픈했다. 요즘 MZ세대들의 감성을 자극하는 홈카페 콘셉트의 인테리어를 적용하면서도 ESG경영 철학을 곳곳에 녹였다. 매장에는 전기 사용량 감축을 위한 센서를 설치했고, 친환경 내장재와 기자재를 사용해 내부를 꾸몄다.

스타벅스는 전 매장의 콘셉트가 모두 다르다. 전체 1,500여개 매장은 상권에 따라 인테리어와 디자인을 달리해 상이한 분위기를 갖는다. 일례로 더양평DTR점은 드라이브 스루와 리저브를 결합한 형태의 매장으로 오프라인 특화 경험을 극대화시켰다.

롯데제과 아이스크림 전문점 '나뚜루'는 디저트 숍 '나뚜루 시그니처'로 빠르게 탈바꿈하고 있다. 포화 상태인 아이스크림 전문점 시장에서 벗어나 복합적인 카페 공간으로 변신을 꾀하는 중이다. 침체된 가맹 사업을 살리기 위한 방안을 모색하기 위한 일환으로 분석된다.

할리스는 카공족 공략에 속도를 내고 있다. 지난 2014년부터 카공족을 위한 1인 좌석을 도입했다. 일반적으로 카페에서 '민폐' 취급을 받는 카공족 · 노트북 사용자를 적극적으로 끌어들이고 있다. 여기에 체류하며 허기를 채울 수 있는 사이드 메뉴도 적극 늘리고 있다.

할리스 울산 디자인거리점ⓒ할리스

배달을 강화하는 매장도 있다. SPC그룹 던킨은 주요 매장에 24시간 배달 · 픽업서비스를 도입했다. 여기에 배달 전용 메뉴 '던킨 투나잇'도 선보였다. '던킨만으로 충분해!'라는 콘셉트로 늦은 밤에도 맛있는 음식을 즐기는 고객을 위한 메뉴 구색 역시 확장해 가고 있다.

외식업계 관계자는 "이제는 카페도 차별화 전략이 중요해졌다. 그곳에 가야만 경험하고 기대할 수 있는 것들을 개발해야만 경쟁력이 되는 시대가 됐다"며 "가성비를 내세운 곳은 저렴한 가격, 반면에 가심비를 찾는 곳은 가격을 지불한 만큼 특별한 경험을 기대하는 것처럼 각각의 브랜드가 가진 캐릭터가 그만큼 특색이 있어야 살아남을 수 있다"고 말했다.

● 자료원: 데일리안, 임유정, 2021.04.23.

(3) 집중적 마케팅전략

집중적 마케팅전략(concentrated marketing strategy)은 기업이 하나의 주요한 세분시장을 선정하고, 해당 세분시장의 욕구를 채울 수 있는 하나의 제품을 제공하는 일에 자사의 모든 역량을 집중하는 것을 의미한다. 제한된 자원을 보유한 기업은 한정된 자원을 효율적으로 활용하기 위하여 특정한 시장이나 틈새시장(niche market)을 선정하고 집중함으로써 효익을 얻을 수 있다.

대개의 경우 중소기업이나 벤처기업의 경우 재무적, 인적자원의 한계로 인하여, 보유한 자원을 집중할 수 있는 유망한 세분시장을 선정하고 선정된 시장에 집중하게 된다. 예를 들어, 화장품시장에서 어떤 회사는 기초화장품과 색조화장품 중에서 기초화장품 시장에만 집중하는 경우를 들 수 있다. 그러나 집중적 마케팅전략은 극소수의 시장에 매달려 있으므로 그 시장의 기호가 변하거나 강력한 경쟁사가 들어오면 회사가 큰 위기에 빠지게 될 수 있다. 예를 들어, 유행의 변화나 신기술개발 등으로 인해 낭패를 볼 수도 있다. 그래서 많은 회사들이 성장을 하면서 자연스럽게 여러 개의 세분시장에 진입하여 위험부담을 줄이려는 경향을 보인다.

(4) 일대일 마케팅전략

일대일 마케팅전략(one-to-one marketing strategy)은 개별 소비자의 욕구를 만족시키기 위한 맞춤형 제품과 서비스를 제공하는 것을 의미한다. 이는 극단적인 형태의 표적시장 선택을 말하며, 마이크로 마케팅전략(micromarketing strategy)이라고도 한다.

일반적으로 작은 규모의 생산자는 개별고객 맞춤형 제품을 생산하기가 용이하지만, 대형 기업일수록 이와 같은 수준을 구현하는 것은 매우 어려운 과업이다. 하지만 최근 들어, 정보기술(IT)을 활용하여 개별고객에 알맞은 제품과 서비스를 많은 고객들을 대상으로 제공하는 일들이 빈번해지고 있다. 소비자들은 이와 같이 자신만을 위한 제품이 제공된다고 느낄 때 만족감이 커지게 된다.

하지만 일대일 마케팅전략을 구사하는 기업은 고객 맞춤형 제품과 서비스를 개발하고 생산하기 위하여 일반적으로 그렇지 않은 기업보다 많은 비용을 지불하게 된다. 따라서 일대일 마케팅전략을 활용하려는 기업은 고객을 통해 얻을 수 있는 가치와 지불해야 하는 비용을 전체적으로 검토할 필요가 있다.

2. 표적시장 선택방법

어떤 기업은 자사의 전략방향과 자원의 한계로 인하여 특정한 세분시장에만 진출하기도 하고, 다양한 고객을 만족시켜 성과를 얻기 위하여 여러 개의 세분시장에 동시에 진출하기도 한다. 또한 구분된 세분시장들이 충분히 매력적이고, 자사의 자원활용도가 높은 경우에는 전체 세분시장에 모두 진출할 수도 있다. [그림 7-7]은 표적시장 선택방법을 나타내고 있다.

(1) 단일 표적시장 선택

단일 표적시장 선택은 여러 개의 세분시장 중에서 하나의 세분시장을 표적시장으로 선택

그림 7-7 표적시장 선택방법

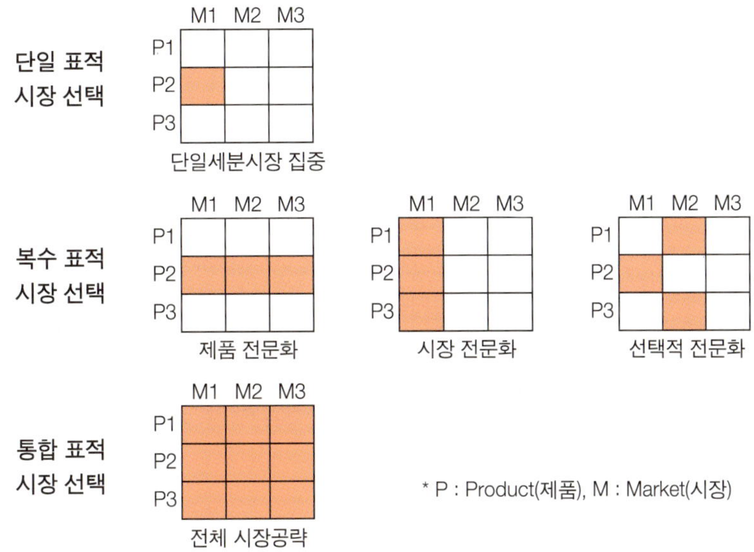

하여 진출하는 경우를 의미한다. 단일 표적시장 선택은 일반적으로 특정 세분시장의 매력도가 높은 경우나, 다른 경쟁사가 진입하지 않은 세분시장인 경우, 혹은 자원이 매우 제한적인 경우에 사용한다.

자원이 상대적으로 제한적인 중소기업의 경우 대부분 단일 표적시장을 선택하는 경우가 많다. 이러한 표적시장은 시장규모가 클 때도 있지만 대부분 시장의 규모가 상대적으로 크지 않기 때문에 대기업과 같은 경쟁사의 주목을 상대적으로 적게 받을 수 있게 되어 효과적인 마케팅전략을 수립하여 실행할 수 있다.

(2) 복수 표적시장 선택

복수 표적시장 선택은 두 개 이상의 세분시장을 표적시장으로 선택하여 진출하는 경우를 의미한다. 복수 표적시장 선택은 크게 제품전문화 전략, 시장전문화 전략, 선택적 전문화 전략으로 구분된다.

하나의 제품으로 여러 세분시장을 공략하는 제품전문화 전략, 특정 시장에서 필요로 하는 다양한 제품을 제공하는 시장전문화 전략, 위험을 분산하기 위하여 여러 개의 세분시장을 선택하는 선택적 전문화전략으로 구분할 수 있다. 예를 들어, 현미경이라는 단일제품을 학교, 연구소, 기업이라는 다양한 세분시장에 공급하는 것을 제품전문화 전략이라고 하며, 대학시장에 현미경, 약품, 실험도구 등 다양한 제품을 공급하는 것을 시장전문화 전략이라고 할 수 있다.

(3) 통합 표적시장 선택

통합 표적시장 선택은 세분화된 전체시장을 표적시장으로 선택하여 진출하는 경우를 의미한다. 통합 표적시장 선택을 주로 사용하는 기업은 중소기업보다는 자원과 역량이 충분한 대기업인 경우가 많다. 예를 들어, 국내자동차 시장에서 현대자동차는 대부분의 차종에 제품을 공급함으로써 자동차시장 전체를 대상으로 마케팅전략을 수립하고 실행하는 것을 알 수 있다. 통합표적시장 선택을 활용하는 기업은 각각의 세분시장 내에서의 경쟁자와의 경쟁전략이 필요하며, 정해진 시장내에서 시장점유율을 높이는 것도 필요하지만 시장자체의 크기를 키울 수 있는 전략을 사용하는 것도 필요하다.

04 포지셔닝

4.1 포지셔닝의 개념

시장세분화와 표적시장 선택을 통하여 진출할 세분시장을 선택한 후 포지셔닝을 하게 된다. 포지셔닝을 살펴보기 전에 우선 포지션의 의미를 알 필요가 있다. 포지션(position)은 현재 및 잠재소비자가 자사의 제품이나 브랜드를 경쟁사에 비하여 상대적으로 어떻게 인식하고 있는지를 나타내는 것이라고 할 수 있다. 이와 같이 포지션의 개념에는 자사, 경쟁사, 고객이라는 기본적인 요소들이 포함된다.

포지셔닝은 포지션의 기본적인 개념을 토대로 하여 설명될 수 있다. 포지셔닝(positioning)은 표적시장 소비자의 마음속에 경쟁사에 대비한 자사제품의 바람직한 이미지를 창조하고 유지하기 위하여 행하는 모든 활동을 의미한다. 예를 들어, 국내호텔 시장에서 신라호텔은 자사의 긍정적인 이미지를 경쟁사에 대비하여 소비자의 지각 속에 창조하고 유지하기 위해 롯데호텔과 같은 국내 유명호텔뿐만 아니라 인터컨티넨탈호텔, 메리어트호텔과 같은 국내에 진출한 해외 유명브랜드 호텔과 차별화된 일련의 마케팅활동을 전개하고 있다. 이를 위하여 자사의 현재 위치를 파악해야 하고, 소비자의 필요, 경쟁사의 이미지 등을 종합적으로 고려하여 자사의 바람직한 위치를 구축해가야 할 것이다.

4.2 포지셔닝의 유형

포지셔닝의 유형에는 제품속성에 의한 포지셔닝, 이미지에 의한 포지셔닝, 경쟁제품에 의한 포지셔닝, 사용상황에 의한 포지셔닝, 제품사용자에 의한 포지셔닝 등 여러 가지가 있다. 각 유형을 살펴보면 다음과 같다.

(1) 제품속성에 의한 포지셔닝

소비자들의 제품에 대한 평가에 있어서 중요한 방법이 속성(attribute)에 대한 지각이다. 제품속성에 의한 포지셔닝은 자사제품의 속성이 경쟁제품에 비해 차별적 속성을 지니고 있어서 그에 대한 편익을 제공한다는 것을 인식시켜주는 전략을 말한다. 저가격과 실용성을 강조한 소형차광고나, 다양한 최첨단사양을 자랑하는 중대형차 등이 이 유형에 속한다. 이 방법은 경쟁제품과 차별화되는 특징이나 종전에는 부족했던 자사제품의 속성을 부각시키기 위해 사용되고 있다.

(2) 제품이미지에 의한 포지셔닝

소비자들의 제품에 대한 평가에 있어서 또 하나의 중요한 평가요소가 바로 이미지이다. 이미지에 의한 포지셔닝은 제품의 상징적이고 감각적인 편익이나 속성, 혜택을 강조하는 방법, 즉 제품이 지니고 있는 추상적인 편익을 소구하는 전략이다. 예를 들어, 미국의 모터사이클 브랜드인 할리 데이비슨은 자유와 남성미라는 이미지로 확고한 포지셔닝을 하고 있다.

(3) 경쟁제품에 의한 포지셔닝

소비자의 인식 속에 경쟁제품과의 비교를 암시적으로 지각하게 만들어 그에 대한 차별적 편익을 강조하는 방법이다. 예를 들어, 대한항공이 세계에서 가장 큰 여객기인 A380을 새로 도입했음을 강조한 광고캠페인을 통해 국내경쟁사인 아시아나항공과 비교한 것이 이 유형에 속한다.

(4) 사용상황에 의한 포지셔닝

자사제품의 적절한 사용상황을 알림으로써 타제품과 사용상황에 따라 차별적으로 인식시키려는 전략이다. 예를 들어, 운동 후 갈증해소 음료라는 포지션을 강조하는 게토레이는 땀을 많이 흘리는 운동하는 모습과 운동 후 게토레이를 마시는 모습을 보여줌으로써 대표적인 스포츠음료로서 자리매김 할 수 있었다.

(5) 제품사용자에 의한 포지셔닝

제품사용자들을 특정 시장에 맞게 설정하여 제시함으로써 특정 소비자들을 타사제품에 비해 차별적으로 인식시켜 자연스럽게 유도하기 위한 전략이다. 예를 들어, 말보로 담배는 카우보이를 광고모델로 하여 야성적인 남성미를 소구함으로써 강한 남성용 담배로서 시장의 확고한 위치를 구축하였다.

4.3 포지셔닝전략의 수립단계

포지셔닝전략수립은 기업의 여건에 따라 달라지겠지만 소비자분석과 경쟁자 확인과정을 포함해 일반적으로 [그림 7-8]과 같이 다섯 단계의 과정을 통해 이루어진다.

그림 7-8 포지셔닝전략의 수립단계

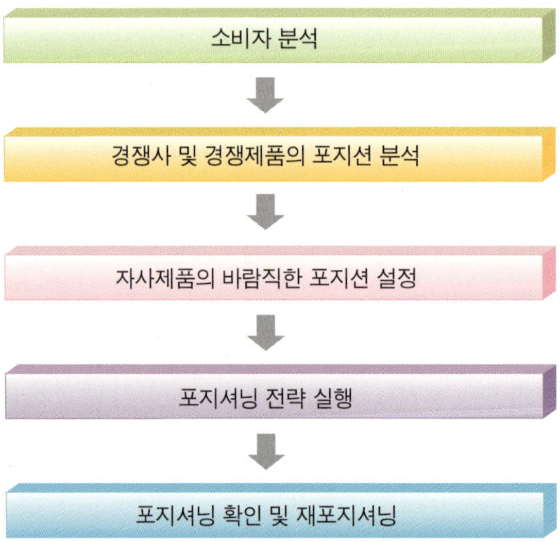

1. 1단계 : 소비자분석

진정한 포지셔닝의 목표는 소비자의 필요를 파악하고 그 필요를 채울 수 있는 전략을 수립하고 실행하는 것에 있다. 이를 위하여 소비자가 해당 시장에서 무엇을 원하는지에 대한 구체적인 선호도를 조사하고 분석하여 확인할 필요가 있다.

2. 2단계 : 경쟁사 및 경쟁제품의 포지션분석

경쟁사의 포지션을 파악하는 것이 필요하다. 소비자는 자사의 이미지만이 아니라 경쟁사의 이미지를 동시에 고려하기 때문이다. 표적시장의 범위를 어떻게 설정하느냐에 따라 경쟁제품과 경쟁기업이 달라질 수 있다. 이러한 경쟁자 확인에 있어서는 직접적인 경쟁제품뿐만 아니라 대체재도 넓은 의미에서 경쟁자가 될 수 있음을 분명히 살펴보아야 한다.

다이어트 식품을 개발하고자 할 때 기존의 다이어트 식품만을 경쟁자로 볼 수 있겠지만 다이어트 욕구가 있는 소비자관점에서 보면 칼로리가 낮은 모든 간편식이나 운동기구 등도 다이어트에 도움이 될 수 있으므로 이런 대체재를 간과해서는 안 될 것이다. 그리고 이처럼 대체재가 존재하는 경우에는 시장의 크기를 예측할 때 주의해야 한다.

3. 3단계 : 자사제품의 바람직한 포지션 설정

소비자가 원하는 선호도를 토대로 바람직한 포지션이 무엇인지를 설정할 필요가 있다. 그래서 소비자의 선호를 파악하는 것으로 그치는 것이 아니라 자사의 역량, 경쟁사의 전략 등을 종합적으로 파악하여 효과적인 마케팅성과를 창출할 수 있는 바람직한 포지션을 설정하는 것이 필요하다. 경쟁제품에 비하여 자사제품이 가져야 할 차별적 우위의 지각이나 연상을 결정하고, 아울러 소비자의 욕구를 더 잘 충족시킬 수 있도록 자사제품의 포지션을 결정한다. 그리고 포지셔닝 개념에 따라 제품을 개발하고 원하는 위치에 포지셔닝이 되도록 마케팅커뮤니케이션 노력을 집중해야 한다.

차별적 우위를 성공적으로 달성하기 위해서는 두 가지 기본적인 의사결정이 필요하다. 첫 번째는 몇 개의 차별점을 선택하여 소구할 것인가이다. 두번째는 어떤 측면의 차별점을 선택하여 소구할 것인가이다. 그리고 차별점은 〈표 7-4〉와 같은 특성을 가져야 성공의 가능성이 커진다.

표 7-4 성공적인 차별점의 요소

1. 중요성 : 차별점은 표적시장의 소비자들에게 확실히 가치가 있는 편익을 제공해야 한다.
2. 차별성 : 경쟁자들이 똑같은 차별점을 제공할 수 없거나 확실히 다른 방법으로 차별점을 제공할 수 있어야 한다.
3. 우수성 : 차별점은 소비자들이 같은 편익을 얻을 수 있는 다른 방법들보다 확실히 뛰어나야 한다.
4. 전달성 : 차별점은 소비자들에게 전달할 수 있어야 하고 보여줄 수 있어야 한다.
5. 선점성 : 차별점은 경쟁자들이 쉽게 모방할 수 없어야 한다.
6. 가격 적절성 : 차별점은 구매자들이 구입을 꺼릴 정도로 비싸지 않아야 한다.
7. 수익성 : 차별점은 기업에게 이익을 제공할 수 있어야 한다.

4. 4단계 : 포지셔닝전략 실행

자사와 경쟁사의 포지션을 확인하고 소비자의 선호도에 근거한 바람직한 포지션을 결정하고 난 후에는 해당시장에 맞는 포지셔닝전략을 수립하고 실행할 필요가 있다. 이를 위하여 구체적인 목표시장에 맞는 마케팅믹스 프로그램을 수립하여 체계적인 실천을 해야 한다.

5. 5단계 : 포지셔닝의 확인 및 재포지셔닝

포지셔닝전략을 수립하여 실행하고 난 후에는 반드시 포지셔닝전략을 통해 바람직한 포지션이 소비자의 마음속에 형성되었는지를 점검할 필요가 있다. 만약 목표했던 포지션을 확보하지 못한 경우 원인을 분석하여 차이를 수정할 수 있는 추가적인 전략이 필요하다.

목표로 하는 포지셔닝이 제대로 달성되었는가를 점검하는 방법으로써 포지셔닝 맵을 활용할 수 있다. 포지셔닝 맵(positioning map)이란 소비자들의 마음속에 있는 제품선택기준과 자사제품을 포함한 시장내 경쟁제품의 위치를 2~3차 공간에 작성한 지도이다. 즉, 고객지각에 의해 도표화된 각 브랜드의 위치를 도표상에 나타낸 것이며, 경쟁브랜드들의 상대적 위치와 소비자들이 원하는 이상적 제품을 시각적으로 나타내 주는 것으로 지각도(perceptual map)라고도 말한다. 이러한 포지셔닝 맵은 마케터들의 전략수립에 유용한 정보를 제공해주고 있는데, 첫째, 자사제품이 소비자들에게 어떻게 인식되고 있는지를 알게 해준다. 둘째, 자사제품의 경쟁자 확인 및 경쟁상황을 파악할 수 있다. 셋째, 제품속성에 대한 소비자들의 이상점을 파악할 수 있게 해준다. 넷째, 마케터의 의도대로 포지셔닝이 되었는지에 대한 효과를 측정할 수 있게 해준다. 마지막으로 잠재시장을 파악할 수 있게 해준다.

또한 초기에 성공적인 포지셔닝이 되었다 하더라도 시간이 흐름에 따라 경쟁환경과 소비

그림 7-9 스낵시장의 포지셔닝 사례

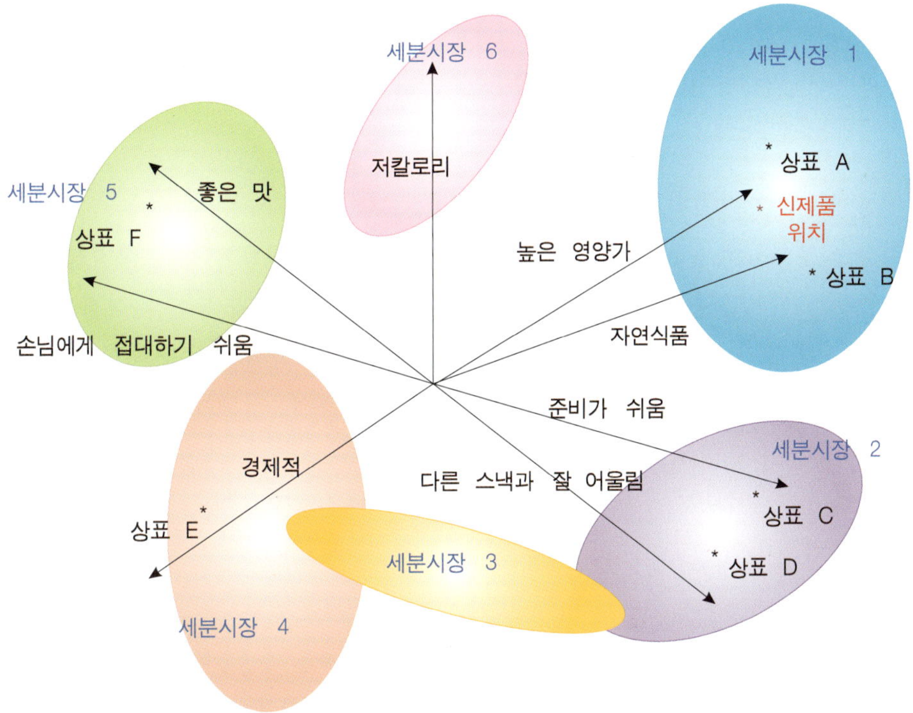

1

자욕구가 변화하였을 경우에는 목표포지션을 재설정하여 그곳으로 이동시키는 재포지셔닝(repositioning)을 하여야 한다. 그러나 재포지셔닝이 성공을 거두기는 쉽지 않은 것이 현실이다. 이미 상당한 기간동안 소비자들의 머리속에 각인된 제품의 이미지를 바꾸는 것은 신제품을 출시하는 것보다 쉽지 않고 비용 대비 효과창출도 신제품출시에 비해 높지 않은 경우가 많기 때문이다. 재포지셔닝의 경우에는 기존 제품의 이미지에 대한 소비자들의 인식과 소비자들의 특성 변화에 대한 분석이 먼저 철저히 이루어져야 할 것이다.

05 요 약

시장세분화란 기업의 효과적인 마케팅믹스 적용을 위해 다양한 욕구를 포함하고 있는 전체시장을 분석하여 동질적인 욕구를 갖고 있는 세분시장으로 나누는 작업을 말한다. 시장세분화를 통하여 시장구조의 파악과 시장기회의 발견, 차별화를 통한 가격경쟁의 완화와 브랜드충성도 제고, 고객중심의 사고방식을 통한 기업의 경쟁력확보 등의 효과를 얻을 수 있으며, 이런 효과를 얻으려면 세분시장에 대한 측정가능성, 접근가능성, 규모의 충분성, 차별성, 실행가능성 등의 요건이 갖추어져야 한다. 시장세분화 기준변수로는 지리적 기준, 인구통계적 기준, 심리분석적 기준 그리고 행동분석적 기준 등 다양한 기준을 사용하고 있다.

표적시장 선택이란 시장세분화를 통해 세분된 시장에 대한 매력도, 시장 내 경쟁상황, 자사와의 적합도 등을 고려하여 하나 또는 그 이상의 세분시장을 목표시장으로 선정하고 공략하는 것을 말한다. 표적시장 선택전략에는 비차별적 마케팅, 차별적 마케팅, 집중적 마케팅, 일대일 마케팅전략 등이 있으며, 표적시장 선택방법에는 단일 표적시장 선택, 복수 표적시장 선택, 통합표적시장 선택 등이 있다.

포지셔닝이란 소비자들의 마음 속에 자사제품을 어떻게 차별적 우위로 인식시킬 것인가에 대한 전략을 말한다. 포지셔닝의 유형에는 제품속성에 의한 포지셔닝, 이미지에 의한 포지셔닝, 경쟁제품에 의한 포지셔닝, 사용상황에 의한 포지셔닝, 제품사용자에 의한 포지셔닝 등 여러 가지가 있다. 포지셔닝전략은 소비자분석, 경쟁사 및 경쟁제품의 포지션분석, 자사제품의 바람직한 포지션설정, 포지셔닝전략 실행, 포지셔닝의 확인 및 재포지셔닝 등의 과정을 통해 진행된다.

참·고·문·헌

- 박종오, 권오영, 편해수(2017), 마케팅 제2판, 북넷.
- 박찬수(2014), 마케팅원리, 법문사.
- 박충환 · 오세조 · 김동훈 · 박진용(2011), 마케팅관리, 박영사.
- 유순근(2016), 중소기업 마케팅, 북넷.
- 이훈영(2015), 이훈영 교수의 마케팅, 청람.
- 주우진 · 박철 · 김현식(2010), 마케팅관리, 홍문사.
- Haley, Russell I.(1968), "Benefit Segmentation: A Decision-Oriented Tool," *Journal of Marketing*, 32(July), 30-35.
- Kotler, Philip and Gary Armstrong(2016), *Principles of Marketing*, 16th ed., Pearson.
- Perreault, Jr., William D., Joseph. P. Cannon, and E. Jerome McCarthy (2009), *Basic Marketing: A Marketing Strategy Planning Approach*, McGraw-Hill/Irwin.
- Solomon, Michael R., Greg W. Marshall, and Elnora W. Stuart(2012), *Marketing*, 7th ed., Prentice Hall.

part 08

제품관리

01 제품의 개념과 구성요소

02 제품의 분류

03 신제품개발전략

04 신제품의 포장과 표찰

05 신제품수용과 확산

06 제품수명주기 전략

07 제품의사결정

08 요 약

식품업계 신제품 출시로 활발하게 진행 중인 신제품마케팅

반듯한식(풀무원 식품)

풀무원이 새로운 브랜드를 런칭했는데, 브랜드 이름은 반듯한식이다. 반듯한식의 국, 탕, 찌개 HMR은 나트륨함량이 높은 기존 국, 탕, 찌개에서 니즈를 발견하여 나트륨을 25% 줄인 제품류이다. 반듯한식은 커져가는 HMR 시장을 겨냥한 집밥수준의 국,탕, 찌개 HMR이다. 반듯한식의 국, 탕, 찌개 HMR의 경쟁자로는 비비고, 오뚜기가 있겠다. 이미 시장을 점유하고 있는 비비고와 싼 가격으로 1인 가구를 타깃인 오뚜기 사이에서 반듯한식의 행보가 기대된다. 반듯한식은 국 3종(갈비 육개장, 한우 사골육수, 소고기 보양 미역국), 탕 4종(산삼 배양근 삼계탕, 나주식 수육곰탕, 시래기 추어탕, 짬뽕 몽글 순두부), 찌개 3종(건강한 부대찌개, 한돈 김치찌개, 고깃집 된장찌개)로 구성되어 있다

▸ 롯데푸드에서는 기존 있던 국화빵 아이스크림의 베리에이션 제품이다

기존 제품은 바닐라 아이스크림에 팥, 그리고 간간이 씹이는 찰떡이 들어가 있었다.

이번 제품은 기존 제품과 다르게 ,호두 아이스그림에 호두 알갱이를 넣어 고소하게 즐길 수 있는 게 특징이다(개인적으로 맛에 변화를 주면서 베리에이션을 내는 걸 안 좋아한다. 새로운 제품을 기획하기 보다는, 당장의 매출을 내기 위한 술법으로 보이기 때문이다).

롯데칠성음료에서는 특이한 제품을 출시했는데, 동치미 국물을 RTD(Ready to drink), 즉 식전 가볍게 식욕을 돋구는 용도로 마시는 제품이다. 동치미에 탄산을 넣었으며, 245ml 한 캔 기준으로 3g의 식이섬유를 함유하고 있다. 패키지는 동치미 음료라는 특징을 소비자에게 주기 위해 무, 파, 고추 등 동치미 재료를 캐릭터화 하여 표현했다.

국화빵 호두과자(롯데푸드)

미치동 스파클링(롯데칠성음료)

▸ 풀무원식품에서는 로제 떡볶이의 인기에 힘 입어 로제 누들떡볶이를 출시했다

누들떡은 떡을 가래떡 보다 얇게 만들어, 마치 면 처럼 떡을 먹을 수 있도록 만든 제품이다. 풀무원은 누들떡을 고압으로 두 번 익혀 더욱 말랑하면서 쫄깃하다. 로제 소스는 고추장 및 고춧가루 베이스에 생크림을 첨가하여, 매콤하면서 부드러운 맛을 내는 소스이다. 이런 누들떡을 최근 인기를 끌었던 로제 소스를 더한 로제 누들떡볶이가 출시되었다.

서울우유협동조합에서는 비요뜨의 새로운 맛이 출시되었다. 이번 플레이크는 초코링, 화이트 밀크, 다크초코로 코팅한 콜플레이크로 구성되어 있다. 뭐...기존 제품에 맛만 다양하게 한 베리에이션 제품이다.

팔도는 팔도 비빔면의 인기와 함께 소스를 따로 출시해달라는 성원에 팔도비빔장을 따로 출시하여 판매하고 있다. 이번엔 팔도가 그 비빔장을 가지고 만두를 만들었다. 팔도비빔장으로 10미리 크기의 큐브 형태의 돼지고기와 양배추, 부추, 대파, 무 등을 버무려 만두를 만들었다. 팔도비빔만두 왕교자와 팔도비빔면의 콜라보가 기대되는 제품이다.

닭갈비를 먹으러 가면, 닭갈비를 다 먹은 후 남은 양념에 볶음밥을 비벼 먹는다. 닭갈비 철판에 눌어 붙은 볶음밥을 긁어 먹는 재미도 쏠쏠하다. 오뚜기는 이런 문화에 아이디어를 얻어 철판에 눌어붙은 식감을 살린 '오즈키친 철판알밥'을 출시했다. 이 제품이 더욱 좋은 점은 '오뚜기 밥친구 야채'를 별첨하여 철판알밥에 뿌려 먹을 수 있다는 것이다.

로제 누들떡볶이
(풀무원 식품)

비요뜨 링크
(서울우유협동조합)

팔도비빔만두 왕교자
(팔도)

오즈키친 철판알밥
(오뚜기)

● 자료원 : https://blog.naver.com/zkscy2003/222571447364

급변하는 대내 · 외적인 환경변화들은 기업이 통제할 수 없는 요소들이기 때문에, 이러한 환경변화가 어떻게 변화하고 있는가를 정확하게 분석하고 예측하는 일은 제품, 가격, 유통 및 촉진 등의 마케팅믹스 전략을 수립하는데 매우 중요하다.

본 장에서는 마케팅믹스 요소 중에서도 가장 중요한 요소라 할 수 있는 제품관리에 관해 서술하고자 한다. 먼저 제품의 개념과 구성요소를 파악하고, 소비재시장과 산업재시장에서 제품을 분류하는 제품분류방법에 대하여 검토한다. 그 다음으로 신제품개발전략, 수용과 확산, 제품수명주기전략 등에 대해서 알아보기로 한다. 마지막으로 개별제품의 조합인 제품계열, 제품믹스 등과 관련된 제품의사결정에 대해 다루기로 한다.

01 제품의 개념과 구성요소

마케팅의 본질은 고객의 욕구를 충족시켜 줄 수 있는 새롭고 진보된 제품을 개발하는데 있다. 일반적으로 제품은 유형적인 제품속성들로 구성된 재화만을 생각하지만, 유형적인 제품 이외에도 서비스, 상징적 의미 등의 무형적인 제품속성까지 포함하기 때문에, 제품관리의 영역도 물리적 제품속성뿐만 아니라 추상적인 부분까지도 포함해야 한다.

1.1 제품의 개념

제품은 고객을 만족시킬 수 있는 일련의 유 · 무형의 속성다발로 구성된 상품, 서비스, 혹은 아이디어이며, 화폐나 혹은 다른 가치있는 것과 교환할 수도 있다. 상품은 실제로 눈으로 볼 수 있고, 만질 수 있으며, 냄새맡거나, 사용해 볼 수 있는 물리적인 특성으로 구성된 유형적인 속성들이다. 예를 들어, 자동차. 집, 음료수, PMP, 디지털카메라 등 고객이 일상생활과정에 구매해서 사용하고 있는 대부분의 것들이 포함된다. 서비스는 생산자로부터 소비자에게 직접 교환되는 교육, 병원, 은행대출 등과 같이 형태가 없는 무형적인 속성들로 사람이나 기계를 통해서 수행될 수 있다.

이러한 의미에서 볼 때, 제품은 좁은 의미에서는 물리적이고 기능적인 속성을 나타내는 유형제품을 말하지만, 넓은 의미에서는 그에 부수적인 서비스 및 상징적 가치를 결합한 총체를 나타낸다. 다시 말하면, 물리적이고 기능적인 제품 그 자체는 물론이고 포장, 브랜드, 배달서비스, 신용공여, 쾌적한 쇼핑분위기 등도 넓은 의미에서 제품에 포함된다. 따라서 마케터에게는 소비자에게 제시하는 제품개념에 어느 범위까지 포함시키느냐는 매우 중요한 의사결정이 되고 있다.

1.2 제품의 구성요소

대부분의 상품이나 서비스들은 상품과 서비스의 연속체 상에서 어딘가에 위치해 있다. 서비스는 항상 유형적인 요소들이 있으며, 대부분의 상품들은 어떤 무형적인 속성들을 포함하고 있다. 예를 들어, 고객이 가정에서 사용하는 TV, 냉장고 등과 같은 순수상품을 구매하는 경우에, 제조업체에서는 구입하는 상품뿐만 아니라 상품의 배달, 설치, 보증 등의 서비스를 제공해 준다. 그리고 만약 한 여성고객이 백화점에 있는 화장품 가게에서 화장과 같은 순수서비스를 구매하는 경우에, 고객의 새로운 모습을 연출하기 위해 미용사는 여러

그림 8-1 제품개념의 다섯 가지 수준

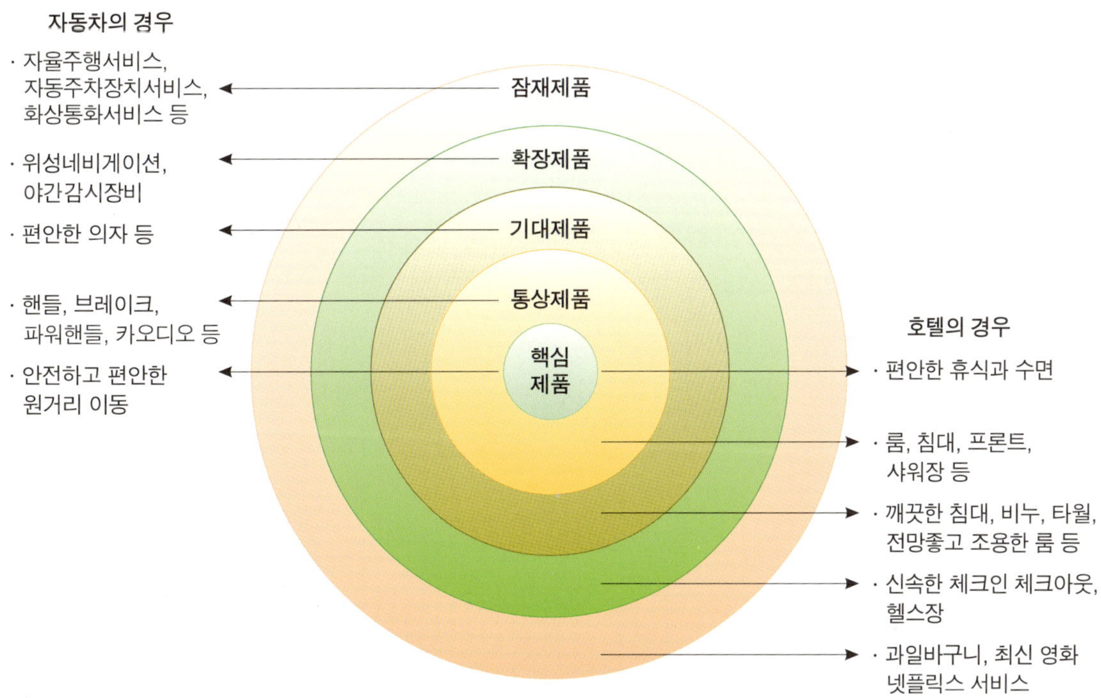

가지 로션, 파우더, 립스틱 등과 같은 유형상품들을 사용할 것이다.

또한 마케터는 다양한 소비자욕구를 충족시키기 위해 다차원적으로 제품을 이해할 필요가 있다. 제품개념은 [그림 8-1]과 같이 핵심제품(core product), 통상제품(generic product), 기대제품(expected product), 확장제품(augmented product), 잠재제품(potential product) 등의 다섯 가지 수준으로 분류하여 그 속성을 제시할 수가 있다. 핵심제품은 제품개념 중에서 가장 기본적인 차원으로서 고객이 진실로 구매하려고 하는 것은 무엇인가라는 개념에 기초하고 있다. 즉, 제품속에 내재하고 있는 소비자의 욕구를 발견하여 제품의 특징을 판매하는 것이 아니라, 제품을 구매함으로써 소비자가 얻게 되는 편익을 판매하여야 한다. 핵심제품은 한 제품의 중심적인 위치를 차지하고 있어 소비자가 얻게 되는 혜택이나 서비스를 지칭한다. 예를 들어, 고객이 원거리까지 편안하고 안전하게 이동하기 위해서 자동차를 구매하며, 편안한 휴식과 수면을 위해 호텔의 룸을 구매해서 투숙할 것이다. 이와 같이 핵심제품은 제품이 고객에게 주는 가장 기본적인 혜택이나 서비스를 말한다.

이러한 핵심제품은 두번째 제품수준인 통상제품에 의해 구체화된다. 예를 들어 자동차의 통상제품은 자동차에 장착되어 있는 파워핸들, 브레이크, 카오디오 등이며, 호텔의 경우에는 휴식이나 수면을 취할 수 있는 룸이 있는 건물, 프론트, 침대, 샤워장 등이다. 이와 같이 통상제품은 핵심제품을 전달하기 위해 구성된 유형적인 특성들을 말한다. 또 다른 유형제품의 구성요소에는 포장, 브랜드, 품질, 스타일 그리고 기타 특성들로 이루어진다. 세번째 제품수준은 기대제품이다. 고객이 원하고 기대하는 일련의 속성들이나 상태들을 포함한다. 자동차구매 고객들은 편안한 의자 등을 기대할 수도 있으며, 호텔손님들의 경우는 깨끗한 침대시트, 비누, 타월, 객실내 화장실, 전망 좋고 조용한 룸 등을 기대할 것이다. 네번째 제품수준인 확장제품은 경쟁기업과 차별화될 수 있는 부가적인 서비스나 편익들을 나타낸다. 자동차의 확장제품은 앞유리에 부착된 야간감시장비, 위성네비게이션 등이며, 호텔의 경우는 신속한 체크인과 체크아웃, 헬스장 등이다. 그리고 다섯번째로 마지막 제품수준은 잠재제품이다. 이것은 앞으로 제품개발이나 기술발전을 통해 제품에 추가될 수 있는 것들이 모두 포함될 수 있다. 자동차의 잠재제품은 자율주행서비스, 자동주차장치서비스, 화상통화서비스 등이 포함될 수 있다. 하지만 현재의 잠재제품이나 확장제품 등이라고 할지라도 기술의 진보수준이나 다른 경쟁사의 마케팅전략에 따라 달라질 수도 있다. 예를 들어, 자동차의 위성네비게이션, 야간감시장비 등은 얼마 전까지만 해도 잠재제품이었지만 곧바로 확장제품이 되었으며, 그 이후 이젠 빠르게 기대제품이 되고 있다. 이와 같이 여러 단계의 제품수준을 총체적으로, 제품을 개발하고 차별화시켜 체계적으로 관리하는 것이 마케팅성공에 가장 중요한 과제가 될 것이다.

02 제품의 분류

제품은 여러 가지 기준에 의해 다양한 유형으로 구분된다. 제품은 일반적으로 유형적이고 물리적인 특성을 나타내는 정도에 따라 내구재와 비내구재, 서비스 등으로 구분할 수 있으며, 소비자의 구매목적에 따라 [그림 8-2]와 같이, 소비재와 산업재로 구분된다. 소비재는 소비자들이 구매과정에 보이는 구매행동에 의해 편의품, 선매품, 전문품, 미탐색품 등으로 나누어지며, 산업재는 그 용도에 따라 생산재와 보조재로 구분된다.

2.1 제품 유형성 정도에 따른 분류

제품은 물리적 형태의 유무에 따라서 유형제품과 무형제품으로 구분되는데, 유형적인 제품 중에서는 사용기간에 따라 내구재와 비내구재로 구분되며, 무형제품으로는 서비스가 있다. 그러나 사용기간은 소비자마다 다르게 나타나는 상대적인 개념이므로 내구재와 비내구재를 명확하게 구분하는 것은 어렵다.

1. 내구재

내구재(durable goods)는 유형의 제품으로서 사용기간이 비교적 긴 제품을 의미하며, TV, 가구, 냉장고 등과 같이 상당수의 선매품들이 여기에 속하게 된다. 이러한 상품들은 소비주기가 길기 때문에 한번 구매를 할 때마다 고관여 의사결정하에서 구매가 이루어지기 때문에 인적판매와 품질보증 및 사후서비스(A/S)가 구매결정에 많은 영향을 주게 된다.

2. 비내구재

비내구재(non-durable goods)는 유형의 제품으로서 사용기간이 비교적 짧은 제품을 의미하며 음료수, 비누, 옷, 음식물 등과 같이 상당수의 생필품들이 여기에 속하게 된다. 이러한 상품들은 소비주기가 짧기 때문에 자주 구입되는 특성상 저관여 의사결정하에서 이루어지므로, 소비자들에게 제품에 대한 인식을 강화하기 위한 촉진수단으로 광고를 이용하

그림 8-2 제품의 분류

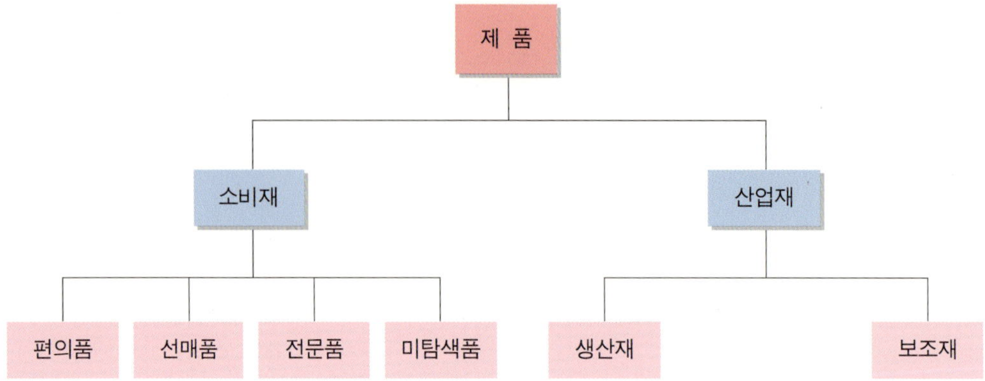

게 된다.

3. 서비스

서비스(service)는 사용자의 욕구충족을 통해 만족을 주기 위하여 사람과 설비 또는 시설에 의하여 제공되는 행위를 의미한다. 미국 마케팅학회에서는 서비스를 판매목적으로 제공되거나 또는 상품판매와 연계해서 제공되는 여러 가지 활동, 편익, 만족이라고 정의하고 있다. 이러한 서비스에는 이 · 미용서비스, 금융서비스, 교육서비스, 법률서비스, 의료서비스 등을 들 수 있다. 서비스의 특성으로 네 가지를 들 수 있는데, 유형적인 제품과 비교하여 무형적이며, 표준화되지 않고 이질적이며, 생산과 소비가 분리되지 않고 동시에 이루어지며, 저장되지 못하고 즉시 소멸되는 특성을 가지고 있다. 그러므로 고도의 품질관리와 서비스제공자의 신뢰성과 적응력 등이 중요하다.

2.2 소비자의 구매목적에 의한 분류

1. 소비재의 유형

소비재는 최종 소비자나 가계에서 최종 소비목적을 위해 구매되며, 더 이상 가공하지 않고 사용할 수 있는 모든 제품을 말한다. 소비자들의 구매과정에 보이는 구매행동에 의해 소비재는 〈표 8-1〉과 같이 편의품, 선매품, 전문품, 미탐색품 등으로 나누어진다.

표 8-1 소비재의 유형별 특징

마케팅 고려사항	소비재의 유형			
	편의품	선매품	전문품	미탐색품
소비자 구매행동	구매빈도 높음, 구매 계획 · 비교 · 쇼핑노력 거의 없음	구매빈도 중간, 구매 계획 · 쇼핑노력, 가격 · 품질 · 스타일 비교	구매빈도 낮음, 브랜드 선호도와 충성도 강함, 특별 구매노력, 비교 낮음	구매빈도 매우 낮음, 일부 비교쇼핑, 제품인식이나 지식이 거의 없음
가격 · 유통	저가격 · 편리한 위치의 집중적 유통	비교적 고가격 · 소수의 선택적 유통	매우 고가격 · 한 두개의 전속적 유통	가격과 유통 다양함
촉 진	가격, 이용성 강조, 제조업자에 의한 Mass Promotion	경쟁제품과 차이점 강조, 제조업자와 중간상에 의한 광고 · 인적판매	품격이나 브랜드 독특성 강조, 제조업자와 중간상의 표적고객촉진	고객인식 필요, 제조업자와 중간상의 적극적인 광고 · 인적판매
제 품	치약, 잡지, 세제, 비누, 드라이크리닝, 이 · 미용서비스	카메라, 가구, TV, 의류, 자동차정비 및 보험서비스, 육아보육서비스	Rolex 시계, Gucci 핸드백, Benz 승용차, 금융 · 의료서비스	장례용품, 생명보험, 헌혈

(1) 편의품

편의품(convenience products)은 소비자가 제품구매활동을 위해 많은 노력과 시간을 기울이지 않고 자주 구매하는 제품이나 서비스를 말하며, 가격이 비교적 저렴한 품목들이다. 일반적으로 치약, 세제, 음료수, 과자류, 비누 등 슈퍼마켓에서 흔히 구입할 수 있는 상품과 세탁 · 드라이크리닝 서비스, 이 · 미용서비스 등도 대부분 편의품에 속한다.

우선 점포에 가기전에 소비자가 특정 제품에 대한 내용을 완전히 알고 있으며, 쇼핑을 위해 여기저기 돌아다녀도 시간과 노력의 대가가 없음을 알고 있는 부류에 속하는 제품이나 서비스를 말한다. 소비자는 많은 구매계획없이 정규적으로 편의품을 구매한다. 소비자는 찾고자 하는 브랜드가 없을 때는 다른 브랜드라도 쉽게 받아들이며, 가장 가까운 곳에서 구매하려는 경향이 높다. 그래서 편의품은 목표이익을 충족시키기 위해 충분한 양을 판매할 수 있도록 광범위한 유통망을 갖추어야 한다. 또한 편의품은 다음과 같이 필수품(staples goods), 충동구매품(impulse goods), 비상용품(emergency goods) 등으로 세부적인 분류를 할 수 있다.

첫째, 필수품은 소비자가 구매시간이나 노력을 많이 기울이지 않고 일상적으로 자주 반복적으로 구매하는 제품으로 우유, 치약, 라면, 비누, 케첩 등의 생활필수품과 같은 제품이나, 자동차 주유서비스, 세탁과 드라이크리닝 서비스, 이 · 미용서비스 등과 같은 서비스들도 이 범주에 속한다. 필수품의 가장 중요한 구매결정요소는 브랜드에 대한 소비자들의 충성도이다.

둘째, 충동구매품은 소비자가 평소에 특별한 노력이나 계획이 없이 구매하는 제품이다. 슈퍼마켓이나 할인점 등에서 사전에 계획없이 즉흥적이고 충동적으로 구매되는 잡지, 껌과 같은 제품이나 주유소에서 세차서비스를 받는 것도 포함된다.

셋째, 비상용품은 소비자가 예상하지 못한 일이 발생했을 때, 이를 해결하고자 긴급히 필요해서 구매하는 제품으로 갑자기 거리에서 비를 만났을 때 우산구매, 작업을 하다가 칼로 손을 베었을 때 1회용 반창고구매, 발목삐어서 병원응급실 방문 등이 그러한 예이다.

이와 같이 편의품은 구매욕구가 발생하였을 때 많은 노력을 기울이지 않고 소비자가 구매할 수 있도록 폭넓은 유통망과 대량촉진의 마케팅전략이 필요하다.

(2) 선매품

선매품(shopping products)은 소비자가 편의품 구매와 달리 구매과정에서 물리적 특성, 서비스특성(보증, A/S기간), 가격, 품질, 스타일, 구매장소 등에 대한 정보를 수집하며, 그 특성을 비교하여 구매하게 되는 상품을 말한다. 일반적으로 선매품범주에는 의류나 가구, TV, PMP, 디지털카메라, 스마트폰 등과 같은 제품과, 자동차정비 및 보험, 주택수리 및 리모델링, 육아보육 등과 같은 서비스들이 포함된다. 선매품은 대체로 고가격이며 편의품에 비해 구매빈도가 그리 높지 않다. 상점의 이름이나 평판이 소비자 구매의사결정에 상당히 영향을 미친다.

선매품 중에서도 냉장고, TV 등과 같이 경쟁제품과 유사한 제품들은 소비자들이 서로 동질적인 것으로 인식하는 경우가 많기 때문에, 이들 제품과 관련해서 마케터는 자사 제품의 차이점을 강조해서 차별화시키는 마케팅전략이 필요하다. 예를 들어, 판매원들이 소비자에게 가격이나 제품의 가치를 강조한다든지, 품질이나 특이점 등 제품에 내재된 속성을 강조한다든지 하는 방법도 중요하다. 또한 소비자들이 선매품 중에서 옷이나 가구, 피트니스클럽, 바캉스 등과 같이 제품들 간에 본질적인 차이 때문에 이질적인 제품으로 인식하고 있는 경우도 있다. 이런 경우에 마케터는 소비자의 마음속에서 완전히 경쟁제품과 비교해서 이질적인 제품으로 인식하게끔 분리시키는 마케팅전략이 필요하다. 제품의 스타일, 색상, 적합성 등에 대한 소비자들의 지각이 제품선택에 많은 영향을 미친다.

이와 같이 대부분의 선매품은 소비자들이 구매계획과 정보탐색에 많은 시간을 할애하는 제품이며, 고가격이기 때문에 지역별로 소수의 판매점을 통해 유통되는 선택적 유통경로 전략이 필요하다.

(3) 전문품

전문품(specialty products)이란 제품이 지니고 있는 전문성이나 독특성 때문에 대체품이 존재하지 않고, 높은 제품차별성과 브랜드인지도가 높아서 제품구매에 있어서 특별한 노력을 기울이는 제품이다. 예를 들어, 전문품에는 Gucci 핸드백, Rolex 시계, Benz 자동차, 유명디자이너의 의류, 스포츠카 등의 상품들과 금융서비스, 의료서비스, 법률서비스 등의 전문서비스들이 포함된다. 전문품들은 일반적으로 고가격제품이며, 소비자들이 구매를 위해 많은 노력을 기울이기 때문에 정확한 정보를 필요로 하고 대체품을 원하지 않는다. 소비자들은 전문품에는 강한 브랜드애호도를 나타내기 때문에 원하는 브랜드를 취급하는 점포방문에 상당한 시간이 소요되더라도 이를 기꺼이 감수하려는 경향이 있다.

이와 같은 전문품의 특성 때문에 마케터는 구매가능성이 높은 소비자들만을 표적시장으로 선정해서 이들을 대상으로 한 광고나 판촉활동을 실시해야 한다. 그러므로 유통경로전략도 특정 지역권에 독점판매권을 부여받은 소수의 전속대리점이 포괄하는 전속적 유통경로전략이 효과적이다.

(4) 미탐색품

미탐색품(unsought goods)은 소비자들이 평소에 특정 제품에 대해 잘 모르고 있거나 알고 있다고 하더라도 잘 찾지 않는 제품들이 이에 포함된다. 신제품들은 광고나 유통을 통해 소비자들에게 인식시키기 전까지는 이 범주에 분류된다.

미탐색품에는 일반적으로 소비자들이 평소에 소비하고 싶어하지 않지만, 필요한 제품들로 장례용품, 생명보험, 헌혈 등이 포함된다. 이들 미탐색품들은 공격적인 인적판매나 고도의 설득적 광고메시지 등이 필요하다. 판매원들은 고객들이 이들 제품들을 잘 찾지 않기 때문에 적극적으로 잠재고객들을 찾아다녀야 한다. 그리고 마케터는 직접우편, 직접반응광고, 판매원 등을 통해 잠재소비자에게 직접 다가가야 한다.

2. 산업재의 유형

산업재의 주요 특성은 흔히 산업재의 매출이 소비재의 매출에 따라 영향을 많이 받는 파생수요(derived demand)라는 점이다. 산업시장에서도 다수의 제품과 서비스가 거래되고 있으며, 생산과정에 어떻게 투입되고 상대적인 비용의 크기가 어느 정도인가에 따라 분류한다. 이러한 기준에 따라 생산재, 보조재로 분류한다.

(1) 생산재

생산재(production goods)는 최종 생산물을 제조하기 위하여 사용되는 제품으로서, 원재료와 제조된 원료 및 부품들로 구분된다. 예를 들어, 농산물(과일, 채소)이나 자연생산물(수산물, 목재) 등의 원재료와 원자재(철강, 알루미늄, 고무제품, 시멘트)와 반제품(동력기, 타이어) 등의 제조된 원료나 부품들이 포함된다. 생산재와 관련 마케팅은 가격, 품질, 배달, 그리고 서비스와 같은 요인들을 바탕으로 하고 있다. 이러한 생산재를 담당하고 있는 마케터는 주로 산업재 소비자들에게 직접적으로 판매하는 경향이 있다.

(2) 보조재

보조재(support goods)는 다른 상품이나 서비스를 생산하는데 지원해 주고 이용되는 품목들을 말한다. 보조재는 설비품(installment), 보조장비(accessory equipment), 소모품(supplies), 산업서비스(industrial services) 등으로 구분될 수 있다.

- 설비품 : 제조과정을 지원하는 제품으로서 공장이나 사무실 등의 건물이나 대형컴퓨터, 발전기, 프레스, 공장 자동화시스템, 엘리베이터 등과 같은 고정장비로 구성된다. 이러한 설비품들은 일반적으로 구매단가가 매우 높고, 구매의사결정이 장기간에 걸쳐 영향을 미치므로, 산업재구매자는 판매대리인을 통해서 건설회사나 제조업체와 직접거래하며 상당한 노력이 요구된다. 그리고 흔히 설비품의 가격은 경쟁입찰을 통해서 결정되는 경우가 많다.
- 보조장비 : 완제품의 한 부분이라기 보다는 완제품을 생산하는데 보조하기 위해 사용되며, 공장의 생산도구나 사무실집기 등을 말한다. 보조장비는 설비품에 비해 내용연수도 짧아서 구매자들이 주문할 때도 항상 소량주문하는 경우가 많다. 그래서 구매자들과 직접거래하기 보다는 산업재의 보조장비 판매원들은 많은 구매자들을 접촉하기 위해서 유통업자들을 이용한다.
- 소모품 : 완제품생산에 전혀 투입되지 않으며, 회사나 공장을 운영하기 위해서 사용되는 것으로, 프린터용지, 볼펜 · 메모지 · 클립 등의 문방구용품 등의 운영소모품과 페인트, 못, 청소용구 등의 수선소모품 등이 있다. 이러한 소모품들은 특별한 구매노력을 기울이지 않고 직접 재구매가 이루어지며, 구매자에게는 가격이나 배달서비스가 구매의사결정에 중요하게 영향을 미친다.
- 산업서비스 : 산업재구매자를 지원해주는 무형적인 활동을 말하며, 유지 및 보수서비

스, 세금이나 법률자문서비스 등이 포함된다. 이러한 서비스는 서비스제공자인 판매자의 평판이 매우 중요하다.

03 신제품개발전략

시장경쟁이 치열한 마케팅환경에서 기업이 성장하고 발전하기 위해서, 마케터에게 가장 중요한 전략적 관심사는 신제품을 개발하여 시장에 출시하는 일이다. 신제품을 효과적으로 개발하여 시장에 출시하기 위해서는 매출액이나 수익성을 고려한 제품의 사업성과 경쟁적 위치를 고려해야 한다.

본 절에서는 신제품개발과정과 제품수명주기에 관해서 서술하고자 한다. 신제품개발과정은 신제품개발전략에서부터 마지막 상용화단계까지 거치면서 시장에 출시되기까지 각 단계별로 설명한다. 그리고 제품수명주기는 신제품이 시장에 출시되는 도입기에서 성장기와 성숙기를 거쳐서 쇠퇴기로 가는 과정을 다룬다.

3.1 신제품개발의 개념

신제품의 개념은 폭넓은 의미를 지니고 있기 때문에 약간 혼란스러울 수 있다. 신제품의 정의는 보는 관점에 따라 마케팅전략이 달라질 수 있기 때문에 신제품의 정의는 대단히 중요하다고 할 수 있다.

신제품이라 함은 새로운 제품으로서 기업자체의 연구를 통해서 개발한 독창적인 제품, 개량된 제품, 개선된 제품, 개발된 신상표 등을 말한다. 다시 말해서 신제품은 새로운 제품인데, 새로운 제품이라는 의미는 보는 관점에 따라 달라 질 수 있다.

신제품은 [그림 8-3]과 같이 기업이나 소비자 등이 보는 관점이나 제품의 혁신, 개량, 개선의 정도에 따라 혁신제품에서 제품확장 및 수정, 모방신제품에 이르기까지 다양하다.

그림 8-3 신제품의 분류

기업에게 새로운 제품 \ 소비자에게 새로운 제품	예	아니오
예	혁신제품	모방신제품
아니오	제품확장	신제품이 아님

(1) 혁신제품

혁신제품(innovation)은 기업이나 소비자 양쪽 모두에게 새로운 제품으로, 기존의 대체품이 없으며 이제까지 전혀 세상에 나온적이 없는 특이한 제품을 말한다. 혁신제품범주에는 자동차, 인터넷, 스마트폰, 컴퓨터, 위성통신 등과 같은 제품을 들 수 있다. 이러한 혁신제품은 기업의 경영활동뿐만 아니라 소비자의 행동과 소비패턴에도 많은 변화를 일으킨다.

(2) 모방신제품

모방신제품(new-product duplication)은 기존 시장에 이미 알려져서 소비자에게는 전혀 새로울 것이 없지만 기업에게는 새로운 제품들이다. 예를 들어 최근에 탄산수시장의 열풍이 계속되고 있는데, 기존의 생수시장과 차별화되면서, 롯데칠성음료 '트레비', 코카콜라음료 '씨그램', 일화 '초정탄산수' 등 기존 업체가 시장을 주도하고 있는 상황이다. 그리고 남양유업 '프라우', 풀무원식품 '스파클링 아일랜드', G마켓 '캬 스파클링' 등 후발업체들이 선발기업의 제품을 모방해서 잇따라 진출하면서 현재 국내에서 판매되고 있는 탄산수브랜드 수만 해도 40여종에 달할 정도로 경쟁이 치열하다.

(3) 제품확장

제품확장(product extension)은 기업에게 잘 알려져 있지만 소비자에게는 잘 알려져 있지 않은 제품을 말한다. 제품확장은 본질적으로 기존 제품을 개선하거나 수정하는 것으로, 기업의 경우에 흔히 적은 비용으로 새로운 제품개발과 개선을 목적으로 한다. 이러한 제품

광고 8-1 탄산수 제품광고 : 씨그램, 초정탄산수, 트레비, 디아망

확장에는 세 가지 종류들이 있다.

첫째, 기존 제품을 개선시키는 경우로 제품수정(product revision)을 통해 제품확장하는 것이다. 예를 들면, 정식품은 출시 2년 만에 판매량 1,000만 개를 돌파한 '베지밀 과일이 꼭꼭 씹히는 애플망고두유'의 인기에 힘입어 키위와 아보카도를 결합한 두유 제품뿐만 아니라, 최근에는 베지밀 시니어두유, 베지밀 에이스저당두유, 베지밀 루테인두유 등 소비자

광고 8-2 정식품 : 베지밀 제품광고

광고 8-3 남양유업 우유제품, 해태제과와 동원F&B 만두제품 광고

의 기호와 트렌드에 따라 꾸준하게 신제품들을 출시하면서, 맛과 영양소로 인기를 얻고, 지금까지 소비자층에 사랑받고 있다.

둘째, 기존의 제품계열을 확장해서 제품확장하는 것이다. 예를 들면, 남양유업은 친환경 목장에서 짜낸 원유만을 엄선해 생산한 '맛있는 우유 GT,' '옳은 유기농우유' 등을 판매하고 있다. 이 제품들은 무지방, 유기농과 같은 흰우유의 프리미엄화는 고품질 제품을 찾는 다양한 소비자들의 선택폭을 넓혀주었다. 또한 해태제과는 저렴한 냉동식품으로 인식되던 냉동만두 시장에서도 맛과 품질을 내세운 프리미엄 신제품으로 세계 10대 슈퍼푸드로 유명한 퀴노아로 만든 '순% 퀴노아 군만두'를 출시한 이후에, 최근에 프리미엄 '명가 고향만두'를 출시하여 좋은 반응을 얻고 있다. 그리고 동원F&B도 제주산 돼지생고기와 국내산 채소로 속을 채운 프리미엄 교자만두 '개성 왕교자만두'에 이어서 '양반 인생맛집'를 출시해 프리미엄 만두시장에 진출하면서 경쟁이 가속화되었다. 이처럼 기존 제품에서 프리미엄급 제품계열을 추가하여 제품확장을 하는 것이다.

셋째, 제품의 물리적 특성의 변화없이 제품의 새로운 특징을 소비자에게 강조하여 소비자의 지각상태의 변화를 모색하는 제품 재포지셔닝(product repositioning)이 있다. 예를 들면, 최근 탈모시장이 급성장하면서 샴푸시장도 과거 풍성하고 윤기있는 머리결을 강조한 데에서 벗어나 탈모예방으로 초첨이 맞춰지고 있다. 그래서 ㈜우신화장품은 TS프리미엄 샴푸를 출시하면서 기존의 TS샴푸브랜드와 차별화하기 위해서 탈모증상완화에 도움을 주는 기능성샴푸로 바이오틴, 나이아신마이드, 녹차, 인삼 등 30여가지 핵심성분들을 다량 배합하여 모근과 두피에 도움을 주고 모발을 윤기있고 생기있게 가꾸에 준다는 컨셉트로 재포지셔닝하고 있다.

광고 8-4 TS프리미엄 샴푸 광고

3.2 신제품개발과정

신제품개발은 최소의 위험부담으로 최대의 이윤을 창출할 수 있는 제품을 개발하여 출시하는 것이 가장 이상적이지만, 신제품개발과 관련되어 영향을 미칠 수 있는 요인들은 많기

그림 8-4 신제품개발과정의 주요 단계

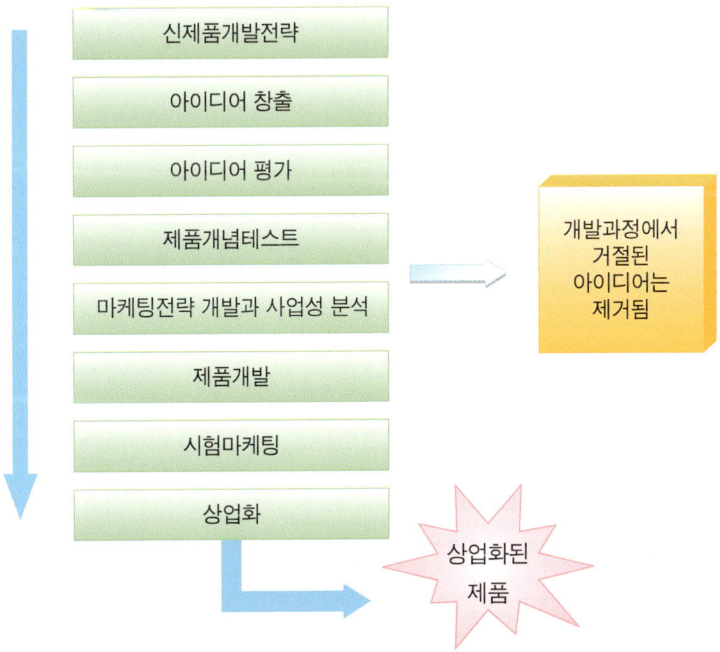

때문에 체계적이고 공식적인 절차를 거치는 것은 매우 중요하다. 대부분의 기업들은 신제품개발전략에서 출발하는 공식적인 신제품개발과정을 따른다. [그림 8-4]는 기업이 사업기회를 확인하고 판매하기에 적합한 상품이나 서비스를 개발해가는 신제품개발과정을 보여주는 것이다. 이러한 과정은 일반적으로 신제품개발전략 단계에서부터 시작해서 마지막 상업화 단계에 이르기까지 여덟 단계를 거치게 된다.

1. 신제품개발전략

신제품개발전략은 신제품개발과정을 기업, 사업단위와 마케팅부서 등의 목적과 연결해서 반드시 양립할 수 있어야 한다. 다시 말해서 이러한 목적들이 서로 일관성 있게 일치되어야 한다. 신제품개발전략은 전반적인 마케팅전략의 일부분으로 신제품 아이디어를 수집, 심사·평가하기 위해 지침사항을 명확히 제공하는 것이다. 신제품개발전략은 신제품이 조직의 전반적인 계획을 수행해야 할 역할과 조직이 판매하기를 원하는 시장이나 제공하길 원하는 제품의 특성을 기술해야 한다. 그리고 신제품개발과정의 다음 단계인 아이디어 창출 및 평가, 개념개발 등에 필요한 지침을 제공해 준다.

2. 아이디어 창출

신제품개발의 두번째 단계는 아이디어를 창출하는 단계로서, 이 과정은 우연에 의존해서는 안 되며, 조직적이고 체계적이어야 한다. 그렇지 않을 경우 아이디어의 수는 많으나 실제로 신제품개발에 적절하지 못한 아이디어가 되어서 비용만 투입하게 되는 결과를 초래할 가능성이 매우 높다.

신제품에 관한 아이디어의 주요 원천은 기업내부의 종업원·R&D부서·경영자 등과 기업외부의 고객, 유통업자, 공급업자, 경쟁업체 그리고 전문컨설턴트 등을 통해서 창출될 수 있다.

- 종업원과 R&D부서 : 시장에서 직접 판매활동을 하는 판매원이나 시장분석·광고·마케팅조사업무 관련 종업원 등은 고객들의 불평·불만사항을 잘 모니터링 함으로써 종종 좋은 신제품 아이디어를 창출할 수 있다. 마케터는 신제품 아이디어를 제출할 수 있도록 종업원들을 수시로 독려하고 아이디어가 채택되면 적절한 보상을 해야 한다. 그리고 기업내부의 R&D부서는 과학적인 연구개발을 통해 신기술을 적용한 신제품개발을 목적으로 하지만, 경우에 따라서는 기존 제품을 개선시키는 제품개발과 제

품수정을 통해 제품확장을 위한 신제품 아이디어를 창출할 수도 있다.

- **고객과 유통업자** : 신제품 아이디어는 우선 고객의 필요와 욕구조사에서 출발되어야 하기 때문에, 이를 위해서 고객조사, 집단토론, 고객들의 서신 및 불만사항을 통해서 알 수가 있다. 그리고 유통업자들은 최종 소비자들과 가깝게 있어서 제조업체보다도 고객의 욕구를 더 잘 알 수도 있다. 그래서 잘 훈련된 판매원들은 고객들의 불평 · 불만사항이나 충족되지 못한 욕구들에 대해 유통업자들에게 물어볼 수도 있기 때문에 유통업자들도 중요한 신제품 아이디어 원천이 될 수 있다.
- **경쟁업체** : 신제품 아이디어를 단지 내부구성원에만 의존하는 기업은 없으며, 외부 경쟁업체의 제품성과를 모니터링해서 중요한 정보를 찾아내고, 필요하다면 경쟁업체 제품을 모방해서 신제품 아이디어를 창출할 수도 있다.
- **전문컨설턴트** : 외부전문 컨설턴트는 경영자문이나 사업분석을 통해서, 매출증대와 수익증대를 위한 경영성과 개선을 위해 신제품 아이디어를 추천할 수도 있다. 그리고 외부컨설턴트뿐만 아니라 정부나 대학의 연구기관, 제품설명회 및 박람회 등을 통해서도 신제품에 대한 아이디어를 수집할 수 있다.

광고 8-5 식음료계 이색 신제품 : 롯데푸드의 '돌-짝대기', '돼지바', 배스킨라빈스의 '27 큐브 케이크', 농심 '쫄병 달고나맛', 국순당의 '국순당 쌀 바밤바밤' '국순당 1000억 프리바이오 막걸리'

이와 같이 수집된 많은 아이디어를 일차적으로 검토하여 걸러내는 심사과정이 필수적이다. 그래서 신제품개발과정의 다음 단계는 아이디어 평가단계이다.

3. 아이디어 평가

아이디어 창출단계는 여러 정보원천으로부터 아이디어를 수집하는 것이 목적이라면, 아이디어 평가단계에서는 다수의 아이디어 중에서 심사를 통해서 유용한 아이디어를 선별하는 것이 중요하다. 기업의 신제품전략과 일치하지 않거나 여타 다른 이유로 분명하게 부적절한 아이디어를 제거해야 한다. 아이디어 평가는 기업경영 차원에서 경영자의 판단에 의해 이루어 질 수도 있지만, 일반적으로 경영자의 판단만으로는 부족하기 때문에 신제품평가위원회 등을 통해 아이디어를 심사하게 되는데, 거의 대부분의 아이디어는 이런 평가과정에서 제거가 된다.

아이디어 평가(idea screening)단계에서는 두 가지 오류를 범할 가능성이 있는데, 첫째, 실제로 유용한 아이디어임에도 불구하고 가능성이 없는 것으로 잘못 판단하여 평가과정에서 탈락시키는 경우이다. 두번째로 빈약한 아이디어를 계속개발하여 상용화하는 오류를

표 8-2 신제품 아이디어 평가점검표

신제품 아이디어 평가기준	중요도(A)	평가점수(B)	총점(A × B)
일반적 특성			
· 회사전략 및 목표			
· 투자규모			
· 경쟁상황			
· 수익성			
· 위험 수준			
마케팅 특성			
· 제품차별성			
· 가격경쟁력			
· 유통경로			
· 촉진 소구점			
제품 특성			
· 생산능력			
· 상업화 기간			
· 노동력 가용성			
· 부품 및 비품조달			
종합평가점수			

범하는 것이다. 이러한 오류를 방지하기 위해 많은 기업들은 〈표 8-2〉와 같이, 신제품 아이디어 평가를 위한 점검표를 작성하여 아이디어를 평가하는데 활용하고 있다. 신제품 아이디어를 평가하기 위한 기준으로는 신제품의 일반적 특성, 마케팅특성, 제품특성 등으로 나누어 각 기준별로 세부적인 항목들을 기술하고 있다.

4. 제품개념 테스트

아이디어 평가과정을 거쳐서 선택된 아이디어는 고객이나 생산자들과 개념테스트를 통해 구체화 될 수 있다. 제품개념은 아이디어를 소비자들이 이해하기 쉽고 사용가능한 언어로 전환시켜서, 이런 제품개념이 적합한지를 알기 위해서 표적고객을 대상으로 테스트해야 한다. 제품개념 테스트에서 마케터는 제품설명뿐만 아니라 제품의 특성이나 효익에 대한 자세한 내용을 개발하고, 이를 고객에게 제시해서 시제품개발 전에 제품 아이디어를 평가하고 검증하는 것이다. 이때 시제품은 필요하지 않으며, 단지 제품에 대한 설명서만으로 테스트가 이루어지기 때문에 시제품개발실패에 따른 투자위험을 사전에 줄일 수 있다.

5. 마케팅전략 개발과 사업성분석

제품개념 테스트에서 긍정적인 결과가 나타나서 제품개념이 정해지면, 마케팅전략을 개발하고 사업성분석을 해야 한다. 우선 선택된 제품개념에 대해 예비적인 마케팅전략을 수립해야 하는데, 마케팅전략은 표적시장의 선정, 마케팅목표, 단기적인 마케팅믹스 전략, 장기적인 마케팅전략 등으로 구성된다. 마케팅전략이 정해지면 사업성분석을 해야 한다.

사업성분석에는 신제품에 대해 예상되는 수요, 매출액, 수익성, 투자비용, 제품매출에 미치는 영향요인 등의 측면에서 고려되어야 한다. 먼저 신제품개발과 관련된 수요예측을 통해서 비용과 수익이 추정되고 비교되어야 한다. 이는 기업이나 제품의 특성에 따라 간단할 수도 있고 매우 복잡해질 수도 있다. 제품의 신규성, 시장규모, 경쟁상황의 특성 등 모든 요인들이 정확한 수익을 추정하는데 영향을 미칠 수 있다. 예를 들어, 음료시장처럼 어느 정도 정착이 된 시장의 경우는 전체 시장규모에 대한 추정은 가능하지만, 신규진입을 위한 시장점유율 예측은 상당히 어렵다.

매출액추정은 유사제품의 과거실적을 조사하고 분석함으로써 추정이 가능한데, 추정된 매출액이 얻어지면 마케터는 연구개발비, 마케팅비용, 제조비용, 재무적 비용 등 모든 원가요소들을 포함한 예상 제조원가를 추정하고 추정된 매출액과 비용을 토대로 예상수익을 계산할 수 있다.

이와 같이 신제품의 수요예측, 예상매출액과 비용, 예상수익의 규모가 기업의 목적을 충족시킬 수 있는 지에 대한 사업성 분석결과가 좋고, 충분히 사업성이 있다고 판단되면 다음 단계인 제품개발단계로 넘어갈 수 있다.

6. 제품개발

제품개발단계는 평가과정을 통해 사업성이 충분하다고 판단되면, 마케터는 실제로 물리적 형태로 구체화시키는 제품개발단계로 들어간다. 제품개발단계에서는 엔지니어링 부서나 R&D부서에서는 시제품을 개발할 수 있으며, 마케팅부서에서는 마케팅전략을 계획해야 한다. 마케팅부서에서는 제품의 포장, 브랜드, 라벨 등을 결정해야 하며, 촉진, 가격, 유통 전략도 준비해야 한다.

제품개발단계는 오랜 시간이 걸릴 수도 있으며, 막대한 개발비용이 소요될 수도 있다. 시제품개발이 성공적으로 이루어지면 실험실 테스트를 거치게 된다. 실험실테스트는 제품개발단계에서 만들어진 시제품을 통해 이루어진다. 이 테스트는 최종 소비자들에 의해서 기대되는 것보다 훨씬 더 엄격하게 대상제품을 조사하며, 사용자들이 안전하게 사용할 수 있는지를 검사하는 것이다. 실험실 테스트가 성공적으로 끝나면, 실험실 내에서 소비자들이 직접 사용해 보게하거나 소비자에게 직접 배달해서 일정기간 동안에 제품의 특성이나 효익, 사용의 용이성, 선호도 등에 관한 테스트가 이루어진다.

7. 시험마케팅

마케터는 신제품과 마케팅프로그램이 개발된 후에 시장에서 사전테스트를 해야 한다. 시험마케팅은 신제품과 마케팅프로그램을 실제 시장상황에서 잠재고객의 반응과 실제 매출가능성을 조사하는 것이다. 시험마케팅은 가격, 유통, 상표, 포장, 그리고 예산수준 등의 제품과 마케팅프로그램의 전략적인 대안을 평가하고 조사해야 한다. 그리고 시장진입초기에 잠재적으로 나타날 수 있는 여러 가지 문제점들을 사전에 제거하고 해결방안을 모색하는데 중요한 의미를 두고 있다. 그러나 시험마케팅은 상당한 비용과 시간이 소요되기 때문에 경쟁기업에게 신제품에 대처할 수 있는 기회를 제공할 수도 있다.

시험마케팅을 할 때, 기업이 조사해야 할 시험시장은 표준시험시장, 통제시험시장, 모의시험시장 등 세 가지 접근시장 중에서 선택할 수 있다.

(1) 표준시험시장

표준시험시장(standard test markets)은 기업이 진출하려는 표적시장의 성격과 가장 유사한 특정 시장을 선정해서 시장을 조사하는 것이다. 표준시험시장을 이용하는 기업은 소비자와 유통업체조사, 제품성과측정 등을 할 수 있는 대표적인 시험시장을 선택해야 한다. 조사결과는 마케팅프로그램을 조정하고, 잠재적인 문제를 발견하며, 전국적인 매출이나 수익을 예측하는데 이용된다. 그러나 표준시험시장을 통한 조사는 비용이 많이 들고 시간이 많이 소요되는 단점이 있다. 그리고 경쟁업체에 쉽게 노출이 될 수 있으며, 경쟁업체가 시험시장에서 가격을 올리든지, 촉진활동을 증가한다든지, 시험하고 있는 제품을 많이 구매한다든지 하면서 시장을 교란할 경우 조사결과에 대한 신뢰성을 확보하기가 어렵다. 경우에 따라서는 전국시장으로 확대하기 전에 정보가 노출이 되어 경쟁업체의 공격적인 마케팅전략을 구사한다든지 아니면 모방제품을 촉진시키는 원인이 될 수 있다.

(2) 통제시험시장

통제시험시장(controlled test markets)은 신제품을 유통시키는데 동의한 상점들을 패널로 구성하여 조사하는 것이다. 통제시험시장을 이용하는 기업은 원하는 상점의 수나 지리적인 위치 등을 고려해서 조사에 참여하는 상점에 신제품을 배달해서 구체적인 계획에 따라 선반대의 위치나 공간, POP 디스플레이, 가격 등에 따라 고객의 반응을 조사한다. 통제시험시장은 주로 전문조사기관에 의해 주도되는데, 표준시험시장에 비해 시간과 비용이 적게 드는 장점이 있다. 그리고 조사기관이 이용하는 패널이 항상 자사의 신제품이 진출할 제품시장이나 표적소비자들을 대표하지는 않는다는 점과 더불어 표준시험시장과 마찬가지로 경쟁업체에 노출될 가능성이 높다는 단점이 있다.

(3) 모의시험시장

기업이 모의쇼핑환경을 만들어 놓고 신제품을 조사할 수 있다. 기업은 표본으로 선정된 소비자들에게 조사할 신제품뿐만 아니라 많은 다양한 제품들을 함께 조사할 수 있다. 모의시험시장(simulated test markets)은 선정된 실험실상점에서 실제로 구매하도록 해서 소비자반응을 조사하는 것으로서 시간과 비용이 적게 들기 때문에 표준시험시장이나 통제시험시장의 단점을 극복할 수 있지만 중간상인들의 반응을 체크할 수 없다는 단점이 있다.

8. 상업화

신제품개발과정의 마지막 단계로 상업화(commercialization)단계에서는 시험마케팅 결과를 토대로 마케터가 최종적으로 신제품을 시장에 출시할 것인지 여부를 결정해야 한다. 상업화단계에서는 생산준비를 위해 제조설비건설, 생산자재와 설비주문, 유통업체에 제품배송, 판매원교육, 잠재소비자에게 광고와 판촉 등 여러 가지 과업을 설정해야 되기 때문에 막대한 자금이 소요된다.

신제품을 출시하는 기업은 신제품 도입시기와 출시지역 등을 결정해야 한다.

① **신제품 도입시기**: 신제품을 시장에 도입하는 시기가 적절한 것인가를 아는 것은 매우 중요하다. 신제품이 다른 기존 제품을 대체하는 것이라면 그 제품이 소멸될 때까지 도입을 연기할 수도 있으며, 신제품이 더 개량될 여지가 있거나 불경기라면 그 상황이 종료될 때까지 시장에 도입을 연기할 수 있을 것이다.

② **신제품 출시지역**: 신제품을 특정 지역에만 출시할 것인지 아니면 전국시장이나 국제시장에 동시에 판매할 것인지를 결정해야 한다. 처음부터 전국시장이나 국제시장에 동시에 출시한다는 것은 많은 자본력이 뒷받침되어야 하기 때문에 몇몇 대기업을 제외하고는 대부분의 중소기업들은 성공가능성이 높은 표적시장을 대상으로 출시하고 점차 전국시장으로 확대하는 것이 바람직할 것이다.

04 신제품의 포장과 표찰

신제품계획과 관련된 전반적인 활동영역에서 포장은 기본적으로 판매하는 제품의 확장개념이며, 때론 제품이 내포하고 있는 것보다 더 중요하다. 포장은 소비자에게 상당한 혜택을 제공하며, 단순한 용기 이상의 역할을 한다. 그래서 최근에는 포장이 제품, 가격, 유통, 촉진 등의 마케팅믹스 요소인 4P‘s에 이어서 다섯번째 P로 간주될 정도로 그 중요성이 널리 인정되고 있다.

광고 8-6 현대백화점의 프리미엄 와인선물세트 포장

4.1 포장의 개념

포장(Packaging)은 제품의 용기, 포장지 등을 만들고 디자인하는 것과 관련된 일련의 활동을 말한다. 포장은 일반적으로 세 가지 수준으로 구분할 수 있다.

첫째, 제품의 내용물을 직접 담는 일차용기(primary container)를 말하는데, 대부분의 경우 일차적인 수준의 포장만으로는 진열 및 취급이 어렵기 때문에 이차적인 포장을 필요로 한다.

둘째, 이차포장(secondary package)은 소비자들이 제품을 사용하기 전에 폐기되는 포장을 말한다.

셋째, 적송포장(shipping package)은 제품을 안전하게 저장하고 효율적으로 수송하는데 필요한 포장으로, 대부분 일차포장과 이차포장이 완료된 제품을 다시 여러 개로 묶어 보다 큰 용기나 박스에 담는 포장을 말한다. 예를 들면, 소비자가 와인을 구매한 경우에, 와인을 담고 있는 유리병 용기는 일차포장이고, 그 용기가 파손되는 것을 방지하기 위해 폴리에어캡으로 감싸는 것은 이차포장이다. 그리고 일차포장과 이차포장이 된 와인을 수송이나 취급상 용이하게 하기 위해 보다 큰 박스에 담아주는데 이것이 적송포장이다.

4.2 포장의 기능

포장은 일반적으로 제품기능, 커뮤니케이션 기능, 가격기능 등 여러 가지 기능들을 수행한다.

첫째, 제품기능은 가장 기본적인 기능으로서 제품을 담아서 소비자들이 사용하려고 할 때까지 내용물을 담아서 보호하고, 저장하며, 제품을 편리하게 사용하는 기능을 말한다. 제품은 기업이 판매하기 위해서는 적당한 양을 포장해서 배송을 하고 소비자에게 판매하는 과정을 거치게 된다. 이런 과정에서 우유, 아이스크림, 식품류, 야채, 맥주 등의 제품들은 저장하기 위해서 냉장이나 냉동포장이 필요한 경우도 있다. 그리고 약이나 붕대같은 제약관련 제품들은 살균이 필요한 포장이 요구된다. 또한 포장은 파손, 증발, 빛, 열, 냉, 감염 등으로부터 제품을 보호하는 기능과 비닐지퍼백, 식용유깔데기 등과 같은 사용상의 편리성을 제공하는 기능을 한다.

둘째, 커뮤니케이션 기능은 기업이 광고커뮤니케이션 수단을 통해 전달하는 정보량은 한계가 있기 때문에, 바코드, QR코드, RFID(무선식별시스템) 등을 통해서 제품의 성분, 사용법, 특성 등의 추가적인 제품정보를 포장을 통해서 전달하는 기능을 한다. 그리고 소비자들은 흔히 포장을 통해 제품을 식별하는데, 판매점의 선반대위에 진열되어 있는 두드러

광고 8-7 제품이미지를 통한 태도변화 : 캐릭터나 연예인 얼굴을 활용한 제품포장

진 포장은 경쟁제품보다도 소비자들의 주의를 끌기가 쉽기 때문에 촉진전략에서도 주요 역할을 수행한다. 또한 포장디자인을 통해 제품의 이미지를 우호적으로 이끌어 소비자들에게 호감을 줌으로써 제품에 대한 소비자들의 태도를 변화시켜 주는 기능을 한다. 특히 셀프서비스가 주로 이루어지는 대형슈퍼마켓에서 모든 포장의 디자인은 소비자들의 주의를 끌 수 있어야 하고, 쉽게 식별할 수 있는 이미지를 전달할 수 있어야 한다.

셋째, 가격기능은 가격을 표시하고 소비자의 구매량을 조정하는 기능으로서, 대형포장의 제품을 구매하도록 유도하는 기능, 소량보다는 다량구매를 유도하는 기능, 포장에 가격을 표시하는 기능 등을 말한다.

이와 같은 포장의 주요 기능들은 제조업체, 유통업체, 소비자들 모두에게 대단히 중요한 기능을 수행한다. 그러나 최근에 과도한 포장으로 인해 자원낭비, 포장비 과다 등으로 인한 제품가격상승, 소비자를 오도하는 불공정한 포장사용, 환경오염문제 등이 크게 대두되고 있어 과도한 사회적 비용이 큰 문제점으로 부각되고 있다. 이러한 환경오염문제를 비롯해서 포장의 부정적인 측면이 포장과 관련된 의사결정에 주요 고려사항으로 대두되고 있다. 이러한 과도한 포장사용으로 인해 야기되는 여러 가지 문제점들이 사회적 관심을 불러일으키고 있어, 포장에 대한 정부의 규제가 더욱 강화되고 있다. 따라서 마케터는 이러한 문제점들을 고려해서 포장을 개발해야 하며, 특히 패스트푸드 산업처럼 포장을 많이 사용하는 산업들은 더 적극적으로 재활용용기나 쉽게 분해될 수 있는 재생용지를 사용해야 한다.

4.3 포장정책

일반적으로 포장을 개발할 때, 마케터는 우선 포장이 어떠한 주요 기능에 주안점을 두고 개발해야 하는지를 결정해야 한다. 즉, 제품을 보호하는데 목적이 있는가, 아니면 제품을 사용하고 난 후에 손쉽게 버리는 용도로 만들어져야 하는가, 제품이나 기업의 품질이나 이미지를 나타내는데 중요한 역할을 하는가 등을 결정해야 한다. 그 이후에 포장에 관한 세부적인 요소로 모양, 크기, 재료, 색상, 재질 그리고 브랜드명 등을 결정해야 한다. 이러한 세부적인 요소들은 그 제품의 마케팅믹스 전략과도 부합되게 설계되고 적합성이 있어야 한다.

포장과 관련된 주요 정책으로는 포장변경, 포장재사용, 복수포장 등에 관한 주요 의사결정을 해야 한다.

광고 8-8 제품포장의 디자인 리뉴얼

① **포장변경** : 포장은 처음 도입할 때, 아무리 훌륭한 의사결정을 했다고 하더라도 시간이 지나면 자연적으로 디자인이나 이미지가 진부해지고 식상해진다든지, 소비자의 기호가 변화한다든지, 새로운 신기술이 도입되었다든지 하면 기존의 포장을 검토해서 변경시킬 필요가 있다. 그리고 기업의 매출액이 현저하게 저조한 문제점이 발생했거나 혹은 신규고객에게 소구해서 신시장을 개척하고 확대하기 위해서 포장을 변경하는 의사결정을 고려할 수도 있다.

② **포장재사용** : 제품의 내용물을 전부 소비하고 난 후에 그 포장용기를 다른 목적이나 용도로 재사용할 수 있도록 디자인할 것이냐를 결정해야 한다. 만약 재사용이 가능하게 디자인된다면 촉진이나 반복구매를 자극할 수 있어서 매출액 증대에도 도움이 될 수 있을 것이다. 예를 들면, 런던에 있는 디자인 스튜디오 PriestmanGoode에서 비행기승객들을 위해 개발한 용기인데, 사용되는 재료로는 커피찌꺼기, 곡물의 껍질 등으로 만들며, 베이스용기는 밀가루 찌꺼기들인 밀기울로 만든다고 한다. 포크는 코코

광고 8-9 디자인 스튜디오 PriestmanGoode의 친환경 포장재사용

광고 8-10 **복수포장 : 다양한 제품의 선물세트 포장**

넛 나무로 만들어졌으며, 컵은 쌀 껍질을 이용하고, 컵홀더와 작은 용기들은 해조류를 이용해 만들었다고 한다. 그리고 코르크로 만든 재사용이 가능한 물병인데, 비행기를 이용하는 승객들이 새로 생수병을 사는 대신에 공항에 있는 분수대를 사용해 물을 채우면 연간 3500만 개의 플라스틱 병을 줄일 수 있다고 한다.

③ **복수포장** : 한 개의 용기에 여러 개의 제품을 넣어 포장하는 것을 말하는데, 주로 선물용 포장에 많이 사용되며, 최근에는 생수, 맥주, 골프공, 수건, 치약, 칫솔 등에 많이 이용된다. 이런 복수포장은 기업측면에서는 매출액 증대에 크게 기여하며 소비자의 수용을 촉진시키는데 도움이 된다.

4.4 표찰의 형태와 기능

표찰(labeling)은 포장의 일부로 제품에 관련된 추가정보를 나타낸 것이다. 표찰은 포장이나 상표와도 밀접한 관련이 있다. 표찰의 형태는 일반적으로 상표표찰, 등급표찰, 설명표찰 등으로 분류한다.

① **상표표찰** : 제품이나 포장에 부착한 단순한 상표를 말하며, 제품을 식별하는 기능을 한다. 그리고 상표와 더불어 로고나 다양한 시각적인 디자인을 통해 제품판매를 촉진하는 촉진기능을 수행한다.

② **등급표찰** : 단어, 숫자, 문자 등으로 제품품질의 등급을 나타내기 위해 부착한 표찰을 말하며, 제품의 등급을 구분해 주는 등급분류기능이 있다. 예를 들면, 1 · 2 · 3, A · B · C 등으로 표시해서 제품품질의 등급을 나타낸 것이다.

③ **설명표찰** : 제품의 용도, 구성, 보관, 성능 또는 기타 특성을 표시하는 표찰을 말하며,

광고 8-11 다양한 상표표찰들

주로 제조업체, 제조장소, 제조일자, 내용물, 사용방법, 성분, 안전수칙 등의 여러 가지 사항에 대한 정보를 제공해 주는 정보제공기능이 있다.

05 신제품수용과 확산

마케터는 소비자들이 어떻게 제품을 알고 채택하는지를 이해한다면, 성공적으로 마케팅 활동을 수행할 기회를 가질 것이다. 최초로 신제품이나 혁신에 소비자들이 노출되어 채택될 때까지 여러 단계를 거치게 되는데, 이러한 과정을 수용과정(adoption process)이라고 한다. 혁신(innovation)이란 잠재수용자에 의해 새로운 것으로 지각된 제품, 서비스 또는 아이디어 등을 말하며, 이런 혁신제품이나 서비스가 일정기간 동안에 잠재소비자들에게 널리 퍼져가는 과정을 확산(diffusion)이라고 한다.

5.1 신제품수용과정

신제품은 모든 소비자들에게 즉시 수용되지 않는다. 일부 소비자들은 신제품이 출시되자마자 구매에 따른 위험을 감수하고 곧바로 구매하는 경우도 있지만, 다른 소비자들이 거의 대부분 구매를 하고 긍정적인 평가가 난 후에 구매대열에 합류하는 소비자들도 있다. 전통적으로 신제품이나 혁신제품에 노출되어 수용하기까지 [그림 8-5]와 같이 인지, 관심, 평가, 시용, 수용, 확신 등의 여섯 단계를 거친다.

① **인지**(awareness) : 혁신제품이 처음 도입되었기 때문에 거의 대부분의 소비자들은 잘 모르고 관련산업이나 기업의 종사자들 중에서 일부만 알고 있다. 그래서 소비자들은 광고, 인적판매, 제품설명회, 구전 등을 통해 개별 소비자에게 노출되는 단계이다.

② **관심**(interest) : 수용과정에서 신제품이 존재한다는 것을 알게 된 사람들은 자신의 욕구를 충족시켜 줄 것이라는 사실을 알고 관심을 갖게 되는 단계이다. 관심을 가진 대부분의 잠재소비자들은 평가단계로 넘어가지만 많은 사람들이 이 단계서 이탈해 나간다.

③ **평가**(evaluation) : 잠재소비자들은 수용에 따른 손익을 따져보고 혁신제품의 가치에 대해 평가하여 사용할 것인지에 대해 고려하게 된다. 평가에서 긍정적인 결과를 얻은 잠재소비자들은 시용단계로 넘어가지만, 상당히 많은 사람들이 또 이탈해 나간다.

④ **시용**(trial) : 잠재소비자들은 신제품을 실제로 경험하는 단계로 수용과정에서 중요한 단계이다. 기업은 판촉수단으로 시연이나 샘플을 제작해서 배포함으로써, 시용구매를 자극하는 경우가 많다.

⑤ **수용**(adoption) : 잠재소비자들은 혁신제품을 사용할 것인지에 대해 결정하는 단계로 구매로 나타난다. 마케터는 잠재소비자가 처음 수용했다고 하더라도 확신단계루 넘어가지 않는 경우도 많기 때문에, 사후접촉이나 커뮤니케이션 등으로 수용에 대해 만족하고 충성고객으로 남도록 노력해야 한다.

⑥ **확신**(confirmation) : 처음 혁신제품의 수용 이후에, 소비자들은 수용제품에 대해 기대가치와 실제가치를 비교해서 호의적인 경험을 했다면, 신규고객들에게 구전효과를 전하고 차후에 충성고객이 될 수 있을 것이다. 만약 비호의적인 경험을 했다면, 다른 대안을 추구할 것이며 궁극적으로 신제품이나 혁신제품을 거절하는 결과를 초래할 것이다.

그림 8-5 신제품 수용과정단계

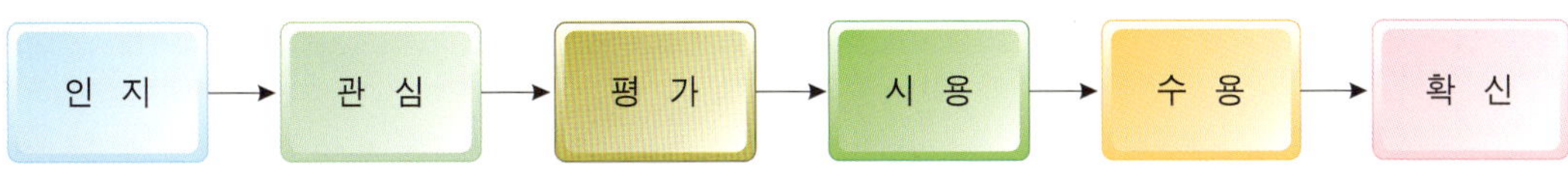

5.2 신제품확산과정

표적시장에서 신제품이 수용되어가는 과정인 신제품확산과정은 제품이나 소비자에 따라 다르게 나타날 수 있다. 소비자에 따라 신제품을 도입한 직후에 곧바로 받아들이는 사람, 받아들이는데 상당한 시간이 걸리는 사람, 전혀 수용하지 않는 사람 등 여러 부류로 나타날 수 있다. 수용시점이나 수용경향에 따라 [그림 8-6]과 같이, 혁신수용자(innovators), 얼리 어답터(early adopter), 조기다수자(early majority), 후기다수자(late majority), 지각수용자(laggard) 등으로 분류할 수 있다. 신제품확산과정은 시간이 지남에 따라 정규분포형태를 나타내며, 수용자범주에 따라 특성을 살펴보면 다음과 같다.

① **혁신수용자**: 전체시장의 약 2.5%를 차지하는 소비자들로 구성되며, 모험심이 강해 혁신제품에 대한 위험을 감수하면서 누구보다 먼저 수용하는 사람들이다. 혁신소비자들은 대체로 젊고 소득이 높으며, 광범위한 대인관계를 갖고 있는 사람들이다.

② **얼리어답터**: 전체시장의 약 13.5%를 차지하는 소비자들로 구성되며, 사회나 집단에서 존경받는 의견선도자들이며, 새로운 혁신제품을 조기에 수용하지만 선별적으로 받아들이는 특징이 있다.

③ **조기다수자**: 전체시장의 약 34%를 차지하는 소비자들로 구성되며, 비록 리더는 아니지만 신중하며 일반소비자들 보다 앞서 새로운 혁신제품을 수용한다.

그림 8-6 신제품 확산과정단계

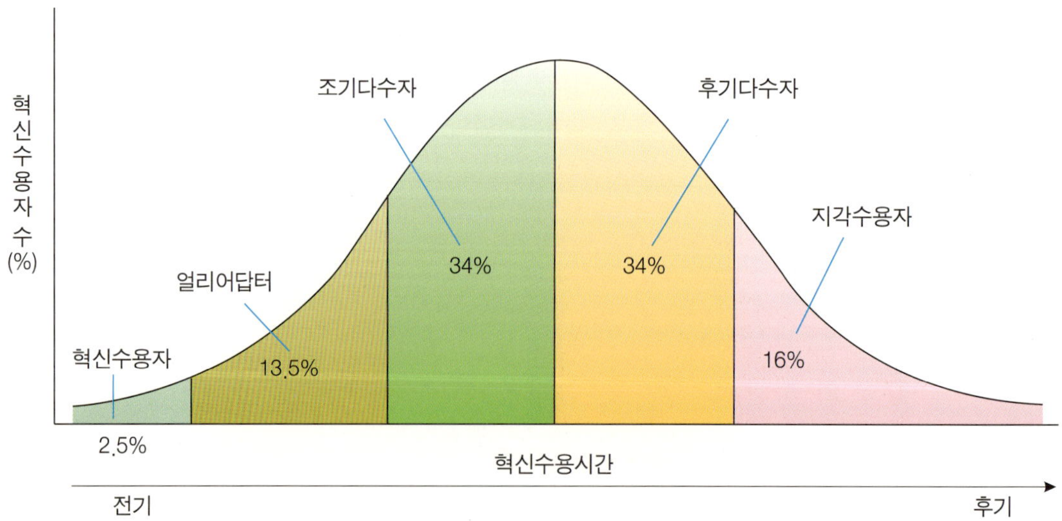

④ **후기다수자**: 전체시장의 약 34%를 차지하는 소비자들로 구성되며, 대다수 소비자들이 혁신제품을 사용하고 나서 수용하는 집단으로 혁신제품에 대해 다소 회의적이다.

⑤ **지각수용자**: 전체시장의 약 16%를 차지하는 소비자들로 구성되며, 전통지향적이고 유행에 둔감하여 혁신제품을 마지막으로 수용하는 집단이다. 주로 노인층과 사회적으로 지위나 소득이 낮은 사람들이 대부분 포함된다.

5.3 신제품 수용도에 미치는 영향요인

신제품이 수용되는데 걸리는 시간은 상대적 이점, 적합성, 복잡성, 시용가능성, 관찰가능성 등 혁신제품의 특성에 따라 수용속도가 다르게 나타날 수 있다.

① **상대적 이점**(relative advantage): 기존 제품에 비해 새로운 점이나 우월한 점, 즉 가격, 기능, 디자인 등에서 이점이 클 때 수용속도가 빨라질 수 있다.

② **적합성**(compatibility): 혁신제품이 수용자들의 문화적인 가치관이나 경험 등과 일치할수록 혁신제품의 수용속도가 빨라 질 수 있다. 예를 들어, 여성의류 중에서 운동할 때 주로 입는 스포츠브라는 외국과 달리 우리나라 소비자들의 가치관과 차이가 있어서 수용속도가 늦다.

③ **복잡성**(complexity): 제품의 이해나 사용상의 편의성이 없다면, 혁신제품의 수용은 어렵다. 예를 들어, 가전제품 중에서도 TV, 냉장고에 비해 PC는 구매나 사용하기가 복잡하기 때문에 수용정도가 늦다.

④ **시용가능성**(trialability): 소비자가 샘플, 시연 등으로 시용가능성이 높을 때 빨리 수용될 수 있다. 가구나 냉장고 등의 내구재보다는 비누, 샴푸 등의 편의품이 샘플제작과 배포가 용이하기 때문에 빨리 수용되고 확산될 가능성이 크다.

⑤ **관찰가능성**(observability): 혁신제품의 내용과 특징을 관찰할 수 있고 쉽게 전달할 수 있을 때 확산속도가 빨라질 수 있다. 예를 들어, 롤러브레이드는 조깅, 산책, 자전거 타는 길에서도 흔히 노출되는데 비해, 가정에 사용하는 전자레인지는 친구나 친척집에 방문했을 경우에만 노출되기 때문에 전자레인지보다 롤러브레이드가 더 빨리 수용되어 확산될 수 있다.

06 제품수명주기 전략

오늘날 기업은 하루에도 수많은 신제품들을 생산해서 시장에 쏟아내고 있지만, 이들 중 많은 제품들은 소비자들에게 외면당해 흔적도 없이 사라지고 있다. 그리고 박카스, 우황청심원, 샘표간장, 삼양라면 등과 같이 우리나라의 대표적인 장수상품들은 수십 년 동안 소비자들에게 사랑을 받고 있는 것들도 있다. 이처럼 제품들도 소비자의 반응에 따라서 하루살이도 있고, 수십 년 동안 몇 백억원의 매출을 올리면서 굳건히 시장을 지키고 있는 제품들도 있다.

신제품이 시장에 출시되어 성장해 가는 과정을 설명하는 것이 제품수명주기라고 한다. 제품수명주기(PLC: product life cycle)는 마케팅분야에서 가장 친밀한 개념 중에 하나라고 할 수 있다. 일부는 이론적 바탕이나 관리적 가치측면에서 의문을 제기하는 경우도 있지만 대부분은 마케팅의 관리적 도구로써 잠재력이 크다고 할 수 있다. 그래서 제품수명주기의 정의와 특징을 알아보고 각 단계별 특징과 마케팅전략을 다루기로 한다.

6.1 제품수명주기 정의와 특징

제품수명주기는 신제품이 시장에 출시된 후에 판매량이 증가해서 성장하고, 성숙과정을 거쳐 결국 쇠퇴하여 시장에서 사라질 때까지 제품의 판매액과 이익의 변화상태를 수명주기

광고 8-11 우리나라 대표적인 장수상품들

그림 8-7 제품수명주기 유형

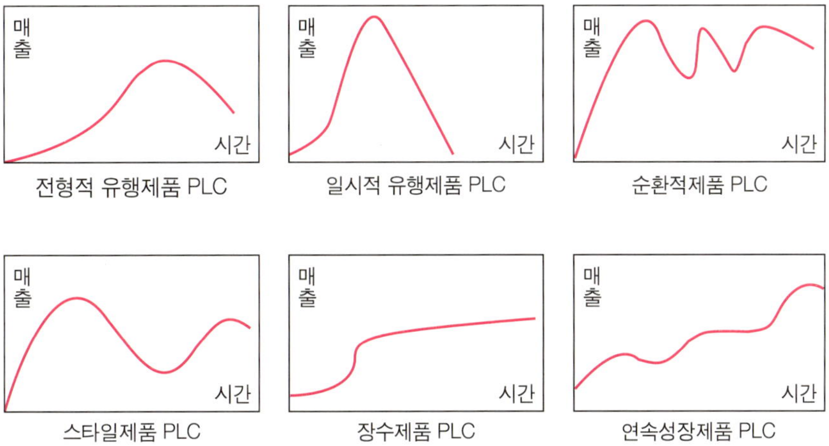

단계별로 구분해 놓은 과정을 말한다. 일반적으로 전형적인 제품수명주기의 형태는 S자 형이다. 그러나 모든 제품들이 S자형의 제품수명주기 유형을 갖지는 않는다. [그림 8-7]의 제품수명주기 유형은 전형적 유행제품, 일시적 유행제품, 순환적제품, 스타일제품, 장수제품, 연속성장제품 등의 다양한 제품수명주기 유형을 나타내고 있다. 전형적 유행제품 PLC는 어떤 분야나 특정 시점에서 널리 수용되거나 대중화된 스타일을 말한다. 일시적 유행제품 PLC는 짧은 시간에 소비자들에게 급속도로 수용되었다가 갑자기 쇠퇴하는 형태를 말한다. 순환적 제품 PLC는 아이스크림, 에어컨 등의 계절적인 제품과 같이, 성수기와 비수기가 어느 정도 반복되는 형태를 나타내고 있다. 스타일제품 PLC는 남성복, 넥타이, 미니스커트 등과 같이 한 스타일이 유행되었다가, 일정기간 지나서 다시 유행하는 형태로 오랜 기간 동안 지속되는 형태를 나타낸다. 장수제품 PLC는 초코파이, 새우깡처럼 출시된 후, 오랫동안 꾸준히 잘 판매되고 있는 형태의 수명주기를 가진다. 연속성장제품 PLC은 일반적으로 단일제품인 경우는 거의 불가능하지만, 제품의 새로운 특성, 용도, 사용자 등을 발견해서 시장이 다각도로 확대되어 매출이 계속 늘어가는 형태를 나타낸다.

6.2 제품수명주기 단계별 특징과 마케팅전략

제품수명주기는 일반적으로 제품개발단계를 제외하고 도입기, 성장기, 성숙기, 쇠퇴기 등으로 네 단계로 구성되는데, 그 특성은 [그림 8-8]과 같이 각 단계별로 구분하여 간략하

그림 8-8 제품수명주기 상의 매출액과 이익변화

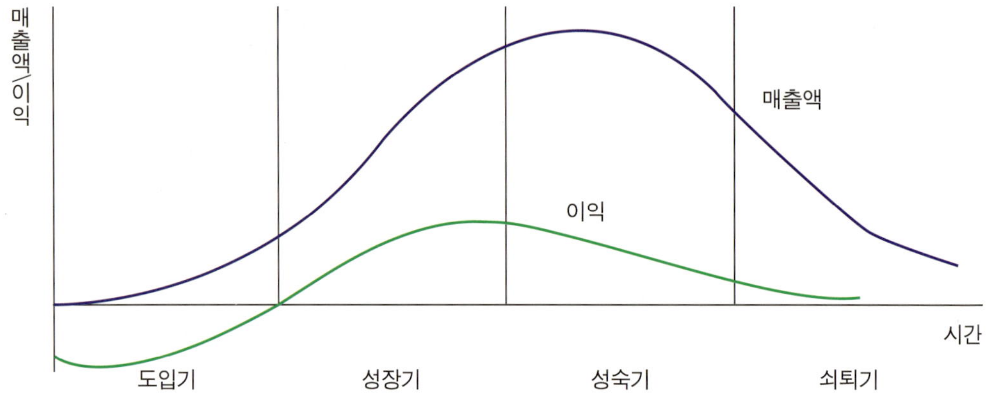

게 살펴보면 다음과 같다.

도입기는 판매가 완만하게 점진적으로 상승하며, 그동안 투자된 많은 제품개발비용의 지출로 인해서 이익이 거의 나지 않고 적자상태에 놓여 있다. 성장기는 매출이 급속하게 증가함에 따라 비로소 이익이 나기 시작해서 이익곡선도 가파르게 증가하는 모양을 나타낸다. 성숙기는 매출성장이 둔화되어서 전체 매출액은 성장기보다 많지만, 경쟁이 치열해 가격경쟁으로 인해 추가 마케팅비용지출로 이익은 다소 정체되거나 감소하는 단계이다. 쇠퇴기는 매출과 이익이 크게 감소하는 시기이기 때문에 비용지출을 최대한 줄여나가야 하는 단계이다.

1. 도입기

제품수명주기의 도입기는 제품이 출시되어 표적시장에 판매되기 때문에 소비자들이 시장에서 구매할 수 있게 되는 시기를 말한다. 도입기에는 매출은 점진적으로 늘어나고, 제품을 개발하는 기간에 많은 투자가 되었기 때문에 이익은 적자상태이거나 매우 낮다. 도입기의 주요 특성은 실패율이 높으며, 한정된 유통경로에 마케팅비용이 일반적으로 많이 든다. 중간상들이 자사의 신제품을 많이 취급할 수 있도록 인센티브를 제공하고 마진율을 높게 책정해야 하며, 신제품에 대한 인지도를 높이기 위해 유통비와 촉진비가 많이 소요되어야 한다.

도입기의 주요 마케팅전략으로는 소비자들이 제품의 특성에 대해 잘 모르고 있고, 경쟁업체도 거의 없기 때문에 제품은 기본형의 제품을 판매하는 것이 바람직하다. 가격은 신제품개발비용으로 투자한 금액을 조기에 회수하기 위해서나 고소득층을 대상으로 하는 경우는 고가정책을 수행할 수 있지만, 만약 시장점유율 확대를 위해서는 저가정책을 수행할 수도 있다. 그리고 소비자들에게 제품편익에 관한 정보를 주고 브랜드인지도를 구축하기 위해 상대적으로 높은 광고비와 판매촉진비가 투입된다. 유통은 대량으로 취급할 중간상을 선별해 유통경로를 확보하고 고객들이 신제품을 쉽게 구입할 수 있도록 시용구매를 자극해야 한다.

2. 성장기

성장기는 신제품이 표적시장 내 고객들을 만족시키게 되면, 판매량이 급속하게 늘어나게 되고 이로 인하여 이익이 급증하는 시기이다. 이는 신제품에 대한 얼리 어답터들이 구매를 계속하고, 제품에 대한 호의적 평가가 널리 구전되어 다수의 고객이 구매를 시작하면서 나타나게 된다. 이 단계에서는 지속적인 판매량증대로 단위당 유통비와 촉진비를 하락시켜 이익이 빠른 속도로 늘어나며, 성장기말기 혹은 성숙기초기에 최대의 이익이 실현된다. 이와 같이, 선발기업이 시장에서 판매량이 증가하고 수익을 많이 내기 시작하니까, 이런 시장을 매력있는 시장으로 평가하고, 후발 경쟁기업들은 새로운 경쟁자로 시장에 점차 진입함에 따라 유사제품들이 많이 늘어나 시장의 경쟁은 더욱 치열해진다.

성장기는 판매량이 가파르게 증가하기 때문에 유통부문의 유통망도 점차 확대될 것이다. 그리고 촉진비는 경쟁에 대비하거나 시장확대를 위해 약간 높은 수준으로 증가하게 되며, 급속한 판매증가로 인해 전체 매출액에서 차지하는 촉진비용의 비중은 상대적으로 낮게 나타난다.

성장기의 주요 마케팅전략은 후발 경쟁기업들과 차별화시키기 위한 브랜드강화를 통해 시장점유율을 급속히 확대시키는 것이 효과적이다. 그리고 증가되는 판매량을 흡수하기 위해 유통망을 확충하고 제품성능에 대한 정보제공으로 제품시용보다 브랜드구매를 자극하는 전략이 효과적일 것이다.

3. 성숙기

성숙기는 신제품이 대부분의 잠재고객에게 수용됨으로써 매출성장률이 어느 정도 수준에 도달하게 되면 둔화하거나 정체되는 시기이며, 이 단계에서는 경쟁에 대응하여 많은 마케팅비용을 지출하기 때문에 이익이 점차 감소하기 시작한다. 성숙기는 성장기보다 일반적으로 오래 지속되며, 판매성장률이 둔화됨으로써 성장기에 확대된 과잉생산능력으로 인해 경쟁이 더욱 치열해지기 때문에 기업은 기존의 시장점유율을 방어하면서 적정이윤을 계속 유지하는 것이다. 그러나 이 단계에서 성장기부터 후발 경쟁기업들이 대기 시장에 진입해 있었기 때문에 경쟁력을 잃은 제품들은 시장에서 도태되고, 시장 내 경쟁구조가 재조정된다. 따라서 마케터는 성숙기제품을 방어하기 위한 시장확대전략, 제품수정전략, 제품 재포지셔닝 전략 등의 적극적인 의사결정이 필요하다.

시장확대전략으로는 제품을 사용하지 않은 비사용고객들을 대상으로 신규고객 창출, 기존의 고객으로 하여금 제품의 사용빈도나 사용량 증가, 새롭고 다양한 용도확대 등의 전략을 수행할 수 있다.

제품수정전략은 신규사용자나 사용률을 높이기 위해 제품특성을 변경하는 방법이다. 첫째, 제품품질 개선방법은 내구성, 신뢰성, 속도, 맛, 저장능력 등 그 제품의 기능적인 성능을 개선하려는 것이다. 이 전략은 제품품질을 개선하여 구매자들이 향상된 품질의 주장을 믿는 정도에 따라 효과가 달라진다. 예를 들어, 휴대폰에 통화기능, 게임기능, 카메라기능, MP기능, DMB기능 등 새로운 기능을 추가하는 전략을 통해서 기업은 소비자들이 제품을 지속적으로 구입하게 할 수 있다. 둘째, 스타일 개선방법은 소비자의 제품에 대한 심미적 소구력을 높이고자 하는 것이다. 주기적으로 새로운 자동차모델을 도입하는 것은 품질이나 특성의 경쟁이라기보다는 스타일의 경쟁인 것이다. 셋째, 제품특성 개선방법은 제품의 융통성, 효율성, 안전성, 편의성 등을 확대하기 위해 새로운 제품특성을 추가하는 것이다. 넷째, 마케팅믹스 수정방법으로는 마케팅믹스 중 하나 또는 그 이상의 요소를 변경함으로써 구매를 자극할 수가 있다. 예를 들어, 가격을 인하시켜 신규사용자나 경쟁기업의 고객을 유인할 수 있다. 소비자의 관심과 주의를 끌기 위하여 보다 효과적인 광고캠페인이나 공격적인 판촉활동을 전개할 수도 있다. 또한 유통부문을 직접 운영하는 방법도 생각할 수 있고, 고객의 신뢰를 얻기 위하여 새로운 서비스를 제공하거나 개선하는 방법도 있을 것이다.

제품재포지셔닝 전략으로는 당초에 제품개발 및 런칭시점에서 마케터가 목표로 했던 포지셔닝이 달성되었다고 하더라도, 시간이 지남에 따라 소비자의 욕구나 경쟁상황이 달라지거나 혹은 예상했던 표적시장이 너무 작은 경우에 철저한 시장조사를 통해 자사제품의 포지션을 추적하고 새로운 포지션을 개발하는 전략을 수행할 수 있다.

4. 쇠퇴기

쇠퇴기는 거의 대부분의 제품이나 브랜드가 일정기간이 지나고 나면 결국 판매량이 감소하게 되는 시기이다. 쇠퇴기에 판매가 감소하는 이유로는 기술진보로 인해 다른 종류의 대체품이 이미 시장에 출현하여 기존 제품에 대한 판매가 줄어드는 것을 들 수 있다. 이러한 사례로 이동통신시장에서 새로운 휴대폰모델이 개발되어 소비자들에게 판매되기 시작하지만, 몇 달도 채 지나지 않아서 또 다른 신규모델의 휴대폰이 시장에 출시되면서 구 모델의 휴대폰 판매량이 급감하게 된다. 또한, 사회적 가치나 소비자들의 욕구가 변화되면서 유행이나 기호가 바뀜에 따라 쇠퇴기를 맞이하게 된다. 이러한 여러 가지 이유로 인해 판매량과 이익이 감소해서 경쟁력이 없는 제품의 기업들을 중심으로 많은 기업들이 시장에서 철수하게 된다. 시장에 남아 있는 경쟁력이 있는 기업들도 경쟁력이 없는 제품은 제거하여 제품믹스를 구조조정하게 되고, 남아 있는 제품과 관련된 촉진비용이나 유통경로 비용 등 마케팅관련 비용들을 줄이게 된다. 기업은 수요의 감소를 억제하기 위하여 가격을

표 8-3 제품수명주기 단계별 특징과 마케팅전략

특 성		도입기	성장기	성숙기	쇠퇴기
매출액		낮은 매출액	급속한 매출액 증대	매출액 극대	매출액 감소
비 용		높 음	중 간	낮 음	낮 음
이 익		부(−)	이익증가	높은이익	이익감소
고 객		혁신수용자	얼리어답터	중간다수자	지각수용자
경쟁자		소 수	증 가	일부감소	감 소
마케팅목표		제품인지와 시용창출	시장점유율 극대화	시장점유율 방어, 이윤극대화	비용절감과 제품철수
마케팅전략	제 품	기본제품	확장제품, 서비스, 보증	브랜드와 모델 다양화	취약한 항목 단계적 철수
	가 격	원가가산법	시장침투가격	경쟁대응가격	가격할인
	유 통	선택적 유통	집중적 유통	광범위한 유통	선택적 유통 (단계적 철수)
	광 고	제품인지증가 (초기수용자)	제품인지증가 (대중시장)	브랜드차별화와 효익 강조	핵심고객유지까지 감소
	판매촉진	시용유도위해 판촉증가	다량소비자이용 판촉감소	브랜드전환위해 판촉증가	최소수준까지 판촉감소

인하하기도 한다. 그리고 매출액이 저조하거나 취약한 중간상들을 제거하거나, 매출액 대비 이익이 낮고 유통경로비와 촉진비 등 마케팅비용이 많이 드는 제품을 제거하는 정책이 필요하다.

기업은 쇠퇴기제품을 효율적으로 관리하기 위해서는 여러 가지 의사결정을 해야 하는데, 우선 전략적 방안으로 철수해야 할 품목과 마케팅전략을 결정해야 한다. 이 단계에서 제품을 철수하느냐 잔존하느냐에 따라 마케팅전략도 달라질 수 있다. 잔존하는 경우는 비용을 최소화하고 수익률이 좋은 세분시장에 집중하여야 한다. 만약 시장에서 철수하는 전략을 취하는 경우에는 퇴거장벽, 시장점유율, 가격, 원가 등을 분석하여 단기간내에 최대의 이익을 창출한 후에 시장에서 철수하여야 한다. 쇠퇴기에는 철수전략이 매우 중요하다.

이상에서 설명한 제품수명주기 단계별 특징과 마케팅전략을 요약하면 〈표 8-3〉과 같다.

07 제품의사결정

치열한 시장경쟁상황 하에서 마케터에게는 자사에서 생산하고 판매하는 제품들 간에 일관성을 유지하면서 마케팅목표를 달성하는 것이 제품관리의 중요한 과제이다. 제품관리에는 제품믹스관리, 제품계열관리, 브랜드관리 등의 세 가지 주요 영역이 있다. 그래서 본 절에서는 우선 제품믹스관리, 제품계열관리에 대해서만 설명하고, 브랜드관리부문은 제8장에서 자세히 다루고자 한다.

7.1 제품믹스관리

1. 제품믹스의 구성

기업은 일반적으로 한 개의 제품만을 생산하고 판매하는 경우는 드물다. 비록 초기에 한 개의 제품만을 생산하여 기업활동을 시작했다고 할지라도, 기업이 성장하면서 수익성이 있는 사업분야에 진출하게 됨에 따라 자연스럽게 제품의 품목 수가 늘어날 수 있기 때문이다. 이때 기업이 취급하는 모든 품목을 통틀어서 제품믹스(product mix)라고 한다. 제품믹스는 제품구색(product assortment)이라고도 하는데, 제품계열(product line)과 품목으로 구성된다. 제품계열은 제품의 용도, 원자재, 가격, 표적고객, 유통경로 등에서 서로 연관성이 있는 품목들을 말한다.

제품믹스의 구성은 제품계열과 각 제품계열에 속하는 품목의 수를 결정함으로써 이루어진다. 이때 하나의 개별제품은 하나의 품목을 형성하고 있으며, 각 품목들은 제품계열별로 다수가 존재할 수 있을 것이다. 이와 같이 유사한 품목들은 하나의 제품계열을 구성하며, 다수의 제품계열은 하나의 제품믹스를 구성하게 된다.

제품믹스의 구조는 제품믹스의 넓이(width), 길이(length), 깊이(depth) 등이 있다. 제품믹스의 넓이는 기업이 취급하는 제품계열의 수를 지칭하며, 길이는 각 제품계열에 구성되어 있는 제품의 수로 나타낸다. 제품믹스의 깊이는 특정 제품계열 내의 각 제품이 제공하는 품목(item)의 수로서, 각 제품 내에서 사이즈, 가격, 칼라, 용량 등에서 얼마나 다양한 품목들이 판매되는지를 나타낸다.

예를 들어 P&G의 경우에 [그림 8-9]와 같이, 뷰티용품계열, 헬스 & 그루밍용품계열, 섬유 & 홈케어 용품계열, 유아 · 여성&패밀리케어 용품계열 등으로 4개의 제품믹스의 넓이를 나타내고 있다. 뷰티용품 계열에서는 Pantene, Head&Shoulders, Olay, SK-II,

그림 8-9 P&G의 제품믹스의 넓이, 길이 및 깊이

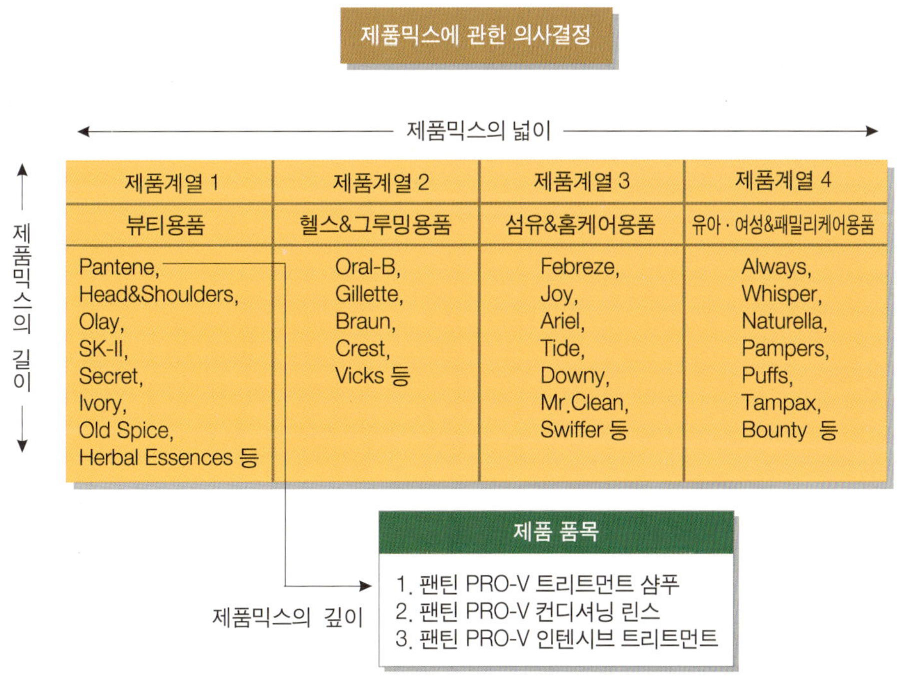

광고 8-12 P&G의 뷰티용품 제품계열

Secret, Ivory, Old Spice, Herbal Essences 등 8개 제품이 제품믹스의 길이를 보여주고 있다. 그리고 Pantene PRO-V 제품에는 Pantene PRO-V 트리트먼트 샴푸, Pantene PRO-V 컨디셔닝 린스, Pantene PRO-V 인텐시브 트리트먼트 등 3개의 제품믹스의 깊이를 갖고 있다.

2. 제품믹스의 의사결정

마케터는 제품이나 제품계열이 제품수명주기를 통해 이동할 때, 제품믹스에 관한 어려운 의사결정에 직면하게 된다. 성장기에 재도약하기 위해서 기업은 판매기회를 확대하려고 자사의 제품믹스의 길이와 넓이를 늘릴 수도 있다. 제품이 성숙기에 도달했을 때는 신규 사용자를 끌어들이기 위해서 품목을 추가하는 의사결정을 내릴 수도 있다. 그리고 제품이 쇠퇴기에 다다랐을 때는 품목을 축소할 수도 있다.

제품믹스를 관리한다는 것은 점점 더 중요한 마케팅과업이 되고 있다. 과거 충분한 고려 없이 제품믹스의 넓이, 길이, 깊이 등을 추가했던 대기업들이 최근에 수익성이 없는 제품계열의 품목들로 시장에서 치열한 경쟁을 하고 있다. 그래서 많은 기업들이 비효율적인 제품계열을 제거하고 몇 개의 핵심적인 제품계열이나 제품품목들에 초점을 두고 있다.

제품관리자는 제품계열 내의 품목 수를 적정한 수준으로 결정하여야 하는데, 이는 수익성, 시장점유율, 매출증대 중 어느 것을 목표로 하는 지에 따라서 다르게 결정된다. 매출증대 및 시장점유율을 확장하기 위해서 완벽한 제품구색을 갖추어야 하는 경우 폭넓은 제품계열을 보유하여야 하며, 반면에 높은 수익성을 위해서는 제품계열을 축소하여 수익성이 높은 몇 개의 품목을 집중적으로 생산하는 것이 바람직하다.

일반적으로 기업이 경영활동을 지속하다보면 취급되는 품목의 수는 증가하는 경향이 있는데 그 이유는 다음과 같다. 첫째 기업이 유휴시설을 갖게 되면 제품계열관리자는 새로운 품목을 개발하고 생산하도록 압박을 받게 된다. 둘째 새로운 품목은 기존의 것을 변형하는 경우가 대부분이기 때문에 새로운 품목을 고안하기 쉽다. 셋째, 판매원이나 중간상들은 소비자들에게 경쟁사보다 다양한 제품계열을 제공해주기 위해 제품계열확대를 요구하게 된다. 넷째, 제품계열관리자는 현재의 생산공정 하에서 어떠한 품목을 추가할 수 있는가를 알고 있는 경우가 많다. 이러한 이유로 인하여 제품계열관리자는 판매와 이익을 증가시킬 수 있는 새로운 품목을 추가하게 되면, 이에 따라 부수적인 비용도 증가하게 된다. 그래서 마케터는 제품믹스에 대한 효과적인 관리가 필요하다.

7.2 제품계열관리

제품계열(product line)에 관한 의사결정은 제품전략을 수립하기 위해 필요하다. 일반적으로 제품계열이라 함은 제품의 기능이 유사하거나, 동일한 고객집단에게 판매되거나, 같은 유통경로를 이용하거나, 함께 사용되거나, 가격대가 일정하기 때문에 서로 밀접하게 관

그림 8-10 제품계열의 확장전략

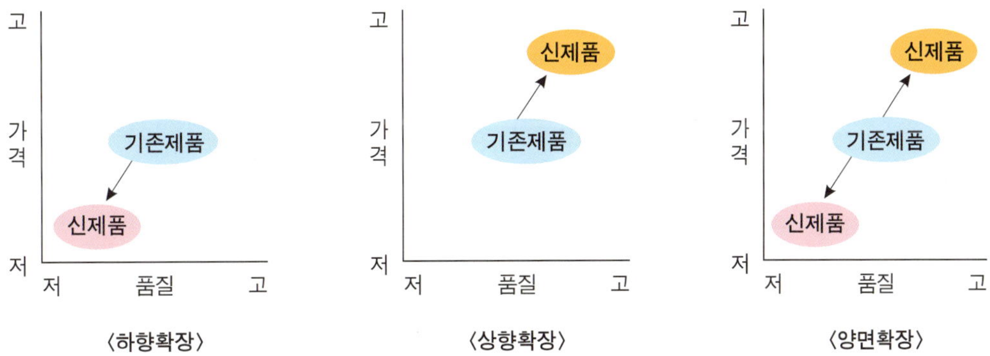

련된 제품들의 집합을 말한다. 예를 들어, 삼성전자의 경우 휴대폰, TV, 오디오, 카메라, 냉장고, 세탁기, 청소기 등의 제품계열을 생산하고 있다. 이러한 제품계열 내에서는 다양한 브랜드의 제품품목들을 제공하고 있다.

1. 제품계열의 길이확장전략

제품계열을 확장한다는 것은 가격이나 품질 또는 크기 등의 면에서 현재 시장에 제공하고 있는 것과 상이한 품목을 추가하는 것을 말한다. 계열확장전략의 유형에는 [그림 8-10]과 같이 하향확장전략, 상향확장전략, 양면확장전략의 세 가지가 있고, 제품계열확장 이외에도 기존의 제품계열범위 내에서 제품의 품목 수를 추가시키는 전략으로서 제품계열의 길이를 확장하는 제품확충전략이 있다.

(1) 하향확장

하향확장(downward stretching)전략은 기존의 브랜드가 고가, 고품질시장에 포지셔닝 되어 있을 경우에 중저가시장을 공략하기 위해서 신제품을 추가하는 전략을 말한다. 최근 국내진출해 있는 고급외제 승용차 브랜드인 BMW가 우리나라 중저가시장 공략을 위해 가격이 낮은 미니쿠퍼 브랜드로 중소형차 시장에 뛰어들어 크게 성공을 거두고 있다. 하향확장은 초기에 고급 이미지를 소비자에게 심어준 다음 저가의 제품으로 확장함으로써 기존의 고품질 이미지가 저가제품에도 확산될 수 있을 것으로 믿기 때문이다. 그러나 이러한 하향확장전략을 결정하는 데는 위험도 따르고 있다. 첫째, 중저가시장의 새로운 품목추가로 기존의 고가시장을 잠식당할 우려가 있다. 둘째, 경쟁기업이 상향확장전략으로 반격할 위험이 있다. 셋째, 고가품목을 판매하던 중간상들이 중저가시장의 새로운 품목을 판매하는 것을 꺼려할 우려도 있다는 점이다.

광고 8-13 미니쿠퍼 광고

광고 8-14 렉서스 광고

(2) 상향확장

상향확장(upward stretching)전략은 하향확장과 반대되는 개념으로서, 기존의 중저가시장을 목표로 하던 기업이 고가, 고품질시장을 목표로 신제품을 추가하는 전략을 말한다. 일본의 도요타자동차가 고급자동차 시장에 뛰어들기 위해 렉서스를 개발해 미국시장에 진출시켜 성공하였다.

이러한 전략을 택하는 이유는 고급제품시장이 빠르게 성장하고 있어 판매성장률이나 이윤폭이 높을 것으로 생각되기 때문이다. 상향확장전략에도 위험이 존재하는데, 저가제품을 생신허던 기존 기업이미지가 있는 기업이 고급제품을 생산하여 품목을 추가할 경우에 고객의 신뢰를 확보하기란 용이하지 않다는 점과, 고급제품을 판매할 수 있는 판매원이나 유통종사자들을 재교육시켜야 할 필요도 있다는 점이다.

(3) 양면확장전략

양면확장(both ways stretching)전략은 중가제품시장에 포지셔닝한 기업이 고가제품이나 저가품을 모두 추가하는 전략을 말한다. 생산하고 있는 제품의 품질, 가격수준이 시장 내에서 중간위치에 놓여있다면 양면확장전략이 유용하다. 이 전략은 모든 소비자들에게 소구함으로써 매출증대와 시장점유율의 증가를 실현하고자 하는 전략이다. 예를 들면, GAP사는 GAP브랜드를 통해 의류뿐만 아니라 속옷, 모자, 벨트, 화장품 등에 이르는 제품라인 확장을 통해 매장 내 원스탑솔루션을 가능하게 하였다. 그리고 The Old Navy Clothing 브랜드를 통해 창고스타일의 허름하면서 거칠고 마무리 되지않은 듯한 느낌을 주는 브랜드 아이덴티티를 정립하면서, 저가이면서 합리적인 구매, 질긴 품질, 아웃도어룩의 활동적인 느낌을 전달하는 브랜드를 추가하였으며, Banana Republic브랜드로 GAP브랜드보다 높

광고 8-15 GAP 광고

광고 8-16 The Old Navy Clothing 광고

은 고가의 소득계층을 흡수하고자 신변잡화를 모두 취급하는 토탈패션 브랜드를 추가하는 양면확장전략으로 성공을 거두고 있다.

(4) 기타 제품확충전략

제품확충(product filling)전략은 계열확장전략의 세 가지 유형과 달리, 충분한 품목을 갖추지 못해 판매기회를 상실한다고 여기는 경우에 기존의 제품계열 내에서 품목을 추가시킴으로써 제품계열을 확충하는 것이다. 과다한 확충은 비용상승과 수익성감소라는 부정적인 효과도 있지만 잉여설비의 활용, 매출의 증대, 새로운 세분시장에 침투 등과 같은 긍정적인 효과도 있다.

광고 8-17 Banana Republic 광고

2. 제품계열의 넓이확대전략

제품믹스를 이루고 있는 각 제품계열들은 서로 간에 일관성이 있을 때, 제품계열 간의 시너지효과를 얻을 수 있다. 제품믹스를 구성하고 있는 제품계열들 간의 일관성은 제품의 용도, 생산에 필요한 요소, 판매유통경로 등이 서로 밀접한 관련성이 있는 것을 말한다. 이런 점들을 고려해서 마케터는 계열의 수를 확대할 것인지 축소할 것인지 분할 및 통합할 것인지 아니면 개조할 것인지 등을 결정해야 한다.

(1) 제품계열확대전략

제품계열확대전략은 기업이 기존의 제품계열 이외에 매출액, 시장점유율, 수익 등이 높을 것이라고 판단되는 영역에 새로운 제품계열을 추가하는 것을 말한다. 제품계열의 확대는 두 가지 방법이 있는데, 하나는 현재 생산하고 있는 제품계열과 유사한 제품계열을 추가하는 것이다. 예를 들어, 현대자동차가 그랜저, 제네시스 등과 같은 기존의 승용차 제품계열에서 투싼과 같은 레저용차 제품계열을 추가한 경우이다. 다른 한 가지 방법은 현재 생산하고 있는 제품계열과 전혀 상관이 없는 새로운 제품계열을 한 개 더 추가하는 방법이 있다.

광고 8-18 Gillette 광고

(2) 제품계열축소전략

제품계열축소전략이란 여러 개의 제품계열을 생산하고 있는 기업이 포트폴리오 분석을 통해 수익성이 낮거나 성장가능성이 없는 제품계열을 제거하는 것을 말한다. 예를 들어, Gillette사는 면도용품, 화장품, 디지털시계, 계산기, 화재경보기 등 여러 제품계열을 구성하고 있었는데, 자사가 가장 잘 할 수 있는 핵심역량을 강화하는 방향으로 기업의 사명을 재정의하고, 디지털시계, 계산기, 화재경보기 등의 제품계열을 축소하는 전략으로 기업의 경영성과를 크게 높인 사례가 있다.

(3) 제품계열분할 및 통합전략

제품계열분할 및 통합전략은 복수의 제품계열을 소유한 기업이 특정 제품계열이 지나치게 커지거나 작아져 효율적인 제품관리가 어려울 때, 기존의 제품계열을 재편하는 것을 말한다. 즉, 기존의 제품계열을 분할하거나 통합하는 전략을 의미하며, 현재 생산하고 있는 품목은 변화시키지 않고 단지 제품계열의 수를 줄이거나 늘리는 것을 말한다.

(4) 기존 제품개선전략

기존 제품의 개선전략은 제품믹스에 관한 전략으로 신제품을 개발하는 것보다 기존 제품의 포장이나 디자인 등을 변경함으로써 새로운 포지셔닝을 확보해 시장을 확대하는 전략이다. 기존 제품의 매출액이나 수익이 저조하다든지, 포장이 진부하다든지 하는 경우에 소비자들에게 새로운 이미지로 시장경쟁력을 확보하고 소구하기 위해 흔히 하는 전략이다.

08 요 약

제품은 마케팅믹스 요소 중의 하나로서, 마케터는 다양한 소비자욕구를 충족시키기 위해 다차원적으로 제품을 이해할 필요가 있다. 제품개념은 핵심제품, 통상제품, 기대제품, 확장제품, 잠재제품 등의 다섯 가지 수준으로 분류하여 그 속성을 제시할 수가 있다. 핵심제품은 제품개념 중에서 가장 기본적인 차원으로서 고객이 진실로 구매하려고 하는 것은 무엇인가라는 개념에 기초하고 있다. 이런 핵심제품은 제품이 고객에게 주는 가장 기본적인 혜택이나 서비스를 말한다. 핵심제품은 두번째 제품수준인 통상제품에 의해 구체화된다. 통상제품은 핵심제품을 전달하기 위해 구성된 유형적인 특성들을 말한다. 세번째 제품수준은 기대제품이다. 고객이 생각하는 일련의 속성들이나 상태들을 포함한다. 네번째 제품수준인 확장제품은 경쟁기업과 차별화될 수 있는 부가적인 서비스나 편익들을 나타낸다. 그리고 다섯번째로 마지막 제품수준은 잠재제품이다. 이것은 앞으로 제품개발이나 기술발전을 통해 제품에 추가될 수 있는 것들이 모두 포함될 수 있다. 이와 같이 여러 차원의 제품수준을 총체적으로 제품을 개발하고 차별화시켜 체계적으로 관리하는 것이 마케팅성공에 가장 중요한 과제가 될 것이다.

제품은 여러 가지 기준에 의해 다양한 유형으로 구분된다. 제품은 일반적으로 유형적이고 물리적인 특성을 나타내는 정도에 따라 내구재와 비내구재, 서비스 등으로 구분할 수 있으며, 구매자의 구매목적에 따라 소비재와 산업재로 구분된다. 소비재는 소비자들이 구매하는 과정에 구매행동에 의해 편의품, 선매품, 전문품, 미탐색품 등으로 나누어지며, 산업재는 그 용도에 따라서 생산재와 보조재로 구분된다.

신제품개발과정은 신제품개발전략, 아이디어 창출, 아이디어 평가, 제품개념테스트, 마케팅전략개발과 사업성 분석, 제품개발, 시험마케팅 그리고 마지막 상업화단계를 거쳐 시장에 출시된다. 그리고 제품수명주기는 신제품이 시장에 출시되는 도입기에서 성장기와 성숙기를 거쳐서 쇠퇴기과정을 거치게 되는데, 마케터는 각 단계별 특징을 고려해서 효과적인 마케팅전략을 수립하고 실행해야 한다.

제품관리에는 제품계열관리, 제품믹스관리, 브랜드관리 등의 세 가지 주요 영역이 있다.

제품계열을 확장한다는 것은 가격이나 품질 또는 크기 등의 면에서 현재시장에 제공하고 있는 것과 상이한 품목을 추가하는 것을 말하며, 확장전략의 유형에는 하향확장전략, 상향확장전략, 양면확장전략의 세 가지가 있고, 제품계열확장 이외에도 기존의 제품계열범위 내에서 제품의 품목 수를 추가시키는 전략으로서 제품계열의 길이를 확장하는 제품확충전략이 있다.

제품믹스를 관리한다는 것은 점점 더 중요한 마케팅과업이 되고 있다. 과거 충분한 고려 없이 제품믹스의 넓이, 길이, 깊이를 추가했던 대기업들이 최근에 수익성이 없는 제품계열과 제품들로 시장에서 치열한 경쟁을 하고 있다. 소매상들은 전체 제품계열들을 모두 취급하지 않으며, 소비자들은 그들의 선택이 과도하다고 느끼고 있다. 그래서 많은 회사들이 비효율적인 제품계열을 제거하고 몇 개의 핵심적인 제품계열이나 제품품목들에 초점을 두고 있다.

참·고·문·헌

- 김소영 외 5인(2007), 사례중심 마케팅의 이해, 형설출판사.
- 박찬수(2014), 마케팅원리, 법문사.
- 송용섭 외 2(2004), 마케팅, 문영사.
- 안광호 · 하영원 · 박흥수(2016), 마케팅원론, 학현사, 제6판.
- 채서일(2015), 마케팅, 옥당.
- Bearden, William O., Thomas N. Ingraw and Raymond W. LaForge(2001), *Marketing-Principle and Perspectives*, 3rd ed., McGraw-Hill, Irwin.
- Boone Louis E., and David L. Kurtz(2001), *Contemporary Marketing*, 10th eds. Harcourt College Publishers.
- Blythe, J.(2006), *Principles & Practice of Marketing*, Thomson Learning.
- Lamb, Charles W., Hair, Joseph F. and C. McDaniel(2000), *Marketing*, 5th ed., South-Western College Publishing.
- Kelin, Roger A., Hartley, Steven W., Berkowitz Eric N. and William Rudelius(2006), *Marketing*, 8th ed., McGraw-Hill Irwin.
- Kotler, P.(1994), M*arketing Management*, 8th ed., Prentice-Hall Inc.
- Kotler, P. and G. Amstrong(1998), *Principles of Marketing*, 6th ed., Prentice- Hall Inc.
- Solomon, Michael R. and Elnora W. Stuart(1997), *Marketing,* International ed., Prentice-Hall Inc.
- Zikmund, William G. and Michael d'Amico(2001), *Marketing*, 7th ed., South-Western College Publishing.
- https://blog.naver.com/bomsowa/222143093729

part 09

브랜드관리

01 브랜드자산의 관리

02 브랜드 의사결정

03 요 약

인터브랜드 '2021 글로벌 100대 브랜드', 브랜드스탁 '2021 대한민국 100대 브랜드'

인터브랜드(Interbrand)에서 공개한 브랜드가치 순위 (Best Grobal Brand)에는 전 세계에서 가장 가치 있는 100대 기업의 순위와 전년도 대비 성장, 기업의 가치에 대해서 소개했다.

세계 1위의 가치에 랭크된 기업은 "애플"이다. 애플은 전년도 대비 26%나 상승한 4,802억달러 가치를 보이고 있다. 2위는 아마존인데, 아마존도 트랜드가 2000년부터 10년동안은 낮은 성장세를 보이다가 2011년부터 약 5~6년간 그래프가 한 번 꺾이고, 최근 5년에는 급격한 성장을 하고 있다. 3위 마이크로 소프트와 4위 구글도 모두 미국 기업이 차지했다. 성장폭도 거의 20% 가까이 성장했다. 대한민국의 삼성전자가 세계 5위에 랭크했으며, 그 밖에도 현대가 35위, 기아가 86위를 차지했다. 현대가 35위라면, 넷플릭스 36위, VISA 39위, 아우디 46위, 폭스바겐 47위, 포드 52위, 포르쉐 58위, 닛산 59위 보다도 높은 순위를 차지했으며,

국가별로 살펴보면 세계 100대 브랜드를 보유한 국가는 미국, 프랑스, 독일, 일본, 영국, 대한민국, 이태리, 스웨덴, 스위스, 스페인, 네덜란드, 덴마크, 멕시코, 중국 등 총 14개 국가에 불과했다. 총 100개의 브랜드 중 미국의 브랜드가 52개로 절반이 넘었습니다. 그 다음으로 프랑스 10개, 독일 9개, 일본 7개, 영국 4개, 대한민국 3개, 이태리 3개, 스위스 2개, 스페인 2개, 네덜란드 2개, 덴마크 1개, 멕시코 1개, 중국 1개입니다. 특히, G2로 부상한 중국의 브랜드는 85위의 화웨이 단 1개뿐인 것으로 나타났다.

〈인터브랜드 글로벌 TOP 20위 브랜드〉

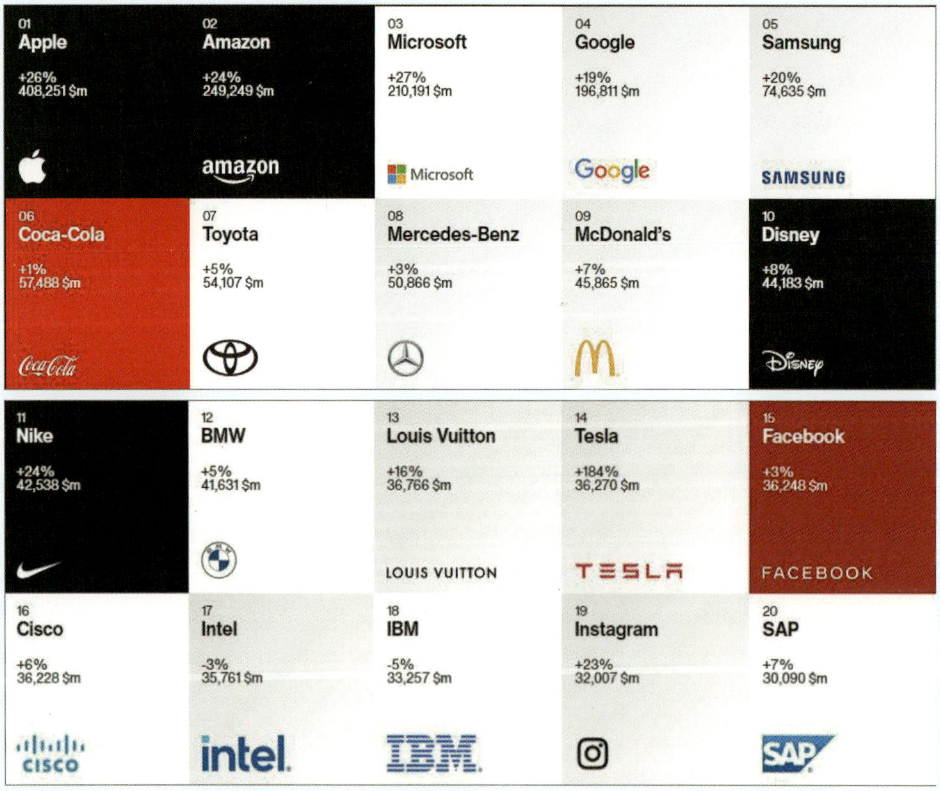

한편, 브랜드가치 평가회사 브랜드스탁이 12일 발표한 '2021년 대한민국 100대 브랜드' 조사에 따르면, 증권업계 1위 미래에셋증권의 브랜드 순위는 31위를 기록했다. 지난해 42위에서 11계단 올랐다. 삼성증권은 59위에서 52위로 상승했다. 지난해 99위에 오르며 처음 100위권에 진입한 KB증권은 올해 72위를 기록했다. 1년 만에 27계단 뛰어올랐다. 아파트 브랜드도 일제히 순위가 올랐다. 올해 수도권을 중심으로 아파트 분양 열기가 뜨거웠던 영향이다. GS건설의 아파트 브랜드 자이는 38위에서 25위로, 삼성물산의 래미안은 53위에서 48위로 순위가 뛰었다. 그간 100위 안에 들지 못했던 롯데캐슬도 73위로 새로 이름을 올렸다.

유통업계의 브랜드 파워는 다소 약화된 것으로 나타났다. 지난해 6위였던 이마트는 올해 순위가 8위로 떨어졌다. 롯데하이마트는 15위에서 17위로, 롯데백화점은 51위에서 57위로 내려갔다. 코로나19가 장기화된 영향이다. 하나투어는 36위에서 40위로 떨어졌지만 50위를 기록했던 올해 1분기보다는 소폭 반등했다. 브랜드스탁 관계자는 "항공과 여행 브랜드는 코로나19 백신 접종이 이뤄지고 여행 수요가 점차 살아나면서 내년에는 브랜드가치가 빠르게 회복할 것"으로 내다봤다. 삼성전자 스마트폰 브랜드 갤럭시는 11년 연속 1위를 지켰다. 폴더블폰 신제품인 갤럭시Z폴드3와 갤럭시Z플립3 등이 흥행한 영향이다. 카카오톡은 지난해에 이어 2위를 차지했다. 대한민국 100대 브랜드는 브랜드가치 평가모델인 BSTI 점수가 높은 브랜드를 상위 100위까지 선정해 발표하는 국내 유일한 브랜드가치 평가 인증제도다. 230여 개 부문의 대표 브랜드 1,000여 개를 대상으로 브랜드스탁 증권거래소의 모의 주식 거래를 통해 형성된 브랜드주가지수(70%)와 정기 소비자조사지수(30%)를 합쳐 산정한다.

2021년 대한민국 100대 브랜드

순위	브랜드	등락	순위	브랜드	등락	순위	브랜드	등락	순위	브랜드	등락
1	삼성 갤럭시	-	26	BBQ치킨	▲2	51	설화수	▼8	76	LG올레드TV	▼10
2	카카오톡	-	27	바디프랜드	▲2	52	삼성증권	▲7	77	하나은행	▼9
3	네이버	▲1	28	세브란스병원	▲5	53	페이스북	▼16	78	힐스테이트	▲10
4	KB국민은행	▼1	29	참이슬	▼8	54	트위터	▼4	79	KTX	▼14
5	신라면	-	30	삼성QLED TV	▼7	55	노스페이스	▼3	80	T맵	▲4
6	신한카드	▲2	31	미래에셋증권	▲11	56	현대백화점	▲25	81	OK캐쉬백	▼10
7	롯데월드어드벤처	-	32	롯데마트	▼1	57	롯데백화점	▼6	82	서울대병원	신규
8	이마트	▼2	33	LG휘센	▼19	58	교보생명	▲3	83	CU	▲4
9	구글	-	34	KT	▲5	59	에쎄	▼2	84	한글과컴퓨터	▲1
10	SK텔레콤	-	35	삼성생명	▼8	60	그랜저	-	85	쏘나타	▼12
11	쿠팡	▲13	36	제네시스	▼6	61	칠성사이다	▲1	86	롯데리아	▼19
12	인천공항	-	37	박카스	▼5	62	스타벅스	▲10	87	아이시스	▲6
13	삼성 무풍에어컨	-	38	CJ대한통운택배	▼4	63	신세계백화점	▼7	88	SK렌터카	신규
14	삼성서울병원	▲2	39	코웨이	▲1	64	롯데렌터카	▼6	89	당근마켓	신규
15	신한은행	▲2	40	하나투어	▼4	65	귀뚜라미보일러	▼2	90	한화생명	▼12
16	제주삼다수	▲3	41	에버랜드	▼16	66	웅진씽크빅	▲9	91	하이원리조트	▼12
17	롯데하이마트	▼2	42	삼성비스포크	▲6	67	쉐보레스파크	▲2	92	메르세데스벤츠	▼6
18	G마켓	▼7	43	에스원	▲2	68	서울아산병원	▲15	93	카스	▲3
19	카카오뱅크	▲3	44	삼성화재	▲5	69	피죤	▲1	94	SK쉴더스	▼17
20	유튜브	▲24	45	파리바게뜨	▼4	70	위니아	▲21	95	후	신규
21	KB국민카드	▲14	46	LG유플러스	▲1	71	SSG닷컴	▼7	96	넷플릭스	신규
22	대한항공	▲24	47	11번가	▼29	72	KB증권	▲27	97	넥슨	신규
23	아이폰	▼3	48	래미안	▲5	73	롯데캐슬	신규	98	GS25	▼8
24	옥션	▲2	49	화이트	▲6	74	딤채	▲2	99	소노호텔&리조트	신규
25	자이	▲13	50	넷마블	▲4	75	세븐일레븐	신규	100	금강제화	▼6

● 자료원 : https://minddoor83.tistory.com/11 [Information storage] (일부 내용 수정) 한국경제, 노유정, 2021.12.12.

소비자들은 일상생활 속에서 흔히 하루에 적게는 수백 개에서 많게는 2~3천 개의 다양한 브랜드들을 접하면서 그야말로 브랜드 홍수속에 살아가고 있다. 이런 상황에서 소비자들은 브랜드를 떼어 놓고는 하루일과를 잠시도 생각할 수가 없다. 하지만 소비자에게 노출되는 그 많은 브랜드 중에서 소비자가 기억하고 있다가 나중에, 실제로 제품구매에 이르게 되는 브랜드는 극소수에 지나지 않는다고 한다. 이런 점 때문에 기업은 소비자에게 브랜드를 노출하고 난 후에, 많은 소비자들이 자사 브랜드를 기억하고 호의적인 태도를 형성하여, 구매시점에서도 강력한 영향력을 갖는 브랜드파워를 키울 목표로 다양한 전략적 선택을 하게 된다.

따라서 이 장에서는 브랜드자산의 관리에서 브랜드의 의미, 브랜드자산의 개념과 구성요소를 살펴보고, 브랜드 의사결정전략에 대해 설명하고자 한다.

01 브랜드자산의 관리

브랜드는 오랜 기간 다양한 생산자들이 자사의 제품이나 서비스를 경쟁사의 제품이나 서비스와 구별하기 위해 사용되었지만, 이제 기업에게는 수익을 창출하는 원천이며, 소비자에게는 자신의 가치를 표현하는 수단이 되고 있다. 그래서 최근 소비자들이 제품이나 서비스를 구매하는 것처럼 브랜드를 구매한다고 생각할 정도로 브랜드에 대한 전략적 중요성이 크게 부각됨에 따라 브랜드를 또 다른 자산으로 인식하기에 이르렀다. 기업들은 좋은 브랜드를 개발하는 것에 머무르지 않고, 브랜드의 가치를 높여가는 다양한 투자와 브랜드관리를 위해서 노력을 다하고 있다.

1.1 브랜드의 의미

브랜드란 무엇일까? 브랜드는 예전부터 생산자들이 자신들의 제품과 서비스를 다른 생산자의 것과 구별하기 위한 수단으로써 사용되어 왔다. 그런데 브랜드(brand)의 어원은 고대 노르웨이에서 자신이 소유한 가축을 타인의 것과 구분하기 위해 인두를 달구어 지져서(brandr) 낙인을 찍는 관행에서 시작되었다는 주장과 16세기 초에 영국의 위스키제조업자들이 위스키 오크통에 자신의 소유임을 나타내기 위해 인두로 태워(burned) 표시한 것에서 비롯되었다는 주장이 있다. 우리나라에도 브랜드와 비슷한 개념의 표현이 있는데, 바로 '시치미'란 단어다. 고려시대에 원나라의 영향을 받아 매사냥이 유행을 했었는데, 사냥한 매의 발목이나 꽁지에 주인의 이름표를 매어단 것을 시치미라 했다. 지금도 흔히 사용하는 표현인 '시치미떼다'도 여기에서 나왔다.

브랜드를 직역하면 상표라고 하며, 다른 사람의 물건과 자신의 것을 구분하기 위한 표식이라는 의미를 지닌다. 브랜드를 미국마케팅협회(American Marketing Association)는 특정 판매자가 자신의 제품과 서비스를 경쟁자의 제품과 서비스와 식별하고 차별화하기 위해 사용하는 이름, 용어, 기호, 심벌, 디자인 또는 이런 요소들의 조합이라고 정의하고 있다. 그리고 우리나라 상표법에서는 "상표는 자사의 제품을 경쟁자의 것과 구별하기 위해 사용하는 문자, 기호, 도형 혹은 그들의 결합이다"라고 정의하고 있다. 또한 경우에 따라서는 브랜드를 가진 제품이나 서비스, 그 자체를 가리키기도 한다. 이와 같이 브랜드를 식별하고 차별화하는 여러 가지 구성요소를 브랜드요소(brand element)라고 한다. 브랜드요소에는 브랜드네임, 로고와 심벌, 캐릭터, 슬로건과 징글이라는 음향효과, 패키지, 그리고 타이포와 컬러, 등록상표 등 다양한 요소들로 구성되어 있다.

① 브랜드네임

브랜드네임(brand name)은 브랜드를 구성하는 요소 중에서 가장 본질적인 요소이며, 판매자의 제품이나 서비스를 식별하기 위해 사용되는 문자, 단어, 숫자 등 소리내어 발음할 수 있는 것을 말한다. 예를 들어, Coca-Cola, Calvin Klein, McDonald, Nike, 3M, KFC , 카카오톡, 제네시스, 갤럭시, 대한항공, 현대자동차 등이다.

② 로고와 심벌

로고(logo)는 시각적으로 만들어진 이름으로 브랜드네임을 다른 사람들이 쉽게 오랫동

광고 9-1 배스킨라빈스, 츄파춥스, 헬로키티의 로고와 심벌

광고 9-2 국내정유사 브랜드캐릭터 : SK에너지 '엔크,' GS칼텍스 '펭군,' 에쓰오일 '구도일,' 현대오일뱅크 '정다운'

안 기억할 수 있도록 구성한 독특한 글자형태라고 할 수 있으며, 심벌(symbol)은 글자형태에 국한되는 것이 아니라 특정한 회사나 상표명 등을 나타내는 종합적인 상징체계를 말한다. 예를 들면, 일본 산리오사의 'Hello Kitty'라는 핑크나 레드의 글자형태는 로고이고, 원피스 차림에 핑크나 빨간 리본을 머리에 달고 있는 고양이는 심벌이다.

③ 캐릭터

캐릭터(character)는 브랜드에 개성을 부여하여 친근감을 높일 수 있어서 브랜드호감도와 신뢰도를 심어주는 특별한 유형의 브랜드심벌을 말한다. 브랜드캐릭터는 광고를 통해 다양한 이미지로 표현되기 때문에 소비자의 시선을 끌 수 있고 브랜드의 핵심적인 편익을 효과적으로 전달하는데 도움이 된다.

④ 슬로건과 징글

슬로건(slogan)은 브랜드의 핵심정보를 전달해 주는 짧은 문장으로 브랜드를 표현하여 브랜드인지도를 높이는 데 중요한 역할을 하는 것으로, 브랜드이미지를 암시적으로 소비자의 기억 속에 포지셔닝 시키는 대표적인 방법이다. 그리고 징글(jingle)은 주로 광고에서

광고 9-3 애플, 한국관광공사, 나이키 슬로건

사용하는 상징적인 멜로디나 음악, 혹은 소리를 이용해 브랜드를 알리고, 그 소리를 들었을 때 무의식적으로 브랜드이미지를 떠올리도록 소비자에게 각인시키는 광고기법이다. 그 방법으로는 단순히 효과음만 사용하는 경우도 있고, 멜로디에 브랜드로고나 카피를 결합시키는 방법 등 다양한데, 기업이나 제품의 브랜드를 노래로 만드는 CM로고송이나 배경음악과는 약간 다르다. 브랜드에 관해 사용된 음악적인 메시지로 제품의 의미를 전달할 수 있는 광고용후렴구이며, 리듬감을 가진 음악적 슬로건으로 인해 발생할 수 있는 브랜드연상은 감성이나 개성 또는 다른 무형의 요인들과 연관될 수 있다.

⑤ 패키지

패키지디자인은 제품의 용기나 포장을 디자인하고 제작하는 것을 말하며, 심미성뿐만 아니라 기능성을 함께 고려해야 한다. 패키지(package)는 특정 브랜드를 식별할 수 있도록 도움을 주며, 브랜드에 대한 묘사적 정보와 설득적인 정보를 전달하고 제품을 보호해주며, 수송과 보관을 용이하게 하는데 도움을 준다.

⑥ 타이포와 컬러

타이포(서체, typo)는 브랜드의 목소리라고 불릴만큼, 브랜드가 가지고 있는 일관된 이미지와 아이덴티티를 형성하고 전달하는데 기초적인 요소이며, 중요한 역할을 수행한다. 타이포의 일관성은 브랜드 아이덴티티를 강화시키지만, 무작위적인 사용은 반대의 결과를 낳을 수도 있기 때문에 제품의 성격에 따라 타이포를 적절히 활용해야 한다.

컬러(color)는 최근에 브랜드의 중요요소로 인식되고 있으며, 브랜드의 첫인상과 호감을 결정하는데 중요한 영향을 미친다. 예를 들면, 맥도널드의 황금색, 삼성의 블루, 스타벅스의 초록, 코카콜라의 레드 등 컬러가 의미하는 것은 단순한 색상이상이라고 할 수 있다.

⑦ 등록상표

등록상표(registered trademark)는 특정 상표를 독점적으로 사용하고 상표에 대한 보호를 받기 위해서 특허청에 등록된 브랜드를 말하며, 등록되어 있다는 의미로 '(Registered)' 또는 'TM(또는 TM: Trade Mark)'으로 표시하기도 한다. 등록상표는 브랜드네임과 브랜드마크(brand mark) 혹은 둘다 포함한 것일 수도 있다. 브랜드마크는 말로 표현되지 않고 시각적으로 표현되는 로고, 디자인, 도안 등을 지칭한다.

이와 같이 브랜드 구성요소는 소비자에게 브랜드를 식별하게 하고, 경쟁자의 브랜드와 차별화시켜 주는 수단이기 때문에 브랜드인지도를 강화시키면서 강력하고 호의적이며, 독특한 브랜드연상을 용이하게 하기 위해 잘 선택해서 구성해야 한다. 그리고 브랜드는 제품과 서비스의 이해 당사자인 소비자와 기업 간의 상호신뢰를 형성하고 거래를 촉진시키는데 중요한 역할을 한다. 즉, 브랜드는 소비자에게 제품에 대한 신뢰를 갖게 하고 지속적인 구매를 유도하는 동기부여를 주며, 기업에게는 타사의 제품들과 구별하게 해주고 법적으로 보호를 받을 수 있게 해준다. 기업의 지속적인 브랜드관리를 통한 브랜드의 자산가치는 격심한 시장경쟁 속에서 지속적인 경쟁우위를 확보하는데 도움을 줄뿐만 아니라 매출액 상승을 통한 재무적 이익을 가져다 줄 수 있다.

1.2 브랜드의 중요성

브랜드는 왜 중요한가? 만약에 시장에서 판매되고 있는 제품이나 서비스에 브랜드가 부착이 되어 있지 않은 상태로 판매되고 있다고 가정을 해보자. 소비자 측면에서는 전문가가 아니기 때문에 어떤 회사의 제품이 좋은지 나쁜지 알 수가 없기 때문에 쉽게 구매의사결정을 할 수 없을 뿐만 아니라 구매한다고 할지라도 품질, 가격, 보증 등 기본적인 요소에 대한 리스크가 있기 때문에 상당히 혼란스러울 것이다. 그리고 기업측면에서는 자사제품을 시장에 출시하고 나서 상대 경쟁업체의 제품과 비교평가가 어려워 제대로 된 판매관리를 할 수 없으며, 자사제품에 대한 소비자반응을 파악할 수 없어서 마케팅활동을 수행하는데 많은 어려움을 겪을 것이다.

따라서 브랜드는 소비자나 기업측면에서 볼 때, 둘다 매우 중요한 역할을 한다고 할 수 있다. 즉, 브랜드는 기업의 마케팅활동을 통해 거래 활성화를 촉진시킴으로써 기업의 가치를 증가시켜 줄뿐만 아니라 고객의 구매의사결정을 원활하게 해줌으로써 고객의 가치를 증가시켜 주는데 매우 중요한 역할을 한다. 그리고 브랜드는 유사제품을 판매하는 경쟁업체로부터 기업과 소비자들을 보호하는 역할을 수행한다.

1. 소비자 측면에서 브랜드의 이점

브랜드가 소비자 측면에서 볼 때, 여러 가지 중요한 역할을 하는데 몇 가지 살펴보면 다음과 같다.

첫째, 소비자에게 브랜드는 제품이나 서비스의 원천이나 생산자를 식별할 수 있게 해주기 때문에, 만약에 어떤 문제가 발생되는 경우에 제조업체나 유통업체에 대해 책임소재를 분명하게 할 수 있다.

둘째, 소비자가 특정 브랜드에 대한 지식을 갖게 되면, 제품에 대한 특성을 잘 파악할 수 있으므로 제품탐색비용을 줄일 수 있다. 즉, 소비자가 제품을 구매할 때 일반적으로 내·외적 정보탐색을 하게 되는데, 이럴 경우에 기존의 특정 브랜드에 대해서 품질이나 제품특성 등을 잘 알고 있기 때문에 추가적인 내· 외적 정보탐색에 많은 시간과 노력을 기울일 필요가 없어져 구매효율성을 증가시킨다.

셋째, 소비자들은 브랜드가 일관성 있는 제품성능, 적절한 가격책정, 촉진, 유통프로그램 등을 통해 소비자들에게 효용가치를 제공해줄 것이라는 암묵적인 이해를 바탕으로 브랜드에 대해 신뢰와 충성도를 부여하게 된다. 그래서 소비자가 구매한 제품에 대해 이점이나 혜택을 실현하게 되고 제품소비를 통해 만족을 하게 되면 해당 브랜드를 지속적으로 재구매할 것이다.

넷째, 브랜드는 기능적인 편익을 제공하는 것뿐만 아니라, 자기이미지(self-image)를 표현하는 상징적인 수단으로서 역할을 수행한다. 어떤 브랜드가 특정 유형의 사람들이 사용하는 것으로 연상시킴으로써 차별적인 브랜드가치를 반영시킬 수 있다. 이런 브랜드의 제품을 소비하는 것은 소비자들이 타인들에게 혹은 자기 자신들에게 자신이 현재 모습이나 미래에 되고 싶어하는 모습을 전달하는 수단이다.

다섯째, 브랜드는 제품특성을 소비자에게 전달하는 중요한 역할을 한다. 마케팅연구자들은 제품과 제품관련된 속성 혹은 혜택에 따라 탐색상품(search goods), 경험상품(cxperience goods), 신용상품(credence goods) 등의 범주로 분류하였다. 탐색상품은 시각적인 탐색에 의해 견고성, 크기, 색상, 스타일, 디자인, 무게, 구성성분 등 제품의 속성들이 평가될 수 있다. 경험상품의 제품속성들은 시각적 탐색만으로 쉽게 평가될 수 없기 때문에 내구성, 서비스품질, 안전성, 취급 및 사용의 용이성 등을 판단하기 위해서 실제 제품시용이나 경험이 필요하다. 신용상품은 보험, 의약품, 건강식품, 의료기구, 화장품 등과 같이 제품의 품질이나 효능자체에 대해 논란의 여지가 많고, 제품을 사용해 본 경험을 갖고 있어도 그 제품에 대한 정확한 판단을 내리기 어려우며, 또한 제품을 사용해 본 경험적 판단이 항상 옳은 것도 아니기 때문에 소비자들이 제품의 속성들을 거의 파악할 수가 없다. 경험상품이나 신용상품의 경우에 제품속성이나 편익들을 평가하고 해석하기가 어렵기 때문에 특히 브랜드가 이러한 제품의 품질이나 특성들을 파악하는데 중요한 단서가 될 수 있다.

여섯째, 브랜드는 제품선택에 따르는 기능적 위험, 신체적 위험, 재무적 위험, 사회적 위험, 심리적 위험, 시간적 위험 등을 감소시킬 수 있다. 기능적 위험은 제품성능이 기대에 미치지 못할 가능성을 말하며, 신체적 위험은 제품이 사용자나 타인들의 신체적 안전이나 건강에 위협을 가할 가능성을 말한다. 재무적 위험은 제품이 지불한 가격만큼의 가치가 없을 가능성을 나타내며, 사회적 위험은 어떤 제품이나 특정한 브랜드를 구매한 자신에 대하여 다른 사람들이 가질 평가에 관해 소비자가 지각하는 위험을 말한다. 심리적 위험은 구매한 제품이 자기 이미지와 어울리지 않을 가능성에 대해 소비자가 지각하는 위험이다. 시간적 위험은 잘못된 제품을 선택하여 다른 만족스러운 제품을 찾는데 소요되는 기회비용을 유발할 가능성을 말한다. 이와 같이 소비자들은 제품이나 서비스구매와 관련된 여러 가지 위험을 지각할 수 있는데, 이럴 경우에 위험에 대처할 수 있는 가장 확실한 방법은 잘 알려진 브랜드, 특히 소비자가 과거에 구매경험을 통해 호의적이었던 브랜드를 구매하는 것이다.

2. 기업측면에서 브랜드의 이점

브랜드는 기업에게도 다음과 같은 다양한 이점을 제공함으로써 마케팅활동을 통해 거래활성화를 촉진시키고 기업의 가치를 증대시킨다.

첫째, 브랜드는 가장 기본적으로는 제품들을 취급하고 관리하는 과정을 단순화시키는 식별기능이 있으며, 운영적인 측면에서는 재고관리와 회계장부를 기록하고 정리하는데 도움이 된다.

둘째, 브랜드는 브랜드 소유자에게 제품의 고유한 특성에 대한 법적권리를 부여하는 지적재산권을 확보할 수 있게 한다. 브랜드네임은 등록상표를 통해 법적으로 보호받을 수 있으며, 제조공법은 특허를 통해 포장은 저작권 및 의장권을 통해 보호받을 수 있다.

셋째, 브랜드는 기업의 지속적인 관리를 통해 독특한 연상과 의미를 부여해 브랜드이미지 차별화를 꾀할 수 있다. 브랜드차별화를 통해 기업은 자사제품에 대한 낮은 가격민감도로 인해 제품이나 서비스에 대해 상대 경쟁기업들 보다 높은 가격을 책정할 수 있어 가격경쟁을 피하고, 높은 시장점유율과 수익성을 실현할 수 있는 유일한 마케팅수단이 될 수 있다.

넷째, 브랜드는 제품품질수준을 가늠해볼 수 있는 수단이 되기 때문에 그 제품에 대해 만족한 소비자들은 이를 재구매할 수 있다. 이러한 브랜드충성도는 기업이 수요를 예측하고 확보하는데 도움이 되며, 다른 경쟁업체들이 시장에 진입하는 것을 어렵게 하는 진입장벽 역할을 한다.

1.3 브랜드자산의 개념과 구성요소

1. 브랜드자산의 개념

마케팅에서 브랜드가 차지하는 비중은 매우 크며, 브랜드 간의 경쟁도 치열하게 전개되기 때문에 마케팅은 브랜드 간의 전쟁이라고 해도 과언이 아니다. 기업은 나름대로 자사의 브랜드에 대한 차별적인 이미지를 호의적으로 소비자들에게 전달하려고 노력하고 있으며, 경쟁업체의 브랜드보다 브랜드충성도가 높은 소비자들을 확보하고자 한다. 이런 과정에서 브랜드가 소비자의 구매행위에 심리적으로 긍정적인 영향을 미친다면 가치있는 브랜드라고 할 수 있다. 그래서 브랜드가치는 그 의미가 단순히 제품이나 서비스의 외형적 차원에 국한되는 것이 아니라, 소비자의 심리적인 가치체계까지도 포함하고 있다. 그렇기 때문에 기업측면에서는 충성도가 높은 강력한 브랜드를 가짐으로써 발생하는 시장점유율과 수익, 그리고 품질 및 이미지 등과 같은 유 · 무형적인 마케팅효과 등을 얻을 수 있는데, 이를 브랜드자산이라고 한다. 그리고 소비자 측면에서는 소비자들이 브랜드에 관련된 경험과 지식에 따라 기업의 마케팅활동에 대해 차별적인 반응을 보이는데, 여기서 브랜드가 만들어 내는 차별적인 효과를 브랜드자산이라고 한다. 다시 말해서, 브랜드자산(brand equity)은 제품과 서비스에 브랜드를 부착함으로써, 브랜드가 없을 때보다 더 높은 매출액과 이익을 창출하며 경쟁업체에 비해 지속적이고, 차별화된 우위를 제공해 주는 효과나 가치의 증가분을 무형자산으로 측정한 것을 말한다.

이러한 브랜드자산에 대한 개념정의는 다양하게 문헌에 나타나고 있는데, 크게 재무적인 관점과 마케팅적인 관점으로 나누어 볼 수 있다. 재무적인 관점에서는 브랜드자산을 브랜드가 없는 제품에 대하여 브랜드를 가진 제품이 얻는 추가적인 현금흐름의 증가분으로 정의하고 있다. 브랜드가 시장에서 평가받는 가치, 즉 돈으로 환산된 가치를 평가해 보자는 것이다. 제품이 더 비싼값에 많이 팔리면 그 제품을 생산한 기업은 더 많은 이익을 얻게 된다. 그리고 마케팅적인 관점에서는 고객을 기반으로 한 브랜드자산은 소비자가 지각하고 있는 브랜드에 대해 높은 인지도와 친밀성을 가지고 있으며, 기억 속에 강력하고 호의적이며, 독특한 브랜드연상을 보유하고 있을 때, 브랜드에 대한 이미지가 좋아지고 이는 결국 브랜드자산으로까지 연결된다고 본다. 즉, 소비자가 어떤 브랜드에 대하여 호감을 갖게 됨으로써 그 브랜드를 부착한 제품의 가치가 증가된 부분을 브랜드자산이라고 한다.

국내에서 브랜드자산이라는 개념이 주목받기 시작한 것은 국내에서 인수합병(M&A)이 본격화되었던 외환위기이후의 일이다. 1998년에 우리나라에서 살충제의 대표적 브랜드인

'에프킬라'를 생산하는 삼성제약이 부도가 나자 다국적기업인 한국존슨(현, SC Johnson Korea)이 이 기업을 387억에 인수했다. 그런데 주목할 것은 공장터와 기계 등은 90억 원의 가치가 있다고 계산하고 '에프킬라'라는 브랜드의 값은 그 3배가 넘는 297억 원으로 산정했다는 사실이다. 당시 한국존슨은 세계적인 살충제 브랜드인 '레이드'를 판매하고 있었지만, 한국시장에서 '에프킬라'를 이길 수 없다고 판단하고 '에프킬라'라는 브랜드에 프리미엄을 지불했던 것이다. 역시 1998년에 미국계 기업인 질레트가 국내에서 건전지로 유명한 '로켓트전지'의 브랜드 사용권을 7년간 빌려 쓰는 임대조건으로 660억 원을 지급한 사례가 있다.

이 두 사례는 브랜드자산이 얼마나 큰 가치를 지니는지를 알려주는 좋은 예로 이와 유사한 일들이 또다시 생기면서 우리나라 기업들도 브랜드가치에 대해 더 많은 관심을 기울이기 시작했다.

광고 9-4 SC Johnson Korea의 에프킬라 광고

2. 브랜드자산의 구성요소

브랜드자산의 형성과 관련된 많은 연구들이 행해지고 있지만, 그 중에서 브랜드자산의 구성요소에 관한 연구에서는 Aaker와 Keller의 연구모델이 대표적이다. Aaker (1991)는 브랜드자산의 구성요소로서 [그림 9-1]과 같이 브랜드충성도(brand loyalty), 브랜드인지도(brand awareness), 제품의 지각된 품질(perceived quality), 브랜드연상(brand association) 이미지, 기타 독점적 브랜드자산 등을 제시하였다.

이는 소비자관점에 기반을 둔 브랜드자산의 구성요소들이며, 이를 구체적으로 제시함으로써 브랜드자산을 전략적으로 관리하는데 필요한 이론을 제시해 주었다. 각 구성요소들의 개념을 살펴보면 다음과 같다.

① 브랜드충성도는 고객이 오랫동안 특정 브랜드에 대하여 가지고 있는 애착의 정도를 말한다. 그리고 브랜드충성도는 전환비용(switching cost)이 높을 때 충성도가 높게 나타나기 때문에 다른 브랜드로 전환하거나 경쟁브랜드의 공격을 막을 수 있는 심리

그림 9-1 소비자관점의 브랜드자산 구성요소

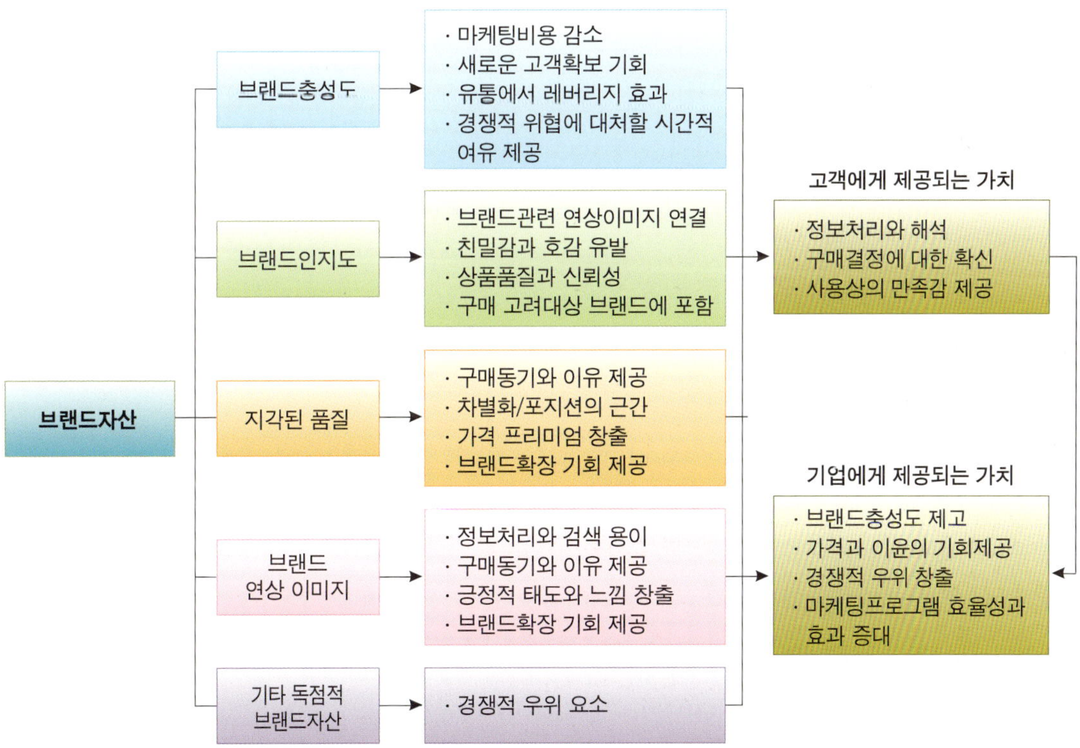

적 시장장벽역할을 하여 미래의 이익과 관련된 중요한 지표로서 브랜드가치 중에서 핵심자산으로 평가되고 있다.

② 브랜드인지도는 소비자들이 해당하는 제품카테고리와 브랜드를 연관시키는 정도를 뜻하는데, 단순한 인지도가 아닌 오랫동안 지속적으로 유지되는 연상이라고 할 수 있다.

③ 지각된 품질은 특정 브랜드에 대해 감정적으로 지니고 있는 신뢰성의 정도를 나타내는 것으로, 고객의 기대에 부합되는 만족을 브랜드가 지속적으로 제공할 수 있는가를 말한다. 이는 고객이 제품을 구매하는 중요한 이유중의 하나이기도 하며, 브랜드의 독특하고 높은 품질은 직접적으로 고객의 구매의사결정과 관련이 있다.

④ 브랜드연상 이미지는 브랜드와 관련된 모든 기억이자 의미있는 브랜드연상의 집합을 의미한다. 고객의 마음 속에 긍정적인 태도와 느낌을 회상시킬 수 있는 브랜드연상의 구축을 통해 브랜드자산을 형성할 수 있다.

⑤ 기타 독점적 브랜드자산은 특허, 등록브랜드, 독점적 유통관계 등과 같은 것으로, 이들 브랜드자산들은 시장진입장벽으로서 작용하여 경쟁적 이점을 얻을 수 있고, 경쟁사들이 자사의 고객과 브랜드충성도를 잠식하는 것을 막을 수 있을 때 그 가치가 가장 크게 나타난다.

이 모델에서 브랜드가 강조되는 주된 이유는 브랜드 자산가치가 커질수록 높은 시장점유율이나 수익률을 올릴 수 있으며, 잠재적 경쟁자에 대한 시장의 진입장벽 역할을 할 수 있기 때문이다. 그리고 라이센스 등으로 추가수입을 올릴 수 있으며, 브랜드확장을 통해서 신제품의 성공 가능성을 높여주거나 출시비용을 낮출 수 있기 때문이다.

Keller(1993)는 이와 다른 측면에서 브랜드자산을 접근하였는데, 브랜드에 대해 고객이 배우고 들은 브랜드지식(brand knowledge)이 브랜드파워를 형성한다고 주장하며, 브랜드인지도(brand awareness)와 브랜드이미지(brand image)라는 두 가지 관점에서 [그림 9-2]와 같이 브랜드자산의 구성요소를 제시하였다. 브랜드인지도는 브랜드회상(brand recall, 비보조인지)과 브랜드재인(brand recognition, 보조인지)으로 구성되며, 브랜드이미지는 브랜드연상의 유형, 호감도, 강도, 독특성 등으로 구성되어 있다. 브랜드연상의 유형은 또 다시 속성 · 편익 · 태도 등으로 나누었으며, 속성은 비제품관련 속성과 제품관련 속성으로, 편익은 기능적 · 경험적 · 상징적 혜택으로 나누었다.

또한 Keller는 후속연구에서 기존의 브랜드 구성요소의 범위보다 확장된 개념으로 인지(awareness), 속성(attributes), 편익(benefits), 이미지(images), 생각(thoughts), 느낌(feelings), 태도(attributes), 그리고 경험(experiences) 등의 8가지 차원을 포함한다고 하였

그림 9-2 Keller의 브랜드자산 구성요소

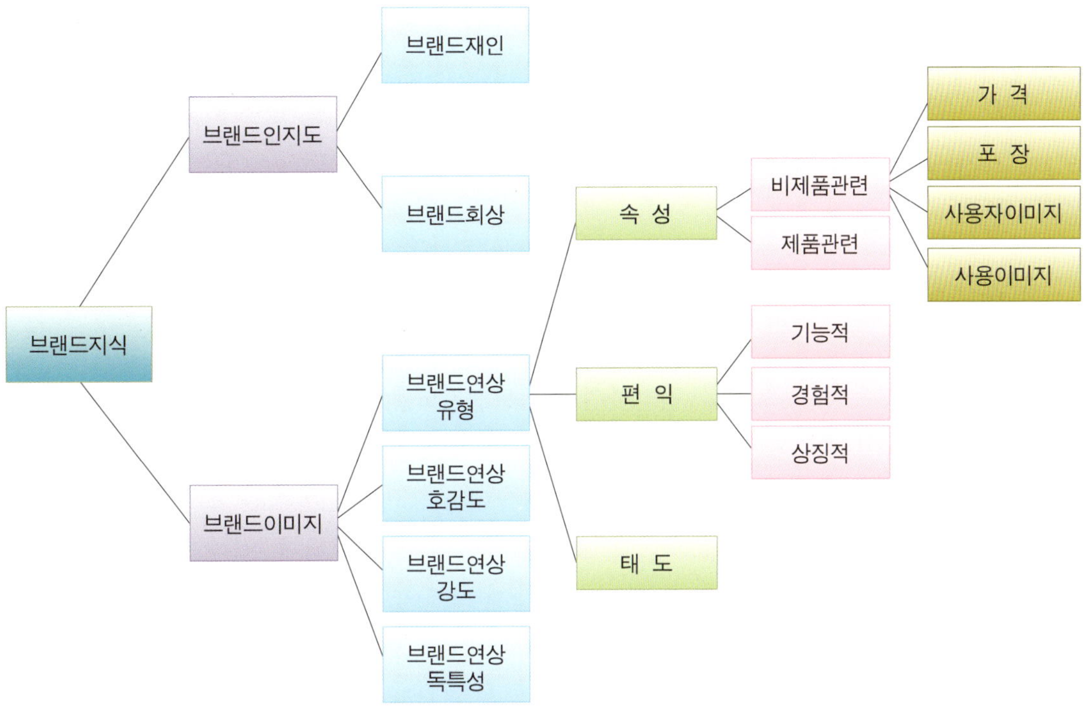

다. 이런 브랜드 지식구조의 다차원적인 관점에서 브랜드자산을 이해하는 것이 브랜드이론의 발전과 실무적인 효과의 증대도 가져올 수 있다고 주장하였다.

1.4 브랜드자산의 관리

브랜드자산의 구성요소에 대해 앞서 살펴본 Aaker와 Keller의 연구를 바탕으로 최근에 지속적인 연구가 진행되고 있다. 브랜드자산은 연구하는 학자들이나 업종과 분야에 따라 브랜드자산의 구성요소들이 다양하게 분류되고 있지만, 대부분이 Aaker와 Keller의 브랜드자산 구성요소인 브랜드인지도, 브랜드이미지, 브랜드충성도, 지각된 품질 등의 범주에서 크게 벗어나지 않는다. 그래서 브랜드자산을 관리하는 마케터는 호의적인 브랜드인지도를 높이고 강력한 브랜드이미지를 구축해야 하며, 브랜드충성도와 지각된 품질을 높이는 전략을 통해 강한 브랜드자산을 형성해야 할 것이다.

1. 브랜드인지도

브랜드자산을 구성하는 중요한 요소인 브랜드인지도의 측정방법과 브랜드인지도를 높여서 전략적으로 활용하기 위한 관리방법에 대해 살펴보고자 한다.

(1) 브랜드인지도 측정

브랜드인지도(brand awareness)는 소비자가 구매시점 혹은 일반적인 상황에서 어떤 제품범주에 속한 특정 브랜드를 재인하거나 회상할 수 있는 능력을 말한다. 즉, 소비자가 브랜드이름, 상징, 캐릭터, 색상, 포장, 광고와 같은 특정 브랜드와 관련된 구성요소들을 재인하거나 회상하는 능력을 평가하여 브랜드인지도를 측정할 수 있다. 이런 브랜드인지도는 소비자의 마음속에 그 특정 브랜드를 부각시키는 역할을 하며, 그 브랜드에 대한 지각과 태도에 영향을 미치기 때문에 브랜드자산에서 중요한 기본적인 요소라고 할 수 있다.

브랜드인지도는 브랜드재인과 브랜드회상으로 구성되어 있다. 브랜드재인(brand recognition)은 소비자가 특정 브랜드에 대해 사전에 노출되어 보았거나 들어본 적이 있는지 여부를 확인하는 능력을 말한다. 이는 브랜드회상보다 강도가 비교적 약한 것으로, 소비자에게 특정 브랜드와 관련된 구성요소들을 제시하고 과거에 보았거나 들어본 적이 있는지를 조사하여 측정한다. 브랜드재인을 조사할 때에는 일반적으로 특정 브랜드와 관련된 것 뿐만 아니라, 같은 제품군에 속하는 다른 브랜드의 구성요소들을 함께 제시하여 재인수준을 파악하기도 한다. 반면에 브랜드재인보다 강도가 강한 브랜드회상(brand recall)은 소비자에게 제품범주, 해당 제품범주에 의해 충족된 욕구, 또는 구매상황이나 사용상황을 단서로 제공했을 때 기억 속에서 특정 브랜드와 관련된 정보를 끄집어 낼 수 있는 인출능력을 말한다. 브랜드회상에 대한 조사는 소비자에게 관련 단서를 제공했을 때 특정 브랜드를 정확히 기억할 수 있어야 한다는 것이 필수적인 전제조건이다. 예를 들면, 소비자에게 '스마트폰 제품범주 내에서 생각나는 브랜드들을 차례로 열거해 보시오?'라고 질문하는 방법이다. 이런 질문에 소비자는 '갤럭시, 아이폰, 홍미, …' 등으로 대답하게 될 것이다. 이때 '갤럭시'와 같이, 소비자가 제품범주 내에서 가장 먼저 떠올린 브랜드는 최초 회상브랜드(TOM: top of mind brand)로서 인지도가 상대적으로 높아 소비자에게 구매될 가능성이 높은 것으로 판단할 수 있다.

일반적으로 브랜드를 기억 속에서 회상하는 것보다는 브랜드를 재인하는 것이 더 쉽다고 할 수 있겠으나, 이들의 상대적 중요성은 소비자들이 브랜드가 존재하거나 또는 그렇지 않을 경우 제품관련 결정을 어느 정도 내릴 수 있는가 하는 범위에 의해 결정된다. 예를 들어, 신규브랜드이거나 상점안에서 진열된 브랜드를 보고 구매결정을 할 때는 브랜드를 알아보고 구분하는 브랜드재인이 매우 중요한 요소가 된다. 반면에 잘 알려진 브랜드이거나 상점밖에서 브랜드를 보지 않고 구매결정을 할 때는 특정 브랜드를 끄집어내는 브랜드회상이 상대적으로 더 중요한 역할을 할 수 있다.

(2) 브랜드인지도의 관리

브랜드인지도는 소비자들에게 제품에 대해 친숙성과 친밀감을 느끼게 하고 제품의 구매로 연결되는 효과를 갖는 전략적 의미를 지닌다. 브랜드자산을 형성하는데 있어서 브랜드인지도의 역할을 살펴보면 다음과 같다.

첫째, 소비자가 제품이나 서비스와 관련된 구매의사결정과정에서 브랜드인지도가 높으면 고려대상 상표군(consideration set)에 포함될 가능성이 높아지고, 이에 따라서 우선적으로 구매될 가능성도 높아질 수 있다.

둘째, 브랜드인지도가 높은 경우에는 고려대상 상표군에 대해 특별히 연상되는 단서가 없을 때에도, 이들 중에서 특정 브랜드를 선택하는 데에 영향을 줄 수 있다. 예를 들면, 소비자가 해당 브랜드들에 대한 정보가 없거나 저관여 제품범주 내에서 구매하는 상황에서는 약간의 브랜드인지도가 제품구매의사 결정에 중요한 영향을 미칠 수도 있다.

셋째, 브랜드인지도는 브랜드이미지를 구성하는 브랜드연상의 형태와 강도에 영향을 줌으로써 소비자의사결정에 영향을 준다. 브랜드이미지를 형성하기 위해서 마케터는 우선 소비자의 기억 속에 그물처럼 연결되어 있는 브랜드연상의 연결고리역할을 하는 브랜드노드(brand node)를 생성시켜야 하고, 그러한 브랜드노드의 특성이 소비자가 쉽게 기억하고 부가적인 브랜드연상에 결부시킬 수 있도록 영향을 주어야 한다. 브랜드자산을 구축하는데 있어서 첫 단계는 소비자의 마음속에 브랜드를 새기는 것이기 때문에 브랜드인지도가 높아서 제품범주 내에서 브랜드 구성요소가 바로 선택된다면 브랜드자산 형성이 훨씬 더 수월해질 수 있을 것이다.

브랜드인지도를 높이기 위해서 기업들은 소비자들의 브랜드재인이나 회상가능성을 높이는 다양한 마케팅전략을 구사하게 된다. 기업들이 일반적으로 사용할 수 있는 방법으로는 첫째, 반복노출을 통해 브랜드친숙도를 증가시키는 것이다. 반복노출은 브랜드회상보다는 브랜드재인에 훨씬 더 효과적이지만, 소비자들에게 제품과 브랜드의 특성을 강하게 기억시킴으로써 브랜드인지도를 높이는 효과가 있다. 반복노출을 통해 소비자가 브랜드를 자주보고, 듣고 생각하게 함으로써 소비자의 기억 속에 더 강하게 기억시킬 수 있을 것이

광고 9-5 샤넬, 구찌, 루이뷔통, 살바토레 페라가모 등의 로고

다. 그리고 브랜드회상은 기억 속에서 해당 제품범주, 구매상황 또는 소비상황과 관련된 단서들과 연계되어야만 브랜드인지도가 향상될 수 있다. 따라서 광고, PR, 옥외광고, 스폰스십 등의 다양한 촉진수단들을 통해서 브랜드네임, 심벌, 로고, 패키지, 슬로건 등의 브랜드요소들을 소비자에게 경험하게 하는 것은 브랜드에 대한 친숙도와 인지도를 증가시킬 수 있다.

둘째, 광고에서 독특한 소리나 슬로건, 음악(로고송)과 같은 청각적 정보를 활용해서 브랜드인지도를 높이는 것이다. 예를 들어, 이마트의 귀에 쏙들어오는 '랄랄랄랄 랄랄~ 난난난난난난 ~ 햅삐햅삐~ 이마트'라는 징글을 사용하고 있으며, GS칼텍스의 'I am your energy'의 슬로건 등의 방법은 브랜드와 제품정보가 소리의 형태로 기억되도록 하는 효과를 거두게 된다.

셋째, 심벌과 같은 시각적 정보를 활용해서 브랜드인지도를 높이는 것이다. 브랜드재인을 높이기 위해 광고 속에 제품포장이나 로고 또는 브랜드와 관련있는 독특한 색상을 보여주는 방법이다. 예를 들면 샤넬, 구찌, 루이뷔통, 살바토레 페라가모 등의 회사로고는 시각적 재인을 통해 브랜드인지도를 높이는데 영향을 줄 수 있다.

2. 브랜드이미지

브랜드인지도가 얼마나 많은 소비자들이 브랜드를 기억하느냐에 관한 것이라면 브랜드연상은 브랜드가 기억될 때 어떠한 생각들이 떠오르는가에 관한 것이다. 기업들은 가능하면 소비자들이 자신의 브랜드를 기억할 때 긍정적으로 평가되길 원한다. 이러한 브랜드연상들에 의해 표현된 브랜드에 대한 인식들을 브랜드이미지(brand image)라고 할 수 있다. 즉 브랜드이미지는 브랜드의 물리적 특성, 이름, 심벌, 포장, 그리고 서비스에 대한 평판에 의해 소비자의 마음속에 생성되는 전반적인 인상으로서, 소비자들에게 특정 브랜드에 대해 형성되는 브랜드연상의 집합체를 의미한다. 따라서 브랜드자산에서 중요한 브랜드이미

지는 브랜드연상들이 결합되어 형성되기 때문에 브랜드연상의 특성, 측정방법과 관리에 대해 좀 더 자세하게 살펴보고자 한다.

(1) 브랜드연상의 특성

브랜드연상(brand association)은 브랜드와 관련하여 소비자들이 떠올리는 모든 생각들의 집합을 말한다. 즉, 특정 브랜드를 생각하면 함께 떠오르는 무수히 많은 생각, 정보, 느낌 등 모든 것들을 포함하여 브랜드연상이라고 한다. 예를 들어, 스타벅스하면 녹색, 에스프레소, 커피향, 분위기, 대화, 음악, 친구들, 사이렌 … 등 수많은 것들이 연이어 생각나게 되는 것이다. 이러한 브랜드연상들이 결합되어 전체적인 인상인 브랜드이미지를 형성하며, 브랜드이미지는 브랜드연상의 형태, 호감도, 강도, 독특성 등으로 구성되어 있다고 볼 수 있다. 이는 브랜드자산을 구축하기 위해서는 소비자의 마음속에 강력하고 호의적이며, 다른 브랜드와는 차별화되는 독특한 브랜드연상을 가져야 한다는 것을 의미한다. 이런

광고 9-6 스타벅스 브랜드연상 요소들

특성들은 브랜드자산을 구성하는 브랜드연상의 각기 다른 차원이라고 볼 수 있다.

첫째, 브랜드연상의 형태에는 [그림 9-2]에서 보는 바와 같이, 속성, 편익, 태도로 구성되어 있다. 속성은 제품이나 서비스를 설명하는 특징이나 성격을 말하는 것으로, 제품관련 속성과 비제품관련 속성으로 구분된다. 제품관련 속성은 제품이 가지고 있는 물리적인 특성과 성능을 결정짓는 요인이며, 비제품관련 속성은 제품이나 서비스의 구매 및 소비와 관련된 가격, 포장, 사용자의 이미지나 사용이미지 등의 외적요인을 의미한다. 이러한 속성과 관련해서 소비자들이 갖는 신념은 브랜드연상에 매우 중요하게 영향을 미친다고 할 수 있다.

편익은 소비자들이 제품과 서비스에 부여하는 개인적인 가치 또는 의미를 말하며, 기능적, 경험적, 상징적 편익으로 구분된다. 기능적 편익은 제품관련 속성으로서 제품이나 서비스의 소비로 인한 내재적인 이점으로, 소비자들의 기본적인 욕구와 필요를 충족시켜 주는 것과 관련이 있다. 경험적 편익은 제품관련 속성과 일치하지만 제품이나 서비스의 사용으로부터 느끼는 감정과 관련된 편익으로, 감각적인 즐거움이나 다양성, 인지적인 자극물 등과 같이 경험적인 욕구를 만족하게 하는 것이다. 그리고 상징적인 편익은 제품이나 서비스의 사용 및 소비로 인해 외적으로 자기 이미지를 높일 수 있는 이점으로, 제품비관련 속성과 사회적인 인정욕구 또는 개인적인 표현과 외향적인 자기 존중욕구와 연계해서 나타나게 하는 것이다.

태도는 소비자가 가지는 가장 높고 강력한 브랜드연상의 형태로서 브랜드에 대한 소비자의 전반적인 평가를 말한다. 이는 소비자가 제품에 대해 느끼는 지각된 품질 또는 해당 브랜드의 특별한 효익과 연상된 제품속성의 함수로 보는 것이 일반적인 관점이다. 브랜드태도는 브랜드가 가진 편익, 속성, 그리고 연상의 강도나 호감도 등에 따라 달라 질 수 있다.

둘째, 호감을 주는 브랜드연상은 일차적으로는 제품의 내재적인 요인들에 의해 결정되지만, 브랜드에 대한 일반적인 사용자 또는 사용상황과 관련된 좀 더 추상적인 비제품관련 심상에 의해서도 결정된다. 브랜드연상의 호감도는 브랜드가 소비자의 욕구와 필요를 충족시켜 브랜드에 대한 소비자의 긍정적인 태도를 창출할 수 있는 이점을 갖고 있다는 것을 소비자에게 납득시킬 수 있다면 긍정적인 브랜드연상으로 생성시킬 수 있다.

모든 브랜드연상이 소비자에게 중요하게 다뤄지거나 또는 상이한 구매상황에서 똑같은 중요성을 가지는 것으로 평가되는 것은 아니다. 예를 들면, Volvo 자동차에 대한 연상이미지를 조사해 보면, 흔히 연상되는 단어로는 안전, 권위적, 뛰어난 내구성, 보수적, 강인함, 네모난 차, 탁월한 성능, 강력한 힘 등이 연상된다고 한다. 이런 연상되는 단어 중에서 안전, 뛰어난 내구성, 강인함, 탁월한 성능, 강력한 힘 등은 호의적인 연상들이지만, 권위적, 보수적, 네모난 차 등의 다른 연상들은 부정적이다. 이와 같이 특정 브랜드에 대한 연상들 중에서 부정적인 연상들의 수보다도 호의적인 연상들의 수가 훨씬 더 많기 때문에 소비자들이 Volvo 자동차에 대해 호의적인 감정을 가진다면, 이는 Volvo 자동차의 브랜드자산형성에 유리하게 작용할 것이다. 그러나 최근에 Volvo XC60 자동차광고를 보면, 광고의 주요 콘셉트를 더 이상 과거의 자동차가 아니라, 스마트폰보다 더 뛰어나며, Smarter safety, Smarter alerts, Smarter sensors, Smarter braking 등 더 스마트해 졌다는 것을 강조하고 있다. 이러한 스마트해 졌다는 연상들도 호의적인 연상으로 연결될 수 있다면, 브랜드자산의 가치를 증가시키는데 도움이 될 것이다. 따라서 호감을 주는 브랜드연상은 소비자에게 바람직한 방향으로 제품에 의해 성공적으로 제공되며, 해당 브랜드를 지원해 주는 마케팅프로그램에 의해 성공적으로 전달될 때 브랜드 자산가치가 더 커질 것이다.

셋째, 브랜드연상의 강도는 브랜드와 관련된 정보들 간에 형성된 연결강도를 말하는데,

광고 9-7 Volvo XC60 자동차 광고

이는 소비자가 회상하는 정보를 결정하는데 중요한 영향을 미치기 때문에 소비자의 브랜드 의사결정에도 영향을 줄 수 있다. 즉 강력하게 브랜드연상이 형성되어 있다는 것은 소비자가 어떤 제품이나 서비스와 관련해서 어떤 브랜드를 고려할 때, 그 브랜드와 관련된 연상들이 즉각적으로 지각 속에 떠오른다는 것을 의미한다. 그리고 소비자가 제품정보에 관해서 깊이 생각하고 기존 브랜드지식에 연관되면 될수록 브랜드연상은 더 강해질 것이다. 일반적으로 강력한 브랜드연상을 창출하기 위해서는 소비자의 직접 경험이나 입소문 등의 영향이 가장 크며, 그 다음이 광고를 비롯한 마케팅커뮤니케이션 활동을 통해서 형성될 수 있다.

특정 브랜드와 관련된 연상들은 소비자의 기억 속에 그물처럼 연결되어 있어서, 하나의 연상이 활성화되면 그와 연결된 다른 연상들이 연속적으로 떠오른다. 예를 들면, 코카콜라는 해마다 연말연시에는 빨간 옷을 입고 흰 턱수염을 가진 산타클로스를 등장시키고 있는데, 이는 지난 1931년부터 광고에 산타클로스가 등장하고 꾸준하게 활용되면서 코카콜라는 사계절음료라는 이미지를 구축할 수 있었다. 그리고 코카콜라가 산타클로스와 함께 북

광고 9-8 **코카콜라 : 리얼매직 광고**

극곰을 캐릭터마케팅으로 내세웠고, 이는 겨울 매출상승뿐 아니라 향후 브랜드가치를 올리는 데도 큰 영향을 미쳤다. 즉, 코카콜라 브랜드의 상징인 '폴라 베어'를 통해 브랜드인지도를 높이고 있는데, 해마다 연말연시에는 산타클로스의 빨간 옷과 흰 수염을 상징적으로 코카콜라 브랜드와 강하게 연결시켜 연상시키고 있다.

이와 같이 특정 브랜드를 중심으로 이와 관련된 연상들이 강하게 연결되어 있을수록, 그 브랜드의 자산가치가 커질 수 있을 것이다.

넷째, 브랜드연상의 독특성은 차별적인 브랜드 포지셔닝을 통해 소비자가 자사의 브랜드를 선택할 수밖에 없는 분명한 이유를 제공할 수 있어야 한다. 소비자들에게 호의적이고 강력한 연상을 형성하고 있다고 하더라도 자사의 브랜드연상들이 경쟁브랜드와 차별화되어 있지 않다면 브랜드자산형성에 크게 도움이 되지 않을 수 있다. 이러한 독특한 브랜드연상은 경쟁적 우위를 제공해 줄 수 있는 제품관련이나 비제품관련 속성, 기능적 편익, 경험적 또는 상징적 편익 등에 기초할 수도 있다. 예를 들면, iPhone 13 Pro는 ProMotion

광고 9-9 iPhone 13 Pro 광고

기능이 탑재되어 있어 일반환경에서도 전작보다도 25% 더 밝은 밝기를 제공하며, Apple ProRes 포맷으로 최대 4K 해상도, 3D프레임까지 동영상촬영이 가능하며, 디지털 줌 역시 무려 15배로 향상되었다. 1200만 화소에 후면카메라는 트리플렌즈(광각/망원/초광각) 구성, 내장형 Li-lon 3,095mAh 배터리, 방수와 방진기능 등 다양한 새롭고 세련된 기능을 추가하여 소비자의 편의성을 강조하고, 호의적이며 강한 연상을 갖게 한다. 하지만, 이미 경쟁브랜드인 삼성전자의 갤럭시 S22나 기존의 iPhone 12 Pro에 대해서 기능적인 측면에서 동일한 연상을 갖는다면, 이는 iPhone 13 Pro의 브랜드자산형성에 기여하지 못할 수도 있다.

(2) 브랜드연상의 측정

브랜드연상을 측정하기 위해 브랜드연상의 종류를 파악하는데 있어서 가장 단순하면서도 강력한 방법 중의 하나는 자유연상법이다. 이 방법은 브랜드와 관련되어 제품군 이외의 특정한 실마리를 주지않고, 소비자로 하여금 브랜드를 생각할 때 마음 속에 떠오르는 것을 답하게 하는 것이다. 예를 들어, "맥도날드가 당신에게 의미하는 것은 무엇입니까?"라는 질문으로 소비자의 마음속에 있는 브랜드에 대한 느낌이나 생각 등을 파악할 수 있다.

브랜드연상의 측정은 Keller가 제시했던 브랜드연상의 구성요소인 호감도(favorability), 강도(strongness), 독특성(uniqueness)을 평가한다. 소비자에게 떠오르는 브랜드연상이 긍정적이어서 호의적인 태도를 갖게 하고, 연상되는 내용이 브랜드와 강력하게 연결되어 있으며, 경쟁브랜드와는 차별화되는 독특한 것일 때 브랜드자산의 가치를 높이는 효과를 가지게 되기 때문이다.

(3) 브랜드연상의 관리

소비자들이 브랜드를 기억한다는 것은 브랜드자산의 가치가 올라간다는 것을 의미하지만 그 브랜드에 대해 긍정적이고 호의적인 연상이 떠오르지 않는다면 구매행동은 일어나지 않을 것이다. 그러므로 기업들은 자신들의 브랜드에 대하여 소비자들이 호의적인 브랜드연상을 갖도록 노력해야 한다. 기업이 강력한 연상을 위해서 활용할 수 있는 브랜드연상 유형에 대해 살펴보면 다음과 같다.

첫째, 강력한 브랜드연상을 위해서 광고, SP, PR, 인적판매 등 각종 커뮤니케이션 수단들을 통한 반복노출이나 메시지의 반복강조는 제품이나 브랜드에 대한 메시지를 소비자의 장기기억 속에 오랫동안 유지시킬 수 있는 효과적인 방법 중에 하나이다. 특히 반복광고는

광고 9-10 디닥넥 광고

광고에 대한 인지도가 높아짐으로 해서 제품이나 브랜드에 대한 정보단서들이 소비자들의 기억 속에서 인출될 가능성이 높아 질 수 있다. 예를 들면, 거북목교정기 디다넥은 광고장면에 계속 '띠라렉 디닥넥' ~ ~을 반복할 뿐만 아니라, 디다넥은 계속되는 반복광고에서도 한결같이 '띠라렉 디닥넥' ~ ~하면서 시리즈로 반복광고를 하고 있다. 이러한 시리즈 반복광고를 통해서 강한 브랜드연상을 유발시켜 브랜드 자산가치를 형성하고 있다.

둘째, 브랜드연상을 통해 강력한 브랜드자산 형성에 가장 흔하게 사용하는 방법 중의 하나는 소비자들의 필요와 욕구를 충족시킬 수 있는 자사 브랜드의 제품속성과 연계시키는 것이다. 제품속성에 대한 연상을 토대로 한 포지셔닝이 성공하기 위해서는 중요한 속성이면서 자사 브랜드가 상대 경쟁브랜드들보다 우수하다는 차별적인 연상이 되도록 하는 것이 필요하다. 예를 들면, 동국제약의 센시아는 30~40대 여성을 타겟으로 증상을 참지 말고, 식물성 속성연계 성분인 센시아로 개선하여 정맥순환을 탄력있게 해야된다는 점을 강조하

광고 9-11 동국제약의 센시아 광고

면서, 제품의 속성을 잘 표현함으로써 차별적인 연상을 부각시켜 강력한 브랜드자산을 형성하고 있다.

셋째, 브랜드연상을 강하게 하는 방법으로 중요한 속성이면서 경쟁브랜드들에 의해 무시되었거나 소홀히 다루었던 제품속성을 발견하여 자사 브랜드가 갖는 차별적 특성을 경쟁브랜드와 직접적으로 비교하거나 제품의 독특한 속성과 편익을 강조하고, 일관성을 유지해서 지속적으로 소비자에게 전달해야 한다. 예를 들면, ㈜BOBSNU(밥스누)는 '약콩두유'를 출시하여 '건강한 두유'를 목표로 만들어 설탕을 전혀 첨가하지 않아 건강한 음료를 원

광고 9-12 ㈜밥스누의 프로바이오틱스 약콩두유 광고

하는 소비자들에게 큰 사랑을 받고 있다. 또한 합성착향료 및 안정제, 유화제 등과 같은 화학첨가제를 사용하지 않아서 무첨가 프로바이오틱스 두유제품속성을 차별화해서 브랜드연상을 강화함으로서 브랜드 자산가치를 증대시켰다.

넷째, 브랜드연상에 중요한 영향을 미치는 요인으로는 품질이나 가격 등과 관련된 연상이다. 소비자들이 자사 브랜드에 대하여 지각하고 있는 품질은 브랜드연상에서 가장 중요한 차원중의 하나이다. 브랜드관점에서 생각하는 소비자들의 지각된 품질(perceived quality)은 사람들이 일반적으로 알고 있는 품질과는 상당한 차이가 있다. 즉 우리가 흔히 말하는 품질은 제품의 기능이 좋다, 기능이 다양하다, 디자인이 좋다, 편리하다 등의 기능적인 관점의 품질을 말한다. 하지만, 브랜드관점에서 소비자가 인지하고 있는 품질이라는 것은 기능적이고 객관적인 품질을 의미하지 않고, 상대적이고 지극히 주관적인 것이다. 예를 들면, Apple의 맥북 프로가 다른 경쟁사의 노트북 컴퓨터들에 비해 디자인, CPU속도, 통합메모리, 메모리대역폭, 그래픽카드 성능 등의 품질측면에서 훨씬 낫다고 믿는다 든지, 삼성전자의 BESPOKE 냉장고가 경쟁사인 LG전자의 디오스 냉장고나 위니아전자의 클라쎄 냉장고보다 용량, 디자인, 기술적인 품질면에서 더 우수하다고 생각한다면, 이들 특정 브랜드에 대한 소비자들의 지각된 품질은 제품속성에 대한 소비자들의 기대를 포함할 뿐만 아니라, 그 브랜드에 대한 전반적인 감정까지도 포함하고 있다는 것이다.

이와 같이 브랜드의 관점에서 소비자들의 제품속성에 대한 상대적인 품질은 부정적인 인식을 긍정적인 인식으로 전환시키는 연결고리이자 커뮤니케이션 도구로서 작용할 수 있다. 지각된 품질은 소비자의 머리와 가슴을 인지와 감성으로 연결시키는 것이기 때문에 브랜드연상을 강화해 브랜드 자산가치를 증대시킬 수 있다.

광고 9-13 Apple Macbook Pro 광고

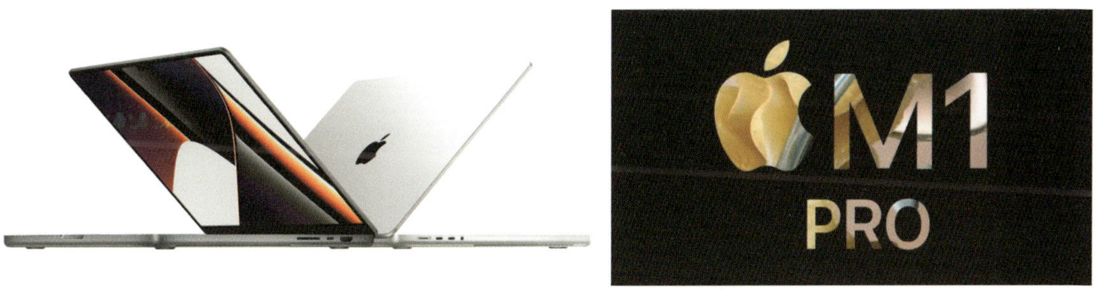

광고 9-14 삼성 BESPOKE 냉장고 광고

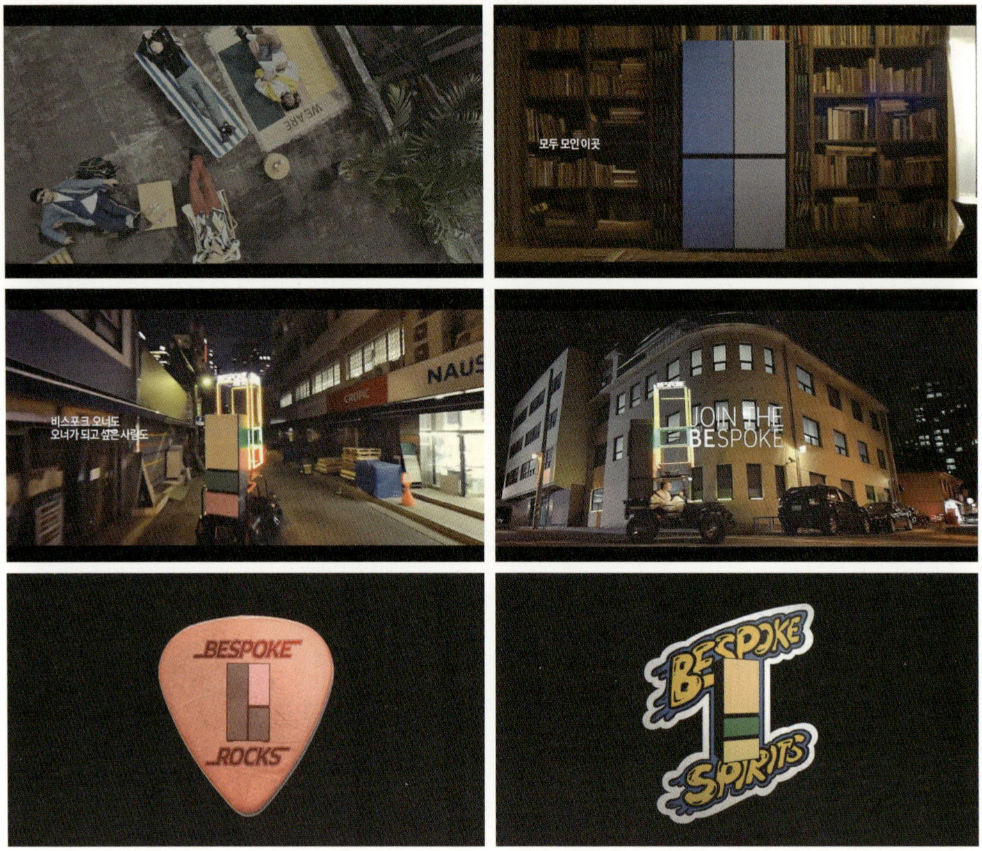

다섯째, 브랜드연상을 강화하는 방법으로 제품속성과 직접적으로 관련이 없는 브랜드개성(brand personality)에 대한 연상이다. 브랜드개성은 소비자들이 특정 브랜드가 마치 살아 있는 대상인 것처럼 인간적인 특성을 부여하는 것을 말한다. 즉 특정 브랜드에 부여된 인간적 특성을 바탕으로 그 브랜드에서 연상되는 특성들을 집합하여 표현한 것이라고 할 수 있다. 이러한 브랜드개성은 소비자들에게 상징적인 이미지나 자아표현에 유용한 수단으로 더 많은 가치를 가져다주고, 브랜드의 매력을 높이며 서비스를 향상시킨다. 그리고 브랜드와 고객 간의 인간관계뿐만 아니라, 브랜드에 대한 느낌과 태도를 깊이 이해할 수 있게 하므로 고객과의 정서적 유대를 강화하여, 고객과의 친밀성을 높이며 프리미엄 브랜드로 거듭날 수 있게 한다. 예를 들면, 신한라이프는 최근에 MZ세대를 겨냥한 새로운 론칭 캠페인을 전개하고 있는데, 차별화된 브랜드이미지 전달로 '신한라이프'의 브랜드존재감 및 이미지확보에 초점을 두고 있다. 더욱이 가상모델 '로지'를 등장시켜 새롭고도 놀랍

광고 9-15 신한라이프 : 버추얼(virtual)모델, 로지(Rozy)의 디지털감성 광고

게 다가가는 탈보험광고 콘셉트를 표현하기 위해서, MZ세대 취향의 맞춤 콘텐츠로 '라이프에 놀라움을 더하다'라는 카피로 신한라이프 브랜드가 연상된다면, 당신의 기대를 뛰어넘는 새롭고도 놀라운 라이프가 시작된다는 브랜드이미지가 연상되도록 표현하고 있다.

또한 삼성iD카드는 최근에 B급 감성과 레트로 감성을 가득 담은 디지털콘텐츠, 다양한 행사 등을 통해 고객들의 취향에 맞춰 보다 친숙하게 다가가는 삼성카드 이미지를 전달하고 있다. 특히, '포텐독×삼성iD카드' 뮤직비디오에 나오는 음원 '똥을 피해(WINNERS SONG)'는 단순한 가사와 중독성 있는 멜로디로 누구나 쉽게 흥얼거릴 수 있는 노래로 전달하고, 인기를 얻고 있는 댄스 챌린지이벤트 등으로 자연스럽게 삼성iD카드 이미지가 연상되어 브랜드개성을 형성하고 있다.

광고 9-16 **삼성iD카드 광고**

여섯째, 브랜드연상을 강화하는데 활용될 수 있는 또 하나의 방법으로 브랜드를 제품사용자와 연계시키는 것이다. 기업은 자사 브랜드의 이미지와 잘 부합되는 특정 제품사용자를 활용한다면, 제품사용자에 관한 연상은 브랜드구축에 도움이 될 수 있다. 특정 브랜드를 소비자들이 떠올릴 때, 제품사용자의 유형은 일반 소비자일 수도 있고 유명인이 될 수도 있는데, 이때 제품사용자의 이미지가 신뢰성이 높아야 브랜드자산형성에 긍정적인 영향을 미칠 수 있다. 예를 들면, 롯데칠성음료는 블랙핑크 제니를 모델로 엉뚱하고, 귀엽고 상큼한 이미지가 '처음처럼' 소주의 부드러운 제품이미지를 잘 연결시켜 광고에 음주하는 모습이 매력적으로 잘 표현하고 있다. 이와 같이 광고모델, 즉 제품사용자를 이용한 브랜드연상을 통해 브랜드 자산가치를 높이고 있다.

광고 9-17 롯데칠성음료 : '처음처럼' 광고

일곱째, 기업과 관련된 연상을 통해 브랜드자산을 구축하는 방법도 있는데, 이는 주로 기업문화, 기업의 사회적 책임, 혁신성, 일류기업, 최고의 품질 등을 통해 기업이미지를 연상시키는 것이다. 예를 들면, LG유플러스는 '유플러스가 만드는 동화' 광고를 통해 시각장애인들의 독서를 돕기위해 LG유플러스 임직원들이 참여한 봉사활동 프로젝트 'U+희망도

광고 9-18 LG유플러스의 '유플러스가 만드는 동화' 캠페인 광고

서관', 'U+희망도서', '책 읽어주는 도서관'을 소재로 제작됐다. 기업은 이러한 사회적 책임(CSR: Corporate Social Responsibility) 활동에 관한 호의적인 기업이미지 연상을 통해 브랜드 자산가치를 높이고 있다.

3. 브랜드충성도

브랜드충성도(brand loyalty)는 브랜드관리에 가장 중요한 성과변수 중의 하나이며, 인지적, 행동적, 감성적 요소들을 모두 포함하는 포괄적인 개념으로 인해 많은 학자들에 의해 관심의 대상이 되고 있다. 브랜드충성도는 특정 브랜드를 습관적이고 반복적으로 이용하거나, 한번 사용해봤더니 만족스러워 다시 사용한다거나, 맹목적으로 특정 브랜드에 대해 선호도가 높아서 무조건 그 브랜드를 선택하는 등의 행동을 말한다. 즉 브랜드충성도는 어떤 브랜드에 대한 지속적인 선호와 만족, 반복적 이용 등으로 정의될 수 있다.

브랜드충성도는 브랜드자산에서 가장 핵심이자 상위의 개념이며, 브랜드관리활동의 최종목표가 될 수 있다. 즉 브랜드인지도를 향상시키고 브랜드이미지를 강화하고자 하는 브랜드관리활동은 궁극적으로는 고객의 만족도 및 선호도를 향상시켜 어떤 브랜드에 대한 지속적인 이용을 유도하기 위한 것으로 이해할 수 있다.

이러한 브랜드충성도는 인지적, 감정적, 행동적 요소 등의 세 가지 주요 특성으로 나타낼 수 있다. 첫째, 인지적 요소는 제품이나 브랜드의 정보를 기초로 신뢰나 믿음을 나타내는 것이며, 둘째, 감정적 요소는 어떤 브랜드에 대한 애착과 느낌을 포함하는 것으로 인지적 충성도보다 강하다. 셋째, 행동적 요소는 장기적인 관계를 유지하려고 하는 것으로 미래에 해당 브랜드를 계속 사용할 의도가 있는가를 나타내는 것으로 감정적 충성도보다 더 강하다고 본다.

브랜드충성도는 특정 브랜드를 기존고객이 향후 반복구매를 할 의도가 있는지와 주변에 다른 사람들에게 구매하도록 추천할 의향이 있는지 등으로 측정할 수 있다. 고객이 특정 브랜드에 대해 과거의 구매하고 소비한 경험을 토대로 긍정적인 체험이나 만족을 했다면 반복구매의사를 가질 것이다. 이런 반복구매의사는 기업에서 제공하는 추가적인 인센티브나 효과적인 고객관리를 통해서 더욱더 높아질 것이다. 그리고 또 하나는 다른 고객에게 특정 브랜드를 구매하도록 추천할 의향이 있는지를 통해 충성도를 측정할 수 있는데, 이는 구매추천으로 브랜드를 전환하는데 드는 비용을 줄이는데 큰 효과가 있을 수 있다. 고객이 구매의사결정과정에서 특정 브랜드에서 다른 브랜드로 전환하는데 드는 비용에는 탐색비용, 인지적 비용, 불확실성 비용 등을 들 수 있다. 이 중에서 고객이 구매추천으로 낮출 수 있는 전환비용은 전환 전 탐색비용과 불확실성 비용 등이 있다.

브랜드충성도는 경쟁업체의 마케팅활동의 영향력을 감소시키며, 유통경로 상에서 영향력을 증대시킬 수 있다. 그리고 소비자가 특정 브랜드를 계속 구매하게 되면 브랜드충성도가 높다고 볼 수 있으며, 이런 브랜드는 자산가치가 높다고 판단할 수 있다. 즉 브랜드충성도는 브랜드자산의 결과이자 원천이라고 할 수 있다.

4. 지각된 품질

제품의 품질은 흔히 기능, 디자인, 편리성 등 기능적인 관점에서 품질을 말하지만, 브랜드관점에서 소비자가 인지하고 있는 품질이라는 것은 기능적이고 객관적인 품질을 의미하는 것이 아니라 상대적이고 주관적인 것을 말한다. 즉 지각된 품질을 의미한다. 지각된 품질이란 경쟁제품과의 차별화를 통해 제품을 사용하는 과정에서 제품성능에 대해 지각한 고객이나 이해당사자들이 가지고 있는 특별한 형태의 브랜드연상이다. 절대적 품질은 경쟁사가 고객에게 한 약속이나 기대에 비해 자사기업의 제품이나 서비스가 실제 시장에서 어떤 성능을 발휘하는가를 말한다. 그리고 품질은 가격과도 연관이 있는데, 가격이 낮은 경우는 품질에 대한 기대치도 낮을 수 있다. 고객은 품질을 경쟁사의 상대제품들과 비교해서 이해하기도 하고, 자신들의 실제적 욕구와 지각 상의 욕구와도 관련 지울 수 있다. 그래서 품질은 고객 개개인의 안목에 달려있다고 할 수 있다.

지각된 품질(perceived quality)은 결국 고객이 특정 브랜드에 바라는 총체적인 기대라고 할 수 있으며, 제품의 전반적인 우수성에 대한 소비자의 주관적인 판단으로 정의된다. 지각된 품질이 높다는 것은 경험을 통하여 소비자들이 브랜드를 차별적이고 우수한 것으로 인식하는 것으로, 지각된 품질이 높을수록 브랜드자산의 가치가 증가한다. 지각된 품질은 구매이유, 차별화, 가격프리미엄, 유통구성원의 이해관계, 브랜드확장 등의 가치를 만들어낸다. 그래서 기업의 마케터는 소비자들의 지각된 품질을 높이는 것이 궁극적으로 브랜드 자산가치를 높이는 것이기 때문에 효과적인 지각된 품질관리를 위해 노력해야 할 것이다.

02 브랜드 의사결정

브랜드는 제품의 품질수준을 알리거나 이미지를 차별화하고, 제품의 자산가치를 향상시키는 기능을 발휘한다. 이러한 브랜드는 제품의 잠재적인 구매가능성을 높여 궁극적으로는 매출액의 증가로 연결된다. 기업으로서는 브랜드와 관련하여 효과적인 전략적 의사결정과정을 통해 마케팅비용을 절감하고, 브랜드인지도와 브랜드이미지 관리를 통해 소비자들의 브랜드충성도를 형성하고 브랜드 자산가치를 높여 치열한 경쟁에서 이길 수 있는 기반을 확보할 수 있는 것이다.

2.1 브랜드 의사결정의 의의

대부분의 기업들이 브랜드를 중요한 자산으로 인식하고 있으며, 브랜드를 체계적으로 잘 관리하고 브랜드파워를 키워서 기업의 경쟁력을 계속 유지하려고 많은 노력을 기울이고 있다. 이러한 노력은 시장환경의 변화로 경쟁은 격심해지고 산업 내 기술수준이 평준화되어 경쟁브랜드 간에 품질의 격차가 점차 줄어들고 있기 때문이다. 그래서 기업은 경쟁브랜드 간의 기능적인 차별화가 점점 더 어려워지고 있어서, 자사의 브랜드이미지 차별화를 통한 브랜드 자산가치를 증대시켜 경쟁력을 확보하는 것이 그 어느 때 보다도 더 중요하다고 할 수 있다. 브랜드 자산가치가 높은 강력한 브랜드는 고객의 브랜드충성도와 높은 수익을 발생시키고, 경쟁업체의 적극적인 공격으로부터 자사의 선도적인 시장포지션을 계속 유지할 수 있게 해준다. 그러나 이런 브랜드 자산가치의 중요성에도 불구하고, 고객의 욕구다양화와 세분화, 유통경로상의 가격경쟁에 대한 압박, 하나의 제품시장 내 다양한 브랜드 등장, 브랜드아이덴티티와 브랜드포지션의 불명확성 등으로 강력한 브랜드를 창출하는 것은 갈수록 어려워지고 있다.

그래서 강력한 브랜드자산을 형성시키기 위해서는 브랜드인지도를 높이고, 고객들이 그 브랜드에 대해서 경쟁브랜드보다 호의적이고 강력하며 독특한 연상들을 갖도록 해야 할 것이다. 이런 강력한 브랜드는 브랜드이미지를 차별화시키고 제품의 가치를 향상시키는 기능을 제공해 줄 뿐만 아니라, 제품에 대한 잠재적인 구매가능성을 높여 주고 궁극적으로 지속적인 매출액과 수익증가로 나타날 수 있다. 따라서 기업으로서는 브랜드와 관련하여 효과적인 전략적 의사결정과정을 통해 마케팅비용을 절감하고, 소비자들의 브랜드충성도를 형성하여 치열한 경쟁에서 이길 수 있는 기반을 확보할 수 있도록 해야 할 것이다.

2.2 브랜드 의사결정과정

브랜드관리전략의 실행과정은 일반적으로 브랜드를 부착할 것인지 여부부터 우선 고려하게 되고, 브랜드를 부착하게 되면, 그 다음은 브랜드네임을 정해야 한다. 그리고 브랜드를 부착하고 관리하는 주체를 제조업체로 할 것인가 혹은 유통업체로 할 것인가를 결정하고, 제품에 부착하는 브랜드의 범위를 개별제품으로 할 것인가 혹은 공동이나 결합으로 할 것인가를 결정해야 한다. 마지막으로 브랜드관리과정에서는 브랜드에 관한 의사결정을 아무리 잘했다고 할지라도, 시간이 지나면 소비자의 개성이나 취향이 변화하고, 브랜드디자인이 진부화됨에 따라, 특정 시점에서는 브랜드리뉴얼이나 브랜드 재포지셔닝에 관한 의사결정을 해야 한다. [그림 9-3]은 전반적인 브랜드 의사결정과정을 나타내고 있다.

1. 브랜드 부착여부 결정

기업이 신제품을 출시할 때에는 그 제품에 브랜드를 부착할 것인지, 아니면 브랜드를 부착하지 않을 것인지, 두 가지 대안 중에서 어느 하나를 선택하게 된다. 모든 신제품에 반드시 브랜드를 부착하는 것은 아니며, 시장상황과 구매고객의 욕구를 감안하여 의사결정을 내리게 된다.

일반적으로 브랜드를 표시하지 않는 제품을 제네릭 브랜드(Generic Brand) 혹은 노브랜드(No Brand)라고 말하는데, 이는 포장과 외관에 특정한 브랜드네임, 로고, 마크 등을 일

그림 9-3 브랜드 의사결정과정

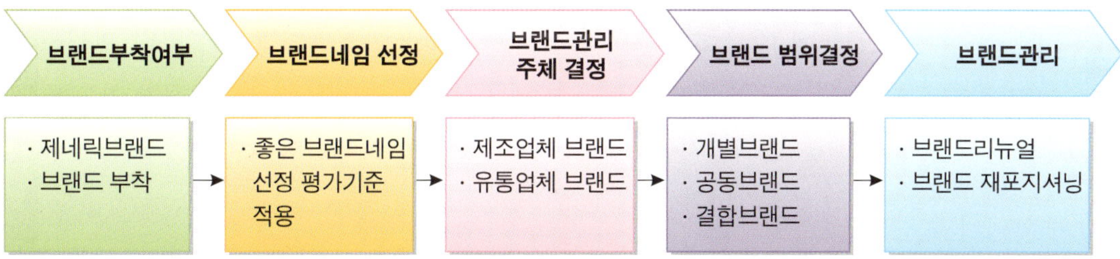

체 표시하지 않고 제품자체의 이름(일반명사)을 강조하는 비교적 간소한 포장제품이다. 제네릭 브랜드제품에는 단지 제품의 내용만을 표시하여 지극히 심플하게 포장되어 있고 제품광고를 하지 않으므로 미학적인 측면만 강조한다거나 과대포장된 브랜드제품에 비하면 훨씬 저렴한 가격에 그 실용성을 강조하는 제품들이다.

제네릭 브랜드전략은 제품자체의 특성 외에 차별화할 만한 특징이 없거나 미약하다고 판단되는 제품에 활용된다. 브랜드의 개발과 관리에 소요되는 비용이 들지 않기 때문에 원가절감으로 인해 가격인하가 가능하다는 장점이 있는 전략이다. 대체로 채소, 과일, 생선 등의 농수산물과 휴지, 설탕, 소금, 쓰레기봉투, 일회용 기저귀, 커피메이커 필터 등 일반 슈퍼마켓에서 판매되는 저관여 생필품에 주로 적용된다. 중간상에 의해 통제되는 특성이 강한 제품은 제조업자가 제네릭 브랜드로 공급하기도 한다. 또한 극심한 불경기에는 제품의 품질에 대한 욕구보다 가격인하혜택을 추구하는 성향이 나타나므로 제네릭 브랜드제품에 대한 수요가 증가하기도 한다.

그러나 오늘날은 대부분의 기업이 자사의 제품에 브랜드를 부착하여 시장에 출시를 하며, 제네릭 브랜드제품은 시장에서 줄어들고 있는 추세이다. 이는 브랜드부착이 가져다주는 여러 가지 장점때문이다. 구매자의 입장에서는 제품의 식별 가능성을 높여주어 구매활동에 도움을 줄 뿐만 아니라 구매결과에 대한 불안감을 감소시켜 준다. 또한 판매자의 입장에서는 차별적 이미지구축을 위한 촉진활동을 수행하기가 쉽고, 품질에 대한 신뢰제고와 제품가치상승의 효과를 얻을 수 있기 때문이다. 그렇지만 브랜드화에 따른 일정수준의 품질을 유지해야 되는 책임이 점차 커지고, 제네릭 브랜드제품에 비해서 브랜드의 개발비용과 촉진비용 등 브랜드관리 비용이 추가로 소요되기 때문에 원가상승에 따른 가격인상 요인이 발생하는 부담을 가지게 된다.

2. 브랜드네임 선정

브랜드 의사결정과정에서 브랜드를 일단 부착하기로 결정했다면, 좋은 브랜드네임을 선정해서 부착해야 한다. 좋은 브랜드네임은 시장에서 경쟁우위를 확보하는데 유리하며, 높은 성과를 달성하는데 매우 중요한 역할을 한다. 그리고 브랜드네임이 한번 정해지면 바꾸기가 쉽지 않기 때문에, 제품의 특징과 편익을 면밀히 검토하고, 표적시장과 경쟁상황 및 해외시장진출계획 등 마케팅전략과 목표 등도 충분히 고려하여야 한다. 좋은 브랜드는 일반적으로 제품의 특성을 잘 나타내주고 있어야 하며, 발음하기 쉽고 기억하기 좋아야 한다.

좋은 브랜드네임을 선정하기 위해서는 다음과 같은 바람직한 브랜드의 특징을 평가기준

광고 9-19 **음절이 긴 브랜드네임**

으로 참고해야 한다.

① 제품이 제공하는 편익이나 기능 등의 특성을 잘 나타내 주어야 한다. 예를 들면, 홍초, 옥수수수염차, 팡이제로, 구강청정제 가그린 등이 좋은 예가 될 수 있다.

② 발음이 쉽고 기억하기 좋아야 한다. 이를 위해서는 보통 3~4음절 정도로 짧은 브랜드네임이 적절하다. 예를 들면, 스타벅스, 나이키, CJ 등이 있다. 그러나 다소 젊은 세대나 주부들을 대상으로 상당히 긴 브랜드도 자주 등장하고 있다. 예를 들면, 롯데칠성의 '미녀는 석류를 좋아해', 풀무원의 '아임리얼 스무디', CJ 백설햄의 '계란을 입혀 부쳐먹으면 정말 맛있는 소시지', 서울우유의 '목장의 신선함이 살아 있는 우유' 등이 있다.

③ 외국어로 표현할 때도 발음이나 의미 등으로 인해 긍정적 이미지를 줄 수 있어야 한다. 예를 들면, Hankook타이어는 스페인어나 프랑스어로는 '안국'으로 발음되는 문제점이 있고, Cass맥주의 경우에 영어의 저주의 Cuss와 발음과 모양이 유사해 부정적인 느낌을 줄 수 있다. 그리고 유산균이 살아 있는 동원F&B의 쿨피스는 그 발음 때문에 외국에서 혼동하여 웃음거리가 되기도 했는데, 쿨피스가 꼭 Cool piss(차가운 오

광고 9-20 **한국타이어, 카스맥주, 쿨피스 광고**

광고 9-21 술깨는 비밀, 오! 감자토마토 케찹맛, 홍삼연탄, 그녀는 프로다 광고

줌) 처럼 들렸기 때문이다.

④ 흥미를 유발하고 강한 인상을 주어야 한다. 재미있는 브랜드는 감각적인 흥미를 유발하고 강한 인상을 남겨 구전효과를 높인다. 예를 들어, 하이트진로 음료의 '술깨는 비밀', 오리온의 '오! 감자토마토케찹맛', 해태음료의 홍삼탄산드링크 '홍삼연탄', 일동제약의 '그녀는 프로다' 등은 재미있고 특이한 발상으로 사람들을 일단 웃게 만드는 브랜드들이다.

⑤ 법적문제가 없고 등록할 수 있어야 한다. 브랜드도용 문제나 법적으로 보호받기 위해서는 브랜드를 반드시 등록할 수 있어야 하는 것이다. 예를 들면, 우리나라 양평의 한 치킨집이 유명 '루이비통' 브랜드를 도용해서 '루이비통닭'으로 브랜드를 사용하다가 소송이 걸려서 1,450만원 벌금을 추징당한 적도 있다.

이와 같이 좋은 브랜드의 평가기준은 반드시 절대적인 기준이 아니라 하나의 지침으로

광고 9-22 루이비통과 루이비통닭 광고

보아야 한다. 또한 한 번 만들어진 브랜드는 지속적으로 소비자들에게 인식되고 호의적인 태도를 형성할 수 있도록 가꾸어 나가는 다양한 노력과 투자가 이어져야 한다.

3. 브랜드관리 주체

브랜드네임을 선정하였다면, 그 다음은 브랜드관리의 주체(brand sponsorship)를 누구로 할 것인가를 결정하여야 한다. 브랜드관리의 주체는 크게 제조업체 브랜드(manufacturers' brand)와 유통업체 브랜드(distributors' brand)로 구분된다.

(1) 제조업체 브랜드

제조업체 브랜드는 제품을 생산하는 제조업자가 부착하는 브랜드로서 판매되는 영역 또는 취급영역의 제한이 없다고 하여, NB(national brand)라고도 한다.

이는 제조업체가 브랜드 소유권을 가지고 생산된 제품의 마케팅전략을 직접 통제하기 때문에, 대중매체를 통해 브랜드이미지 차별화를 위한 대대적인 광고, 판촉 및 유통활동, 충실한 A/S 등에 많은 마케팅비용을 투입하는 것이 일반적이다. 특히 광고를 통해 제품에 대한 소비자의 인지도가 높아서 제품에 대한 신뢰도가 높은 것이 특징이다.

제조업체 브랜드는 제조업체가 시장에서의 경쟁상황에서 상대적으로 유리한 지위를 갖고 있거나 자금이 풍부하여 시장에 대한 적응능력이 우수한 경우에 효과적으로 활용할 수 있다. 예를 들어, 코카콜라, 비타500, 박카스, 팔도불짬뽕, 청정원 카레여왕 등은 전국의 모든 할인점, 슈퍼마켓, 편의점 등에서 팔리고 있으며, 쿠쿠 전기밥솥, 삼성전자 비스포크 냉장고, LG전자 디오스냉장고 등의 전자제품도 제조업체에서 부착한 브랜드로서 전국의 백화점이나 대리점 등의 매장에서 취급하고 있다.

(2) 유통업체 브랜드

최근에는 백화점, 할인점, 대형슈퍼마켓 등 강력한 소매상의 등장으로 인하여 마케팅경로 상에서 제조업체 대비 유통업체들의 지위가 한층 더 높아지고 있다. 이와 함께 대규모 유통업체들의 자체브랜드개발 및 관리능력도 크게 증가되고 있는 추세이다. 이렇게 유통업체에서 부착한 브랜드로써 특정 유통업체에서만 판매되고, 브랜드개발 및 관리도 유통업체가 담당하는 브랜드를 유통업체브랜드라 한다. 유통업체브랜드는 일반적으로 PB(private brand) 또는 PL(private label)이라고 하며, 스토어브랜드(store brand)로 불리기도 한다. PB는 유통업체가 개별적으로 개발한 것이기 때문에 유통업체 독자의 상품품질, 브랜드명, 마크, 로고, 포장 등을 가지고 있다.

최근에 대형마트와 편의점에서 PB상품이 전체매출에서 차지하는 비중은 20%를 훌쩍 넘은 것으로 나타났다. 각 대형마트별 PB상품의 전체매출액 대비 비중은 현재 이마트가 20.4%, 홈플러스가 28.4%, 롯데마트가 26% 정도를 차지하고 있으며, 편의점 업체별로는 GS25가 35.6%, 세븐일레븐이 35.0%로 나타났다.

이마트의 경우는 지난 1996년 '이플러스 우유'를 PB브랜드로 첫 출시한 이후에, 비교적 높은 가격에 좋은 품질을 앞세운 '피코크'와 초저가형 PB브랜드인 '노브랜드'를 앞세운 양극화 PB전략을 펼치고 있다.

롯데마트의 경우에는 일반 브랜드상품과 동급인 '초이스엘', 프리미엄급 상품인 '프라임엘', 가격경쟁력을 앞세운 '세이브엘', 유기농 PB '바이오엘', 생활용품 '리빙엘' 등 PB브랜드를 다양하게 선보였다. 그러나 롯데마트는 올해 브랜드 재정립을 통해 크게 총 10개의 PB브랜드를 운영하고 있다.예를들면, PB 브랜드는 초이스엘, 스윗허그, 요리하다, 요리찬, 요리하다 델리, 온리프라이스, 룸바이홈, 룸바이홈키친, 해빗, 보나핏 등이며, 이중 롯데마트가 주력으로 삼고 있는 브랜드는 초이스엘, 온리프라이스, 룸바이홈, 해빗, 요리하다, 초이스엘은 2011년 론칭한 롯데유통의 대표브랜드다. 가격 대비 품질 우선소비를 지향하는 전 고객을 타겟으로 하고 있다. 2021년부터 매장방문의 동인요인이 되는 '식품'cat에 집중한 전문 브랜드로 육성할 계획이며, 트렌드와 맛의 프리미엄을 지향하고 있다.

홈플러스는 지난 2019년 홈플러스 프리미엄 PB '시그니처'를 론칭했다. 그 이후에 '홈플러스 시그니처'는 론칭 당시 600여 종이던 것이 현재 1459종으로 확대되었으며, 전 카테고리에 걸쳐 영역을 넓혀 가고 있다.

한편, 편의점들도 점차 경쟁이 치열해지자 차별화에 나서면서 PB상품개발에 주력하고

광고 9-23 **편의점 CU의 PB브랜드 '헤이루' 상품들과 헤이루 캐릭터 '케이루', '샤이루', '하루'**

있는데, 편의점 업계 1위 CU는 전체상품 중 약 20~25%인 1천여 개를 PB상품으로 운영하고 있다. 이곳의 PB 브랜드로는 지난 2012년 론칭된 아이스드링크 상품 '델라페'와 커피&디저트브랜드 '카페겟', PB 통합브랜드인 '헤이루' 등이 있다. 그리고 CU는 프리미어 베이커리 브랜드 'Pain de franc(빵 드 프랑)'까지 론칭하며, 편의점 PB의 수준을 한 단계 더 업그레이드 시켰다. CU에서 PB상품 매출비중은 25~30% 수준이며 연도별 매출신장률은 2019년 10.1%, 2020년 5.2%, 2021년(1~11월)도 8.8%로 해마다 꾸준한 성장세를 보이고 있다.

GS25의 경우에는 지난 1998년 '함박 웃음 맑은 샘물'을 통해 처음 PB상품을 출시한 이래로 삼각김밥, 종이컵 등을 중심으로 '함박 웃음' 상품을 운영하며 지속적으로 PB상품 수를 늘려갔다. 현재는 프리미엄 커피 '카페25', 간편식 '위대한 시리즈' 등 다양한 PB 상품을 판매하고 있으며, 2016년 2월 새로운 대표 PB브랜드인 'YOU US' 출시를 발표하고 GS25와 GS슈퍼마켓을 통해 다양한 상품을 선보이고 있다. 그리고 유어스공화춘 시리즈는 지난 2006년 처음 출시되어 현재까지 꾸준히 고객들의 사랑을 받아오고 있는 스테디셀러 상품이다.

이마트24는 합리적 가격의 고품질 라인 '아임이'(I'm e), 초저가 가성비 라인 '민생', 프리미엄 라인 '아임이리저브'를 론칭하고 각 브랜드에 맞는 차별화상품을 지속 선보이는 것은 고객을 이마트24로 끌어들이기 위함이다.

세븐일레븐의 PB브랜드는 '7-SELECT(세븐셀렉트)'로 2008년부터 본격적으로 운영해 왔다. 최근엔 기본 PB브랜드 외에 특정 카테고리에서의 자체브렌드도 확대하고 있는 추세다. 업계최초의 원두커피 브랜드 '세븐카페', 대표적으로 세븐일레븐의 1인가구 맞춤형 HMR 브랜드 '소반', 브레다움(베이커리), 세븐팜(신선식품), 담음(과일주스), 마쉼(컵커피) 등이 있다.

유통업체 브랜드는 일반적으로 제조업체 브랜드보다 저렴한 가격에 판매되기 때문에 매장방문 고객에게 가격혜택을 제공해주며, 특정 매장에서만 판매되는 특성으로 인하여 고정고객을 확보할 수 있는 장점이 있어 높은 마진과 이익을 실현할 수 있다. 반면, 자체브랜드를 촉진하기 위한 유통업체 촉진비용이 늘어날 수 있고, 자체브랜드 제품이 소비자에게 만족을 주지 못할 경우 기업이미지가 손상될 수 있으며, 높은 시장지배력을 보유한 제조업체들의 견제와 안정적인 제품공급이 어려워질 수 있는 위험성도 있다.

현재 유통업체 브랜드확대는 시장주도권을 놓고 제조업체와의 파워경쟁을 격화시키고 있으며, 다양한 유형의 유통업체들이 대형화 · 연쇄화하는 추세에 따라 유통업체에게 유리한 환경이 조성될 것이라 예상된다. 이렇듯 유통업체가 판매주도권까지 확보하게 되면 가

사 례 [PB전략 매출강타] CU, '곰표'부터 '헤이루'까지...GS리테일, 유어스·아임이 등 돌격

· 편의점 PB시초는 1989년 세븐일레븐 걸프 브랜드
· GS25, 올 초 론칭한 PB 프리미엄 빵 브랜드 브레디크 선전 눈에 띄어

편의점도 PB 상품을 강화하고 있다. 소용량, 1인 식사대용식 등 편의점을 찾는 고객 니즈에 최적화된 상품 시스템을 구축하기 위해서다. 여기에 제조업체의 NB(National Brand)상품과 견주어 동일한 품질에 저렴한 가격으로 제공하기 위해서다.

최근 편의점 PB 상품의 출시 트렌드를 보면 기존엔 찾아볼 수 없었던 이색 상품들이 봇물 터지 듯 쏟아지고 있다. 콜라보레이션, 캐릭터, 지역 맛집 및 명물 등을 활용하며 최신 소비 트렌드를 반영한 고품질의 PB상품이 새로운 개발 키워드로 떠오르고 있다.

▶ CU–포너스로 시작해 곰표브랜드까지

CU는 지난 2000년 '포너스'라는 브랜드로 우유와 안주류에서 PB상품을 처음 출시했다. 당시 유통업계에서 PB상품에 대한 관심이 점차 높아지면서 편의점에서도 PB상품들이 출시되기 시작했다.

CU의 초창기 PB상품의 전략은 라면, 음료, 스낵 등 인기상품 위주의 상품 개발이었다. 당시 PB상품에 대한 소비자들의 인식이 높지 않았기 때문에 가격경쟁력을 앞세워 초기 몇 년간은 PB상품에 대한 인지도 형성에 초점을 맞췄다.

편의점 PB상품을 알린 가장 대표적인 상품이 '500컵 시리즈(2004년)'다. 500컵면은 PB상품의 가장 큰 장점인 알뜰한 가격을 앞세운 제품이었다. 500컵면이 인기를 얻자 '오다리 시리즈(2006년)', '배터질라면 시리즈(2009년)' 등 라면류에서 PB상품의 출시가 꾸준히 이어졌고 다른 상품군으로도 PB상품이 확대되는 원동력이 됐다.

스낵류에서도 30여 종의 상품이 출시되어 저렴한 가격, 다양한 종류로 소비자들에게 어필했으며 스낵 전체 매출 중 10~20%의 비중을 차지할 정도였다. 이후 2000년 후반부터 매출 비중이 높은 음료, 유제품,

CU, 곰표팝콘, Cafe GET, 헤이루(사진=BGF리테일)

아이스크림 등에서 PB상품의 개발이 매우 활발하게 진행되었다.

■ PB 브랜드 'HERYROO(헤이루)'

이러한 PB상품의 인기에 힘입어 BGF리테일이 올 초 PB상품의 새로운 가치와 다양한 경험을 강조한 PB 통합 브랜드 'HEYROO(헤이루)'를 론칭했다. 'HEYROO'는 높은 가성비(가격 대비 가치)를 통해 기존 PB상품은 물론 NB(National Brand)상품과의 차별화를 꾀한다는 전략이다.

CU는 HEYROO와 함께 즉석원두커피 브랜드 'Cafe GET(카페 겟), 아이스드링크 브랜드 'Delaffe(델라페)', 프리미어 베이커리 브랜드 'Pain de franc(빵 드 프랑)'까지 론칭하며 편의점 PB의 수준을 한 단계 더 업그레이드시켰다. CU에서 PB상품 매출 비중은 25~30% 수준이며 연도별 매출신장률은 2017년 19.1%, 2018년 9.0%, 2019년 10.1%, 2020년 5.2%, 2021년(1~11월)도 8.8%로 해마다 꾸준한 성장세를 보이고 있다.

▸ 세븐일레븐– 편의점 PB시초의 주인공

편의점 PB의 시초는 1989년 국내 1호 편의점인 세븐일레븐 올림픽선수촌점이 처음 개점할 때 선보인 '걸프'다. 세븐일레븐 로고가 박힌 종이컵에 얼음과 탄산 음료수를 담아 판매하는 상품으로 PB 상품의 시초라고 볼 수 있다.

세븐일레븐은 2008년 9월 기존 롯데샌드와 롯데샌드깜뜨(각 1200원)를 편의점 전용 상품으로 만들어 롯데샌드미니와 롯데샌드깜뜨미니(각 600원)를 출시했었다.

세븐일레븐의 PB 브랜드는 '7-SELECT(세븐셀렉트)'로 2008년부터 본격적으로 운영해 왔다. 최근엔 기본 PB 브랜드 외에 특정 카테고리에서의 자체브렌드도 확대하고 있는 추세다. 업계 최초의 원두커피 브랜드 '세븐카페', 대표적으로 세븐일레븐의 1인가구 맞춤형 HMR 브랜드 '소반', 브레다움(베이커리), 세븐팜(신선식품), 담음(과일주스), 마쉼(컵커피) 등이 있다.

■ 세븐카페, 세븐셀렉트 요구르트젤리로 활짝

해를 거듭할수록 편의점 PB 시장이 성장하면서 기존 베스트 NB상품을 뛰어넘는 PB상품들이 탄생하

세븐일레븐, 세븐셀렉트 바프허니버터팝콘 (사진=세븐일레븐)

며 카테고리를 주름잡고 있다.

원두커피 '세븐카페'는 매년 전체 상품 중 가장 많은 판매량을 기록하고 있으며, 2016년 편의점 젤리 시장의 혁명을 일으켰던 '세븐셀렉트 요구르트젤리'는 변함없이 젤리 매출 상위권에 올라있다.

지난 9월 세븐일레븐 스낵 카테고리 판매 1위 상품은 '새우깡'이 아니라 세븐일레븐 PB상품인 '세븐셀렉트 바프허니버터팝콘'이 차지했다. 편의점 스낵 카테고리 부동의 1위인 '새우깡'을 자체 PB상품이 밀어낸 것이다.

'세븐셀렉트 바프허니버터팝콘'은 바프(HBAF)의 대표 상품인 '허니버터 아몬드' 시즈닝을 활용해 만든 허니버터맛 팝콘으로, 겉은 바삭하고 속은 폭신한 식감을 자랑하며 국산벌꿀과 프랑스산 고메버터를 넣어 달콤하면서도 고소한 맛이 특징이다. '바프허니버터팝콘'과 '숏다리오잉'의 인기는 PB스낵의 영향력을 전체적으로 높였다. 올해 세븐일레븐 PB스낵 매출은 전년동기대비 70.8% 증가했다. 같은 기간 전체 스낵 매출은 18.5% 올랐다. 스낵 카테고리에서의 PB 매출 비중도 지난해 9월 13.8%에서 올해(9월)는 20%를 돌파했다.

세븐일레븐은 지난 4월 프리미엄 베이커리 브랜드 '브레다움(Brea;daum)'을 론칭하고 본격적으로 베이커리 고급화전략에 나섰다. '브레다움(Brea;daum)'은 빵을 뜻하는 '브레드(Bread)'와 특성이나 자격을 뜻하는 '다움'을 결합한 합성어다. 브래다움은 론칭 직후부터 좋은 반응을 얻고있다. 전체 베이커리 카테고리에서 브레다움이 차지하는 매출 비중은 초기 8% 수준에서 10월 들어서는 20%를 넘어섰으며, 론칭 200여일만에 누적 판매량 390만개를 넘어섰다.

올해 4월에는 신선식품 통합 브랜드 '세븐팜(Seven Farm)'도 론칭한 바 있다. 세븐팜은 어려운 지역 농가돕기를 위해 세븐일레븐 모바일앱에 마련한 농산물 판매 코너명으로 출발했다. 이후 소비자들에게 좋은 반응을 보이며 신선식품 전략 브랜드로 전환됐다. 실제 편의점에서 신선식품을 구매하는 소비자들은 크게 늘었다. 세븐일레븐의 올해 들어 야채와 과일 매출은 전년 동기 대비 각각 79.0%, 73.0% 증가했다. 세븐일레븐은 전국 주요 주택가 상권 약 820개 점포를 세븐팜 특화점포로 지정해 운영중이다. 올해 1000개점까지 확대할 계획이다.

지난 9월 론칭한 과일주스 브랜드 '담음'도 눈여겨볼만하다. 냉장주스 매출이 전년 대비 20%이상 성장함에 따라 건강주스를 찾는 수요가 늘어날 것으로 예상해 해당 브랜드를 선보였다. 브랜드 론칭과 함께 출시한 '세븐셀렉트 담음주스'는 '담음오렌지주스', '담음사과주스', '담음자몽주스' 3종이다.

▸ GS리테일–통합 PB브랜드 'YOU US(유어스)'

GS리테일은 프리미엄커피 '카페25' PB브랜드를 출하였으며, 2016년 2월 새로운 대표 PB브랜드인 'YOU US' 출시를 발표하고 GS25와 GS수퍼마켓을 통해 다양한 상품을 선보이고 있다. 대표 PB브랜드 'YOU US'는 고객을 생각하는 GS리테일의 마음, GS리테일을 믿는 고객의 선택이 하나 되어 큰 행복을 이루고, 비로소 우리가 되는 것을 의미한다.

GS25 오모리김치찌개라면, 공화춘 짬뽕, 오모리부대찌개(사진=GS리테일)

■ 오모리김치찌개라면과 공화춘, 면류부터 냉동식까지 다양한 상품

GS25는 업계 최초로 프리미엄 PB라면 '틈새라면'을 2006년 출시한 이후, 지속적으로 맛으로 승부를 하기 위해, 현재 약 10여 종의 PB라면을 운영하여 고객의 입맛을 사고 잡고 있다. 특히, GS25의 컵라면 매출 1위 상품은 인터넷몰이나 대형마트처럼 신라면(큰컵)이나, 육개장 사발면이 아니다. 프리미엄 PB 라면인 유어스 오모리김치찌개가 부동의 1위를 차지하고 있으며, 공화춘 등 PB 상품들이 상위권에 위치해 있다.

유어스 오모리김치찌개라면과 오모리부대/참치찌개는 2014년 GS25가 팔도, ㈜오모리와 손잡고 출시한 GS25의 자체상표(PB) 용기면으로 출시 이후 GS25의 용기면 매출 순위 1~2위 수준을 줄곧 유지하고 있다. 유어스공화춘 시리즈는 지난 2006년 처음 출시되어 현재까지 꾸준히 고객들의 사랑을 받아오고 있는 스테디셀러 상품이다. '공화춘'은 지난 1905년, 인천 차이나타운(인천 중구 선린동)에 세워진 지상 2층 규모(부지 176평, 연면적 260평)의 중국음식점으로 우리나라에서 '자장면'을 처음 만들어 판 곳으로 유명하다. GS25에서 판매하는 유어스 공화춘자장은 원조 자장면 고유의 맛을 그대로 재현하기 위해 '공화춘' 주방장의 자문을 받았다.

▸ 이마트24–합리적 가격의 '아임이'로 승부

이마트24가 합리적 가격의 고품질 라인 '아임이'(I'm e), 초저가 가성비 라인 '민생', 프리미엄 라인 '아임이리저브'를 론칭하고 각 브랜드에 맞는 차별화 상품을 지속 선보이는 것은 고객을 이마트24로 끌어들이기 위함이다.

■ 초저가 라인에서 프리미엄라인에 이르기까지

이마트24는 지난 2018년 7월 PL브랜드 '아임이(I'm e)'를 론칭하고, 본격적인 PL상품 강화에 나섰다. 아임이의 대표적인 상품으로, 이천쌀콘, 파르페 등 아이스크림이 있으며, 라면, 과자류, 음료, 유제품, 젤리, 초콜릿, 냉장식품 등 먹거리 상품 외에도 생필품 전자기기 등 비식품군 카테고리 상품도 지속적으로 확대하고 있다.

2019년 3월 당시 편의점 업계 최저가인 390원 민생봉지라면 출시를 시작으로 컵라면, 짜장라면, 도시락

이마트24, 아임이 팝콘과 이천쌀콘, 아임이리저브 착즙주스 2종. [사진=이마트24]

김, 민생커피 등 초저가 먹거리와 함께 민생화장지, 민생황사마스크, 민생유기농생리대 등 일상생활에 필요한 생필품도 품질은 유지하면서 합리적인 가격으로 제공하고 있다. 현재까지 꾸준한 출시를 통해 40여 종에 달하는 상품 라인업을 구성했다.

올해 6월에는 프리미엄 PL(Private Label)라인 '아임이리저브(I'm e reserve)'를 론칭했다. 이마트24는 아임이리저브 론칭 후 첫 상품으로 과즙 100% 비가열 착즙주스 2종('자연을 그대로 담은 제주감귤 착즙주스' / '자연을 그대로 담은 케일&사과 착즙주스')을 선보였다. 착즙주스 2종은 물 한 방울도 섞지 않고, 100% 착즙만으로 채운190ml 음료다.

● 자료원 : https://blog.naver.com/goldentreeconsulting/222595577546(내용 일부 수정)

격인하에 대한 부담이 제조업체들에게 넘어가게 되는 현상이 나타날 수 있다.

한편, CU, GS25 등의 편의점과 같이 전국적인 체인망을 보유하고 판매영역을 전국화하고 있는 유통업체가 붙이는 PB를 NPB(독점 유통브랜드, National Private Brand)라고도 한다. 예를 들면, CU편의점에서는 NPB로 소맥분제조사인 대한제분의 곰표와 맥주제조사 세븐브로이가 협업해서 수제맥주 곰표밀맥주를 출시하여, 3일만에 10만개 완판하고, 일주일만에 30만개 돌파하였다. 그리고 대한제분과 상일식품㈜이 협업하여, 곰표오리지널팝콘

광고 9-22 NPB브랜드 : 곰표오리지널팝콘과 나쵸, 곰표밀맥주와 말표흑맥주광고

과 나쵸를 출시하였다. 말표구두약 제조사인 말표산업과 맥주제조사인 스퀴즈브루어리가 협업하여 수제맥주 말표흑맥주를 출시하였다.

4. 브랜드의 범위결정

기업은 효과적인 브랜드역할을 수행하기 위하여 제품에 부착되는 브랜드의 범위를 달리하고 있다. 제품별로 각기 다른 브랜드를 부착하는 개별브랜드(individual brand)와 제품마다 공동의 브랜드를 부착하는 공동브랜드(family brand)가 있으며, 또한 하나의 제품에 두 개 이상의 브랜드네임을 결합해서 부착하는 결합브랜드(co-brand)가 있다.

(1) 개별브랜드

개별브랜드(individual brand)는 기업에서 생산되는 제품별로 각각 다른 브랜드를 부착하는 전략으로써 브랜드별로 차별적인 개성을 확립하기 쉬워 브랜드이미지 구축에 유리하다. 그리고 개별브랜드를 지원하는 마케팅활동이 특정 제품에 맞추어 준비되어 있기 때문에 표적시장의 고객욕구를 효과적으로 충족시킬 수 있다는 장점이 있다. 그래서 개별브랜드 전략은 제품디자인, 마케팅커뮤니케이션 프로그램, 가격, 유통전략뿐만 아니라 브랜드네임, 로고 및 다른 브랜드 구성요소들 전부가 특정 표적시장에 초점을 맞추어 계획될 수 있다.

또한 개별브랜드의 특정 제품이나 기존 제품에 대한 평판이나 실패로 인해서 어려운 난관에 부딪혔을 경우에, 다른 브랜드와 기업자체에 대해 연계되어 발생할 수 있는 위험을 최소화 할 수 있다. 그러나 개별브랜드만으로 브랜드 자산가치를 별도로 구축하기에는 브랜드개발 및 촉진비용이 많이 소요되기 때문에, 규모의 경제와 시너지효과를 기대하기가 매우 어렵다. 따라서 개별브랜드는 제품별로 소비자욕구, 유통경로, 판매방법 등이 이질적인 상황일 때 사용하는 것이 바람직하다.

이런 개별브랜드 전략과 밀접하게 관련이 있는 전략으로 복수브랜드 전략(multibrand strategy)이 있는데, 이는 동일한 품목 내에 두 개 이상의 브랜드를 개발하여 판매하는 전략으로 각 품목마다 다른 이름의 브랜드를 출시함으로써 소매점에서의 진열대 면적을 많이 확보할 수 있는 이점이 있다. 그러나 개별브랜드 전략이나 다상표전략들은 다른 공동브랜드 전략이나 결합브랜드 전략보다도 광고나 유통에 소요되는 마케팅비용이 많이 드는 단점이 있다.

마케팅환경이 급변하고 소비자욕구가 점점 더 다양화되고 세분화가 가속화되는 상황에서 기업이 효과적인 욕구충족을 위해서는 개별브랜드를 통한 차별적인 가치제공이 시장의 경쟁우위를 확보하는데 유리한 전략이 될 수 있을 것이다. 개별브랜드를 부착하는 대표적인 예로는 세계적인 생활용품 기업인 P&G를 들 수 있는데, P&G는 샴푸제품군에 '헤드앤쇼울더(Head & Shoulders)', '팬틴(Pantene)', '비달사순(Vidal Sassoon)' 등 여러 개별브랜드를 보유하고 있으며, 명품유통업체인 LVMH 그룹은 '루이비통(Louis Vuitton)', '크리스찬 디올(Christian Dior)', '펜디(Fendi)', '겐조(Kenzo)', '태그 호이어(TAG Heuer)' 등의 명품브랜드를 개별브랜드로 보유하고 있다.

(2) 공동브랜드

공동브랜드(family brand)는 각각의 개별제품에 동일한 브랜드를 적용하는 것으로, 기업의 기존 브랜드가 인지도가 높고 이미지가 좋게 형성되어 있을 경우에 활용하는 브랜드전략이다.

공동브랜드는 제품들 간에 공통된 연상들로 인해 시너지 효과를 기대할 수 있으며, 기존의 브랜드가 쌓아 놓은 명성이나 호의적인 이미지 때문에 신제품도입 시에 소비자들에게 빨리 수용되는 효과를 기대할 수 있고, 마케팅커뮤니케이션 수단들을 통해 제품을 알리거나 유통망구축과 관련된 마케팅비용을 절감할 수 있는 장점이 있다. 그러나 공동브랜드를 부착한 제품들 중에서 특정 제품이 실패하거나 부정적인 문제가 발생했을 경우에는 다른 제품들에도 부정적인 이미지가 전이되어 확산될 가능성이 클 수 있는 단점이 있다.

또한 최근에 대·내외적인 환경변화와 소비자들의 욕구가 다양하게 변화되는 상황에서, 기업이 효과적으로 대응하기 위해서 다양한 신제품개발과 더불어 기존 제품의 수명주기는 점점 짧아지고 있기 때문에 상대적으로 개별브랜드 전략보다는 공동브랜드 전략의 필요성은 더 커지고 있다. 특히 신제품을 끊임없이 개발해야 하는 식품업·가전업·제약업 등에서는 이 전략이 더 효과적일 수 있다. 따라서 공동브랜드 전략은 품질·기술·위생 등의 면에서 문제가 생길 위험이 작을수록 적당하고, 그러한 위험이 클수록 개별브랜드 전략을 쓰는 편이 낫다.

공동브랜드에는 기업명을 사용하는 경우와 제품계열별로 별도의 공동브랜드네임을 부착하는 방법이 있다. 먼저 기업명을 그대로 이용하는 경우로는 삼성, LG, GE, 오뚜기 등과 같이 기업의 이름을 제품에 부착하는 방식을 말한다. 예를 들면, 오뚜기(카레, 케첩, 마요네즈), 삼성(노트북, 냉장고, 세탁기) 등을 예를 들 수 있다.

제품계열별로 별도의 공동브랜드네임을 이용하는 경우는 하나 또는 소수의 제품계열에 동일한 브랜드를 사용하는 것을 말한다. 예를 들면, 생활가전 부문에서 LG전자의 트롬(세

광고 9-25 LG트롬 트윈워시 세탁기 광고

탁기, 건조기, 스타일러 등)과 디오스(냉장고, 김치냉장고, 식기세척기, 전기레인지 등), 식품부문에서 CJ의 장류 전문브랜드인 해찬들, 대상의 식품사업 통합브랜드인 청정원, 삼양사의 식품브랜드인 큐원 등을 예로 들 수 있다. 이 방법은 기업과 관련된 연상이 직접적으로 나타나지 않으며, 대체로 동일 제품계열별로 제품들 사이에 연상작용이 발생하게 된다.

이런 공동브랜드 전략과 밀접하게 관련이 있는 전략으로 브랜드확장전략(brand extension strategy)이 있는데, 이는 기업이 인지도와 신뢰도가 높은 기존의 브랜드네임을 사용하여 신제품을 출시하는 것을 말한다. 브랜드확장 시에 신규브랜드가 기존 브랜드와 결합될 때, 브랜드확장은 하위브랜드라고도 할 수 있다. 이때 브랜드확장을 낳는 기존 브랜드는 모 브랜드(parent brand)라고 불리며, 모 브랜드가 확장브랜드를 통해 다수의 제품과 연관되어 있을 경우에 공동브랜드(family brand)라고 불린다. 예를 들면, 웅진식품의 '자연은'브랜드를 '자연은 고칼슘오렌지 100', '자연은 요거', '자연은 잘자란 유기농' 등으

광고 9-26 공동브랜드 : 청정원 광고

로 확장해서 사용하고 있다.

브랜드확장전략은 신제품의 수용을 촉진시킬 수 있을 뿐만 아니라, 소비자에게 브랜드의 의미를 명확하게 전달할 수 있으며, 기존 브랜드의 연상을 강화하고 호감도를 높여 모 브랜드의 이미지를 향상시킬 수 있어 긍정적인 피드백을 제공할 수 있는 장점이 있다. 그러나 확장라인이 너무 많으면 소비자들을 혼란스럽게 할 수 있으며, 소매점 진열공간의 한계로 소매업자들의 저항에 직면할 수 있고, 기존 브랜드의 시장을 잠식할 수도 있으며, 실패할 경우에 모 브랜드의 이미지를 손상시킬 수 있는 단점이 있다.

광고 9-27 웅진식품의 브랜드 확장 : '자연은' 광고

(3) 결합브랜드

결합브랜드(co-brand)전략은 두 개 이상의 브랜드네임을 하나의 공동제품으로 결합하거나 혹은 어떤 특정한 형태로 공동으로 마케팅하는 경우에 부착하는 전략을 말한다. 두 회사가 전략적 제휴(strategic alliance) 등으로 브랜드 간의 결합을 통해 브랜드파워를 발휘하거나, 기업브랜드네임이나 개별브랜드네임과 공동브랜드네임 간의 결합을 통해 독특한 차별성을 부각시키기 위해 주로 사용된다. 예를 들면, 전략적 제휴를 통한 브랜드에는 르노삼성자동차, 롯데캐논 복사기 등이 있으며, 기업브랜드나 개별브랜드네임과 공동브랜드네임 간의 결합을 통한 경우는 삼성BESPOKE 냉장고, LG트롬 오브제컬렉션 등이 있다. 그리고 단독으로 진출하기 어려운 제품범주로 진출할 수 있는 기회를 얻기 위해 활용된다. 예를 들면, 유통업체인 신세계백화점과 신용카드회사인 삼성카드는 '신세계 삼성카드'라는 결합브랜드를 통해 신세계백화점은 신용제공이라는 금융서비스를 자체적으로 제공하는 부담을 덜고 신용업무 관련된 전문적인 서비스를 보완할 수 있으며, 삼성카드는 대형 유통업체와의 제휴로 고객을 확보하는 효과를 거두는 사례가 있다.

또한 결합브랜드의 또 다른 형태로는 구성요소브랜드(ingredient brand)라는 것이 있는데, 이는 다른 브랜드의 제품에 필수적으로 포함된 재료, 성분 및 부품 등의 브랜드자산가치를 창출하는 것을 말한다. 예를 들면, 컴퓨터에 인텔 코어 프로세서, 오디오에 Dolby 잡음제거시스템, 섬유소재에 Gore tex 방수섬유, 코팅재에 Teflon 비접착코팅 등과 같이 다른 브랜드제품의 부품이나 구성요소를 표기해서 제품뿐만 아니라 광고와 프로모션에서도 결합브랜드를 강화해서 브랜드에 대한 인지도를 높여서 브랜드 순자산가치를 증대시키는 것이다.

이러한 결합브랜드에는 결합된 다수의 브랜드를 통해 제품이 좀 더 독특하고 설득력 있

광고 9-29 구성요소 브랜드 : Gore Tex 광고

게 포지셔닝될 수 있고, 신규고객과 유통채널에 대해 추가적인 기회를 제공할 뿐만 아니라 두 개의 잘 알려진 이미지를 결합하여 이미지의 수용가능성을 높여주기 때문에 제품출시 원가를 절감시켜 기존의 표적시장에서 더 많은 매출을 끌어 낼 수 있는 장점이 있다. 하지만 소비자들이 결합브랜드를 보면서 해당 브랜드와 다른 브랜드들과 연계시킬 위험이 있으며, 결합브랜드에 사용하려는 상대 브랜드가 이미 다수의 결합브랜드 계약을 체결한 브랜드라면 과도한 노출로 인해 연상효과가 제대로 전달되지 못할 위험이 있다.

따라서 강력한 결합브랜드를 형성하려고 한다면 결합브랜드 계약을 체결하는 두 브랜드가 적절한 브랜드인지와 강력하고 호감을 주며, 독특한 연상들을 갖고 있는 것이 중요하다.

5. 브랜드관리

소비자의 기호변화, 강력한 경쟁브랜드의 진입, 정부규제의 변화, 기타 마케팅환경의 변화 등 여러 측면의 외부환경 변화상황 하에서 브랜드를 효과적으로 관리하는 것은 상당히 어려운 일이다. 또한 이러한 외부환경 변화뿐만 아니라 기업자체의 경영활동과 전략적 변화에 의해 브랜드관리가 복잡해지기도 한다. 그리고 기존 브랜드가치가 약화되거나 브랜드이미지의 진부화가 시작되면 브랜드이미지의 개선작업을 위하여 리브랜딩(rebranding) 전략이 요구된다. 리브랜딩은 범위와 유형에 따라 세 가지로 구분할 수 있다. 첫째, 가장 단순한 형태로 브랜드네임, 로고, 캐릭터, 슬로건 등의 브랜드디자인 리뉴얼의 변화이다. 둘째, 브랜드의미와 콘셉트 등의 브랜드 소프트웨어적인 측면의 변화를 시키는 브랜드리뉴얼이다. 마지막으로는 브랜드 활동영역을 바꾸어 새로운 카테고리로 진출하는 브랜드 재포지셔닝이다.

따라서 효과적인 브랜드관리를 하기 위해서는 브랜드리뉴얼, 브랜드 재포지셔닝 등의 방법을 통해 여러 방안들을 강구하고 실행하여야 한다.

광고 9-29 주요 아파트 브랜드리뉴얼

(1) 브랜드리뉴얼

브랜드리뉴얼(brand renewal) 전략은 대표적으로 브랜드네임을 변경하는 것을 포함해서 브랜드로고, 슬로건 등의 브랜드 구성요소 중의 하나 이상을 수정하고 변경함으로써 진부화된 이미지를 개선하거나 새로운 이미지를 부가적으로 창출하기 위한 전략을 말한다.

브랜드리뉴얼은 기존 고객을 유지하고 관계를 강화하는 것뿐만 아니라 신규고객을 더욱 효과적으로 창출하기 위해 전개하는 것이다. 이는 소비자의 새로운 욕구와 트렌드를 반영하고 가격갈등이나 유통과정에서 제기되는 문제들을 해소하고 브랜드 포지셔닝을 재정립하기 위한 수단으로 활용될 수 있다.

이런 브랜드리뉴얼에서 가장 쉬운 방법이 디자인을 변화시키는 것이다. 흔히 패키지나 브랜드로고의 변화를 통한 디자인리뉴얼은 시각적인 측면에서의 변화만을 추구하기 때문에 브랜드리뉴얼이라고 보기보다는 브랜드로고수정 또는 보완으로 봐야 할 것이다. 그리고 브랜드리뉴얼 전략은 브랜드핵심 아이덴티티의 일관성을 유지하는 한도내에서 제품의 변화는 물론이고 브랜드네임, 브랜드로고, 슬로건 그리고 브랜드개성 등의 변화까지도 모두 포함된다.

(2) 브랜드 재포지셔닝

기존 브랜드가 바람직한 브랜드자산을 구축하고 있고, 환경의 변화에 큰 영향을 받는 상황이 아니라면, 이를 더욱 강화하고 유지할 수 있도록 하여야 할 것이다. 그러나 기존의 브랜드자산이 경쟁력을 상실하였을 때는 브랜드 재활성화 방안으로써 기업이 원하는 방향으로 브랜드포지션을 재구축하려는 노력을 할 수 있는데, 이를 브랜드 재포지셔닝(brand repositioning) 전략이라고 한다. 즉, 브랜드 재포지셔닝 전략은 시장의 트렌드나 경쟁브랜드의 포지셔닝의 변화로 인해 자사 브랜드의 경쟁력을 상실했거나 해당 세분시장의 크기나 수익성이 낮아서 새로운 시장으로 이동해야 할 때, 혹은 자사의 다른 브랜드와 포지션이 유사해서 자기잠식(cannibalization) 효과가 발생할 우려가 있을 때 고려될 수 있다.

그러나 브랜드 재포지셔닝은 상당히 어렵고 비용이 많이 소요되므로 반드시 소비자욕구, 경쟁브랜드들의 포지셔닝, 자사의 브랜드체계에 대한 세밀한 분석을 바탕으로 이루어져야 한다.

05 요 약

브랜드의 전략적 중요성을 인식한 기업들은 좋은 브랜드를 개발하는 것에 머무르지 않고 브랜드의 가치를 높여가는 다양한 투자와 노력을 다하고 있다. 브랜드(brand)는 제품이나 서비스 또는 특정 기업자체를 소비자에게 인식시키고 경쟁자들과 차별화한다. 브랜드와 함께 사용되고 있는 관련 용어들에는 브랜드명, 브랜드마크, 등록상표 등이 있다.

브랜드자산(brand equity)은 제품과 서비스에 브랜드를 부여하여 브랜드가 없을 때보다 더 높은 매출액과 이익을 창출하며, 경쟁자에 비해 지속적이며 차별화된 우위를 제공해 주는 효과나 가치의 증가분을 무형자산으로 측정한 것을 말한다.

브랜드자산은 브랜드인지도(brand awareness)와 브랜드이미지(brand image)로 구성된다. 브랜드인지도는 소비자가 브랜드이름, 상징, 캐릭터, 색상, 포장, 광고와 같은 특정 브랜드와 관련된 구성요소들을 재인하거나 회상하는 능력을 말한다. 브랜드이미지는 브랜드의 물리적 특성, 이름, 심벌, 포장, 그리고 서비스에 대한 평판에 의해 소비자의 마음속에 생성되는 전반적인 인상으로서, 소비자들에게 특정 브랜드에 대해 형성되는 브랜드연상의 집합체를 의미한다. 브랜드연상은 브랜드와 관련하여 소비자들이 떠올리는 모든 생각들의 집합을 말한다. 즉 특정 브랜드를 생각하면 함께 떠오르는 무수히 많은 생각, 정보, 느낌 등 모든 것들을 포함한 전체적인 브랜드이미지(brand image)를 의미한다.

브랜드전략의 설정과정은 브랜드의 부착여부 결정, 브랜드명 선정, 브랜드관리 주체 및 브랜드부착의 범위결정, 마지막으로 지속적인 브랜드관리의 순서로 이루어진다.

상표를 부착하지 않은 브랜드전략을 제네릭 브랜드(generic brand)라고 한다. 이는 상표가 없는 브랜드로서 제품자체의 일반명사를 강조하는 브랜드를 말한다. 제조업체 브랜드는 제품을 생산하는 제조업자가 부착하는 브랜드로서 NB(national brand)라 불리기도 한다. 유통업체에서 부착한 브랜드로서 특정 유통업체에서만 판매되고, 상표개발 및 관리도 유통업체가 담당하는 브랜드를 유통업체 브랜드(private brand)라 한다.

개별브랜드는 기업에서 생산되는 제품별로 각기 다른 브랜드를 부착하는 것을 말한다. 공동브랜드는 기존의 브랜드명성과 인지도 및 이미지가 좋게 형성되어 있을 경우 부착된 브랜드들 사이의 시너지 효과를 기대할 수 있고, 신제품적용 시 수용도를 높일 수 있으며, 마케팅비용이 감소하는 효과를 기대할 수 있다. 브랜드확장의 개념은 높은 브랜드가치를 갖는 특정 브랜드를 다른 제품군에 속하는 신제품의 이름에 확장하여 사용하는 전략을 말한다.

그리고 소비자의 기호변화, 강력한 경쟁브랜드의 진입, 정부규제의 변화, 기업자체의 경영활동과 전략적 변화 등 환경변화에 따라 효과적인 브랜드관리를 하기 위한 여러 방안들을 지속적으로 강구하고 실행하여야 한다.

참·고·문·헌

- 구진순(2009), "국내 기업의 CI 리뉴얼 동향," 디자인학 연구, 제22권, 제5호(통권 제85호). pp.291~294.
- 박종오, 외4(2008), 마케팅, 북넷.
- 서용구 · 구인경(2015), 브랜드마케팅, 학현사.
- 안광호 · 하영원 · 박흥수(2016), 마케팅원론, 학현사.
- 안광호 · 한상만 · 전성률(2013), 전략적 브랜드관리: 이론과 응용, 제4판, 학현사.
- 임채숙(2009), 브랜드경영 이론, 나남.
- 조경섭 · 석종득(2009),브랜딩 솔루션, 비즈프라임.
- Aaker, David A.(1991), *Managing Brand Equity: Capitalizing on the Value of Brand Name*, New York: The Free Press.
- Aaker, David A. and Kevin Lane Keller(1990), "Consumer Evaluations of Brand Extension," *Journal of Marketing*, 54(January), 27-41.
- Doyle, Peter(1990), "Building Successful Brands: The Strategic Options," *Journal of Consumer Marketing*, 7:2(Spring), 5-20.
- Farquhar, Peter H.(1989), "Managing Brand Equity," *Marketing Research*, 1(September), 24-34.
- Keller, Kevin Lane(1993), "Conceptualizing, Measuring, and Managing Customer-Based Brand Equity," *Journal of Marketing*, 57(January), 1-22.
- Keller, Kevin Lane(2008), *Strategic Brand Management*, Third Edition, Pearson Education International.
- Kotler, Philip and Gary Armstrong(2016), *Principles of Marketing*, 16th ed., Pearson.

part 10

가격관리

'2만5,000원 vs 3,900원' 가성비냐 고급화냐…버거의 경제학

· 불황 메뉴 버거시장 5년 만에 약 30% 성장
· '6,900원' 노브랜드 최고가 · 쉐이크쉑엔 최저가
· "어차피 집 못 사는데" 만족에 지갑 연 소비자

노브랜드버거의 대표메뉴인 'NBB 시그니처' 는 단품 가격이 3,500원으로 타사의 유사 메뉴인 치즈버거에 비해 1,000원 가량 저렴하다. 신세계푸드 제공

쉐이크쉑의 시그니처인 쉑버거. 쉐이크쉑 제공

맥도날드 더블 쿼더파운더치즈. 맥도날드 제공

버거는 불황기에 잘 팔리는 메뉴인데, 버거의 세계에서도 양극화가 뚜렷해졌다. 패스트푸드 프랜차이즈 중 고급화전략을 펴는 쉐이크쉑과 가성비족(族)을 공략한 노브랜드버거(NBB)가 약진하면서다. 장기화한 코로나19 사태로 팍팍해진 주머니 사정에 고정지출을 줄이는 대신 나를 위한 소비에는 후하게 지갑을 여는 '야누스 소비'도 버거의 양극화와 맞물려 있다. 야누스 소비는 실속형과 고가 제품을 동시에 소비하는 현상을 일컫는다.

28일 시장조사업체 유로모니터에 따르면, 국내 버거시장 규모는 2015년 2조3,038억 원에서 지난해 2조9,636억 원으로 5년 만에 28.6% 성장했다. SPC의 쉐이크쉑과 신세계푸드의 NBB가 시장에 뛰어든 효과로 풀이된다.

2016년 7월 22일 국내에 상륙한 쉐이크쉑은 높은 인기를 이어가며 지난 17일 서울 마포구에 18호 매장인 홍대점을 열었다. 2019년 8월 등장한 NBB는 코로나19 불황을 타고 업계 최단기간인 1년 8개월 만에 100호점을 돌파한 데 이어 이달 16일 부산 하단아트몰링점으로 150호점을 달성했다.

두 버거의 타깃 고객은 극과 극이다. '파인 캐주얼 브랜드'를 지향하는 쉐이크쉑은 가장 저렴한 버거가 6,000원대이고, 스모크쉑 더블은 버거 단품(패티 2장 기준)만 1만2,900원이다. 사이드 메뉴 고추장 프라이(5,400원)와 바닐라 쿠키앤 크림 쉐이크(6,800원)를 더해 세트로 구성하면 2만5,100원이다. 디저트도 고급화해 간판 후식인 초콜릿 커스터드 쉑 어택은 D사이즈가 8,900원이다.

이와 달리 NBB의 그릴드 불고기는 단돈 1,900원, 감자튀김과 탄산음료를 추가한 세트는 3,900원이다. 국내 프랜차이즈 버거 중 프로모션 없이 판매하는 최저가다. 패티 2장에 달걀 프라이가 들어간 최고가 메뉴 미트 마니아는 단품 5,300원에 세트가 6,900원. 세트 가격이 쉐이크쉑의 최저가 단품과 같다.

▸ "어차피 집 못 사는데…" MZ세대, 만족에 지갑 연다

극단화된 버거 시장이 코로나 불황으로 내 집 마련이나 결혼 앞에 좌절한 MZ세대의 심리를 대변한다는 분석도 나온다. 과거 같으면 내 집 마련을 위해 썼을 목돈이지만, 집을 사거나 가족을 꾸리기 어려워진 2040세대가 강력한 만족감을 얻는 데 지출한다는 것이다. 명품 브랜드 매장 앞에 새벽부터 '오픈런' 줄이 늘어서는 것도 같은 맥락이다. 김도현 국민대 경영학부 교수는 "가방만 봐도 아주 저렴한 에코백과 고가의 명품을 동시에 구매하는 이중적 성향을 보인다"며 "음식도 한 사람이 아주 저렴하거나 매우 비싼 메뉴를 선택하는 야누스 소비 패턴이 나타난다"고 설명했다.

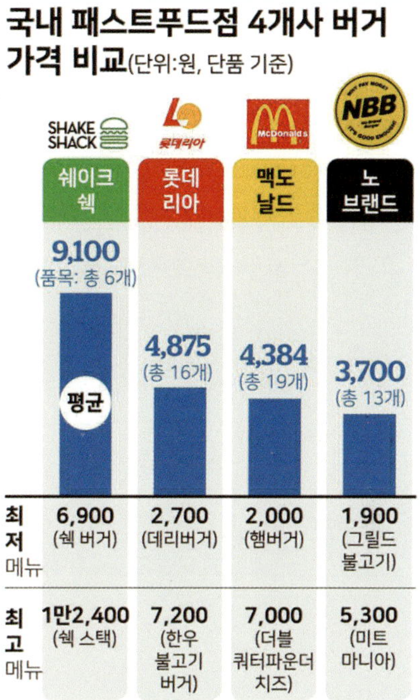

국내 패스트푸드점 4개사 버거 가격 비교. 그래픽=강준구 기자

양극화한 버거 시장에서 패스트푸드 전통 강자 한국맥도날드와 롯데리아도 대항 메뉴를 내놓으며 전력투구 중이다. 맥도날드는 점심시간에 세트 메뉴를 할인하는 맥런치와 인기 스낵을 종일 할인하는 해피 스낵을 통해 가성비족을 공략하고 있다. 지역 특산물과 결합한 한정 메뉴도 반응이 좋다. 지난달 출시한 창녕 갈릭 버거는 100% 국내산 창녕 햇마늘을 넣어 3주 만에 110만 개가 팔렸고, 전 매장에서 일시 품절 사태를 빚기도 했다.

롯데리아 불패세트. 롯데GRS 제공

롯데리아도 대표 제품을 업그레이드하고 시간 한정 프로모션을 통해 가성비족을 공략하고 있다. 올초부터 인기 메뉴에 패티를 2장씩 넣고 가격은 15~30% 낮춘 프로모션이 대표적이다. 패티가 2장인 사각새우더블버거와 핫크리스피버거 세트는 올 상반기 한 달에 100만 개씩 팔렸다. 패티 중량을 각각 25%, 28% 늘리고 양상추를 1.5배 더 넣은 불고기버거 · 한우불고기버거도 소비자의 호응을 얻고 있다. 롯데리아 관계자는 "가격은 기존과 동일하게 유지하고 중량을 늘린 버거 판매량은 이전보다 20% 증가했다"며 "품질과 가격, 맛 3박자를 맞춰 베스트셀러 제품의 변화를 모색할 계획"이라고 말했다.

● 자료원 : 한국일보, 박지연, 2021.09.28.

오늘날 기업들은 격렬하고 빠르게 변하는 가격정책 환경에 직면하고 있다. 최근의 경제적 불황의 지속과 인터넷과 모바일거래 등의 확산에 의한 제품가격결정에 대한 영향력 증대, 대형할인점 등의 가격경쟁 등 다양한 요인들이 영향을 주고 있는 상황이다. 가격은 제품, 유통, 촉진 등 다른 마케팅믹스 요소에 비하여 기업의 시장점유율과 수익 등 기업성과에 직접적인 영향을 미치는 요소이다. 마케터는 시장경쟁이 치열해지면서 자사제품과 서비스에 대한 적절한 가격전략을 계획하고 실행할 필요가 있다. 이를 위하여 가격의 개념과 중요성 등 가격의 기본적인 개념과 원리를 이해해야 하고, 가격결정에 영향을 미치는 요인을 고려해야 하며, 가격결정의 목표와 방법을 파악해야 한다. 마지막으로 다양한 가격전략의 실행에 대해서 살펴보고자 한다.

01 가격에 대한 이해

1.1 가격의 개념

가격(price)의 개념은 경제학관점과 마케팅관점으로 설명할 수 있다. 경제학관점에서의 가격은 주로 독점, 과점 혹은 완전경쟁 등과 같은 시장구조에 의해 결정되며, 제품이나 서비스의 실제가치를 반영한다고 가정한다. 반면에, 마케팅관점에서의 가격은 시장구조 이외에도 시장의 세분화정도, 포지셔닝, 마케팅믹스 등의 영향을 받으며, 제품의 가치가 가격만이 아니라 다른 마케팅믹스 요소에 의해서도 영향을 받는다고 가정한다.

사람들은 가격이라는 용어를 들을 때 대형마트나 편의점 등 소매점에 진열된 제품의 외관에 부착되어 있는 가격표(price tag)를 친숙하게 떠올리게 된다. 일반적으로 가격은 '제품 혹은 서비스에 대하여 부과되는 화폐가치'를 의미한다. 좀 더 넓은 의미로 살펴보면, 가격은 '제품 혹은 서비스의 소유나 사용으로 얻게 될 혜택을 위하여 소비자가 지불해야 하는 모든 가치의 합' 이라고 할 수 있다.

가격의 의미는 가격을 결정하는 주체에 따라서 구매자 가격과 판매자가격으로 구분하여 설명할 수 있다. 첫째, 구매자가격은 구매자가 가격을 결정하고, 판매자는 그 가격에 제품이나 서비스를 공급할 것인지 여부만 결정하는 것을 의미한다. 자동차회사가 부품을 구매

그림 10-1 가격과 관련된 수식

총이익 = 총수익 - 총비용 = (가격×판매량) - 총비용

하는 경우와 같이, 구매자가 판매자에 대해서 파워를 소유하고 있는 경우에 주로 나타난다. 둘째, 판매자가격은 판매자가 가격을 결정하고, 구매자는 그 가격에 제품이나 서비스를 구매할 것인지의 여부만 결정하는 것을 의미한다. 일반적인 소매점과 같이 구매자가 판매자보다 많은 경우에 주로 나타난다. 판매자가격에는 출고가격과 소매가격이 포함된다. 출고가격은 제조업자가 제품을 도매업자나 소매업자에게 판매하는 가격을 의미하며, 소매가격은 최종 구매자가 제품을 사는 가격을 의미한다.

가격은 시장에서 판매자나 구매자들에게 제품이나 서비스의 가치를 나타내는 기준을 의미하는 것으로, 일상적인 생활에서 등록금, 이자, 집세, 운임, 수수료 등 다양한 이름으로 불리운다.

가격은 기업의 이익을 결정하는 요소로서 [그림 10-1]과 같은 수식으로 표현할 수 있다. 이익은 수식과 같이 가격과 판매량, 비용의 함수로 표시된다. 일반적으로 가격이 상승하면 판매량이 감소하고, 가격이 인하되면 판매량이 증대된다. 이와 같이 가격을 결정할 때는 판매량과의 관계를 고려할뿐만 아니라, 비용요소도 동시에 고려해야 한다.

1.2 가격의 중요성

가격은 다양한 대상에 영향을 미친다. 가격은 [그림 10-2]와 같이 경제시스템, 소비자, 개별기업 등 이들 모두에게 영향을 미치는 매우 중요한 마케팅믹스 요소 중의 하나이다. 세부적인 내용을 살펴보면 다음과 같다.

1. 경제시스템에 미치는 영향

일반적으로 제조업자의 가격은 임금, 임대료, 이자, 이익 등에 영향을 미친다. 가격은 노동, 토지, 자본과 같은 제품생산 요소의 분배에 영향을 미치기 때문에 경제시스템을 규제하는 역할을 수행하게 된다. 임금이 높아지면 노동시장이 활성화되고, 이자가 높아지면 자본시장이 활성화된다. 이와 같이 가격은 자원을 분배하는 기능을 수행함으로써, 어떤

그림 10-2 가격이 영향을 미치는 주요 대상

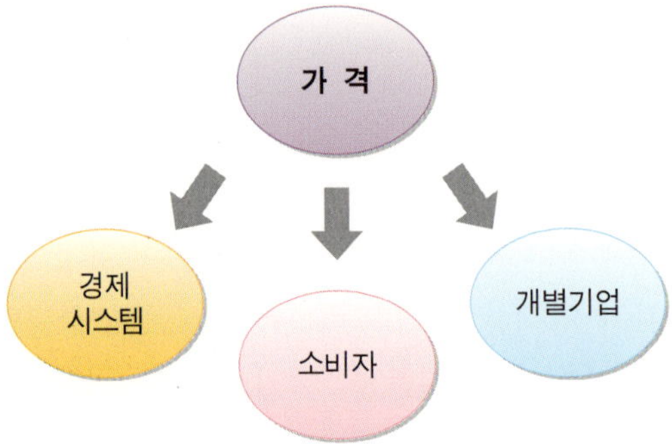

제품이 생산될 것인가 하는 공급(supply)과 생산된 제품과 서비스를 누가 취득할 것인가 하는 수요(demand)를 결정하게 된다. 이와 같이 가격은 경제시스템에 중요한 영향을 미치게 된다.

2. 소비자에 미치는 영향

가격은 제품에 대한 품질인식에 영향을 미칠 수 있다. 가격은 흔히 제품의 품질을 평가하는 중요한 기준이 된다. 소비자들은 일반적으로 가격-품질(price-quality) 연상관계를 근거로 하여, 가격이 높으면 품질이 높다고 판단하고 가격이 낮으면 품질도 낮을 것이라고 생각한다. 따라서 마케터는 가격-품질 연상관계를 파악하여 가격결정에 활용할 필요가 있다.

또한 가격은 특정 제품에 대한 가격이미지를 형성하는데 영향을 주기 때문에, 소비자가 그 제품에 대해서 갖는 가격이미지는 변경하기 어렵다. 가격 그 자체는 간단하게 변경할 수 있지만, 한번 형성된 가격에 대한 소비자의 이미지는 쉽게 바꿀 수 없다. 예를 들어, 한 기업의 제품가격이 매우 저렴하다는 인식이 형성되면, 향후 이런 이미지를 변경하는데 시간과 비용이 걸린다. 따라서 제품을 시장에 출시할 때 어떻게 가격을 결정할지를 신중하게 살펴볼 필요가 있다.

3. 개별기업에 미치는 영향

가격은 제품, 촉진, 유통과 같은 다른 마케팅믹스 요소들과는 다르게 변경이 용이하다. 한번 개발된 제품을 개선하거나, 광고를 수정하거나, 유통망을 개선하는 노력은 매우 큰 노력과 비용이 요구될 수 있지만 가격변경은 상대적으로 용이하게 실행에 옮길 수 있다. 비록 변경된 가격이 인쇄된 가격표를 교체하거나 영업사원을 통하여 여러 소매점에 가격정책을 알리기 위하여 시간과 에너지가 들어가지만 다른 마케팅믹스 요소에 비하여 쉽게 조정할 수 있다.

이러한 가격변경은 다른 마케팅믹스 요소들에 비하여 기업의 이익에 직접적인 영향을 미친다. 미국에서 2,463개의 기업을 대상으로 진행한 연구결과를 살펴보면, 가격을 1% 인상하면 공헌이익이 평균 11.1%나 향상되는 것으로 나타났다. 이와 같은 연구결과를 토대로 생각해볼 때, 가격결정을 올바르게 하는 경우 이익이 증가할 가능성이 높지만, 반대로 잘못 결정하는 경우 이익이 감소할 것이라고 예상할 수 있다. 이와 같이 가격변경이 기업의 성과에 미치는 영향이 직접적이기 때문에, 기업입장에서는 가능한 한 가격경쟁을 피하고 경쟁기업과 차별화 경쟁에 자원과 노력을 집중하는 것이 바람직하다고 할 수 있다.

02 가격결정의 방법

2.1 가격결정의 고려요인

기업이 제품이나 서비스의 가격을 결정하기 위해서는 가격결정에 영향을 미치는 다양한 요인에 대하여 살펴볼 필요가 있다. 마케터가 가격을 결정하기 위해서는 소비자가 가격에 대하여 어떤 반응을 보이는지를 고려해야 하고, 자사제품의 원가와 마케팅목표, 경쟁사 제품의 원가와 가격, 유통경로 구성원의 반응, 정부의 규제 등을 함께 고려할 필요가 있다. [그림 10-3]은 가격결정의 고려요인을 나타내고 있다.

1. 소비자 요인

가격은 소비자가 지불하고자 하는 가격의 범위안에서 결정되어야 한다. 따라서 소비자가 자사제품에 대하여 어떤 구매행동을 하는지를 면밀하게 검토할 필요가 있다. 이를 위하여 가격의 변화에 따라 소비자들의 수요가 어떻게 달라지는지를 살펴보아야 한다. 이러한 관계를 잘 나타내주는 개념이 수요의 법칙이다. 이 법칙은 제품의 가격이 낮아질수록 소비

그림 10-3 가격결정의 고려요인

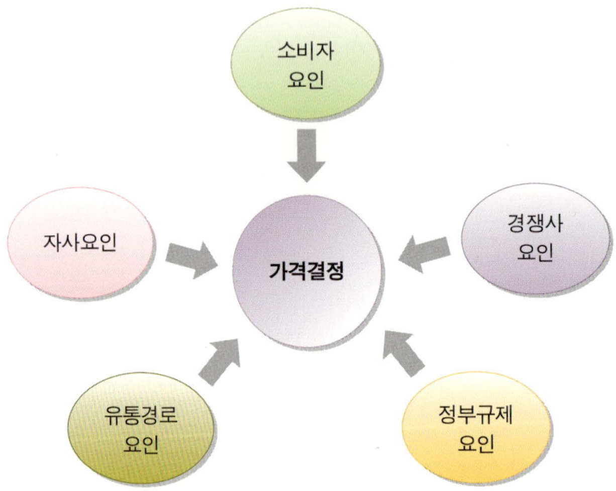

자들은 더 많은 제품을 구매하고, 제품의 가격이 높아질수록 제품구매를 줄이는 현상을 반영한다.

이와 같이 마케터는 가격의 변화가 소비자의 수요에 어떤 영향을 미치는지를 신중하게 고려해야 한다. 하지만 모든 소비자들이 가격의 변화에 동일한 반응을 나타내는 것은 아니다. 따라서 마케터는 표적시장의 다양한 세분시장별로 가격에 대한 반응이 상이하다는 사실을 인식하고 가격을 결정해야 한다.

2. 자사요인

마케터는 가격을 결정할 때, 자사의 마케팅목표와 마케팅믹스의 방향, 제품의 원가 등 자사관련 요인을 고려해야 한다. 기업은 마케팅의 전반적인 목표를 설정하고, 그에 따라 마케팅믹스의 방향을 결정하게 된다. 또한 이에 따라 마케팅믹스 구성요소 중 가격의 목표를 설정하게 된다. 기업의 마케팅목표는 생존, 이익극대화, 시장점유율 극대화 등으로 기업이 처한 환경에 따라 달라질 수 있다. 기업이 마케팅목표를 설정하면 그에 맞는 가격목표와 가격결정이 이루어지게 된다.

또한 기업은 자사제품의 원가를 가격결정에 중요한 기준으로 고려해야 한다. 왜냐하면 원가는 가격을 결정하는 과정에서 최저 하한선을 형성하기 때문이다. 제품의 총원가는 고정비와 변동비로 구분되며, 생산량과 생산경험에 따라 변화한다. 이와 같이 마케터는 자사

제품의 세부적인 원가정보를 파악하여 가격을 결정하는 일에 활용할 필요가 있다.

3. 경쟁사 요인

가격을 결정하는 마케터는 소비자, 자사만이 아니라 경쟁사의 정보를 파악해야 한다. 특히 경쟁사 제품의 원가와 가격을 검토하여 자사제품의 가격결정에 반영해야 한다. 왜냐하면 소비자들은 경쟁사와 자사제품의 가격을 비교하여 구매행동을 하기 때문이다.

경쟁사의 제품가격을 파악하는 것은 상대적으로 용이하지만, 제품의 원가를 아는 것은 매우 어려운 과제이다. 그래서 경쟁사 제품의 원가를 알기 위하여 경쟁사 제품을 구입하여 부품별로 분해하여 원가를 추정하기도 한다. 원가를 추정하기 어려운 서비스의 경우 경쟁사 서비스를 직접 경험함으로써 간접적으로 원가구조에 대한 정보를 얻기도 한다.

4. 유통경로 요인

기업은 자사제품을 소비자들에게 전달하기 위하여 다양한 형태의 유통경로를 활용한다. 하지만 대부분의 유통경로는 자기점포의 매출과 이익을 높이고자 노력하기 때문에 제조업자의 가격결정에 영향을 미치게 된다. 일반적으로 제조업자는 유통업자들이 마진을 줄이고 낮은 가격에 제품을 판매하길 원하지만, 유통업자들은 자사의 마진은 유지하고 제조업자가 공급하는 제품의 가격을 인하해 주기를 원한다. 따라서 마케터는 자사와 거래하는 여러 유통경로 구성원과의 관계를 고려하여 신중하게 가격을 결정할 필요가 있다.

5. 정부규제 요인

가격을 결정하는 것에 고려해야 할 또 하나의 요인은 정부규제이다. 전기, 통신, 운수산업 등 공공적인 성격이 큰 산업은 자율적으로 가격을 결정하기가 어렵다. 정부는 경제상황 및 물가안정과 같은 이유로 해당 산업의 가격을 규제하게 된다. 또한 정부는 생필품의 가격을 안정시키기 위하여 일정수준 이하로 가격을 유지하거나, 사회적으로 바람직하지 못한 제품에 대한 수요를 줄이기 위하여 최저가격을 설정하기도 한다. 그리고 자동차, 가전제품 등 내구재와 각종 주류 등은 높은 세금을 부여하는데 가격을 결정할 때 세율변화를 잘 반영해야 한다.

2.2 가격결정의 목표

기업은 마케팅목표를 설정한 후 그에 맞는 가격목표를 설정하게 된다. 이렇게 가격을 결정하는 목표는 [그림 10-4]와 같이 이익중심적(profit-oriented) 목표, 매출중심적(sales-oriented) 목표, 현상유지적(status quo-oriented) 목표로 구분할 수 있다.

1. 이익중심적 목표

이익중심적 가격목표는 가격을 결정할 때 투자이익률을 확보하고 이익을 극대화하는 것을 목표로 하는 것이다. 이익극대화를 추구하는 기업은 최고의 이익을 창출할 수 있는 가격전략을 선택하여 실행할 것이고, 적정한 이익을 얻는 것을 목표로 하는 경우에는 단기간의 이익보다는 장기적인 이익을 확보하는 가격전략을 선택할 것이다.

2. 매출중심적 목표

매출중심적 가격목표는 매출액을 증대시키거나 시장점유율을 유지하거나 증가시키는 것을 목표로 하는 것이다. 매출극대화를 추구하는 기업은 시장을 관리하기 위하여 단위제품당 마진을 줄이고 판매량을 증가시키고자 한다. 이와 같은 가격목표를 달성하기 위하여 기업은 일반적으로 상대적으로 낮은 가격으로 시장에 진출하게 된다. 이를 통하여 소비자의 마음을 열고 경쟁사의 시장진입을 막을 수 있게 된다.

3. 현상유지적 목표

기업은 때로는 매출이나 이익을 극대화하는 목표를 설정하지 않고, 현상을 유지하려는 가격 목표를 설정하기도 한다. 이와 같이 현상 유지적 가격목표를 설정하는 경우는 기업이 가

그림 10-4 가격결정의 목표

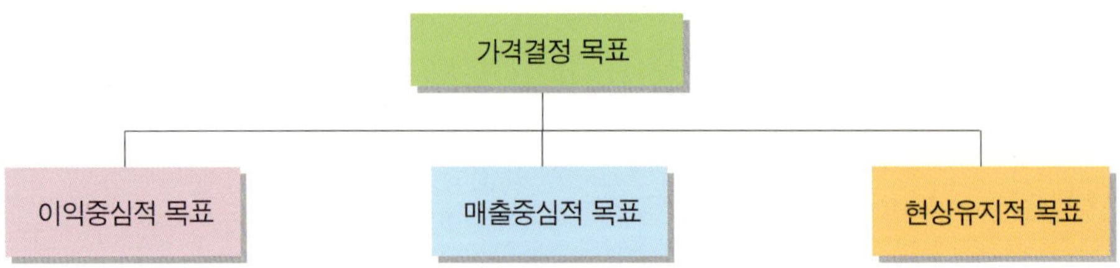

격의 안정성을 확보하고, 경쟁사와의 가격과 균형을 이루고자 할 때 주로 발생한다.

2.3 가격결정방법

마케터는 기업의 마케팅목표를 설정하고 그에 따른 가격결정목표를 선택한 후 구체적인 가격결정방법을 선택하게 된다. 가격을 결정하는 방법은 [그림 10-5]와 같이 비용 중심적(cost-based) 방법, 경쟁중심적(competition-based) 방법, 가치중심적(value-based)방법이 있다.

1. 비용중심적 방법

비용중심적 가격결정방법에는 크게 원가기준법, 목표수익률기준법, 손익분기점 분석에 의한 방법으로 구분할 수 있다. 이 중에서 가장 기본적인 방법인 원가기준법은 제품의 원가에 일정비율의 이익을 더하여 가격을 결정하는 방법이다. 단위원가는 변동비에 단위당 고정비를 합하여 산출된다. 이러한 방법은 단순하여 활용하기 편리하지만 소비자나 경쟁사의 정보를 고려하지 않은 단점을 가지고 있다.

예를 들어, 특정 제품의 변동비가 단위당 5만 원이고 고정비가 30억 원이며, 예상판매량이 6만 개라면 이 제품의 단위원가는 다음과 같다. 만약 이 제품을 판매하여 20%의 이익을 얻고자 한다면 해당제품의 가격은 다음과 같이 산출된다.

단위원가 = 변동비 + 단위당 고정비
= 5만 원 + 30억 원 / 6만(개) = 10만 원
가격 = 단위원가 / (1-희망 이익율) = 100,000/(1-0.2) = 125,000(원)

그림 10-5 가격결정의 방법

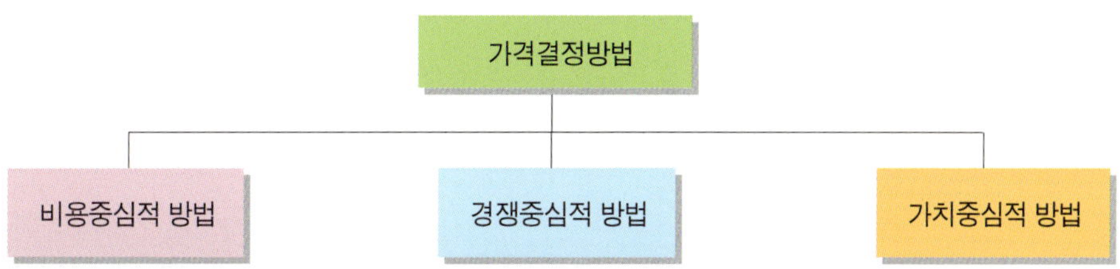

그림 10-6 손익분기점 그래프

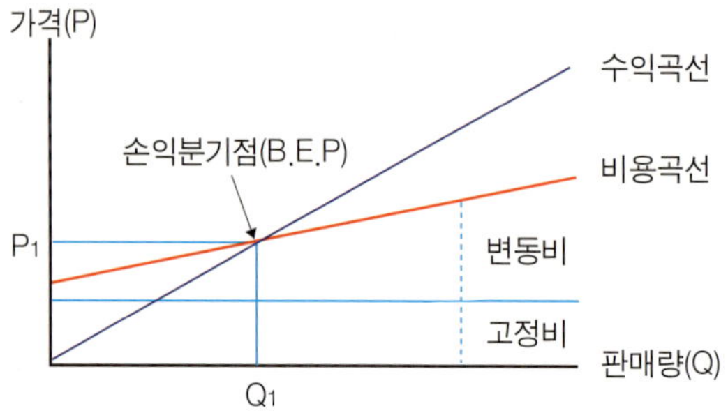

목표수익률기준법은 목표로 하고 있는 투자수익률을 달성할 수 있도록 가격을 결정하는 방법이다. 이 방법의 장점 및 단점도 원가기준법과 비슷하다. 위의 예와 같이 단위원가가 동일한 상황에서 특정 제품의 예상판매량이 10만 개이고, 이를 만들기 위하여 총 500억 원을 투자하였으며, 투자금액에 대하여 10%의 목표수익률을 얻기를 원한다면, 이 제품의 가격은 다음과 같이 산출된다.

> 가격 = 단위원가 + (목표수익률 × 투자금액) / 예상 판매량
> = 10만 원 + (0.1 × 500억 원)/10만(개) = 15만 원

손익분기점 분석에 의한 방법은 [그림 10-6]과 같이, 총수익이 총비용과 같아지는 매출액이나 판매량을 산출해서 이를 근거해 가격을 결정하는 방법이다. 손익분기점 분석(break-even point analysis)은 매출과 원가구조와의 관계를 추정할 수 있게 해주며, 특정 가격을 결정하면 얼마나 많은 수익을 얻게 되는지도 계산할 수 있게 해준다. 즉, 주어진 변동비와 고정비 수준에서 최소한의 투자비용만을 회수하는데 필요한 가격(P_1) 및 판매량(Q_1) 수준을 추정하는 방법이다.

위의 원가기준법의 예와 같이, 만약에 단위당 변동비 5만 원, 고정비 30억 원이고, 해당 제품의 가격(P_1)이 10만 원이라고 한다면, 손익분기점일 때 예상판매량(Q_1)은 6만 개가 된다. 즉 판매량이 6만 개가 되어야만 손익분기점이 되며, 그때 순수익은 0이 된다. 따라서 판매량이 6만 개 이하가 된다면 손실을 보게 되고, 그 이상 판매가 되면 수익이 된다는 것이다.

> 손익분기점 예상매출액(Q_1) = 고정비 / (가격 - 단위당 변동비)
> = 30억 원 / (10만 원 - 5만 원) = 6만(개)

2. 경쟁중심적 방법

경쟁중심적 가격결정방법은 경쟁사들의 가격을 자사제품의 가격결정에 기준으로 삼는 것을 의미한다. 즉 경쟁사의 가격을 기준으로 동일한 수준, 혹은 조금 높거나 낮도록 가격을 결정하는 방법이다. 이와 같은 가격결정방법은 가격결정이 간단하고 소비자나 자사의 비용구조 등에 대한 분석이 불필요하며, 경쟁사와의 가격경쟁을 최소화할 수 있는 장점이 있으나, 소비자의 입장을 고려하지 않는 단점도 있다.

3. 가치중심적 방법

가치중심적 가격결정방법은 비용중심적 방법이나 경쟁중심적 방법에 비하여 소비자들의 제품에 대한 평가와 그에 따른 수요를 바탕으로 가격을 결정하는 방법이다. 즉 소비자가 지각한 가치를 기준으로 가격을 결정하는 방법이라고 할 수 있다. 이 방법은 대개 몇 단계의 절차를 따르게 된다. 첫째, 우선 자사제품과 비교평가할 수 있는 준거제품을 선정하게 된다. 준거제품은 주로 소비자가 기존에 사용하고 있는 제품이거나, 경쟁사의 제품이 해당된다. 둘째, 준거제품을 대신하여 자사제품을 사용함으로 소비자가 얻게 될 경제적인 혜택의 증가분을 화폐단위로 계산하는 것이다. 셋째, 계산된 값이 '0'보다 크다는 것을 전제로 적절한 가격수준을 결정한다.

사 례 　가격결정 땐 생산원가 아닌 '고객이 느끼는 가치' 따져 봐라

가격은 살아 있는 생물
샤넬 · 롤렉스는 고가정책유지
월마트는 '상시 저가' 마케팅 성공
1만원짜리 제품 9900원에 팔면 단위당 이익 100원 감소하지만 소비자 체감가치는 100원 넘어

애덤 스미스가 1776년에 쓴 ≪국부론≫은 '보이지 않는 손' 즉 가격(price)에 의해 수요와 공급의 균형이 이뤄지는 시장경제 메커니즘을 설명한다. 1974년 노벨 경제학상을 수상한 프리드리히 하이에크는 제품과 시장상황에 대한 정보가 가격에 시시각각 반영돼 경제주체들의 의사결정을 돕는다는 점에서 가격의 정보전달 및 커뮤니케이션기능을 강조했다. 현대재무학의 아버지 유진 파마는 효율적 시장가설(efficient market hypothesis)을 통해 주식시장에서 정보가 가격에 반영되는 속도와 정확성에 대한 다양한 논의를 이끌어낸 공로로 2013년 노벨 경제학상을 받았다. 이처럼 가격은 경제학에서 매우 중요한 변

수다.

마케팅에서도 가격은 중요한 위치를 차지한다. 마케터입장에서 가격은 제품 또는 브랜드의 포지셔닝 툴인 4P's(제품, 가격, 유통, 광고홍보) 중 하나다. 소비자 입장에서 가격은 구매 시 지급하는 비용(cost)에 해당하며, 소비자는 구매로 얻는 가치와 비용을 비교해 의사결정을 한다. 이때 회사가 가격을 높이면 단위당 이익률, 즉 수익성은 증가하지만 매출량이 감소하고, 가격을 낮추면 반대로 매출량은 증가하지만 수익성이 감소한다.

단기적 이익 극대화를 위해서라면 가격변화에 따른 이익 변동분을 계산해 가격을 결정하면 간단하다. 하지만 장기적으로 고객과 관계를 맺어나가면서 기존 경쟁자 및 잠재적 경쟁자와의 차별화를 고민하는 마케터는 가격설정이 지닌 전략적 의미를 중요하게 여긴다. 예컨대 진에어, 제주항공과 같은 중저가형 항공서비스 브랜드는 적당한 가격대에 괜찮은 품질을 제공해 이익률보다 매출내지 점유율에 집중하는 포지셔닝을 추구한다. 소비자 입장에서는 편안하고 안락한 서비스에 높은 가치를 느끼는 장거리 여행과 달리 단거리 여행 시는 약간 불편함이 있더라도 비용절감을 선호할 때가 많다.

이에 따라 단거리 노선에서는 중저가형 포지셔닝을 가진 기업이 점차 많아지게 되고, 이들 간에 치열한 가격경쟁이 일어나면서 전반적인 수익성이 악화된다. 결국 대한항공이나 아시아나항공과 같은 고가형 브랜드는 수익성이 높은 장거리 노선에 집중하게 돼 자연스럽게 차별화가 이뤄진다. 이런 양상을 미리 예측한다면 처음부터 그에 맞는 브랜드 이미지 구축 및 경쟁우위 확보를 위한 마케팅전략수립이 가능하다.

가격변화에 따른 매출변화는 '수요의 가격 탄력성(price elasticity of demand)'으로 측정한다. 기존 연구에 따르면 수요의 가격 탄력성은 평균적으로 대략 1.5라고 한다. 예컨대 가격을 10% 낮추면 매출량은 그 1.5배인 15% 증가한다는 것이다. 물론 탄력성의 정도는 개별제품 또는 국가 · 시장의 특성에 따라 달라진다.

예컨대 콜라처럼 보관 가능한 제품은 가격 탄력성이 좀 더 큰 반면 우유처럼 유통기한이 있는 제품은 가격이 싸졌다고 해서 덮어놓고 구매할 수는 없기에 가격 탄력성이 작은 편이다. 콜라처럼 가격을 낮춰 매출을 많이 늘릴 수 있는 아이템이라도 가격할인을 지나치게 자주 활용하면 곤란하다. 보통 충성고객(loyal customer)이라 함은 가격을 깎아주지 않아도 특정 브랜드를 좋아해서 구입하는 사람들을 말한다. 그런데 코카콜라 애호가들이 정기적인 가격할인행사를 예측한다면 그들은 브랜드충성도가 높음에도 불구하고 가격할인행사 때까지 기다렸다가 싼 가격에 대량구입해 장기간 소비함으로써 비용을 줄이고 효용을 극대화할 것이다. 이는 코카콜라의 충성고객을 가격에 민감한 고객으로 만드는 결과를 낳게 되고 결국 수익성의 장기적 저하로 이어지게 된다.

소비자도 결국 사람이기 때문에 가격을 어떻게 인지하는지, 즉 가격에 대한 심리적 반응이 중요하다. 예컨대 1만원짜리 제품을 9900원에 팔게되면 회사가 얻는 단위당 이익은 100원 감소하지만, 소비자가 느끼는 비용절감 내지 가치증가는 100원 이상이 돼 재무성과 증대로 이어질 가능성이 크다. 이를 '9로 끝나는 가격(10-ending pricing) 정책'이라고 부른다. 보험사의 경우 1년치 자동차 보험료가 70만원이라고 하는 것보다 '하루에 2000원으로 당신의 자동차를 보호해 드립니다'라고 비용을 잘게 쪼개 말하는 것이 소비자 입장에서는 훨씬 저렴하게 느껴진다.

'싼게 비지떡'이라는 말처럼 가격은 품질에 대한 신호효과(signaling effect)를 지닌다. '할증가격(premium pricing)' 정책은 샤넬이나 롤렉스처럼 고가전략을 유지하는 것이며, 제품의 탁월한 품질 및 명성에 대한 신호를 전달하기 위함이다. LG전자가 최근 1000만원이 넘는 시그니처 올레드 TV를 출시한 것은 프리미엄 가전 브랜드 이미지 구축을 위한 노력의 일환으로 볼 수 있다. 비싼가격은 제품의 희소성을 높여주는 역할도 하기 때문에 소비자의 자기 만족 내지 사회적 지위를 과시하려는 욕구충족에 효과적이다. 한편 약이나 화장품처럼 건강 또는 미용에 직결돼 소비자가 느끼는 리스크가 크면 상대적으로 비싼 가격을 책정해 소비자에게 안심하라는 메시지를 보내기도 한다. 반면 월마트는 '상시저가(everyday low price)' 정책으로 성공한 사례다. 저소득층 고객을 대상으로 중국 등지에서 저가제품을 대량수입하고 효율적 유통망을 통해 배송비를 절감해 경쟁사보다 매우 저렴한 가격에 많은 제품을 팔 수 있었다.

이처럼 가격은 소비자 반응과 기업의 재무성과에 직접적 영향을 미치는 중요한 전략변수이므로 신중하게 관리해야 한다. 따라서 제품생산원가를 기준으로 가격을 매기기보다 고객이 느끼는 가치, 경쟁제품에 대비한 가격 경쟁력 등 시장의 관점에서 가격을 결정해야 한다. 한편 자원이 효율적으로 배분되는 건전한 시장경제 시스템을 위해서는 가격 왜곡을 막아야 한다. '김영란법'은 뇌물이나 인간관계에 의한 가격 왜곡을 방지하는 제도라 할 수 있다. 최근의 국정농단 역시 가격 메커니즘을 교란해 사회에 큰 손실을 끼친 사례다. 관련자는 법으로 엄단해서 합당한 비용을 치르게 하는 것이 시장경제시스템의 안정과 기업발전을 위해 필요하다.

■ 아마존이 1년간 무료배송 서비스를 한 까닭

가격을 시간에 따라 변화시키는 경우도 있다. 예컨대 '초기 고가격' 정책은 출시 때 얼리 어답터를 대상으로 비싼가격에 팔아 투자비를 최대한 회수하고, 시간의 경과에 따라 가격을 내리면서 시장을 넓혀가는 방식이다. 노트북, 냉장고, TV 등 가전제품 카테고리에서 종종 볼 수 있다.

'시장침투가격' 정책은 출시 때 가격을 낮게 책정한 뒤 어느 정도 시장점유율을 얻으면 가격을 올리는 방법이다. 하지만 가격을 올리면 기존 소비자의 저항에 부딪히기 때문에 실제 적용하기는 쉽지 않다. 한때 가입자가 1000만명에 달하던 프리챌의 2002년 강제 유료화 시도는 대표적인 실패사례다.

이에 반해 아마존은 미국에서 2일 안에 주문품을 무제한 무료배송해주는 '아마존 프라임' 서비스를 2004년 출시했다. 소비자는 처음 1년간 무료로 서비스를 경험한 뒤 79달러를 내고 프라임 서비스를 계속 사용하거나 아니면 주문 후 1~2주일을 기다려야 하는 공짜배송옵션을 선택한다. 이때 많은 고객이 빠른 배송의 가치를 인식하고 프라임 서비스를 선택했다. 프라임 서비스 이용자는 2013년 1000만명으로 증가했는데, 더 놀라운 것은 이들이 다른 고객에 비해 2.4배 정도 구매를 많이 했다는 점이다. 배송을 기다리는 시간이 줄어들어 구매주기가 짧아진 이유도 있지만, 이미 지급한 79달러의 본전을 찾기위해 크게 필요하지 않은 제품까지 사는 경향을 보였다. 재미있는 것은 유통망의 발달로 대부분의 제품이 2~3일 내에 배송 가능함에도 불구하고 프라임 서비스 비이용자들에겐 일부러 배송을 늦게 해준다는 점이다. 이처럼 서비스 품질의 정도를 달리하고 이에 따른 가격을 다르게 매기는 정책을 버저닝(versioning)이라고 부른다.

● 자료원 : 한국경제, 신현상, 2016. 11. 25.

03 가격전략의 실행

가격에 영향을 미치는 다양한 요인을 살펴보고, 가격결정의 목표와 방법을 결정한 후에는 구체적인 가격결정전략을 실행해야 한다. 가격결정전략은 구분하는 기준에 따라 신제품가격전략, 제품믹스 가격전략, 가격차별화전략, 가격조정전략, 가격변경전략 등으로 다양하게 나눌 수 있다. [그림 10-7]은 다양한 가격결정전략의 내용을 나타내고 있다.

그림10-7 가격결정전략

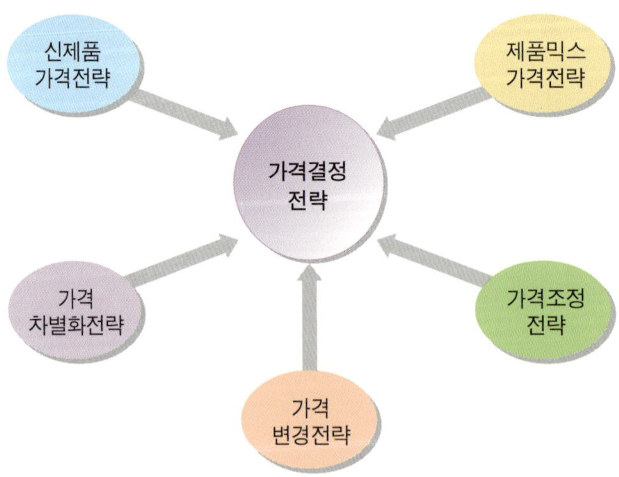

3.1 신제품가격전략

1. 시장침투가격

시장침투가격(penetration pricing)은 신제품을 시장에 출시할 때 소비자가 부여하는 가치보다 낮은 가격을 부여함으로써 시장에 빠르게 침투하여 시장점유율을 신속하게 확보하는 신제품가격전략이다. 시장침투가격은 단위당 이익은 낮지만 대량판매를 통하여 원가절감을 달성하고 총이익을 높일 수 있는 경우, 시장의 성장률이 높아서 단기적인 이익보다 장기적인 이익을 확보할 수 있는 경우, 그리고 소비자가 가격에 매우 민감한 경우에 활용할 수 있다.

2. 상층흡수가격

상층흡수가격(skimming pricing)은 신제품을 출시할 때 혁신적인 제품을 구입하는데 얼마든지 지불하고자 하는 세분시장의 소비자들에게 고가격을 부여하여 높은 수익을 창출하는 신제품가격전략이다. 초기에 고가격을 지불할 용의가 있는 세분시장은 일반적으로 혁신자(innovator) 계층으로 다른 세분시장에 비하여 신제품을 적극적으로 사용하고자 하는 욕구가 높으며, 가격에는 상대적으로 민감하지 않은 소비자들이다. 상층흡수가격은 연구개발비용과 생산설비투자에 대한 비용을 빠르게 회수하기 위하여 초기에 많은 이익을 확보해야 하는 경우에 주로 활용한다.

3.2 제품믹스 가격전략

1. 제품라인가격

제품라인가격(product-line pricing)은 동일한 제품라인에 대하여 가격대를 설정하고, 그 가격대 안에서 제품라인에 속한 개별제품의 가격을 결정하는 전략이다. 예를 들어, 양복과 같은 의류의 가격대를 저가, 중가, 고가로 구분하여 각각의 가격범위를 20만원 이상 40만원 미만, 40만원 이상 70만원 미만, 70만원 이상을 설정한다고 가정할 때, 중가의 구체적인 양복을 45만원, 55만원, 65만원 등으로 결정할 수 있다.

2. 결합제품가격

결합제품가격(captive product pricing)은 어떤 제품을 저렴하게 판매한 후에 해당제품을 지속해서 사용하기 위하여 필요한 소모품이나 부품 등을 높은 가격에 판매함으로써 이익을 거두는 가격전략이다. 이와 같은 가격전략이 활용되는 경우는 프린터와 토너, 게임기와 소프트웨어, 자동차와 부속품, 커피머신과 캡슐커피 등이다.

3. 제품묶음가격

제품묶음가격(price bundling)은 여러 가지 제품을 묶음으로 판매하는 가격전략이다. 묶음으로 판매되는 대부분의 제품들은 컴퓨터나 프린터와 같이 서로 보완재인 경우가 대부분이다. 이와 같은 제품묶음가격은 패스트푸드점에서의 세트메뉴판매, 놀이동산에서 입장료와 놀이기구별 이용권을 묶은 자유이용권의 판매에서 발견할 수 있다.

3.3 가격차별화전략

1. 고객별 가격차별화

고객별 가격차별화(customer segment pricing)는 고객에 따라서 가격을 다르게 매김으로써 더 높은 이익을 얻고자 하는 가격전략이다. 이와 같이 고객별로 가격을 차별화하기 위해서 다양한 고객들로 구성된 복수의 세분시장이 존재해야 하고, 세분시장 간에 재거래가 불가능한 경우에 가능하다. 예를 들어, 박물관이나 관광지 입장료에서 일반고객과 어린이 고객별로 다르게 가격을 책정하는 경우가 이에 해당한다.

2. 제품형태별 가격차별화

제품형태별 가격차별화(product form pricing)는 제품의 형태에 따라서 가격을 다르게 매기는 가격전략이다. 예를 들어, 치약제품을 형태에 따라 튜브형과 펌프형으로 구분하고 가격을 다르게 매기는 경우가 이에 해당한다. 치약의 무게는 크게 차이가 나지 않으나 제품의 형태가 어떤지에 따라서 가격을 차별화할 수 있고 이익을 얻을 수 있다.

3. 입지별 가격차별화

입지별 가격차별화(location pricing)는 공간적인 위치에 따라서 서로 다른 가격을 매기는 가격전략이다. 예를 들어, 야구장에서 좌석의 위치에 따라서 가격이 다르게 매겨지는 경우가 이에 해당한다. 이렇게 위치에 따라서 가격이 상이하게 결정되는 이유는 스포츠를 관람하기에 보다 좋은 시야를 확보할 수 있는 자리가 있다는 생각 때문이다. 그 외에도 영화관이나 공연장에서의 위치에 따라서 가격을 차별화하기도 한다.

4. 시간별 가격차별화

시간별 가격차별화(time pricing)는 시간에 따라서 서로 다른 가격을 매기는 가격전략이다. 예를 들어, 서비스산업의 항공권요금, 호텔숙박비 등은 성수기와 비수기에 따라서 서로 다른 가격을 매긴다. 또한 영화관에서도 이른 오전시간은 일반 상영시간과는 다른 가격이 붙여지고 있다.

3.4 가격조정전략

1. 심리적 가격전략

심리적 가격전략(psychological pricing)은 최종가격의 산정에 있어 가격에 대한 소비자의 지각을 반영하여 가격을 조정하는 가격전략이다. 여기에는 가격-품질연상(price-quality association), 준거가격(reference pricing), 단수가격(odd pricing) 등이 해당한다.

가격-품질연상은 소비자들이 가격이 높을수록 품질이 높을 것이라고 기대하는 것을 의미한다. 소비자들이 제품을 살펴보거나 과거 구매경험으로 제품품질을 판단할 수 있을 때, 품질판단기준으로 가격을 덜 이용한다. 하지만 정보나 기술부족으로 품질판단이 어려울 때 가격은 중요한 품질판단 신호로 인식된다는 것이다. 그리고 준거가격은 구매자가가격이 비싼지 싼지를 판단하는데 기준으로 삼는 가격을 의미한다. 준거가격은 과거의 구매경험이나 자신이 갖고 있는 가격정보를 기초로 형성된다, 마지막으로 단수가격은 미세한 가격의 차이가 소비자의 심리에 영향을 미치는 가능성을 고려하여 가격의 마지막 자리를 조정하는 방식이다. 예를 들어, 10,000원과 9,900원은 객관적인 가격차이는 작을지라도 소비자는 심리적으로 큰 차이를 느낄 수 있다.

2. 촉진가격전략

촉진가격전략(promotional pricing)은 소비자의 구매촉진효과를 강화하기 위해 사전에 정한 기본가격을 조정하는 가격전략이다. 이와 같은 촉진가격전략에는 현금할인(cash discount), 수량할인(quantity discount), 거래할인(transactional discount), 계절적 할인(seasonal discount), 공제(allowances), 유인가격(loss-leader pricing), 행사가격(special-event pricing) 등이 있다.

현금할인은 제품대금을 외상이나 어음이 아닌 현금으로 지불하는 경우 가격을 인하해 주는 것을 의미한다. 수량할인은 대량으로 구매하는 자에게 가격을 할인해 주는 것을 말한다. 거래할인은 판매, 보관, 장부정리 등과 같이 제조업체가 해야 할 일을 대신 수행하는 중간상에 대한 보상으로 할인하는 것이며, 계절적 할인은 계절이 지난 제품이나 서비스를 구매하는 소비자에게 할인하는 것이다.

공제는 기존 제품을 신제품과 교환하는 경우 기존 제품의 가격을 적절하게 산정하여 신제품의 가격에서 인하해주는 것을 의미하고, 유인가격은 유통업체가 일부제품을 원가와 무관하게 당초의 가격보다 현저하게 낮은 가격을 제시하는 것이며, 행사가격은 소비자의 구매를 촉진하기 위하여 해당 제품의 가격을 낮추는 것이다.

사 례 이마트, 새해벽두부터 최저가 경쟁…최저가 보상상품 4,000개로 늘렸다

▸ '대형마트=낮은 가격' 업 본질 강화

유통업계 최저가 경쟁에 불을 지핀 이마트가 또다시 기름을 부었다. 4일 이마트는 '최저가격 보상 적립제'가 적용되는 상품을 2,000개에서 4,000개로 2배 늘렸다. 최저가격 보상 적립제는 이마트 상품의 가격이 쿠팡의 로켓배송 상품과 롯데마트몰 · 홈플러스몰의 점포 배송 상품보다 비싸면 차액을 'e머니'로 적립해 주는 제도다. e머니는 이마트 오프라인 매장에서만 이마트앱을 이용해 현금처럼 쓸 수 있는 쇼핑 포인트다.

지난해 4월 이마트가 최저가 보상 적립제를 처음 선보였을 때만 해도 적용 상품은 500개였다. 한 달 뒤 CJ스팸, 코카콜라, 백산수, 서울우유 등 생필품을 추가해 적용 상품을 2,000개로 확대하더니 이번에는 가공식품 상품군을 확대 적용해 4,000개로 늘렸다. 이마트에 따르면 e머니 가입 고객 수는 지난해 6월 대비 배 가까이 늘었다.

이마트가 해당 제도를 확대한 것은 오프라인 단골손님을 만들기 위해서다. 자기 부담 거의 없이 혜택만 따 먹는 '체리피커'를 묶어둬야 하는 온라인몰과 달리 대형마트는 낮은 가격이라는 업의 본질을 강화하면

이마트 마포점 내 걸려 있는 '최저가격 보상적립' 제도 안내.[이정아 기자]

재방문율을 끌어올릴 수 있다. 실제 이마트 앱에 적립된 e머니를 사용하기 위해서 최대 30일 이내에 매장을 다시 찾아야만 한다.

이처럼 이마트는 저렴한 가격으로 손님들이 매장을 자주 오게 만드는 '락인(lock-in · 잠그다) 전략'에 집중하고 있다. 2019년 7월 도입한 VIP제도를 없앴고 대신 클럽 시스템을 확대한 것이 대표적인 예다. 이마트 관계자는 "VIP제도는 대형마트라는 업과 맞지 않다는 판단이 있었다"라며 "최상위 소비층이 전체 매출에서 높은 비중을 차지하는 백화점과 달리 대형마트는 고객간 객단가 차이가 크지 않았다"고 전했다.

이마트는 최저가 경쟁에서 우위를 점하겠다는 전략과 동시에 고객의 취향을 파고 드는 핀셋 관리도 강화한다는 방침이다. 이에 이마트는 '피코크클럽', '산지회클럽' 등 7개의 클럽을 운영하고 있는데 가장 인기 있는 '미트클럽'의 경우, 지난달 시즌7을 열고 오프라인 할인쿠폰 혜택을 확대 적용했다.

● 자료원 : 헤럴드경제, 이정아, 2022.01.04. 내용일부 수정함

3.5 가격변경전략

1. 가격변경주도

과잉생산능력의 해소나 시장점유율 증대의 필요성이 클 때 가격인하를 주도적으로 시도할 수 있다. 반대로 원가상승, 초과수요발생, 제품가치상승 등은 가격인상을 유발할 수 있다. 일반적으로 가격인하시에는 경쟁자의 반응을, 가격인상시에는 소비자의 반응을 미리 예상하는 것이 중요하다.

2. 가격변경대응

경쟁자의 가격변화는 자사의 시장점유율과 이익에 직 · 간접적인 영향을 미치므로 이에 대한 적절한 대응이 필요하다. 경쟁자가 가격을 인하하였을 시, 이에 대응하는 방식으로는 경쟁자 가격과 맞대응하는 가격인하, 인지된 제품가치제고를 통한 현재 가격유지, 품질향상을 통한 가격인상, 저가격의 대응브랜드(fighting brand) 출시 등이 있다. [그림 10-8]은

그림10-8 경쟁자 가격인하에 대한 대응 방식

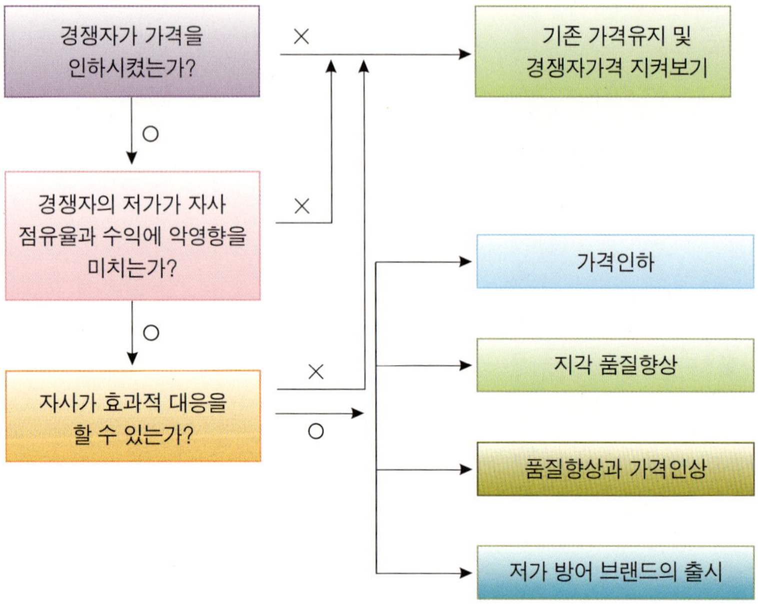

자료원 : 한상만, 하영원, 장대련(2018), 경쟁우위 마케팅전략, 박영사, p.391.

경쟁자 가격인하에 대한 대응방식을 나타내고 있다.

04 요 약

가격은 제품, 유통, 촉진 등 다른 마케팅믹스 요소에 비하여 기업의 시장점유율과 수익 등 기업성과에 직접적인 영향을 미치는 요소이다. 마케터는 시장경쟁이 치열해지면서 자사제품과 서비스에 대한 적절한 가격전략을 계획하고 실행할 필요가 있다.

일반적으로 가격은 '제품 혹은 서비스에 대하여 부과되는 화폐가치'를 의미한다. 좀 더 넓은 의미로 살펴보면, 가격은 '제품 혹은 서비스의 소유나 사용으로 얻게 될 혜택을 위하여 소비자가 지불해야 하는 모든 가치의 합'이라고 할 수 있다. 가격은 경제시스템, 개별기업, 소비자 모두에게 영향을 미치는 매우 중요한 마케팅믹스 요소 중의 하나이다.

마케터는 자사제품의 가격을 결정하기 위하여 우선 가격결정에 영향을 미치는 다양한 요인을 살펴보아야 하고, 가격결정의 목표와 방법을 결정해야 한다. 그리고 이를 토대로 구체적인 가격전략을 실행하게 된다. 우선 가격을 결정하기 위해서 소비자가 가격에 대하여 어떤 반응을 보이는지를 고려해야 하고, 자사제품의 원가와 마케팅목표, 경쟁사 제품의 원가와 가격, 유통경로 구성원의 반응, 정부의 규제 등을 함께 고려할 필요가 있다.

기업은 마케팅목표를 설정한 후 그에 맞는 가격목표를 설정하게 된다. 이렇게 가격을 결정하는 목표에는 이익중심적 목표, 매출중심적 목표, 현상유지적 목표로 구분할 수 있다. 또한 구체적인 가격결정방법으로는 비용중심적 방법, 경쟁중심적 방법, 가치중심적 방법이 있다.

가격에 영향을 미치는 다양한 요인을 살펴보고, 가격결정의 목표와 방법을 결정한 후에는 구체적인 가격전략을 실행해야 한다. 가격전략은 구분하는 기준에 따라 신제품가격전략, 제품믹스 가격전략, 가격차별화전략, 가격조정전략, 가격변경전략 등으로 다양하게 나눌 수 있다.

참 · 고 · 문 · 헌

- 박종오, 권오영, 편해수(2017), 마케팅 제2판, 북넷.
- 박찬수(2014), 마케팅원리, 법문사.
- 박충환, 오세조, 김동훈, 박진용(2011), 마케팅관리, 박영사.
- 주우진, 박철, 김현식(2010), 마케팅관리, 홍문사.
- 한상만, 하영원, 장대련(2018), 경쟁우위 마케팅전략, 박영사.
- Kotler, Philip and Gary Armstrong(2016), *Principles of Marketing*, 16th ed., Pearson.
- Kotler, Philip and Kevin L. Keller(2009), *Marketing Managememt*, Prentice Hall.
- Perreault, Jr., William D., Joseph, P. Cannon, and E. Jerome McCarthy (2009), *Basic Marketing: A Marketing Strategy Planning Approach*, McGraw-Hill/Irwin.

part 11

유통경로의 개발과 관리

01 유통경로의 이해

02 유통경로의 개발

03 유통경로의 관리

04 요 약

대형마트 물류대전… '옴니채널'로 온 · 오프라인 다 잡는다

· 이마트 · 롯데마트 · 홈플러스 올해도 대대적 점포 리뉴얼… '라스트마일' 배송 이점 극대화

이커머스 시장이 급성장하는 가운데 대형마트들이 적극적인 리뉴얼을 통한 오프라인의 강점을 앞세워 반격에 나서고 있다. 점포를 온라인 주문 배송기지로 활용함으로써 물류체계의 효율을 극대화해 온 · 오프라인 시장을 모두 잡겠다는 전략이다.

▶ 대형마트, 오프라인 매장 '물류거점' 활용…효율성 극대화

홈플러스 원천점 풀필먼트센터 내부 전경 [사진=홈플러스]

3일 유통업계에 따르면 대형마트들은 지난해에 이어 올해도 대대적인 오프라인 점포 리뉴얼에 나서며 온라인과 연계 시스템을 구축하는 등 이른바 '옴니채널' 구축에 사활을 걸고 있다. '옴니채널'이란, 오프라인은 물론 온라인과 모바일 등 이커머스까지 자유롭게 넘나들며 쇼핑할 수 있는 환경을 말한다.

대형마트들은 오프라인 점포 리뉴얼을 하며 일부 공간을 온라인 판매 상품을 위한 물류 거점으로 특화하고 있다. 오프라인 매장의 공간 활용을 높이고 기존 제품의 폐기율을 낮출 수 있을 뿐 아니라 이커머스 사업에서 '라스트마일'(상품이 소비자에게 전달되는 마지막 배송 단계) 배송 비용을 낮춰 효율을 극대화할 수 있기 때문이다.

최근 새벽배송, 당일배송 등 이커머스 시장의 경쟁이 치열해지면서 업체들의 물류 시스템 확보가 외형성장을 위한 주요 경쟁력으로 떠올랐다. 이커머스 업체들은 오픈마켓 진출과 판매 상품 카테고리 확대 등에 나서고 있지만, 무엇보다 시장점유율 확보를 위한 외형 성장에는 이를 뒷받침할 수 있는 물류 시스템 구축이 필수적이기 때문이다.

그러나 '라스트마일' 배송의 경우, 변수가 많아 안정적으로 배송 체계를 구축하는 데 충분한 비용과 노하우가 요구된다. 이에 오프라인 매장을 보유하고 있지 않은 이커머스 플랫폼은 택배사와 제휴를 맺거나 큰 비용을 들여 물류센터를 확대하는 모습이다.

대형마트들은 기존 오프라인 매장을 도심 물류 거점으로 활용해 보다 적은 비용으로 온 · 오프라인의 효율성을 함께 높이는 전략으로 대응에 나섰다.

▶ 홈플러스, 올해 17개 점포 리뉴얼 계획… "마트, 물류기지 역할 대폭 강화"

홈플러스는 이달 인천 간석점 리뉴얼 오픈을 시작으로 올해 17개 점포를 리뉴얼하고 오프라인 점포를 온라

인 주문 상품의 배송기지로 활용하는 '마트 직송'을 강화할 계획이다.

홈플러스는 현재 121개 대형마트, 253개 익스프레스 등 총 374개 점포를 물류거점으로 운영하고 있다. 이는 전체 점포(467개)의 약 80%에 해당하는 것으로, 대형마트 한 점포에서만 하루 최대 1천600건(간석점 기준)의 온라인 장보기 주문을 소화할 수 있다.

홈플러스는 전국 각지 홈플러스 '마트'의 물류기지 역할을 대폭 강화해 오는 2025년까지 하루 온라인 배송 건수를 13만 건 이상으로 키우겠다는 목표다. 이를 위해 온라인 배송 전용 인력인 피커(picker)를 4천870명(현재 1천980명), 배송차량은 3천830대(현재 1천550대)로 늘릴 계획이다.

또 기존 점포의 온라인 물류 기능을 강화한 풀필먼트 센터도 계속 확대할 계획이다. 홈플러스는 지난 2018년 계산점, 2019년 안양점, 원천점 등 3곳의 풀필먼트 센터를 구축했고, 그 결과 2019년 대비 3개점의 온라인 매출이 평균 67% 이상 증가했다.

홈플러스 관계자는 "풀필먼트 센터는 5천억원 이상을 들인 다른 이커머스 업체의 물류센터와 달리 건립 비용을 100억원 규모로 낮췄다"며 "이를 통해 인력과 물류 동선 등 불필요한 낭비를 줄이고 배송 속도, 상품 품질을 높여 운영 효율을 극대화하고 있다"고 설명했다.

▸ 이마트 'PP센터', 롯데마트 '스마트 스토어'… "'옴니채널' 구축이 경쟁력"

이마트는 지난 2019년 10월 강희석 대표 부임 이후 지난해까지 2천억여원을 투입해 전국 28개 점포를 리뉴얼했다. 특히 이커머스 계열사인 SSG닷컴이 이마트 매장을 활용한 '온라인 물류 처리공간'인 PP(Picking & Packing)센터 확대에 적극적이다.

PP센터에서는 온라인 주문 상품을 집품하고 포장하는 작업을 진행한다. PP센터의 규모에 따라 배송 가능 물량에는 차이가 있지만, 하루 최소 200건에서 최대 3천건에 이르는 온라인 장보기 주문을 처리할 수 있다.

특히 지난해 9월 리뉴얼 공사를 마친 이마트 이천점의 경우 PP센터의 규모가 이전보다 16배 커졌다. 내부에는 최첨단 자동화 설비를 구축해 물류 효율을 높였다. SSG닷컴에 따르면 리뉴얼 이후 이천점 PP센터 작업자의 1인당 생산성이 일반 PP센터에 비해 20% 증가했고, 하루 처리 가능 건수도 기존 450건에서 3천건으로 6배 늘었다.

이마트와 SSG닷컴은 현재 이마트 월계점 · 가든파이브점 · 신도림점 · 이천점 · 온라인스토어 청계천점 · 평택점 · 만촌점 등 7곳에서 대형 PP센터를 운영 중이다. SSG닷컴은 올해 상반기까지 대형 PP센터를 전국 30군데로 확대한다는 계획으로, 이마트가 추진 중인 10여 곳의 점포 리뉴얼과 맞물려 순차적으로 늘려갈 예정이다.

롯데마트도 최근 잠실점을 대대적으로 리뉴얼해 '제타플렉스'로 새로 문을 연 것을 비롯해 지난해 11곳의 점포 리뉴얼을 마무리했다. 리뉴얼 점포를 중심으로 특히 온라인 상품을 오프라인 점포 내에서 '바로배송' 서비스할 수 있는 '스마트 스토어'와 '세미 다크스토어'를 도입해 운영하고 있다. '스마트 스토어'는 온라인 주문 30분 내 상품 포장 과정을 자동화하는 공간이고, '세미 다크스토어'는 온라인 판매 빈도가 높은 상품을 모

SSG닷컴의 이마트 PP센터 내부 전경. [사진=SSG닷컴]

아 패킹하는 공간이다.

강성현 롯데마트 대표는 지난달 23일 새롭게 문을 연 제타플렉스를 찾아 "제타플렉스는 점포 내 자동화 설비가 들어 있어 온라인도 같이 배송되는만큼 '옴니채널' 효과를 보고 싶은 점포"라고 언급하기도 했다.

롯데마트는 온라인 배송경쟁력 강화를 위해 올해에도 스마트 스토어와 세미 다크스토어 도입을 확대할 계획이다. 현재 롯데마트의 스마트 스토어 도입 점포는 6곳, 세미 다크스토어 도입 점포는 17곳이다. 연내 배송 점포 전체의 70%인 50여개 점포를 스마트 스토어로 바꿀 계획이다. 특히 올해 하반기에는 롯데마트 부산점을 쇼핑과 온라인 물류 센터 역할을 동시에 할 수 있는 '하이브리드형 점포'로 바꿀 예정이다.

경민정 미래에셋증권 연구원은 "대형마트들이 점포 리뉴얼을 통해 온 · 오프라인 시너지 효과를 극대화해 성장 동력으로 작용할 것으로 예상되는 가운데, 올해부터 효과가 본격적으로 나올 것"이라며 "온라인 시장의 영향력이 커지고 있지만 오프라인을 100% 대체하는 것은 불가능하기 때문에 '옴니채널' 구축으로 온 · 오프라인의 균형 있는 성장을 이뤄내는 기업이 온라인 시장 점유율 확보에도 유리할 것"이라고 전망했다.

● 자료원 : 아이뉴스24, 김종성, 2022.01.03.

유통경로는 세상의 모든 제품과 서비스를 개인구매자(consumers)와 기업구매자(business buyers)에게 전달하기 위한 통로이다. 유통경로는 마치 물이 모든 가정에 공급되기 위해 사용되는 파이프라인과 같다고 할 수 있을 것이다. 따라서 유통경로를 바르게 이해하고 적절하게 관리하지 못할 때 최종 구매자에게 전달되는 제조업자의 제품과 서비스의 가치는 경감될 수밖에 없다. 이와 같이 유통경로의 가치가 제대로 발휘되기 위해서는 유통경로가 무엇을 의미하고 어떤 기능을 수행하는지를 파악해야 하고, 이러한 기능을 수행함으로써 어떤 가치를 제공하는지를 살펴볼 필요가 있으며, 마지막으로 유통경로를 개발하고 관리하는 전체적인 과정을 이해할 필요가 있다. 따라서 본 장에서는 유통경로의 개념과 기능, 유통경로의 가치, 유통경로의 개발, 유통경로의 관리를 중심으로 설명한다.

01 유통경로의 이해

1.1 유통경로의 개념과 기능

1. 유통경로의 개념

유통(distribution)은 '생산된 제품이나 서비스를 소비자가 사용하고 소비할 수 있도록 이전하는 과정이나 활동'으로 정의된다. 다시 말해서, 유통은 소비자가 원하는 시간과 장소에서 제품이나 서비스를 편리하게 구입할 수 있도록 하는 일련의 과정이라고 할 수 있다.

또한 유통경로(distribution channel or marketing channel)는 '생산자로부터 생산된 제품이나 서비스를 소비자가 사용 · 소비할 수 있도록 이전하는 여러가지 통로 혹은 과정'이라고 할 수 있으며, 유통경로 구성원(distribution channel members or intermediaries or middlemen)은 '유통경로에 참여하는 도매상 · 소매상과 같은 개인 및 조직'을 말한다.

예를 들어, 농심과 같은 식품제조업체가 자사의 라면과 스낵제품을 자사 대리점, 대형마트, 기업형 슈퍼마켓(SSM : Super Super Market), 편의점, 휴게소 등을 통해 최종 소비자에게 판매할 수 있게 한다면, 이에 관련된 제조업체, 도매상, 각종 소매상 등을 한마디로 유통경로 구성원이라고 할 수 있다. 또한 중소제조업체(협력업체)와 대형마트와의 관계 또한 흔히 발견할 수 있는 유통경로 구성원이라고 할 수 있겠다.

이와 같은 유통경로의 의미를 세부적으로 살펴보면 다음과 같다.

① 유통경로는 상호의존적인(interdependent) 개인 및 조직의 집합체이다. 유통경로는 하나의 기업으로만 구성되지 않고, 제조업체 · 도매상 · 소매상 등 많은 기업이 참여하게 된다. 또한 각각의 유통경로 구성원들은 자신의 활동을 수행하기 위해서 다른 유통경로 구성원에 의존하고 있다.

② 유통경로의 구성원이 수행하는 활동은 일련의 과정(process)이다. 여기에서 과정이라는 표현을 사용하게 되는 이유는 판매자와 최종 구매자 간의 관계가 제품에 대한 주문, 대금지불, 배송, 판매후 서비스(postsale service) 등의 활동이 시간적인 간격을 두고 연속적인 과정을 통하여 발생하기 때문이다.

③ 유통경로의 궁극적인 목적은 최종 구매자(개인 및 조직구매자)가 제품이나 서비스를 사용 · 소비할 수 있도록 함으로써 최종 구매자에게 만족을 제공하는 것이다. 따라서 제조업체가 도매상에게 성공적으로 제품을 판매하였다 할지라도, 도매상이 소매상에게 제품을 제공하고 다시 소매상이 최종 구매자에게 제품을 성공적으로 제공하지 못한다면 유통경로의 목적은 달성되었다고 할 수 없을 것이다. 즉 제조업체 · 도매상 · 소매상 등 모든 유통경로 구성원은 최종 구매자의 만족에 관심을 집중해야 한다.

2. 유통경로의 기능

앞에서 유통이 생산된 제품을 최종 구매자에게 전달하는 전체과정이라고 했는데, 유통경로는 가치를 제공하기 위해서 구체적으로 어떤 기능(functions)을 수행하는지를 살펴볼 필요가 있다. 여기에서 기능은 상이한 유통경로 구성원에 의하여 다른 시간에 수행가능하기 때문에 기능흐름(flows)이라는 표현을 사용하는 것이 보다 적합하다. 다시 말해서, 기능흐름은 기능의 이동을 의미한다고 할 수 있다. [그림 11-1]은 유통경로의 기능흐름을 전체적으로 설명하고 있다.

[그림 11-1]과 같이 유통경로의 전체적인 기능흐름에는 일반적으로 물리적 보유(physical possession), 소유권(ownership), 촉진(promotion), 주문(ordering), 대금결제(payment), 협상(negotiation), 금융(financing), 위험부담(risking)이 포함된다. 기능흐름 중에서 물리적 보유, 소유권, 촉진과 같이 생산자로부터 도매상이나 소매상과 같은 중간상을 거쳐 소비자에게로 전달되는 유통경로기능흐름을 전방기능흐름(forward flows)이라고 한다. 또한 주문, 대금결제와 같이 소비자로부터 중간상을 거쳐 생산자에게로 전달되는 유

그림 11-1 유통경로의 기능흐름

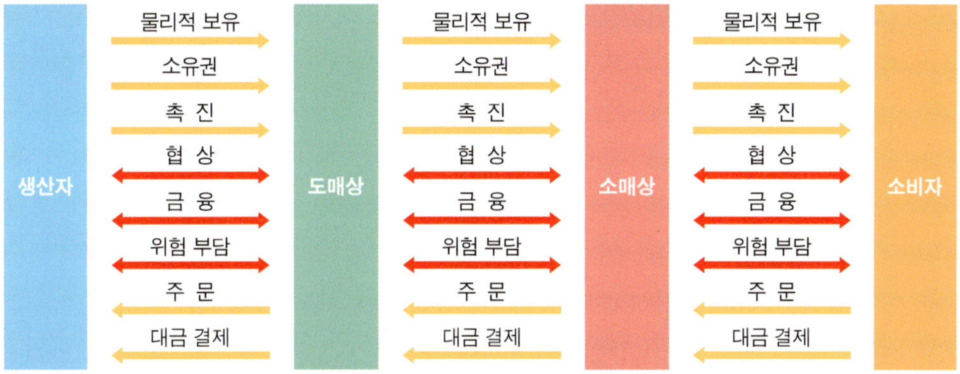

자료원 : Coughlan, Anne T., Erin Anderson, Louis W. Stern, and Adel I. El-Ansary(2006), *Marketing Channels*, 7th ed., Pearson Prentice Hall, p. 12.

표 11-1 유통경로기능흐름의 주요 내용 및 특징

유통기능의 종류		주요 내용 및 특징
전방 기능 흐름	물리적 보유	· 공급자 ⟶ 운송업자 ⟶ 제조업자 ⟶ 중간상 ⟶ 고객 · 시간효용을 창출(보관활동) · 공간효용을 창출(운송활동)
	소유권	· 공급자 ⟶ 운송업자 ⟶ 제조업자 ⟶ 중간상 ⟶ 고객 · 취득세, 부가가치세, 공채의 구입 등의 거래비용 발생
	촉 진	· 광고대행사, 미디어 ⟶ 제조업자 ⟶ 중간상 ⟶ 고객 · 자사제품의 판매를 위한 촉진활동
양방 가능 흐름	협 상	· 수요와 공급의 연결상담(거래조건, 가격, 관할권 등) · 거래상대방에 대한 조사
	금 융	· 생산자금, 외상판매 등
	위험 부담	· 수요변화, 원자재수급 및 가격변화 등에 대한 계약, 재고수준, 반품처리 등
후방 기능 흐름	주 문	· 유통기능의 효율화를 위한 주문의 확보 · 고정고객의 확보와 관리
	대금 결제	· 공급자 ⟵ 은행 ⟵ 제조업자 ⟵ 은행 ⟵ 중간상 ⟵ 은행 ⟵ 고객 · 대금회수의 신속화 · 대금회수방법, 기간, 대손처리문제

자료원 : 오세조, 박진용, 김상덕(2009), 소비자지향적 유통관리, 박영사, p. 18.

통경로기능흐름을 후방기능흐름(backward flows)이라고 하며, 협상, 금융, 위험부담과 같이 유통경로 구성원 간에 함께 이루어지는 것을 양방기능흐름이라고 한다.

〈표 11-1〉은 유통경로기능흐름의 주요 내용 및 특징을 정리하여 나타내고 있다. 유통경로의 기능은 유통경로 구성원 중에서 누군가가 반드시 수행해야 하며, 기능자체를 제거할 수는 없다. 따라서 유통경로 구성원은 제거되거나 대체될 수 있어도, 그 구성원이 수행하던 기능은 유통경로상 전방이나 후방의 다른 유통경로 구성원에게 이전되게 된다. 다시 말해서, 특정 유통경로기능을 가장 효율적으로 수행할 수 있는 유통경로 구성원이 해당 기능을 담당함으로써 전체 유통경로시스템의 효율성을 제고할 수 있게 되는 것이다. 예를 들어, 제조업체가 대리점을 없애고 대형유통업체와 거래하는 것에 집중하는 경우 기존 대리점이 수행하던 기능은 제거되지 않고 제조업체 혹은 대형유통업체가 수행하게 된다.

1.2 유통경로의 가치

유통경로의 최종적인 목적은 최종 구매자에게 가치를 제공하여 만족을 주는 것에 있다. 가치(value)는 총혜택(total benefit)에서 총비용(total cost)을 차감한 개념이기 때문에, 유통경로는 제조업체와 최종 구매자에게 혜택을 증대시키는 방법이나 비용을 절감하는 방법으로 가치를 제고할 수 있게 된다. [그림 11-2]는 유통경로가 어떻게 가치를 제고하는지를 전체적으로 보여주고 있다.

1. 혜택증대를 통한 가치제공

유통경로는 제조업체와 최종 구매자 간의 여러 가지 불일치(discrepancy)를 해소함으로써 혜택을 증대하고 가치를 제공하게 된다. 제조업체는 최종 구매자와의 관계에서 정보의

그림 11-2 유통경로의 가치

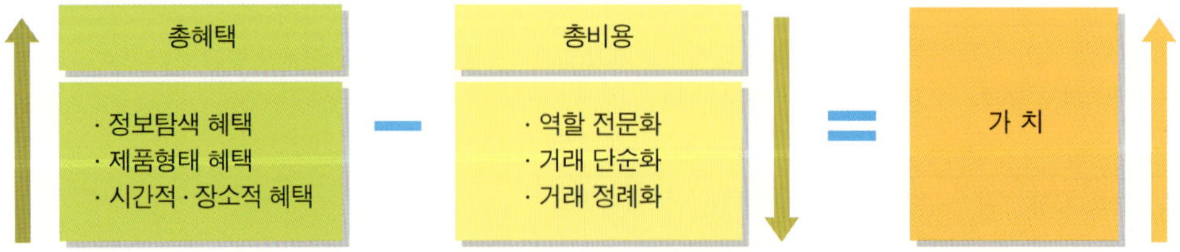

자료원 : Coughlan, Anne T., Erin Anderson, Louis W. Stern, and Adel I. El-Ansary(2006), *Marketing Channels*, 7th ed., Pearson Prentice Hall, p. 12.

불확실성이 존재하고, 생산되는 제품의 종류 · 수량 등 제품구색에서도 차이가 있으며, 제품이 생산되는 시기나 장소의 불일치가 발생하기도 한다. 유통경로는 이와 같은 다양한 불일치를 극복함으로써 제조업체와 최종 구매자에게 여러 가지 혜택을 제공하고 있으며, 이로 인하여 가치가 증대될 수 있다.

(1) 정보탐색 혜택

유통경로는 최종 구매자의 정보탐색(searching)과정을 용이하게 함으로써 최종 소비자에게 혜택을 제공하게 된다. 정보탐색과정은 최종 구매자와 판매자 사이에 존재하는 불확실성(uncertainty)으로 인하여 그 중요성이 부각된다. 최종 구매자는 자신이 원하는 제품 · 서비스를 어느 장소에서 발견할 수 있는지에 대하여 불확실하며, 판매자 또한 어떻게 최종 구매자에게 도달할 수 있을지 불확실하다. 예를 들어, 최근 대형마트에서는 스마트카트 서비스(smart cart service)를 도입하고 있다. 스마트카트 서비스는 고객이 스마트폰을 통해 얻은 쇼핑정보, 구매리스트 등을 매장 내 스마트카트와 연동하여 고객이 매장에서 쇼핑을 원활하게 하는 것을 돕는 서비스이다. 고객은 스마트폰과 스마트카트를 연동하여 제품정보, 할인정보, 쿠폰 등을 스마트카트에 설치된 태블릿 PC로 받을 수 있으며, 고객들은 이런 서비스를 통하여 유용한 정보를 제공받아 편리한 쇼핑을 할 수 있게 된다.

만약 유통경로가 존재하지 않는다면, 제조업체는 최종 구매자에게 제품을 직접 유통시켜야 한다. 그래서 유명한 브랜드를 가지고 있지 않은 판매자는 자사의 판촉노력이 목표고객에게 올바르게 전달되었는지 여부를 확신하기 어렵고, 광고나 판촉 등 다양한 촉진노력을 기울이지 않는다면 많은 판매를 거둘 수 없을 것이다. 반면에 최종 구매자도 다양한 제조업

광고 11-1 대형마트의 스마트카트 서비스

체의 제품들을 한 곳에서 비교하며 선택하기 어렵다. 따라서 유통경로는 제조업체와 최종 구매자 중간에서 서로간 정보탐색을 용이하게 함으로써, 최종 구매자는 다양한 제품들중에서 원하는 제품을 선택할 수 있게 되어 제조업체와 최종 구매자 모두 혜택을 얻게 된다.

(2) 제품형태 혜택

일반적으로 유통경로는 분류기능을 수행함으로써 제조업체가 생산하는 제품의 구색(assortment)과 최종 구매자가 요구하는 제품구색 사이에 자연적으로 발생하는 불일치를 조정함으로써 가치를 제공한다. 이와 같은 제품구색의 불일치가 발생하는 이유는 제조업체는 일반적으로 한정된 제품을 대량으로 생산하는 반면에, 소비자는 대체로 다양한 제품을 소량으로 소비하기 때문이다. 다시 말해서 제조업체가 생산하는 제품의 종류와 수량과 소비자가 소비하는 제품의 종류와 수량에는 큰 차이가 발생한다는 점이다. 예를 들어, 음료수를 생산하는 제조업체는 음료수에 한정된 제품구색을 대량생산하게 된다. 하지만 소비자는 일상생활을 위해서 음료수 이외에 신발, 컴퓨터, 비누, 가구 등 다양한 제품구색을 소량으로 소비하기를 원한다.

유통경로가 수행하는 분류기능은 등급(sorting), 수합(accumulation), 분배(allocation), 구색화(assorting)를 포함한다. 등급은 여러 가지 이질적인 제품을 동질적인 집단으로 구분하는 것을 의미하고, 수합은 여러 공급처로부터 동질적인 제품을 모아 대규모로 공급하는 것을 말한다. 또한 분배는 대규모로 수합한 동질적인 제품을 소규모단위로 구분하는 것이며, 구색화는 제품판매를 위해서 상호관련이 있는 다른 제품과 구색을 맞추는 것을 의미한다.

사 례 줄이고 나누니 통하네… '1인 가구용' 전자제품·먹거리 인기

유통업계가 1인가구를 위한 소형 가전 · 소포장 먹거리에 집중하고 있다. '혼족(혼자 사는 사람들)' 맞춤 상품으로 전체 인구의 30%를 넘어선 1인가구 시장을 공략한다는 계획이다.

3일 이마트는 오는 6일 미니 화로와 마카롱 밥솥, 에어프라이어 등 일렉트로맨 혼족 주방가전 신제품 3종을 출시한다고 밝혔다.

일렉트로맨 혼족 주방가전은 1인 가구에 맞춘 소용량 제품이라는 점이 특징이다. 마카롱 밥솥은 1~2인용에 적합한 1.2 l 용량이며 미니화로는 30㎝가 채 되지 않는 미니 사이즈 화로다. 혼자 꼬치나 구이 등을 즐기며 '혼맥'을 하고픈 소비자들을 위한 제품이다.

이마트는 지난 2018년부터 1인가구용 '혼족 주방가전' 제품을 선보이고 있다. 이번 3종 출시로 총 20종의 혼족 가전 라인업을 갖췄다.

유통업계가 1인가구용 상품을 연이어 선보이고 있다. 〈이마트 제공〉

먹거리 역시 '1인용'이 유행이다. 이마트는 지난해 12월 기존 족발 대비 용량을 획기적으로 줄인 '나혼자 만족'을 선보였다. 신세계푸드는 1인 분량 구매가 어려웠던 불고기와 삼겹살 등을 소포장한 '올반 소포장 양념육'을 출시해 지난해에만 300만개 넘게 팔아치웠다. 편의점의 한 입거리 '컵 과일'은 삼각김밥 · 도시락과 함께 편의점 대표 먹거리로 자리매김했다. 한 묶음으로 구매하는 게 당연했던 채소류 역시 원하는 만큼 꺼내쓸 수 있는 냉동 채소나 낱개 포장이 인기다.

업계에서는 앞으로도 소형화 · 소포장화 트렌드가 계속 이어질 것으로 전망한다. 2018년 인구주택총조사에 따르면 국내 1인 가구는 총 585만가구로 전체의 29.3%에 이르렀다. 2045년에는 전체의 36%(809만 가구)로 늘어날 것이란 전망이다. 사실상 1인 가구와 비슷한 소비 패턴을 보이는 2인 가구를 포함하면 전체 인구의 절반 이상이 1~2인 가구다.

'대용량', '저렴하고 양 많은' 가성비 제품보다는 낭비가 적은 소용량 소포장 제품을 선호하는 1~2인 가구가 늘어남에 따라 그에 맞춘 상품을 늘리는 것이란 설명이다.

선과도 확실하다. 지난해 일렉트로맨 혼족 가전 상품군의 매출은 전년 대비 151.6% 증가했다. 같은 기간 용량 124 *l* 미만의 중소형 냉장고 판매도 4배 뛰었고 2 · 3인용 소형 밥솥 매출 역시 49.2% 증가했다. CU의 컵과일도 2017년 16.3%, 2018년 13.2%, 지난해 41.5% 등 매년 두자릿수 성장을 거듭하고 있다.

한 업계 관계자는 "1인가구가 어색하지 않은 세상이 되면서 소비자들도 자신의 생활 습관에 맞춘 소용량 · 소형 상품을 구매하기 시작한 것"이라며 "이런 추세에 발맞춰 업계에서도 계속 1인가구용 제품을 개발할 것"이라고 말했다.

● 자료원 : 디지털타임스, 김아름

(3) 시간적 · 장소적 혜택

유통경로는 시간적(temporal) · 장소적(spatial) 불일치를 극복함으로써 혜택을 제공하고 있다. 시간적 불일치는 제품이 생산되는 시점에 소비자는 그 제품을 구매할 준비가 되어 있지 않은 경우에 발생한다. 유통경로는 수요를 예측하여 재고를 유지함으로써 시간적 불일치를 해소할 수 있다. 예를 들어, 크리스마스 장식과 같은 계절품목은 특정한 시기에 수요가 집중됨에도 불구하고 갑작스런 수요를 고려하여 일년내내 재고를 유지하게 된다.

제조업체는 대부분 대량생산을 하기 때문에 많은 수의 잠재소비자를 필요로 하게 된다. 하지만 잠재소비자들은 광범위한 지역에 퍼져 살고 있으며, 제조업체는 특정한 지역에 밀집되어 있다. 다시 말해서, 제조업체의 제품생산위치와 최종 소비자의 지리적 위치가 상이하여 장소적 불일치가 발생하게 되는 것이다. 제조업체는 유통경로를 통하여 최종 소비자에게 가까운 장소에 제품을 공급함으로써 장소적 불일치를 해소할 수 있고, 이로 인하여 소비자에게 혜택을 제공하게 된다.

2. 비용절감을 통한 가치제공

유통경로는 다양한 과정을 통하여 비용을 절감함으로써 가치를 제공하게 된다. 제조업체와 유통경로는 각자 역할전문화를 통하여 효율성을 극대화하게 되며 비용을 절감하게 된다. 또한 제조업체는 최종 구매자를 직접 접촉할 때보다 유통경로를 활용함으로써 거래횟수를 줄이게 되고 거래비용을 절감하게 된다.

(1) 역할전문화

전문화와 분업의 개념에 비추어보면, 복잡한 과업을 작고 단순한 일로 세분화하고 그것들을 전문가에게 할당할 때, 효율성이 제고되고, 평균적인 생산비용은 절감될 것이다. 제조업체는 한 제품을 대규모로 생산할 수 있는 효율적인 시설을 활용함으로써 규모의 경제를 달성할 수 있다. 반면에 유통경로는 소비자에게 직접 제품을 전달할 수 있는 능력, 자금, 전문성이 부족한 제조업체를 지원하는 업무에 대한 전문화와 분업의 과정에서 규모의 경제를 달성하게 된다.

예를 들어, 청량음료와 같은 편의품(convenience goods)을 전국에 있는 모든 소비자들을 대상으로 판매하기 위해서 소비자 개개인의 주문을 받고 배송을 하는 것은 너무나도 많은 비용을 발생시킬 것이다. 따라서 제품판매를 위해서 소비자와의 거래에 관한 전문성을 갖춘 도매상 · 소매상과 같은 유통경로 구성원과의 계약을 통하여 소비자들의 주문을 수령하고 배송하는 일을 할 수 있도록 하는 것이다. 유통경로 구성원들은 이미 고객들과의 호의적인 관계가 형성되어 있기 때문에 제조업체보다 효율적으로 감당하게 된다. 유통경로 구성원들의 전문화된 역량은 유통경로 전체의 성과를 향상시키는 결과를 나타낸다.

(2) 거래정례화

모든 구매거래는 고객의 주문, 제품평가, 대금지불 등의 과정을 거치게 된다. 구매자와 판매자는 대금지불금액, 형태, 시기 등에 대해서 일련의 동의과정을 갖는다. 만약 거래과정이 정례화(routinization)된다면, 이와 같은 유통비용은 감소할 수 있다. 그렇지 않다면, 모든 거래마다 협상의 과정이 필요하며, 효율성이 상실되고 비용이 발생하게 된다. 거래정례화는 제품이 표준화되어 성과가 쉽게 비교 · 평가 될 수 있게 하고, 보다 가치가 많은 품목을 생산하도록 한다. 한 마디로 거래정례화는 유통경로활동을 효율적으로 수행하게 한다고 할 수 있으며, 이를 통해 거래관련 비용을 절감할 수 있다.

지속적 재고보충프로그램(CRP : Continuous Replenishment Programs)은 효율적인 유통경로 재고관리의 중요성을 설명하는 프로그램이라고 할 수 있다. 지속적 재고보충프로그램을 통하여 제조업체와 소매상 파트너는 재고정보를 공유하고 과소재고나 과다재고가 발생하지 않도록 공동의 노력을 기울인다. 소매상의 재고정보를 파악한 제조업체는 재고보충이 필요할때마다 즉각적으로 실행하게 된다. 결과적으로 주문의 빈도는 증가하겠지만 주문의 크기는 줄어들게 된다. 이와 같은 프로그램은 전체시스템의 재고수준을 낮추는 역할을 하며, 지속적 재고보충프로그램이 성공하기 위해서 유통경로 구성원들 간의 정례화되고 성숙한 관계는 필수라고 할 수 있다.

(3) 거래단순화

유통경로 구성원이 없다면, 모든 제조업체는 모든 가능한 시장거래를 창조하기 위해 모든 최종 구매자와 상호작용을 해야 할 것이다. 유통경로는 소비자가 구매하기 위해서 방문해야 하는 소매상의 수를 줄임으로써 거래단순화와 효율성을 발생시킨다. 만약 세상에 백화점, 대형마트, 슈퍼마켓 등이 없는 곳에 살게 된다면 제조업체와 소비자들이 직접 거래를 해야 하기 때문에 거래횟수는 많아지게 된다. 하시만 여러 제조업체들이 자사가 생산한 제품을 여러 소매상에 납품하게 되는 경우에 이러한 소매상의 개입은 거래의 수를 줄이게 하고, 이렇게 단순화된 거래를 통하여 거래가 효율적으로 되어 각종 거래비용이 절감하게 된다. 따라서 유통경로기관은 제조업체와 최종구매자 거래관계 속에서 유통경로상 거래횟수를 줄여 거래비용을 절감하게 함으로써 고객이 얻는 가치를 증진하게 되는 것이다. 예를 들어, 소비자가 라면을 구매하기 위해서 라면제조업체와 직접접촉하기보다는 대형마트를 통해 한 곳에서 여러 제조업체의 제품을 함께 비교하여 구매할 수 있다. [그림 11-3]에서 대형마트를 통해 총 거래횟수가 16회에서 8회로 감소하는 것을 알 수 있다.

그림 11-3 소매상을 통한 거래단순화

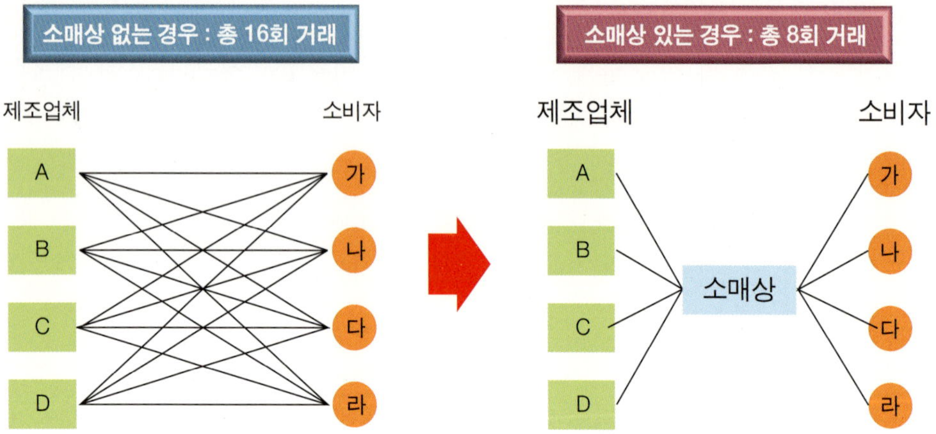

02 유통경로의 개발

2.1 유통경로개발시 고려할 사항

유통경로는 다양한 요인의 영향을 받기 때문에 유통경로 관리자는 유통경로를 개발할 때 다양한 측면을 고려할 필요가 있다. 유통경로 관리자가 고려해야 할 주요 요인은 [그림 11-4]와 같이 시장의 특성 요인, 제품의 특성 요인, 유통경로 구성원의 특성 요인, 기업의 특성 요인, 법/경쟁사의 특성 요인 등으로 구분할 수 있다.

1. 시장의 특성 요인

유통경로를 개발하기 위해서 가장 먼저 고려해야 할 사항은 목표고객이다. 구체적으로 유통경로 관리자는 목표고객이 무엇을 필요로 하는지, 고객은 어떻게 구성되어 있는지, 고객의 구매행동은 어떠한지 등과 같은 시장특성을 고려할 필요가 있다.

그림 11-4 유통경로개발에 영향을 미치는 요인

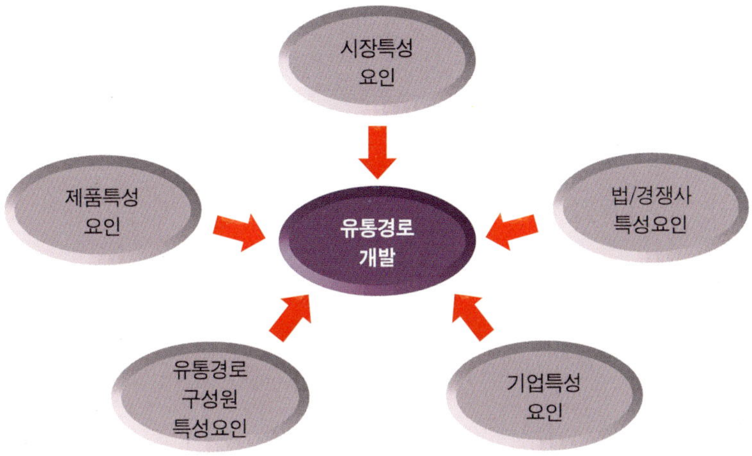

(1) 시장의 형태

시장의 두 가지 유형(type of market)인 개인구매자와 기업구매자의 구매행동은 상이하기에, 개인구매자와 기업구매자의 특성을 고려한 유통경로를 활용할 필요가 있다. 개인구매자는 대형마트, 편의점 등 다양한 소매상을 통해 도달하는 것이 효과적이지만, 기업구매자를 위해서는 영업사원을 파견하여 기업의 조건에 맞는 거래조건을 협상하는 것이 필요하다.

(2) 잠재고객의 수

잠재고객의 수(number of potential customers)는 유통경로개발에 영향을 미치는 요인이다. 상대적으로 적은 잠재기업 고객을 보유한 제조업체들은 고객들에게 자사의 제품을 판매하기 위하여 자체 영업인력을 활용할 수 있다. 예를 들어, 항공기제조업체는 세계 각지의 항공사들에게 자사의 여객기를 판매하기 위하여 자사의 전문적인 영업인력을 파견하게 된다. 반면에, 많은 수의 잠재고객을 상대하는 제조업체들은 다양한 형태의 소매상을 활용하는 것이 효과적이다. 예를 들어, 빈폴과 같은 유명의류의 경우 대상고객의 수가 많고 고객들의 편의성을 도모하기 위해서 백화점, 가두점, 아웃렛매장 등 다양한 형태의 소매상을 이용할 필요가 있다.

(3) 시장의 지역적 집중정도

기업의 잠재고객이 지역적으로 얼마나 집중(concentration)되어 있는지, 분산(dispersion)

광고 11-2 의류제조업체의 소매상 : 빈폴 판매점

되어 있는지도 중요하게 고려해야 할 부분이다. 제조업체의 잠재고객이 몇 개의 지역에 집중되어 있다면, 직접 판매하는 것이 효과적이다. 하지만 고객들이 지역적으로 분산되어 있다면 이동시간과 비용으로 인하여 직접적으로 판매하는 것은 비효율적이다. 따라서 잠재고객이 지역적으로 집중되어 있는지, 분산되어 있는지를 고려하는 것은 유통경로개발에 중요한 고려요인이 될 수 있다.

(4) 주문규모

고객의 주문규모(order size) 또한 고려해야 할 중요한 시장특성 요인중의 하나이다. 잠재고객의 주문규모가 큰 경우에는 직접 유통경로를 활용하는 것이 경제적이다. 반면에 주문규모가 적은 경우에는 다양한 형태의 거래비용을 고려할 때 직접 유통경로보다는 중간상을 활용하는 간접 유통경로를 활용하는 것이 효과적일 수 있다.

2. 제품의 특성 요인

유통경로를 개발할 때 고려할 제품특성과 관련된 요인들이 다양하지만, 제품의 단가, 제품의 소멸성, 제품의 기술적 특성이 유통경로개발에 어떤 영향을 미치는지를 중심으로 설명하고자 한다.

(1) 제품의 단가

제품에 부여되는 단위당 가격(price per unit)은 유통경로를 개발할 때 고려해야 하는 중요한 요인이다. 제품단가가 높은 경우에는 대부분 자체 영업사원을 활용하는 것이 바람직하다. 하지만 제품단가가 매우 낮은 제품을 판매할 때에는 자체 영업사원을 동원한다면 경제적이지 않을 것이다. 경우에 따라서 단가가 낮은 제품의 경우에도 주문규모가 큰 경우에는 영업사원을 통해 판매하는 것이 경제적 타당성을 확보할 수 있을 것이다.

(2) 제품의 소멸성

제품의 소멸성(perishability)은 다양한 차원으로 해석할 수 있다. 소멸성은 농산품과 같이 물리적으로 쉽게 부패할 수 있는 가능성이 높은 경우에도 발생할 수 있고, 의류제품과 같이 트랜드의 변화속도가 빠른 경우에도 일어날 수 있다. 이와 같이 소멸성이 높은 제품일수록 여러 유통경로를 거쳐서 최종고객에게 전달하기 보다는 직접 판매유통경로나 짧은 단계의 유통경로를 활용하는 것이 효과적일 수 있다.

(3) 제품의 기술적 복잡성

제품이 얼마나 기술적으로 복잡한지 여부(technical complexity)가 제품을 어떤 유통경로를 통해 판매해야 하는지 결정하는데 중요한 영향을 미치게 된다. 기술적으로 복잡한 제품은 단순한 제품판매 이상의 수고와 노력이 요구된다. 왜냐하면 제품이 기술적으로 복잡할수록 제품사용에 필요한 구체적인 제품지식과 더불어, 제품사용과 관련된 판매전(presale) · 판매후(postsale) 서비스 등 다양한 서비스를 제공할 필요성이 급증하게 된다. 따라서 제품의 기술적 복잡성이 높은 경우 전문적인 영업인력을 활용한 직접 유통경로를 활용하는 것이 영업성과를 증대시킬 것이다.

3. 유통경로 구성원의 특성 요인

유통경로 구성원과 관련된 다양한 특성은 유통경로 관리자가 자사제품의 제품판매를 위한 유통경로를 개발할 때 영향을 미치게 된다. 이들 가운데 유통경로 구성원이 제공하는 서비스의 유형, 원하는 유통경로 구성원의 이용가능성, 제조업체와 유통업체의 정책일치 여부 등을 중심으로 살펴보고자 한다.

(1) 유통경로 구성원이 제공하는 서비스 유형

제조업체는 자사가 최종 구매자에게 제공할 수 없는 유통서비스를 유통경로 구성원을 통해 수행하고자 한다. 유통경로 구성원은 광범위한 고객과의 접점을 창출하며, 재고유지, 금융서비스 등 다양한 고객서비스를 제공하게 된다. 때로는 제조업체가 유통경로서비스를 자체적으로 수행할 수 있음에도 불구하고, 동일한 서비스를 보다 경제적으로 수행할 수 있다면 유통경로 구성원을 활용하는 것이 타당하다고 할 수 있다.

(2) 바람직한 유통경로 구성원의 이용가능성

유통경로 관리자가 자사의 제품판매를 위해 적합한 유통경로 구성원을 계획한다고 할지라도 다양한 이유로 인해 바람직한 유통경로 구성원의 활용이 가능하지 않은 경우가 있다. 대부분의 소매상들은 경쟁사의 제품라인(product line)을 취급하는 경우가 많고, 추가적인 제품라인을 취급하기를 꺼리는 경우가 발생할 수 있기 때문이다. 따라서 계획된 유통경로 구성원을 실제로 이용할 수 있는지에 대하여 고려를 하는 것은 유통경로를 개발할 때 선행되어야 할 것이다.

(3) 제조업체와 유통업체의 정책

제조업체가 유통경로를 개발할 때 고려해야 할 또 다른 요인은 바로 제조업체와 유통업체의 정책이 일치하는지 여부이다. 제조업체가 특정 유통업체를 유통경로 구성원으로 고려하는 경우라 할지라도, 유통업체가 제조업체의 정책을 수용할 수 없다면 제조업체의 잠재적인 유통경로 구성원의 대안은 적어질 수밖에 없다. 예를 들어, 몇몇 소매업체들은 제조업체가 동일 지역내에서 자사 이외의 다른 소매업체에 자사 제품라인을 제공하지 않는다는 보증을 원하기도 한다. 이런 경우 제조업체가 선택할 수 있는 유통업체의 수는 적어질 수 있다. 따라서 제조업체와 유통업체의 다양한 정책이 일치하는지 여부를 미리 점검하는 것은 매우 필수적인 과정이라고 할 수 있다.

4. 기업의 특성 요인

유통경로 관리자는 제품의 유통경로를 선택하기 전에 자사의 상황을 고려해야 한다. 제조업체는 자사의 유통경로를 통제하고자 하는 정도를 파악해야 하고, 유통업체를 위해서 제공할 수 있는 서비스수준을 결정해야 하며, 자사의 관리능력이나 재정상태를 고려할 필요가 있다.

(1) 유통경로를 통제하기 원하는 정도

몇몇 제조업체는 간접 유통경로보다 직접 유통경로가 비용이 많이 소요됨에도 불구하고, 자사의 유통경로를 통제하고자 하는 바람이 크기 때문에 직접 판매방법을 선택한다. 제조업체는 유통경로를 통제함으로써 보다 공격적인 촉진전략을 사용할 수 있고, 제품의 재고를 신선하게 유지할 수 있으며, 제품의 소매가격을 설정할 수 있다. 이와 같은 경우에 제조업체는 제품의 판매상태와 필요한 제품의 생산계획, 재고수준 등을 직접관리함으로써 재고비용을 절감하게 된다.

(2) 제조업체가 제공하는 서비스

제조업체는 유통경로 구성원이 제조업체에게 요구하는 서비스를 감안하여 유통경로를 결정해야 한다. 예를 들어, 많은 소매상들은 제조업체가 막대한 양의 광고비를 투자하여 자사가 취급하는 제품을 고객들에게 알리도록 요구하기도 한다. 이와 같이 제조업체는 자사와 거래하는 다양한 형태의 소매상들이 요구하는 유통서비스를 파악하고 유통경로를 개발하도록 해야 한다.

(3) 관리능력

제조업체가 보유한 관리능력과 마케팅역량은 유통경로를 개발할 때 큰 영향을 미치게 된다. 대개 마케팅 노하우가 부족한 많은 기업들은 유통과 관련된 다양한 업무를 전문적인 유통관련 노하우를 보유한 유통경로 구성원에게 이전하게 된다. 또한 제조업체가 유통경로 구성원과의 관계를 관리하는 역량 또한 그 중요성이 커지고 있다.

(4) 재정상태

재정적으로 풍부한 제조업체는 자체 영업조직을 설치하여 관리할 수 있는 여건을 갖추게 된다. 하지만 재정적으로 빈약한 기업은 유통기능을 대신 수행할 수 있는 유통경로 구성원을 활용하는 것이 보다 효율적일 수 있다.

5. 법/경쟁사의 특성 요인

(1) 법/제도의 영향

유통경로 관리자는 국가 · 지역의 유통관련 법률이나 제도 및 정책 등을 미리 파악하여 영향을 분석하고 유통경로를 개발해야 한다. 유통과 관련된 법률은 유통산업발전법, 전자

사 례 설익은 대형마트 영업 규제에 일자리 수천개 사라져

· 전통시장 부활? 주변상권 악영향
· 법안통과 前 조사때도 "효과 적다"
· 대선 표 의식한 정치권 밀어붙여

"코로나에 '이거'까지 겹치니 죽을 맛이지, 뭐."

서울시 구로구에서 3년째 한식당을 운영 중인 A씨는 긴 한숨을 내쉬었다. A씨의 식당은 지난해 11월 문을 닫은 롯데마트 구로점과 걸어서 10분 거리다. 폐점 소식은 엎친 데 덮친 격이었다. 코로나19로 손님 수가 반 토막 난 상황에서 평일 저녁과 토요일, 쇼핑을 마치고 들르는 '장바구니 인파'마저 떠나고 나니 눈앞이 캄캄해졌다. 마트가 없어진 자리엔 지식산업센터가 들어설 예정이다. A씨는 "내년 말에나 완공된다던데, 그때까지 가게가 버틸 수 있을지 모르겠다"고 허탈해 했다.

대형마트와 기업형슈퍼마켓(SSM)의 영업규제를 강화하는 내용의 유통산업발전법 개정안이 통과된 지 9년이 지났다. 규제에 가로막혀 매출 성장이 꺾인 대형마트들은 코로나19에 따른 불황을 견디지 못하

서울시내 한 대형마트에서 소비자들이 주말 장을 보고 있다, 사진=연합뉴스 제공

고 줄줄이 폐점 중이다.

역설적인 건 대형마트 쇠락의 영향이 소상공인에게도 미치고 있다는 점이다. 조춘한 경기과학기술대 경영학과 교수의 '대형유통시설이 주변 상권에 미치는 영향' 연구에 따르면, 2017년 이후 폐점한 대형마트 7개 주변 0~1㎞ 내 전체 업종 매출액은 폐점 이듬해 4.82% 감소했다.

일자리를 잃은 사람도 수천 명이다. 2년 새 10개 넘는 매장을 정리한 롯데마트의 직원 수는 2018년 말 1만3661명에서 2021년 3분기 분기보고서 기준으로 9,916명까지 줄었다. 3년 사이 4,000명 가까이 일자리를 잃었다. 특히 여성을 중심으로 한 단시간 근로자 감소폭이 컸다. 5개 이상의 매장을 정리한 이마트 역시 2만6018명에서 2만4925명까지 줄었다.

그나마도 직접 고용된 인원에만 한정된 결과이고, 납품업체 등 간접고용 인원까지 합하면 대형마트 규제로 인한 실직자는 훨씬 많을 것으로 추산된다. 평균 매출 500억 원의 대형마트 1개 점포가 문을 닫을 경우 945명의 일자리가 사라진다는 연구결과도 있다.

그렇다고 이 기간에 전통시장 매출액이 극적으로 는 것도 아니다. 통계청 소매판매액 수치를 살펴보면, 의무휴업 규제가 시작된 2012년 11.5%였던 전통시장 점유율은 5년 후인 2017년 10.5%까지 쪼그라들었다.

실익보다 훨씬 큰 기회비용을 정책 수립 당시엔 예측할 수 없었을까.

법안 통과 석 달 전인 2012년 9월, 당시 지식경제부는 대형마트 영업규제가 전통시장과 협력 중소업체의 매출에 끼치는 영향에 대한 용역 조사 결과를 실시했다. 내용은 예상 정책 효과와는 딴판이었다. 전통시장 매출은 이전에 비해 크게 늘어나지 않은 반면, 대형마트에 납품하는 중소 협력업체와 농어민들의 매출과 수익성은 악화했다.

그럼에도 그해 연말 대선을 앞둔 정치권은 표 논리에 이런 우려를 애써 무시했다. 지역 소상공인 표를 무시할 수 없다는 정치적 계산이 앞선 결과였다. 세 명의 대선 후보들은 대형마트 규제가 골목상권을 살릴 유일한 해결책인 것처럼 경쟁적으로 목소리를 높였다. 규제 완화와 자유 시장 원칙을 지켜야 할 보수 진영 후보마저도 다를 게 없었다.

대선이 법안 통과의 결정적 변수로 작용했다는 건 당시 국회 회의 내용에서도 알 수 있다. 2012년 11월 진행된 제16차 지식경제위원회 전체 회의록을 살펴보면, 상당수 국회의원들이 정책이 졸속 처리되는 면이 있다고 우려했다.

당시 초선의원이었던 B 씨는 "이 법(유통법)이 정말 중요한 법이기 때문에 충분한 논의가 있어야 하는데 지금 대선하고 관련돼서 처리가 됐다. 다음부터는 그런 부분들이 충분히 논의되도록 하면 좋겠다"고 말했다. 한 중진의원은 "물론 골목상권을 지키는 것도 대단히 중요하다. (중략) 그러나 이 문제를 해결하는 방법이 극단적이어선 안 된다"고 지적했다.

서용구 숙명여대 경영학과 교수는 "유통산업발전법은 경제 논리보단 지역 표심 등 정치 논리로 도입된 규제"라며 "대형마트가 문을 닫으면 그 주변 상권이 더 많은 피해를 보고, 사람들이 대형마트 대신 전통시장에 가는 게 아니라 쇼핑을 포기하거나 온라인을 택한다는 사실이 수많은 통계를 통해 증명됐다"고 강조했다.

● 자료원 : 이투데이, 노우리, 2022.01.03.

거래기본법, 방문판매 등에 관한 법률, 독점규제 및 공정거래에 관한 법률, 대 · 중소기업 상생협력촉진에 관한 법률 등 매우 다양하다.

이와 같은 유통관련법률, 제도, 고시 등은 소매상의 출점, 동종업계 소매상인수, 각종 시설물설치, 소매상의 새로운 기술의 도입, 유통업체와 납품업체간 거래수수료 · 결제방식 등 거래관계, 판매하는 각종 제품의 취급 및 관리, 오픈프라이스(open price) 제도의 도입 · 폐지 등 판매가격정책 등에 실제적인 영향을 미치게 된다.

(2) 경쟁사의 전략

유통경로를 개발할 때 고려할 또 한 가지의 중요한 요소는 경쟁사의 경쟁행동이다. 동종업계 혹은 미래 경쟁자가 될 수 있는 이종업계의 전략을 파악하는 것은 매우 중요하다고 할 수 있다. 특히 동종업계의 경쟁사가 어떠한 유통전략을 구사하여 유통경로 구성원을 선정하고 관리하는가를 객관적이고 종합적으로 분석하여 향후 자사의 유통경로개발에 반영하는 것이 필요하다.

2.2 유통경로개발단계

[그림 11-5]는 유통경로를 개발하는 단계를 나타내고 있는데, 유통경로 관리자는 기본적으로 고객욕구분석을 통해 유통경로서비스 수준을 결정하고, 유통경로의 목표를 설정하며, 유통경로의 다양한 대안을 파악 · 평가 · 선택하고, 유통경로 구성원을 선정하고 계약을 체결하는 단계를 거치게 된다. 또한 유통경로 관리자는 추가적으로 이와 같이 선정된 유통경로 구성원과의 관계를 관리하는 과정을 진행하게 된다.

1. 고객욕구분석을 통한 유통경로서비스 결정

유통경로를 개발할 때 가장 먼저 고려해야 할 요소는 고객들이 어떤 유통경로서비스를 원하는지를 분석하여 파악하는 것이다. 고객들은 자신들이 어떤 제품을 구매(what to buy)하는지에 대하여 관심을 갖는 동시에 해당 제품을 어떻게 구매(how to buy)하는지에 대해서도 관심을 갖기 때문이다. 따라서 고객들이 요구하는 유통경로서비스가 무엇인지를 파악하여 그러한 욕구를 채워주는 것이 필요하다고 할 수 있다.

Couglan, Anderson, Stern, El-Ansary은 기존 연구를 토대로 유통경로가 제공할 수 있는 서비스로 소량구매(bulk-breaking), 장소적 편의성(spatial convenience), 대기 · 배

그림 11-5 유통경로개발단계

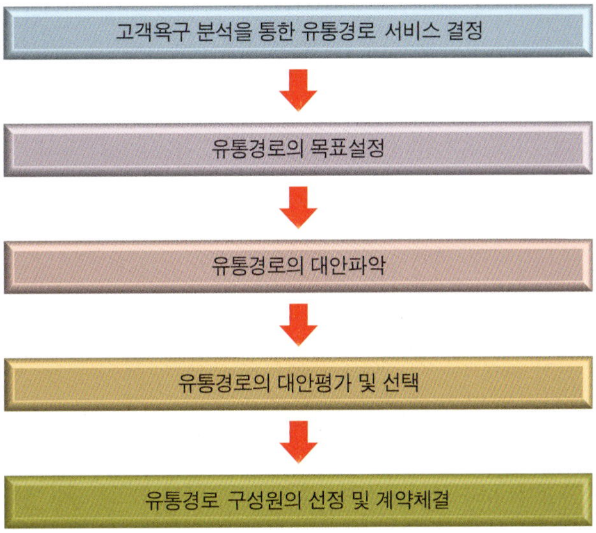

달시간의 단축(waiting or delivery time), 제품구색 다양성(product variety), 고객서비스(customer service), 정보제공(information provision)을 제시하였다.

일반적으로 소비자들은 재래시장이나 대형마트를 통해 다양한 제품과 고객서비스를 기대한다. 하지만 최근 들어 농수축산물 등 1차 상품구색을 늘려 편의점과 슈퍼마켓의 장점을 흡수한 대형편의점이 등장하고 있다. 이와 같은 대형편의점은 주택가가 밀집된 지역의

광고 11-3 소매점의 다양한 제품구색과 서비스 : 친환경쇼핑몰 '온네이처'

소비자들을 위한 편의점으로서, 주부들은 대형마트에 가지 않아도 24시간 장보기가 가능하다. 따라서 소비자들은 자신들이 기대하는 유통경로서비스를 경험하기 위하여 자신들이 원하는 소매점을 방문하여 구매하게 된다. 이처럼 고객들은 다양한 유통경로서비스를 원하는 소매점포를 통해서 제공받기를 원한다.

하지만 유통경로가 제공할 수 있는 이와 같은 서비스에 대하여 모든 고객이 동일한 수준의 서비스를 원하는 것은 아니다. 다시 말해서, 세분시장별로 고객들이 원하는 유통경로서비스 수준은 상이할 수 있다는 것이다. 예를 들어, 전업주부는 가격할인이 된다면 소량구매보다는 묶음구매를 원하지만, 회사원은 주로 개인이 소비할 수 있는 소량구매를 원한다. 또한 전업주부는 가격이 싸다고 생각되는 곳이라면 장소적인 편의성이 낮은 곳으로 가지만, 회사원은 짧은 휴식시간을 활용하여 되도록 근무처에서 가까운 곳에서 쇼핑하기를 원한다. 이는 전업주부와 회사원이 유통경로서비스 각각에 대하여 요구하는 수준에 차이가 있음을 반영하는 사실이다. 따라서 세분시장별로 고객들이 원하는 유통경로서비스의 유형과 수준을 분석하는 것이 유통경로를 개발하는 첫 번째 단계라고 할 수 있다.

2. 유통경로의 목표설정

고객들이 원하는 유통경로서비스를 설정한 후 유통경로 관리자는 크게 두 가지 측면의 목표를 설정할 수 있다. 효과성(effectiveness) 측면의 유통경로목표와 더불어 효율성(efficiency) 측면의 유통경로목표를 동시에 설정하는 것이 필요하다. 효과성이라는 것은 고객이 유통경로서비스를 통해서 얻고자하는 바를 제대로 전달해 주는가의 문제이며, 효율성은 고객들에게 유통경로서비스를 제공하는 경우 비용을 얼마나 절감할 수 있는가의 문제를 의미한다.

유통경로의 목표 중 효과성 측면의 목표를 설정하는 경우 기업의 전반적인 목표와 마케팅목표를 동시에 고려할 필요가 있다. 왜냐하면, 기업의 매출액이나 수익률 등 장기적인 목표달성을 위하여 유통경로의 개발이 차지하는 비중이 크기 때문이다. 유통경로를 개발하는 것은 많고 다양한 유통경로 구성원이 참여하며, 구축하는 일에 막대한 비용이 들고, 한 번 구축한 유통경로는 변경하기가 용이하지 않다.

또한 유통경로의 효율성 목표는 유통경로서비스의 제공과 관련하여 자본이나 노동의 투자에 대한 서비스 산출비의 개념으로써 물리적 효율성인 생산성과 재무적 효율성인 수익성으로 구분될 수 있다. 생산성을 측정하는 척도는 단위당 물류비, 단위당 수송비, 단위당 창고비, 적정재고유지비 등이 포함되며, 수익성을 측정하는 척도는 ROI, GMROI, 자본유동

그림 11-6 유통경로 대안을 결정하는 요소

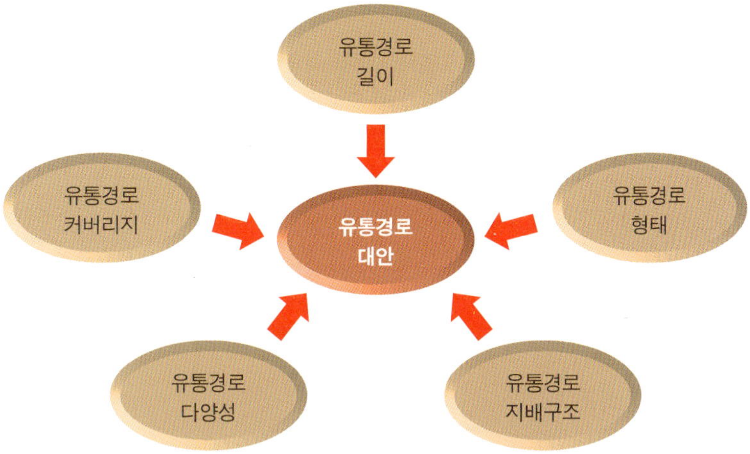

성, 수지균형, 수익의 성장잠재성 등이 포함된다.

3. 유통경로의 대안파악

유통경로 관리자는 고객들이 원하는 유통경로서비스를 제공하기 위해서 여러 가지 대안의 유통경로를 고려할 수 있다. 이와 같이 다양한 유통경로 대안을 결정하는 요소에는 [그림 11-6]과 같이 유통경로의 길이, 유통경로의 커버리지, 유통경로의 형태, 유통경로의 다양성, 유통경로의 지배구조 등이 있다.

(1) 유통경로길이

유통경로길이(channel length)에 대한 결정은 유통경로단계를 어느 정도로 할 것인지에 대한 즉, 유통경로수준에 대한 결정이다. 유통경로가 가장 짧은 것은 제조업체가 중간상을 완전히 배제하고 최종 소비자에게 직접 제품을 판매하는 경우이다. 예를 들어, Dell 컴퓨터는 컴퓨터를 판매할 때 중간상을 활용하지 않고 인터넷을 통해 주문을 받고 직접배송한다.

이와 같은 경우 제조업체가 유통경로기능을 직접 수행하기 때문에 통제력은 증가하지만 유통경로기능을 자체적으로 수행하는 다양한 비용 또한 증가한다. 반면 유통경로가 길어지면 제조업체는 유통경로기능을 다양한 형태의 중간상을 통해서 수행하여 유통경로에 대한 통제와 조정이 어려워지지만, 전국에 산재한 더 많은 소비자를 포괄하게 되며, 전문화

표 11-2 유통경로길이가 짧은 경우와 긴 경우 비교

유통경로	통제정도	지원정도	시장범위	투자비용	융통성
짧은 경로	High	High	Low	High	High
긴 경로	Low	Low	High	Low	Low

된 서비스를 수행할 수 있게 된다. 〈표 11-2〉는 유통경로의 길이가 짧은 경우와 긴 경우를 비교 · 설명해 주고 있다.

(2) 유통경로 커버리지

유통경로 커버리지(channel coverage)는 유통경로 단계별로 자사제품을 취급하는 중간상의 수를 의미한다. 유통경로 관리자는 유통경로 각 단계별로 활용할 중간상의 수를 결정해야 한다. 이를 위하여 유통경로 관리자는 전속적 유통경로(exclusive distribution channel), 선택적 유통경로(selective distribution channel), 집중적 유통경로(intensive distribution channel) 등의 세 가지 대안을 사용할 수 있다.

전속적 유통경로는 특정한 지역안에서 오직 하나의 중간상을 통하여 제품을 공급하는 경우를 의미한다. 선택적 유통경로는 특정 지역안에서 제한된 소수의 중간상을 통하여 제품을 공급하는 것이며, 집중적 유통경로는 특정 지역안에서 가능한 많은 수의 중간상을 통하여 제품을 공급하는 것을 의미한다. 〈표 11-3〉에서는 유통경로 커버리지에 따른 중간상의 수, 특징, 구체적인 예를 설명하고 있다.

표 11-3 유통경로 커버리지에 따른 분류

	중간상수	특　징	구체적인 예
전속적 유통경로	하나	· 제품에 대한 배타성과 희소성 · 가격에 대한 통제 · 경로 구성원과의 긴밀한 관계	· 고급 자동차 · 산업 고가장비
선택적 유통경로	소수	· 전속적 유통경로와 집중적 유통경로의 중간적 특징	· 가전제품 · 기계부품
집중적 유통경로	다수	· 시장포괄 범위가 넓음 · 가격에 대한 통제 미약	· 각종 편의품 · 타이어

(3) 유통경로형태

유통경로의 형태(channel type)는 도매상 · 소매상 등 유통경로 구성원 각 단계에서의 구체적인 업태를 결정하는 것이다. 다시 말해서, 자사의 신제품을 판매하기 위하여 백화점, 대형마트, 편의점, 슈퍼마켓, 인터넷, 홈쇼핑 등 다양한 형태의 소매상을 고려할 수 있다. 예를 들어, 한 음료회사가 새로운 청량음료를 개발하는 경우 기존에 판매하던 슈퍼마켓, 대형마트를 위주로 판매할 수도 있고, 편의점이나 자동판매기 등 편의성을 강조하는 전략을 구사할 수 있다. 이와 같은 경우에 여러 가지 특징을 가지고 있는 소매상 중에서 자사의 제품특성과 목표에 맞는 유통경로형태를 선택하는 것이 바람직하다.

(4) 유통경로 다양성

유통경로의 다양성(channel diversity)은 유통경로시스템의 수를 의미한다. 제조업체는 단일 유통경로시스템을 사용하기도 하지만, 경우에 따라서 여러 유통경로시스템을 동시에 운영하기도 한다. 전자제품 제조업체가 자사의 제품을 하나의 유통경로(예를 들어, 대리점)를 통해서만 제품을 공급한다면 이는 단일유통경로(single channel)라고 하며, 두 개 이상의 유통경로(예를 들어, 대리점, 대형마트, 백화점 등)를 통해서 제품을 공급한다면 이는 복수유통경로(multiple channel)라고 부른다.

복수유통경로는 앞서 설명한 집중적 유통경로와는 다른 개념이다. 집중적 유통경로는 동일한 업태에 속하는 다수의 소매상을 통해 제품을 공급하는 것이며, 복수유통경로는 상이한 업태에 속하는 다양한 소매상을 통해 제품을 공급하는 것이다. 예를 들어, 집중적 유통경로는 음료수를 특정 지역내에 공급하기 위해서 해당 지역내의 CU, GS25, 세븐일레븐 등 많은 수의 편의점을 통해 공급하는 것을 의미하며, 복수유통경로는 전자제품을 해당 지역내의 이마트, 삼성디지털프라자, 하이마트, 현대백화점 등에 공급하는 것을 의미한다.

(5) 유통경로 지배구조

유통경로 지배구조(channel governance structure)는 유통경로기능을 수행하고 통제하는 주체가 누구인지에 대한 문제이다. 다시 말해서, 유통경로기능을 독립적 유통업자에게 맡겨서 수행하게 할 것인가 아니면 제조업체가 직접 수행할 것인가 하는 문제를 가리키는 것이다. 유통경로기능을 통합하는 정도(degree of integration) 혹은 유통경로 구성원에 대한 통제정도(degree of control)를 의미한다. 유통경로기능을 독립적 유통업자가 수행하는 경우를 독립적 유통경로(independent distribution channel)라고 하고, 제조업체가 직접 수행

그림 11-7 수직적 마케팅시스템

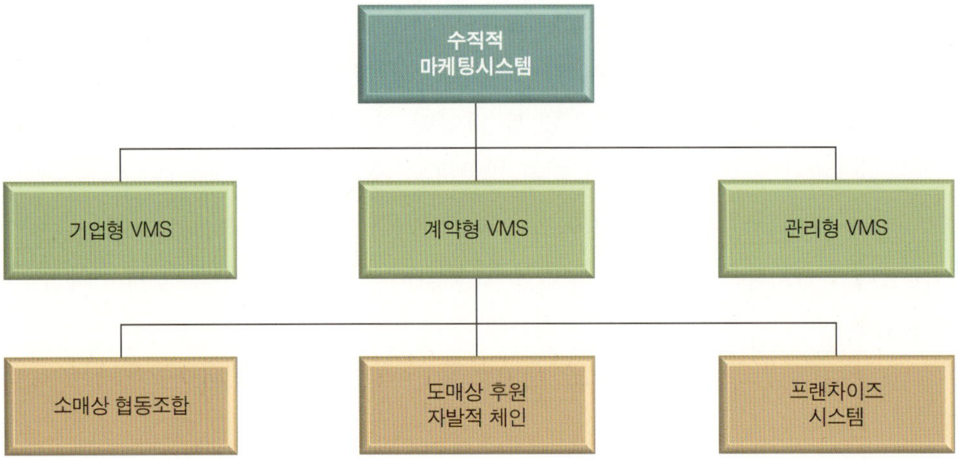

하는 경우를 통합적 유통경로(integrated distribution channel)라고 한다.

독립적 유통경로는 독립적인 제조업체, 도매상, 소매상들로 구성되어 각각 독자적인 이익을 극대화하기 때문에 유통경로구축 비용은 상대적으로 적게 들지만 통제 가능성 또한 낮다. 반면에 통합적 유통경로는 통제 가능성이 높지만 유통경로구축 비용 또한 높다고 할 수 있다. 따라서 두 가지 유통경로 중에서 어떤 시스템이 보다 효과적인가에 대한 문제는 다양한 요인을 동시에 고려해야 한다. 그리고 이 두 가지 유통경로시스템의 장점을 결합한 유통경로시스템인 수직적 마케팅시스템(vertical marketing system, VMS)이 등장하여 그 활용도가 높은 편이다.

수직적 마케팅시스템은 유통경로 구성원들 중에서 큰 파워를 가지고 선도적인 지위에 있는 유통경로 구성원에 의하여 다른 유통경로 구성원들의 활동이 통제되고 조정되는 유통경로를 의미한다. 수직적 마케팅시스템은 기업형 VMS(corporate VMS), 계약형 VMS(contractual VMS), 관리형 VMS(administered VMS)로 구분된다. [그림 11-7]은 수직적 마케팅시스템의 유형을 나타내고 있다.

① 기업형 VMS

기업형 VMS는 직영 영업망과 같이 한 유통경로 구성원이 다른 유통경로 구성원들을 소유하고 지배하는 경우를 의미한다. 이와 같은 유통경로시스템은 통제가능성은 높으나 구축비용이 과도하게 지출되는 특징이 있으며, 앞에서 설명한 통합적 유통경로 혹은 유통경로 계열화와 동일한 의미를 갖는다. 제조업체가 생산만이 아니라 유통기능까지 수행할 때

전방통합(forward integration)이라고 하고, 유통업체가 유통기능만이 아니라 생산기능까지 수행할 때 후방통합(backward integration)이라고 한다.

② 계약형 VMS

계약형 VMS는 독립적인 유통경로 구성원들이 법적인 계약에 의해서 서로의 활동을 통제하고 조정하는 것을 의미한다. 이와 같은 계약형 VMS에는 크게 소매상 협동조합, 도매상이 후원하는 자발적 체인, 프랜차이즈 시스템이 있다.

소매상 협동조합(retailer-sponsored cooperative)은 소매상이 자발적으로 자신들만의 도매상(도매본부)을 소유하고 공동으로 운영한다. 도매상은 조합에 참여하는 소매상들에게 운영과 관련하여 필요한 서비스를 제공하게 된다. 도매상이 후원하는 자발적 체인(wholesaler-sponsored voluntary chain)은 소매상이 아닌 도매상이 주도적으로 소매상을 집단화하며, 소유와 운영 또한 도매상에게 있다는 점에서 소매상 협동조합과 구분된다. 마지막으로 프랜차이즈 시스템(franchise system)은 본부(franchisor)가 가맹점(franchisee)에게 제품, 서비스, 노하우, 사업운영방법 등을 제공하고 반대로 각종 수수료, 로열티(royalty)를 지급받게 된다.

③ 관리형 VMS

관리형 VMS는 유통경로상에서 파워를 지닌 유통경로 선도자(channel leader, captain)가 다른 유통경로 구성원들의 활동을 통제하고 조정하는 경우를 의미한다. 때로 파워를 가진 제조업체는 유통업체의 활동을 통제하고 조정하기도 하고, 파워를 가진 대형유통업체가 유통경로 선도자의 역할을 함으로써 제조업체의 활동을 통제하기도 한다.

위에서 설명한 수직적 마케팅시스템과 더불어 고려해야 할 유통경로시스템은 수평적 마케팅시스템(horizontal marketing system)이다. 수평적 마케팅시스템은 두 개 이상의 서로 관련이 없는 기업들이 기회를 활용하기 위하여 각자 부족한 여러 가지 자원과 프로그램을 공유하여 협력하는 것을 의미한다. 예를 들어, 미국의 Citizens First National Bank는 많은 수의 슈퍼마켓 체인과 협력하여 슈퍼마켓 내에 은행지점을 설치하였다. 이 은행의 30%가 넘는 지점이 슈퍼마켓 내부에 설치되었으며, 슈퍼마켓 은행지점에 근무하는 직원은 다른 지점직원에 비해 소매판매에 대한 배경지식이 많으며, 보다 젊고 판매지향적인 것으로 나타났다.

4. 유통경로의 대안평가와 선택

유통경로의 대안을 마련한 후에 유통경로 관리자는 평가기준을 가지고 대안들을 평가하여 최적의 대안을 선택할 필요가 있다. 각각의 유통경로 대안은 경제성, 통제정도, 적응성의 평가기준을 가지고 평가할 수 있다.

경제성 평가기준(economic criteria)은 유통경로 대안별로 판매잠재성과 비용을 평가하는 것이고, 통제정도 평가기준(control criteria)은 유통경로 구성원의 운영 및 활동에 대한 통제의 필요성을 의미하는 것이며, 적응성 평가기준(adaptive criteria)은 소비자의 선호변화, 유통경로의 혁신 등 새로운 환경변화에 유통경로가 얼마나 탄력적으로 적응할 수 있는가를 가리킨다.

이러한 평가기준을 근거로 대안을 평가하기 위해서 몇 가지 의사결정 모형이 개발되어 있다. 유통경로 대안을 평가하는 모형에는 마치 소비자가 구매를 고려하는 제품대안을 평가하는 방식과 같이 모든 평가기준 평점의 단순 혹은 가중합산점수가 가장 높은 대안을 선택하는 선형모형(linear model), 가장 중요한 평가기준에서부터 평점이 가장 높은 대안을 순차적으로 선택하거나 가장 낮은 대안을 순차적으로 제거하는 사전편집식 모형(lexicographic model), 평가기준별 최소평점을 정하고 미달여부에 따라 포함하거나 제거하는 최소기준 모형(minimum requirement model)으로 구분된다. 〈표 11-4〉는 가장 기본적인 선호모형에 따라 유통경로 대안 A, B, C를 비교 평가한 결과이다. 평가결과를 살펴보면 유통경로 B가 최적의 대안임을 알 수 있다.

표 11-4 유통경로 대안평가

평가기준	상대적 중요도	대안적 유통경로 평가(1-10점)		
		유통경로 A	유통경로 B	유통경로 C
경로목표				
판매량	0.2	5	8	3
판매마진	0.2	3	4	4
적응성	0.1	6	3	5
통제가능성	0.1	6	5	2
제약요건				
투자비용	0.3	4	7	6
위 험	0.1	7	2	3
합 계	1	4.7	5.5	4.2

5. 유통경로 구성원의 선정 및 계약체결

최적의 유통경로 대안이 선정되고 나면 유통경로 관리자는 구체적인 유통경로 구성원을 선정하는 작업을 진행해야 한다. 예를 들어, 대형마트를 유통경로로 활용하고자 하는 경우에 구체적으로 이마트를 활용할 것인가, 홈플러스를 활용할 것인가, 롯데마트를 활용할 것인가, 아니면 세 곳 모두를 활용할 것인가에 대한 결정을 해야 한다.

따라서 유통경로 관리자가 유통경로 구성원 즉, 구체적인 유통경로 파트너를 선정할 때 유통경로 구성원에 대한 다양한 기준을 고려하여 선정할 필요가 있다. 선정기준으로는 재무적 능력과 전망, 매출능력, 취급제품의 수, 평판, 시장포괄범위, 판매성과, 관리능력, 광고 및 판촉프로그램, 보상프로그램, 공장 · 설비 · 장치 등 하부구조, 주문 및 지불처리절차, 설치 및 수리서비스, 시연능력, 관계결속에 대한 의지, 공동프로그램에 대한 협조의지, 자료공유의 의지, 할당수용에 대한 의지 등이 포함된다. 또한 선정된 유통경로 구성원과 가격조건, 마진률, 대금지불조건, 배달, 반품조건, 판매구역, 판촉 및 기술지원 등에 대한 계약체결을 하게 된다.

03 유통경로의 관리

시장특성, 유통경로 구성원 특성, 자사특성, 제품특성, 기타 환경특성 등 유통경로에 영향을 미치는 다양한 요인을 충분히 검토하고 합리적인 유통경로를 개발하였다 할지라도, 유통경로를 효과적으로 관리할 수 없다면 유통경로시스템의 성과를 기대하기는 어렵다. 따라서 유통경로를 관리하기 위해서 유통경로관리와 관련된 파워, 갈등, 파트너십 등 다양한 개념을 바르게 이해할 필요가 있다.

3.1 유통경로 파워

1. 유통경로 파워의 개념

유통경로는 제조업체 · 도매상 · 소매상 등 상호의존적인 경로구성원들로 구성되며, 이들은 각각 자신의 이익을 극대화하기 위해서 행동한다. 예를 들어, 삼성전자와 같은 제조업체는 자사의 냉장고나 컴퓨터가 많이 팔리기 원하지만, 홈플러스와 같은 대형마트는 삼성전자든지, LG전자든지 많은 제품을 판매하여 이익을 창출하기를 원한다. 따라서 독립적인 목표를 가진 유통경로 구성원이 자신의 이익만이 아니라, 전체 유통경로의 이익을 극대화할 수 있도록 관리할 필요가 있다.

이와 같이 유통경로 파워(power)는 한 유통경로 구성원이 다른 유통경로 구성원의 행동에 영향을 미치거나 변경시킬 수 있는 능력을 의미한다. 즉 유통경로 상에서 다른 유통경로 구성원의 다양한 전략적 의사결정을 통제하는 능력이라고 할 수 있다. 종종 유통경로 파워는 의존(dependence)이라는 개념과 함께 고려하게 되는데, A기업이 B기업에 대한 파워가 높은 경우, 반대로 B기업의 A기업에 대한 의존은 높아진다고 할 수 있다. 예를 들어, 제조업체가 유통업체에 기여하는 이익이 커질 때, 유통업체의 제조업체에 대한 의존정도는 높아지는 것이다.

유통경로를 통제하기 위해서는 유통경로에 대한 권한을 행사해야 하는데 이런 유통경로 구성원을 일컬어 유통경로 리더(channel leader) 혹은 유통경로 캡틴(channel captain)이라고 한다. 어떤 유통경로시스템에서는 막대한 자금력을 가진 대형제조업체가 유통경로리더의 역할을 하기도 하고, 때로는 최종 소비자에 대한 구체적인 정보를 보유하고 영향력을 행사하는 대형유통업체가 리더의 역할을 수행하기도 한다. 따라서 제조업체와 대형유통업체간에 서로 우월한 파워를 행사하여 상대방의 의사결정에 영향을 미치려는 활동을 하기도 한다.

2. 유통경로 파워의 종류와 행사

사회학에서는 어떤 사람이 다른 사람을 자신의 뜻대로 행동하게 만드는 능력을 파워라고 하는데 유통경로 상에서의 파워는 강압적 파워(coercive power), 보상적 파워(reward power), 합법적 파워(legitimate power), 전문적 파워(expert power), 준거적 파워(referent power) 등에서 생겨난다고 할 수 있다. 〈표 11-5〉는 파워의 종류와 구체적인 예를 나타내

표 11-5 파워의 종류

종류	의 미	구체적인 예
강압적 파워	중간상이 제조업자의 요구대로 행동하지 않을 경우 처벌할 수 있는 능력을 갖고 있기 때문에 발생하는 파워	상품공급자의 지연, 대리점 보증금의 인상, 마진폭의 인하, 대금결제일의 단축, 지역 전속권의 철회, 인접지역에 대한 새로운 점포의 개설, 끼워팔기, 밀어내기, 기타 보상력의 철회
보상적 파워	제조업자가 중간상에게 보상을 줄 수 있는 능력을 갖고 있기 때문에 발생하는 파워	판매지원, 영업활동지원, 관리기법, 시장정보, 금융지원, 신용조건, 마진폭의 증대, 특별할인, 리베이트, 광고지원, 판매물 제공, 신속한 배달, 빈번한 배달, 감사패 제공, 지역독점권 제공
합법적 파워	제조업자가 중간상에 대하여 어떤 행동을 요구할 수 있는 합법성 또는 정당성을 갖고 있기 때문에 발생하는 파워	오랜 관습이나 상식에 따라 당연하게 인정되는 권리, 계약, 상표등록, 특허권, 프랜차이즈 협약, 기타 법률적 권리
전문적 파워	제조업자가 중간상이 가지고 있지 않는 특별한 지식이나 노하우를 갖고 있기 때문에 발생하는 파워	경영관리에 관한 상담과 조언, 영업사원의 전문지식, 종업원의 교육과 훈련, 상품의 진열 및 전시조언, 경영정보, 시장정보, 우수한 제품, 다양한 제품, 신제품개발능력
준거적 파워	중간상이 제조업자에 대해 일체감을 갖고 있거나 갖게 되기를 바라기 때문에 발생하는 파워	유명상표를 취급한다는 긍지와 보람, 유명업체 또는 관련산업의 선도자와 거래한다는 긍지, 상호간 목표의 공유, 상대방과의 관계지속 욕구, 상대방의 신뢰 및 결속

자료원 : 박찬수(2010), 마케팅원리, 법문사, p. 405. 오세조, 박진용, 김상덕(2009), 소비자지향적 유통관리, 박영사, p. 262.

고 있다.

〈표 11-5〉에서 설명된 여러 가지 파워중에서 강압적 파워는 다른 파워에 비하여 상대방과의 갈등과 부정적인 성과를 야기할 수 있기 때문에 되도록 사용을 줄이는 것이 현명하다. 또한 유통경로 관리자가 유통경로를 관리하는 경우 파워만을 의지하게 되면 단기적인 성과를 얻을 수 있지만, 장기적인 성과를 거두기에는 불가능할 수 있다.

그 이유는 파워는 시간의 변화에 따라 얼마든지 변화될 수 있다는 점이다. 현재 보유하고 있는 파워는 항존적이지 않으며 환경의 변화에 따라 약해지기도 하며, 다른 유통경로 구성원에게로 파워가 이전되기도 한다. 예를 들어, 과거에는 대형제조업체의 파워가 항상 유지된다고 생각했지만, 요즈음 대형유통업체는 소비자 정보파악 능력과 구매력을 근거로 파워를 행사하기도 한다.

이와 같은 유통경로의 파워는 단순히 보유하고 있을때보다 실제로 행사할 때 영향력을 행사하게 된다. 유통경로 구성원이 파워를 행사하는 방식은 크게 의사소통(communication)과 리더십으로 구분할 수 있다. 의사소통은 유통경로 구성원을 하나로 연결해주는 매개체역할을 하고 있으며 정보교환, 권고, 요청, 약속, 법적호소 및 위협 등과 같은 방식으로 영향력을 행사한다. 예를 들어, 제조업체는 대리점에게 판매원 교육을 권고하고 대리점은 제조업체에게 판촉과 광고비중을 높여줄 것을 요청할 수 있다.

또한 리더십을 통해서 영향력을 행사할 수 있는데, 리더십은 유통경로 구성원들의 의견을 고려하고 제안을 유도하는 참여적 리더십(participative leadership), 유통경로 구성원들의 필요를 파악하고 복지에 관심을 표현하는 지원적 리더십(supportive leadership), 업무를 조직하고 수행할 기능을 분담하는 지시적 리더십(directive leadership)으로 구분할 수 있다.

3.2 유통경로 갈등

1. 유통경로 갈등의 종류

유통경로가 아무리 잘 개발되고 관리되어도 필연적으로 갈등이 발생할 수 있다. 유통경로 갈등(channel conflict)이란 한 유통경로 구성원이 목표를 달성하는 것을 다른 유통경로 구성원이 방해하는 행동을 하고 있다고 지각하는 상태를 의미한다. 예를 들어, 삼성전자가 대리점에만 공급하던 가전제품라인을 TV홈쇼핑을 통해서 판매하는 경우에 대리점은 매출과 이익에 어려움을 줄 것이라고 판단하여 갈등이 발생할 수 있다. 그래서 이러한 갈등을 회피하기 위하여 유통경로별로 차별화된 제품라인을 공급하여 해결하기도 한다. [그림 11-8]은 유통경로 갈등의 종류를 설명하고 있다.

그림 11-8 유통경로 갈등의 종류

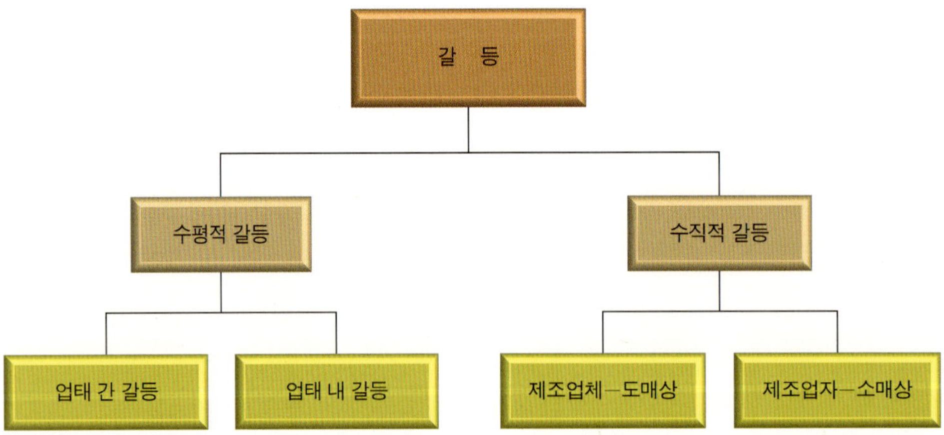

(1) 수평적 갈등

수평적 갈등(horizontal conflict)은 동일한 단계(level)에 있는 유통경로 구성원들 간에 발생하는 갈등을 의미한다. 수평적 갈등에는 업태 간의 갈등과 업태 내의 갈등 두 가지 형태가 존재한다.

① 상이한 업태 간의 갈등

동일한 단계의 업태 간의 갈등(intertype conflict)으로서 대형마트와 근거리에 위치한 백화점 간의 경쟁이 이에 속한다. 이들 업태는 상이하지만 동일한 단계의 소매상으로서 서로 경쟁하기도 한다. 또한 식품을 취급하는 대형마트와 대형슈퍼마켓 사이에 갈등이 발생하기도 한다.

② 업태 내의 갈등

동일한 단계의 업태 내의 갈등(intratype conflict)으로서 대형마트 간, 백화점 간, 대리점 간의 갈등이 이에 속한다. 예를 들어, 이마트, 롯데마트, 홈플러스 간 가격다툼 혹은 롯데백화점과 신세계백화점 간 명품유치를 위한 첨예한 갈등이 이에 해당한다. 또한 특정 대리점이 자신의 정해진 판매구역을 벗어나 다른 대리점의 구역을 침범하여 활동하는 경우에 갈등이 일어나기도 한다.

(2) 수직적 갈등

수직적 갈등(vertical conflict)은 상이한 단계에 있는 유통경로 구성원들 간에 발생하는 갈등을 의미한다. 수직적 갈등은 제조업체와 도매상 간의 갈등과 제조업체와 소매상 간의 갈등으로 구분할 수 있다.

① 제조업체와 도매상 간의 갈등

제조업체와 도매상 간의 갈등(manufacturer–wholesaler conflict)은 서로 간의 관계에 대한 다른 관점에서 비롯된다. 제조업체는 도매상이 재고를 충분히 보유하지 않는다고 생각하지만, 도매상은 제조업체가 과도한 재고보유를 요구한다고 생각한다. 특히 제조업체가 도매상의 서비스에 불만을 갖는다거나 변화가 빠른 시장상황에 적응하기 위해서 도매상을 거치지 않고 직접 소매상 혹은 소비자와 거래하는 경우에 갈등이 발생한다.

② 제조업체와 소매상 간의 갈등

제조업체와 소매상 간의 갈등(manufacturer–retailer conflict)은 경쟁이 심화되면서 급증하고 있다. 대형유통업체가 등장하면서 제조업체의 납품가를 인하해 줄 것을 요구하거나 판촉 및 진열 등에 관한 비용을 제조업체에 요구하기도 한다. 또한 제조업체와 유통업체 간 수수료인하를 둘러싼 갈등이 자주 발생하여 업체간 자체적으로 해결을 시도하기도 하지만 공정거래위원회가 직접 개입하여 해결을 시도하기도 한다.

2. 유통경로 갈등의 원인과 해결방안

유통경로 구성원들은 상호의존적인 관계속에서 자신에게 주어진 기능을 전문적으로 수행하도록 역할이 주어진다. 하지만 자신만의 기능을 수행하는 과정에서 다양한 원인에 의해서 갈등이 발생한다. 유통경로 구성원 간에 상이한 목표를 갖고 있거나, 역할이나 영역에 대한 불일치가 있거나, 동일한 일에 대한 인식이 다를 때 주로 발생하게 된다. [그림 11-9]는 유통경로 갈등을 일으키는 주된 원인을 목표불일치, 영역불일치, 지각불일치 세 가지로 구분하여 보여주고 있다.

(1) 유통경로 갈등의 원인

① 목표불일치

목표불일치(goal incompatibility)는 유통경로 구성원들의 목표들이 각기 다르고 함께 달성할 수 없는 경우를 의미한다. 만약 제조업체는 시장확대를 위해 성장성을 주된 목표로 하고 있고, 소매업체는 내실경영을 위해 수익성을 목표로 하고 있다면 이는 구성원 간에 갈등을 야기할 수 있다. 각자 자신의 목표를 추구하며 다른 경로구성원의 목표를 지지하지 않는 경우가 대부분이기 때문이다.

그림 11-9 유통경로 갈등의 원인

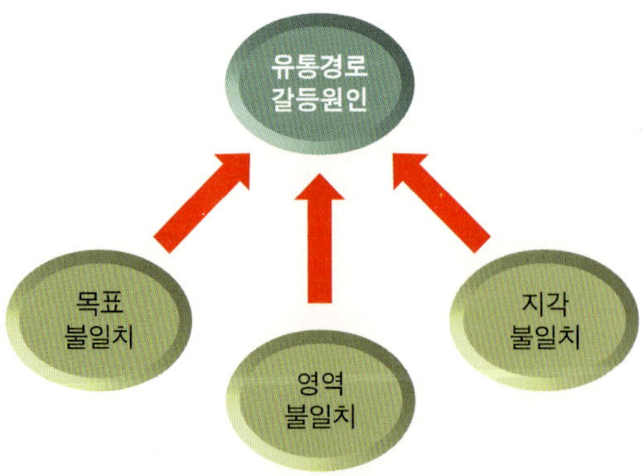

② 영역불일치

영역불일치(domain or role dissensus)는 유통경로 구성원들 간의 영역이나 역할에 대한 합의가 이루어지지 않은 경우를 의미한다. 가령 타이어 제조업체의 대리점들이 자신에게 주어진 판매영역을 넘어서서 다른 대리점의 영역을 침범하는 경우 갈등이 발생한다. 또한 프랜차이즈 본부와 가맹점 서로 간에 기대하는 역할에 대해서 다르게 생각하기도 한다.

③ 지각불일치

지각불일치(perceptual differences)는 유통경로 구성원들이 동일한 상황에 대하여 지각의 차이로 다른 반응을 나타내는 경우를 의미한다. 예를 들어, 프랜차이즈 가맹점의 매출과 수익이 저조한 상황에 대해서 가맹점은 프랜차이즈 본부의 대대적인 광고와 지원이 부족했기 때문이라고 생각하지만, 본부는 가맹점이 본부의 정책에 비협조적이고 사업열의가 낮은 것에 원인을 돌리는 경우 갈등이 발생한다.

(2) 유통경로 갈등의 해결방안

유통경로의 갈등이 궁극적으로 항상 파괴적인 결과를 가져오는 것은 아니다. 때로는 잠재되어 있던 문제를 표면으로 드러나게 하여 해결할 수 있는 계기를 마련해주는 등 순기능적인 면도 있다. 마치 사람간의 관계에서도 아무런 갈등이 없는 관계보다 갈등이 생겼을 때 그 갈등을 어떻게 해결했느냐에 따라서 더 신뢰하는 긍정적인 관계가 되기도 하는 것과 마찬가지 경우이다.

유통경로 갈등을 해결하는 방법에는 다양한 접근과 방법이 가능하지만 대부분의 방법들은 갈등의 원인을 해결하는 방향으로 설정되게 된다. 그래서 거시적으로는 자사의 목표를 뛰어넘는 상위목표를 설정하거나 지속적인 정보교환을 통해 적시에 정보를 주고 받음으로써 여러 가지 불일치를 해소하는 것이 필요하다.

세부적으로도 유통경로별로 역할이나 기능을 차별화하여 제품을 판매할 수도 있고, 세분시장의 특성에 맞는 유통경로를 파악하여 갈등을 해소할 수 있다. 또한 불필요하거나 방대한 유통경로를 정리하여 선택과 집중을 하거나 오해의 소지를 막도록 투명하게 유통경로를 관리하는 것도 중요한 방안이 될 수 있다.

사 례 '골목상권과 상생' 새로운 과제 안은 플랫폼기업

▸ 빅테크 혁신의 명암

· 카카오 · 쿠팡 · 배민 · 야놀자 사업 확장하며 사회적 갈등
· '금전지원 상생안' 내놨지만 소상공인들은 "면피용" 비판
· 전문가 "상권 직접진출보다 혁신 통해 함께 시장 키워야"

플랫폼기업을 둘러싼 사회적 갈등이 전면전으로 비화할 조짐을 보이고 있다. 골목상권 침해 논란을 낳은 카카오와 쿠팡, 배달의민족(우아한형제들), 야놀자 등 주요 빅테크 기업은 소상공인 및 이해관계자 등과의 상생안을 제시했다. 그러나 일각에서는 진정성이 부족한 '면피용'에 불과하다는 평가가 나온다. 전문가들은 플랫폼기업이 단순히 소상공인에게 금전적으로 지원하는 수준으로는 진정한 상생이 쉽지 않다고 입을 모은다.

플랫폼 기업 갈등 사례

kakao 카카오	택시 호출, 꽃·간식·샐러드 배달, 미용실 예약 등 골목상권 침해
coupang 쿠팡	퀵커머스 '쿠팡이츠마트' 비대면 휴대전화 개통 서비스 '로켓 모바일' 등 골목상권 침해
배달의민족 배달의민족	중개 수수료 인상 관련 소상공인 반발, 퀵커머스 'B마트' 골목상권 침해
yanolja 야놀자	일부 임원이 숙박업소 운영하는 등 공정성 논란

1일 관련 업계에 따르면, 카카오는 미용실 예약 서비스 '카카오 헤어샵'의 연내 철수 및 카카오인베스트먼트 자회사의 완구 소매업 철수, 카카오모빌리티의 가맹택시 '프로멤버십' 폐지 등을 검토하기로 했다. 앞서 골목상권 침해 논란을 빚은 카카오T 택시 스마트 호출과 카카오T 비즈니스의 꽃 · 샐러드 · 간식 배달 중개 서비스는 종료했다.

쿠팡과 배달의민족, 야놀자 등도 마찬가지다. 쿠팡은 퀵커머스 사업 '쿠팡이츠 마트'와 비대면 휴대전화 개통 서비스 '로켓 모바일' 등이 골목상권을 침해한다는 지적에서 자유롭지 못하다. 배달의민족의 경우 중개 수수료를 두고 소상공인과 마찰을 빚은 데 이어 'B마트'가 논란이 됐다. 야놀자는 이수진 창업자와 초기 창업 멤버 등 임직원이 숙박시설을 운영하며 '심판이 선수로 뛴다'는 지적을 받아왔다.

플랫폼기업들은 국회 국정감사를 전후로 다양한 상생안을 발표했지만, 소상공인들의 반응은 싸늘하기만 하다. 소상공인연합회는 지난달 20일 기자회견을 열고 "국회가 온라인 플랫폼 공정화법 제정에 속도를 내 온라인 플랫폼 대기업들의 무분별한 시장 침탈을 막고 소상공인들에 대한 최소한의 울타리를 만들어 줘야 한다"며 "온라인 플랫폼 대기업의 골목상권 침해 문제는 국회에서 청문회를 개최해 집중적으로 다뤄야 할 시급한 현안"이라고 했다.

전문가들은 소상공인에게 단순히 일정 금액을 지원하는 상생안은 한계가 있다고 지적했다. 스스로 시장을 만들고 규칙을 설정하고 그 안에서 선수로 뛰는 구조를 막고 끊임없이 혁신해야만 진정한 상생이 가능하다는 주장이다. 박성호 한국인터넷기업협회장은 "플랫폼과 소상공인이 함께 시장을 키워서 수익을

나눠 갖는 방안을 마련해야지, 기업이 돈으로 해결하는 건 본질적이지 않다"며 "네이버나 카카오를 위협할 수 있는 혁신적인 스타트업이 많이 나타나면서 국내 플랫폼을 활성화하는 게 중요하다"고 했다.

최경진 가천대 법학과 교수는 "플랫폼기업이 기존 산업과 머리를 맞대고 혁신을 추진하다 보면 새로운 혁신이 나타나고 다양한 서비스가 출시될 것"이라고 했다. 최 교수는 "최근 플랫폼기업들을 보면 일정 규모로 성장한 이후에는 혁신보다는 '확대'에 초점을 맞추고 있는 듯한 느낌을 주는데, 플랫폼기업은 혁신을 계속해야 한다"고 강조했다.

이성원 한국중소상인자영업자총연합회 사무총장은 "갈등의 핵심은 플랫폼기업들이 중개 과정에서 얻은 막대한 데이터를 바탕으로 심판에서 선수로 변신, 중소상공인 사업 영역으로 무차별적으로 진출하고 있다는 점"이라며 "중소상공인 중심의 시장을 잠식하지 말고 중소상공인이 입점해서 이익 공유가 가능한 플랫폼 사업 본연의 역할에 집중해야 한다"고 말했다.

다만, 플랫폼기업에 대한 규제는 신중해야 한다고 했다. 박 협회장은 "세계 시장을 점령한 미국 플랫폼기업들은 자기 분야에서 경쟁자가 없기 때문에 규제가 필요하지만, 우리나라 플랫폼기업들은 아직 유효경쟁이 이뤄지는 상황"이라며 "규제가 혁신의 속도를 더디게 할 것"이라고 했다.

● 자료원 : 문화일보, 이승주, 2021.11.01.

3.3 유통경로 파트너십

유통경로를 개별적으로 독립적이며 자사만의 이익만을 추구하는 기업들의 집합이라고만 보는 것은 근시안적인 사고라고 할 수 있다. 오히려 제조업체, 도매상, 소매상 등 모든 경로구성원들이 최종 소비자의 욕구를 충족시키기 위해 파트너십(partnership)으로 연결되어 있다고 보는 것이 바람직하다고 할 수 있다. P&G와 월마트가 수요예측과 재고관리, 매출향상을 위해서 정보시스템을 활용하여 파트너십을 달성하였으며, 괄목할만한 성과를 거둘 수 있었다. 이와 같이 유통경로에서는 상호간에 혜택을 제공하기 위해서 일련의 협력적인 행동(cooperative activities)을 하게 된다.

유통경로 파트너십을 통해 낮은 재고수준과 운영비용, 향상된 제품과 서비스품질, 주문에 대한 빠른 처리 등 다양한 혜택을 얻을 수 있다. 하지만 파트너십에는 위험 또한 존재한다. 긴밀한 협력관계는 민감한 정보를 공유하게 되고, 상대방에게 오용될 수 있는 여지도 상존한다. 파트너십을 구축하는 대부분의 기업들이 거래하는 기업의 수를 줄이기 때문에 관계가 종결되는 경우 큰 타격을 입을 수도 있다.

유통경로 파트너십은 관계마케팅(relationship marketing)의 관점에서 볼 때, 전략고객을 관리(strategic account management)하는 것이 얼마나 중요한지를 알게 한다. 전략고객은 상당한 양을 구매하거나 구매점유율이 높은 고객을 의미하며, 다른 말로 핵심고객, 주요고객 등으로 불리운다. 예를 들어, 농심과 같은 제조업체의 입장에서는 이마트나 홈플러스, 롯데마트와 같은 대형유통업체가 농심의 전체매출의 상당부분을 차지하는 전략고객이기에 이를 위한 전담팀을 마련하고 고객의 특성에 맞는 관리방안이 필요하다고 할 수 있다.

따라서 유통경로상에서 주문규모, 공급업자의 사업특성, 제품믹스, 고객유지비용 등을 평가하여 전략고객을 선정하고, 전략고객의 구매과정을 심층적이고 객관적으로 분석하며, 공급자-구매자관계를 발전시키고, 세부적인 판매노력을 조정하는 것이 필요하다고 할 수 있겠다. 이를 통해 유통경로 구성원과의 전략적인 파트너십을 구축하고 장기적으로 동반성장할 수 있는 신뢰를 구축하며 장기적인 협력관계의 혜택을 누릴 수 있는 관계로 발전해 갈 수 있을 것이다. 예를 들어, 삼성전자는 국내 최대 대형마트인 이마트와 함께 스마트 냉장고를 공동개발하여 냉장고를 통해 쇼핑이 가능하도록 하였다.

04 요 약

유통경로는 제조업체가 생산한 제품이나 서비스를 소비자가 사용하고 소비할 수 있도록 이전하는 과정에 참여하는 상호의존적인 개인 및 조직의 집합체를 의미하며, 도매상이나 소매상과 같이 유통경로에 참여하는 개인 및 조직을 유통경로 구성원이라고 한다. 유통경로는 가치를 제공하기 위하여 물리적 보유, 소유권, 촉진, 협상, 금융, 위험부담, 주문, 대금지불과 같은 기능흐름을 수행한다.

유통경로의 최종적인 목적은 최종 구매자에게 가치를 제공하여 만족을 주는 것에 있다. 가치는 총혜택에서 총비용을 차감한 개념이기 때문에, 유통경로는 제조업체와 최종 구매자에게 정보탐색 혜택, 제품형태 혜택, 시간적 · 장소적 혜택 등 다양한 혜택을 증대시키는 방법이나 역할전문화, 거래정례화, 거래단순화 등과 같이 비용을 절감하는 방법으로 가치를 제고할 수 있다.

유통경로는 다양한 요인의 영향을 받기 때문에 유통경로를 개발할 때는 시장의 형태, 잠재고객의 수, 시장의 지역적 집중정도, 주문규모 등 시장의 특성 요인과 제품의 단가, 제품의 소멸성, 제품의 기술적 복잡성 등 제품의 특성 요인을 고려해야 한다. 또한 유통경로 구성원이 제공하는 서비스 유형, 바람직한 유통경로 구성원의 이용가능성, 제조업체와 유통업체의 정책 등 유통경로 구성원의 특성 요인과 유통경로를 통제하기 원하는 정도, 제조업체가 제공하는 서비스, 경영능력, 재정적인 지원 등 기업의 특성 요인을 동시에 고려해야 한다. 마지막으로, 법/제도의 영향, 경쟁사의 전략 등과 같은 법/경쟁사의 특성 요인을 함께 고려해야 한다.

이와 같은 유통경로를 개발하기 위해서는 몇 가지 단계를 거치게 되는데, 유통경로 관리자는 기본적으로 고객욕구분석을 통해 유통경로 서비스수준을 결정하고, 유통경로의 목표를 설정하며, 유통경로의 다양한 대안을 파악 · 평가 · 선택하고, 유통경로 구성원을 선정하고 계약을 체결하는 단계를 거치게 된다. 또한 유통경로 관리자는 추가적으로 이처럼 선정된 유통경로 구성원과의 관계를 관리하는 과정을 진행하게 된다.

유통경로개발 과정에서 시장의 특성, 유통경로 구성원의 특성, 자사의 특성, 제품의 특성, 기타 환경특성 등 유통경로에 영향을 미치는 다양한 요인을 충분히 검토하고 합리적인 유통경로를 개발하였다 할지라도, 유통경로를 효과적으로 관리할 수 없다면 유통경로시스템의 성과를 기대하기는 어렵다. 따라서 유통경로를 효과적이고 효율적으로 관리하기 위해서는 유통경로관리와 관련된 파워, 갈등, 파트너십 등 다양한 개념을 바르게 이해하고 수행할 필요가 있다.

참 · 고 · 문 · 헌

- 박종오, 권오영, 편해수(2017), 마케팅 제2판, 북넷.
- 김상현(2002), 유통관리, 경문사.
- 류성민(2011), 유통의 이해, 신영사.
- 박찬수(2014), 마케팅원리, 법문사.
- 안광호, 한상린(2006), 유통원론, 학현사.
- 오세조, 박진용, 김상덕(2009), 소비자지향적 유통관리, 박영사.
- 오세조, 박충환, 김동훈, 김영찬(2010), 고객중심과 시너지 극대화를 위한 마케팅원론, 박영사.
- 이수동, 여동기(2006), 유통관리, 법문사.
- 임영균, 안광호, 김상용(2006), 고객지향적 유통관리, 학현사.
- 주우진, 박철, 김현식(2010), 마케팅관리, 홍문사.
- Coughlan, Anne T., Erin Anderson, Louis W. Stern, and Adel I. El-Ansary (2006), *Marketing Channels*, 7th, Prentice Hall.
- Etzel, Michael J., Bruce J. Walker, and William J. Stanton(2007), *Marketing*, 14th, McGraw-Hill/Irwin.
- Kotler, Philip, and Kevin L. Keller(2009), *Marketing Managememt*, Prentice Hall.
- Kotler, Philip, Gary Armstrong, Swee H. Ang, Siew M. Leong, Chin T. Tan, and Oliver Y. Hon-Ming(2008), *Principles of Marketing; A Global Perspective*, Prentice Hall.
- McDaniel, Carl., Charles W. Lamb., and Joseph F. Hair, Jr.(2008), *Introduction to Marketing Essentials*, 9e, Thomson South-Western.
- McDaniel, Carl., Charles W. Lamb., and Joseph F. Hair, Jr.(2009), *Marketing Essentials*, 7e, South-Western, Cengage Learning.
- Michael Levens(2010), *Marketing*, Prentice Hall.
- Perreault, Jr., William D., Joseph. P. Cannon, and E. Jerome McCarthy (2009), *Basic Marketing: A Marketing Strategy Planning Approach*, McGraw-Hill/Irwin.
- Solomon, Michael R., Greg W. Marshall, and Elnora W. Stuart(2012), *Marketing*, 7th, Prentice Hall.
- https://blog.naver.com/kcherry99/220948729638
- https://blog.naver.com/prfactorya/50139872558

part 12

유통기관과 유통경로의 혁신

소매업이 인공지능을 만나면 무엇이 바뀌는가!...
오는 2027년 리테일 AI시장 27조원 규모로 성장

이미지: 인공지능신문

더 날카로운 예측 도구를 갖춘 AI를 갖춘 소매업체는 더 현명한 비즈니스 결정을 내리는 데 도움이 될 것이며, ROI 영향에 대한 가시성이 높아져 비용 절감 및 매출 증대와 같은 결과로 이어진다. AI는 효율성과 예측을 개선하여 소매 부문에 진정한 진화를 꾀하고 있는 것이다.

전 세계가 신종 코로나 바이러스와 싸우고 있으며 수많은 산업이 혼란에 빠지고 있다. 국가들은 이 치명적인 바이러스의 확산을 막기 위해 봉쇄를 선택했다. 이러한 선택은 생산 및 공급망에 막대한 장애를 일으키고 있다.

하지만, 이 가운데 비즈니스를 촉진하기 위한 인공지능(AI) 수요는 가속되고 있다. 특히, 코로나 바이러스 속에서 고객의 소매 패턴의 변화로 전자상거래 및 온라인 쇼핑 웹과 앱을 통한 소매시장에서 그 진가를 발휘하고 AI 기반 쇼핑 경험에 고객의 성향이 증가함에 따라 시장 잠재력은 더 높아지고 있다.

소매시장에서 AI 기술은 자연어 처리(NLP) 머신러닝 및 딥러닝과 기타 신경망으로 구성되며, 솔루션별 소매 장에서 AI는 시각적 검색, 가상 도우미(챗봇 등), 제품 추천 및 계획, 가격 최적화, 고객관계관리 등과 AI 애플리케이션에서는 매장 내 시각적 모니터링 및 감시, 시장 예측, 예측 머천다이징, 프로그래밍 방식 광고 등으로 구분할 수 있다.

AI는 인사이트에서 행동까지의 격차를 줄임으로써 마케팅, 전자상거래, 제품 관리 및 기타 비즈니스 영역에서 더 빠른 비즈니스 의사결정을 내리며, 머신러닝 및 딥러닝 기술은 가장 큰 시장점유율을 가질 것으로 예상된다.

소매업계의 조직은 머신러닝과 딥러닝 기술을 사용하여 최종 사용자에게 보다 개인화 된 경험을 제공하고 대화형 환경을 제공한다. 더욱이 증가하는 기술 추세는 소매 운영을 간소화하고, 노력을 최소화한다. 이는 전자상거래 소매업체의 수익을 증가시켜야 할 당위성과 관련될 수 있다.

더 날카로운 예측 도구를 갖춘 AI를 갖춘 소매업체는 더 현명한 비즈니스 결정을 내리는 데 도움이 될 것이며, ROI 영향에 대한 가시성이 높아져 비용 절감 및 매출 증대와 같은 결과로 이어진다. AI는 효율성과 예측을 개선하여 소매 부문에 진정한 진화를 꾀하고 있는 것이다.

글로벌 시장조사업체 포춘비즈니스인사이트(Fortune Business Insights)는 "소매시장에서 통합 자동화 시스템과 AI 수용으로 인해 비즈니스의 변화가 증가하면 글로벌 시장에 엄청난 영향을 미칠 것"이라며, 지난달 29일 발행한 보고서에 따르면 글로벌 소매시장에서 인공지능(AI)은 2019년 30억달러(약 3조5천억원)에서 29.6%의 연평균 성장률(CAGR)에 힘입어 오는 2027년에는 233억 달러(약 26조9천억원)에 이를 것으로 예상했다.

계산대 없는 AI 편의점 美 '서클K', 내점한 고객은 상품이 진열된 선반에 정렬된 상품을 선택하고, 자신의 가방에 넣어 간다. 그리고 그대로 계산대에 줄을 서지 않고 통과하면 된다.(사진:인공지능신문 DB)

특히, 다양한 비대면 AI 애플리케이션의 출시와 온라인 및 매장 내 등장한 최신 AI 기반 챗봇은 소매업계에서 관심이 증가하고 사용자 경험을 위해 시장을 효과적으로 확장하고 있다. 또한 맞춤형 및 주문형 지원 및 향상된 사용자 경험을 위해 AI 구성 알고리즘을 사용하여 고객의 쇼핑 관련 쿼리를 해결하고 비용 절감, 생산성 향상, 비즈니스 문제의 해결, 신제품 및 서비스의 빠른 제공 등과 다양한 이점을 가지고 제품 최적화의 중요성을 높이고 고객 분석 및 행동 경험을 개선할 것으로 예상된다.

특히 아마존, 월마트(Walmart), 알리바바(Alibaba) 등과 같은 글로벌 회사는 공급망 관리에서 AI 기술 및 솔루션을 통해 이 시장을 선도하고 있으며, AI는 다양한 소매업계에서 논의되고 있는 뜨거운 주제로 식료품, 대량 판매상 또는 패션 등 전 세계적으로 소매업체는 이 기술을 사용하여 더 빠르고 현명한 결정을 내릴 수 있는 방법을 찾고 있다.

고객의 쇼핑여정을 기쁘게 하는 것은 궁극적으로 수익에 영향을 미치기 때문에 기업은 더 스마트하고 민첩한 공급망 기능과 서비스가 필요한 것이다. 또 소매업체의 경우 고객 중심의 재고 관리가 판매 잠재력을 극대화하는 열쇠이다.

이처럼 소매업에서 인공지능의 사용은 목표가 공급망 최적화이든, 기존 데이터를 사용하여 전환율을 높이든, 예측모델링과 마이크로 타겟팅 또는 가격 책정을 통해 쇼핑 경험을 맞춤화하는 것이든 상관없이 AI는 소매 공간에서 이러한 문제를 해결하는 데 도움이 될 수 있다.

또 입력되는 데이터의 순도를 보장하고 수만 개에 이르는 매장의 데이터를 실시간으로 빠르게 처리하도록 해주는 혁신적인 기술이기도 하다. 이뿐만 아니라, 매장 내에서 실제로 발생한 제품 가용성 문제를 알아낸다. AI는 여기에서 멈추지 않고, 이를 개선해 소매업체에 매출을 늘릴 기회를 더욱 많이 제공하고 있는 것이다.

● 자료원 : 인공지능신문, 최창현, 2020.10.02.

유통경로 관리자는 소비자의 세분화된 욕구를 충족하기 위한 유통경로를 개발하고, 최적의 유통경로 구성원을 선정하여 유통경로 구성원과의 관계를 관리함으로써 수익창출 및 고객만족을 달성하게 된다. 하지만 이러한 유통경로는 사회 · 문화적 및 경제적 환경변화, 소비자욕구의 변화, 경쟁사의 전략변화, 기술적 변화, 법제도의 변화 등 유통경로를 둘러싼 다양한 환경의 영향을 받게 된다.
따라서 유통경로 관리자는 이러한 유통환경의 변화를 반영하여 유통경로를 혁신할 필요성이 증대하게 된다. 이를 위하여 유통경로 구성원 중에서 주요 주체인 소매상과 도매상의 개념, 기능, 유형, 특성 등을 살펴보고, 소비자의 욕구를 충족하기 위한 유통업계의 혁신방향을 파악한다.

01 소매업과 도매업

1.1 소매업

1. 소매상의 개념과 중요성

소매는 '개인적 혹은 비영리적 목적으로 구매하고자 하는 최종 구매자에게 제품과 서비스를 판매하여 가치를 제고하는 활동'을 의미한다. 또한 이와 같은 활동을 하는 유통업을 소매업(retail trade)이라고 하며, 이런 활동을 수행하는 조직체를 소매상(retailier) 혹은 소매기관, 소매업태라고 한다.

소매상의 최종 구매자는 영리활동을 위한 재판매를 목적으로 구매하지 않고, 개인적인 소비를 목적으로 구매하는 소비자를 의미한다. 하지만 소매상의 모든 고객이 개인적인 목적을 위해 구매하는 소비자들로 구성되지 않는 경우가 많기 때문에, 특정 기업이 소매상인지를 판단할 수 있는 새로운 기준이 필요하다. 미국에서는 전체 매출액 중에서 개인적인 목적을 위해 구매하는 소비자들에게 판매하는 비중이 50% 이상인 조직체를 소매상이라고 한다.

소매상의 의미를 고려할 때, 최종 구매자에게 제품이나 서비스를 판매하는 어떤 개인이나 기업도 소매기능(retailing function)을 수행하고 있다고 할 수 있다. 따라서 백화점, 슈퍼마켓 등과 같은 유형적인 점포를 통해서 판매하는 경우만이 아니라, 인터넷 쇼핑몰, TV 홈쇼핑, 방문판매, 자동판매기 등 다양한 판매경로를 통해서 제품을 판매하는 경우에도 최종 구매자에게 판매하는 것이라면 소매와 관련된 활동을 한다고 볼 수 있다.

소매업이 차지하는 비중과 중요성은 점차 증대되고 있는 실정이다. 우선 소매업은 국가경제나 고용창출효과면에서 매우 큰 영향력을 발휘하고 있다. 통계청조사(2020년 기준)에 따르면 국내총생산(GDP)에서 도매 및 소매업이 차지하는 비중은 7.3%이며, 도매 및 소매업의 종사자 및 사업체 수는 14.5%와 24.6%로서 종사자수는 제조업체 다음으로 비중을 차지하고 있고, 사업체 수는 제일 큰 비중을 차지하여 중요한 역할을 수행하고 있다. 또한 소매업태는 소비자와의 최종접점에서 소비자의 욕구변화를 파악하고 채울 수 있는 중요한 역할을 감당하기 때문에 점차 중요성이 커지고 있다. 이와 같이 다양한 소비자의 욕구를 충족시키기 위해서 여러 가지 형태의 소매업태가 등장하고 있다.

2. 소매상의 기능

유통경로는 제조업체, 도매상, 소매상, 소비자 등으로 구성되며, 소매상은 제조업체와 최종 소비자 사이에서 다양한 역할과 기능을 수행하게 된다. 제조업체가 생산한 제품은 도매상, 소매상을 거쳐 가치가 증대되며, 소비자에게 전달되어 판매가 발생하기 때문에 소매상은 제조업체와 도매상의 매출에 큰 영향을 미치게 되고, 소비자의 욕구를 파악하여 제조업체에게 전달하는 역할을 수행하게 된다. 이와 같이 소매상이 수행하는 기능은 크게 제조

그림 12-1 소매상의 기능

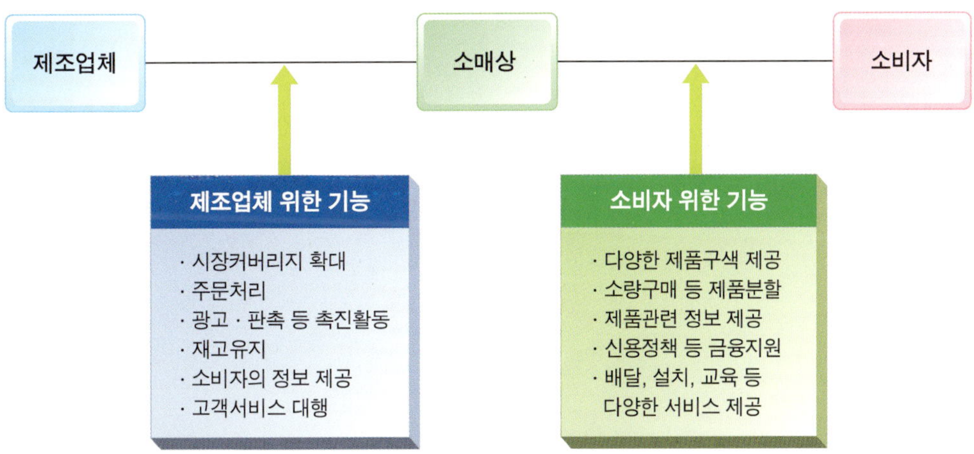

업체를 위한 기능과 소비자를 위한 기능으로 구분할 수 있다.

소매상은 제조업체를 위하여 판매대행을 통한 시장커버리지 확대, 주문처리, 광고 · 판촉 등 촉진활동, 재고유지, 소비자의 다양한 정보제공, 고객서비스 대행 등의 기능을 수행한다. 또한 소매상은 소비자를 위하여 다양한 제품구색제공, 소량구매를 위한 제품분할, 제품관련 정보제공, 신용정책을 통한 금융지원, 배달, 설치, 교육 등 다양한 서비스를 제공하게 된다. [그림 12-1]은 소매상의 다양한 기능을 나타내고 있다.

3. 소매상의 구분기준

소매상을 구분하여 유형화(categorizing)하는 것은 소비자들이 경쟁을 이해하고, 소매업에서 발생하는 변화를 이해하는 것을 도울 수 있다. 소매상은 소비자를 상대로 판매하기 때문에 소비자의 변화에 민감하며, 소비자의 세분화된 욕구를 충족시키기 위해서 다양한 형태의 소매상이 발전되어 왔다. 따라서 소매상을 구분하는 절대적인 한 가지 기준을 발견하기 어려우며, 소매상을 구분하는 기준은 여러 연구자들에 의하여 매우 다양하게 제안되어 왔다.

소매상은 제품구색의 폭과 깊이에 의해서 전문점이나 백화점 등으로 구분할 수 있고, 가격이나 서비스수준에 따라서 편의점, 대형마트, 백화점, 온라인쇼핑몰 등으로 나누기도 한다. 또한 점포의 소유형태에 따라서 독립적인 소매상, 체인, 수직적 마케팅시스템 등으로 유형화할 수도 있고, 가장 일반적인 점포의 유무에 따라서 슈퍼마켓, 온라인쇼핑몰, TV홈

그림 12-2 소매상의 구분기준

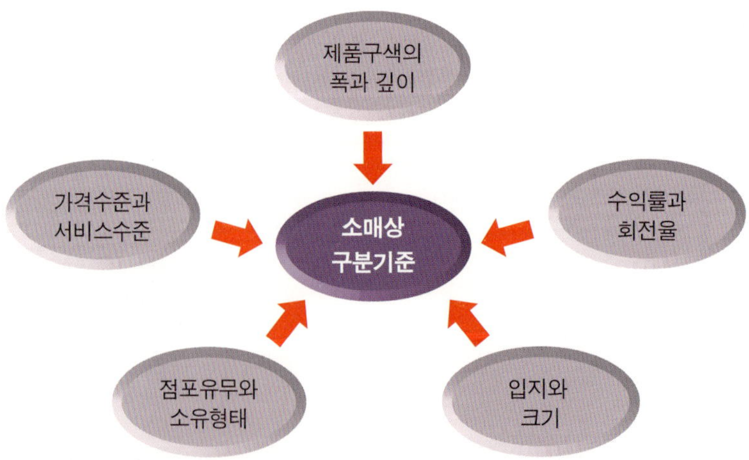

쇼핑 등으로 구분하기도 한다. 이러한 구분기준 이외에도 수익률과 회전율의 높고 낮음, 입지나 크기 등에 의해서 소매상을 설명할 수도 있다. [그림 12-2]는 소매상을 구분하는 다양한 기준을 제시하고 있다. 본 장에서는 가장 일반적인 구분기준인 점포의 유무에 따라서 점포형 소매상과 무점포형 소매상으로 구분하여 설명하고자 한다.

4. 점포형 소매상의 유형

점포형 소매상은 무점포형 소매상과는 달리 유형적 점포를 기반으로 하며, 크게 백화점, 전문점, 슈퍼마켓, 편의점, 대형마트, 카테고리 킬러, 회원제 창고형 도·소매점 등으로 구분할 수 있다. 각 소매업태의 개념과 특성, 추세 등을 세부적으로 살펴볼 필요가 있다. [그림 12-3]은 점포형 소매상의 유형을 나타내고 있다.

(1) 백화점

백화점은 잡화, 의류, 스포츠용품, 가구, 화장품, 전기제품 등 편의품에서 전문품에 이르기까지 각종 제품을 부문별로 구성하여 소비자들이 일괄구매할 수 있도록 운영하는 대규모

그림 12-3 점포형 소매상의 유형

표 12-1 **백화점 시장규모**

구 분	2018년	2019년	2020년
매출액(조원)	29.9	30.3	27.3
성장률(%)	2.2	1.4	-9.9

자료원 : 대한상공회의소, 2021 유통물류통계집, p.145.

소매상을 의미한다. 백화점은 여러 소매상 중에서 서비스수준이 가장 높으며, 가격수준 또한 높다고 할 수 있다.

세계 최초의 백화점은 프랑스 파리에서 봉마르셰(Bon Marche) 백화점(1852)이 개점하였으며, 미국과 유럽, 일본 등 산업화에 따른 대량생산과 가처분소득의 증가로 확산되기 시작하였다. 우리나라의 경우에도 신세계백화점(1964)과 미도파백화점(1967)이 직영체제를 도입하면서 본격적인 도입기가 시작되었으며, 그 후에 지금까지 지속적인 성장을 나타내고 있다. 〈표 12-1〉은 백화점업계의 시장규모추이를 나타내고 있다.

백화점업계의 시장추세는 다음과 같은 몇 가지 특징을 갖는다.

첫째, 백화점의 대형화와 복합화현상이다. 백화점은 시장포화와 신규 출점부지의 한계 등 성장의 한계에도 백화점 상위 3개사인 롯데, 신세계, 현대백화점을 중심으로 기존 점포들을 증축하거나 대형 신규점포를 건축하는 현상이 나타나고 있다. 그리고 백화점단독 출

광고 12-1 **파리 봉마르셰 백화점**

점방식보다는 대형복합 쇼핑몰형태의 방식으로 진출하는 비중이 높아지고 있다. 백화점들이 복합쇼핑몰을 지향하면서 문화센터나 카페, 식당, 영화관, 갤러리, 주차시설 등 각종 고객 편의시설과 명품 및 편집매장 등을 확대해 지속적으로 고객들을 유인하고 경쟁력을 강화하려는 노력을 하고 있다. 백화점 시장규모는 2018년도에 2.2%의 성장률을 기록하여 오프라인 매장 가운데 편의점의 9.8% 성장률에 이어 두 번째로 높은 성장률을 보였으나, 성장률이 점차 감소하고 있으며, 2020년에는 코로나19 등의 영향으로 −9.9%의 성장률을 기록하였다.

둘째, 백화점매출에 영향을 미치는 소비고객층이 다양해지고 있다. 기존 40~50대 중·장년층 고객이 백화점매출에서 절대적으로 큰 비중을 차지하고 있었다면, 점차 20~30대 젊은 소비층의 소비가 증가하고 있다. 또한 전체 고객중 여성고객이 주된 고객이었다면, 점차 남성고객의 구성비와 매출비중이 현저하게 증가하고 있다.

셋째, 건강 및 친환경 등 소비자들의 관심을 반영하는 제품군의 성장이 현저하다. 우선 친환경기업활동 등 기업의 사회적 책임이 강조되면서 소비자들은 자신들의 가치관에 맞는 기업의 제품을 소비하게 된다. 또한 여가 및 레저활동의 증가로 캠핑 및 아웃도어(outdoor) 제품군이 부상하고 있으며, 건강에 대한 관심증가로 음식, 의류, 화장품 등 유기농 제품에 대한 수요가 증가하고 있고 유기농매장의 확대로 이어지고 있다.

넷째, 전체 백화점매출에서 온라인 판매비중이 급격하게 증가하고 있다. 롯데·신세계·현대 등 백화점 3사의 온라인 매출액이 2015년 전체매출의 약 6% 정도 비중이던 것이 2020년에는 전체매출의 약 10% 이상 차지할 정도로 크게 성장하였다. 이는 기존 온라인 구매층이 젊은층에서 중년층으로 확산되는 것과 더불어 기존 인터넷 쇼핑몰과는 차별화된 프리미엄 온라인몰로 진화하고 있기 때문이다. [그림 12-4]는 백화점시장의 주요 추세를 종합적으로 나타내고 있다.

그림 12-4 백화점 시장 주요 추세

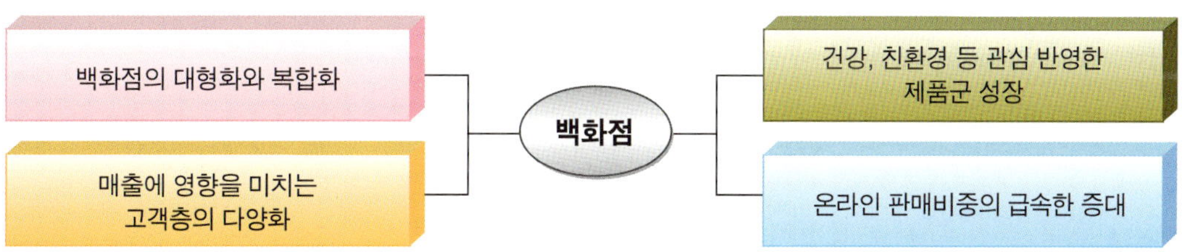

(2) 전문점

전문점(specialty store)은 제한된 제품계열을 보유하고 있으나 해당 제품계열에서 매우 다양한 제품구색을 취급하는 소매상을 의미한다. 전문점이 취급하는 제품은 신발, 커피, 전자제품, 의류, 침구, 쥬얼리, 양말, 속옷, 액세서리, 서적, 유아용품 등 점차 다양화되고 세분화되고 있다.

전문점은 백화점이나 대형마트에 비해서 동일 제품계열에서 깊이 있는 제품구색을 제공하게 된다. 따라서 소비자는 백화점이나 대형마트에서 찾을 수 없는 세분화된 기능을 가진 제품을 전문점에서 발견할 수 있다. 또한 소비자는 다른 소매점에 비해 제품과 관련된 전문적인 지식과 높은 수준의 서비스를 제공받게 된다.

전문점업계에서 최근 부각되고 있는 분야의 시장추세는 다음과 같다.

첫째, 건강 및 미용전문점(Health & Beauty Store)은 기존 점포와 차별화되는 새로운 컨셉트를 지닌 전문점으로 성장세를 이어왔다. 현재 국내 H&B시장에서 CJ그룹 올리브영의 독주가 이어지는 반면에 경쟁사인 롯데그룹의 롭스와 GS그룹의 랄라블라가 수년간 적자에 시달리며 매장 수를 축소하고 있다. 금융감독원 전자공시에 따르면 2020년 말 기준 운영점포 수 기준 올리브영은 국내 H&B 시장의 점유율 80% 이상을 차지하고 있다. 올리브영은 전국에 보유한 매장으로 시장에서 우위를 점하고 있는 것을 바탕으로 온·오프라인을 연결한 '옴니채널'전략을 유지하고 있으며, 롭스와 랄라블라도 온라인으로 사업을 빠르게 전환하고 있는 상황이다. 여기에 신세계인터내셔널과 무신사, 지그재그 등 패션업체들이 잇달아 화장품사업에 뛰어들면서 온라인 뷰티시장경쟁은 더욱 치열해질 것으로 전망된다.

둘째, 친환경전문점의 지속적인 성장이 현저하다. 친환경전문점 업계는 지속적으로 매

광고 12-2 건강 및 미용 전문점 : 올리브영, 롭스, 랄라블라

광고 12-3 친환경전문점 : 아이쿱생협의 자연드림, 한살림, 초록마을, 올가홀푸드

출액, 점포수, 고객수 등에서 모두 증가를 나타내고 있다. 소득수준의 향상과 소비자의 건강에 대한 관심의 증대, 정부와 기업의 관심 등 유기농식품시장이 지속적으로 성장할 수 있는 여건을 토대로 아이쿱생협, 한살림, 초록마을, 올가홀푸드 등 친환경전문점들은 지속해서 점포를 확장할 예정이다. 〈표 12-2〉는 친환경전문점 시장의 현황을 나타내고 있다.

표 12-2 친환경전문점 시장현황

구 분	2020년	
	매출액(억원)	점포수(개)
아이쿱생협	717.6	252
한살림	3,796.2	235
초록마을	1,927.1	403
올가홀푸드	771.3	85

자료원 : 대한상공회의소, 2021 유통물류통계집, p.242.

(3) 슈퍼마켓

슈퍼마켓은 대량매입, 셀프서비스 방식 등을 통해 낮은 마진의 세탁용품 및 가정용품 등 생필품, 편의품, 식료품 등을 취급하여 판매하는 소매상이다. 슈퍼마켓은 다른 소매점에 비하여 장소상의 편의성을 바탕으로 지역밀착형 서비스를 제공함으로써 경쟁우위를 확보한다.

슈퍼마켓의 도입은 1930년에 미국 뉴욕에서 킹컬렌(King Kullen)이라는 슈퍼마켓이 미국 대공황을 통해 민감해진 소비자들을 위해 셀프서비스를 통한 저가격실현이라는 개념을 가지고 개점하였으며, 우리나라에서는 1964년에 한국슈퍼마켓(주)이 처음으로 설립되었다. 우리나라 슈퍼마켓은 전통시장, 백화점, 대형마트 등과 더불어 소매업을 주도하는 소매업태로 성장했으나, 점포규모가 작은 것에 기인하여 제품구색이 적고, 다점포화가 부족한 생계형 슈퍼마켓이 많은 부분을 차지하고 있어 성장을 제한하기도 한다. 〈표 12-3〉은 슈퍼마켓 업계의 시장규모 추이를 나타내고 있다.

슈퍼마켓 업계의 시장추세는 다음과 같은 몇 가지 특징을 갖는다.

첫째, 근거리 쇼핑패턴의 확산과 대형슈퍼마켓 중심의 시장재편현상이 나타나고 있다. 최근 몇 년간 근거리 쇼핑선호추세, 소량구매 소비패턴강화, 기업형 슈퍼마켓(SSM)의 출점 가속화, 경기회복에 대한 기대심리 등의 이유로 슈퍼마켓의 꾸준한 성장이 이어졌다. 하지만 유통산업발전법과 상생법 개정으로 성장세가 둔화되고 있다. 이로 인하여 슈퍼마켓 상위 3개사의 시장선점경쟁은 치열해져서 대형업체들과 중소업체들 간의 매출 및 점포 수 격차는 시간이 흐를수록 커지고 있다.

둘째, 업태 간 및 업태 내 경쟁이 가속화되고 있다. 우선 상시 저가격으로 무장한 대형마트, 시간적인 가치와 경제적인 가치를 내세우는 인터넷 쇼핑몰, 그리고 지역상권을 기반으로 하는 중소상인과의 업태 간 경쟁이 가열되고 있다. 또한 기업형 슈퍼마켓 업체들 간에도 도심형매장, 소형화, 식품전문매장 등 다양한 신규포맷으로 출점경쟁을 하고 있으며,

표 12-3 슈퍼마켓 시장규모 추이

구 분	2018년	2019년	2020년
매출액(조원)	46.4	44.1	46.4
성장률(%)	1.9	-4.9	5.2

자료원 : 대한상공회의소, 2021 유통물류통계집, p.164.

광고 12-4 기업형 슈퍼마켓

기존 중소소매업의 경쟁력 강화를 위한 나들가게 사업 또한 슈퍼마켓의 시장경쟁을 야기하고 있다.

셋째, 기업형 슈퍼마켓과 중소슈퍼마켓 간 상생방안이 도입되고 있다. 기업형 슈퍼마켓은 각종 법안의 도입으로 인하여 신규출점을 하기가 어려운 실정이며, 기존 중소슈퍼마켓은 기업형 슈퍼마켓의 진출로 인하여 영업활동에 큰 어려움을 겪고 있는 실정이다. 이러한 두 주체 간의 필요를 충족시키기 위하여 최근 대형슈퍼마켓을 중심으로 중소상인들과의 상생방안으로써 가맹사업이 다양하게 도입되고 있다. 업체에 따라서 초기시설 투자비와 수수료율의 정도가 상이하며 가맹방식 또한 다양하게 시도되고 있다.

넷째, 정체된 시장수요창출을 위한 다양한 방법이 시도되고 있다. 가장 대표적인 방법은 업체간 M&A와 인터넷 쇼핑몰운영이다. M&A는 각종 규제를 피하면서 상대적으로 용이하게 점포를 확대할 수 있는 방안이다. 또한 슈퍼마켓은 인터넷 배송서비스와 같은 신규채널을 확대하여 매출증대를 추구하고 있다. 슈퍼마켓 업체들의 인터넷 배송서비스는 대형마트 인터넷 배송서비스에 비하여 제품구색 면에서 한계가 있으나, 무료배송구매기준이 낮고 주문후 3시간 이내에 배송되기 때문에 보다 이른 시간에 배송받을 수 있다는 장점을 갖고 있으며 오프라인 점포가 배송거점 역할을 수행하여 시너지를 발휘하게 된다. [그림 12-5]은 슈퍼마켓 시장의 주요 추세를 나타내고 있다.

그림 12-5 슈퍼마켓 시장 주요 추세

(4) 편의점

편의점(convenience store)은 일반적으로 매장면적이 30~80평 소규모매장에서 24시간 연중무휴로 영업을 하며, 제품회전율이 높은 식료품, 편의품, 일용잡화 및 문구 등을 다품종 소량으로 취급하는 소매점이라고 정의할 수 있다. 미국의 경우 본격적인 편의점은 1946년에 7-eleven이 처음으로 개점하였으며, 우리나라의 경우 1989년 올림픽선수촌에 7-eleven이 본격적인 영업을 시작한 후로 지속적인 성장을 이루고 있다.

편의점은 24시간이라는 시간적 편의성, 주택밀집지역, 유동인구가 많은 지역 등 접근하기 용이한 곳에 위치하는 공간적 편의성, 다품종소량의 제품을 취급하는 제품구색의 편의성 등 높은 수준의 서비스를 제공하고, 상대적으로 높은 수준의 가격을 형성하며, 체인화를 통한 다점포화를 특성으로 한다. 〈표 12-4〉는 편의점업계의 시장규모 및 추이를 나타내고 있다.

편의점업계의 시장추세는 다음과 같은 몇 가지 특징을 갖는다.

첫째, 편의점업계의 점포수와 매출액이 지속적으로 성장하고 있다. 편의점의 점포수는 2018년에 42,820개에서 2020년 45,280여개로 출점수가 증가하였다. 또한 편의점업계의 매출액이 전체 유통산업에서 차지하는 비중은 점차 높아졌으며, 편의점시장은 유통산업에

표 12-4 편의점 시장규모 추이

구 분	2018년	2019년	2020년
매출액(조원)	24.4	25.6	26.5
성장률(%)	9.8	5.3	3.21
점포수(개)	42,820	43,975	45,277

자료원 : 대한상공회의소, 2021 유통물류통계집, p.175.

서 매출이 가장 급격하게 성장하는 업태로서 유통산업의 성장에 큰 역할을 차지하였다.

둘째, 업체 간 및 업태 내 경쟁격화에 따라 다양한 컨셉트의 점포가 출점하고 있다. 편의점업체 간의 시장점유율 경쟁이 격화되고 있는데, 업체간 M&A 등을 통해 점포수 경쟁이 촉발되었고 점포 및 출점지역확대로 시장점유율 확보노력이 커지고 있다. 또한 이러한 업체 간의 경쟁을 뛰어 넘어서 SSM의 지역근거리 출점 등으로 인한 중소상권경쟁이 격화되어 업태 간의 경쟁도 치열해지고 있다. 따라서 편의점업계는 이와 같은 상황에서 경쟁력을 확보하기 위하여 다양한 컨셉트와 형태의 점포를 개발하여 출점하고 있다.

셋째, 소비자 라이프스타일 변화에 따라 편의점의 소량구매 전문화, 푸드점화가 현저하게 나타나고 있다. 인구통계적인 측면에서 싱글가구, 소가구, 노인가구 등의 증가에 따라 소량구매의 필요성이 증가하고 있으며, 맞벌이 증가로 인해 시간적 가치를 중시하는 구매를 선호하는 현상이 나타나고 있다. 이와 같은 소비자 라이프스타일의 변화에 따라서 이에 적합한 소량제품 및 도시락 등의 즉석식품의 비중이 크게 증가하고 있다.

넷째, 친환경제품이 확산되고 윤리적 소비가 증대되고 있다. 친환경관련 제품에 대한 고객의 소비가 증가하면서 편의점은 친환경활동 및 관련제품의 구색을 갖추기 위해서 노력하고 있다. 또한 기업의 사회적 책임에 대한 소비자의 윤리의식이 확산되면서 편의점은 사회기여활동 및 공정무역 제품을 늘려가고 있다.

다섯째, 신규 미디어를 활용한 홍보 및 판매를 확대시켜 나갈 예정이다. 스마트폰, SNS 등 신규 미디어의 확산에 따라 모바일을 활용한 새로운 홍보방법을 계획하거나, 판매방식을 시도하고 있다. 예를 들어, 스마트폰을 통하여 근거리에 위치한 상점의 쿠폰을 다운받아 구매에 활용하여 신규고객을 유치하거나 기존 고객의 충성도를 증대시킬 수 있다.

[그림 12-6]은 편의점시장의 주요 추세를 종합적으로 나타내고 있다.

그림 12-6 편의점시장 주요 추세

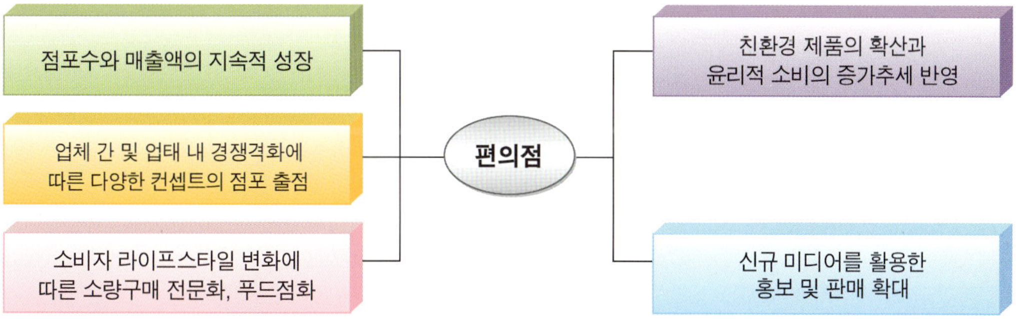

(5) 대형마트

대형마트는 지금까지 할인점(discount store)이라는 용어로 사용되던 것을 공식화하여 칭하는 명칭으로서, 박리다매의 원칙에 근거하여 전국유명 상표를 일반상점보다 상시 저가격으로 판매하는 대규모점포를 의미한다. 대형마트가 미국에서 본격적으로 시작된 것은 1957년 K-Mart가 진출하면서 부터이며, 우리나라의 경우 1993년 이마트가 창동점을 개점한 후 폭발적인 성장을 이어오다 현재는 성장세가 주춤한 상태에 있다. 〈표 12-5〉는 대형마트 업계의 시장규모추이를 나타내고 있다.

대형마트의 특징을 구체적으로 설명하면 다음과 같다. 첫째, 대량구매 및 운영의 효율화를 통해 비용을 절감한다. 둘째, 백화점과 같이 특정한 기간에 한정해서 저가로 판매하기보다는 상시 저가로 판매한다. 셋째, 저가격 · 저품질의 제품을 판매하는 것이 아니라 표준 이상의 품질을 보유한 제품을 판매한다.

대형마트업계의 시장추세는 다음과 같은 몇 가지 특징을 갖는다.

첫째, 소비자들이 저가의 일상용품을 선호하는 현상이 증가하면서 대형마트 간 가격경쟁이 지속되고 있다. 식품가격이 상승하면서 소비자의 소비지출액 중에서 엥겔계수가 상승하였고 대형마트의 저가격정책에 대한 선호로 나타나고 있다. 또한 소비자들이 고품질 저가격의 제품을 원하고 있기 때문에 대형마트는 가치소비 제품군을 지속적으로 강화하고 확대하고 있다. 대형마트의 저가격경쟁은 전세계적인 추세인데, 월마트의 경우에도 EDLP(Every Day Low Price) 중심의 정책을 추진하고 있다.

둘째, 대형마트는 PB(Private Brand) 제품을 확대하고, 해외소싱(sourcing)을 통해 신제품을 제공하고 있다. 대형마트는 저가격정책의 일환으로 PB제품을 강화하고 있다. 또한 대형마트는 가치소비에 대응하기 위하여 고품질 저가격제품을 해외로부터 직소싱하는 비중이 확대되고 있다.

표 12-5 대형마트 시장규모 추이

구 분	2018년	2019년	2020년
매출액(조원)	33.4	32.4	33.7
성장률(%)	-1.0	-3.1	4.2
점포수(개)	491	488	417

자료원 : 대한상공회의소, 2021 유통물류통계집, p.128.

사 례 우유부터 밀키트까지… 대형마트 매대 장악한 PB

▶ '피코크, 온리프라이스 · 요리하다, 시그니처… '

대형마트 PB(자체브랜드)제품 전성시대다. 가격 경쟁력과 브랜드 신뢰도로 소비자들을 공략해 왔던 PB제품들이 코로나19(COVID-19)로 인한 내식 증가 트렌드와 물가 인상 분위기에 수요가 증가하고 있다. 업계는 제품 개발 투자 확대와 인기 맛집, 식품업체와의 협업 등 PB키우기에 적극 나서고 있다.

4일 이마트에 따르면 지난해 1월부터 10월까지 대표 PB 피코크 매출은 전년동기 대비 30% 가량 증가했다. 10월 기준으로 이미 전년 전체 매출 3,200억원을 넘어섰다. 2020년 28% 성장하며 코로나19 특수를 톡톡히 누린데 이어 2021년에도 고성장했다.

롯데마트의 지난해 12월 26일까지 PB제품 매출은 전년대비 6.9% 늘었다. 특히 지난해 식품 등 가격 인상 소식이 이어지면서 장바구니 물가 부담이 커진 상황에서 라면, 우유, 생수 등 필수상품 등의 매출이 크게 늘었다. 라면은 100% 성장했고 우유, 생수도 31.5%, 15.2% 늘었다.

일부 필수제품을 중심으로 '가성비'를 내세운 알뜰 소비의 대명사였던 PB제품은 최근 들어서는 먹거리부터 생활용품까지 전방위적으로 품목이 늘어나고 품질도 NB(제조사브랜드) 제품에 못지않게 프리미엄화되고 있다.

이마트, 롯데마트, 홈플러스 등 주요 대형마트는 가성비 브랜드(노브랜드, 온리프라이스), 프리미엄 브랜드(피코크, 요리하다, 시그니처) 등 다양한 PB브랜드를 운영하고 있다.

PB제품은 유통채널이 개발한 제품을 중소기업 등 제조업체를 통해 대량생산함으로서 가격 경쟁력을 확보해 NB제품에 비해 저렴한 경우가 많다. 여기에 대형 유통업체의 브랜드 파워가 더해지면서 소비자 신뢰도도 높은 편이다. 경쟁이 치열하지만 차별화가 쉽지 않은 유통시장에서 PB 제품의 성공은 고객 로열티를 높일 수 있는 주요한 방법 중 하나다.

(서울=뉴스1) 이승배 기자 = 신종 코로나바이러스 감염증(코로나19) 등의 영향으로 귀향 대신 집에서 추석을 보내는 '혼추족' 이 늘고 있다. 이에 따라 유통업계는 각종 즉석식품, 가정간편식, 밀키트 등을 할인하며 공략에 나섰다. 16일 오후 서울의 한 대형마트에 밀키트 상품들이 진열돼 있다. 2021.9.16/뉴스1

이에 따라 업계에서도 PB제품에 대한 투자를 확대하고 있다. 이마트의 경우 피코크 상품개발실을 통해 제품 개발에 수개월에서 수년의 공을 들이고 이마트24, 네이버 쇼핑 등 판매루트를 확대하며 브랜드를 키워나가고 있다. 롯데마트 역시 지난해 밀 혁신부문을 신설하고 푸드이노베이션센터를 만들어 PB제품 개발에 나서고 있다.

유통업계 관계자는 "최근 PB제품은 가격 뿐 아니라 맛이나 품질, 제품 구색까지 제조사 제품들을 넘어설 정도"라며 "제품경쟁력, 차별화 등을 위해 PB제품에 대한 투자는 이어질 것"이라고 말했다.

● 자료원 : 머니투데이, 김은령, 2022.01.04.

그림 12-7 대형마트 시장 주요 추세

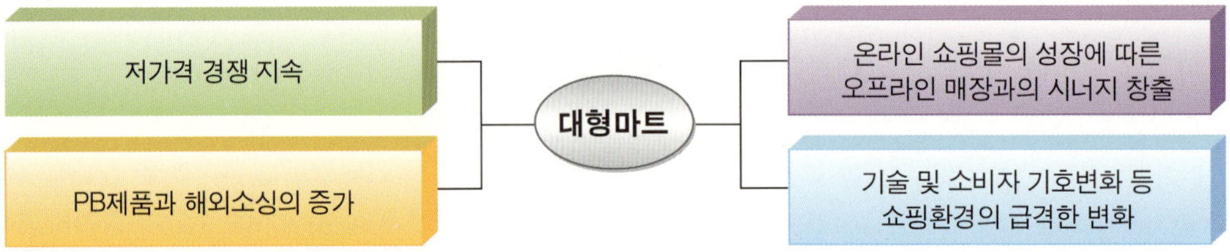

셋째, 오프라인 매장과 온라인 쇼핑몰의 시너지효과가 발생하고 있다. 소비자들의 시간 절약형 소비패턴에 적극적으로 부응하기 위하여 기존 오프라인의 장점인 브랜드신뢰도, 물류 및 배송시스템 등을 기반으로 한 대형마트 온라인쇼핑몰의 지속적인 성장이 발생하고 있다. 소셜커머스(social commerce) 시장의 성장이나 온라인이용고객의 연령이 상승하는 등 온라인쇼핑몰이 성장하는 것 또한 중요한 기회요인이 되고 있다.

넷째, 기술 및 소비자 기호변화 등 쇼핑환경의 급격한 변화를 들 수 있다. 정보기술을 점포 및 쇼핑에 반영한 새로운 형태의 점포를 개발하고 있으며, 친환경 및 건강기능식품, 문화나 레저상품 등 고객의 관심을 반영한 제품군이 현저히 증가하고 있다. [그림 12-7]은 대형마트 시장의 주요 추세를 종합적으로 나타내고 있다.

(6) 카테고리 킬러

카테고리 킬러(category killer)는 전문할인점(special discount store)이라고도 하며, 전문점의 특성과 할인점의 특성을 동시에 보유한 소매상이다. 즉 전문점과 같이 한정된 제품계열을 취급하지만, 제품계열 내에 매우 다양하고 깊이 있는 제품구색을 대형마트보다 저렴한 가격으로 판매하는 대규모점포를 의미한다.

미국에서는 카테고리 킬러가 1970년대에 처음으로 등장하였으며, 1990년대 초반까지 급속하게 성장하였다. 카테고리 킬러는 장남감, 문구용품, 신발 및 스포츠의류(ABC마트, 슈펜), 가전(하이마트, 전자랜드), 생활소품(다이소), 가구(IKEA) 등 다양한 소비자의 욕구를 충족시킬 수 있는 세분화된 영역으로 확대되고 있다.

카테고리 킬러의 특징을 구체적으로 설명하면 다음과 같다. 첫째, 한정된 제품계열 내의 매우 다양한 제품구색을 저가격으로 판매한다는 점이다. 둘째, 체인화와 대형화를 특징으로 한다. 즉 대량구매를 통한 원가절감이 가능하도록 체인화를 통한 다점포화를 시도하며, 조달한 많은 수의 제품을 보관할 수 있는 대형매장이 필요하다. 셋째, 창고형식의 매장형식이다. 일반적으로 전문점의 경우 고객만족을 위한 고품격의 매장분위기를 연출하지만 카테

광고 12-5 카테고리 킬러

고리 킬러의 경우 창고형식을 통해 매장면적의 이용률을 높이고자 창고형식을 활용한다.

(7) 회원제 창고형 도 · 소매점

회원제 창고형 도 · 소매점(membership warehouse club)은 일정한 회비를 정기적으로 내는 회원들에게 거대한 창고형식의 점포에서 적은 서비스로 정상적인 제품들을 30~50% 할인된 저렴한 가격으로 판매하는 대규모 소매업태를 의미한다.

회원제 창고형 도 · 소매점의 취급품목은 가공식품, 잡화, 가정용품, 가구, 전자제품 등 3천~5천개 정도의 품목으로 한정되어 있으며, 실내장식이 거의 없는 창고형매장으로 운영되며, 묶음으로 진열 및 판매를 함으로써 비용을 최소화하고 있다. 미국에서 1976년에 프라이스 클럽이 처음으로 개점하였으며, 우리나라의 경우 1994년에 프라이스 클럽(현재 Costco)이 최초로 운영을 시작하였다.

회원제 창고형 도 · 소매점의 특징을 구체적으로 살펴보면 다음과 같다. 첫째, 운영은 회원제로 진행된다. 회원은 크게 중소 소매상을 주된 고객으로 하는 비즈니스 회원과 개인회원으로 구성되며, 도매기능과 소매기능을 동시에 수행한다. 둘째, 연회비를 통해 초기투자금을 보다 일찍 회수할 수 있으며, 제품의 가격을 저렴하게 할 수 있는 특징이 있다. 셋째, 대량구매, 묶음진열 및 판매, 점포시설 및 포장비용 최소화, 셀프서비스 등을 통해 제품가격을 낮출 수 있다. 넷째, 회전율이 높은 제품위주로 제품의 구색을 정하여 판매한다.

5. 무점포형 소매상의 유형

무점포형 소매상은 크게 카탈로그 마케팅, 텔레마케팅, TV홈쇼핑, 인터넷 쇼핑몰, 모바일커머스, 직접판매, 자동판매기 등으로 구분할 수 있다. [그림 12-8]는 무점포형 소매상의 유형을 나타내고 있다.

(1) 카탈로그 마케팅

카탈로그 마케팅(catalog marketing)은 카탈로그를 통해 판매하고자 하는 제품정보를 잠재구매자들에게 전달하고 구매자들은 전화나 우편, 팩스 등을 통해 주문하는 판매방식을 의미한다. 따라서 제품을 구매하게 될 잠재구매자들을 세밀하게 선정하는 과정, 잠재구매자들에게 맞는 제품의 선정, 잠재구매자들에게 호소할 수 있는 카탈로그 제작 등이 중요한 이슈가 된다.

카탈로그 판매는 카탈로그 판매를 전문적으로 수행하는 업체에 의해서 이루어지기도 하지만, 기존 점포형 소매업의 보완적인 유통경로로 활용되는 경우가 있다. 예를 들어, 홈쇼핑에서 신규고객유치를 위해서 카탈로그를 보내주기도 하고, 기존 고객의 충성도 제고와

그림 12-8 무점포형 소매상의 유형

쇼핑 편의성을 위해서 정기적으로 카탈로그를 발송해 주기도 한다. 혹은 백화점에서 자사 고객들에게 제품 카탈로그를 보내어 주문을 유도하기도 한다.

최근에 IKEA에서는 기존의 70년 동안 발행해 오던 카탈로그북을 폐간하고, 소비자가 온라인 채널에서 제품을 검색하고 바로 구매할 수 있도록 DT전략을 수행하고 있다. DT(Digital Transformation)전략이란 변화하는 소비자 니즈를 충족시키기 위해 인공지능, 빅데이터, AR 등 디지털 기술을 활용해 새로운 비즈니스 모델을 만들거나 기존의 것을 보완하는 전략이다. 한마디로 디지털 시대에 맞춰 비즈니스를 재정립하는 것이다. 이렇다 보니 소비자 입장에서 DT는 디지털 기술을 통해 더 편리하게 제품을 탐색하고 구매할 수 있는 환경을 제공받는 것이다.

이케아에서는 인테리어 사진을 보여주며, 제품을 소개하는 카탈로그의 기능을 '아이디어'와 '디지털 쇼룸' 메뉴를 통해 홈페이지에서 구현했다. 디지털 쇼룸 메뉴에서는 침실, 주방, 거실, 다이닝 등 공간별로 제품을 분류해서 소개하는 서비스를 제공하고 있다. 또한 공간마다 아이디어 메뉴의 관련 게시글을 큐레이션하며 서비스의 활용도를 더했다. 예를 들어 소비자가 디지털쇼룸 메뉴에서 침실을 선택할 경우, 침실 꾸미기에 관련된 아이디어 게시글을 함께 제공하는 것이다.

이케아 플레이스(IKEA Place)에서 소비자는 증강현실 기술로 표현된 제품의 이미지를 통해

광고 12-6 IKEA 카탈로그 변화 : Book, 아이디어&디지털 쇼룸, IKEA Place, IKEA Live

디자인과 색상 등 디테일한 특징을 확인할 수 있고, 원하는 공간을 촬영한 후 제품을 선택하면 실제 사이즈에 맞춰 제품을 배치했을 때 모습을 확인할 수 있다. 또한 '비주얼 서치(Visual Search)' 기능을 통해 제품을 스캔하고 제품을 추천할 수도 있다. 그리고 이케아 라이브(IKEA Live) 커머스를 통해 실시간 스트리밍 콘텐츠를 통해 이케아제품을 홍보할 수도 있다.

(2) 텔레마케팅

텔레마케팅(telemarketing)은 전화를 통해 판매하고자 하는 제품정보를 잠재구매자들에게 전달하여 제품판매를 유도하는 판매방식을 의미한다. 우리나라에서는 주로 호텔, 금융, 잡지, 부동산, 비영리단체 등 서비스업체서 사용되고 있다.

텔레마케팅은 크게 두 가지 유형으로 구분할 수 있다. 첫째, 아웃바운드 텔레마케팅(out-bound telemarketing)은 기업이 고객들에게 제품의 정보를 제공하고, 제품구매를 권유하며, 지속적으로 고객들을 관리하는 행위 등을 통하여 고객들에게 가치를 제공하는 것이다. 둘째, 인바운드 텔레마케팅(in-bound telemarketing)은 고객들이 기업에게 자신이 제품을 사용하며 갖는 문제를 상담해 주거나, 제품을 안내하거나, 서비스를 예약하고 접수하는 등 가치를 제공하는 것이다.

텔레마케팅 또한 카탈로그 마케팅과 같이 잠재구매자 리스트 선정작업에 많은 에너지를 쏟아야 한다. 이런 과정을 통해 생애가치가 높은 고객들을 선별할 수 있으며, 무차별적인 마케팅을 통한 비용을 절감할 수 있게 된다.

(3) TV홈쇼핑

TV홈쇼핑(television home shopping)은 기업이 TV를 통하여 제품정보를 제공하고 고객은 전화를 통하여 주문함으로써 이루어지는 판매방식을 의미한다. TV홈쇼핑은 크게 두 가지로 구분된다. 첫째, 홈쇼핑채널방식이다. 우리나라에서는 CJ, GS, 롯데, 현대홈쇼핑 등의 홈쇼핑전문 CATV 방송국을 예로 들 수 있는데, 전문적인 프로그램 진행자인 쇼호스트가 제품을 소개하고, 시청자들이 전화나 온라인, 모바일 등으로 주문을 하는 판매방식이다. 둘째, TV광고방식이다. TV광고방식은 직접 반응광고(direct response advertising)와 인포머셜(informercial)로 구분할 수 있다. 직접 반응광고는 30초~1분 사이의 짧은 TV광고를 통해 제품을 소개하고 주문을 받는 것이며, 인포머셜은 30분~1시간 정도의 상대적으로 긴 시간에 제품을 소개하는 것이다.

광고 12-7 TV홈쇼핑

농수산홈쇼핑

LOTTE 롯데홈쇼핑

현대홈쇼핑 HYUNDAI HOME SHOPPING

GS홈쇼핑

CJ OShopping

사 례 "미래 먹거리 찾아라"… VC·스타트업 '큰 손'된 홈쇼핑

► **AI · IT물류 · 중고거래 · 미디어 등 직 · 간접 투자 확대… "미래성장동력 확보 위한 전략적 투자"**

홈쇼핑 업계가 벤처캐피탈과 스타트업 등에 직 · 간접투자를 확대하며 미래성장동력 확보에 공을 들이고 있다. TV 시청자 수가 감소하는 가운데 송출 수수료 부담이 꾸준히 늘어나는 상황에서 이커머스의 급성장에 따른 위기의식까지 더해지며 차별화된 경쟁력을 확보하기 위한 것으로 풀이된다.

20일 업계에 따르면 홈쇼핑 업계가 벤처캐피탈과 스타트업 등에 대한 외부 투자에 적극적으로 나서고 있다.

롯데홈쇼핑이 초록뱀미디어에 250억원을 직접 투자하며 콘텐츠 커머스 플랫폼 확대에 나선다. [사진=롯데홈쇼핑]

GS리테일은 GS홈쇼핑과 합병 이후 연이은 투자에 나서고 있다. 지난 15일에는 영상처리와 스트리밍 최적화 기술을 보유한 스타트업 '요쿠스'에 10억원의 신규 투자를 단행했다. 이를 통해 라이브커머스 사업 고도화를 위한 영상 스트리밍 기술 파트너를 확보하고, 영상 변환 · 압축 처리 기술 활용과 신규 서비스 개발에 핵심적인 역할을 할 것으로 기대하고 있다. 이성화 GS리테일 신사업부문 상무는 "빠르게 성장하고 있는 라이브커머스 시장에서 GS리테일만의 차별적인 경쟁력을 확보하고자 이번 투자를 결정했다"고 설명했다.

GS리테일은 또 푸드테크 스타트업 '쿠캣' 경영권 지분 인수를 위한 막바지 협상도 진행 중이다. 쿠캣은 음식 정보 커뮤니티인 '오늘 뭐먹지'와 PB 전문 쇼핑몰 '쿠캣마켓' 등을 운영하고 있다. 지난 2019년 GS홈쇼핑을 통해 50억원을 투자했고, 현재 쿠캣의 지분 7% 가량을 보유하고 있다. 인수금액은 약 600억원 수준으로 알려졌다.

GS리테일은 이 외에도 배달업체 '부릉'을 운영하는 IT물류 스타트업 '매쉬코리아', 문구 · 소품 판매 쇼핑몰 '텐바이텐', 중고거래 플랫폼 '헬로마켓', 간편조리식 '프레시지', 반려동물 용품몰 '펫프렌즈' 등 다양한 분야에 투자한 상태다. 누적 투자금액도 3천500억원에 달한다.

롯데홈쇼핑은 지난달 초록뱀미디어에 250억원을 투자해 지분 3.98%를 확보, 2대주주에 올랐다. 롯데홈쇼핑은 앞으로 미디어커머스 강화를 통한 콘텐츠 플랫폼 확장, 지식재산권(IP) 사업 검토 등 신규 사업 발굴에 적극적으로 나설 계획이다.

롯데홈쇼핑은 2018년 인공지능(AI) 기반 스타트업 '스켈터랩스'에 직접 투자했고, 같은 해 사내벤처 1호인 '대디포베베'에도 17억원을 투자했다. 2019년에는 모바일 플랫폼 경쟁력확보를 위해 미디어커머스 스타트업 '어댑트'에 40억원을 출자해 2대주주에 오르기도 했다. 지난해에는 독일 스킨케어 기업 '바이어스도로프', 국내 뷰티 스타트업 '라이클'과 3자간 투자 협약을 체결했다. 올해에는 에듀 플랫폼 '용감한 컴퍼니', 실감형 영상 콘텐츠 제작 스타트업 '포바이포'에도 투자했다.

CJ ENM 커머스부문인 CJ온스타일도 올해 170억원 규모의 직 · 간접 투자를 진행했다. CJ온스타일은 CJ그룹의 투자회사인 타임와이즈인베스트먼트를 포함해 외부 벤처캐피탈(VC)인 컴퍼니K파트너스, 에이벤처스 등이 운용하는 펀드에 130억원을 출자했다.

패션 등 핵심 카테고리의 경쟁력 강화를 위해 명품과 건강기능식, 리테일 테크 관련 회사에는 40억원 규모를 직접투자하기도 했다. 지난 5월 명품 해외 직구 플랫폼 '애트니'에 투자에 지분 6% 이상을 확보했고, 11월에는 해외 주문자상표부착생산(OEM) 네트워크 기반의 건강기능식품회사 '엔라이즈'에도 투자했다. 또 가상 사이즈 측정 기술을 보유한 스타트업 '아이딕션' 투자도 올해 안에 마무리한다는 계획이다.

성동훈 CJ온스타일 전략기획담당은 "급변하는 사업 환경 속에 변화와 혁신은 필수불가결한 상황에서 미래성장 동력을 선제적으로 확보하고 유연한 성장을 이어 나가기 위해 핵심 카테고리에 대한 전략적 투자를 진행했다"고 말했다. 이어 "올해 경험을 발판 삼아 내년에는 보다 공격적으로 CJ온스타일과 함께 성장할 프리미엄 리빙, 주얼리, 패션, 뷰티 등의 브랜드 및 커머스에 대한 직접 투자를 확대할 계획"이라며 "선도 벤처캐피탈사를 추가 발굴하고 공동 펀드를 구축하는 등의 간접 투자도 적극 나서겠다"고 밝혔다.

● 자료원 : 아이뉴스24, 김종성, 2021.12.20.

(4) 인터넷 쇼핑몰

인터넷 쇼핑몰은 인터넷 상의 가상공간에 제품을 진열하고 판매하는 소매형태를 의미한다. 인터넷 쇼핑몰은 거래대상에 따라서 개인소비자들을 대상으로 하는 B2C온라인 쇼핑사이트와 기업들을 대상으로 하는 B2B 마켓플레이스(marketplace)가 있다. 또한 개인을 대상으로 하는 쇼핑몰 또한 일반적인 온라인 쇼핑몰과 오픈마켓(open market)으로 구분할 수 있다. 오픈마켓은 G마켓, 옥션, 11번가 등과 같이 일반적인 온라인 쇼핑몰과는 달리 개인판매자들이 인터넷에 직접 제품을 올려 판매하는 곳을 의미한다.

인터넷 쇼핑몰은 시간 및 공간상의 제약이 없이 주문을 받을 수 있고, 매우 상세한 제품정보를 제공하며, 쌍방향 커뮤니케이션과 고객들의 클릭행동에 대한 풍부한 데이터를 토대로 시장상황변화에 신속하게 대응할 수 있어 개별화된 서비스를 제공할 수 있다는 장점이 있다.

(5) 모바일 커머스

모바일 커머스(mobile commerce)는 휴대형 정보통신단말기를 이용한 무선인터넷을 통해 이루어지는 정보, 서비스, 제품에 대한 금전적 거래를 의미한다. 모바일 커머스의 구체적인 거래대상은 의류, 생활용품 등 유형적 제품, 영화티켓구입 등 서비스, 금융거래 등 다양하다고 할 수 있다.

광고 12-8 모바일쇼핑 어플리케이션

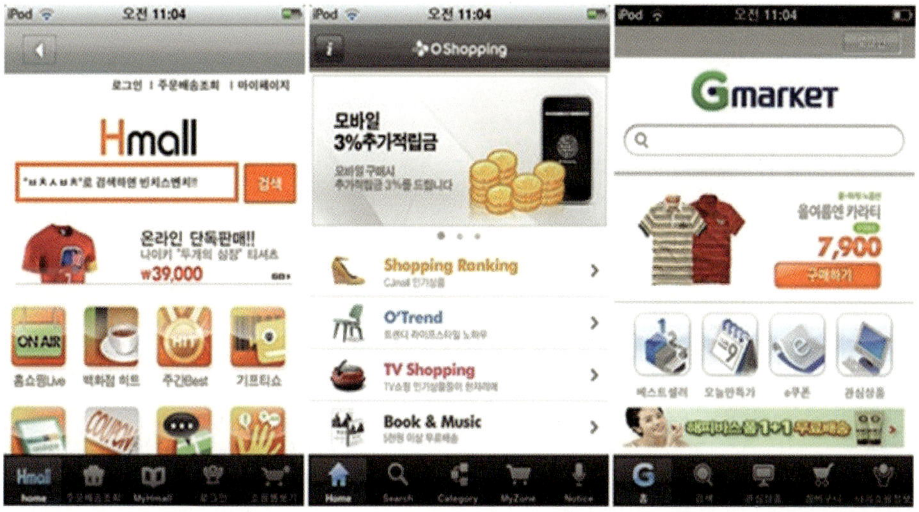

모바일 커머스는 다른 거래방식에 비하여 이동성이 뛰어나며, 실시간으로 이용자의 정보를 파악할 수 있다. 따라서 이용자의 구체적인 정보를 바탕으로 세분화된 일대일 마케팅을 통해 개별화된 서비스를 제공할 수 있다.

기존 TV홈쇼핑업체, 인터넷 쇼핑몰업체, 백화점이나 대형마트 등도 다양한 스마트폰 어플리케이션(smartphone application)을 개발하고 있으며, 위치기반 서비스(LBS)나 증강현실(AR) 기술을 활용하고 있다.

(6) 직접판매

직접판매(direct selling)는 영업사원 혹은 독립적인 자영업자가 고객의 집이나 직장 등 편리한 장소에서 고객을 직접접촉하여 판매하는 방식을 의미하며 방문판매라고도 한다. 직접판매는 직접대면(face to face)하여 판매하기 때문에 제품의 장점을 구체적으로 설명하고 밀착된 서비스를 제공할 수 있다. 또한 제품을 배달해주거나 서비스를 수행할 수 있다. 이와 같이 직접판매는 판매원이 고객을 직접 대면하여 상당한 양의 정보를 제공할 수 있는 쌍방향적인 소매형태라고 할 수 있다.

영업사원을 통한 직접판매 혹은 방문판매는 가장 오랜 역사를 가진 무점포형 소매상이며, 우리나라의 경우 '야쿠르트 아줌마'로 알려진 유제품 업체들, 학습지판매와 교육을 동시에 하고 있는 출판업체들, 화장품업체들이 주로 직접 판매방식을 활용하고 있다.

또한 직접판매의 유형 중에서 성장하고 있는 것이 네트워크 마케팅(networking marketing)이다. 네트워크 마케팅은 다단계마케팅(multi-level marketing)과 유사한 의미로 사용되고 있으며, 판매원이자 소비자인 디스트리뷰터(distributor)가 회사로부터 구입한 제품을 소비자들에게 재판매하는 직접 판매유형이다.

(7) 자동판매기

자동판매기(automatic vending machine)는 제품이나 서비스를 기계에 저장하고 고객이 현금이나 신용카드로 결제할 때 판매가 발생하는 소매형태를 의미한다. 자동판매기는 점포임대료 상승에 대응하면서 소비자와의 접근성을 높이고자 판매망을 늘리려는 기업들의 전략적인 선택에서 발생하였다.

자동판매기는 주로 음료, 스낵, 서적, 사과 등 다양한 편의품을 취급하고 있다. 자동판매기 디자인의 기술적인 발전은 자동판매기 시장의 장기적인 판매성과에 큰 영향을 미치게 된다. 이러한 자동판매기의 디자인 및 구조발전은 취급할 수 있는 제품을 확대시키고 생산성을 제고하는 결과를 야기한다.

광고 12-9 청송사과 자동판매기와 맥도널드 키오스크

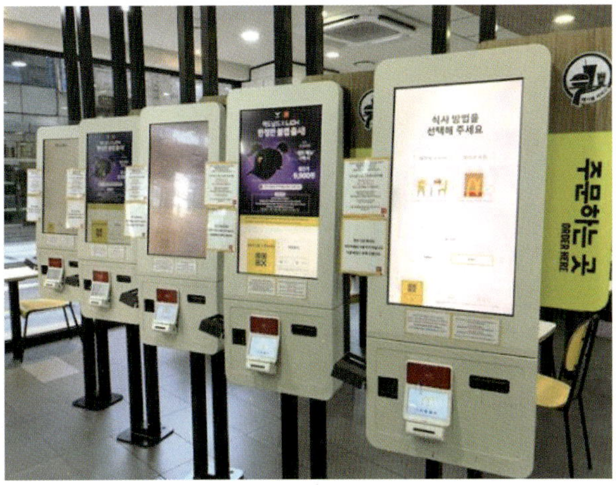

미국의 사무용품 전문점인 스테이플스(staples)는 자사 고객들에게 서비스를 제공하기 위하여 자동판매기를 설치하여 활용하고 있다. 스테이플스는 공항에 자동판매기를 설치하여 마우스, 펜, 헤드셋, 게임 등 여행객을 위해 긴급하게 필요한 다양한 제품을 일반적인 가격보다 고가에 제공하고 있다.

1.2 도매업

1. 도매상의 개념과 기능

도매는 '재판매 혹은 영리적 목적으로 구매하고자 하는 최종 구매자에게 제품과 서비스를 판매하여 가치를 제고하는 활동'을 의미한다. 또한 이와 같은 활동을 하는 유통업을 도매업(wholesale trade)이라고 하며, 이런 활동을 수행하는 조직체를 도매상(wholesaler)이라고 한다. 소매상이 주로 최종 구매자를 상대한다면, 도매상은 주로 소매상을 상대하게 된다. 도매상은 소매상에 비하여 더 넓은 상권을 대상으로 대규모의 거래를 한다는 점에서 소매상과 차이가 있다.

도매상이 수행하는 기능은 기본적으로 다수의 제조업체들로부터 제품을 조달하여 이를 소매상에게 분배하는 것이다. 국토가 넓은 지역에서는 도매상의 기능이 매우 발달해 있지만, 우리나라의 경우에는 제조업체나 소매상이 도매상의 기능을 대행하기도 하고, 제조업체가 직접 소매상을 통제하고자 하기 때문에 발달에 많은 장애요인이 있었다. 도매상은 제조업체를 위하여 시장커버리지 확대, 재고유지, 주문처리, 소비자정보제공, 고객서비스 대행 등의 기능을 수행한다. 또한 도매상은 소매상을 위하여 제품구색, 소단위판매, 신용 및 금융, 소매상서비스, 기술지원 등을 제공하게 된다.

2. 도매상의 유형

도매상에는 다양한 유형이 존재하며 다양한 이름으로 불리어지고 있다. 도매상은 크게 상인도매상, 대리점 및 브로커, 제조업자 도매상으로 나눌 수 있다. 〈표 12-6〉은 도매상

표 12-6 도매상의 유형과 기능

유 형		기 능
상 인 도매상	도매상인	· 가장 전형적인 도매상, 소매상을 상대로 거래하고 종합적인 서비스를 제공 · 종합 머천다이즈 도매상, 한정 상품 도매상, 전문품 도매상으로 구분
	산업재 유통업자	· 소매상이 아니라 제조업자들을 대상으로 상품을 판매하는 도매상
	현금거래 도매상	· 재고 회전율이 높은 한정된 계열의 제품만을 소규모 소매상에게 현금지불을 조건으로 판매하며 배달은 하지 않음(예를 들어, 회원제 창고형 도소매점)
	트럭도매상	· 과일, 야채 등 부패성이 강한 식료품을 취급하며, 슈퍼마켓, 음식점 등 거래 소매상들에게 순회하면서 직접 제품을 수송하여 현금판매
	직송도매상	· 석탄, 목재 등 대용량제품을 주로 취급하며, 소매상 고객들과 협상을 통해 계약을 체결하며, 제조업자가 고객에게 직접 제품을 선적 및 운반
	진열도매상	· 소매상 이익과 매출에서 차지하는 비중이 낮지만 회전율이 높은 비식품취급 · 제품을 배달, 소매상을 대신한 진열, 재고관리 등의 서비스 제공
대리점/ 브로커	제조업자 대리점	· 서로 경쟁관계에 있지 않은 두 개 이상의 제조업자들과 계약을 맺고 이들을 대신하여 판매활동을 함. 의류, 전기제품 등에서 자주 이용됨
	판매대리점	· 특정 제조업자의 전 품목을 판매할 수 있는 계약을 맺고 판매활동을 함 · 석유, 기계 장비, 석탄, 화학제품, 금속제품 등에서 자주 이용됨
	구매대리점	· 구매자와의 계약에 의하여 구매를 대신하고 구매한 제품을 검사, 보관, 배달 · 의류산업에서 작은 의류 소매상들이 자주 이용함
	수수료상인	· 제품의 소유권은 갖지 않지만, 제품은 갖고 다니면서 판매를 성사시키는 기능 · 주로 농산물 생산자의 위탁을 받아 트럭에 농산물을 싣고 큰 시장에서 판매
제조업자 도매상	판매지점	· 재고를 보유. 목재업, 자동차 정비 및 부품산업에서 자주 이용됨
	판매사무소	· 재고를 보유하지 않음. 건조식품과 실용잡화류 산업에서 자주 이용됨

자료원 : 안광호, 조재운, 한상린(2020), 유통원론, 학현사, 박찬수(2014), 마케팅원리, 법문사

의 유형과 기능을 설명하고 있다.

(1) 상인도매상

상인도매상(merchant wholesaler)은 가장 전형적인 도매상으로서 취급하는 제품의 소유권을 가지며, 다양한 기능을 수행하는 독립된 사업체를 의미한다. 상인도매상은 거래하는 고객에게 제공하는 서비스정도에 따라서 완전서비스 도매상과 한정서비스 도매상으로 구분된다.

완전서비스 도매상은 물적소유, 촉진, 협상, 위험부담, 주문, 지불 등 거의 모든 유통활동을 수행하며, 소매상 고객들을 위해서 재고유지, 판매원지원, 신용제공, 배달, 경영지도와 같은 종합적인 서비스를 제공하기도 한다. 완전서비스 도매상은 도매상인과 산업재 유통업자로 구분된다. 반면 한정서비스 도매상은 거래고객에게 소수의 전문적인 서비스만을 제공하는 도매상으로서 현금거래도매상, 트럭도매상, 직송도매상, 진열도매상 등이 있다.

(2) 대리점 및 브로커

대리점과 브로커는 상인도매상과는 달리 제품에 대한 소유권을 보유하지 않고, 단지 거래를 성사시키는 역할만을 하고 대가로 판매가격의 일정비율을 수수료로 받는다. 대리점은 장기적인 거래관계를 갖는 것이 일반적이지만, 브로커는 부동산중개인이나 보험대리인과 같이 한 번의 거래로 끝나는 단기적인 관계를 갖는다. 대리점은 다시 제조업자 대리점, 판매대리점, 구매대리점, 수수료 상인으로 구분할 수 있다.

(3) 제조업자 도매상

제조업자 도매상은 독립적인 도매상이 아니고, 제조업자에 의하여 직접 소유되고 운영되는 것을 말한다. 이러한 도매상에는 판매지점과 판매사무소를 들 수 있다. 제조업자는 자사소유의 판매지점이나 판매사무소를 통하여 재고통제와 더불어 원활한 판매 및 촉진관리를 수행한다. 판매지점은 일반적으로 재고를 보유하지만, 판매사무소는 재고를 보유하지 않는 점이 다르다고 할 수 있다.

02 유통경로의 혁신

2.1 유통경로의 혁신배경

유통경로를 둘러싼 다양한 환경이 변화되면서 유통경로의 적응과 혁신은 유통업체들의 생존과 지속적인 성장에 필수적인 조건이 되어가고 있다. 이러한 유통경로의 적응과 혁신을 야기하는 유통환경의 중요한 변화는 몇 가지로 살펴볼 수 있다.

첫째, 고객욕구의 변화이다. 고객들은 점차 자신의 건강 및 친환경, 기업의 사회적 책임 등에 대한 관심이 고조되면서 유기농제품, 아웃도어제품, 공정거래제품 등에 대한 수요가 증가하고 있다. 따라서 이러한 변화에 부응하기 위하여 유기농전문점, 아웃도어전문점, 편의점의 공정거래제품확산 등 유통경로의 변화가 나타나고 있다. 또한 소비의 양극화현상이 대두되면서 명품소비와 가치소비의 증가로 이어지고 있다. 그 결과로 명품매장이 확대되고 있으며, 자라, 유니클로, H&M, SPAO 등 국·내외 SPA매장의 진출이 있었으며, 정체성이 확고한 스트리트 브랜드가 MZ세대에게 인기를 끌면서 확대되고 있다. 그리고 유통업체들마다 PB(Private Brand) 제품의 매출이 급증하고 있는 것 또한 가치소비를 반영하는 현상이라고 할 수 있다.

광고 12-10 국내외 SPA 브랜드와 유니클로 광고

둘째, 경쟁형태의 변화이다. 기존 업태 내 경쟁에서 벗어나 업태 간 경쟁이 매우 활발하게 진행되고 있다. 백화점 간, 대형마트 간의 업태내 서비스 · 가격경쟁을 포함하여 지역상권을 두고 기업형 슈퍼마켓, 편의점, 중소상인 등이 치열한 업태 간 경쟁을 벌이기도 한다. 그리고 기존 오프라인 매장과 온라인매장 간의 경쟁이 다각도로 발생하고 있다. 이에 대응하여 유통업체들은 자신이 속한 업태의 기업만이 아니라, 상이한 업태의 기업전략을 분석하고 적절하게 대응하는 것이 점차 중요해지고 있는 상황이며, 주력업태 이외에 시너지 효과를 줄 수 있는 다양한 업태에 동시에 진출하는 사례가 빈번해지고 있다. 예를 들어, 이마트, 홈플러스, 롯데마트 등 대형마트 상위 3개사는 창고형 할인판매사업에 진입하여 경쟁하고 있다.

셋째, 기술의 변화이다. 인터넷, CATV, 스마트 TV, 모바일기술의 발전에 따라 기존 제품의 홍보 및 판매, 매장운영방식 등에 큰 변화가 나타나고 있다. 유통업체는 새롭게 등장한 다양한 기술을 자사에 반영함으로써 소비자와의 쌍방향 의사소통을 가능하게 하고, 보다 다양하고 직접적인 판촉과 홍보가 이루어지게 하며, 소비자들의 구매편의성을 제고하도록 지원하고 있다. 최근에는 지하철역사 내에 스마트폰과 QR코드를 활용한 가상 스토어가 개발되어 소비자들이 모바일을 통하여 제품을 검색하고 구매하는 등 모바일 쇼핑을 하기도 하며, 스마트카트나 RFID, 증강현실 기술, 위치기반 서비스 등을 점포운영에 도입함으로써 소비자들이 원하는 제품을 검색하거나 구매하려는 제품을 결제하는 시간을 단축시켜주기도 한다.

광고 12-11 모바일쇼핑

그림 12-9 유통경로혁신의 배경

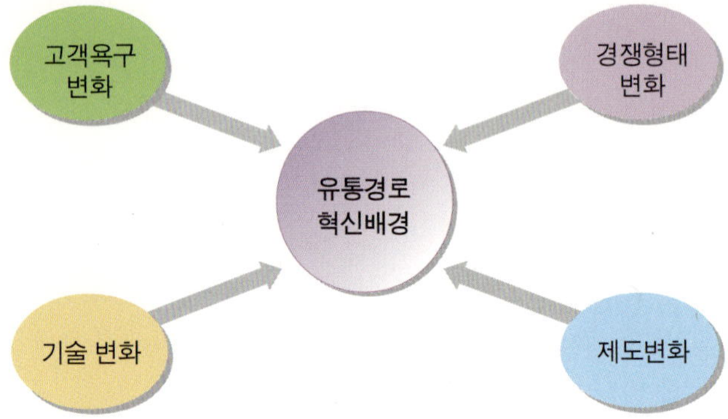

넷째, 제도와 정책의 변화이다. 유통산업발전법, 상생법 등의 각종 제도와 정책이 도입되면서 기존 대형유통업체 중심의 시장구조가 재편되고 있다. 따라서 대형유통업체와 중소유통업체가 상생할 수 있는 다양한 방법이 도출되고 있으며, 법적제약 속에서 지속적인 발전을 달성하기 위하여 새로운 콘셉트의 점포, 소규모형식의 점포로 출점하는 현상이 빈번해지고 있다. 또한 대형유통업체가 가맹점사업을 통하여 지역상권의 중소상인과의 상생방안을 구체적으로 추진하기도 한다. [그림 12-9]는 유통경로혁신의 배경을 보여주고 있다.

2.2 유통경로의 혁신방향

유통경로의 변화에 적절하게 대응하기 위하여 유통업체는 적응하고 혁신의 과정을 거치게 된다. 다양한 유통업체에 나타나고 있는 유통경로혁신의 방향은 몇 가지 특징을 나타낸다.

첫째, 고급형매장과 초저가매장의 등장이다. 백화점은 대형마트와의 차별화를 위하여 고급화전략을 구사하고 있다. 따라서 서비스를 차별화하기도 하며, 해외명품을 유치하기도 한다. 이와는 반대로 대형마트보다 가격경쟁력이 높은 ALDI(독일), No Brand(한국), No name(캐나다), MUJI(일본) 등과 같은 하드디스카운트 스토어(Hard Discount Store)가 생겨나기도 하며, 특정한 제품계열에 한정하여 초저가로 판매하기도 한다. 이는 소비의 양극화 현상을 잘 반영한 결과라고 할 수 있다.

둘째, 소비시장의 대중화를 반영하는 명품 아웃렛매장의 등장이다. 예를 들어, 여주 프리미엄 아울렛을 들 수 있다. 여주 프리미엄 아웃렛을 운영하는 신세계첼시는 점포개발 및 운영능력이 뛰어난 (주)신세계와 브랜드유치, 디자인, 마케팅, 영업 등이 뛰어난 미국 첼시

6,000점까지 확장하고 배달 서비스 채널도 최대 9개로 늘릴 계획이다.

SSM, 백화점 등 오프라인 중심의 유통업체들도 '스피드'를 의식하지 않을 수 없게 됐다. 홈플러스 익스프레스는 3월부터 '1시간 즉시 배송'을 시작해 7월 매출이 3월 대비 275% 신장하는 효과를 봤다. 롯데슈퍼 역시 지난해 11월 서울 잠실점에서 '퇴근길 1시간 배송' 서비스를 시작한 뒤 올해 초 서비스 지역을 서울 강북과 경기 · 인천 일부 지역으로 확대했다.

▶ "유통혁명이 일고 있다"

현대백화점은 아예 콜드체인 시스템을 갖춘 전기트럭을 활용해 신선식품을 30분 내 배송하는 서비스를 7월부터 시범 운영하고 있다. 현재는 현대백화점 압구정본점 반경 3km 내 지역을 대상으로 하며, 10월까지 시험해본 뒤 다른 점포에도 퀵커머스를 확대해나갈 계획이다.

특히 GS25와 GS더프레시, 랄라블라를 운영하는 GS리테일의 공격적인 행보가 눈에 띈다. 앞서 물류 브랜드 '부릉'을 운영하는 메쉬코리아 지분 19.53%를 인수한 GS리테일은 8월 13일 재무적 투자자 어피너티에쿼티파트너스, 퍼미라와 공동으로 구성한 컨소시엄(이하 컨소시엄)을 통해 배달 앱 요기요를 운영하는 딜리버리히어로코리아 지분 100%를 인수하는 계약을 체결했다. 컨소시엄의 최종 인수 금액은 8,000억 원이며 GS리테일은 이 중 30% 지분에 해당하는 2400억 원을 투자한다. 단, 이번 인수에는 요기요의 퀵커머스 서비스 '요마트'는 포함되지 않았다.

그러나 GS리테일은 이미 상품과 물류센터를 확보한 상태라 퀵커머스 서비스를 본격적으로 시행하는 데 큰 문제가 없다는 평가다. 6월 자체 배달 앱 '우리동네 딜리버리'를 시작한 GS리테일은 "퀵커머스 시장 규모가 2025년까지 최소 5조 원 이상으로 확대될 것으로 내다보고 있다"며 "1만6,000여 소매점과 60여 물류센터망이 결합된 도심형 마이크로풀필먼트센터를 통해 퀵커머스 시장에서 압도적인 상품 구색을 갖추고 오프라인과의 시너지 효과 창출을 구체화할 계획"이라고 밝혔다.

이외에도 최근 배달대행업체 바로고가 10분 내 단건 배달 서비스를 하는 배달 앱 '텐고'를 출시하고 서울 강남구 일대에서 시험 운영 중이다. 메쉬코리아와 신선식품 새벽 배송 기업 오아시스마켓도 합작법인을 세워 곧 퀵커머스 플랫폼 '브이마트'를 선보일 예정이다.

너나없이 속도 전쟁에 뛰어드는 분위기에 대해 업계 한 관계자는 "현장에서는 외환위기 때 월마트, 까르푸 같은 대형마트가 들어온 이후로 가장 큰 격변기라고 한다. 유통혁명이 일고 있다"며 "새벽 배송이 자리 잡은 것처럼 속도에 적응한 소비자들은 코로나19가 종식되더라도 퀵커머스 서비스를 계속 이용할 것"이라고 내다봤다.

▶ '똥콜' 돌리는 AI 배정, 피하면 페널티

비대면 · 모바일 쇼핑 흐름에 맞춰 유통업계가 꺼낸 '속도'라는 차별화 카드는 현재까지는 성공적이다. 하지만 기업 간 출혈 경쟁이 불가피하다는 우려도 낳는다. 퀵커머스 시장은 진입 장벽이 높기 때문이다.

물류창고 유지 · 관리비, 피킹 · 패킹(picking&packing) 직원 인건비까지 감당해야 한다. 이 때문에 6월 편의점업계 최초로 자체 앱을 통한 배달 서비스를 시작했던 이마트24는 오픈한 지 한 달여 만에 서비스 운영을 잠정 중단했다. 현재 이마트는 '이마트 에브리데이'를 퀵커머스 거점으로 활용하는 방안을 검토 중인 것으로 알려졌다. 배달의민족도 B마트 부산 해운대점과 대구 동부점을 냈다 한 달 만에 철수한 바 있다.

그렇다면 유통업체들은 호락호락하지 않은 이 속도전에 왜 뛰어드는 것일까. 한국유통학회 회장인 정연승 단국대 경영학부 교수는 "현재 기업 입장에서는 고객을 자기 플랫폼에 붙잡아두는 게 중요하니까 비용이 많이 들더라도 퀵커머스 서비스를 시작할 수밖에 없다"며 "결국은 빅 데이터와 AI, 상품 소싱, 배송 최적화 시스템에 계속 투자할 수 있는 큰 규모의 유통업체들이 유리할 것"이라고 예상했다. 이어 정 교수는 "당분간 GS리테일과 부릉, 요기요의 만남처럼 리스크를 줄이기 위해 전문 기업과의 합종연횡 제휴가 계속될 것"이라며 "e커머스 시장은 워낙 빨리 변하기 때문에 더 지켜볼 필요가 있다"고 덧붙였다.

다만 퀵커머스 시장이 안정적으로 자리 잡기 위해서는 배달노동자들과 상생이 수반돼야 한다. 현재 라이더들 사이에서는 AI 알고리즘 배정 방식이 문제가 되고 있다. 배달 플랫폼 라이더들은 일반 배정과 AI 배정 중 콜 잡는 방식을 선택할 수 있는데, 업체가 퀵커머스 주문을 AI 배정으로 돌리는 경우가 많다. 대다수 라이더가 '생수 폭탄' '똥콜'(배달이 쉽지 않거나 단가가 낮은 콜), 음식점보다 긴 픽업 대기 시간 등의 이유로 퀵커머스 배달을 기피하기 때문이다. AI 배정 모드에서 들어오는 콜을 연거푸 거부하거나 취소할 경우 배차 수락률 및 완료율이 낮아지고 페널티가 부과되기도 한다. 콜 수에 따라 소득이 달라지는 전업 라이더들은 이를 만회하고자 더 빨리 움직일 수밖에 없다. 현장에서 "교통신호를 지키는 라이더들이 손해 보는 시스템"이라는 불만이 제기되는 이유다.

서용구 숙명여대 경영학과 교수는 "지금 라이더들이 건당으로 지급받는 긱(gig · 임시계약) 노동자다 보니 더 많이 배달하려다 시간에 쫓겨 사고가 난다"며 "이 상황에서 투잡, 스리잡으로 배달하는 사람까지 늘면서 보험, 콜 잡기 경쟁 같은 문제가 발생하고 있다"고 지적했다. 이어 "현재 업체 간 경쟁이 심해 배달비 인상에 민감하지만 원래는 편리함을 누리는 소비자가 그만큼의 대가를 더 부담해야 한다. 그리고 그 인상분이 플랫폼이 아닌 라이더에게 실제로 지급되는 게 중요하다"고 강조했다.

● 자료원 : 주간동아, 윤혜진, 2021.08.31

03 요 약

최근 들어 유통경로는 사회문화 및 경제적 환경변화, 소비자욕구의 변화, 경쟁사의 전략 변화, 기술적 변화, 법제도의 변화 등 유통경로를 둘러싼 다양한 환경의 영향을 받고 있다. 따라서 유통경로 관리자는 이러한 유통환경의 변화를 반영하여 유통경로를 혁신할 필요성이 증대하고 있다. 이와 같이 유통경로의 혁신을 위하여 유통경로 구성원 중에서 주요 주체인 소매상과 도매상의 개념, 기능, 유형, 특성 등을 살펴볼 필요가 있다. 또한 소비자의 욕구를 충족하기 위한 유통업계의 혁신방향을 파악하며, 세부적인 소매업태들의 시장현황 및 추세를 분석하여 구체적인 변화과정을 파악할 필요가 있다.

소매는 개인적 혹은 비영리적 목적으로 구매하고자 하는 최종 구매자에게 제품과 서비스를 판매하여 가치를 제고하는 활동을 의미한다. 또한 이와 같은 활동을 하는 유통업을 소매업이라고 하며, 이와 같은 활동을 수행하는 조직체를 소매상 혹은 소매기관, 소매업태라고 한다. 그리고 도매는 재판매 혹은 영리적 목적으로 구매하고자 하는 최종 구매자에게 제품과 서비스를 판매하여 가치를 제고하는 활동을 의미한다. 또한 이와 같은 활동을 하는 유통업을 도매업이라고 하며, 이와 같은 활동을 수행하는 조직체를 도매상이라고 한다. 소매상이 주로 최종 구매자를 상대한다면 도매상은 주로 소매상을 상대하게 된다.

소매상은 점포형 소매상과 무점포형 소매상으로 나눌 수 있다. 점포형 소매상은 무점포형 소매상과는 달리 유형적 점포를 기반으로 하며, 크게 백화점, 전문점, 슈퍼마켓, 편의점, 대형마트, 카테고리 킬러, 회원제창고형 도 · 소매점 등으로 구분되며, 무점포형 소매상은 크게 카탈로그 마케팅, 텔레마케팅, TV홈쇼핑, 인터넷 쇼핑몰, 모바일커머스, 직접판매, 자동판매기 등으로 구분할 수 있다.

도매상은 크게 상인도매상, 대리점 및 브로커, 제조업자 도매상으로 나눌 수 있다. 상인도매상은 가장 전형적인 도매상으로서 취급하는 제품의 소유권을 가지며 다양한 기능을 수행하는 독립된 사업체를 의미한다. 대리점과 브로커는 상인도매상과는 달리 제품에 대한 소유권을 보유하지 않고 단지 거래를 성사시키는 역할만을 하고 대가로 판매가격의 일정비율을 수수료로 받는다. 제조업자 도매상은 독립적인 도매상이 아니고, 제조업자에 의하여 직접 소유되고 운영되는 것을 말한다.

참 · 고 · 문 · 헌

- 대한상공회의소(2021), 유통물류통계집.
- 류성민(2011), 유통의 이해, 신영사.
- 박종오, 권오영, 편해수(2017), 마케팅 제2판, 북넷.
- 박찬수(2014), 마케팅원리, 법문사.
- 안광호, 조재운, 한상린(2020), 유통원론, 학현사.
- 오세조, 박진용, 김상덕(2009), 소비자지향적 유통관리, 박영사.
- 인터비즈(2021), 70년 만에 없어지는 이케아의 카탈로그…이케아는 모든 준비가 되어 있었다?
- 임영균, 안광호, 김상용(2006), 고객지향적 유통관리, 학현사.
- 주우진, 박철, 김현식(2010), 마케팅관리, 홍문사.
- 한국체인스토어협회(2016), 유통업체연감.
- Coughlan, Anne T., Erin Anderson, Louis W. Stern, and Adel I. El-Ansary (2006), *Marketing Channels*, 7th, Prentice Hall.
- Etzel, Michael J., Bruce J. Walker, and William J. Stanton(2007), *Marketing*, 14th, McGraw-Hill/Irwin.
- Grewal, Dhruv and Michael Levy(2010), *Marketing*, 2th, McGraw-Hill/Irwin.
- Kotler, Philip, and Kevin L. Keller(2009), *Marketing Management*, Prentice Hall.
- Kotler, Philip, Gary Armstrong, Swee H. Ang, Siew M. Leong, Chin T. Tan, and Oliver Y. Hon-Ming(2008), *Principles of Marketing; A Global Perspective*, Prentice Hall.
- Levy, Michael and Barton A. Weitz(2007), *Retailing Management*, 6th, McGraw-Hill/Irwin.
- Lusch, Robert F., Patich M. Dunne and James R. Carver(2011), *Introduction to Retailing*, 7th, South-Western, Cengage Learning.
- McDaniel, Carl., Charles W. Lamb., and Joseph F. Hair, Jr.(2008), *Introduction to Marketing Essentials*, 9e, Thomson South-Western.
- McDaniel, Carl., Charles W. Lamb., and Joseph F. Hair, Jr.(2009), *Marketing Essentials*, 7e, South-Western, Cengage Learning.
- Ogden, James R. and Denise T. Ogden(2005), *Retailing : Integrated Retail Management*, Houghton Mifflin.
- Perreault, Jr., William D., Joseph. P. Cannon, and E. Jerome McCarthy (2009), *Basic Marketing: A Marketing Strategy Planning Approach*, McGraw-Hill/Irwin.
- Solomon, Michael R., Greg W. Marshall, and Elnora W. Stuart(2012), *Marketing*, 7th, Prentice Hall.
- https://blog.naver.com/ehdbs330/222611179025
- https://post.naver.com/viewer/postView.nhn?memberNo=36415118&volumeNo=32278919

part 13

마케팅커뮤니케이션 관리 I

01 촉진과 통합적 마케팅커뮤니케이션

02 광 고

03 요 약

뉴욕 한복판에서 물쇼?… 거리의 전광판이 미술관됐네

▶ 코로나 시대 주목 받는 전광판 아트

뉴욕 타임스스퀘어 전광판에서 27일 상영 예정인 미디어아트 '폭포-NYC'. 아나몰픽 일루전(anamorphic illusion) 기술을 통해 입체 착시를 유도했다. 위 사진은 가상 이미지로, 1분에 걸쳐 쏟아지는 폭포수 영상을 빨리감기한 것이다. /a'strict

전광판의 목적은 시선을 잡아끄는 것이고, 이것은 미술계가 간절히 원하는 일이다. 이번 주부터 미국 타임스스퀘어 대형 옥외 전광판에서 '물쇼'가 펼쳐진다. 한국 미디어아트 그룹 에이스트릭트가 선보이는 공공미술 프로젝트다. 먼저 1400㎡ 크기의 매리어트 마퀴즈 호텔 전광판(16~26일)은 파도 치는 거대한 수조로 변신해, 고래가 헤엄치며 광장 쪽으로 물이 쏟아지는 듯한 착시를 일으키는 작품 '고래 #2'를 30분마다 1분간 상영한다. 새해 카운트다운 행사가 열리는 원타임스스퀘어 높이 102.5m 전광판(27일~8월 2일)에서는 폭포수가 낙하하는 영상 '폭포-NYC'가 분출해 뉴욕의 마천루를 초현실적 풍경으로 바꿔놓는다. 에이스트릭트 측은 "무더운 여름과 팬데믹 시대를 관통하는 시점에서 대중에게 위안을 선사하는 동시에 전 세계 미술계의 큰 주목을 예상한다"고 했다.

코로나 시대, 전광판이 새로운 전시 공간으로 주목받고 있다. 실내 전시장 접근이 제한되면서, 야외에 노출된 전광판이 탁 트인 거대 상영관으로 기능하게 된 것이다. 거대한 유동 인구를 발판 삼아, 기술력과 창의력을 자랑하면서 향후 시장 개척의 가능성을 타진하는 홍보의 기회이기도 하다. 일종의 마케팅인 셈이다. 에이스트릭트는 지난해 서울 코엑스 앞 전광판에서 선보인 '파도'로 유명해진 디지털 기반 디자인 기업 디스트릭트가 출범한 팀으로, 국내외 입소문을 타고 이름값을 올린 뒤 미술 시장에 적극 뛰어들고 있다. 지난달에는 소더비 홍콩 경매에 작품을 출품해 94만5000홍콩달러(약 1억4000만원)에 판매하기도 했다. 이성호 대표는 "이 같은 공공미술 프로젝트는 앞으로 증가하게 될 전광판 콘텐츠 수요를 겨냥

타임스스퀘어 한복판 'ㄴ'자 형태의 전광판에서 16일부터 상영되는 미디어아트 '고래 #2'. /a'strict

한 라이선스 사업 수단"이라며 "'고래 #2'의 경우 미국 측에서 먼저 제안이 왔다"고 말했다.

일본 신주쿠역 근처 옥외 전광판에 등장한 거대 고양이는 또 다른 예다. 거의 실물처럼 생생한 입체 점박이 고양이 한 마리가 하품하다가 전광판 밖으로 굴러떨어질 뻔하는 등의 짧은 영상이 지속 노출되며, 연일 행인과 외신의 집중 관심을 받고 있다. 현지 광고회사 측이 향후 매체로서의 활용 가능성을 제시하기 위한 방편으로 제작됐는데, 'ㄴ'자 평면 전광판으로 특정 각도에서 바라봤을 때 3D처럼 보이도록 하는 아나몰픽 일루전(anamorphic illusion) 기술이 사용됐다. 전광판은 시범 기간을 거쳐 12일부터 18일까지 공식 운영되는데, 인기에 힘입어 트위터 계정 개설 2주 만에 팔로어 2만명이 생겨났다. 한 시민은 미국 CBS 뉴스에 "코로나 탓에 웃을 일이 별로 없는데 고양이 덕에 위로받는다"고 말했다.

지난 9일 일본 도쿄 신주쿠역 근처 크로스 스페이스 빌딩 전광판에서 18일까지 선보이는 거대 고양이를 시민들이 구경 하고 있다. /AP 연합뉴스

이른바 '전광판 아트'는 불특정다수에게 노출되기에 해당 문화권이 허용할 수 있는 예술성의 수위를 보여주는 지표이기도 하다. 서울 코엑스 앞 전광판에서는 독일 유명 퍼포먼스 작가 안네 임호프(43)의 10분짜리 영상 작품 'One'이 16 · 24일 오후 8시 10분 상영된다. 영국 공공미술 프로젝트(CIRCA) 일환으로 런던 · 도쿄 · 서울에서 동시 상영되지만, 서울에서만 버전이 조금 다르다. 원래는 반라의 여인이 불타는 꽃다발을 들고 선채 정면을 응시하다가 이윽고 해변에서 채찍을 휘두르며 원초적 강렬함을 드러내는 작품이지만, 서울 버전은 여인의 가슴이 노출되지 않도록 따로 편집됐다. 최고 수준의 기술력과는 별개로, 인간의 신체를 대하는 한국 대중의 보수적 시각을 작가가 감안했기 때문이다.

런던 피커딜리서커스 광장 전광판에서 상영 중인 독일 작가 안네 임호프의 작품 'One'. /CIRCA

● 자료원 : https://news.v.daum.net/v/20210714030616227
조선일보, 정상혁 기자, 입력 2021.07.14.

기업이 아무리 우수한 제품이나 서비스를 개발하고 가격이나 유통을 잘 한다고 할지라도 효과적인 촉진없이 시장에서 살아남을 수 있는 것은 거의 없다. 촉진은 마케터가 고객이나 잠재고객들의 의견에 영향을 미치고 반응을 이끌어내기 위해서 제품에 대한 정보를 제공하고 설득하며, 회상시키는 커뮤니케이션이다. 그래서 기업활동에서 제품, 가격, 유통 등 다른 마케팅믹스 요소도 중요하지만 그 중에서도 촉진은 가장 중요한 분야중의 하나이며, 주요 마케팅활동 중에서도 관심의 초점이 되고 있다.

실제로 기업은 소비자들에게 효과적인 커뮤니케이션을 하기 위해서 광고, 인적판매, 판매촉진, PR 등의 다양한 마케팅커뮤니케이션 수단들을 통해서 촉진활동을 전개하고 있다. 과거에는 기업이 소비자들에게 제품이나 서비스를 촉진하기 위해서 주로 광고를 많이 이용하였으나, 최근에는 광고 이외의 커뮤니케이션 수단(판매촉진, 인적판매, PR 등)들을 사용하는데도 많은 관심을 갖기 시작했다. 그래서 마케터들은 광고 및 다른 촉진수단들이 마케팅믹스 요소들과 분리된 하위개념에서 벗어나 통합적으로 관리될 때, 가장 효과적인 마케팅커뮤니케이션이 이루어진다는 사실을 인식하게 되었다.

본 장에서는 우선 촉진과 통합적 마케팅커뮤니케이션 관리에 대해 살펴보고, 광고, 판매촉진, 인적판매, PR 등 촉진믹스 요소들 중에서 가장 많은 비중을 차지하고 있는 광고에 대해 다루기로 한다. 그리고 판매촉진, 인적판매, PR 등의 촉진요소들은 제14장 마케팅커뮤니케이션 관 리 II에서 설명할 것이다.

01 촉진과 통합적 마케팅커뮤니케이션

기업에서 촉진이 전반적인 마케팅프로그램을 어떻게 지원하고 표적시장에 효과적인 커뮤니케이션을 제공하는지를 다루고자 한다. 첫째, 촉진, 촉진믹스와 통합적 마케팅커뮤니케이션 간의 관계와 마케팅커뮤니케이션 과정을 살펴본다. 그리고 커뮤니케이션 과정을 관리하는 수단으로 통합적 마케팅커뮤니케이션의 특성에 대해 다룬다.

1.1 촉진믹스와 통합적 마케팅커뮤니케이션

기업은 자사의 제품이나 서비스를 생산해서 소비자에게 판매하는 일상적인 기업활동을 수행하는 과정에서 소비자, 중간상, 그리고 일반대중들과 다양한 커뮤니케이션을 하게 된다. 이러한 커뮤니케이션 활동을 효과적으로 전개하고 관리하는 촉진이야말로 기업에게는 다른 마케팅믹스 관리와 더불어 매우 중요한 과업일 것이다.

(1) 촉 진

촉진(promotion)은 제품이나 서비스, 아이디어, 혹은 사람에 대한 우호적인 성향을 창출하기 위해서 활용되는 마케팅커뮤니케이션 과정이다. 다시 말해서 촉진활동은 소비자에게 제품이나 서비스에 대한 정보를 제공하여 알게 하는 인지과정, 소비자들이 알게 된 제품이나 서비스에 대하여 설득하여 호의적인 감정을 갖게 하는 태도형성과정, 그리고 제품이나 서비스의 구매를 유도하는 행동과정으로 나눌 수 있다. 이러한 세 가지 단계를 거치면서 촉진활동을 수행하는데, 물론 촉진믹스가 가장 중요한 요소들이다.

(2) 촉진믹스

촉진믹스(promotional mix)는 표적시장에 직접적으로 의사소통하는 촉진과정을 수행하기 위해서 이용되는 커뮤니케이션 수단들이다. 이러한 커뮤니케이션 수단들에는 광고, 인적판매, 판매촉진, PR을 비롯해서 인터넷 웹사이트, SNS, 직접마케팅(direct marketing), POP디스플레이, PPL 등이 포함된다. 이들 각 수단들은 잠재소비자들에게 제품이나 서비스의 혜택이나 효익에 대한 정보를 제공하고, 설득하며, 기존 소비자들이 제품이나 서비스를 사용하면서도 느낄 수 있도록 그들에게 회상시켜 주는데 이용된다. 그리고 촉진믹스 요소들은 각각의 특성들이 있기 때문에 소비자들에게 서로 다른 방법으로 영향을 주며, 소비자들에게 커뮤니케이션할 수 있다.

그러므로 마케터는 마케팅목표를 달성하기 위해서 제품, 가격, 유통, 촉진 등으로 구성된 마케팅믹스 요소들을 효과적으로 조정하여야 하며, 이 중에서 촉진을 구성하고 있는 광

그림 13-1 마케팅믹스와 촉진믹스의 관계

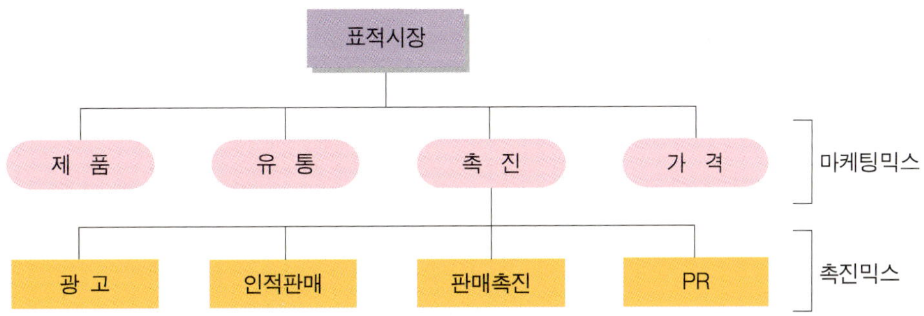

고, 인적판매, 판매촉진, PR 등의 주요 촉진믹스들의 특성을 고려해서 상호 시너지 효과를 얻을 수 있도록 효과적인 촉진믹스전략을 수립해야 한다.

그리고 마케팅믹스와 촉진믹스는 [그림 13-1]과 같이 별개의 분리된 개념이 아니라, 상호 긴밀한 연관성을 가지고 표적시장의 소비자에게 가장 효율적으로 커뮤니케이션을 할 수 있도록 관리해야 한다. 이러한 접근방법을 통합적 마케팅커뮤니케이션이라고 한다.

(3) 통합적 마케팅커뮤니케이션

통합적 마케팅커뮤니케이션(IMC : integrated marketing communication)은 기업이 소비자들에게 커뮤니케이션할 때 시너지효과를 창출하기 위해서 통합된 방법으로 촉진수단들을 이용하는 과정이다. 즉, 이용가능한 모든 커뮤니케이션 수단들은 분명하고 일관성 있는 메시지를 의도된 청중들에게 커뮤니케이션 하도록 해야 한다. 여기서 청중이라고 하는 대상은 소비재를 구매하는 일반소비자를 비롯해서 도매상, 소매상, 공급업자 등과 같이 중간거래를 하는 소비자들도 포함된다.

이와 같이 촉진, 촉진믹스와 통합적 마케팅커뮤니케이션 간의 관계를 요약하면 [그림 13-2]와 같이, 촉진은 커뮤니케이션 과정 그 자체를 말하며, 촉진수단은 광고, 인적판매, 판매촉진, PR 등과 같은 촉진수단과 활동들을 나타낸다. 그리고 통합적 마케팅커뮤니케이션은 촉진수단들이 서로 통합하고 조정해서 시너지효과를 창출할 수 있도록 커뮤니케이션 과정이나 활동들을 관리하는 방법을 말한다.

1.2 마케팅커뮤니케이션 과정

촉진활동을 이해하기 위해서 마케터는 우선 커뮤니케이션 과정을 이해할 필요가 있다. 우리는 느낌, 사고, 사실, 태도, 감정 등에 의미를 부여하는데, 이런 의미를 공통의 문자,

그림 13-2 촉진, 촉진믹스와 통합적 마케팅커뮤니케이션

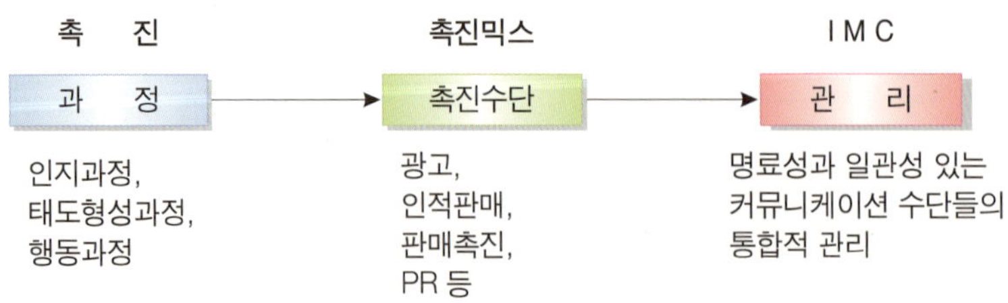

상징, 그림 등의 형태로 서로 상호 간의 의미를 교환하고 공유하는 과정이 커뮤니케이션 과정이라고 할 수 있다. 마케터는 기업의 촉진프로그램을 통해 기업이나 제품 혹은 서비스와 관련된 정보를 표적시장이나 일반공중에게 커뮤니케이션 한다.

커뮤니케이션은 일반적으로 대인적 커뮤니케이션(interpersonal communication)과 매스커뮤니케이션(mass communication)으로 구분할 수 있다. 대인적 커뮤니케이션은 둘 이상의 사람들 간에 직접대면하면서 이루어지는 커뮤니케이션이다. 이때 상대방의 반응을 볼 수도 있지만 즉각적인 반응을 할 수도 있다. 예를 들면, 판매원이 소비자와 직접 만나서 제품을 설명하고 판매를 권유하는 것이 대인적 커뮤니케이션의 한 예라고 할 수 있다. 매스커뮤니케이션은 많은 청중들에게 TV, 신문, 라디오 등의 대중매체를 통해 직접적으로 커뮤니케이션하는 것을 말한다. 일반적으로 기업이 자사의 제품이나 서비스와 관련된 정보를 전달하려고 할 때 주로 사용하는 커뮤니케이션 방법이며, 커뮤니케이션 과정에서 메시지에 대한 소비자들의 반응에 즉각적으로 응대할 수도 없다. 그래서 커뮤니케이션이 이루어진 후 피드백을 통해 메시지에 대한 청중들의 반응이 긍정적인지, 부정적인지를 파악해서 커뮤니케이션 과정을 효과적으로 관리해야 할 것이다.

(1) 커뮤니케이션 과정

커뮤니케이션은 다른 사람과 정보를 교환하고 의미를 전달하는 과정이다. 그래서 커뮤니케이션의 목표는 정보의 수신자가 베시지의 송신지(정보원)에 의해 의도된 의미를 가능한 한 가깝게 이해하는데 있다. 마케터는 메시지의 송신자이면서 동시에 수신자 역할을 한다고 볼 수 있다. 송신자로서는 제품이나 서비스구매를 촉진시킬 요구사항에 적합한 행동과정을 채택하도록 표적시장에 정보를 전달하고 설득하며 회상시키려고 시도할 것이다. 그리고 수신자로서는 자신들이 표적시장에 맞추어 적합한 메시지를 개발하고, 기존의 메시지를 채택하며, 새로운 커뮤니케이션 기회를 발견하도록 할 것이다.

이런 점에서 마케팅커뮤니케이션 과정은 일반적으로 [그림 13-3]과 같이 여덟 개의 구성요소로 이루어져 있다.

① **송신자**(sender) : 커뮤니케이션 과정에서 다른 개인이나 집단에게 메시지를 보내는 당사자를 말하며, 정보원(source)이라고도 한다. 대인 커뮤니케이션에서 송신자는 부모, 친구, 판매원이 될 수 있다. 광고나 혹은 보도자료의 경우 송신자는 회사 자체가 된다. 그리고 송신자가 의도한 반응을 수신자가 나타내도록 하려면 송신자의 신뢰성이 매우 중요한데, 이런 신뢰성은 메시지 전달자의 전문성, 신뢰성, 호감 등에 의해

그림 13-3 커뮤니케이션 과정모델

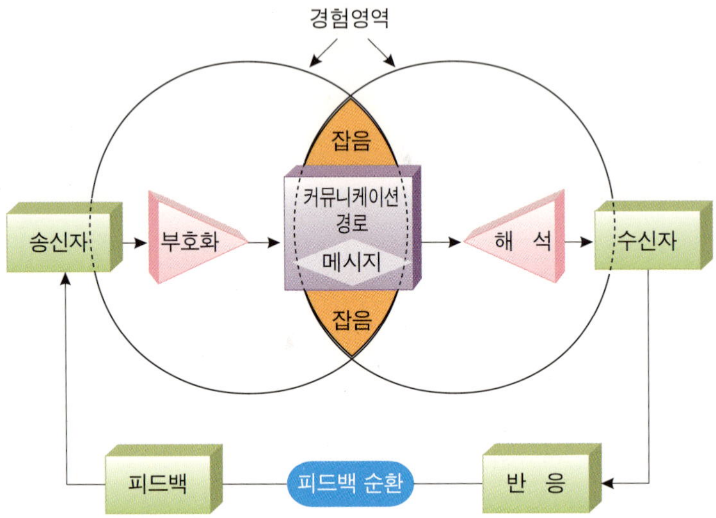

자료원 : Kelin, Roger A., Hartley, Steven W., Berkowitz and William Rudelius(2006), Marketing, 8th ed., McGraw-Hill Irwin.

많은 영향을 받는다.

② **부호화**(encoding) : 송신자가 전달하려고 하는 메시지를 보다 효과적으로 전달하기 위해 메시지 내용을 문자, 그림, 소리, 상징, 사인 등을 이용하여 시각적 혹은 청각적, 언어적 혹은 비언어적 부호화나 상징화시키는 과정을 말한다. 일반적으로 기업은 광고, POP디스플레이, 쿠폰, 보도자료 등으로 부호화한다. 그리고 효과적인 커뮤니케이션이 되기 위해서는 송신자는 수신자와 상호 간에 공유하는 경험영역(field of experience) 하에서 메시지가 부호화되어야 해석단계에서도 왜곡되지 않고 의도대로 전달될 수 있다. 예를 들어 광고메시지를 만들 때, 표적청중에 따라 그 대상자들이 쉽게 이해할 수 있는 광고카피나 음악, 기호 등으로 만들고, 또한 그들이 선호하는 광고모델과 적절하게 연관시켜 광고물을 제작하는 것이 훨씬 더 효과적일 것이다.

③ **커뮤니케이션 경로**(channel of communication) : 송신자가 부호화한 것, 즉 메시지를 전달하는 경로를 말한다. 커뮤니케이션 경로는 흔히 광고물을 수신자에 전달할 수 있는 매체를 지칭하며, 인적매체와 비인적매체로 구분한다. 인적매체는 인적판매, 구전커뮤니케이션 등이며, 비인적매체는 TV, 라디오, 신문, 잡지, 인터넷, SNS 등의 매체를 말하기도 하고, 구체적으로 'SBS의 8 뉴스'와 같은 특정 프로그램을 이야기 할 수도 있다.

④ **해석**(decoding) : 송신자가 부호화해서 보낸 메시지를 수신자가 해석하는 과정을 말

한다. 흔히 매체를 통해 노출된 광고메시지는 소비자(receiver)에게 전달되면, 송신자가 제시한 언어, 상징, 기호 등의 부호화된 메시지 의미를 소비자자신이 나름대로 이해하고 받아들이게 된다. 이런 해석과정은 수신자의 특성에 따라 많이 달라 질 수 있다.

⑤ 수신자(receiver) : 메시지를 전달받는 당사자로 자신에게 전달된 메시지를 해석하여 의미를 부여한다. 일반적으로 마케터는 메시지를 해석하는 수신자, 즉 소비자에게 채널을 통해 메시지를 커뮤니케이션 한다. 이때 송신자의 전달내용이 수신자에게 정확하게 전달되기 위해서는 해석과정을 통해서 수신자에게 전달된 메시지가 부호화하기 이전의 내용으로 정확하게 해석되어야 한다. 따라서 메시지의 부호화과정과 해석과정이 조화를 이루면 커뮤니케이션의 목적을 달성할 수 있을 것이다.

⑥ 반응(response) : 메시지에 노출된 이후에 일어나는 수신자의 인지적, 감정적, 행동적 대응을 말한다. 인지적 반응은 메시지가 주장하는 내용에 대한 신념을 형성하는 과정이며, 감정적 반응은 형성된 신념을 기초로 특정 대상(기업, 제품, 브랜드 등)에 대해 가지는 호의적 · 비호의적 감정을 형성하는 과정이다. 그리고 행동적 반응은 특정 제품이나 서비스에 대한 호의적 · 비호의적 감정이 구매의도로 나타나며, 차후에 구매행동에 영향을 미치는 과정을 의미한다.

⑦ 피드백(feedback) : 수신자의 반응이 송신자에게 다시 전달되는 것을 말한다. 수신자들의 반응을 파악함으로써 커뮤니케이션 과정이 효과적으로 잘 수행되었는지를 평가할 수 있다. 이런 평가를 통해 문제점이 있으면 수정 · 보완해서 차기 커뮤니케이션 과정을 수행한다면 훨씬 더 성공적인 커뮤니케이션 활동을 수행할 수 있다.

⑧ 잡음(noise) : 커뮤니케이션 과정에서 전달되는 메시지가 예측할 수 없는 요인으로 인해 의도된 의미와 다르게 수신자에게 전달되게 하는 여러 가지 방해요소를 말한다. 잡음의 요소는 메시지 수신 중에 발생하는 것으로 매우 다양한데, 외적잡음(주변 소음, 타인과 대화, 전달매체의 문제 등), 내적잡음(수신자의 수면부족, 피로, 긴장, 부정적 감정상태 등), 경쟁잡음(경쟁사 혹은 타사광고 등) 등의 유형으로 구분할 수 있는데, 대부분 송신자가 통제하기 어려운 요소들이다. 예를 들어, TV를 통해 드라마를 볼 때 드라마 내용, 채널변경, 소음, 타인과 대화, 이탈행동 등으로 광고에 집중하기가 쉽지 않다. 이는 시청자들이 본질적으로 광고를 보기 위해서 TV를 보는 것이 아니기 때문에 잡음의 영향력이 크다고 할 수 있다.

이런 커뮤니케이션 과정상에 나타날 수 있는 점들을 고려할 때, 마케터는 소비자 주변의

잡음에도 불구하고 설득력 있고 주의를 끌 수 있는 메시지를 통해 가장 효과적이고 효율적인 매체를 이용해서 소비자들에게 전달해야 하는 어려운 과업을 수행해야 한다.

(2) 커뮤니케이션 과정과 촉진믹스

일반적으로 광고, 인적판매, 판매촉진, PR 등의 촉진믹스는 표적청중들에게 커뮤니케이션하는 방법이나 특성이 다르기 때문에 그 효과적인 측면에서도 크게 차이가 날 수 있다.

예를 들면, 촉진믹스 요소들 중에서 〈표 13-1〉과 같이, 인적판매는 소비자들과 직접적이면서 쌍방향 커뮤니케이션이 이루어지며, 메시지가 전달되고 확산되는 속도도 늦다. 하지만 광고, 판매촉진, PR 등의 매스 커뮤니케이션 수단들은 간접적으로 일방향 커뮤니케이션이 이루어지며, 메시지가 전달되고 확산되는 속도도 빠르게 이루어진다. 이와 마찬가지로 마케터가 커뮤니케이션 과정 상의 통제력, 피드백의 속도, 메시지 송신자의 주체, 도달속도, 메시지 내용, 메시지 유연성 등이 촉진요소들 마다 다양하다.

표 13-1 촉진믹스 요소들의 커뮤니케이션 특성

구 분	광 고	인적판매	판매촉진	PR
커뮤니케이션 방법	간접, 비인적	직접 대면, 인적	간접, 비인적	간접, 비인적
의사전달 과정상 통제	낮 음	높 음	중간/낮음	중간/낮음
피드백 양	작 음	많 음	작음/중간	작 음
피드백 속도	지 연	즉 시	다양함	지 연
메시지 방향	일방향	쌍방향	주로 일방향	일방향
메시지 내용통제	가 능	가 능	가 능	불가능
광고주 확인	가 능	가 능	가 능	불가능
많은 청중에 도달속도	빠 름	느 림	빠 름	항상 빠름
메시지 유연성	모든 청중에게 동일한 메시지	잠재고객에게 맞추거나 개인화	다양한 표적고객에게 동일한 메시지	항상 메시지 직접통제불가

1.3 마케팅커뮤니케이션 전략수립

마케팅커뮤니케이션 전략은 마케팅믹스 전략의 일환이기 때문에, 기업의 마케팅전략 측면에서 일관성을 갖기 위해서는 우선 마케팅목표, 표적시장, 마케팅믹스 등의 전반적인 마케팅전략을 검토하는 것이 무엇보다 중요하다고 할 수 있다. 그리고 광고, 인적판매, 판매촉진, PR, DM 등의 촉진믹스 요소들은 각각 소비자들에게 커뮤니케이션하는 방법이나 효과 측면에서 다를 수 있기 때문에, 기업은 이들 요소들을 적절하게 잘 조정하고 통합해서 효과적인 커뮤니케이션이 될 수 있도록 마케팅커뮤니케이션 전략을 수립해야 할 것이다.

(1) 상황분석

마케팅커뮤니케이션 전략수립을 위한 상황분석단계에서 고려해야 할 주요 요인들은 표적청중, 제품수명주기, 구매의사결정단계, 마케팅믹스 요소 등을 고려해야 한다. 이러한 사항들은 마케팅커뮤니케이션과 관련성이 높기 때문에 기업의 마케팅활동을 통해 긍정적인 효과를 나타낼 수 있을 것이다.

① 표적청중결정

마케팅커뮤니케이션 전략을 수립하기 위해서는 무엇보다도 표적청중(target audience)을 파악해야 하는데, 표적청중은 마케팅전략 수립단계에서 시장세분화 전략을 통해서 선정된 표적시장의 청중들이 되는 것이다. 표적청중은 현재 혹은 잠재소비자나 중간상들이 될 수 있는데, 이들은 마케팅조사나 시장세분화를 통해서 파악할 수 있다. 표적청중들의 확인을 통해 마케터는 그들에게 맞는 메시지와 매체를 개발해서 언제, 어떻게 전달할 것인지를 결정할 수 있다. 그리고 표적청중들의 인구통계적 변수, 태도, 가치관, 라이프스타일 등의 일반적인 특성뿐만 아니라, 선호하는 특정 프로그램이나 매체유형, 매체습관 등의 커뮤니케이션 특성들은 촉진믹스 전략을 수립하는데 중요한 자료가 될 수 있다.

② 제품수명주기

제품수명주기는 앞서 살펴본 바와 같이, 일반적으로 도입기, 성장기, 성숙기, 쇠퇴기 등 네 단계를 나타내는데, 이들 단계별로 촉진믹스의 비중이나 효과도 달라질 수 있다.

- **도입기의 경우** : 소비자들에게 일차적으로 자사제품에 대한 다양한 정보를 제공해서 시장에 출시되었음을 인지시키는 것이 촉진의 주요 목적이 될 수 있다. 그래서 이 시기에는 제품이나 서비스, 상황에 따라 달라 질 수도 있지만, 모든 촉진믹스 요소들이

전부 사용될 수 있다. 특히 광고는 일반대중들을 상대로 인지와 관심정도를 높이기 위해서는 상당히 효과적인 촉진믹스 요소 중의 하나이다.

- **성장기의 경우** : 소비자들이 제품이나 서비스를 구매하도록 설득시키는 것이 주요 목적이 될 수 있기 때문에 마케터는 브랜드선호도를 강화시키려고 노력해야 한다. 그래서 이 시기에는 브랜드 차이점을 강조하는 광고가 주요 촉진수단으로 이용되며, 판매촉진은 덜 중요하다고 할 수 있다. 그리고 판매원들은 유통경로 상에 있는 중간상들에게 자사제품이나, 서비스의 진열공간이나, 많은 재고량을 확보해달라고 요구할 것이다.
- **성숙기의 경우** : 잠재고객들이 신규로 제품이나 서비스를 구매하는 것도 중요하지만, 한 번이라도 구매한 적이 있는 기존 구매자들을 유지시켜 반복구매를 자극하는 것이 더 중요하다. 그래서 광고는 제품이 시장에 아직 존재하고 있다는 사실을 고객들에게 회상시키는 데 목적을 두어야 한다. 최종 소비자나 중간상들에게 제공되는 할인행사, 쿠폰제공, 경품행사 등의 판매촉진은 충성도가 높은 고객들을 유지시키는데 도움을 준다. 그리고 이러한 판매촉진활동은 기존 고객들에게 반복구매를 자극하고 제품의 매출액을 높이는데 필요하다.
- **쇠퇴기의 경우** : 경쟁력이 없는 제품계열이나 품목들을 단계적으로 철수하는 시기이기 때문에 촉진믹스를 위해서는 거의 자금을 사용하지 않는다. 충성도가 높은 고객들을 제외하면 대부분의 고객들은 가격이 더 저렴하거나 개선된 신제품으로 이탈해 나가기 때문에 매출액이 급격하게 감소하는 시기이다.

③ 구매의사결정 단계

소비자들의 구매의사결정 단계는 촉진믹스에 영향을 미칠 수 있다. 다시 말해서 [그림 13-4]와 같이 구매 전 단계, 구매단계, 구매 후 단계에 따라 촉진믹스 요소들의 중요도 정도가 다르기 때문에 마케터는 이러한 점들을 촉진믹스 전략수립에 고려해야 한다. 첫째, 구매 전 단계는 많은 잠재고객이나 판매업자들에게 자사의 제품이나 서비스가 시장에 존재한다는 정보를 알려주어야 하기 때문에 광고가 인적판매보다도 더 유용할 수 있다. 그리고 무료샘플 제공과 같은 판매촉진은 고객의 지각된 위험을 낮추는데 중요한 역할을 한다. 둘째, 구매단계에서는 광고의 영향이 가장 낮은데 비해 인적판매의 중요성이 가장 높고, 쿠폰제공 · POP디스플레이 · 리베이트 등의 판매촉진은 수요를 자극하는데 매우 유용하다. 셋째, 구매 후 단계에서는 고객이 구매 이후에 흔히 인지적 부조화를 느낄 수 있는데, 이럴 경우에 광고나 인적판매는 고객이 인지적 부조화를 줄이고 구매에 대해 확신을 갖게 하고

그림 13-4 구매의사결정 단계별 촉진믹스의 중요도

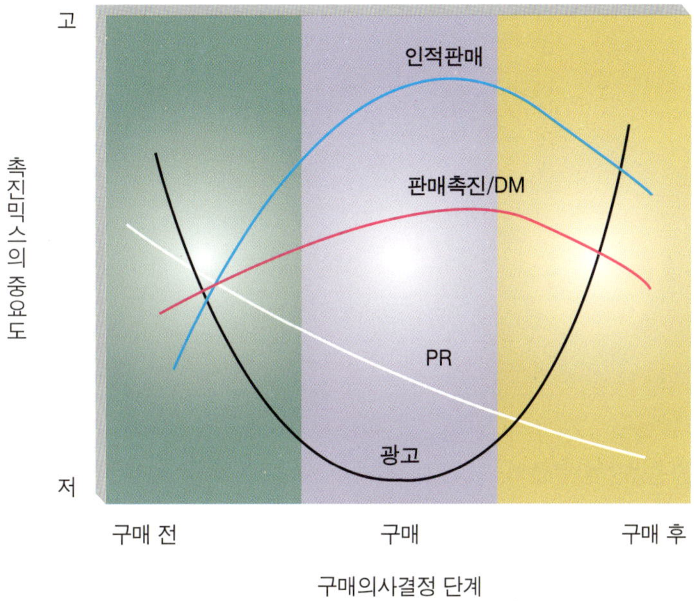

자료원 : Kelin, Roger A., Hartley, Steven W., Berkowitz and William Rudelius(2006), Marketing, 8th ed., McGraw-Hill Irwin.

만족을 느낄 수 있게 하는데 중요한 역할을 한다.

④ 마케팅믹스 요소분석

마케팅커뮤니케이션 전략은 제품, 가격, 유통 등 다른 마케팅믹스 전략과 함께 연계를 해서 수립해야 한다.

- **제품의 경우** : 기술적으로 복잡한 제품은 TV광고나 작은 잡지광고로 많은 정보를 전달하기 어렵기 때문에 인적판매를 이용하는 것이 훨씬 더 유용할 수 있다. 마찬가지로 제품이 재무적 위험, 사회적 위험, 기능적 위험 등의 위험정도가 클수록 소비자들은 제품을 직접 보고 신뢰성이나 안전성 등을 확인하고 구매하려고 할 것이기 때문에 인적판매의 욕구가 더 강할 것이다. 그리고 판매 이후의 부가서비스의 정도도 촉진전략에 영향을 미칠 수 있다. 광고메시지를 통해서 판매자의 평판이나 고객의 욕구를 잘 맞출 수 있는지를 표현할 수 있지만, 인적판매는 고객에게 서비스를 제공하고 소비자에게 자신감을 심어 줄 수 있다.
- **가격의 경우** : 제품과 마찬가지로 고가품은 구매의사결정이 잘못 되었을 때 받을 수 있는 재무적 위험, 심리적 위험 등으로 인해 인적판매가 훨씬 더 유용할 것이고, 반대로

그림 13-5 푸시전략과 풀전략

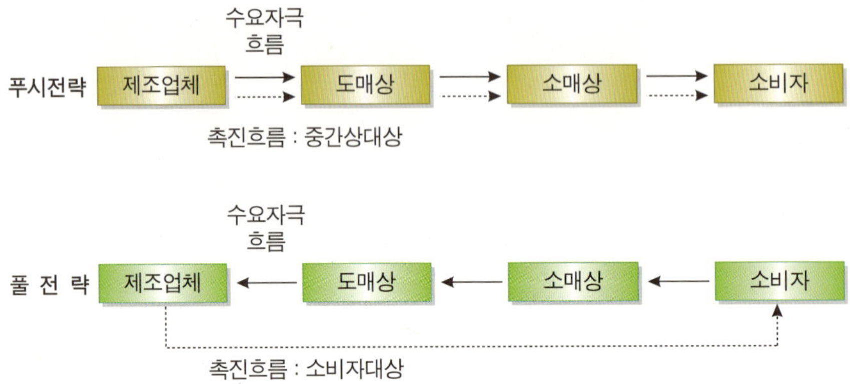

저가품은 판매촉진이 효과가 있을 것이다. 예를 들어, 소비자 집단별로 가격차별화 전략이 필요한 경우에는 촉진믹스 요소 중에서 쿠폰제공, 리베이트, 마일리지 제도 등의 판매촉진활동은 유용하게 이용될 수 있다.

- **유통의 경우** : 제조업체가 유통경로를 통제한다는 것은 매우 어렵기 때문에 촉진전략이 유통경로를 통해 제품을 이동시키는데 도움을 준다. 이럴 경우에 마케터는 [그림 13-5]와 같이 자사의 유통경로 상에서 푸시전략과 풀전략 중에서 어떤 전략을 사용할 것인지에 대한 중요한 의사결정을 내려야 한다.

푸시전략(push strategy)은 제조업체가 유통경로를 통해 최종 소비자에게 제품을 '밀어내는 것'을 말한다. 이 전략은 제조업체가 유통경로 상에 있는 중간상들에게 자사제품이나 서비스를 많이 취급해서 판매하도록 협력을 구하는 것이다. 이 경우에는 인적판매와 판매촉진 등이 매우 중요한 역할을 한다. 판매원은 도매상에게 다양한 판매지원을 통해서 자사제품판매를 자극하고, 이를 통해 중간상들이 광고, 디스플레이 등의 촉진수단을 통해 최종 소비자들에게 촉진하게끔 할 수 있다. 그리고 포장할인과 같은 판매촉진을 통해서도 중간상에게 혜택을 제공해주고 궁극적으로 최종 소비자들을 자극해서 매출을 증진시킬 수도 있다.

풀전략(pull strategy)은 제조업체가 최종 소비자들을 자극하고 중간상들을 통해서 자사제품을 '끌어당기는 것'을 말한다. 다시 말해서 제조업체가 신제품이나 기존 제품의 취급을 원하지 않는 중간상들이 많은 경우에 최종 소비자를 촉진해서 소비자들이 중간상을 찾게 하고, 중간상은 제조업체로부터 그 제품을 구입하게 하는 전략이다. 이 경우에는 소비자를 대상으로 하는 광고나 판매촉진이 매우 중요한 역할을 한다.

(2) 커뮤니케이션 목표설정

마케팅커뮤니케이션 전략수립단계에서 상황분석을 통해 표적청중이나 제품수명주기, 구매의사결정 단계, 마케팅믹스분석 등이 파악되고 나면, 마케터는 다음 단계로 마케팅커뮤니케이션 목표를 설정해야 한다. 마케팅커뮤니케이션 목표는 마케팅목표를 토대로 설정되지만 반드시 마케팅목표와 동일하지 않을 수도 있다.

일반적으로 커뮤니케이션 목표의 유형은 매출목표와 커뮤니케이션 효과목표 두 가지 기준으로 구분할 수 있다.

① 매출목표

대부분의 마케터들은 커뮤니케이션 활동의 주요 목표는 궁극적으로 매출액 증대에 있기 때문에 커뮤니케이션 목표도 매출액을 기준으로 목표를 설정해야 된다는 주장이 많다. 그러나 매출액 기준으로 목표를 설정하는 경우에 기존에 마케팅목표와 중복되거나 유사할 수 있다. 즉 마케팅목표는 일반적으로 판매량, 수익, 시장점유율 등 계량적이고 구체적인 변수를 이용해 표적시장에서 달성가능한 기간을 명시해서 제시한다. 이러한 마케팅목표는 마케팅커뮤니케이션 수단들을 포함해서 다른 믹스요소들을 효과적으로 잘 실행하고 통합 · 조정했을 때 가능한 것이다. 따라서 매출목표를 커뮤니케이션 목표로 설정했을 경우에 매출목표가 달성되었다고 할지라도 커뮤니케이션 목표가 달성되었는지 여부를 평가할 때 애매모호해진다.

② 커뮤니케이션 효과목표

마케터들은 커뮤니케이션 수단들을 통해 소비자에게 정보를 전달하고 설득하며, 구매행동에 영향을 미치는 것은 촉진의 고유한 역할로 단순히 매출액을 기준으로 목표를 설정하는 것보다 소비자들의 반응에 기초해서 목표를 설정해야 한다는 주장도 있다. 커뮤니케이션 효과를 창출하기 위한 목표는 계층적 효과모형에 그 토대를 두고 있으며, 인지율, 신념의 강도, 태도강화 등으로 효과를 측정할 수 있다. 커뮤니케이션 효과모형은 여러 가지 있지만 [그림 13-6]과 같이 AIDA계층 효과모형이 대표적이다. 커뮤니케이션 효과는 주의(attention), 관심(interest), 열망(desire), 행동(action)단계로 구분된다. 주의는 촉진을 통

그림 13-6 AIDA계층 효과모형

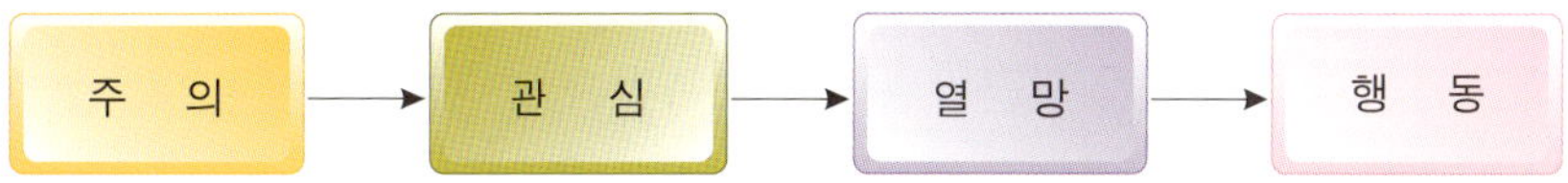

표 13-2 AIDA와 촉진믹스 요소들의 효과

구 분	주 의	관 심	열 망	행 동
광 고	매우 효과적	매우 효과적	약간 효과적	비효과적
인적판매	약간 효과적	매우 효과적	매우 효과적	약간 효과적
판매촉진	약간 효과적	약간 효과적	매우 효과적	매우 효과적
P R	매우 효과적	매우 효과적	매우 효과적	비효과적

자료원 : Lamb, Charles W., Hair, Joseph F. and C. McDaniel,(2004), Marketing, 5th ed., South-Western College Publishing.

해 처음 표적시장의 소비자들에게 제품이나 서비스에 대해 주의를 끄는 단계이다. 주의를 끌고나면 다음 단계는 제품이나 서비스에 대해 관심을 갖게 된다. 소비자는 제품이나 서비스가 자신에게 어떤 효익이 있을 것이라고 판단되면 구매하고 싶은 열망이 생긴다는 것이다. 마지막으로 표적시장의 소비자들은 구매에 대한 확신을 갖지만 아직 구매를 한 것은 아니다. 그래서 마케터들은 이 단계에서 진열, 쿠폰, 프리미엄, 샘플 등을 제공해서 구매를 촉진하고 구매시기를 앞당겨서 행동으로 나타나게 해야 할 것이다.

〈표 13-2〉는 AIDA계층 효과모형의 각 단계와 촉진믹스 요소들 간의 관계를 나타낸 것이다. 광고는 AIDA계층 효과모형의 후기단계까지 어느 정도 영향은 주지만, 제품이나 서비스에 주의와 관심단계에서 가장 효과적인 영향을 미치는 것으로 나타났다. 반면에 인적판매는 주의단계보단 관심이나 열망단계에서 더 효과적이다. 판매촉진은 주의나 관심단계보다는 구매에 대한 열망과 행동에 더 많은 영향을 미치는 것으로 효과적이다. 그리고 PR은 회사, 제품, 서비스에 대한 주의와 관심을 끌고, 커뮤니티를 후원함으로써 호의를 형성하는데 효과적으로 영향을 미친다. 따라서 마케터는 AIDA계층 효과모형을 고려해서 촉진믹스 요소들의 효과적인 전략을 수립하는데 활용할 수도 있을 것이다.

(3) 커뮤니케이션 예산책정

커뮤니케이션 목표가 설정되고 나면, 기업은 커뮤니케이션 예산을 얼마나 사용할 것인지를 결정해야 한다. 커뮤니케이션 비용으로 정확하게 얼마가 소요될 것인지를 측정할 수 있는 방법이 없기 때문에 적정한 예산금액을 결정한다는 것은 어렵다. 그러나 커뮤니케이션 예산을 설정하는데 이용되는 여러 가지 책정방법들이 있는데, [그림 13-7]과 같이 크게 하향식 접근방법과 상향식 접근방법으로 구분된다. 하향식 접근방법(top-down approach)은 최고경영자가 커뮤니케이션 예산을 결정해주면, 커뮤니케이션 활동별로 예산을 적절하

림 13-7 하향식과 상향식 커뮤니케이션 예산책정방법

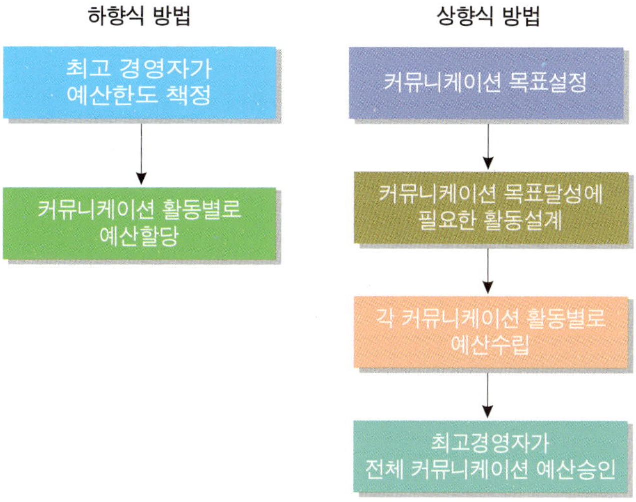

게 배분해서 집행하는 방법으로 매출비율법, 가용자금법, 경쟁사기준법, 임의할당법 등이 있다. 상향식 접근방법(bottom-up approach)은 커뮤니케이션 목표를 먼저 결정한 다음 각각의 커뮤니케이션 활동별로 비용을 추정하여 전체 커뮤니케이션 예산규모를 결정하는 방식으로 목표과업법이 대표적이다.

① 하향식 접근방법

- **매출액비율법**(percentage-of-sales method) : 커뮤니케이션 예산을 전년도 매출액이나 금년도 예상매출액을 기준으로 해서 일정비율을 정하는 방법이다. 이 방법은 예산책정하기가 용이하며, 안정적으로 예산을 확보할 수 있다는 장점이 있고, 커뮤니케이션 예산에 필요한 충분한 자금을 확보할 수 있다는 점 때문에, 기업에서 일반적으로 가장 많이 사용되는 예산책정방법이다. 그러나 이 방법은 커뮤니케이션 비용이 매출액에 영향을 미치는 것이 아니라, 매출액이 커뮤니케이션 비용에 영향을 미치는 것으로 논리적인 모순을 내포하고 있다.
- **가용자금법**(affordable method) : 기업이 다른 주요 경영활동에 필요한 자금을 우선 배분하고 가용자금이 허락하는 범위 내에서 커뮤니케이션 예산을 책정하는 방법이다. 이 방법은 재정적인 부담은 없지만 커뮤니케이션 활동을 통해 달성해야 할 목표를 전혀 고려하지 않고 책정하기 때문에 커뮤니케이션 비용이 과다하게 혹은 과소하게 책정될 가능성이 높다.

그림 13-8 목표과업별 예산수립과정

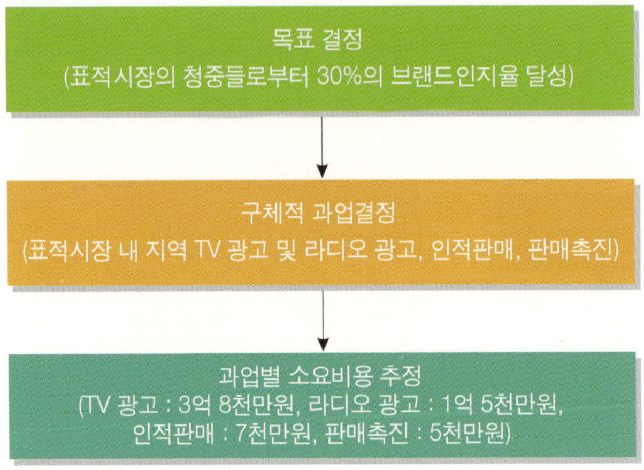

- **경쟁사기준법**(competitive parity method) : 경쟁사의 커뮤니케이션 예산을 기준으로 자사의 커뮤니케이션 예산을 할당하는 방법이다. 이 방법은 주요 경쟁사의 커뮤니케이션 예산이나 동종업계의 모든 기업의 평균 커뮤니케이션 예산을 기준으로 책정하는 경우가 있다. 경쟁사기준법을 선호하는 기업은 경쟁사와 비슷하게 커뮤니케이션 예산을 책정하기 때문에 지나친 경쟁을 피할 수 있기 때문이다.
- **임의할당법**(arbitrary allocation method) : 최고경영자의 경험과 직감으로 커뮤니케이션 예산을 책정하는 방법이다. 가용자금법보다 더 논리적이지 못한 커뮤니케이션 책정방법이며 커뮤니케이션 목표를 무시한 책정방법이지만, 소규모기업인 경우 최고경영자의 오랜 경험을 바탕으로 임의할당법을 사용하는 경우도 있다.

② 상향식 접근방법

- **목표과업법**(objective and task method) : [그림 13-8]과 같이 커뮤니케이션 목표를 정해 놓고 그 목표를 달성하기 위해 수행해야 할 과업에 필요한 커뮤니케이션 비용을 산정해서 예산규모를 책정하는 것으로 매우 합리적인 방법이다. 이 방법은 목표를 달성하기 위해 구체적인 과업과 그 과업에 소요되는 예산을 산정하기가 어렵다는 문제점이 있다.

(4) 커뮤니케이션 메시지 선택

커뮤니케이션 목표와 예산이 결정되면 마케팅커뮤니케이션 전략수립과정의 다음 단계인 커뮤니케이션 메시지 선택을 결정해야 한다. 그래서 마케터는 효과적인 메시지를 개발하기 위해 무엇을 전달할 것인가(메시지 내용)를 정해야 한다. 그리고 메시지 내용은 어떤 논리적인 설득방식(메시지 구조)으로 어떤 상징을 활용하여(메시지 형태) 표현할 것인지를 결정해야 한다.

① 메시지 내용

마케터는 표적청중을 설득해서 원하는 반응을 가져다 줄 수 있는 소구방향이나 주제를 개발해야 한다. 이때 주로 사용하는 소구방법에는 크게 이성적 소구, 감성적 소구, 도덕적 소구 등의 세 가지 유형이 있다.

- 이성적 소구(rational appeals) : 제품이나 서비스에 대한 표적청중들의 실용적이고 기능적인 욕구에 초점을 두고 제품이나 서비스 그 자체의 특성이나 편익을 강조하는 것

광고 13-1 이성적 소구 : Sidiz의 '의자위 인생은 진행중'편

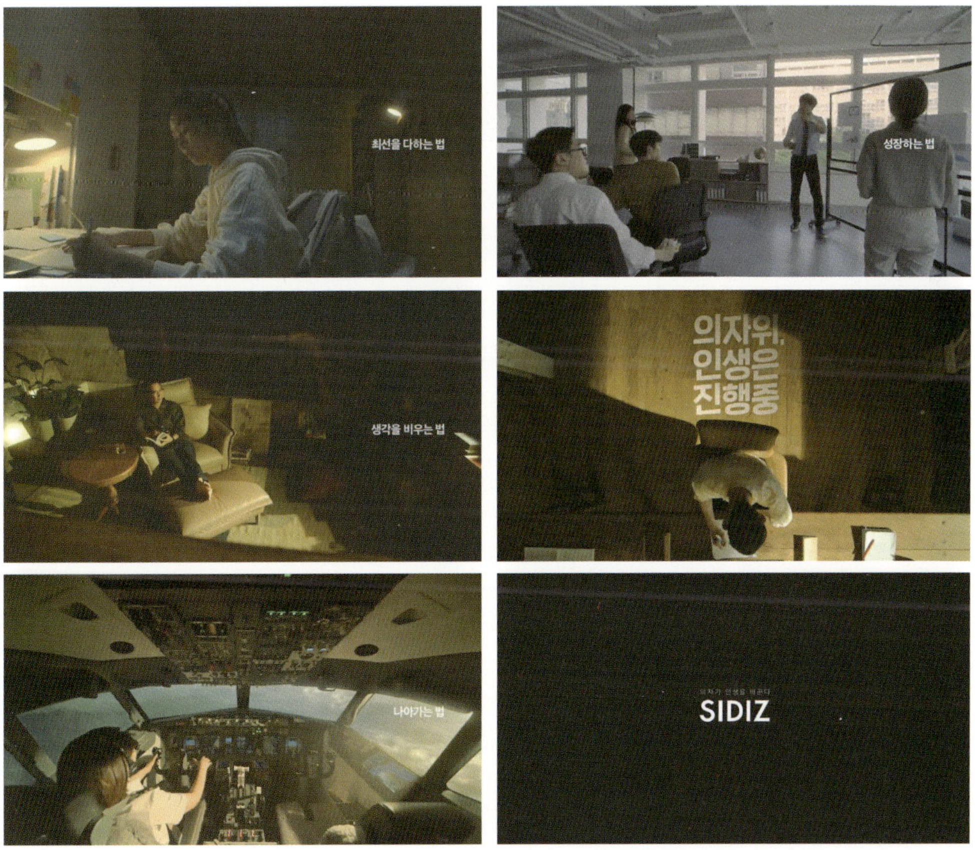

이다. 이 소구방법을 사용하는 광고메시지들은 제품이나 서비스의 품질, 경제성, 가치, 성능 등을 강조하는 메시지를 담아 소비자들이 얻을 수 있는 혜택을 직접적으로 드러내야 한다. 예를 들면, Sidiz는 '의자가 인생을 바꾼다', '의자위 인생은 진행중'이라는 슬로건으로 시리즈광고를 계속하고 있는데, 의자의 기능적인 특성을 강조하면서 의자가 인생을 좌우한다는 메시지로 이성적인 소구방식을 잘 나타내고 있다.

- 감성적 소구(emotional appeals) : 표적청중들이 제품이나 서비스를 구매할 때 제품이나 서비스 그 자체를 강조하기 보다는 제품이나 서비스의 이미지를 더 중요하게 생각하고 사회적 또는 심리적 욕구에 초점을 맞춘 것이다. 이 소구방법을 사용하는 광고메시지는 사랑, 정, 기쁨, 재미, 유머, 성적소구 등과 같은 긍정적인 감성소구와 공포, 두려움, 죄의식, 수치심 등과 같은 부정적인 감성소구를 통해 긍정적인 행동을 유발하거나 부정적인 행동을 줄이거나 중단하게 하려는 것이다. 예를 들면, 동아제약 박

광고 13-2 감성적 소구 : 동아제약 박카스의 '모두의 피로를 위해'편 광고

카스는 '나를 아끼자' '모두의 피로를 위해' 등의 감성광고 시리즈로 유명한데, 평범한 일상생활의 지친 한 단면을 박카스로 피로회복할 수 있다는 점을 광고에 잘 묘사함으로서, 제품의 효능을 감성적인 소구방식으로 잘 표현하고 있다.

- **도덕적 소구**(moral appeals) : 사회적으로 바람직하다고 생각하는 것에 대해 표적청중들의 의식에 호소하여 기업의 이미지와 연결시키는 소구방법이다. 이 소구방법을 사용하는 광고메시지는 환경보호, 여성의 권익, 불우이웃돕기, 청소년보호, 사회봉사 등과 같은 사회적 문제에 대한 메시지를 담아 청중들에게 긍정적인 지지를 유도하고 자사의 기업이나 제품이미지와 연결하려는 것이다. 예를 들면, 콜롬비아의 인기과일

광고 13-3 **도덕적 소구 : Luki의 'The Lifesaver Backpack' 광고**

스낵 브랜드 Luki는 적십자사와 손을 잡고, 학교를 가기 위해 위험한 강을 건널 수밖에 없는 아이들이 목숨을 잃는 사고를 예방하기 위한 새로운 방법을 모색하였는데, 그것이 바로 구명조끼의 기능이 설계된 'The Lifesaver Backpack'이라고 하는 아이들의 가방(백팩)을 만들어 배포하는 사업을 전개한 것을 기업이미지와 연결시키는 소구방법을 광고에 표현하고 있다.

② 메시지 구조

메시지를 작성할 때 메시지 구조에 대한 사항을 결정해야 한다. 메시지 구조는 결론을 내릴 것인지 여부를 우선 결정해야 한다. 제품의 어떤 점이 좋다는 식으로 결론을 내리는 경우는 잘못하면 청중들의 거부반응을 유발할 수 있고, 결론을 내리지 않고 유보하는 경우는 관심정도가 낮은 청중들에게는 주의를 끌지 못해 효과가 떨어질 수 있다. 그 다음은 결론을 앞부분에 제시할 것인지, 아니면 뒷부분에 제시할 것인지를 결정해야 한다. 앞부분에 제시하면 청중들의 주의를 유발할 수 있는 반면에, 뒷부분에 제시하면 기억에 남길 가능성이 높다. 마지막으로 마케터는 메시지 내용의 긍정적인 면만 강조할 것인지 아니면 긍정적인 면과 부정적인 면을 동시에 제시하는 양면적인 논의를 제시할 것인지에 대해 결정해야 한다. 청중들이 관심이 적고 긍정적 태도를 갖고 있을수록 긍정적인 면을 강조하지만, 그 반대인 경우나 학력수준이 높을 때는 양면적인 메시지 구조가 효과적이다.

③ 메시지 형태

메시지 형태는 메시지를 표현하는 양식을 의미하는 것으로, 마케터는 메시지를 효과적으로 전달하는 표현방법들을 알아야 한다. 예를 들어 TV광고의 경우 모델의 얼굴표정, 움직임, 의상, 헤어스타일 등에도 주의를 기울여야 하며, 제품의 모양, 크기, 색상, 음향, 배

광고 13-4 메시지 형태(여백, 색상) : Coca Cola의 버스쉘터광고, 야립광고

경 등 모든 구성요소들을 어떤 방식으로 배열하여 스토리를 제시할 것인지에 관한 사항에 대해서도 관심을 가져야 한다. 인쇄물의 경우는 표제어, 카피, 도안 및 색상 등에 대해서도 결정해야 하는데, 주로 관심을 유발하기 위해서는 대조, 그림과 표제어, 특이한 양식, 메시지 규격과 위치, 여백, 색상, 모양, 움직임 등을 이용할 수 있다. 예를 들면, Coca Cola는 메시지 형태에서 여백의 미를 활용해서 Coca Cola를 상징하는 컬러인 빨간색 바탕에 로고와 Feel it이라는 카피하나만 갖고도 비주얼은 심플하지만, 오히려 더 강렬한 메시지를 전달하고 있다. 흔히 사람들은 뭔가 빠진듯하고, 결핍이 되어 완전하지 않은 형상인 경우에 그 부분을 메우려고 하는 심리를 많이 갖고 있다고 한다. 그래서 어쩌면, Coca Cola의 광고를 보면서 코카콜라병의 형상이 떠오르지는 않았을까 여겨진다.

그 다음 Coca Cola 광고도 역시 여백을 활용한 광고인데, 최근에 Coca Cola는 유럽에서 브랜드의 상징인 리본로고를 활용한 인상적인 크리에이티브로 환경보호를 위한 재활용캠페

광고 13-5 메시지 형태(여백, 색상, 움직임) : Coca Cola의 재활용캠페인 광고

인을 전개했다. 코카콜라의 새로운 재활용캠페인은 리본로고를 활용해 코카콜라병을 손으로 서로 전달하는 광고와 재활용 쓰레기박스가 위치한 곳에 재활용품을 버리도록 안내하는 옥외광고 및 재활용수거함으로도 제작 · 배포되어 많은 관심을 받고 있다. 또한, 이 광고캠페인은 코카콜라의 친환경보호와 재활용에 대한 의지를 적극적으로 표현하고, 동시에 재활용품을 적극적으로 처리하도록 하는 넛지효과(nudge effect)도 만들어내고 있다.

(5) 커뮤니케이션 믹스결정

커뮤니케이션 메시지수립과 동시에 표적청중들에게 전달해야 할 커뮤니케이션 수단을 선택해야 한다. 커뮤니케이션 수단은 흔히 광고, 인적판매, 판매촉진, PR 등이 많이 이용되지만, 직접 마케팅과 같은 다양한 방법이 개발되어 활용되고 있다. 이러한 커뮤니케이션 수단들을 커뮤니케이션 믹스(communication mix)라고 한다. 커뮤니케이션 수단들은 각각의 장단점이 다르기 때문에, 일반적으로 기업은 각 커뮤니케이션 수단들의 시너지 효과를 높이기 위해서 복수의 커뮤니케이션 수단들을 사용한다. 그러면 커뮤니케이션 믹스의 특징을 살펴보면 다음과 같다.

① **광고**(advertising) : 특정 광고주가 대가를 지불하고 제품, 서비스, 아이디어를 비인적 매체를 통하여 널리 알리고 구매를 설득하고 유인하기 위한 촉진활동의 한 형태이다. 광고에는 TV, 라디오, 신문, 잡지 등의 주요 4대 매체를 이용한 광고, 인터넷광고, 교통광고, 옥외광고 등 다양한 유형들이 있다.

② **인적판매**(personal selling) : 판매원이 현재 또는 잠재고객과의 직접접촉을 통해서 자사의 제품, 서비스, 아이디어 등에 대한 정보를 제공하고, 구매하도록 설득하는 개인적인 커뮤니케이션 활동을 말한다.

③ **판매촉진**(sales promotion) : 제품, 서비스, 아이디어 등의 판매를 증가시키기 위하여 단기간에 중간상이나 최종 소비자를 대상으로 하는 광고, 인적판매, PR 등을 제외한 대부분의 촉진활동을 말한다. 판매촉진은 비인적 촉진수단으로써 샘플 · 쿠폰 · 경품제공, POP디스플레이, 세일행사, 전시회 등을 포함한다.

④ **PR**(public relations) : 기업이 언론 등의 비인적 매체를 통하여 소비자가 속한 지역사회나 단체 등과 우호적인 관계를 형성하고 유지함으로써, 자사제품을 구매하도록 간접적으로 소비자를 유도하는 커뮤니케이션 활동을 의미한다.

이러한 커뮤니케이션 믹스들의 특징들을 고려해서 마케터는 통합적인 마케팅커뮤니케이션 프로그램을 개발해야 한다. 통합적 마케팅커뮤니케이션 프로그램은 광고, 인적판매, 판매촉진, PR 등의 각 커뮤니케이션 수단별 세부전략을 수립해서 통합적으로 관리되고 조정되어야 한다. 예를 들어 광고전략은 광고목표설정, 광고예산결정, 광고메시지 전략개발, 광고매체전략개발 등이며, 인적판매는 인적판매목표설정, 인적판매예산결정, 인적판매역할과 책임사항개발 등에 관한 프로그램이 개발되어야 한다. 그리고 판매촉진과 PR전략은 각 수단별 목표설정, 예산결정, 전략개발 등에 관한 프로그램을 개발해서 실행에 옮겨야 한다.

(6) 커뮤니케이션 전략의 평가 및 통제

마케팅커뮤니케이션 과정의 마지막 단계는 커뮤니케이션 프로그램을 모니터링하고 평가하며 통제해야 한다. 커뮤니케이션 프로그램은 커뮤니케이션 목표를 잘 충족시키고 나아가 기업이 전반적인 마케팅목표와 목적을 수행하는데 도움을 주는지를 결정하는데 중요하다. 그래서 마케터는 커뮤니케이션 과정을 실행한 이후에 반드시 그 효과를 조사해서 문제점이 있으면, 수정 · 보완해서 다음 마케팅커뮤니케이션 전략에 반영할 필요가 있다. 예를 들어, 당초 목표가 전년도 대비 매출액 10% 혹은 수익 10% 증가, 또는 인지율 70% 혹은 선호도 60% 달성 등으로 설정되었다면, 과연 이런 목표가 달성되었는지를 확인하고, 혹시 미달되었으면 전략수립과정 상에서 어디에, 어떤 문제점이 있는지를 파악하고 피드백해서 차기전략수립에 반드시 반영해야 한다.

1.4 통합적 마케팅커뮤니케이션 관리

통합적인 마케팅커뮤니케이션은 앞서 살펴본 바와 같이, 촉진믹스 요소들이 목표지향적으로 조화롭게 통합되어야 한다는 것이다. 즉 소비자에게 도달되는 메시지는 TV 광고, 판매원, 잡지광고 혹은 쿠폰 등 어디에서 노출되더라도 상관없이 같은 주제와 콘셉트를 담고 있어야 한다. 그렇지 않으면, 전달된 메시지에 노출되는 소비자입장에서는 상당히 혼란스러울 수 있기 때문에, 기업은 마케팅커뮤니케이션 효과를 높이기 위해서는 메시지 내용이 명료하고 각 커뮤니케이션 수단들이 전달하는 메시지 내용들이 일관성 있게 제시되어야 시너지 효과를 높일 수 있다.

통합적 마케팅커뮤니케이션의 개념을 따르는 마케터는 여러 가지 촉진수단들이 마케팅믹스 안에서 실행되어야 한다는 점에 주의를 해야 한다. 또한 촉진활동의 시기도 통합되어야 하며, 각 캠페인의 활동결과는 차후에 촉진믹스 수단들을 사용하는데 좀 더 개선시키기 위해서 반드시 모니터링해야 한다.

02 광 고

기업의 촉진관리활동이 점차 통합적 마케팅커뮤니케이션의 개념으로 변화되고 있는 것이 현실이다. 하지만 촉진활동의 주요 핵심은 광고, 판매촉진, 인적판매, PR 등이며, 그 중에서 광고에 대한 기업의 의존도와 비중은 가장 크다. 그것은 광고의 매체, 메시지, 전달방식, 제작기법 등이 기술의 발전에 따라 개선되고 있으며, 이는 광고주인 기업이 추구하는 고객지향성을 광고가 가장 잘 반영하고 있기 때문이다.

본 절에서는 광고에 대한 이해를 위해서 광고의 개념, 광고의 유형, 광고전략의 수립 등과 함께 효과적인 광고관리를 위해 광고프로그램 개발과정을 중심으로 설명한다.

2.1 광고의 개념

기업이 생산하는 제품을 소비자에게 알리는 가장 이상적인 방법은 개별 소비자 모두에게 메시지를 전달하는 것이지만, 이는 현실적으로 불가능하기 때문에 기업이 제품이나 서비스 판매를 위해 광범위한 커뮤니케이션 수단으로 가장 많이 이용하고 있는 것이 광고이다. 미국마케팅협회(AMA)의 광고정의를 살펴보면, "광고란 확인된 광고주가 표적청중들에게 자사의 제품이나 서비스에 대한 정보를 제공하여, 그들을 설득하고 유인하기 위해 일정한 대가를 지불하고 대중매체를 이용하는 비인적 커뮤니케이션 과정"이라고 한다.

이러한 광고의 정의를 바탕으로 해서 광고의 일반적인 특성을 살펴보면 다음과 같다. 첫째, 광고를 하는 광고주는 일정한 광고비를 지불함으로써 광고의 소구방법, 매체결정 등 광고에 대한 통제력을 가질 수 있다. 이는 PR과 구분되는 가장 중요한 개념 중의 하나다. 둘째, 광고는 고객들에게 메시지를 전달하기 위해 TV, 라디오, 신문, 잡지 등과 같은 각종 대중매체를 이용하는 매스커뮤니케이션(mass communication)이라는 점에서 직접 고객을 대면하는 인적판매와도 구분된다. 셋째, 광고물에 반드시 광고주를 명시함으로써 고객들에게 광고후원자가 누구인지를 확인할 수 있도록 하였다.

최근 대부분의 기업들은 제품이나 서비스를 판매하기 위해 TV, 신문, 잡지, 직접우편, 옥외 광고판 등을 이용한 다양한 형태의 광고들을 많이 이용하고 있다. 하지만 마케터들은 인터넷 웹사이트, SNS, 전자우편 등을 통해 새롭고 혁신적인 방법들을 이용해서 자사광고를 전달하려고 노력하고 있다. 이러한 가운데 소비자 중심의 마케팅개념이 등장하면서, 다양한 촉진수단들이 명료하고 일관성 있는 메시지 전달을 통해 시너지효과를 높이는 통합적 마케팅커뮤니케이션(IMC) 관리가 무엇보다 중요하게 됨에 따라 광고의 역할이 이전보다 더욱 확대되었다.

2.2 광고의 유형

광고는 대중매체를 이용한 매스커뮤니케이션으로서 소비자들에게 제품이나 기업에 대한 정보를 제공해주고 자사제품이나 기업에 대한 친숙성을 높이며, 보다 적극적으로 설득함으로써 기업의 제품판매와 우호적인 성향을 증대시키고자 하는 의도적이고 상업적인 커뮤

광고 13-6 KT의 'DIGICO AI 서비스로봇'편 광고

니케이션이다. 이런 점에서 볼 때, 광고의 형태를 크게 두 가지로 나누어 볼 수 있는데, 하나는 제품광고이고, 다른 하나는 기업광고이다. 제품광고는 특정한 제품에 대한 비인적판매로서 기업의 제품을 소개하여 소비자들의 구매를 유발하고자 만들어지는 광고라고 할 수 있다. 예를 들면, KT는 최근 '디지코 KT 휴먼시리즈'로 KT의 ABC(AI, 빅 데이터, 클라우드) 기술을 통해 고객들의 삶의 변화와 실제 도움이 된 사례를 고객의 목소리로 담아 제작했다. 'AI 서비스로봇' 광고는 전주시에 위치한 식당 '1964 금이정'에서 음식조리부터 서빙까지 일당백의 역할을 하는 사장님의 하루를 다큐멘터리 형식으로 그려냈는데, 큰 호응을 얻고 있다.

반면에 제품이 드러나지 않는 광고를 볼 수 있는데, 제품보다는 기업의 비전, 사회에 대한 기여, 선행 등을 광고를 통해서 널리 알림으로써 기업에 대한 호의적인 이미지를 만들

광고 13-7 IBK기업은행 : '일상을 지키는 소상공인'편 광고

고자 하는데 목적을 두고 있다. 이러한 광고를 기업광고라 하며 기업의 PR(public relation) 기능과 연관되기도 한다. 예를 들면, IBK기업은행은 '우리의 일상을 지켜주는 그들의 일상을 지키기 위해'라는 카피를 통해, IBK기업은행이 소상공인을 지지하고 함께 한다는 메시지를 전하고 있다. 궂은 날씨에도 문을 열고 아이를 돌봐주는 문구점 사장님, 아들이 군대가는 날에도 가게에 나서는 기사식당 사장님 등의 이야기를 통해 소상공인에 대한 고마움을 전하고 배우 이제훈의 진정성 있는 나레이션과 함께 따뜻한 분위기로 연출하고 있다.

2.3 광고전략수립

마케팅의 주요 기능이 구매자와 판매자 간에 교환을 촉진하는 것이라면, 광고는 이를 실현하는데 적합한 수단이다. 기업이 소비자를 대상으로 효과적인 광고전략을 수립하고 실행해 나간다면, 이러한 마케팅기능을 효과적으로 수행할 수 있게 된다. 최근에 마케터들에 의해 이용될 수 있는 광고전략으로는 비교광고, 유명인 광고, 쌍방향광고 등을 들 수 있으며, 이외에도 소매광고, 공동광고 등과 같이 유통채널 중심의 광고전략도 생각해 볼 수 있다.

① **비교광고**(comparative advertising) : 기업이 속한 산업에서 경쟁브랜드들과 직 · 간접적으로 비교해서 광고메시지를 강조하고 소비자를 설득하기 위한 광고전략이다. 비교광고는 경쟁브랜드의 이름을 식접적으로 인급하여 지사제품과 비교하는 직접 비교광고와 경쟁브랜드의 이름을 언급하지 않은 상태에서 경쟁제품에 비해 자사제품의 우수함을 나타내주는 간접 비교광고가 있다. 예를 들면, 삼성전자의 갤럭시 워치4는 에플워치7과 비교광고를 했는데, 광고영상에서 초반에 힘겹게 굴러가던 '직사각형(애플워치)'을 앞 질러가던 '원형(갤럭시워치)'이 사각의 도미노를 와르륵 쓰러트리고, 우리가 원하던 원 & only, 결국 하나, 오직 원형의 갤럭시 워치뿐이라는 메시지를 비교광고를 통해 잘 표현하고 있다.

② **유명인 광고**(celebrity advertising) : 메시지 전달자를 유명인으로 하는 광고이며, 마케터들이 광고메시지의 효과를 향상시키기 위해 이용하는 보편적인 기법이다. 이런 유명인 광고는 주로 연예인, 과학자, 의사, 약사 등 전문직 종사자들을 광고모델로 등장시키는 경우 전문성과 신뢰성을 전달하는데 도움을 줄 수 있다. 그리고 글로벌시대에 다국적기업이 해외시장에 진출하는 경우, 다른 광고보다 세계적인 유명인을 등장시킨 광고는 다른 문화를 가진 시장에 진입하는데 큰 이점이 된다. 하지만 다수의 제품광고에 중복출연하는 유명인의 경우에는 시장에서 소비자들에게 오히려 혼란을 초래

광고 13-8 삼성전자의 갤럭시워치와 에플워치 비교광고

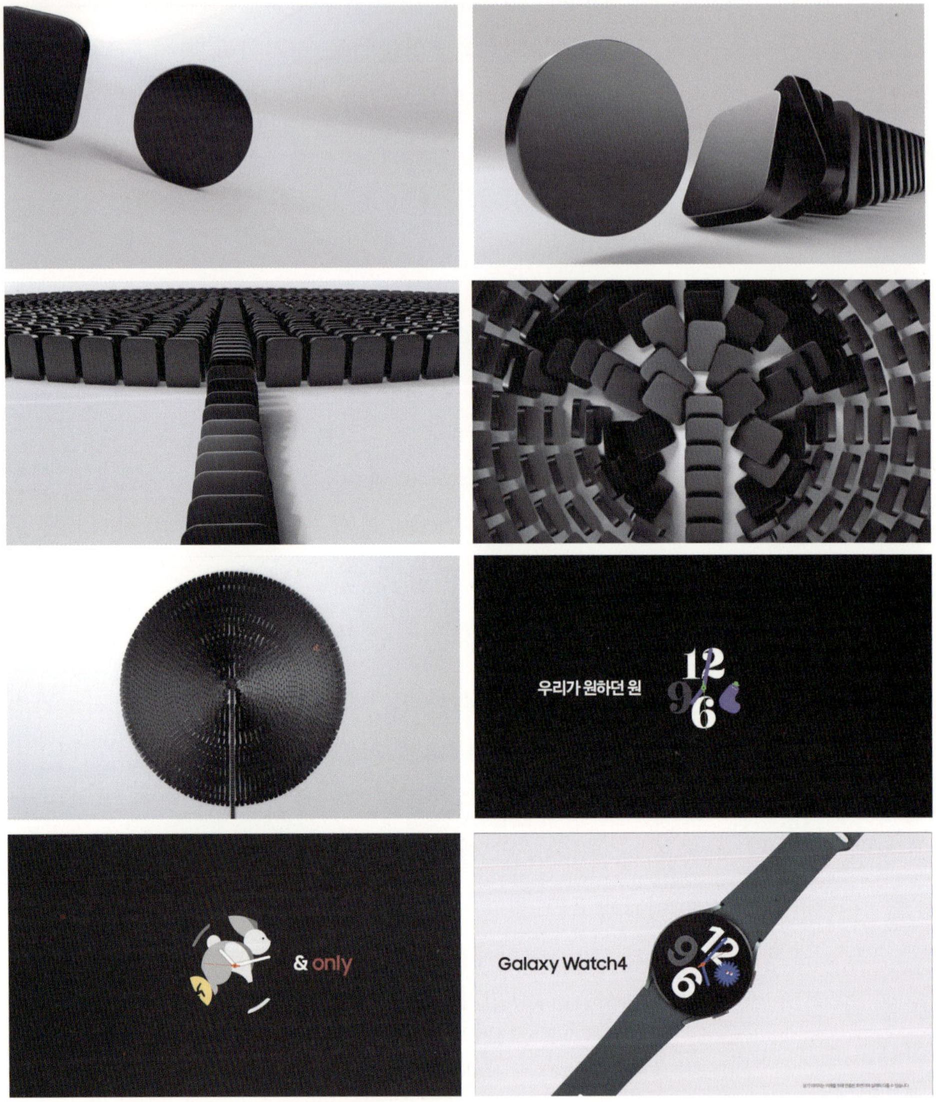

할 수도 있으며, 소비자들은 유명인을 기억하는 반면에 정작 광고속에 등장한 제품이나 서비스를 기억하지 못하게 되어 광고의 효과가 감소하는 경우도 있다.

한편, 기존의 유명인 모델이 등장하는 광고 못지않게 최근에는 '버추얼 인플루언서(virtual influencer)'의 역할과 활약도 커지고 있다. 요즘 가장 핫한 모델은 누가 뭐래도 싸이더스 스튜디오 엑스에서 제작한 가상 인간, '로지(Rozy)'다. SNS에서부터 TV 광고까지 활동영역을 무한 확장하고 있는 로지는 A급스타들 자리를 잇달아 꿰차며

광고퀸으로 떠올랐다. 로지는 식품업계를 비롯해서 자동차, 호텔광고는 물론이고, 톱 모델만이 할 수 있는 뷰티광고까지 활동을 활발하게 하고 있다. 그리고 롯데홈쇼핑은 최근에 가상 쇼호스트 루시(Lucy)를 정식으로 쇼호스트로 데뷔시켰으며, 루시는 팔로워 수 68만7,000명에 달하는 인플루언서로 주얼리브랜드 'O.S.T', 외식브랜드 '쉐이크쉑' 등과 협업하며 활동영역을 확대 중이다.

이와 같이, 가상인간들은 인스타그램 등 SNS 계정을 통해 다양한 사진과 영상을 올리며 일상을 공유하고 폴로어와 댓글 등으로 소통까지 한다. 메타버스에 익숙한 MZ세대는 가상 인간에게도 다른 인플루언서들과 다를 바 없이 호응해 주고 있다.

광고 13-9 버추얼 인플루언서 : 로지와 루시

③ **쌍방향광고**(interactive advertising) : 메시지 수용자가 능동적으로 촉진과정에 참여할 수 있도록 커뮤니케이션 경로를 통해 쌍방향적인 메시지를 전달하는 광고를 의미하며, 주로 인터넷의 웹상이나 스마트폰을 통한 SNS 등에서 많이 볼 수 있는 광고이다. 멀티미디어 기술의 발달과 인터넷을 통한 전자상거래의 확산으로 인하여 기존의 일방적이고 수동적인 커뮤니케이션에서 보다 효과적인 쌍방향 마케팅커뮤니케이션으로 변화되고 있으며, 다양한 방식의 쌍방향광고가 등장하고 있다.

④ **소매광고**(retail advertising) : 제품이나 서비스를 소비자에게 판매하는 소매상에 의해 소매점을 방문하거나 온라인 구매고객들을 대상으로 실행되는 광고를 의미한다. 소매광고는 대개 도달되는 지역범위가 좁고, 기대되는 광고효과가 빨리 나타나며, 광고내용에 가격이나 배송시스템이 빠르다는 점이 널리 이용된다는 특성이 있다. 소비자 입장에서도 구체적인 상품, 특정 상점 및 새로운 것에 관심을 가지고 접촉하려는 경향을 보인다. 한편 소매점은 이 광고를 수행함으로써 방문고객을 증대시켜 판매증대를 도모하는 것 이외에도 상점의 명성을 높이고, 판매량의 안정화를 꾀하는 등의 효과를 본다. 예를 들면, 신세계는 SSG닷컴이라는 통합 온라인 사이트를 통해 신세계몰과 신세계백화점, 이마트몰, 트레이더스 등을 운영하고 있는데, 신세계몰은 오픈마켓개념이고, 나머지는 백화점과 이마트 등 오프라인 매장에서 판매하는 상품이 온라인에서 거래된다. 그래서 SSG닷컴에서는 2016년 SSG닷컴의 "ㅅㅅㄱ(신세계) = SSG = 쓱"을 시작으로 2019년 편리함을 강조한 '쓱세권', 2020년 '쓱케일' 등 매년 공개된 '쓱(SSG)' 광고영상마다 개성넘치는 광고콘셉트로 큰 화제가 되었다. 이러한 '쓱(SSG)' 시리즈광고를 통해 모바일이나 온라인을 통해서 주문 · 결재 · 배송시스템이 빠르다는 주제로 한 광고열풍으로 매출액 상승에도 크게 영향을 끼친 바 있었다. 그 이후, 최근에 'SSG닷컴 공공대작전'이라는 주제로, 작전명 '공공배송'편, '공공딜'편, '공공시 타임딜'편, '공공시 릴레이'편, '쓱배송 투나잇'편 등 캠페인 시리즈광고로 SNS를 중심으로 큰 인기를 끌면서 방문고객과 매출이 크게 증가했다. SSG닷컴에 따르면, 2달 동안에 총 5편의 광고를 순차적으로 선보인 결과, 앱 설치건수 및 일평균 실행건수가 지난해보다 각각 188%와 48% 늘었으며, 같은 기간 방문자 수는 30%, 매출은 22% 증가했다고 한다.

⑤ **공동광고**(cooperative advertising) : 서로 다른 기업의 상품을 하나의 광고에 담는 것으로, 광고비를 대폭 줄일 수 있고 상대방 브랜드의 장점을 공유함으로써 시너지 효과를 낼 수 있다. 그래서 흔히 소매상이 광고비용을 제조업체나 도매상과 공동으로 부담하여 제작되는 공동광고가 주류를 이루었으나, 최근에는 업종에 구분하지 않고

광고 13-10 SSG닷컴의 공공대작전 : '쓱배송 투나잇'편

서로 다른 업종이나 혹은 온 · 오프라인 회사 간에도 공동광고가 늘어나고 있다. 예를 들면, 시카고미술관은 '반 고흐, 아를의 침실 연작3점 특별전시회'를 앞두고 숙박예약사이트 에어비앤비(Airbnb)와 협업으로 반 고흐의 미술작품 '고흐의 방'을 실제로 구현해 숙박을 할 수 있고, 단돈 10달러(2인 기준)에 미술관 관람티켓 2장까지 제공하는 기발한 프로모션을 전개하였다. 이 행사는 전 세계 미디어의 관심을 받았고, 반 고흐의 침실을 재현하는데 든 비용 31,000달러를 투자해 600만 달러 이상의 미디

광고 13-11 Airbnb의 '반 고흐의 방' 예약사이트와 실제 구현한 '반 고흐의 방' 전경모습

어 노출효과를 얻었을 뿐만 아니라, 반 고흐의 전시회에는 20만 명 이상이 방문하여 시카고미술관 역사상 가장 많은 관람객이 찾는 전시회가 되어 성공적인 성과를 이루어 냈다.

2.4 광고프로그램의 개발과정

기업은 표적시장의 소비자들에게 자사의 제품이나 서비스에 관한 정보를 커뮤니케이션하기 위해 광고를 제작하여 다양한 매체를 통해 전달하게 된다. 이를 위하여 우선 마케터는 기회분석, 경쟁분석, 소비자분석, 표적시장선정 등의 상황분석을 해야 하며, 이를 토대

그림 13-9 광고프로그램 개발과정

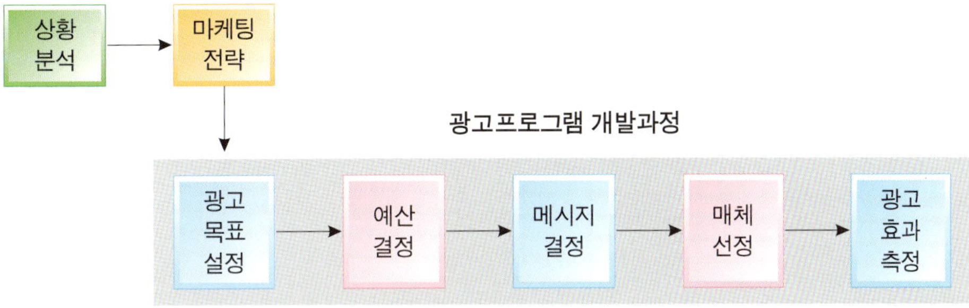

로 마케팅전략을 효과적으로 수립해야 한다. 왜냐하면 광고프로그램은 마케팅전략인 제품, 가격, 유통, 촉진 등의 믹스전략을 바탕으로 개발되어야 하기 때문이다. 그리고 광고는 다른 촉진믹스 요소들과도 일관성 있는 메시지를 전달하기 위해서 인적판매, 판매촉진, PR, DM 등의 다양한 커뮤니케이션 수단들의 전략적인 역할들을 비교평가하고 활용할 수 있도록 해야 한다.

따라서 표적시장에 적합한 광고프로그램을 개발하기 위하여 마케터는 [그림 13-9]와 같이 광고목표설정, 예산결정, 메시지 결정, 매체선정, 광고효과측정 등의 다섯 가지 중요한 의사결정과정을 거치게 된다.

(1) 광고목표설정

광고의 목적은 장기적으로 판매량을 증가시키고 시장점유율을 확대시켜 수익을 증대하려는 것이다. 이런 궁극적인 목적을 달성하기 위해서 구체적인 광고목표가 수립되어야 한다. 광고목표는 표적시장, 제품포지셔닝, 마케팅믹스 등과 같은 마케팅전략에 근거를 두고 설정되어야 하는데, 그 이유는 총체적 마케팅프로그램을 위하여 광고가 수행해야 할 역할을 결정해 주기 때문이다.

광고는 특정 기간 동안에 표적청중들에게 메시지를 전달하는 것이기 때문에, 광고의 목표는 기업의 마케팅커뮤니케이션 목표가 제품이나 서비스에 관한 정보를 표적청중들에게 알리고, 설득하며, 회상하도록 하는 세 가지 주요 목표들이 있다. 이 중에서 마케터가 어떤 목표를 달성하기 위하여 광고메시지를 이용하느냐에 따라 다음의 네 가지 유형으로 구분될 수 있다.

① **정보제공광고**(informative advertising) : 신제품이나 서비스에 대한 소비자의 구매욕구

광고 13-12 **정보제공광고 : 폭스바겐 자동차의 스마트키 광고**

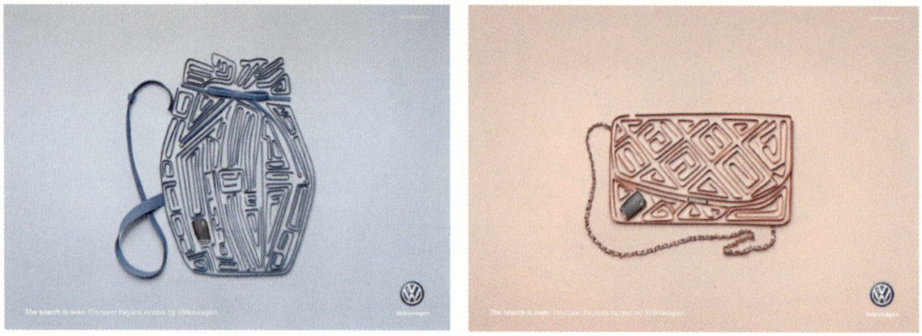

를 개발하여 기본적인 수요를 형성하는데 광고목표를 두는 것이다. 이런 광고는 제품이나 서비스의 두드러진 특징이나 기능을 알려야 하는 기존 시장이나 신규시장진입을 목적으로 한 촉진활동에 적합하다. 그러므로 정보제공광고는 제품수명주기상 도입단계에 적합한 광고이다. 예를 들어, 폭스바겐 자동차는 자동차 키가 가방속 깊숙이 수많은 미로가 얽힌 가운데 놓아두고 어렵게 찾는 상황들을 재치있는 비주얼로 담아내며 스마트키 시스템에 대한 관심을 위트있게 잘 표현하고 있다.

② **설득광고**(persuasive advertising) : 경쟁관계의 여러 제품이나 서비스들 중에서 자사

광고 13-13 **설득광고 : 문구용품 전문업체 BIC의 펜과 수정액 비교광고**

의 제품이나 서비스에 대한 선택적 수요를 증가시키고자 하는 목적에서 만들어지는 광고이다. 설득광고는 제품수명주기 상에서 성숙기 초기나 성장기에 적합한 촉진의 경쟁적인 형태이다. 주로 비교광고를 통해서 자사제품이나 서비스의 기능적인 우월성을 부각시킴으로써 소비자들의 구매를 설득하는 경우에 해당된다. 문구용품 전문업체 BIC은 모바일 메시지보다 펜을 들고 누군가에게 직접하고 싶은 말들을 손글씨로 전해보는 것도 필요하다는 메시지를 비교광고형식으로 잘 표현하고 있다. 그리고 BIC의 수정액(화이트)광고는 잘못된 것을 바로 잡아 전혀 다른 상황으로 변하게 되는 상황과 수정액의 필요성을 절묘하게 비교해서 표현하고 있다.

③ **상기광고**(remainder advertising) : 자사의 제품이나 서비스에 대한 소비자들의 인식을 지속시키고자 이전의 촉진활동을 강화하는 목적에서 만들어지는 광고이다. 상기광고는 제품수명주기상 성숙기후기나 쇠퇴기에 적합한 광고이다. 이는 이전의 유명한 광고를 재구성하여 이를 소비자들에게 노출시킴으로써 광고속의 제품이나 서비스를 기억하도록 하는 경우라고 할 수 있다. 예를 들면, 대원제약은 전편 콜대원광고에서 기생충에 나오는 제시카송에 맞추어 '잠깐, 잊은 거 아니지?' '기침감기 파란색', '콧물감기 초록색', '몸살감기 빨간색' 증상별로 ~ 하면서 많은 주목을 끌었다.그리고 최근에 후속편으로 '잊은 거 아니지?' 하면서 '기침감기 빠르게', '콧물감기 빠르게', '몸살감기 빠르게' ~ 하면서 반복구절로 상기광고를 하고 있다.

광고 13-14 **상기광고 : 대원제약의 콜대원 광고**

④ **강화광고**(reinforce advertising) : 최근에 구매한 소비자들이 자신이 선택한 제품이 올바른 선택이라는 확신을 가지도록 하는 광고로서, 제품을 구매한 고객의 만족스러운 모습을 보여주는 광고가 여기에 해당된다. 이런 광고는 구매 후 소비자들의 인지부조화를 감소시켜 올바른 선택에 대한 확신을 가짐으로써 얻어지는 태도강화를 위해 만들어지기도 한다. 예를 들면, 오비맥주의 카스는 '진짜 멋진 여름 맥주광고'는 즐거운 여름휴가를 연상시키는 일반적인 '여름 맥주광고'의 공식에서 벗어나 식당주방, 카센터, 편의점 등 우리 주변 삶의 현장에서 치열하고 묵묵하게 현실을 살고 있는 MZ세대 모습을 담고 있다. 그리고 지친 몸과 마음을 카스맥주로 달래며 스트레스를 해소한다는 내용으로, 친구들과 함께 맥주를 즐기는 일상 그대로의 모습을 광고 속에 녹여내 고객들의 공감을 이끌어내고 구매고객의 만족스러운 모습을 보여주고 있다.

광고 13-15 **강화광고 : 오비맥주의 카스 '진짜 멋진 여름 맥주광고'편**

그림 13-10 제품수명주기와 광고목표의 관계

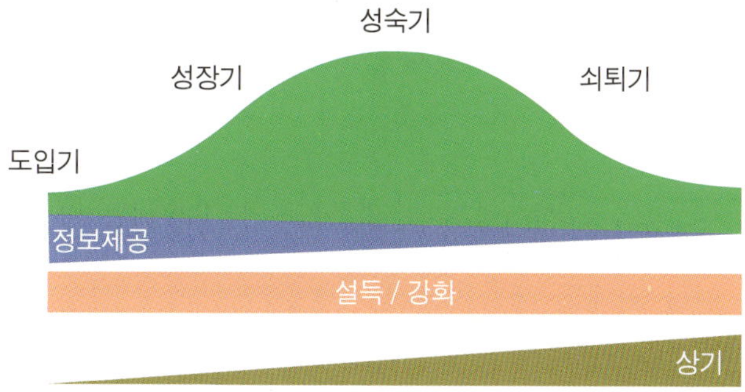

이상에서 살펴본 광고목표와 제품수명주기와의 관계를 살펴보면, 정보제공광고는 도입기에 제대로 기능을 발휘하는 반면에 상기광고는 쇠퇴기에 효과적이다. 제대로 만들어진 설득광고와 강화광고는 제품수명주기상의 전체단계를 통하여 효과적일 수 있다. [그림 13-10]은 제품수명주기에 따라 광고목적의 비중을 어디에 두어야 할지를 알 수 있게 해준다.

(2) 광고예산결정

광고목표가 결정되고 나면 기업은 제품이나 서비스에 대한 광고예산을 책정해야 한다. 기업은 판매목표를 달성하는데 충분한 수요를 자극하기 위하여 필요한 만큼의 비용을 지출하게 된다. 이러한 광고예산을 책정하는 경우, 고려해야 하는 다섯 가지 요인들에 의해 영향을 받게 된다.

첫째, 광고하고자 하는 제품이 제품수명주기 상에서 어느 단계에 위치하고 있는가에 따라 달라진다. 시장에 처음 등장하는 신제품인 경우에는 소비자에게 널리 알리기 위하여 많은 광고예산이 소요되는 반면에, 기존 제품인 경우는 판매액 대비 상대적으로 낮은 수준의 광고예산을 책정한다.

둘째, 광고하고자 하는 제품의 시장점유율이 어느 정도인가에 따라 달라진다. 시장점유율이 높은 제품은 시장점유율을 유지하는데 판매액 대비 적은 수준의 광고비용이 지출되지만 시장의 규모가 성장함에 따라 시장점유율을 구축해 나가는데 많은 광고비용이 지출된다.

셋째, 경쟁의 정도에 따라 달라진다. 경쟁이 치열한 경우, 경쟁에서 우위를 차지하기 위하여 경쟁사보다 우월하게 광고를 해야 하므로 상대적으로 많은 광고비용이 지출될 수밖에 없다.

넷째, 광고빈도를 어느 정도로 할 것인가에 따라 달라진다. 소비자에게 메시지를 전달하고자 할 때 필요한 반복횟수가 광고예산의 책정에 중요한 결정요소로 작용하게 된다.

다섯째, 제품의 차별화정도에 따라 달라진다. 차별화되지 않은 제품이나 생활필수품인 경우에 차별화된 이미지를 수립하기 위하여 상대적으로 광고를 많이 해야 하기 때문에 높은 수준의 광고비용이 지출된다.

이와 같은 요인들 외에도 제품이 제품수명주기 상에서 성숙기로 이동할수록 광고예산이 적게 할당되며, 소매상들이 유통경로에서 강력한 영향력을 가지고 있을 때도 광고예산이 줄어들게 된다.

이러한 영향요인들을 고려하여 광고예산의 증감을 결정하지만 보다 구체적으로 다음의 기준을 가지고 광고예산을 책정하게 된다. 광고예산을 책정하는 방법으로는 기업의 지출허용범위 안에서 최대한의 예산을 책정하는 방법인 가용자금법, 매출액의 일정비율을 광고예산으로 할당하는 매출액비율법, 경쟁사의 광고예산과 비교하여 자사의 촉진예산규모를 결정하는 방법인 경쟁사기준법, 최고경영자의 경험과 직감에 의해 예산을 결정하는 임의할당법이 있다. 그리고 마케터가 자사의 목표를 설정하고 목표달성을 위해 수행해야 할 과업을 결정한 후에 과업수행에 소요되는 비용을 결정하는 목표과업법 등이 있다.

(3) 메시지 결정

광고목표와 광고예산이 결정되고 나면 표적고객을 대상으로 소구하여야 할 메시지를 결정해야 한다. 메시지 결정은 메시지의 핵심 아이디어를 나타내는 광고카피결정과 광고카피를 표현하는 방법인 집행스타일 등을 결정하여야 한다.

① 효과적인 메시지 조건

마케터는 소비자들에게 제공되는 제품의 혜택에서 창출된 소구내용을 가지고 표적고객을 대상으로 소구하여야 하는데, 효과적인 메시지가 되기 위해서는 세 가지의 조건을 충족해야 한다.

첫째, 광고소구내용이 되는 메시지가 소비자들에게 유익한 이점을 제시하여야 한다. 소비자들은 제시되는 메시지가 자신에게 바람직한 이점이 있다고 생각할 때 관심있게 바라보게 된다. 예를 들면, 위니아딤채는 '김치냉장고 레드'편에서 김치의 빨간색에 초점을 두고, 레드색상을 콘셉트로 젊은 사람들이 좋아할 만한 세련되고 감각적인 영상미와 감성적인 표현으로 자연스러운 색감과 발효과학의 힘을 강조하면서 기능적 이점을 광고하고 있다.

광고 13-16 위니아딤채 : '김치냉장고 레드'편 광고

둘째, 메시지는 신뢰성을 줄 수 있어야 한다. 소비자들이 메시지의 소구내용이 믿을 수 없는 것이라고 판단하게 되면, 소비자는 더 이상 관심을 기울이지 않는다. 그래서 광고의 신뢰성을 높이기 위해서 과학자, 의사, 약사, 특정 분야에 전문가 등을 모델로 등장시키기는 경우가 많다. 예를 들면, 센소다인치약은 일반치약과 다르게 치아가 민감해서 시린이에 전문치약이라는 점을 강조하기 위해서, 제약과 백신, 헬스케어 전문회사인 GSK의 고객연구혁신부문 책임연구원을 모델로 등장시켜서 민감성 치아의 개선효과가 임상연구로 입증

광고 13-17 센소다인 광고

되었다는 점을 강조하고 있다. 이와 같이 제품연구와 개발에 연관있는 전문가를 통한 메시지가 제품의 전문성 이미지를 부각시키고 신뢰성 있는 메시지를 전달하는데 큰 효과를 보고 있다.

셋째, 메시지는 차별화되어야 한다. 차별화되지 않은 메시지는 소비자의 주의를 끌지 못하므로 메시지가 독특해야 한다. 예를 들면, McDonald's의 맥딜리버리(McDelivery) 서비스는 주문한 메뉴를 매우 빠르게 배달을 해 준다는 것을 일반배달 오토바이가 아니라, 레이싱 자동차, 모터사이클, 우주선 등에 배달용 패키지가 실려있는 비주얼로 차별화된 광고를 표현하고 있다. 맥딜리버리 로고 아래 빠른 배송속도를 이야기하기 위해 swoooosh, vroooom, whoooosh 등의 의성어를 길게 늘여서 사용한 것도 비주얼과 잘 어울리게 나타내고 있다.

이러한 효과적인 메시지 조건을 고려하여 메시지의 핵심적인 아이디어를 표현하기 위하여 메시지에 포함된 동기부여를 주장하거나 설명문장인 광고카피를 결정하게 된다. 광고문안에는 제품의 물리적 속성을 차별화하기 위한 광고카피, 제품구매로 인해 얻게 되는 기능적 혜택을 설명하는 광고카피, 제품사용자의 유형을 제시하여 제품을 개성화시키는 유형 등 세 가지 유형이 있다.

광고 13-15 McDonald's의 맥딜리버리 서비스 광고

② 광고소구 유형

마케터는 소비자들에게 제공되는 제품의 혜택에서 창출된 메시지를 가지고 표적고객을 대상으로 표현하게 되는데, 다양한 표현방식에 의해 커뮤니케이션을 하게 된다. 이러한 표현방식을 광고소구방식(advertising appeal)이라고 하는데, 이는 소비자가 제품을 구매하는 원인을 확인시켜 주는 역할을 하게 된다. 광고소구방식은 크게 이성적 소구방식과 감성적 소구방식으로 나누어진다. 이성적 소구방식은 소비자의 이성에 호소하는 것으로 제품의 속성, 효능, 혜택 등을 강조하게 된다. 반면에 감성적 소구방식은 공포, 성적, 유머 등에 초점을 맞추어 소비자에게 호소하는 것으로 자사 브랜드에 대한 호의적인 태도형성을 목적으로 한다. 공포소구나 성적소구방식은 소비자의 주의를 환기시키는 데는 효과적이지만, 때론 너무 지나친 표현은 소비자가 메시지를 회피하거나 표현장면은 기억하지만, 광고하는 브랜드명이나 메시지 내용을 기억 못하는 경우가 발생해서 광고효과가 낮을 수도 있기 때문에 주의를 해야 한다. 최근 버거킹은 할로윈(Halloween)데이 시즌 캠페인을 런칭했는

광고 13-16 공포소구 : 버거킹의 할로윈 캠페인 광고

데, 새벽 3시부터 4시까지, 가장 무섭게 느껴질 수 있는 단 '한 시간 동안' 버거킹 앱을 실행하면 버거킹메뉴 무료쿠폰을 증정한다는 것이다. 즉, 하루 중 가장 무서운 시간에, 일년 중 가장 무서운 할로윈 주간에 깨어있는 용기있는 사람들에게 버거킹메뉴를 공짜로 즐길 수 있게 한 것이다. 실제로 이벤트기간인 할로윈 시즌 일주일 동안 매일 다른 메뉴들을 무료로 제공하는 행사를 해서 큰 효과를 얻었다고 한다.

③ 광고메시지 집행

광고메시지의 효과와 영향은 그 내용뿐만 아니라 메시지를 전달하는 방법에 의해서도 달라진다. 마케터는 AIDA기법에 따라서 표적고객들의 주의와 관심을 끌 수 있도록 메시지를 집행해야 한다. 담배, 맥주, 커피 등과 같이 동질성이 높은 경쟁제품군에 속해 있는 경우에 메시지 집행 스타일에 따라 촉진성과에 결정적인 영향을 미치게 된다. 이러한 메시지 집행 스타일에는 다음과 같이 여러 가지가 있다.

- 일상생활의 단면 : 일상적인 상황에서 제품사용장면을 보여주는 경우
- 라이프스타일 : 제품이 특정한 라이프스타일을 갖고 있는 고객에게 적합하다는 것을 강조하는 경우,
- 환상 : 제품의 용도나 사용에 대해 환상을 조성시키는 것으로 주로 여성용 화장품이나 의류같은 심리적 자아성취를 위한 제품에서 이용하는 경우
- 무드 : 해당 제품에 대해 아름다움, 사랑 등과 같은 로맨틱한 분위기를 불러일으키고자 하는 경우
- 유머 : 유머를 이용해서 메시지에 대한 주의를 끌기 위하여 사용되는 경우
- 뮤지컬 : 사람들이나 만화주인공들로 하여금 제품에 관련된 노래들을 부르게 하는 경우
- 상징적인 인물 : 제품을 상징하는 인물을 창조하는 것으로 이때의 인물은 가공의 인물일 수도 있고 실제의 인물이 등장하는 경우
- 전문성 : 해당 제품을 만드는데 있어 자사의 전문성과 경력을 강조하는 경우
- 과학적 증거 : 조사자료나 과학적 증거자료를 통해 자사제품이 타사제품보다 우월하다는 것을 보여주는 경우
- 증언 : 신뢰성이 높은 전문가나 호감이 가는 인물로 하여금 당해 제품을 증언하는 경우

이케아(IKEA)는 'Real Life Series'라는 주제로 캠페인을 전개했는데, 영화나 드라마, 애니메이션에 등장했던 많은 사람들의 눈에 익숙한 실제가 아닌 가상의 공간에 있던 '유명한 거실'들을 이케아의 제품들로 현실 세계에 재현을 하는 것이다. 그래서 'The Simpsons(심

광고 13-20 일상생활의 단면 : IKEA의 'Real Life Series' 캠페인 광고

슨 가족/FOX),' 'Friends(프렌즈/NBC),' 'Stranger Things(기묘한 이야기/넷플릭스)' 등 에니메이션/영화/드라마에 나오는 일상생활 속의 한 단면인 거실공간들을 이케아의 제품라인업들을 활용해 그대로 재현하고 사용된 이케아의 제품들과 가격대를 한눈에 볼 수 있는 카달로그를 만들어 사용함으로써 큰 관심을 끌었다.

(4) 매체선정

광고메시지가 결정되면 광고를 효과적으로 전달할 매체를 선정하게 된다. 마케터는 다양한 유형의 메체들이 존재하기 때문에, 촉진대상과 촉진목표를 고려하여 사용될 매체의 조합인 미디어믹스(media mix)를 결정하게 된다. 매체선정은 도달범위와 빈도, 효과의 강도결정, 주요 매체유형의 선정, 구체적인 매체수단의 선정, 매체별 광고일정의 결정 등으로 이루어진다.

1) 도달범위와 빈도 및 효과의 강도결정

매체선정은 메시지를 전달하고자 하는 표적고객들에게 효과 대비 비용 우위적인 매체를 선정하게 된다. 이를 위하여 매체의 도달범위와 빈도 및 효과의 강도 등과 같은 요인들을 고려하여 메시지 전달목표에 부합되도록 바람직한 노출과 유형을 통해 메시지가 전달되도록 해야 한다.

① **도달범위**(reach) : 일정 기간 동안에 표적고객들 중 어느 정도(몇 %)의 고객들에게 광고가 도달되도록 할 것인가를 결정하는 것으로, 최소한 한 번의 특정 매체에 의해 노출되는 표적고객들의 수를 의미한다. 예를 들어, 6개월 동안에 해당 제품의 표적청중들 중 80%가 광고에 노출되도록 한다는 식으로 도달범위를 결정할 수 있다.

② **빈도**(frequency) : 일정 기간 동안에 표적고객들에게 평균 몇 회 정도 광고메시지를 노출시킬 것인가를 결정하는 것으로 보통 노출횟수(예를 들어, 10회)로 나타낸다.

③ **효과의 강도**(impact) : 하나의 특정한 매체를 통해 노출되는 광고메시지의 계량적 가치효과가 어느 정도인가를 의미한다. 즉 광고메시지를 표적고객들에게 전달하고자 할 때, 어느 매체가 그 메시지를 가장 잘 표현해서 전달하는가를 평가하는 것이다.

매체를 계획할 때, 주어진 예산범위 내에서 비용 대비 매체효과가 가장 높도록 도달범위와 빈도 및 효과의 강도 등으로 다양한 조합을 도출해야 한다. 도달범위는 새로운 제품, 구매주기가 긴 제품, 익숙하지 않은 상표, 미확정된 표적시장인 경우에 중요하다. 반면에 빈도는 강력한 경쟁자가 있거나 메시지가 복잡하고, 구매주기가 짧은 제품일수록 중요하다.

2) 매체유형의 선정

매체담당자는 신문, TV, 우편, 라디오, 잡지, 옥외광고와 최근 급성장하는 인터넷, 케이블 TV광고, SNS 광고 등 주요 매체유형이 가지는 특성을 파악하여 도달범위, 빈도. 효과의 강도 등의 정도에 따라 적합하게 매체를 선택해야 한다. 매체선택 시에 매체담당자는 다음의 변수들을 고려하여 매체를 선정해야 한다.

① **표적고객들의 매체습관** : 표적고객들에게 효과적으로 도달될 수 있는 매체가 무엇인지를 파악해야 한다. 예를 들어, 컴퓨터나 스마트폰 사용률이 높은 청소년이나 20~30대 젊은 세대에게 도달하는 데는 인터넷이나 SNS가 효과적이라고 할 수 있다.

② **제품의 특성** : 제품의 특성을 잘 전달할 수 있는 매체이어야 한다. 예를 들어, 여성복 의류인 경우, 시각적인 효과를 고려하여 패션잡지의 화보면을 이용하는 것이 바람직하다.

③ **메시지의 유형** : 메시지의 유형이 어떠하냐에 따라 매체선택이 달라져야 한다. 예를 들어, 제품과 관련된 기술을 설명하는 내용이 포함된 메시지는 전문잡지나 우편을 이용하는 것이 바람직하다.

④ **매체별 비용** : 각 매체별 소요되는 비용을 고려하여야 한다. TV광고에 비하여 라디오나 신문광고는 저렴하며, TV광고에서도 전국적인 광고는 비용이 많이 드는 반면에 지역적인 케이블광고는 제한된 범위로 인하여 상대적으로 비용이 적게 소요된다.

매체선정 시 매체담당자는 〈표 13-3〉과 같이 주요 광고매체가 갖는 특성을 파악하여 도달범위, 빈도 및 효과의 강도 등에 맞게 매체를 선택해야 한다.

표 13-3 주요 광고매체의 특징

매 체	장 점	단 점
신 문	· 독자층이 광범위하고 독자파악이 쉬움 · 신속한 광고, 많은 양의 정보제공 · 신뢰성이 높음	· 수명이 짧고 회독률 낮음 · 다른 광고물과 혼합되어 접근이 곤란 · 재현능력이 낮음
잡 지	· 특정 고객층에게 소구 가능 · 긴 광고수명, 반복광고 가능 · 전문잡지의 신뢰성과 회독률 높음	· 광고게재 대기시간이 김 · 광고비용 높음
TV	· 빠른 전달력과 주의력이 강함 · 광범위한 고객층 확보 용이하고 낮은 비용 · 시각적 · 청각적 메시지 전달 가능	· 광고비용 높고, 과다경쟁, 광고변경 곤란 · 표적고객층의 선별적 수용이 불가능함 · 노출시간이 짧아 복잡한 메시지 불가능
라디오	· 적은 광고비용, 광고변경 용이 · 빠른 전달력, 지역적 선별성 용이	· 청각적 메시지의 한계 · 낮은 집중도, 짧은 메시지 수명
옥 외	· 반복노출 가능, 낮은 비용 · 지역적 선택성, 높은 가시성, 경쟁이 낮음	· 청중선별의 불가능 · 창의적 메시지 개발의 한계
우 편	· 표적고객의 선별 가능 · 광고비용의 개인화, 낭비가 없음 · 발행통제가 가능, 광고효과 측정이 가능	· 개인당 높은 광고비용 · 광고의 폐해(쓰레기 양산) 조장
케이블TV	· 표적고객에 대한 정확한 메시지전달 · 메시지 중심의 광고제작 가능 · 값이 싸고 상세한 정보를 제공	· 낮은 시청률 · 채널변경으로 광고기피
인터넷	· 쌍방향 가능, 분량이나 시간제한이 없음 · 값싸고 빠르게 다양한 정보 전달 · 지구촌 소비자에게 노출, 효과측정 용이	· 관심없는 분야의 광고물에 대해 부정적 · 다양한 부가적 재미를 제공해야 재이용

3) 구체적인 매체수단의 선정

매체담당자는 일반적인 매체유형을 결정한 후 효과 대비 원가면에서 가장 유리한 특정한 매체수단(media vehicle)을 선정해야 한다. 이를 위하여 매체담당자는 매체측정 자료를 제공하는 서비스기관을 통하여 얻어진 발행부수와 광고물의 크기, 색상, 위치별 비용 등에 관한 정보를 참고하게 된다. 여성용 잡지인 경우 삽입광고의 수량에 관한 정보도 포함된다. 매체담당자는 지불하는 비용에 대해 도달범위와 빈도, 효과의 강도 등에서 가장 우수한 매체수단을 선정해야 하는데, 이를 위하여 각 매체수단을 통해 CPM(Cost per mille, 1,000명 노출당 비용)을 계산하는 것도 하나의 방법이다.

4) 매체별 광고일정의 결정

광고매체 유형과 구체적인 광고매체 수단이 결정되면 매체별 광고일정을 결정해야 한다. 광고일정을 결정하기 전에 거시적 실행인지 미시적 실행인지를 확인하여야 한다. 연간 광고계획에 의한 것은 거시적 실행이며, 최고의 효과를 얻기 위한 단기 광고계획에 의한 것은 미시적 실행이다. 일반적으로 연간광고 계획기간 동안의 광고예산이 결정된 후 구체적인 광고시기를 결정하게 된다. 이러한 광고일정은 [그림 13-11]과 같이 세 가지 유형으로 나누어 볼 수 있다.

① **연속형** : 특정 기간 전체에 걸쳐 일정한 수준으로 노출시키는 것이다. 격일 또는 매주, 격주와 같은 일정한 패턴을 정해 광고를 하는 경우이다. 일반적으로 시장을 확장하거나 빈번하게 구입하는 제품이거나 명확한 구매자들을 대상으로 할 때 사용한다.

② **집중형** : 일정 기간 동안 광고비를 전부지출하는 경우로 계절형과 주기형으로 나누어진다. 계절형은 아이스크림이나 에어컨, 선풍기와 같이 제품의 수요가 특정 계절에 집중되는 경우에 사용된다. 주기형은 잘 알려진 제품에 대해서 소비자들의 주의를 주기적으로 환기시키고자 하는 경우에 사용되며, 일정한 주기 혹은 간격을 두고 반복적인 광고를 하게 된다.

③ **파동형** : 일정한 주기나 간격이 없이 불규칙하게 광고를 하는 경우인 불규칙형, 신제품을 시장에 진출시키거나 새로운 광고캠페인 혹은 판매시즌이 시작되는 경우에 해

그림 13-11 광고일정의 유형

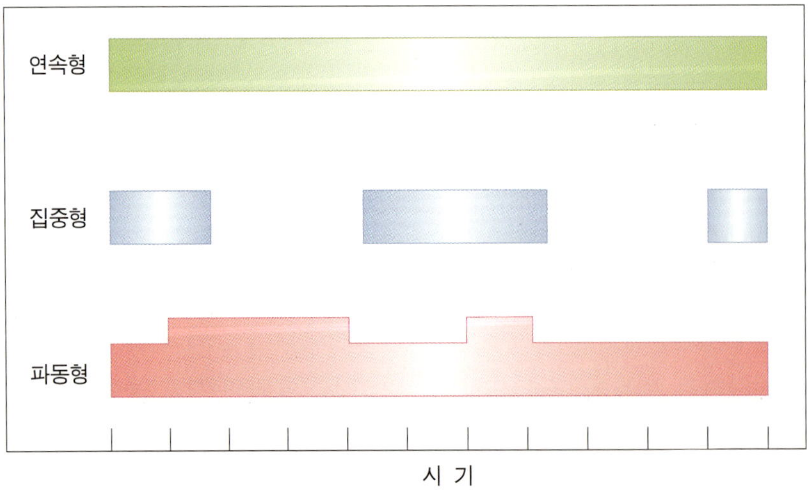

당되는 초기집중형, 기업의 판촉활동을 지원하기 위해 판촉과 동시에 광고를 시작하는 경우인 판촉지원형이 있다.

또한 매체담당자는 광고일정뿐만 아니라 광고지역에 대해서도 광고예산을 고려하여 결정해야 한다. 전국적인 구매를 일으키기 위하여 전국적인 TV나 잡지에 광고하게 되고, 특정 지역에 집중적으로 구매를 유발하기 위하여 해당 지역의 케이블TV나 잡지 혹은 옥외광고판에 광고하게 된다.

(5) 광고효과 측정

광고프로그램 개발과정의 마지막 단계인 광고효과를 측정하는 것은 광고효과가 광고목표 달성도를 의미하기 때문에 광고를 계획하고 통제하기 위하여 반드시 수행되어야 한다. 이러한 광고효과에 대한 평가는 주로 광고의 인지, 선호에 대한 측정인 커뮤니케이션 효과와 광고의 매출효과를 중심으로 이루어지게 된다.

1) 커뮤니케이션 효과

커뮤니케이션 효과는 카피테스트라고 하며 광고가 효과적으로 커뮤니케이션 되고 있는가 즉, 일정 기간 동안의 광고캠페인이 표적고객들에게 제대로 커뮤니케이션 되었는가를 측정하는 것으로 〈표 13-4〉와 같이 사전테스트(ad pretesting)와 사후테스트(ad posttesting)로 구분되어 진다.

① 사전테스트

사전테스트는 광고가 시행되기 이전에 광고주가 소비자들에게 광고를 보여주고 노출된 광고에 대한 질문을 하여 그 광고를 상기시키거나 태도가 변화되었는가를 측정하는 것이다. 이는 광고집행의 실패가능성을 사전에 방지하고 여러 가지 대안에 대한 사전평가를 하

표 13-4 광고효과 측정방법

측정대상 \ 측정시기	사전테스트	사후테스트
커뮤니케이션 효과	직접 평가 포트폴리오 테스트 실험실테스트	회상테스트 재인테스트 의견조사법
매출효과	시장실험법	통계기법

고 효과적이고 효율적인 광고활동계획을 수립하기 위하여 실시된다. 사전테스트 방법으로 주로 직접평가, 포트폴리오 테스트, 실험실 테스트 등 세 가지 방법이 사용된다.

- **직접평가**(direct ratings) : 소비자 패널 또는 광고전문가들에게 평가할 광고물을 제시한 다음 질문을 하여 대답을 하는 것으로 피드백방식이다. 예를 들어, "이 광고로부터 받은 주요한 메시지는 무엇인가?", "어떤 광고물이 구매의욕을 가장 잘 불러일으키는가"와 같은 식의 질문을 하고 대답을 하게 된다. 이러한 직접 평가법은 광고물의 실제 효과에 대한 증거자료를 조사하는 것이 아니므로 신뢰성에 문제가 있을 수 있다.
- **포트폴리오 테스트**(portfolio test) : 소비자들에게 잡지, 신문 등 여러 가지 광고물을 나누어 주고 일정한 시간만큼 보고 듣게 한 후에, 보고 들었던 광고에 대한 기억테스트, 즉 기억나는 광고물이나 내용들을 상기하도록 요구한다. 이때 면접자가 도움을 줄 수도 있고 그렇지 않을 수도 있다. 이 테스트를 통해서 응답자의 기억내용은 어떤 광고물이 뚜렷하게 부각되는가 하는 점과 메시지가 어느 정도 기억되고 이해되는가를 나타내어 준다.
- **실험실 테스트**(laboratory test) : 소비자가 광고에 대하여 느끼는 심리반응을 알기 위하여 맥박, 혈압, 안구 움직임, 긴장도 등을 측정하기 위하여 과학적인 장비를 사용하는 방법이다. 이러한 테스트는 소비자의 광고에 대한 신념이나 태도, 구매의도 등을 밝히기 보다는 광고에 대한 집중능력을 알아보기 위한 것이다.

② 사후테스트

사전테스트 방법과는 달리 사후테스트 방법은 해당 광고가 실제 매체를 통해 인쇄되거나 방송이 된 후에 해당광고가 소비자의 기억, 제품의 인식, 제품에 대한 지식 및 선호도에 주는 영향의 정도를 측정하는 것이다. 사후테스트는 광고목표의 달성여부에 대한 평가, 광고수익을 계량화, 소비자에 대한 이해향상, 차기캠페인 계획수립시 고려사항을 도출하기 위해 실시된다. 이러한 사후테스트에는 회상테스트, 재인테스트, 의견조사법 등 세 가지 방법이 주로 사용되고 있다.

- **회상테스트**(recall test) : 특정 매체수단을 통해 노출되어온 소비자들에게 테스트하기 직전에 실시되었던 광고물에 포함되어 있는 여러 회사들과 제품을 어느 정도 기억하는가를 테스트하는 것이다. 가능한 한 많은 것을 기억해 내도록 한 후 이를 점수화하여 광고물별 기억능력을 알아보게 된다.
- **재인테스트**(recognition test) : 재인테스트는 소비자의 기억능력보다는 인지를 바탕으

로 한 구별능력에 초점을 맞추어 실시되는 테스트라고 할 수 있다. 예를 들어, 어떤 신문의 구독자들로 하여금 과거에 보았던 기사를 식별해 낼 수 있는가를 알아보는 것이다. 광고물마다 세 가지의 스타치 열독점수(starch readership)를 계산해 볼 수 있는데, 첫째, 그 잡지에서 문제의 광고물을 본 독자의 비율이고, 둘째, 광고된 브랜드를 정확하게 알고 있는 독자의 비율이며, 셋째, 광고의 절반이상을 읽은 독자의 비율로써 구하게 된다.

- **의견조사법**(opinion test) : 잠재적인 고객들을 대상으로 몇 개의 광고를 제시한 다음에 가장 흥미있는 광고, 가장 신뢰성 있는 광고, 가장 좋아하는 광고 등으로 광고물의 순위를 매기게 하는 방법이다.

2) 매출효과

매출효과는 광고가 해당제품의 매출증대에 기여한 정도를 측정한 것이다. 기업에서 시행한 광고프로그램을 통해 제품인지도가 올라가고 제품선호도가 호전되었다고 할지라도, 매출증대가 광고에 의한 것이라고 단언하기는 어렵다. 이는 광고가 전체 마케팅활동 중 하나의 요소로써, 다른 마케팅변수, 즉 제품특성, 가격, 경쟁사의 대응 등과 유기적으로 매출에 영향을 미치기 때문이다. 또한, 광고에 대한 소비자 반응의 지연효과, 즉 광고집행과 소비자 반응 간의 시차가 나타나기 때문이다. 이러한 어려움에도 불구하고 광고주는 광고비가 과다지출 되는지, 과소지출 되는지를 파악하고자 매출효과를 측정하게 된다.

광고의 매출효과를 구체적으로 측정하기 위하여 광고의 광고비 지출과 매출액과의 관계를 통계학적인 모형을 통해 알아내거나 광고실험을 이용하게 된다. 광고실험은 지역별로 광고예산을 다르게 책정하여 광고집행 후 각 지역별로 매출의 변화를 측정하게 된다.

03 요 약

마케터는 표적시장에서의 마케팅목표를 달성하기 위해서 제품, 가격, 유통, 촉진 등으로 구성된 마케팅믹스를 효율적으로 조정해야 하며, 이 중에서 촉진을 구성하는 촉진믹스는 광고, 판매촉진, 인적판매, PR 등으로 구성되어진다. 이처럼 마케팅믹스와 촉진믹스가 별개의 분리된 개념으로서가 아니라, 상호 긴밀한 연관성을 가지고 표적시장의 고객에게 가장 효율적으로 커뮤니케이션 될 수 있도록 관리하고자 하는 접근방법을 통합적 마케팅커뮤니케이션이라고 한다.

기업의 촉진활동은 커뮤니케이션 과정인 송신자(광고주)와 수신자(소비자)간에 부호화와 매체경로를 통해 해석되는 일련의 과정을 거친다. 이때 잡음에 의해 메시지 내용이 방해되기도 한다. 마케팅커뮤니케이션의 진행과정은 표적고객의 파악, 고객의 기대반응결정, 메시지선정, 매체결정, 커뮤니케이션 효과측정으로 이루어진다. 효과적인 메시지는 주의, 관심, 욕구, 행동을 이끌어낼 수 있어야 한다(AIDA모델). 메시지의 내용은 이성적 소구, 감성적 소구, 도덕적 소구 등으로 구분된다. 마케팅커뮤니케이션 전략을 수립하기 위해서는 푸시전략, 풀전략을 상호 보완적으로 집행할 수 있고, 제품이나 서비스 또는 시장의 유형, 구매의사결정과정, PLC단계 등과 같은 요인들을 고려해야 한다.

광고는 기업, 비영리기관, 제품에 관한 아이디어에 대하여 특정한 청중을 설득하거나 알리고자 하는 목적에서 만들어진 메시지를 담은 대중적이고 유료화된 커뮤니케이션으로 최종적인 소비자들에게 소구하도록 설계된 메시지를 표적시장에 도달되게 하기 위하여 마케터들에 의해 이용되는 대표적인 촉진수단이다. TV, 라디오, 신문, 잡지, 도서, 직접우편, 광고판과 같은 전통적인 매체가 소비자에게 광고를 전달하는 데 대부분 이용되는 가운데 인터넷 웹 사이트나 전자우편 등을 통한 새롭고 혁신적인 방법들도 점차적으로 증가되고 있다. 광고의 형태는 크게 두 가지로 나누어 볼 수 있는데, 하나는 제품광고이고, 다른 하나는 기업광고이다. 제품광고는 기업의 제품을 소개하여 소비자들의 구매를 유발하고자 만들어지는 광고이며 반면에 제품보다는 기업의 비전, 사회에 대한 기여, 선행 등을 광고를 통해서 널리 알림으로써 기업에 대한 호의적인 이미지를 만들고자 하는데 목적을 두는 광고가 기업광고이다. 기업이 마케팅기능을 효과적으로 수행하기 위하여 소비자를 대상으로 효과적인 광고전략을 수립하고 실행해 나가게 된다. 최근에 마케터들에 의해 이용될 수 있는 여러 가지 광고전략으로 비교광고, 유명인 광고, 쌍방향 광고뿐만 아니라 소매광고나 공동광고와 같이 유통채널 중심의 광고전략을 들 수 있다.

표적시장에 적합한 광고프로그램을 개발하기 위하여 마케터는 광고목표설정, 광고예산결정, 메시지 결정, 매체선정, 광고효과측정이라는 5가지 의사결정을 통하여 광고관리를 하게 된다. 마케터들은 소비자들에게 알리고, 소비자들을 설득하고, 소비자들이 상기하도록 하는 세 가지 주요한 목표들을 달성하기 위하여 광고메시지를 이용한다. 광고목표가 결정되면 기업은 제품이나 서비스에 대한 광고예산을 책정해야 한다. 이때 기업은 판매목표를 달성하는데 충분한 수요를 자극하기 위하여 필요한 만큼의 비용을 지출하게 된다. 이러한 광고예산을 책정하는 방법으로는 가용자금법, 매출액기준법, 경쟁사기준법, 임의할당법, 목표과업법 등이 있다. 광고를 통해 소비자들에게 소구되는 메시지 결정은 메시지의 중심적인 아이디어를 나타내는 광고카피결정과 광고카피를 표현하는 방법인 집행 스타일 결정을 들 수 있다. 마케터는 소비자들에게 제공되는 제품의 혜택에서 창출된 메시지를 가지고 표적고객을 대상으로 표현하게 되는데, 이를 광고소구방식이라 하며, 크게 이성적 소구방식과 감성적 소구방식으로 나누어진다. 메시지가 결정된 후 마케터는 촉진대상과 촉진목적을 고려하여 사용될 매체의 조합인 미디어믹스(media mix)를 결정하게 된다. 매체 선정은 도달범위와 빈도 및 효과강도의 결정, 주요 매체유형의 선정, 구체적인 매체수단의 선정, 매체별 광고일정의 결정 등으로 이루어진다. 광고프로그램 개발과정의 마지막 단계인 광고효과를 측정하는 것은 주로 광고의 인지, 선호에 대한 측정인 커뮤니케이션 효과와 광고의 매출효과를 중심으로 측정된다.

참 · 고 · 문 · 헌

- 김동훈 · 안광호 · 유창조(2014), 마케팅커뮤니케이션 관리, 학현사.
- 박찬수(2014), 마케팅원리, 법문사.
- 박종오, 외 4(2008), 마케팅, 북넷.
- 안광호 · 이유재 · 유창조(2014), 광고관리, 법문사.
- 안광호 · 하영원 · 박흥수(2016), 마케팅원론, 학현사.
- 유필화 · 김용준 · 한상만(2012), 현대마케팅, 박영사.
- 이우용, 외 2 (2011), 마케팅원론, 형설출판사.
- 이학식 · 임지훈(2015), 마케팅, 집현재.
- Bearden, William O. Thomas N. Ingram, and Raymond W. LaForge(2001), *Marketing-Principle and Perspectives*, 3rd ed., McGraw-Hill, Irwin.
- Blythe, J.(2006), *Principles & Practice of Marketing*, Thomson Learning.
- Boone, Louis E. David L. Kurtz(2006), *Contemporary Marketing*, 12th ed., South Western-Thomson.
- Duncan Tom(2002), *IMC, Using Advertising & Promotion to Build Brands*, McGraw-Hill Irwin.
- Lamb, Charles W. Joseph F. Hair & Carl McDaniel(2004), *Marketing*, 7th ed., South Western-Thomson.
- Lamb, Charles W., Hair, Joseph F. and C. McDaniel(2000), *Marketing*, 5th ed., South-Western College Publishing.
- Kelin, Roger A., Hartley, Steven W., Berkowitz and William Rudelius (2006), *Marketing*, 8th ed., McGraw-Hill Irwin.
- Kotler, P. and G. Amstrong(1996), *Principles of Marketing*, 7th ed., Prentice-Hall Inc.
- Semenik, Richard J.(2002), *Promotion & Integrated Marketing Communica-tions*, South-Western.
- Solomon, Michael R. and Elnora W. Stuart(2006), *Marketing,* International ed., Prentice-Hall Inc.
- Zikmund, William G. and Michael d'Amico(2001), *Marketing*, 7th ed., South-Western College Publishing.
- https://blog.naver.com/stussy9505
- https://blog.naver.com/stussy9505/221561104605

part 14

마케팅커뮤니케이션 관리 II

01 판매촉진

02 PR

03 인적판매

04 요 약

백화점 3사, 연초부터 '흥행 가도'.. 상반기 호실적 기대감

▸ 도미노 행사 통해 고객 확보 박차…신년 세일 끝나고 명절 프로모션 이어가

백화점 3사가 신년 정기세일에서 호실적을 기록하며 연초부터 흥행 가도를 달리고 있다. 사진은 롯데백화점 노원점, 현대백화점 신촌점, 신세계백화점 본점.(왼쪽부터) /한예주 기자

[더팩트 | 최수진 기자] 백화점 3사가 신년 정기세일에서 호실적을 기록하며 연초부터 흥행 가도를 달리고 있다. 지난해의 경우 신종 코로나바이러스 감염증(코로나19) 거리두기 강화 조치에 따라 정기세일을 포기했지만 올해는 사회적 거리두기 영향이 소멸되며 긍정적인 분위기가 이어지고 있다. 여기에 설 명절 전후를 맞아 다양한 프로모션도 진행한다. 이에 백화점업계가 올해 호실적을 이어갈 수 있을지 관심사다.

▸ 2년 만에 부활한 '신년 정기세일'…성적은 '우수'

20일 업계에 따르면 롯데, 신세계, 현대 등 백화점 3사는 2022년 임인년을 맞아 지난 2일부터 16일까지 15일간 진행한 신년 정기세일을 통해 전년 동기 대비 매출을 확대했다.

우선, 롯데백화점은 여성 · 남성패션, 잡화, 리빙 등 전 상품군에 걸쳐 참여 브랜드에 따라 10~30% 세일을 진행하며, 국내외 유명 의류 브랜드의 2021년 가을,겨울 상품을 할인 판매하는 시즌 오프도 진행했다. 그 결과, 매출은 전년 동기 대비 53.6% 증가했다.

매출 신장률이 가장 높은 카테고리는 '식품'으로, 같은 기간 96.6% 급증했다. 이외에도 △해외패션 67% △화장품 54.2% △남성스포츠 49.8% △잡화여성 48.7% 등의 호실적을 기록한 것으로 나타났다.

신세계백화점 역시 이 기간 매출이 54.4% 증가한 기록을 써냈다. 세부적으로는 △남성패션 78.8% △명품 77.9% △여성패션 55.1% △생활 21.6% 등이다. 현대백화점 매출은 53% 증가했고, △골프 131.2% △아웃도어 127.1% △남성패션 86.7% △여성패션 84.1% △명품 78.1% 등의 수치를 기록했다.

특히, 이번 정기세일은 2년 만에 진행한 것이라 의미가 있다. 지난해의 경우 정부가 수도권을 중심으로 사회적 거리두기를 2.5단계로 상향조정한 것이 연초에도 이어졌고, 백화점업계에서는 거리두기가 하향 조정되는 시기에 맞춰 신년 정기세일을 진행할 계획이었으나 정부가 이를 1월 중순까지 연기하며 백화점의 계획도 무산된 바 있다.

이에 따라 당시 신세계백화점을 제외한 롯데, 현대의 신년 매출은 3~5% 감소했다. 롯데백화점의 지난해 1월 2~7일 매출은 전년 동기 대비 약 5% 감소했고, 현대백화점 역시 약 3% 감소한 바 있다. 같은 기간 신세계백화점만 6% 이상 늘어났다.

백화점업계는 "지난해 분위기가 안 좋았기 때문에 올해는 기저효과도 발생했다"며 "방역패스 의무화 정책 등으로 혼란이 있었으나 분위기는 좋은 상황이다. 특히, 방역패스도 현재는 철회됐고 설 명절도 남아있어 지난해와 비교했을 때 1월 매출은 긍정적으로 나오지 않을까 본다"고 말했다.

▶ 연초부터 '흥행'…백화점 3사, 올해 '도미노 프로모션'으로 고객 잡나

백화점업계의 매출 증가세는 당분간 이어질 것으로 관측된다. 통상 백화점은 신년 정기세일을 끝낸 직후 설 연휴에 맞춰 선물세트 프로모션 등을 진행해 고객 유치 전략을 이어가기 때문이다. 이후 설이 끝나면 신학기 세일행사 등 추가 프로모션도 한다.

지난해에도 백화점 3사는 설 연휴기간 다양한 마케팅을 앞세워 호실적을 기록했다. 실제 지난해 설 연휴과 주말이 겹쳤던 2월 13~14일 기준 롯데백화점 매출은 전년 동기 대비 15% 증가했다. 세부적으로는 남성 스포츠에서 34% 늘었고, 해외 명품에서도 21% 증가했다.

아울렛에서도 긍정적인 실적을 기록했다. 같은 기간 롯데아울렛의 전체 매출은 44% 증가했고, 카테고리별 매출 신장률은 스포츠 패션(69%), 골프용품(36%), 아동용품(65%), 유아용품(97%) 등을 기록했다.

신세계백화점 매출은 32.1% 확대됐으며, 현대백화점의 매출은 31.9% 늘었다. 현대백화점은 명품과 대형가전 매출이 각각 37.4%, 43.5% 늘면서 전체 실적을 견인했으며, 현대아울렛 매출도 71.8% 급증했다.

이에 업계는 명절 기간 프로모션을 강화해 고객 유치에 적극적으로 나설 계획이다. 특히 이들 3사는 사회적 거리두기 영향이 코로나19 초반보다 줄어들고 부정청탁금지법(김영란법)이 개정된 데 따라 선물세트의 가격대를 높여 실적 개선에 나선다.

롯데백화점은 '프리미엄 식료품 세트' 품목을 지난해 설 대비 50% 늘리고, 고객의 다양한 수요에 맞춰 10만원대부터 300만 원대 초고가까지 약 1000여종의 정육 선물세트 총 20만 세트 물량을 준비했다. 신세계백화점 역시 선물세트 물량은 지난 설보다 25% 늘린 54만여 세트를 판매한다. 프리미엄 상품에 대한 고객 수요가 지속적으로 증가하는 점을 고려해 한우, 굴비 등의 물량도 대폭 늘렸다.

현대백화점은 한우 · 굴비 · 과일 등 1000개가 넘는 품목을 판매하고 있으며, 특히 프리미엄 디저트 대표 과일로 자리잡은 샤인머스캣을 주요 구성품으로 꾸민 선물세트 품목을 지난해 보다 50% 가량 늘려 총 20여종을 선보이고 있다.

이에 올해 전망도 긍정적이다. 남성현 한화투자증권은 “올해도 백화점 명품군의 고 성장세는 지속될 것으로 전망한다”며 “소비양극화가 지속적으로 이루어지고 있고, 일부 제품군의 가격 인상 효과와 명품 구매 계층이 다양해지고 있기 때문이다. 명품 판매가 증가하는 주된 이유는 소득의 양극화에 따른 소비 양극화로 판단한다. 국내 소득구조가 양극화가 되고 있다는 점에서 당분간 명품 성장세는 이어질 것으로 전망한다”고 분석했다.

업계 한 관계자는 “부정청탁금지법 개정 등에 따라 과거보다 높은 가격대의 명절 선물세트도 반응이 좋다”며 “판매하는 상품군의 가격대가 올라가면 전체 매출에도 긍정적인 영향을 준다. 통상 설이 끝나면 신학기 프로모션 등도 진행하는 만큼 설 이후에도 다양한 혜택을 제공해 고객 유치에 힘쓸 것”이라고 밝혔다.

● 자료원 : 더팩터, 최수진, https://news.v.daum.net/v/20220121000107021
먼데이투데이,Lucky, https://pausecomma.tistory.com/169 (이미지 사진)

최근 정보기술의 발전으로 기존의 시장에 온라인 시장까지 확대됨에 따라 시장의 경쟁이 더욱 치열해지고 있기 때문에, 단지 제품의 품질이나 가격경쟁만으로는 시장에서 생존이나 성장하기가 매우 어려운 상황이다. 이러한 상황에서 기업이 광고, 인적판매, 판매촉진, PR 등 다양한 촉진수단들 중에서 비교적 장기간에 걸쳐 기업이나 브랜드의 이미지구축을 통해 성과를 내는 광고보다 단기간에 판매성과를 낼 수 있는 판매촉진의 비중을 높여가는 것은 지극히 자연스러운 현상이다.

또한 요즈음 늘어나고 있는 대형유통점들의 확대로 인해 유통경로 상에서 경로파워가 제조업체에서 중간상으로 이전되는 과정에서 중간상들의 판촉행사에 대한 지원요구가 증가되고 있는 점도 판촉에 대한 비중이 늘어나고 있는 요인으로 작용하고 있다. 그리고 기업은 여러 가지 다른 촉진수단에 비해 판촉행사는 인터넷, 스마트폰, SNS 등의 정보전달 매체를 통해 빠르게 전달되고 확산시킬 수 있으며, 소비자들의 반응을 즉각적으로 유도할 수 있기 때문에 그 의존도가 점차 높아지고 있다.

이와 같이 판매촉진의 증가와 더불어 기업은 광고, 인적판매와 PR 등의 다른 촉진수단들도 지속적으로 중요한 전략적 수단으로 활용하고 있다. 인적판매는 커뮤니케이션의 대인경로가 판매자와 구매자 사이에 확립되어 있어 소비자나 중간상을 대상으로 중요한 역할을 수행하고 있다. PR은 소비자가 속해 있는 지역사회나 단체 등과 긍정적인 관계를 유지함으로써 자사의 제품이나 서비스에 대한 브랜드인지도를 높이고 궁극적으로 매출성과를 올리는 데 창의적 수단으로 이용되고 있다.

따라서 본 장에서는 판매촉진과 PR, 인적판매의 의미와 중요성을 알아보고 촉진활동에 적용하기 위한 구체적 활용방법들에 대하여 설명한다.

01 판매촉진

마케터는 광고, 인적판매, PR 등과 함께 촉진효과를 높이기 위해 판매촉진을 사용할 수 있다. 판매촉진은 가격을 인하하거나 가치를 높이든지 하는 단기적인 인센티브를 통해 소비자나 유통경로 구성원들이 제품이나 서비스를 즉시 구매할 수 있도록 동기부여하는 마케팅커뮤니케이션 활동이다. 즉, 판매촉진은 중간상과 최종 소비자들이 자사제품을 구매하도록 유인하기 위해, 그리고 영업사원들이 자사제품을 적극적으로 판매하도록 동기부여를 할 목적으로 제공되는 다양한 인센티브를 제공하는 것이다. 일반적으로 기업이 활용하고 있는 광고, 판매촉진, 인적판매, PR 등으로 구성되는 촉진믹스 중에서 차지하는 비중이 가장 높고 익숙한 것은 광고이다.

광고는 소비자들에게 어떤 제품을 구매해야 하는지 그 이유를 제공해 브랜드인지도 창출과 호의적 상표태도를 형성하는 것이지만, 판매촉진은 즉각적인 매출증대를 위해 중간상, 소비자, 판매원들을 대상으로 어떤 제품을 구매하도록 다양한 인센티브를 제공하는 것이다. 두 가지 촉진요소 모두가 중요하지만 판매촉진은 광고비에 비해 훨씬 더 싸고 효과측정하기도 용이하다. 특히 소비재를 생산하는 기업에서는 촉진예산의 절반이상의 상당한 비중을 판매촉진활동에 사용하는 기업들이 많을 정도로 판매촉진이 통합적 마케팅커뮤니케이션 프로그램에서 차지하는 전략적 중요성은 점점 더 커지고 있다.

1.1 판매촉진의 목적과 효과

기업은 판매촉진활동 프로그램을 계획하는 경우에 이를 통해 달성하고자 하는 목표를 결정하고 광고, 인적판매, PR 등의 다른 촉진수단들과 상호작용을 고려해야 한다. 여러 가지 촉진수단들이 동일한 목적을 달성하기 위해 사용되는 것은 아니기 때문에, 마케터는 상황분석을 토대로 각 촉진수단들의 목적과 역할을 구체적으로 결정해야 한다.

1. 판매촉진의 목적

판매촉진(sales promotion)은 편의상 줄여서 '판촉'이라고 줄여서 부르는 경우가 많은데, 일반적으로 소비자의 구매동기를 직접 자극하여 즉각적으로 제품과 서비스에 대한 구매를 유인하거나, 유통경로에 참여하는 중간상을 지원하거나 또는 자극하여 마케팅활동의 효율성을 높이는 활동으로 대부분 단기적 수단으로 활용된다.

판매촉진은 소비자들의 태도보다는 구매행동에 더 큰 영향을 미치기 위해 좋은 수단이라고 할 수 있다. 판매촉진의 형태에 상관없이 판매촉진의 목표는 중간상이나 최종 소비자들에게 즉각적인 구매행동을 유발하는 것에 있다고 할 수 있다. 그래서 표적고객을 위한 판매촉진캠페인 프로그램은 그들의 일반적인 행동에 따라 계획하는 것이 더 의미가 있다고 할 수 있다. 예를 들면, 신제품에 대한 시험구매를 유도하는 것이냐 혹은 기존 제품에 대한 재구매를 유도하는 것이냐, 자사제품의 충성고객이냐, 경쟁사 제품의 충성고객이냐 등에 따라 달라질 것이며, 경쟁사 제품을 구매한 고객에게 자사 브랜드로 전환할 것인지 등에 따라 판매촉진방법이 달라져야 할 것이다.

판매촉진은 다양한 상황에 따라 유용하게 사용될 수 있는데, 판촉의 일반적인 사용목적은 다음과 같다.

① **신제품의 시험구매 자극과 재구매(repurchase)유도** : 신제품이 시장에 처음 출시되면, 소비자들은 제품과 관련된 여러 가지 지각된 위험으로 인해 수용과 확산이 느린 경우가 많다. 이런 점을 극복하기 위한 방법으로 마케터는 흔히 광고나 판매촉진을 고려해 볼 수 있다. 그런데 광고는 인지도를 높이고 초기반응을 야기시킬 수는 있겠지만, 실제행동을 유도하기는 어려운 점이 많다. 그래서 즉각적인 행동으로 유도하기 위해서는 무료샘플, 쿠폰제공 등과 같은 판매촉진수단들을 이용하여 소비자의 시용을 촉진하고, 시용을 경험한 소비자들을 구매나 혹은 재구매로 연결시키기 위해 판촉이 중요한 역할을 수행할 수 있다.

② **기존 브랜드에 대한 구매량 증대** : 기존 브랜드는 신규브랜드와 달리 제품에 대한 인지도나 태도가 높게 형성되어 있고 대부분의 소비자들이 사용경험도 갖고 있는 상태이기 때문에 광고만으로 구매량을 증가시키기에는 한계가 있을 수 있다. 이런 상황에서 판매촉진은 소비자의 관심을 끌고 매출액을 높이거나 시장점유율을 유지하는데 효과적일 것이다. 일반적으로 기존 브랜드에 대한 구매량을 증대시키기 위해서는 자사제품 비사용자나 경쟁브랜드 사용자를 유도하는데 샘플이나 쿠폰제공, 가격할인, 보너스 팩 등의 판매촉진수단들을 활용하는 것이 효과적일 것이다.

③ **기존의 고객유지** : 시장의 경쟁이 치열해지고 있는 상황에서 신규고객을 새로 끌어들이고 확보하는 것도 필요하지만 기존의 자사고객이 타사에 이탈되는 것을 방지하고 유지시키는 것이 무엇보다 중요하다고 할 수 있다. 자사제품에 대한 충성도가 낮은 소비자는 물론이고 충성도가 높은 소비자일지라도 지속적으로 고객관리를 통해 자사고객으로 유지할 필요가 있다. 이런 시장상황에서 가격할인, 쿠폰, 보너스 팩 등의 판

광고 14-1 **판촉행사 : 오비맥주의 카스세트, 오리온의 정 파이세트, 롯데제과 과자여행세트**

촉수단들은 소비자들의 대량구매를 통해 구매량을 증진시키고 자사고객을 유지시키는데 효과적일 수 있다.

④ **자사제품의 거래활성화** : 자사에서 제공하는 제품을 많이 취급해서 판매하고, 많은 재고량을 유지하며, 보다 넓은 진열공간에 자사제품을 진열하게 하기 위해 중간상을 대상으로 하는 다양한 판매촉진수단들이 필요할 것이다. 특히 신제품인 경우에는 인지도가 낮기 때문에 중간상들이 취급하는 것을 꺼릴 수 있는데, 이런 상황에서는 거래를 촉진시키기 위해서는 마진폭을 크게 준다든지, 구매공제나 상품공제, 광고공제 등의 인센티브를 줄 수 있는 판매촉진수단이 있어야 할 것이다. 판매원들에게는 기존 제품이나 신제품판매에 보다 많은 노력을 기울이도록 하거나, 새로운 거래점을 찾아 판매를 확대하도록 하기 위해 판촉수단이 필요할 것이다.

이와 같이 판매촉진은 사용목적에 따라 다양한 판촉수단들을 활용할 수 있을 것이다. 그러나 이러한 판매촉진은 일반적으로 광고와 달리 장기간에 걸쳐 소비자의 선호도와 브랜드 충성도를 끌어내기가 어렵다. 판촉고유의 목적은 단기적인 판매효과를 높이는데 있기 때문에 장기적으로 이용하게 되면 그 효과는 지속되기 어렵다. 예를 들면, 기업이 가격할인을 장기적으로 실시하게 되면 브랜드이미지가 나빠져서 그 브랜드를 저가의 싸구려 제품으로 인식할 가능성이 높아질 수 있다. 그리고 샘플이나 쿠폰제공, 보너스 팩 등의 판촉수단을 장기적으로 활용하는 경우에도 신규고객뿐만 아니라 정상적으로 구매할 기존 고객조차도 판촉행사 기간에 의존해서 구매하려는 성향이 높아질 것이다.

2. 판매촉진의 효과

판촉수단이 여러 가지이기 때문에 어떤 판촉수단을 사용하는가에 따라 기대효과는 다를 수있다는 것이다. 판매촉진의 효과는 그 목적과 수단에 따라 다양한 긍정적인 효과를 달성할 수도 있지만, 반면에 부정적인 효과를 초래하기도 한다.

긍정적인 측면으로는 자사제품에 대한 신규고객에게 시험구매를 유발하고, 기존 고객에게 판촉기간 내 묶음판매 같은 것으로 구매량을 증가시켜 매출액을 증가시킬 수 있다. 그리고 광고와 달리 재정적인 부담이 적어 자금이 부족한 경우에도 상황변화에 따라 촉진예산을 신축적으로 활용할 수 있다. 판촉은 중간상들에게도 효과적인 수단으로 미리 대량구매를 유도해서 중간상들이 재고량처리를 위해 더 적극적으로 판매노력을 기울이게 할 수 있다.

반면에 판매촉진은 가격할인, 보너스 팩 등과 같이 추가적인 제품이나 물품제공을 통해 부가적 이익을 주는 것이 소비자들에게 일관성 있는 거래가 아니기 때문에 판매촉진을 행하지 않는 브랜드에 비하여 가격이나 브랜드이미지, 제품품질 자체에 대한 신뢰도를 낮추는 부정적인 측면이 유발될 수 있다. 즉 빈번한 판촉행사로 인해 가격에 민감해 판촉없이는 구매하지 않으려는 소비자태도가 형성될 수 있어 장기적으로는 브랜드이미지나 애호도, 브랜드자산(brand equity) 가치를 감소시킬 수 있는 단점이 있다.

중간상을 대상으로 하는 판촉의 경우에는 판촉을 자주하게 되면 습관화가 되어 판촉이 없으면 잘 움직이지 않으려는 태도가 나타날 수 있으며, 지나치게 사전구매(forward buying)를 많이 할 경우에는 과잉재고를 처분하기 위해 암시장(black market)에 내다파는 비정상적인 거래로 시장의 질서를 교란할 수도 있다.

1.2 판매촉진의 대상과 유형

판매촉진프로그램은 표적고객을 어디에 두고 누구를 대상으로 하느냐에 따라 다양한 판매촉진수단 중에서 그 선택이 달라질 수 있다. 그러므로 마케터는 판매촉진활동의 대상을 구분하고, 각 판매촉진수단들의 내용과 특성을 파악하고 있어야 한다.

1. 판매촉진의 대상

판매촉진활동은 그 대상자를 최종 소비자와 중간상으로 나누어 볼 수 있다. 그러나 소비자를 대상으로 하는 판촉의 비중이 매우 클뿐만 아니라 중간상을 대상으로 하는 판매촉진활동도 궁극적으로는 최종 소비자에 대한 촉진을 최종목적으로 하는 경우가 많다. 그래서 판매촉진 프로그램을 수행할 때 주요 타겟으로 하고 있는 최종 소비자의 특성을 파악하고, 그에 따른 판매촉진전략을 이해하는 것이 우선되어야 할 것이다.

판매촉진에서는 〈표 14-1〉과 같이 소비자를 자사브랜드 충성고객, 경쟁브랜드 소비자, 브랜드전환자, 가격민감 소비자로 구분할 수 있다.

① 자사브랜드 충성고객

자사브랜드 충성고객(loyal customers)은 자사브랜드에 애호도가 높아 자사의 제품과 서비스를 지속적으로 이용하는 고객들을 말한다. 이런 고객들에게는 현재의 브랜드애호도를 지속적으로 유지하면서 브랜드이미지와 태도를 더욱 강화시키고 소비자의 구매행동을 촉진시켜야 할 것이다. 충성고객들이 전체 구매량 중에서 현재보다 구매비율을 높이기 위해

표 14-1 소비자의 유형과 판매촉진

소비자의 유형	판매촉진 목표	판매촉진수단
자사브랜드 충성고객	브랜드이미지와 태도 더욱 강화, 더 많은 수량 구매촉진, 구매시기 변경, 자사의 다른 제품 구매 유도	브랜드애호도가 높기 때문에 로얄티프로그램, 경연과 경품, 이벤트, 보너스 팩, 프리미엄 보상판매 등을 통한 구매행동 직접유발
경쟁브랜드 소비자	경쟁브랜드 충성도 훼손, 자사제품 사용, 자사제품으로 전환 설득	경쟁브랜드 애호도가 높기 때문에 샘플 제공, 가격할인, 할인쿠폰, 보너스 팩, POP디스플레이 등을 통한 브랜드 전환 유도
브랜드전환자	브랜드전환자의 자사제품 구매증가	가격할인, 할인쿠폰, POP디스플레이, 경품, 쿠폰, 보너스 팩, 프리미엄 등을 통한 브랜드 전환 유도
가격민감 소비자	가격민감도 낮추기 가격할인과 부가가치 제공	가격할인, 할인쿠폰, 리베이트 등으로 가격 민감도 줄임

구매시기를 변경하거나 더 많은 수량을 구매하게 하는 판매촉진노력이 필요하다. 이를 위해서 일반적으로 활용하는 판매촉진수단은 로얄티프로그램, 보너스 팩, 프리미엄 제공, 보상판매 등의 방법이 있다.

② 경쟁브랜드 소비자

경쟁브랜드 소비자(competitor's customers)는 자사의 제품을 구매하기보다는 경쟁업체의 브랜드를 선호하고 충성도가 높은 소비자들을 말하며, 그 충성도의 수준을 낮추거나 소멸하기 위한 노력이 필요하다. 이런 소비자들에게 광고를 통한 이미지나 정보전달만으로 설득하기는 매우 어려우므로 자사제품을 한 번 사용해 보고 경험하게 하는 시용을 유도하는 것이 효과적이다. 그래서 가장 많이 이용하는 판매촉진방법은 샘플제공으로 자사제품의 우월성을 경험하게 하는 것이다. 이 밖에도 가격할인이나 할인쿠폰, 경품, 보너스 팩, 경연, POP디스플레이 등의 방법을 사용한다.

③ 브랜드전환자

브랜드전환자(brand switchers)는 특정 브랜드를 고집하지 않고 구매시점마다 자주 브랜드를 바꾸어가며 구매하는 소비자를 말한다. 이런 소비자들은 특정 브랜드에 대한 충성도가 매우 낮으므로 구매시점에서의 자사제품 구매를 증가시키기 위해 충동구매를 유인하는 방법을 활용해야 한다. 이를 위해서 가격할인과 연관되는 판매촉진이 비교적 효과적이고 할인쿠폰, 보너스 팩, 프리미엄, 경품, POP디스플레이 등의 방법을 이용할 수 있다.

④ 가격민감 소비자

가격민감 소비자(price buyers)는 가격에 대한 민감도가 매우 높은 소비자들로 부가가치를 높여 상대적으로 가격 민감도를 낮추거나 가격할인방법을 활용할 수 있다. 이런 소비자들에게는 가격할인, 할인쿠폰, 리베이트 등의 판매촉진방법을 실시할 수 있다.

2. 판매촉진의 유형

판매촉진의 유형은 [그림 14-1]과 같이, 흔히 판매촉진의 대상자를 기준으로 소비자를 대상으로 하는 소비자 판매촉진과 도매상이나 소매상을 대상으로 하는 중간상 판매촉진, 그리고 제조업체가 직접 고용한 판매원을 대상으로 하는 판매원 판매촉진으로 분류된다.

소비자 판매촉진(consumer sales promotion)은 제조업자가 직접 최종 소비자를 대상으로 자사제품 구매를 촉진하기 위해 여러 가지 인센티브를 제공하는 것을 말한다. 이러한 촉진방법에는 무료샘플, 쿠폰, 프리미엄, 리베이트, 콘테스트, 경품, 보너스 팩, 가격할인, 이벤트 후원 등이 포함된다.

중간상 판매촉진(trade sales promotion)은 제조업자가 도매상이나 소매상 같은 중간상을 대상으로 자사제품을 많이 취급하도록 동기부여를 하기 위해 인센티브를 제공하는 것을 말한다. 이러한 촉진방법에는 중간상 할인, 중간상 콘테스트, 인센티브 제공, POP디스플레이, 판매원 훈련 프로그램, 공동광고, 박람회 등이 포함된다.

그림 14-1 판매촉진의 유형

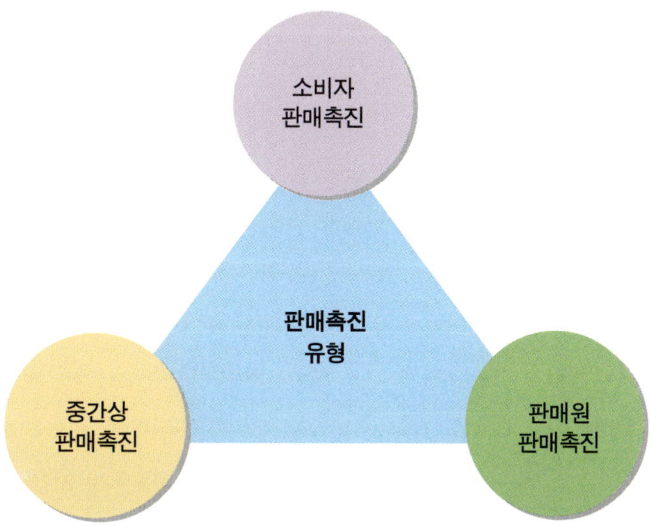

판매원 판매촉진(salesforce sales promotion)은 판매원들을 대상으로 동기부여시키는 프로그램의 일부로 적극적인 판매원활동을 위해 인센티브를 제공하는 것을 말한다. 판매원을 대상으로 흔히 단기매출액 달성을 목표로 실적에 따라 평가해서 시상을 하는 경우가 많은데, 주로 '이달의 판매원' 상이나 현금보상, 그리고 추가적으로 해외여행 티켓을 제공한다든지 하는 혜택을 줄 수도 있다. 이런 촉진방법은 단발성으로 하는 것은 상당한 효과를 줄 수 있지만, 장기적으로 지속될 경우에 판매원들이 장기적인 관계형성보다는 단기적인 매출액에 연연하게 하는 문제를 내포하고 있다.

1.3 판매촉진의 수단들

판매촉진의 수단들과 관련된 촉진프로그램을 수립하기 위해서는 해당 제품이 속해 있는 시장의 형태, 판매촉진의 목표, 시장의 경쟁상황, 각 수단들의 비용과 효과 등을 검토해 볼 필요가 있다. 판매촉진의 수단에는 소비자와 중간상, 판매원 등 누구를 대상으로 하느냐에 따라 여러 가지 다양한 판매촉진수단들이 있다. 하지만 판매원 대상 판매촉진은 단순하기 때문에 주로 소비자 판매촉진과 중간상 판매촉진을 중심으로 각 촉진수단들의 내용과 구체적인 방법을 설명할 것이다.

1. 소비자 판매촉진

소비자를 대상으로 하는 판매촉진의 수단에는 가격할인, 쿠폰, 리베이트, 보너스 팩, 샘플, 프리미엄, 경연과 경품, 로열티 프로그램, POP디스플레이, 시연회 등의 방법이 있다. 판매촉진의 방법들은 대체로 가격할인, 쿠폰, 리베이트, 보너스 팩 등의 가격수단으로 하는 방법과 프리미엄, 샘플, 경연과 경품, 로열티 프로그램, POP디스플레이, 시연회 등의 비가격수단으로 하는 방법이 있다. 그래서 마케터는 각 판매촉진수단들의 전략적 의미와 내용을 파악하고, 주어진 환경에서 가장 적절한 판매촉진수단들을 선택하고 적용해야 한다.

(1) 가격할인

가격할인(price-offs)은 일정기간 동안 정상가격에서 일정비율로 할인해서 판매촉진행사를 하는 것을 의미한다. 흔히 백화점 정기세일이나 고급음식점의 런치메뉴 등은 일상적으로 많이 접하는 가격할인 형태로 소비자들에게 가장 직접적으로 영향을 줄 수 있는 판촉수단이다. 가격할인은 즉각적인 구매를 자극해 단기매출을 증진시키는데 큰 영향을 미치는 수단이지만 장기적으로 빈번하게 할인하는 경우에 정상가격에 대한 신뢰가 깨질 수 있고 브랜드이미지에 부정적으로 작용할 수 있다.

(2) 쿠 폰

쿠폰(coupon)은 제품구매 시에 쿠폰을 소지한 소비자에게 쿠폰에 제시된 내용에 따라 가격할인, 현금적립, 선물제공의 혜택을 주는 판매촉진수단이며, 할인쿠폰(discount coupon)이 가장 일반적으로 쓰인다. 쿠폰은 소매업자없이 가격인하 효과를 높일 수 있으며, 신제품의 시용과 반복구매를 유발하거나 경쟁자의 고객을 유인하는 목적으로도 활용된다. 쿠폰은 직접우편으로 전달하는 방식, 제품의 포장에 인쇄(on-pack coupons)하거나 포장 안에 동봉(in-pack coupons)하는 방식, 신문에 삽입방식, 신문이나 잡지 · 전단지에 인쇄하는 방식 등의 다양한 형태로 배포된다. 최근 정보통신의 발전으로 인터넷이나 휴대폰 등을 통해 온라인쇼핑이 대중화되면서 전자쿠폰이나 모바일쿠폰의 종류가 다양해지고 있으며, 소비자들은 가정이나 사무실에서 쿠폰을 인쇄하여 사용하는 경우도 있다.

쿠폰은 판매촉진의 목적과 상황에 맞는 소비자들에게만 비교적 정확하게 배포할 수 있으며, 상표애호도가 낮고 가격민감도가 높은 제품인 경우에 쿠폰을 통해 시용구매를 자극하고 반복구매를 자극할 수 있다는 장점을 갖고 있다. 하지만 쿠폰을 통한 판매촉진에 있어서 단점으로는 실제로 쿠폰을 사용해 제품을 구매하는 상환비율이 매우 낮은 편이며, 회수기간이 평균 2개월에서 6개월로 비교적 길고, 기존 고객들의 쿠폰사용률이 높으면 이익감

광고 14-2 쿠폰제공 : CU 편의점, 폴 바셋, KFC

소효과가 나타날 수 있다. 그리고 쿠폰발행 비용이 비교적 높고, 소비자들이 사용해야 할 쿠폰을 소매상들이 수집해서 사용하는 허위쿠폰 사용가능성이 높을 때 쿠폰사용효과가 낮아 질 수 있다.

(3) 리베이트

리베이트(rebate)는 소비자가 제품을 구매한 영수증을 제시하면 제품가격의 일부를 현금으로 환급해주는 판매촉진수단이다. 일반적으로 컴퓨터 · 자동차 등의 내구재, 건강용품 · 핸드폰 등과 같이 비교적 고가제품에 마진이 큰 경우는 리베이트를 통해 혜택을 받을 수 있지만, 편의품과 같이 비교적 저가제품인 경우는 구매증빙자료를 보관하거나 우편발송절차 등의 번거로움 때문에 리베이트 청구비율이 낮다. 리베이트는 소비자들의 반복구매, 다량구매, 조기구매를 유인하거나 경쟁업체의 고객들을 자사로 브랜드전환시킬 목적으로 이용된다. 그리고 리베이트는 소비자가 제품을 구매하고 계산할 때 제시하는 쿠폰과 달리, 구매했다는 증빙자료를 제조업체에 보내어 현금으로 돌려받는 것이기 때문에 가격할인이 구매 후 일정기간이 지난 후에 발생한다. 그래서 리베이트는 구매시점에서 소비자에게 현금을 돌려주지 않는다는 점에서 리펀드(refund)와는 다르다.

(4) 보너스 팩

보너스 팩(bonus packs)은 큰 용기에 제품을 담거나 추가로 더 많은 수량이나 용량을 담아 정상가격으로 제공하거나 여러 개의 연관제품을 한 세트로 포장해서 저가로 판매하는 판촉수단을 말한다. 흔히 비누 · 치약 · 칫솔 · 샴푸 · 면도기 등의 여행용 세면도구들을 한 세트에 포장하여 저렴하게 판매하거나, 샴푸 · 라면 · 비누 등을 묶음포장해서 싼값으로 판매하는 경우가 이에 해당된다. 보너스 팩은 쿠폰이나 리베이트 사용 시에 있을 수 있는 번잡함이 없이 소비자들에게 즉각적인 가격인하효과로 추가적인 가치를 제공한다. 그리고 기존 사용자들에게 다량구매, 조기구매를 유도함으로써 경쟁사의 판촉노력에 반응할 가능성을 사전에 차단시킬 수 있다. 보너스 팩은 가격이 저렴하며 빨리 소모되고 자주 구매하는 제품에 적용하기 쉬운 판매촉진수단이다.

(5) 프리미엄

프리미엄(premium)은 일정기간에 자사의 제품이나 서비스를 구매하는 고객들에게 사은행사로 추가적으로 제공하는 사은품이나 기념품을 말한다. 프리미엄은 자사제품을 구매한 고객에게 추가적으로 다른 제품을 무료로 제공하거나 저렴한 가격으로 구입할 수 있는 기회를 제공하기 때문에 지나친 가격인하경쟁을 피하는데 효과적이다. 프리미엄은 감사의 뜻을 담은 기념품이라는 명목으로 제공되는 경우가 많아 시용구매를 창출하고, 기업과 제품의 이미지를 개선하여 호의적 태도를 형성하며, 브랜드에 대한 충성도를 높이는 긍정적 효과를 가져준다. 프리미엄은 선물을 무료로 제공하거나, 저렴한 가격으로 제품을 구매할 수 있는 할인쿠폰과 함께 사용되기도 하고, 다양한 종류의 기념품으로 제공되기도 한다. 이때의 기념품에는 판매촉진을 행하는 기업의 로고(logo), 브랜드명이 새겨진 기념품, 문구류, 열쇠고리, 컵, 위생용품 등 여러 가지가 활용된다.

프리미엄은 제공방식에 따라 무료프리미엄, 소비자부담 프리미엄, 소개식 프리미엄 등으로 구분된다.

① **무료프리미엄**(free premiums) : 특정 제품을 구매하면 다른 제품을 무료로 제공받는 사은행사로 내구재나 생필품 등에서 이용된다. 예를 들면, 주로 백화점에서 일정금액 이상 구매고객에게 별도의 선물을 제공하는 이벤트행사로 자주 이용되기도 한다. 무료프리미엄에는 해당제품을 구매한 구매영수증을 우편으로 보내면 무료로 소형선물이나 상품을 제공하는 우편프리미엄(mail-in premium)과 제품포장에 삽입되거나 포장에 부착하거나 동봉하는 방식으로 사은품을 제공하는 패키지프리미엄(in/on-pack premium)이 있다. 이와 같이 패키지에 포함된 무료프리미엄은 충동구매를 자극할 만큼의 가치기 있는 것으로 제품구매를 위한 추가적인 인센티브 역할을 한다. 그러나 프리미엄 자체비용이나 추가포장비 등 비용문제가 야기될 수 있으며, 빈약한 프리미엄을 제공하는 경우는 브랜드이미지가 실추될 수 있어 득보다 실이 많을 수 있다.

② **소비자부담 프리미엄**(self-liquidating premiums) : 자사제품을 구매한 소비자들이 프리미엄의 일부 혹은 전체비용에 우편비용과 처리비용을 부담하는 것을 말한다. 소비자부담 프리미엄은 소비자들이 구매증빙자료를 자사에 보내면 소매가격보다 저렴한 가격의 특정 제품을 우편으로 보내는 방식으로 소비자들이 자사상표에 대한 관심을 높이고 상표이미지 강화에 도움을 주는 장점이 있다. 하지만 프리미엄 소유과정 상의 불편함으로 인해 이용률이 매우 낮은 단점도 가지고 있다.

③ **소개식 프리미엄**(referral premiums) : 자사의 제품이나 서비스를 신규소비자에게 소개시켜주는 고객에게 제공하는 프리미엄을 말한다. 최근 은행이나 증권회사 등에서 기존 고객이 소개해서 신규고객이 금융상품에 가입하면 금리혜택과 선물을 제공하는 행사를 벌인 것이 이에 해당된다.

(6) 샘 플

샘플(sample)은 잠재고객들이 구매결정을 하기 전에 시용(trial)해 볼 수 있는 기회를 제공해주기 위해서 제품을 소량으로 포장하여 무료로 소비자들에게 배포하는 것을 말한다. 샘플은 다양한 방법으로 고객들에게 제공되며, 신제품도입 시에 효과적인 방법이지만 비용이 많이 드는 단점이 있다. 신제품의 경우에는 소비자들이 경험이나 정보가 부족하여 느끼는 지각된 위험을 줄여주고 해소시켜 주기 위한 방법으로 샘플을 배포하고 시용하여 제품에 대한 신뢰를 갖도록 할 수 있다.

샘플은 단위당 원가가 낮아서 샘플제작 원가가 저렴하고, 샘플을 통해 제품의 특성이나 편익을 효과적으로 전달이 가능하며, 제품의 구매주기가 짧아 즉각적인 구매를 유도할 가능성이 높을 때 효과적인 판매촉진수단이다. 주로 음료수, 식품, 화장품, 생활용품 등의 제품들은 광고를 통해 제품특성의 차이를 정확하게 전달하기 어렵기 때문에 샘플을 통해 직접 사용경험을 제공하는 것이 효과적이다. 반면에 제품의 특성상 뚜렷한 편익을 제공하기 어렵거나 제품의 효과가 짧은 기간에 확인이 어려운 경우에는 샘플을 통해 판매촉진이 어려울 수 있다. 예를 들면, 화장품 중에서도 주름살 제거용인 기능성 화장품인 경우에는 한두번 샘플사용으로 그 효과를 확인하기가 어렵기 때문에 샘플을 통한 판매촉진수단은 비효과적일 수 있다.

샘플을 배포하는 방법에는 주로 직접 가정에 배달하는 방법, 우편을 통한 방법, 점포에서 나누어 주는 방법, 제품포장에 부착하는 방법 등이 있다. 그리고 이벤트행사로 길거리에서 나누어 주기도 하고, 특별가격으로 기존 제품을 구매할 때 신제품과 함께 제공하는

광고 14-3 CHANNEL, DIOR, 한율의 샘플 이벤트

디올 뷰티 카카오 채널 팬들을 위한
단독 샘플링 이벤트와 혜택

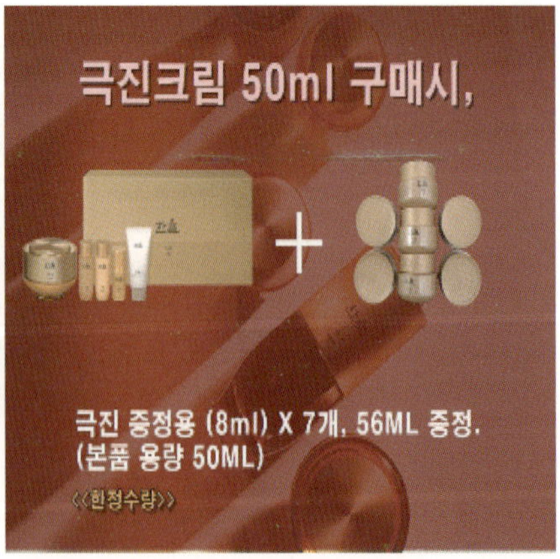

묶음판매형태로 제공되기도 한다.

(7) 경연과 경품

경연과 경품은 모두 현금이나 상품, 여행권 등을 소비자에게 사은품으로 제공한다는 점에서 동일하지만 실행방법에서는 약간의 차이가 있다.

경연(contest)은 사은품을 받기 위해 기업에서 주관하는 행사에 참여해서 원하는 규칙에 따라 설문지 및 고객카드작성, 사진, 비디오제작 등을 수행해야 한다. 경연은 참가한 소비자가 자신의 능력, 재주, 솜씨, 지식, 기술 등을 보여 다른 참가들과 경쟁을 통해 선정이 되면 상품이나 보상을 제공하는 것을 말한다. 예를 들어, 신제품의 브랜드네임이나 광고아이디어를 공모하거나, 제품이나 서비스를 사용한 경험이나 수기공모 등이 대표적이다.

경품(sweepstake)은 경연과 유사하지만 상품과 상금이 제품구매여부와 상관없이 누구나 참여할 수 있으며, 대부분 추첨에 의해 진행되므로 당첨자가 순전히 운에 의해 결정되는 소비자 판매촉진수단이다. 소비자가 별로 노력을 기울이지 않고도 참여할 수 있다는 장점 때문에 소비자들을 참여시키기가 용이하므로 마케터들은 경연보다 이 방법을 훨씬 더 선호한다. 다른 판촉수단에 비해 비용이 저렴하고 실행이 단순하여 흔히 이용하는 방법 중의 하나이다. 그리고 경품은 카드를 동전 등으로 긁어서 당첨여부를 확인하는 스크래치카드(scratch card)를 이용하거나 음료수의 병뚜껑속에 일정한 표시를 하는 방법과 인터넷추첨 등이 활용되기도 한다. 그러나 경연과 경품행사는 행사자체를 위한 비용이나 행사를 알리는 광고비지출로 비용부담이 크며, 소매상 등이 행사에 적극적으로 참여하고 지원해야만

광고 14-4 KB 국민은행과 요기요, K쇼핑 경품행사

성공적인 결과를 얻을 수 있다는 단점이 있다.

(8) 로열티 프로그램

로열티 프로그램(loyalty program)은 오랜 기간에 걸쳐 다량의 제품을 구매한 자사고객들에게 프리미엄 또는 차별화된 다른 혜택을 제공하는 것으로 고정고객 우대프로그램(patronage awards)이라고도 한다. 이것은 자주 구매하는 고객들을 대상으로 구매금액이나 구매량에 비례하여 마일리지나 포인트를 적립해 주고, 고객은 누적된 마일리지나 포인트를 이용해 가격을 할인받거나 다른 제품을 구매할 수 있게 하는 판매촉진방법이다. 로열티 프로그램의 대표적인 사례로는 항공사, 이동통신사, 인터넷쇼핑몰, 신용카드사 등의 마일리지나 포인트적립제도가 있으며, 최근에는 동네의 대형마트나 슈퍼마켓, 카페, 미용실 등에서도 적극적으로 활용하고 있다. 로열티 프로그램은 반복구매를 유도하여 소비자의 충성도를 높이기 위한 보상제도라고 할 수 있으며, 고객과의 관계형성을 강화해주는 역할로 경쟁사 제품으로 전환하는 것을 막아주는 효과를 갖는다. 로열티 프로그램은 반복구매에 대한 보상의 폭이 큰 경우가 많아 비교적 고가의 제품이나 서비스에 적용되는 경향이 있다.

(9) POP디스플레이

POP디스플레이(point-of-purchase displays)는 점포 내에서 소비자들이 구매하는 구매시점에서 소비자들의 주목을 끌기 위해 판매촉진하는 제품을 눈에 잘 띄게 진열하는 방식을 말한다. POP디스플레이는 구매시점에서 소비자들의 오감을 자극하거나 주의를 끌어서 소비자들의 구매심리를 자극하고 상품구매를 유도하여 경쟁제품보다 더 많은 매출이 일어나게 하고 충동구매를 유발하는 것이다. POP디스플레이는 제품의 진열대와 선반, 각종 장식, 포스터 등의 인쇄물, 사진, 쇼핑카트, TV모니터, 터치스크린(touch screen), 전자단말기인 쌍방향 키오스크(Interactive Kiosk) 등을 포함한다. 소비자들이 구매하는 시점에서 소비자들의 주의를 끌고 제품관련 정보를 적절히 제공하는 POP디스플레이는 소매상과의 협조와 지원이 있어야 효과를 볼 수 있는 방법이다.

(10) 시연회

시연회(demonstration)는 소비자들을 초청하여 참여시킨 상황에서 제품의 주요 용도와 중요한 특징, 사용법 등을 소비자에게 직접 보여주거나 직접 사용해 보게 함으로써 신상품이나 특정 제품에 대해 소비자가 지각하는 구매위험 및 인지적 위험을 감소시키는 역할을 한다. 시연회는 샘플을 제작하여 소비자들에게 배포할 수 없는 전문품, 고가격의 제품, 기술적으로 상세한 사용법이 필요한 제품 등에 적합하며, 각종 전시회나 제품발표회를 통해 구매의욕을 자극하기도 한다. 시연회는 점포내부에서 행하는 점내시연회, 점포앞 전면부에서의 점두시연회, 소비자가정에서 하는 가정방문시연회 등도 있다. 점내시연회와 점두시연회는 시연장소에서 직접적인 판매가 이루어지는 효과를 거두기도 한다.

2. 중간상 판매촉진

중간상 판매촉진(trade sales promotions)은 제조업체가 중간상인 도매상이나 소매상과 같은 유통업체를 대상으로 자사의 제품이나 서비스에 대한 거래량, 거래액, 거래규모 등을 증대시키거나 신규거래를 하기 위해 제공하는 판매촉진활동을 말한다. 중간상 판매촉진은 중간상이 촉진하는 제품을 할인이나 광고하면서 매장의 좋은 위치에 진열하도록 판매활동을 독려하기 위한 촉진수단이다. 중간상 판매촉진에는 소비자 판촉수단과 유사한 샘플, 가격할인, 리베이트, 경품 및 경연, 프리미엄 제공 등을 사용하기도 하지만, 중간상공제, 광고보조금과 진열수당, 판촉물제공 및 판매원 파견 등이 활용된다.

(1) 중간상 공제

중간상 공제(trade allowances)는 중간상들이 제조업체의 제품을 취급해주거나, 대량구매, 광고, POP 디스플레이 등을 해주는 대가로 상품대금의 일부를 공제해주거나 별도로 현금을 지불하는 것을 말한다. 중간상공제에는 구매공제, 입점공제, 광고와 촉진공제, 진열공제 등이 있다.

① **구매공제**(buying allowances) : 제조업체가 일정기간 동안에 자사제품을 일정수량 이상으로 구매하는 중간상들에게 구매금액의 일부를 공제해 주거나 일정비율의 제품을 무료로 제공하는 것이다. 이는 소비자를 대상으로 하는 가격할인과 유사한 것으로, 제조업체가 중간상들의 다량구매, 신상품구매 등을 유도하기 위해 주로 이용하는 판촉수단이다.

② **입점공제**(slotting allowances) : 중간상들이 신제품의 공급망, 창고공간, 진열공간 등의 확보를 위해 신제품을 취급해주는 대가로 제조업체가 제품대금의 일부를 공제해주는 것을 말한다. 이는 신제품에 대한 시장의 반응을 모르는 상태에서 취급상 일어날 수 있는 위험에 대한 일종의 보상금 형태이다.

③ **광고와 촉진공제**(advertising and promotional allowances) : 중간상이 제조업체를 대신하여 실시하는 광고나 판매촉진활동에 대해 지불하는 지원금이다.

④ **진열공제**(display allowances) : 중간상이 점포 내에서 자사상품을 일정기간 동안에 특별히 눈에 잘 띄게 진열해 주거나, 특별코너를 제공해주는 대가로 제조업체가 제품 대금의 일부를 공제해주는 것을 말한다.

이러한 중간상 공제는 제조업체가 중간상들에게 가격할인해준 만큼 소비자가격이 낮아지지 않는 경우가 많고 중간상들이 자신들의 마진을 크게 높이는 결과를 초래할 수 있는 단점이 있다. 그리고 구매공제 같은 경우에는 중간상들이 공제받기 위해 필요한 시기보다 먼저 대량으로 주문하는 사전구매(forward buying)현상으로 주문량이 특정 시기에 집중적으로 몰리는 문제를 발생시키기도 한다.

(2) 대금지불조건 완화와 판매장려금

제조업체가 중간상들에게 외상기간 연장이나 기일내 대금지불하면 할인 해주는 등 대금지불조건을 완화 해주는 것을 말한다. 이는 인센티브를 이용하여 중간상들이 재고량을 조기확보하거나 절약된 금액으로 더 많은 제품을 구매하도록 유도하는 판매촉진수단이다. 그리고 판매장려금은 제조업체가 대리점이나 중간상들에게 판매목표를 부여하고 초과달성할 경우 지원 해주는 장려금이다.

광고 14-5 각종 행사용 판촉물

(3) 판촉물제공 및 판매원 파견

판촉물제공은 제조업체들이 자사의 브랜드명이나 로고 등이 부착된 펜, 달력, 시계, 메모지 등의 판촉물을 중간상에게 무료로 배포하고, 중간상이 이 판촉물을 이용하여 판매량을 늘리도록 하는 방법이다.

판매원파견은 백화점이나 대형마트 같은 유통점에 제조업체의 직원들을 파견시켜 일상적 판매활동을 지원하거나 일시적인 판매촉진행사를 지원하는 것을 말한다. 이는 중간상과의 관계를 우호적으로 하는 효과가 있으며, 제품에 대한 소비자들의 반응을 직접 확인하고 관련 정보를 수집할 수 있는 장점이 있다.

02 PR

PR은 촉진믹스 요소들 중에서 광고와 가장 유사한 기능을 수행하고 있으며, 기업과 다양한 이해관계자 간에 호의적인 관계를 구축하는데 이용되는 마케팅커뮤니케이션 수단이라고 할 수 있다. 광고는 광고주가 비용을 부담하기 때문에 이에 상응하는 매체에 대해 여러 권한이 부여된다. 그러나 PR은 실제 비용부담이 없는 대신에 매체사들이 재량에 따라 보도여부와 성격을 결정하기 때문에 PR의 성과가 불확실한 경우가 많다.

따라서 본 절에서는 마케팅커뮤니케이션의 관점에서 대상을 확대해 가며, 그 역할과 중요성이 높아지고 있는 PR의 의미와 중요성, PR의 유형, PR계획수립 과정 등에 대해 살펴보기로 한다.

2.1 PR의 의미와 중요성

PR(public relation)은 홍보와 동의어로 사용되고 있지만, 홍보는 PR보다 범위가 훨씬 좁은 것이 특징이다. 홍보(publicity)는 마케터가 비용을 지불하지 않고 방송매체나 인쇄매체를 통해 기사나 뉴스형태로 기업이나 제품에 관한 정보를 전달하는 것을 말한다. 하지만 PR은 홍보활동뿐만 아니라 소비자, 종업원, 공급업체, 주주, 정부, 일반공중 그리고 시민단체 등의 다양한 이해관계자를 대상으로 호의적인 관계를 구축하고 유지함으로써, 기업의 이미지를 높이고 궁극적으로 제품의 구매를 촉진하기 위해 행하는 커뮤니케이션 활동이다. 이들 이해관계자들에게 기업에 유리한 방향으로 영향을 미치기 위한 합법적인 로비활동, 회사경영진에게 회사이미지나 사회적 이슈에 대해 조언하는 활동, 회사위기 때 관리하는 활동 등을 한다. 이러한 PR활동은 광고, 인적판매, 판매촉진 등의 다른 촉진수단들과 비교했을 때 일반적으로 비용이 적게 들지만, 전시회, 행사스폰서십, 스포츠마케팅 등과 관련된 활동에서는 적지 않은 비용이 소요된다.

최근 PR은 전략적인 마케팅커뮤니케이션의 중요한 수단으로 인식이 확산되면서 그 개념도 세분화되어 기존 고객중심의 마케팅목표를 지원하기 위해 설계된 마케팅PR(marketing public relation : MPR)과 일반대중관계의 PR활동인 기업PR(corporate public relation : CPR)로 구분된다. MPR은 제품이나 서비스에 관한 인지도를 높이고, 정보전달하며, 교육하고 이해와 신뢰를 형성하며, 구매이유를 소비자에게 전달하고 수용하도록 동기부여하는

광고 14-6 기업PR광고 : DB손해보험 '약속의 릴레이'편

등의 마케팅목표를 달성하는데 PR활동이 중요한 영향을 미칠 수 있다. MPR은 일반적으로 신문, 강연회, 뉴스, 전시, 이벤트 등과 같은 매체를 통해 메시지를 전달할 때 효과적이며, 주로 신제품출시와 연관해서 제품을 극적으로 표현하기 위한 홍보에 활용된다. 그리고 CPR은 기업의 메시지전달을 통해 호의적인 이미지를 형성하는 것을 기본목표로 하고, 제품 및 브랜드의 인지도를 높이거나, 신뢰구축을 통한 태도변화, 제품구매 및 다양한 기업활동에 대한 긍정적 수용 등이 관계형성의 직·간접적 목표이다. 또한 일반적으로 PR이 과거에는 언론사의 기사나 공공기관의 평가에 수동적으로 대응하는 입장을 보였다면, 현재는 기업이 적극적으로 기업의 이미지관리, 소비자의 태도변화와 구매를 유인하기 위해 PR촉진수단을 활용하고 있다.

2.2 PR의 유형

PR의 유형은 어떤 이해관계자들과 관계를 맺고 관리해야 하느냐에 따라 구분해 볼 수 있다. PR은 기업과의 이해관계자들인 공중을 표적대상으로 수행된다는 점에서, 표적공중별로 PR대상을 구분하고 적절한 PR도구를 살펴보면, 일반적으로 언론매체관계, 직원관계, 재계관계, 기업관계, 정부관계, 지역사회관계 등으로 구분된다.

① **언론매체관계**(media relations) : 여론형성에 크게 영향을 미치기 때문에 기업측면에서 보면 매우 중요한 외부공중이라 할 수 있다. 기업은 기자회견이나 뉴스보도자료 등을 통해 정보를 제공하면서, 기업의 목적달성에 긍정적인 영향을 미칠 수 있도록 방송이나 인쇄매체사의 주요 담당자들과 지속적이고 원활한 접촉을 통해 호의적인 관계를 형성해야 한다. 기업은 자사의 제품이나 서비스관련해서 신제품개발, 포장변경 등과 같은 주요 정보나 지역봉사활동 내용들이 언론매체를 통해 시장에 전달되기를 바라며, 끊임없이 자사의 호의적 내용이 기사화되기 위해 노력해야 된다.

② **직원관계**(employee relations) : 내부직원들을 대상으로 한 내부마케팅(internal marketing)의 중요성이 높아지면서 조직구성원들이 고객만족을 위해 기업이 얼마나 노력하는가와 밀접한 관련이 있다. 기업이 시장에서 호의적인 이미지를 구축하고 지속적인 구매를 유발시키려면, 시장에 대한 기업과 조직구성원들의 일관된 메시지를 전달하는 것이 매우 중요하다. 이를 위해서는 기업의 조직구성원들의 원활한 커뮤니케이션 체계가 수립되어야 하고, 기업의 경영성과와 시장상황에 대한 충분한 정보공유를 통해 직무수행의 안정성을 기하고, 사기진작과 업무충실에 대한 동기부여를 위

해 노력해야 한다. 이러한 PR수단으로는 사내방송, 신문과 잡지 등의 사보발행, 사내 게시판, 인트라넷활용, 설문조사, 아이디어 제안함 등이 있다.

③ **재계관계**(financial relations) : 기업의 자금조달 능력에 영향을 미치는 집단으로 은행, 투자회사, 증권회사, 주주, 애널리스트 등의 금융관련 단체에 기업의 재무상태에 대

광고 14-7 기업PR광고 : 현대해상 '랜선마음'편

한 연간보고서를 발행하거나 재무정보를 제공함으로써 보다 우호적인 유대관계를 유지해야 한다.

④ **기업관계**(corporate relations) : 기업의 일반적인 이미지와 평판에 대한 관리를 의미하며, 이를 위해 광고와 다른 촉진수단들과 연계되어 시너지 효과를 높일 수 있는 방향으로 전략이 수립되고 추진되어야 한다. 이와 관련해서 사회적 마케팅과 관련해 벌이는 캠페인 활동 등이 효과적일 것이다.

⑤ **정부관계**(government relations) : 기업은 정부의 정책변화와 각종 법률규정의 제정이 기업의 마케팅전략과 활동에 영향을 크게 미치기 때문에 정부의 정책변화를 면밀히 분석하고 지속적으로 대응해야 한다. 그리고 합법적인 로비를 통해 정부와 원활한 관계형성을 하고 유지하는 것이 중요하다.

⑥ **지역사회관계**(community relations) : 기업이 위치하고 있는 지역환경, 제품안전 등에도 관심을 둘 필요가 있다. 기업은 지역사회활동과 운동에 적극적으로 참여하면서 시민조직 단체들과 우호적인 관계를 맺고 유지할 필요가 있다.

기타 정부 및 행정부서, 소비자단체 등도 중요한 외부공중에 해당된다. 공적업무를 추진하며 기업을 관리감독하는 정부와 소비자들의 권익보호와 안전, 건강, 복지 등을 위해 소비자를 대표하는 소비자단체들은 기업활동에 중요한 영향을 미치는 대상이다. 기업은 기업전략수립에서부터 기업홍보에 이르기까지 정부시책이나 법규 등을 고려하여 업무를 진행해야 하며, 오해로 인한 불이익이 발생되지 않도록 정확한 기업정보제공을 위한 관리를 강화해야 한다.

2.3 PR계획수립과정

PR을 효과적으로 관리하기 위한 PR계획수립과정은 [그림 14-2]와 같이, 상황분석, PR계획수립, PR프로그램 개발 및 실행, PR프로그램 효과측정 등 4단계로 이루어진다.

그림 14-2 PR계획수립과정

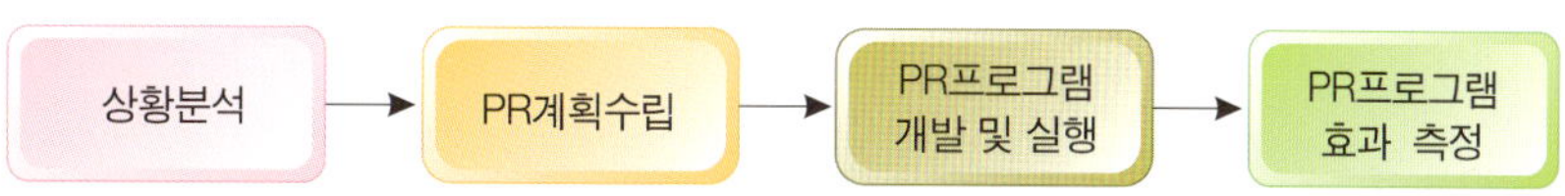

(1) 상황분석

PR을 성공적으로 관리하기 위해서는 PR수립의 첫 단계인 여론조사에서 시작되며, 여론조사를 통해 현재 처해 있는 상황을 정확하게 파악하고 이해하는 것이 중요하다. 상황분석을 하려면, 자사기업이나 제품 및 서비스와 관련된 언론보도자료를 분석하고 현황을 파악해야 하며, 소비자나 이해관계자들의 의식과 태도를 조사하고 분석해야 한다. 상황분석을 위해 자료를 수집하기 위한 방법으로는 매체별 보도기사를 수집해서 분석하거나 소비자나 이해관계자들을 대상으로 인터뷰나 설문조사 등을 통해 조사를 실시해야 한다.

(2) PR계획수립

PR계획을 잘 수립하기 위해서는 목표설정과 기대효과가 분명하게 제시될 수 있어야 한다. 주로 PR의 목표는 인지도 제고, 정보제공, 신뢰도 제고, 중간상이나 판매원의 판매활동지원 등을 들 수 있다. PR의 목표는 일반적인 목표설정과 마찬가지로 구체적이어야 하며, 측정이 가능해야 한다. 그리고 통합적인 마케팅커뮤니케이션 관점에서 PR은 다른 마케팅수단들과 결부되어 마케팅계획과 일관성 있게 보완적으로 수립되어야 한다.

(3) PR프로그램 개발과 실행

PR프로그램의 개발과정에는 표적청중을 결정하고 커뮤니케이션 목표를 설정해야 하며, 메시지 작성과 매체선정 등이 포함된다. 그리고 PR프로그램의 주요 실행방법에는 언론보도, 기자회견, 특정 매체의 독점보도, 인터뷰 등이 있다. 기업이 언론매체를 통해 제공할 수 있는 기사는 대체로 이슈가 될 수 있는 신제품개발, CEO 인터뷰나 강연, 사내임직원들과 사회봉사활동, 스포츠 및 문화행사 주최나 후원 등을 통해 지속적으로 호의적인 이미지 형성을 위해 관리하고 노력해야 한다.

(4) PR프로그램의 효과측정

PR프로그램의 효과는 다른 촉진수단들과 함께 사용되는 경우가 많고 또한 간접적으로 나타나기 때문에 측정하기가 쉽지 않다. 하지만 PR효과측정은 계획된 PR활동의 실제 실행정도에 대한 측정, 표적청중의 메시지에 대한 수용과 이해정도에 대한 측정, PR을 통한 청중들의 인식이나 태도 및 행동변화에 대한 측정 등으로 이루어진다. 그리고 언론매체에서 자사와 관련된 기사화된 산출물을 토대로 성과를 측정하는 경우에는 보도자료 및 책자같은 PR제작물의 질적 · 양적측정, 자사에 대한 언론보도의 크기 · 시간 · 횟수 등, 언론보도를 각 매체비클의 시청자 및 구독자로 환산하고 합산, 자사에 대한 이슈와 우호적/비우호적인지 논조분석 등을 통해 PR효과측정을 할 수 있다.

03 인적판매

통합적인 마케팅커뮤니케이션 프로그램은 고객들과 긴밀한 상호작용을 하는 종업원들에게 크게 의존하고 있다. 기업의 얼굴이며 대표자격인 종업원들과 소비자들 간의 질적인 관계는 매우 중요하다. 이들 간에 친밀하며 신뢰성 있고 우호적인 상호작용은 기업이 시장점유율을 확보하고 유지하는데 도움이 되는 장기적인 유대관계를 낳는다. 일반적으로 소비자들은 구매경험 후에 가족이나 준거집단에게 구전하게 되는데, 긍정적인 경험보다 부정적인 경험후에 더 많은 사람들에게 구전효과가 나타난다고 한다. 이는 인적판매가 IMC 프로그램의 성패에 핵심요인이라는 것을 말해 주고 있다. 인적판매는 인적자원을 갖고 표적고객과 직접대화를 통해 자사의 제품이나 서비스를 구매하도록 설득하는 대인적인 커뮤니케이션 활동이다.

따라서 이 절에서는 인적판매의 의미와 장 · 단점, 인적판매의 과정, 판매관리 등에 대해 살펴보고자 한다.

3.1 인적판매의 의미와 장 · 단점

인적판매(personal selling)는 커뮤니케이션의 대인경로가 판매자와 구매자 사이에 확립된 촉진의 한 형태이며, 정보를 제공하고, 고객을 설득시키고, 수요를 환기시켜 구매행동으로 유도하기 위해 중요한 역할을 수행한다. 인적판매는 소매점에서 판매원과 고객 간이나 산업재 소비자와 판매담당자 간에 가장 근접거리에서 업무가 수행되기 때문에 마케팅기능에서 최후의 보루라고 할 수 있다. 그래서 판매원과 소비자 간의 결속과 파트너십은 가치있는 자산이 될 수 있다.

인적판매는 판매사원이 직접 직장이나 가정으로 방문하여 판매활동을 하는 외부판매(outside selling)와 소매나 도매점포 내에서 판매사원이 소비자에게 판매활동을 하는 내부

광고 14-8 **인적판매 : Avon, Tupperware, Mary Kay**

판매(inside selling)로 나누어진다. 이러한 인적판매는 광고, 판매촉진, PR 등의 다른 촉진믹스 요소들과 달리 직접적으로 소비자들과 대인접촉을 통해 제품이나 서비스에 관한 정보를 전달하고 설득하며 구매를 유도하는 특징을 갖고 있다.

인적판매는 다른 촉진믹스와 달리 인적판매가 지니는 특징을 장점과 단점으로 구분하면 다음과 같다. 인적판매의 장점은, 첫째, 판매원이 직접 대면방식으로 접촉을 하기 때문에 고객들의 욕구와 필요를 파악하고 관련 정보를 정확하게 수집할 수 있다. 그리고 접촉상황에 따라 고객의 태도, 행동, 그리고 반응에 유연하게 대응할 수 있다. 둘째, 판매원이 고객특성에 따라 커뮤니케이션 메시지를 조절하고 설득하여 구매가능성을 높일 수 있다. 셋째, 판매원이 직접적으로 제품에 대한 시연을 통해 제품특성을 평가하고 반응을 확인하고 구전효과를 창출할 수 있다. 넷째, 판매원이 대인접촉을 통해 고객과의 강한 신뢰관계를 구축할 수 있다는 것이다.

이러한 인적판매의 장점에도 불구하고 여러 가지 단점도 아울러 내포하고 있다. 단점으로는 첫째, 판매원이 직접 대면하면서 커뮤니케이션 활동이 이루어지니까 비용이 많이 든다. 둘째, 판매원들이 직접 접촉을 통해 메시지를 전달하니까, 상황이나 고객특성에 따라 메시지가 일관성이 결여되고 불일치성이 높다. 셋째, 판매원은 한정된 시간 내에 직접 대면할 수 있는 고객 수는 지극히 제한적이다. 넷째, 판매원교육이 계속적으로 이루어지기가 어렵다는 것이다. 그리고 최근에는 인터넷의 활성화로 제품의 정보수집 및 가격노출이 쉽기 때문에 대인접촉상황에서 즉시 판매성과로 이루어지기가 쉽지 않다.

따라서 통합적 마케팅커뮤니케이션(IMC)의 관점에서 광고, 인적판매, 판매촉진, PR 등의 다양한 커뮤니케이션 수단들의 장 · 단점을 보완하여 마케팅전략의 일관된 목표를 달성하도록 활용해야 할 것이다.

3.2 인적판매의 과정

인적판매는 상황적 유동성이 강한 대인접촉을 통해서 판매성과를 올려야 되기 때문에 다른 마케팅커뮤니케이션 수단들에 비해서 철저한 준비가 요구된다. 성공적인 인적판매를 위해서 [그림 14-3]과 같이, 인적판매과정에 대해 정리해 보면 다음과 같다.

(1) 판매 전 준비

판매원이 인적판매를 위해 사전에 철저히 준비되었는지를 점검해야 한다. 판매원이 제품이나 시장, 판매기법 등을 잘 파악하고 있는지, 고객을 대면하기 전에 표적시장의 욕구나 필요, 동기유발, 구매행동 등에 관해 잘 알고있어야 하며, 경쟁업체의 특성과 지역의 기업환경 등을 이해하고 있어야 한다.

(2) 잠재고객 예측과 파악

잠재고객에 대한 정보수집과 지식습득을 위해 과거와 현재의 고객관련 기록과 인적사항을 검토하고, 잠재고객에 대한 인구통계적 특성, 구매행동적 특성을 분석하고 적당한 고객명단과 회사명 등을 작성해야 한다. 그리고 판매원은 상대 경쟁기업의 고객명단을 작성하고 그 가운데서 표적을 선정할 수도 있다. 이러한 잠재고객에 관한 조사를 하고 자사제품과의 관계성에 대한 분석을 통해 철저한 접근준비를 해야 한다.

그림 14-3 인적판매과정

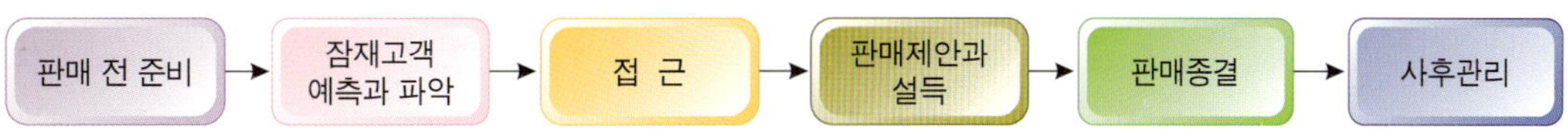

(3) 접 근

접근은 판매원이 자사제품을 소개하기 위해 잠재고객을 만나는 과정으로 고객의 구매의도 형성에 있어 중요한 역할을 한다. 이는 판매원의 첫인상이 제품태도에 큰 영향을 미치기 때문에 판매원이 첫 대면부터 제품구매를 유도하는 것보다 고객과의 관계형성을 위해 더 노력해야 한다. 그리고 전화, 이메일, 문자정보, 편지 등을 통해 사전에 경계심을 허물고, 고객의 관심유발을 위해 제품의 이점을 노출하는 것이 좋다.

(4) 판매제안과 설득

판매제안은 잠재고객으로 하여금 제품에 대해 더욱더 관심을 유발하고 자극하려는 목표를 가지고 고객에게 판매메시지를 전달하는 것이다. 판매제시 동안에 사전에 습득한 고객의 특성과 대면시에 파악된 고객의 욕구에 부합되도록 제품의 필요성과 특징, 차별적인 속성 등을 상세히 설명하고 설득해야 한다. 신뢰성 있는 객관적 자료제시나 시험구매를 권유함으로써 제품에 대한 지각된 위험을 줄여주고 구매상황에 대한 부담을 최소화시켜야 한다. 또한 판매제안시에 고객을 유심히 관찰하고, 고객의 질문과 이견에 대한 해소에 노력해야 하고, 판매종결을 위한 강압적 설득이 되지 않도록 세심한 주의를 기울여야 한다.

(5) 판매종결

잠재고객이 제품구매를 결정하려는 시점이 판매종결 단계인데 인적판매에서 가장 어려운 단계이다. 적절한 시기에 판매종결을 통해서 구매를 유도하지 못하면, 시간을 오래 끌게 되고 결국은 시간만 낭비하고 판매를 성사시키지 못하게 될 것이다. 판매종결은 소비자가 제품에 대한 설명 혹은 실연에 대한 긍정적인 반응을 나타낼 때 하는 것이 가장 적절한 시기이다. 예를 들면, 제품에 관한 긍정적인 말을 하든가, 제품의 필요성에 대해 언급하는 경우에 재빨리구매를 유도해야 한다.

(6) 사후관리

마케팅의 관점에서는 판매계약이 성사되었다고 해서 거래가 종결되는 것이 아니다. 판매과정에서 판매원의 중요한 역할 중의 하나는 사후관리이다. 판매이후의 고객관리가 계속적인 재구매와 제품에 대한 호의적 구전행동으로 나타나기 때문이다. 판매원은 판매계약 후에 제품배달과 설치가 적절히 이루어졌는지를 파악하고 제품을 사용하기 전에 교육이 필요하다면 교육을 받을 수 있도록 도와줘야 한다. 그리고 고객과의 지속적인 관계를 통해 사용과정에서 발생되는 기능상의 문제점들을 해결해 주고, 사후에 품질보증 등에 대해 꾸준한 사후관리가 이루어져야 한다. 그리고 올바른 결정에 대한 확신을 심어줌으로써 구매 후 인지부조화를 해소하기 위한 노력을 해야 한다. 사후관리는 구매하지 않은 고객에게도 행해져야 한다. 판매제시 기회제공에 대한 감사와 다음 기회를 기약하는 메시지 전달과 판매를 실패한 이유에 대해서도 분석해야 한다.

3.3 판매관리

판매가 없이는 기업이 존재할 수도 없기 때문에 판매는 회사가 제대로 돌아가게 하는 에너지라고 할 수 있다. 특히 소비재를 판매하고 광범위한 광고캠페인을 사용하는 기업의 경우에는 제품이 유통경로를 통해 이전되기 위해서는 판매원에 더 많이 의존할 것이다. 그래서 판매관리는 마케팅의 가장 중요한 업무 중에 하나라고 할 수 있다. 효과적인 판매관리는 미션을 경제적이고 효율적으로 수행하는 성공가능성이 높은 판매조직을 낳을 수 있다. 반면에 비효율적인 판매관리는 이익목표를 채우지 못하거나 기업을 몰락하게 할 것이다.

따라서 판매관리는 매출을 극대화하기 위해 개별판매원들로 구성된 판매원조직을 효율적으로 관리하고 통제하는 과정이다. 다시 말해서 판매관리과정은 [그림 14-4]와 같이, 인적판매계획을 수립하고 판매조직을 설계하며, 판매원들을 선발, 교육 · 훈련, 감독하고 보상 및 동기부여해야 하며, 이들의 판매성과를 평가하는 활동들을 말한다.

그림 14-4 판매관리과정

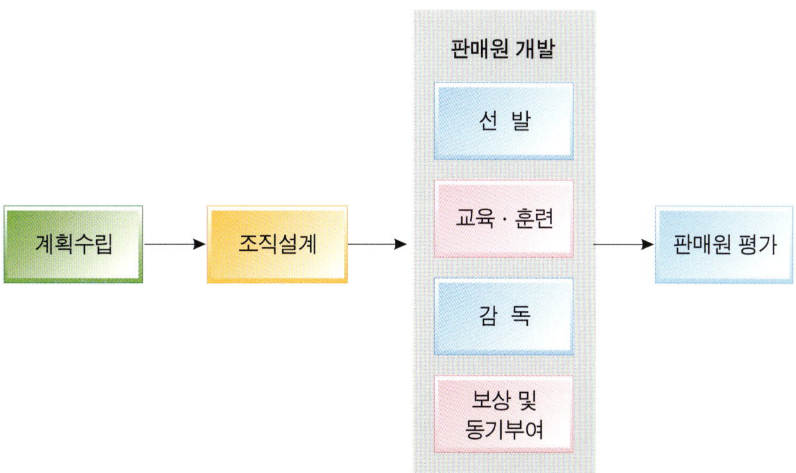

(1) 판매계획수립

판매계획에는 마케팅계획수립과 마찬가지로 판매목표설정, 목표달성방안, 예산 등이 포함되어 있어야 한다. 판매계획은 마케팅계획을 바탕으로 해서 일관성 있게 수립되어야 하며, 마케팅 및 촉진목표를 효과적으로 달성하기 위해서 다른 촉진믹스 수단들과 일관성 있고 상호보완적으로 수립되어야 한다.

판매계획은 판매목표설정에서부터 시작되며, 달성할 판매목표가 없이는 판매원 성과도 크게 기대할 수 없으며, 기업이 실패할지도 모른다. 판매목표는 마케팅목표와 마찬가지로 분명하고 정확해야 하며, 주어진 자원으로 실행가능하고 적당하게 설정되어야 한다. 그리고 판매목표는 계량적으로 측정가능하게 작성되어야 하며, 판매원들이 늘 이행할 과업을 시간이나 일정 범위 내에서 구분되어야 한다. 만약에 목표가 분명하고 정확하지 않다면, 관리자는 판매원들이 무엇을 수행해야 하는지를 알 수가 없다. 만약 목표가 계량적이지 않다면, 관리자는 목표가 달성이 되었는지를 알 수가 없다. 그리고 목표가 시간이나 일정단위로 구분되어 있지 않다면, 관리자는 목표도달을 '영원히'할 수도 있다. 만일 목표가 적당하지 않다면 시작해서 실패함에 따라 시간과 노력을 헛되게 할 수도 있다.

판매목표설정 과정은 자사제품의 매출잠재력 파악, 특정 기간 동안에 예상되는 판매액 예측, 예상되는 판매예산작성 등으로 구성된다. 판매관리자는 제품의 판매잠재력을 파악하는데 있어 자사뿐만 아니라 산업전체의 예상되는 잠재판매액과 실제 판매실적 등을 함께 조사해서 매출잠재력을 추정하면 된다. 그리고 특정 기간 동안에 예상되는 판매액예측을 위해서는 전문가 의견조사법, 소비자조사법, 추세분석, 단순예측법, 시계열조사법 등의 다양한 판매예측기법들을 활용할 수 있다. 일단 예상판매액이 추정되면, 이를 위해 필요한 판매예산을 결정해야 한다. 판매예산에는 판매원 보상, 판매원 활동비, 판매보조비용, 제반관리비용 등이 포함된다.

일단 판매목표가 설정되면 개별판매원의 판매목표가 결정될 수 있다. 개별판매원의 판매목표는 판매액, 판매량, 비용과 판매비율, 방문 수, 방문 당 비용, 고객만족도나 유지율, 고객불만정도 등을 기초로 작성되어야 하지만, 때로는 핵심고객, 신규고객, 반복판매, 특정 제품 등과 관련해서도 기록되어야 한다.

(2) 조직설계

판매관리과정에서 판매계획이 수립되면, 이를 가장 효율적으로 달성할 수 있는 판매조직을 설계해야 한다. 판매조직은 여러 가지 형태가 있을 수 있는데, 가장 대표적인 것은 지역별 조직, 제품별 조직, 고객별 조직 등이 있다.

지역별 조직은 가장 흔하게 볼 수 있는 조직으로, 판매원들은 자신에게 할당된 지역 내에서 판매활동을 수행하기 때문에 이동해야 하는 시간과 거리가 짧아서 비용이 적게 들고 고객의 욕구에 신속하게 대응할 수 있다는 이점이 있다. 하지만 다양한 소비자들을 상대로 판매원이 회사의 모든 제품을 취급할 경우에 판매지식이 떨어지는 경우에 효율성이 낮아질 수 있다는 단점이 있다.

제품별 조직은 판매원에게 하나 혹은 소수의 제품을 할당하여 전담시키기 때문에 제품에 관한 전문지식습득이 용이하고 판매원이 전문화될 수 있는 장점이 있다. 그러나 지역이 분산되어 있는 경우에 판매원이 여러 지역을 다녀야 하기 때문에 시간과 비용이 많이 들고, 고객입장에서는 다양한 제품을 동시에 구매하기를 원할 때 여러 명의 판매원을 만나야 하는 어려움이 있다.

고객별 조직은 고객집단의 구매량이나 유통경로 등을 근거로 해서 슈퍼마켓, 대형마트, 편의점 등으로 분류해서 업태별로 조직하는 경우를 말한다. 이런 경우에 고객의 욕구를 가장 효과적으로 파악해서 신속하게 대처할 수 있는 장점이 있다. 고객이 넓은 지역으로 분산되어 있는 경우 이동거리가 길어 비용이 많이 든다.

이와 같이 세 가지 판매조직의 형태를 살펴보았는데, 기업의 내 · 외적인 상황에 따라 적합한 형태가 각기 다를 수 있고, 때론 지역별, 상품별, 고객별 조직을 혼합한 형태로 판매조직을 구성할 수도 있다.

(3) 판매원 개발과정

판매관리에서 판매조직의 형태가 결정되면, 판매원 개발단계로 넘어간다. 판매원 개발단계는 판매원을 선발하고, 이들을 교육 · 훈련, 감독, 보상, 동기부여 등의 과정을 거치게 된다. 이러한 과정을 통해 유능한 판매원으로서 자격을 갖출 때, 시장에서 경쟁우위를 확보할 수 있고 고객과의 유대관계를 강화시켜 높은 판매성과를 달성하는데 도움이 될 수 있다.

① 판매원 선발

훌륭한 판매과업이나 활동을 위해서는 유능한 판매원의 선발이 매우 중요하기 때문에 판매원의 선발도 신중하고 체계적으로 이루어져야 한다.

판매원의 수도 결정해야 한다. 판매원 수가 너무 많으면 비용이 많이 들고 너무 적으면 판매활동이 미진해지기 때문에 적정 수의 판매원을 확보한다는 것은 대단히 중요하다. 가장 일반적으로 쓰이는 방법은 업무량기준법(workload method)인데, 이 방법은 방문해야 할 잠재고객 수와 판매원 1인당 연간 방문횟수 등을 고려하여 판매원 수를 결정하는 방법이다.

표 14-2 업무량기준법에 의한 판매원 수 산정

거래처 유형	거래처 수	연평균 방문횟수	연간 총방문 횟수
슈퍼마켓	100	40회	4,000회
할인점	200	25회	5,000회
편의점	300	10회	3,000회
총 계			12,000회

예를 들어, 판매원을 업무량기준법으로 〈표 14-2〉와 같이 산정해보면 다음과 같다. 판매원 1인이 연간 1,000회 방문할 수 있다면, 필요한 판매원 수는 총 방문횟수/판매원 1인당 방문가능 횟수로 산정하면 12명(=12,000/1,000)이 된다.

이러한 업무량기준법에 의한 산정방식은 고객유형별 차별화한 장점이 있지만 판매원의 개별능력을 고려하지 못한 단점을 갖고 있다. 그래서 판매관리자는 판매원을 선발하기 전에 이들이 해야 할 업무를 먼저 파악하고 성공적으로 업무를 수행하려면 갖추어야 할 자질이 무엇이며, 어떤 경력이 필요한지를 명확하게 해야 한다. 그리고 판매원은 이직률이 비교적 높은 직종이며, 사원을 선발하고 교육 · 훈련시키는데 많은 비용이 소요되기 때문에 회사에 오래 근무할 유능한 판매원을 선발하는 것이 중요하다. 일반적으로 유능한 판매원이 갖추어야 할 특성을 살펴보면, 적극성, 설득력, 효과적인 커뮤니케이션 능력, 고객에 대한 관심과 배려, 자신감, 철저한 프로정신 등을 들 수 있다. 그러나 성공적인 판매활동과 관련된 판매원의 특성은 사실 각 기업의 상황과 판매원의 역할에 따라 달라질 수 있기 때문에 직무의 성격에 따라 기준을 정하는 것이 바람직하다. 예를 들면, 손님접대가 많은 업무, 출장을 많이 다니는 업무, 소비자 민원이 많은 업무, 서류처리를 주로 하는 업무 등 업무의 성격에 따라 어떤 판매원의 특성이 잘 맞을지를 파악해서 선발하는 것이 필요하다.

② 판매원 교육 · 훈련

판매관리에서 판매원을 선발했으면 그 다음 단계는 선발된 판매원들에게 회사의 제품, 판매전략, 표적시장 등에 대하여 전문적인 지식을 습득하도록 교육 · 훈련을 실시해야 한다. 이런 교육 · 훈련은 일회성으로 그치는 것이 아니라 지속적으로 실시하여 판매원들에게 신제품, 시장동향, 신기술 등 최신정보와 지식을 습득하도록 해야 한다. 판매원에 대한 효율적인 교육 · 훈련이 되기 위해서는 교육 · 훈련 프로그램의 목표가 설정되어야 하며, 누가 실시할 것인지, 주요 내용은 무엇인지, 장소와 시기 등에 관해서 결정되어야 한다. 그리고 교육 · 훈련 프로그램 관리와 실행된 교육에 대한 평가 등이 필요하다.

- **교육 · 훈련 프로그램의 목표** : 일반적으로 프로그램의 목표는 판매량을 증가시키고 판매원들을 자극하기 위한 것으로 구체적인 교육 · 훈련목표가 설정되어야 한다. 예를 들면, 기존 고객을 유지시키고 새로운 고객을 창출하는 것, 다양한 품목 중에서 마진폭이 큰 품목의 판매를 증대하는 것, 판매지역에서 경쟁제품과 경쟁할 수 있는 능력을 배양하는 것 등이 있을 수 있다.
- **교육 · 훈련 프로그램 담당자** : 교육 · 훈련을 회사의 판매담당 경영층에서 할 수도 있고, 교육훈련 부서에서 관장할 수도 있으며 경우에 따라서는 외부 연수전문가가 담당할 때도 있다.
- **교육 · 훈련 프로그램의 주요 내용** : 포괄적인 교육 · 훈련 프로그램이라면 회사에 관한 연혁과 목표 및 정책, 제품의 기능과 특성, 고객의 욕구와 구매동기 및 습관, 경쟁자들의 특성 등에 대한 설명, 고객을 설득할 만한 효과적인 화술, 판매비용과 실적을 보고서로 작성한 현장판매절차, 판매기법 등에 관한 충분한 지식을 습득할 수 있도록 해야 한다.
- **교육 · 훈련 프로그램의 장소와 시기** : 판매원들이 현장에 가기전에 실시하는 경우도 있고, 경우에 따라서는 현장에서 판매원들의 판매의욕과 능력을 파악하고 난 후에 회사로 불러 집중적으로 훈련을 받게하는 방법도 있다. 교육에는 모든 판매원을 참여시켜 주기적으로 하는 집중저 방법과 현장교육 도중에 각 시섬에서 실시하는 분산적 방법이 있는데 상황과 필요에 따라 방법을 달리 할 수 있다.
- **교육 · 훈련 프로그램 관리** : 프로그램을 수행하면서 일어날 수 있는 것으로 교육장소, 교육담당자, 교육방법, 교육시기 등에 관한 여러 문제들을 효과적으로 관리해야 한다.
- **교육 · 훈련 프로그램 평가** : 피교육자의 학습이해 정도에 대한 평가와 실시된 프로그램의 효율성에 대한 평가 등으로 이루어진다.

③ 판매원 감독

판매관리에 있어서 중요한 책임영역은 판매관리자가 판매원을 적절히 감독하는 일이다. 감독은 교육 · 훈련과 회사의 정책이 계속적으로 수행되고 있는가를 확인하는 방법이다. 판매원들은 대부분의 시간을 회사밖에서 활동하기 때문에 활동내역을 일일이 점검한다는 것은 불가능함으로 판매관리자는 판매원의 시간의 효율적인 활용과 활동결과를 토대로 감독이 이루어져야 한다. 판매원들이 시간을 판매활동, 잠재고객발굴, 정보확보, 판매방법 개발 등에 잘 할당하고 있는지 점검하고, 효과적인 시간관리가 이루어지는지를 파악하고

지도하여야 한다. 이런 감독과정에서 판매관리자와 판매원 간에 수직적 커뮤니케이션이 이루어진다는 점에서 회사경영에 도움이 될 수 있다.

④ 판매원 보상 및 동기부여

판매원들에게 동기부여를 시키고 판매성과를 증대하기 위해서는 매력적인 보상시스템을 갖추고 있어야 한다. 일반적으로 판매원의 동기부여방법으로는 금전적 보상과 비금전적 보상으로 나누어진다. 금전적 보상에는 고정급제로 성과에 관계없이 일정기간 동안에 규칙적으로 일정금액을 받는 급여와 성과급제로 판매원의 성과달성 정도에 따라 차등지급되는 것이 있다. 고정급은 보상금액산정이 용이하고 편리하며, 합리적인 기준으로 판매원의 성과를 평가하기가 어려운 경우에 주로 사용한다. 이는 판매원에게 적절한 자극을 줄 수 없는 단점이 있으며, 판매목표달성 여부와 관계가 없기 때문에 성과지향적인 판매원들에게는 매력적이지 못하다. 성과급제는 판매원의 성과와 금전적 보상을 직접적으로 연계시킴으로써 판매원들에게 높은 동기부여를 유발할 수 있다. 그리고 판매원들은 보상과 관련된 판매량 증가에만 노력을 집중할 것이지만 판매원 교육지원이나 보고서작성 등 성과보상과 관련이 없는 보조업무에는 소홀할 수 있다. 고정급제와 성과급제가 가지고 있는 장단점 때문에 기업들은 이 두 가지 방법을 결합한 혼합제도를 사용하는 경우도 있다. 혼합제는 일정수준의 고정급을 지급하기 때문에 판매원들에게 심리적 안정을 주면서 성과급을 통해 성과에 대한 차별적 보상으로 동기부여를 시켜 성취의욕을 높일 수 있다. 이와 더불어 별도로 지급되는 보상으로 각종 인센티브, 판매원경연 등이 있다. 비금전적 보상에는 승진, 칭찬, 보상휴가, 표창, 해외여행 등 주로 심리적으로 보상을 받도록 하는 방법으로 판매원들의 근무의욕을 자극할 수 있는 자극제가 될 수 있다.

(4) 판매원 평가

유능한 판매원의 특징적인 활동을 분석함으로써 판매관리자는 성공적인 판매원으로 이끄는 요인들을 규명할 수 있을지도 모른다. 이런 관점에서 판매원의 성과에 대한 정기적인 평가는 중요한데, 평가를 통해서 성공요인과 문제요인들을 파악하고 시정조치를 취할 수 있어서 판매원 활동개선에 도움을 줄 수 있다. 평가가 효과를 거두려면 평가기준을 정할 때 독단적으로 하기 보다는 판매원과 협의에 의해 정하는 것이 필요하다. 평가기준에는 구체적이고 객관적인 정량적 기준과 평가자 주관적 판단에 의존하는 정성적 기준이 있다. 정량적 기준으로는 제품별 · 고객별 판매량, 지역별 또는 할당량에 대한 비율로서 판매량, 주문사항(건수, 평균주문액, 능률), 1인당 방문횟수, 직접판매비, 비판매활동(광고용 진열, 거래상과의 회의 건수 등) 등이 흔히 사용된다. 그리고 정성적 기준에는 판매원의 제품과 기업정책이나 경쟁기업에 관한 지식, 판매원의 시간관리와 방문준비, 판매원과 고객과의 관계, 판매원의 외모와 건강, 개성과 태도 등이 중요한 고려사항이다.

04 요 약

판매촉진은 광고, 인적판매, PR을 제외한 마케팅커뮤니케이션 수단으로서 소비자의 즉각적인 구매행동을 유인하거나 유통경로에 참여하는 중간상을 지원하는 단기적 수단으로 활용되고 있다. 기업 간 또는 브랜드 간 경쟁이 심해지고 있어 가격경쟁만으로는 경쟁에서 살아남기 어려운 상황이 되어 판매촉진의 중요성이 높아지고 있다. 제조업체가 행하는 판매촉진에는 대상에 따라 소비자 판매촉진, 중간상 판매촉진, 판매원 판매촉진으로 나누어 볼 수 있다.

소비자를 대상으로 하는 판매촉진의 수단으로는 가격할인, 쿠폰, 리베이트, 보너스 팩, 샘플, 사은품, 경연과 경품, 로얄티프로그램, POP디스플레이, 시연회 등의 방법이 있다. 판매촉진의 방법들은 대체로 가격을 수단으로 하기도 하고 비가격적 방법을 활용할 수도 있다.

제조업체는 중간상으로 하여금 자신들의 제품을 더 많이 취급하게 하거나, 취급하고 있는 제품의 판매를 위해 보다 적극적으로 협조하기를 원하는 목적으로 중간상 판매촉진을 전개하는데, 주로 중간상공제, 대금지불조건 완화와 판매장려금, 판촉물제공 및 판매원 파견 등이 활용된다.

PR(public relation)은 홍보와 동의어로 사용되고 있지만, 홍보는 PR보다 범위가 훨씬 좁은 것이 특징이다. 홍보(publicity)는 마케터가 비용을 지불하지 않고 방송매체나 인쇄매체를 통해 기사나 뉴스형태로 기업이나 제품에 관한 정보를 전달하는 것을 말한다. 하지만 PR은 홍보활동뿐만 아니라 소비자, 종업원, 공급업체, 주주, 정부, 일반공중 그리고 시민단체 등의 다양한 이해관계자를 대상으로 호의적인 관계를 구축하고 유지함으로써, 기업의 이미지를 높이고 궁극적으로 제품의 구매를 촉진하기 위해 행하는 커뮤니케이션 활동이다.

인적판매는 커뮤니케이션의 대인경로가 판매자와 구매자 사이에 확립된 촉진의 한 형태이며, 정보를 제공하고, 고객을 설득시키고, 수요를 환기시켜 구매행동으로 유도하기 위해 중요한 역할을 수행한다.

인적판매는 판매사원이 직접 직장이나 가정으로 방문하여 판매활동을 하는 외부판매(outside selling)와 소매나 도매점포에서 판매사원이 소비자에게 판매활동을 하는 내부판매(inside selling)로 나누어진다. 이러한 인적판매는 광고, 판매촉진, PR 등의 다른 촉진믹스 요소들과 달리 직접적으로 소비자들과 대면 접촉을 통해 제품이나 서비스에 관한 정보를 전달하고 설득하며, 구매를 유도하는 특징을 갖고 있다. 그리고 판매관리과정은 인적판매계획을 수립하고 판매조직을 설계하며, 판매원들을 선발, 교육 · 훈련, 감독, 보상 및 동기부여를 해야 하며, 이들의 판매성과를 평가하는 활동들을 말한다.

참·고·문·헌

- 김동훈, 안광호, 유창조(2014), 마케팅커뮤니케이션 관리, 학현사.
- 박찬수(2014), 마케팅원리, 법문사
- 박종오, 외 4(2008), 마케팅, 북넷
- 안광호, 하영원, 박흥수(2016), 마케팅원론, 학현사
- 안광호, 이유재, 유창조(2014), 광고관리, 학현사
- Books, Christine M.(1994), *Sports marketing - Competitive Business Strategies for Sports*, Prentice Hall.
- Burnett, John and Sandra Moriarty(1998), *Introduction to Marketing Communications: An Integrated Approach*, Prentice-Hall.
- McDaniel, Carl, Charles W. Lamb & Joseph F. Hair(2011), *Introduction To Marketing*, 11th ed., South Western-Thomson.
- Zikmund, William G. and Michael d'Amico(2001), *Marketing*, 7th ed., South-Western College Publishing.

부록 : 색 인

01 영문색인

02 국문색인

ㅎ

[저자약력]

박종오 교수는 Université Paris-Dauphine에서 D.E.A.과정을 하고, 중앙대학교에서 마케팅전공으로 경영학 박사를 취득하였다. 중앙대 국제경영대학원을 비롯하여 다수의 대학에서 마케팅, 광고론, 소비자행동론 등을 강의하였다. 현재는 숭의여자대학교 서비스경영과 교수로 재직 중이며, 기획처장, 교무처장, 산학협력단장을 역임하였다. 학회활동으로 한국서비스경영학회 이사, 대한경영학회 상임이사, 대한경영정보학회 이사 등을 역임하였으며, 현재 한국기업경영학회 이사로 활동을 하고 있다. 그리고 한국마케팅학회, 한국광고학회, 한국서비스경영학회 등 주요 학회에서 활발한 학술활동을 하고 있다. 아울러 서울시 중구지역특화위원회 위원, 한국능률협회 경영연구소 평가위원, 경실련(사) 경제정의연구소 평가위원, 한국광물자원공사 공정거래 및 청렴혁신위원회 위원 등을 역임하였다. 현재 한국도자재단 평가위원 등의 다양한 위원회 활동을 수행하고 있다. 저서로 '소비자행동', '마케팅', '창업경영관리' 등이 있으며, 연구논문으로는 'Timeline-Based Multi-Need Analysis and Design', '고객의 지각된 기만행동이 고객충성도에 미치는 영향에 관한 연구' 외 다수의 논문이 있다. 최근에는 광고, 브랜드, 마케팅문화, 마케팅 윤리 등의 분야에 관심을 가지고 연구를 진행하고 있다.

권오영 교수는 서강대학교 경영학과를 졸업한 후 동 대학원에서 마케팅을 전공하여 석사, 박사를 취득하였다. 현재 동양미래대학교 경영학부 교수, 교학처장으로 재직중이며, 경영학부장을 역임하였다. 현대경제연구원과 포스코경영연구원에서 근무하며 현대건설, 현대중공업, 현대자동차, 포스코, 포스코건설, 포스틸 등 국내 굴지의 대기업과 공공기관에 대한 경영컨설팅 및 기업경영연구를 수행하였으며, 기업은행 컨설팅센터에서 여러 중소기업의 경쟁력 강화를 위한 경영컨설팅을 담당하였다. 서강대학교를 비롯한 여러 대학과 산업체에서 마케팅 관련 과목을 수년 간 강의하였으며, 서울디지털대학교의 마케팅전공 겸임교수, 현대경제연구원 경영컨설팅 자문교수를 역임한 바 있다. 학회활동으로 한국경영교육학회 편집위원을 역임하고 현재 상임이사로 활동하고 있으며, 여러 학회지에 다수의 논문을 게재하였고, 브랜드 마케팅, 소비자행동, 마케팅전략 분야에 관심을 갖고 연구활동을 하고 있다.

마 케 팅(3판)

2012년 8월 5일 1판 1쇄 발행
2019년 8월 25일 2판 3쇄 발행
2022년 3월 5일 3판 1쇄 인쇄
2023년 3월 10일 3판 2쇄 발행

저 자 박종오 · 권오영
발행인 류재식 · 박용범
발행처 도서출판 북 넷

서울시 용산구 효창동 5-3 대신빌딩 2층
등 록 2010년 6월 7일(제2010-000069호)
전 화 (02) 395-2341
팩 스 (02) 395-2303

정가 35,000원

ISBN 978-11-86947-63-0 93320 e-mail : book2341@naver.com